序文

中国武術の史的特色はつぎの三点にあると私は考えます。

一、連続性：中国武術は古来から現代まで絶えることなく続き、連綿とした一大山脈を形成している。

二、技術性：中国人の英知によって多種多彩な武器と技法が開発されてきた。

三、国際性：中国武術は根強い伝統主義を基盤としつつも、古来から戦争と交易の和戦両様の文化交流の中で、絶えず自己を革新し、一方では国際的に大きな影響を与えてきた。

本書はこの観点に立ち、国際的視野のもとに、歴史的な連続性を縦糸に、技術的解明を横糸として、中国武術史の全体像を明らかにしようと努力したものです。

中国武術界には、数多くの虚妄の伝説がいまなお色濃く残存しています。中国武術史学を樹立した二人の偉大な先覚者唐豪と徐震は、すでに一九二〇、三〇年代、達磨少林拳開祖説、張三丰太極拳開祖説などを打破しましたが、私もまた先学の業績を参照しつつこの二説に挑戦し、私なりに新たな少林武術論、太極拳史論を展開しました。中国武術に対する神秘観を排除し、その実体を理解するためには、史的側面からだけではなく、技術的側面からもアプローチすることが必要です。本書では、明代の少林武僧程宗猷が著した『少林棍法闡宗』『単刀法選』、倭寇撃滅の勇将として知られる戚継光の《拳経》（『紀効新書』）を全図掲載し、その技術的分析を試みました。これによって、中国武術史に流れる人間行動の軌跡が具体的かつより鮮明に浮き彫りになったとすれば著者の本懐です。

本書は、相撲・柔術（柔道・合気道）・刀術（剣道）・空手など、日本武術と中国武術史との関係についても独自の検討を加えています。孔子・孫子などの春秋戦国時代の中国古代思想は、日本武士道の精神的源流となりましたが、日本武術が民族の個性に合わせて独特の技術と思想を練り上げたのも事実です。そして中世の日本刀術・小銃射撃術、近・現代の柔道等は、中国に少なからぬ影響を与えました。また、日本相撲のもとになった古代徒手格闘術は、中国を越えてユーラシア大陸の文化交流と深く関わっています。こうした国際的視野に立って中国武術史を考察しようと試みたところに本書のひとつの個性があると認めていただければ幸いです。

武術に関する用語は多種多様に表記されます。拳法は古代、手搏と呼ばれ、明代以降はじめて「拳法」として登場しました。しかし、現代中国で「拳法」は身法・脚法等に対する「こぶしの技」として狭義に使用されることが多く、打突・蹴りを含む総称としては「拳術」が一般的です。また、槍は鉄製武器の普及とともに「鎗」とも書かれるようになりましたが、「鎗」は本来、金属の触れ合う音を表すことばであって武器名称としてはむしろ誤用だったというべきです。日本人が「鑓」という和製漢字を発明したのもそこにいくばくかの原因があるでしょう。さらに、刀と剣は別種の武器ですが、現代日本では刀剣を一体化し、刀術を「剣道」といいます。本書では、こうした多様な表記を無理に統一せず、誤解を生じない限り、もっぱら引用・叙述の便にしたがうことにしました。

本書を世に送り出すにあたっては、多数の方々のご指導とご協助を得ました。とりわけ資料の中に埋没して数年間迷路をさまよっていたとき、たった一言で私の迷いを断ち切ってくださった小林末男博士（元拓殖大学大学院長、現産能大学常勤理事・教授）、こころよく刊行を引き受けてくださった福昌堂社長中村文保氏、刊行まで力強く支援してくださった三藤芳生氏（日本武道館教育文化課長）、生島裕氏（福昌堂季刊『武術』編集長）、野沢靖尚氏（福昌堂書籍・映像出版部責任者）の各位、並びに本書のため陰ながら奔走し、あるいは絶えず温かい激励をくださった知友のみなさまに謹んで感謝の意を表します。

一九九四年春　著者

新版　序文

このたび旧著『中國武術史大觀』が装いも新たに国書刊行会から増訂新版として公刊されることになりました。基本的な構成は元のままですが、この機会に人名の誤字など細部ではあるが重要な誤りを正し、また本文の一部には若干の筆を加えて修正したところがあります。

初刊（福昌堂一九九四年）から二十五年、私もそれなりに老いて、文字を追うことさえ困難を覚えるようになりましたが、幸い編集部伊藤嘉孝氏の緻密な校正作業に助けられ、比較的短期間にまとめることができました。晩年になって、こうして自己のライフワークに新たな息吹を与えられたことは私の大きなよろこびです。旧版当時から今日まで拙著刊行のためご指導並びにご助力賜った諸先生、知友の皆様方に改めて心から感謝の意を表します。

笠尾恭二

二〇一九年　初夏

本書は一九九四年七月、福昌堂より刊行された
『中國武術史大觀』の増訂版である。

目次◉増訂　中国武術史大観

口絵写真

『五彩武人図有蓋壺』(白鶴美術館所蔵)

拳法を描いた万暦赤絵。明代勇将・戚継光将軍の陣中訓練図と思われる。戚継光は倭寇撃滅のため流派にとらわれず実戦的武術を追及し、中国武術中興の祖となった。本文第三章参照。

増訂　中国武術史大観

第一章　中国武術の起源と確立

第一節　古代中国における戦闘技術の発達

武術の定義

武術とは敵を攻撃し、自己を防御する体系的な戦闘技術である。「武」の文字は、「戈《か》を以て止《とど》むる」の意であり、武器で相手の死命を制することをいう。わが国では一般的に「武とは戈を止めること」、つまり相手が武器を用いて自分を攻撃しようとするのを未然に制することであると解釈する。これは幾多の戦乱を経た後世の人々が、「武」とはかくあるべきだと考えた哲学的解釈であり、いわば殺人剣的原義から活人剣的理解へと発想が転換したのちの平和的解釈であった。このような平和的解釈は漢代の許慎『説文解字』等によって広まったが、直接的には『春秋左氏伝』宣公十二年（前五九七）の故事に依拠している。

『春秋左氏伝』によれば宣公十二年、鄭国をめぐって楚と晋が黄河のほとりで戦った。戦闘は楚軍の大勝利に終わった。潘党は楚王に武功を記念する「京観」（敵軍兵士の死体を埋めてつくる）を築くようすすめた。このとき楚王は、「爾《なんじ》が知る所に非ざるなり。それ、文に、戈を止むるを武と為す」と言って武の七徳を説き、いたずらに武功を誇示することを戒めた。『説文解字』はこの楚王のことばに共鳴して「武とは戦闘を未然に防ぐべきものである」と説いたのである。

しかし、「武」字の原義をたどれば、「止」は本来「足」を意味するので、「武」とは「戈を持って進む」すなわち「戈を持って戦いに行く」ことを意味した。
「止」に「一」を加えて強調した文字が「正」であり、これは本来「他国に攻めて行く意」を表した。この意をさらに強調した文字が「征」である。「止」は確かに「足でその場に立つこと」すなわち「とどまる」ことを意味するようになったが、「武」字が発明されたころは積極的に戦うことを意味したはずであり、戈を以てとどめるべきものはあくまでも相手の生命だったのである。

中国武術の起源確立期概観

武術のもととなる原始的な格闘技は、自己防衛の本能的な行動として人類発生とともに誕生したということができるだろう。そして、社会が組織化されるにつれて武術もまた軍事技術の一環として体系づけられたとみることができる。つまり国家が形成されたときには、武術もまた成立していたと考えてよい。

現在確認しうる中国最古の王朝、殷代のころには、武術はすでに相当発達した段階にあった。殷代の軍事活動については甲骨文献の発見解読と殷墟など古代遺跡の考古学的調査研究により、二十世紀に入って初めて明らかにされたことが多い。周代から秦漢時代にかけても、文献・出土品ともに近年ますます豊富となり各種専門的な研究の蓄積が見られる。

考古学、歴史学の両分野における最近までの研究成果にもとづいて中国武術の始源期を時代的に概観するならば、まずいわゆる「北京原人」に象徴される原始時代を武術の萌芽期とみなすことができる。

中国旧石器時代（約五十万年前）の原人たちは、徒手もしくは石・木・巨大動物の骨などを材料とする簡単な武器で動物を狩り、近隣の部族たちと闘った。彼らはすでに火の使用法を知っており、また石製武器によって人体の首を斬る技術をもっていたようである。

新石器時代（仰韶・竜山文化期　前四〇〇〇〜前二〇〇〇）になると、磨製石器によるかなり精巧な狩猟生産用具が製造された。それらのなかには対人間の戦闘武器として転用しうる刀・斧・戈・矛・弓矢などがあった。なかでも弓矢の普及は狩猟・戦闘技術の画期的な進歩であった。弓矢は遠距離まで加撃力を到達させる代表的な射遠兵器であり、古代から近世まで数千年にわたって一貫して軍隊の中心的な武器となった。

一九六三年、山西省朔県峙峪村付近の旧石器時代遺跡から約二万九千年前と測定される中国最古の石鏃が一枚出土している。一九六六年、江蘇省邳県大墩子遺跡（前四四九四±二〇〇）からは、大腿骨に骨製鏃の断片が射込まれたままになっている中年男子の遺体が発掘された。この遺体は右手に骨製の匕首を持ち、左腕の下には石斧があった。明らかに戦闘要員の死体である。一九七二年から一九七三年にかけて発掘された雲南省元謀大墩子遺跡（前一二六〇±九〇）には、胸腹部に多数の矢を射込まれた青年男女の遺体がそれぞれ別個に埋葬されていた。この遺跡からは磨製の石鏃百七十二件が出土している。（注：楊泓『中国古兵器論叢』増訂本　北京・文物出版社一九八〇）

こうした近年の考古学的知見にもとづけば、中国における弓矢は旧石器時代の晩期に使用されはじめ、新石器時代には広く普及し、狩猟技術としてだけではなく、戦闘技術すなわち武術として成立していたと推定することができる。新石器時代には農耕・牧畜技術が開発され、食料の生産と蓄積が可能となった。その結果、生活文化は飛躍的に向上し、社会の組織化が進み国家成立を可能とする諸条件が整えられた。

旧石器時代晩期から新石器時代にかけてすでに武術の芽生えはあったが、体系的な武術の起源を国家の起源と同じくするものと仮定するならば、殷代初期もしくは殷以前に存在したとされる伝説上の国家夏王朝のころを中国武術の起源期と考えることができる。『史記』『竹書紀年』等の所伝によれば、夏王朝は禹が創建し、十七代約五百年続いて殷に滅ぼされたという。殷の創建は紀元前一六〇〇年ころとされるので、夏王朝の存続期間はおよそ紀元前二一〇〇〜前一六〇〇年ころと想定することができる。

夏から殷代中期にかけて、石器時代以来の狩猟・闘争技術が武術として体系化された。そして殷代中期、青銅技術と車馬戦術の発達によって軍事力が一挙に高まるとともに、武術も著しく発達した。殷代中期から春秋時代まで、戦闘は車戦を中心とし、主要な武器は弓矢・戈・矛・短刀などであった。殷代の弓はすでに、弾力のある木や竹などの単一材料による原始的な単体弓ではなく、複数材料の組み合わせによって弾力性と復原力を併せもった強力な複合弓であった。殷代に始まる甲骨文字の「弓」は、この複合弓を形象化したものである。

接近戦では戈が、「武」字のもとになったことでも明らかなように、最も基本的な武器であった。したがって戈術が格闘武器術の中心であった。一般的には左手に防御兵器として干（盾）を持ち、右手で戈を振るった。また、青銅製の短刀が補助的に用いられた。全長約三〇センチ、刃渡り約二〇センチ程度の短刀である。この時代、後世のような長めの金属製武器は存在しなかった。

短刀がどのていど格闘武器として用いられたかは疑問である。短刀は常時携帯する護身用の武器であり、また作業用の道具であって、格闘武器としては補助的に使用されたにすぎないのではないだろうか。ただし、刃渡りが二〇センチあれば、とどめを刺し首を切ることは十分可能であった（人間の首は、もちろん体格で異なるが、おおむね直径一四、五センチ以内とみてよい）。

殷墟からはまた、青銅製の矛が多数出現している。車戦の主役である戦士たちの主要武器は弓矢と戈だったので、殷代の矛は主として歩兵用の武器として用いられたのであろう。歩兵は戦時に動員された農民兵で、一両の戦車に十～三十人が配備された。

春秋時代末期から戦国時代を経て秦漢統一帝国に達する時代には、戦闘に騎馬術が導入され、鉄製の武器が普及した。長柄の武器に矛と戈を合体させた「戟《げき》」が出現し、主要武器の一つとして流行した。弓矢は依然として重要な武器であったが、遠距離用の武器としてさらに「弩《ど》」が加わった。接近戦で中心的な役割を果たした戈は剣にその位置を譲った。剣は、金属技術の進歩とともに青銅製の短剣から長剣へ、さらに鉄製の剣へと発達したが、騎馬戦闘が盛んになるとともに直剣はしだいに戦場から姿を消し、彎刀が普及した。

戈・戟の生成発達示意図

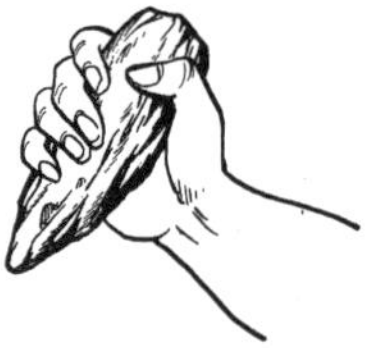

1　石を手に持つ

2　石を柄につける

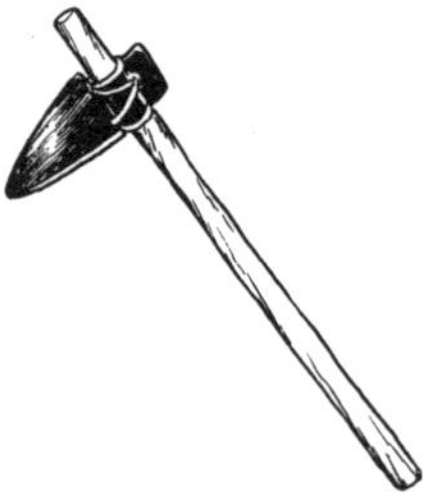

3　青銅戈の誕生

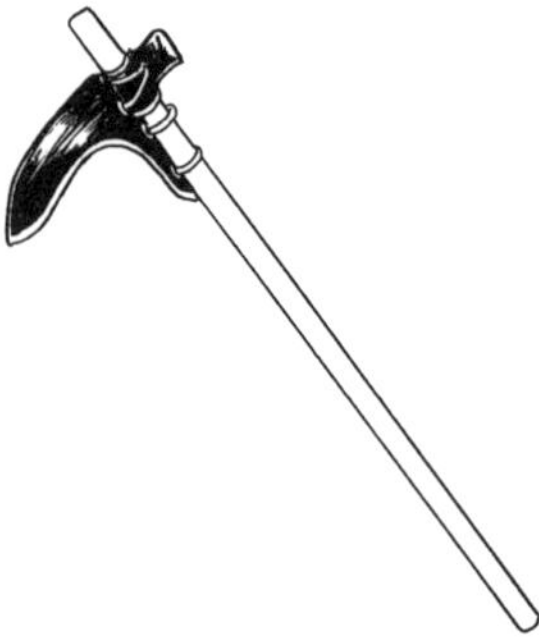

4　青銅戈の発達

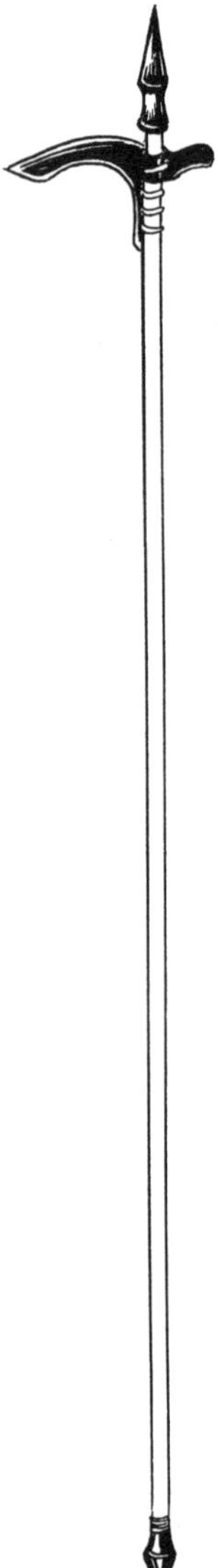

5　戟の成立
（刺突用矛に戈を合体）

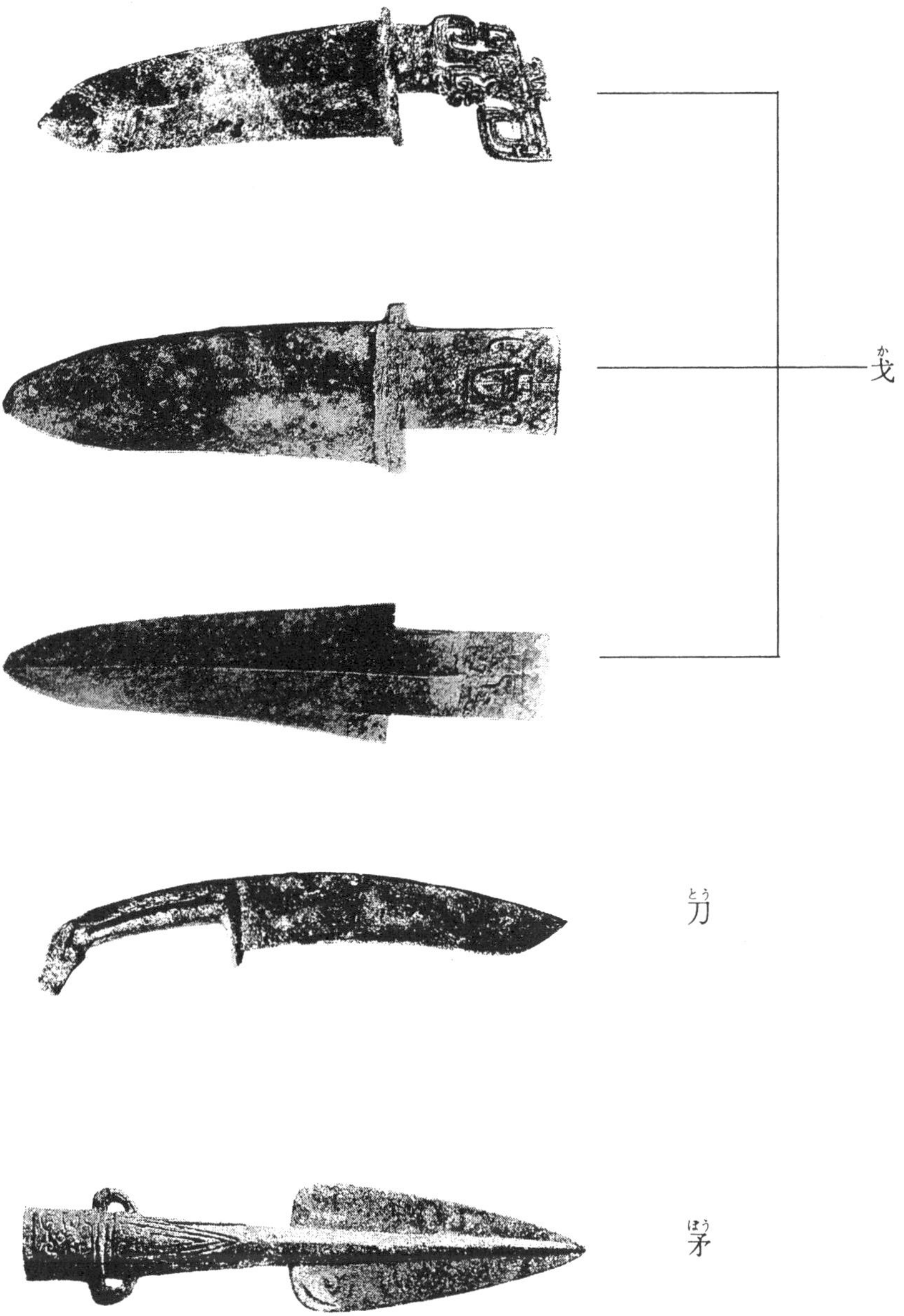

殷代の青銅製武器（『図説世界文化史大系 15　中国 I』角川書店 1958）

騎馬戦と製鉄技術の普及によって、武術は春秋時代末期から戦国時代にかけてかなりの変容をとげ、秦漢帝国の成立とともに基本的には近世まで共通する中国武術の基盤が確立されたのである。

第二節　殷周時代の戦闘技術

車戦の諸相

殷周時代における戦闘の中心は車戦である。現在までに発掘確認された中国最古の戦車は殷代後半期、およそ紀元前一三〇〇年ころに属する。小屯殷墟C区墓葬群から五個の車馬坑が発掘されたが、そのうち二個は四頭だて、三個は二頭だての馬車であった。周代に定着した四頭だての戦車は、すでに殷代に出現していたのである。

殷代前半期以前の戦車は現在まで一両も発掘されていないが、『竹書紀年』には夏王朝第五代帝相十五年の条に、「商侯相土、乗馬を作り、遂に商丘に遷る」とある。「乗馬」とはこの場合、戦車のことである。馬の背にまたがることは「騎馬」という。騎馬術は車行技術よりはるか後世に開発された技術であり、中国に導入されたのは紀元前三世紀、戦国時代になってからである。

「相土が乗馬を作り、商丘に移った」とは、相土が戦車軍団を組織して、商丘の地に強力な軍事的根拠地を築いたということを意味しているだろう。相土は殷民族の祖先のなかでも武烈をもって鳴った君主とされている。殷民族の始祖契は夏王朝の始祖禹王の治水事業を助けた功績により、商国に領地を与えられ、殷民族の基礎を築いたが、相土はこの契から数えて第三代にあたり、東方に遠征して山東半島の諸部族を支配し、殷の軍事的勢力を拡張したという。

相土が「乗馬を作った」という帝相十五年とは、『竹書紀年』の記録にしたがえば夏の禹が即位してから約五十年後のことであるから、夏王朝の創建を紀元前二一〇〇年ころとすると、中国に戦闘用の馬車が登場するのは紀元前二〇五〇年ころとなる。

ただし、夏王第二代帝啓が有扈氏と大戦したとき、甘の地で出陣の誓いをたて、それが「夏書・甘誓」（『書経』）として伝えられているが、そのなかに次のようなことばがある。

左《さ》、左《ひだり》を攻めざるは、汝命《めい》を恭《つつし》まざるなり。右《ゆう》、右《みぎ》を攻めざるは、汝命を恭まざるなり。御《ぎょ》、その馬の正にあらざるは、汝命を恭まざるなり。

これは殷周時代の車戦と同じく、一両の戦車に乗り組んだ三人の戦士が、それぞれ自己の本分を尽くしてこそ、初めて全軍の勝利が得られると檄したものであろう。

この所伝が事実とすれば、そもそも夏王朝創始のころには、すでに戦闘用の馬車が存在していたことになる。夏王朝は考古学上の裏付けがないために、いまなお伝説上の国家とされているが、二十世紀に入って殷王朝の実在が証明された以上、『史記』をはじめ諸書に殷が滅亡させた古代国家として記録されている夏王朝の存在もほぼ確実である（もともと殷の祖先は夏王朝に仕えた有力諸侯として政権の一部を担っていた。つまり夏王朝は殷人の祖先とは同時代の政権であり、単なる伝説的存在ではなかった）。そして、夏王朝創建の紀元前二一〇〇年ころ、すでに戦車が存在していたとしても、それは世界史的にみるならば決して早すぎる出現ではない。なぜならオリエントでは、それよりさらに数百年前にすでに戦車が存在していたからである。

古代文明圏のなかで最も早期に車両を利用し、発達させたのは古代シュメール人である。彼らは紀元前二五〇〇年ころには馬に牽引させた戦車を利用していた。ウル第一王朝時代（前二五〇〇〜前二三五〇）の資料として著名な細密モザイク画「ウルのスタンダード」戦争図には、馬四頭だて四輪駆動の戦車が敵兵を蹂躙して進軍するさまが描かれている。一列縦隊に描かれたこの四輪戦車は二人乗りで、それぞれ車長らしい人物が馬を御し、その背後の踏台に乗った戦士が斧を担ぎ、あるいは投げ槍を構えている。

車両そのものの起源はこのころよりさらに五百年以上さかのぼる。紀元前三〇〇〇年紀の前半に車両は低速度の牛車から戦闘用の馬車へと発達し、紀元前二〇〇〇年を前後する数百年間に、車両製造技術・馬の飼育技術および戦車による戦闘技術が古代オリエントの主要文化圏に普及したのである（注：林巳奈夫「中国先秦時代の馬車」〈『東方学報』二九号一九五九〉及び加茂儀一『騎行・車行の歴史』法政大学出版局一九八〇等参照）。

シュメール人は当初から交通機関を重視していた。車両の開発も通商・交易を得意とするシュメール人の民族的特性にもとづくところが大きかったであろう。ちなみに「シュメール」とは「文化をもたらす人」の意であり、彼らはもともと外来民族であった（注：ヘルムート・ウーリッヒ原著　戸叶勝也訳『シュメール文明』佑学社一九七九）。シュメール人は紀元前三〇〇〇年紀の末つまり紀元前二〇〇〇年にちかいころには、オリエント全域にまたがる広い交易圏をもっていた。中国に車両・戦車技術が伝播した時期をこのころとすると、おおむね夏王朝創建のころとなり、時代的には矛盾しない。中国で発掘された殷代中期以降の戦車は、古代戦車としては十分に発達した姿を示している。夏代から数百年以上の成熟期間があったとすれば、殷代戦車の先進性も当然の発展として理解することができる。

『呂氏春秋』によれば、鳴条の決戦で夏王朝を滅ぼした殷の湯王は「良車七十乗、必死（の勇士）六千人」を用い、牧野の決戦で殷王朝を滅ぼした周の武王は「簡車（えりぬきの兵車）三百乗、虎賁（近侍の勇士）三千人」を用いた。春秋戦国時代は「万乗の君」ということばがあったように、大国は数千から一万台の戦車を持っていたが、殷末から周初は数百台、そして夏代は数十台で王朝を倒せるほどの軍事力を構成できたものと思われる。

殷王朝の戦車は、殷が築き上げた世界史上有数の高度な青銅器文明を背景に発達した。現代の車両が総合的な工業基盤を必要とするように、古代にあっても車両の製造には総合的な技術が必要であった。原料の木材入手から、材料を加工し製品として完成させるまでには、かなり精度の高い計算手段と金属製の切削工具を必要としたであろう。牽引力となる馬の飼育と訓練にも高度の遊牧技術が必要であり、馬と車両を結びつける牽引法にも各種の知識と技術が必要であった。また、完成された戦車を個々の格闘兵器と組み合わせ、強力な軍事力を編成するには、余剰生産を生みだし、集団を維持する統治システムが必要となる。つまり古代にあっても戦車の成立には、総合的な科学技術力と強固な社会的組織力を前提としたのである。

一九五五年鄭州市で発掘された殷代の城壁（前一六二〇）は、全長約七キロに達し、城内には車馬通行の痕跡が残されていた。一九八三年、河南省偃師県で鄭州よりさらに早期に属するとみなされる旧城址が発掘された。この城内には傾斜した「馬道」があり、車馬は東西方向の幹道からこの「馬道」によって城壁上を通行することさえできたのである（注：楊寛著・西嶋定生監訳『中国都城の起源と発展』学生社一九八七）。この時代の都城はすでに車行を前提として建設されていた。これは軍事的にみると、いわば「攻めるに戦車、守るに城壁」だったのであり、中国北方の平野における都城国家では、戦車と城壁は一対の文化として存在したのである。

殷王朝は紀元前一〇五〇年ころ、殷の国都朝歌（河南省）南郊の牧野における決戦で、周の武王を盟主とあおぐ革命連合軍に敗れ、滅亡した。『史記』によれば、連合軍は牧野に四千乗の兵車で陣をしき、殷は防戦のため七十万の兵力を動員したという（「周本紀」）。殷代の戦時動員数は三千人から一万三千人程度であったと思われるので、『史記』の数字が事実とすると古代の戦闘としてはかつてない大規模な会戦となる。しかし殷最後の王となる第三十代帝辛（紂王）は、すでに悪政によって人心を失っており、殷軍にはほとんど戦意がなかった。武王が主力軍（兵車三百乗、勇士三千人、徒兵四万五千人）を率いて紂王の軍に攻め込むと、殷軍はたちまち総くずれとなった。紂王は朝歌に逃げ帰って鹿台の上にのぼり、火を放って自決した。都に入った武王は、自ら紂王の屍に三発の矢を射てから下車し、軽呂《けいろ》の剣（トルコ式青銅製短剣）で屍を撃ち、黄鉞《こうえつ》で首を斬って大白旗の先端に掲げた。ここに殷王朝は滅亡し、周王朝が創建されたのである。

周代、馬車はますます普及し、交通・儀式・狩猟・戦争などに広く使用され、車の種類も多様化した。身分によって車に格式が生まれ、車行に関する儀礼が発達した。『礼記』に記された細かい車礼は、平時にあっては社会的秩序を保つのに合理的な面があった。ただし戦時になれば、『礼記』にも「兵車は式せず（車上から深く敬礼せず）。武車は旌《はた》を綏《た》れ、徳車は旌を結ぶ」とあるように、武猛を貴び旗を風になびかせて勇壮に疾駆したのである。

戦場で敵と遭遇したときは、まず戦車を列して陣をつくる（ちなみに「陣」「軍」の両字とも戦車を整列させた隊形から生まれた文字であろうことに注目したい。基本的な軍事用語が車戦時代に確立したことの一つの証拠といえよう）。布陣のあと敵陣をうかがう。出陣前の動きについて『春秋左氏伝』成公十六年に、次のような例がでている。

（やぐらじたての車から敵陣をながめて）王が言う。

「（晋の陣で）人々が左や右に駆けまわっているのは何か？」

（晋から亡命している）伯洲犂が答えた。

「軍吏を召集しているのです」

皆、中軍に集合した。

「謀を合わせているのです」

幕を張った。

「先君の霊前で占っているのです」

幕を撤去した。

「いよいよ命令をくだすのです」

さわがしくなり、土煙が立ちのぼった。

「井戸を埋め、竈《かまど》をくずして隊形を組もうとしているのです」

皆、乗り込んだ。左右が武器を手にして下車した。

「出陣の誓いを聞くためです」


戦車を中心に歩兵を従え、隊列をそろえて前進し、突入の機をうかがう。少数の精鋭で先駆けさせ、相手の陣に接触させることもある。これが「挑戦」である。周の武王は牧野の決戦で、主力軍が突撃に入るまえ、まず師尚父（太公望）に命じ、百人の勇士に挑戦させている。こうして全軍に必戦の意を示してから、主力軍を率いて帝紂の軍に攻め込んだのである。

全軍が見守るなかでの挑戦は、武人にとって自己の勇気と武術を示す絶好の機会であった。『春秋左氏伝』宣公十二年には、戦車に乗り込んだ三人の武士が敵陣に対してどのように挑戦（もしくは挑発）するかを示すよい例を載せている。


許伯（御）は言った。

「われは聞く、『戦いを挑むときは、御は車の旗をなびかせ（るほど勇壮に疾駆し）、敵陣に触れて返る』と」

楽伯は言った。

「われは聞く、『戦いを挑むときは、左《さ》はよい矢をひとすじ敵陣に射込み、御にかわって轡《くつわ》を取る。御は下車して飾りと馬具を正して返る』と」

摂叔は言った。

「われは聞く、『戦いを挑むときは、右《ゆう》は敵陣に入り、耳を切りとり、捕虜を捕らえてかえる』と」

つまり戦車を勇壮に疾駆させ、威嚇の矢を打ち込み、さらに敵を一人生け捕りにして自己の陣営に引き返すのである。「われは聞く」とのことばから判断するなら、これがこのときの三人の思いつきではなく、かなり一般化した見方であったと思われる。また、挑戦に必要な武術とは、御術・射術・短兵器による武器術および徒手による格闘術であったということ、したがってそれら四種がこの時代に最も重視された武術であったろうということが、この挿話から推察できる。

このとき楽伯ら三人は、ことばどおりに実行したと『春秋左氏伝』は伝えている。引き返す途中、楽伯は晋軍の追撃者たちと「左に馬を射、右に人を射て」戦い、最後に残った一本の矢でたまたま前方に飛び出してきた鹿を射た。そして右の摂叔に命じて追撃の指揮者鮑癸《ほうき》に献上させた。その際、摂叔は、「歳の時に非ずして、献禽の未だ至らざるを以て、敢えて諸《これ》を従者に膳す」（時節も外れ、なにかと獲物にはご不自由のことと存じ、あえてこれをご家来衆の膳上に進呈いたしたく）と口上を述べた。鮑癸は追撃をやめさせて言った。「その左は善く射る。その右は辞《ことば》あり。君子なり」

こうして楽伯らは追撃を免れて帰陣した。戦場における挑戦とは、このように武人が命をかけて修練のほどを披露するいわば武術試合的な要素をもっていたのである。しかし、ひとたび戦端が切り開かれれば、戦場が殺戮の場と化したのはいうまでもない。戦国時代後期、楚国の人屈原（前三四三～前二七七？）の作品とされる「国殤」は、車戦時代の悲惨な戦場をうたった詩として有名である。部分的にはしばしば引用されるが、この詩には当時の武器、戦闘の様相ならびに作者のことばを通じて当時の武人が戦争に対してどのような感懐をもっていたかをうかがわせるものがあり、武術史的にも重要な資料といえるので、ここでは改めて全訳を掲げておきたい。

〈直訳〉　〈現代語訳〉

国《こく》殤《しょう》

呉《ご》戈《か》を操《と》りて犀甲《さいこう》を被《き》
車轂《しゃこく》を錯《まじ》えて短兵接《たんぺいせつ》す
旌《はた》は日《ひ》を蔽《おお》いて敵《てき》は雲《くも》の如《ごと》く
矢《や》は交《こもご》も墜《お》ちて士《し》は先《さき》を争《あらそ》う

余《よ》が陣《じん》を凌《おか》し余《よ》が行《こう》を躐《ふ》み
左驂《ささん》は殪《たお》れて右《ゆう》は刃《じん》に傷《きず》つく
両輪《りょうりん》を霾《うず》みて四馬《しば》を縶《つな》ぎ
玉枹《ぎょくほう》を援《と》りて鳴鼓《めいこ》を撃《う》つ

天時《てんじ》は懟《うら》みて威霊《いれい》は怒《いか》り
厳殺《げんさつ》し尽《つく》して原野《げんや》に棄《す》つ
出《い》でて入らず往《い》きて反《かえ》らず
平原忽《へいげんこつ》として路超遠《みちちょうえん》なり

長剣《ちょうけん》を帯《お》びて秦弓《しんきゅう》を挟《たばさ》み
首身離《しゅしんはな》るとも心懲《こ》りず
誠《まこと》に既《すで》に勇《ゆう》にして又以《またもっ》て武《たけ》く

英霊に捧げるうた

呉製の鋭利な戈を取り、犀の皮のよろい着て
戦車はたがいに車軸をまじえ、激しく打ち合う武器と武器
旗はたなびき日をおおい、敵軍わきたつ　雲のよう
降り注ぐ矢の中を、兵士は走る　先陣を競って

敵軍はわが陣を侵掠し、わが隊列を蹂躙《じゅうりん》する
左の添え馬はたおれ、右の戦士は切られた
指揮車は両輪を戦塵に埋めても、四馬をしっかとつなぎ
玉のばちを握って、決戦の太鼓を打ち鳴らす

天運は味方せず、悪霊は怒り狂い
ことごとく殺され、原野にさらされた兵士の屍
故郷をひとたび出れば、帰る日はいつか
みはるかす平原よ、旅路ははるけくも遠い

かばねはなお長剣を帯び、強弓をかかえて
首は斬られても、闘魂は屈せず
どこまでも勇ましく、どこまでも猛く

終《つい》に剛強《ごうきょう》にして凌《おか》すべからず　　ついにその剛強を、だれが犯すことができよう
身《み》既《すで》に死すれども神《しん》以《もっ》て霊《れい》に　　身は死すとも、神霊はとこしえに
子《し》の魂魄《こんぱく》は鬼雄《きゆう》と為《な》る　　なんじの魂魄は、鬼神の雄となる

（注：訳にあたって釈清潭『国訳楚辞』一九二一、黒須重彦訳『楚辞』学習研究社一九八二、目加田誠訳『滄浪のうた　屈原』平凡社一九八三等を参照）

この詩でまず注目されるのは屈原の時代すなわち戦国時代後期、戦闘は騎馬戦ではなく、なお車戦が中心であったということである。中国に初めて騎馬戦術を取り入れた趙の武霊王（在位前三二五～前二九九）は、ほぼ屈原と同時代である。つまりこのころ楚国とは遠く隔たった中国北方の趙国にようやく騎馬戦術が入りはじめていた。いいかえれば、殷以来千数百年にわたって中国の大地に繰り広げられてきた車戦の最晩期の姿を屈原はうたっている。この意味からは屈原のうたう「国殤」は車戦そのものの挽歌でもあった。

また、この詩によって当時戦場でどのような武器が使用されていたかを知ることもできる。武器の表現として詩中には、「呉戈」「短兵」「矢」「刃」「長剣」「秦弓」等がある。戦闘武器の種類として、まず射遠兵器の弓矢が大量に使用されたことは当然のことであるが、接近戦用の格闘兵器として同一戦場に戈と長剣が共存していたことは、この時代の過渡期的性格を示すものとしてやはり注目に値する。

戈術は、一言でいえば、剣術によって駆逐された武術である。殷周時代、戈術は格闘武術の中心であった。この時代の刀・剣はすべて刀身の短い短刀・短剣の類であり、いずれも戈の補助的存在にすぎなかった。春秋時代後期から金属技術の発達によって長剣が普及するとともに、戈は長柄の戟に変化し、片手で振り回す在来型の戈は姿を消していったのである（いうまでもなく戦闘技術の発達による武器の変遷は、比較的長期にわたる共存過程を経て緩慢な交替をとげたのであり、ある一時点で一挙に転換したものではない）。

詩のなかに「車轂《しゃこく》を錯《まじ》えて」という句がある。「轂」とは車軸の先端であり、保護金具で包まれていた。長沙瀏城橋一号墓から一九七一年、保存状態のよい見るからに堅牢な銅車轂が出土している（注：湖南省博物館「長沙瀏城橋一号墓」〈『考古学報』一九七二・一期〉）。車戦時代晩期には、この車轂に矛状の刃をつけて、より殺傷能力を高める方法が開発された。こうした有刃車轂の実物が一九七八年、湖北曽侯乙大墓から出土している（注：彭邦炯「帯矛車轂与古代衝車」〈『考古与文物』一九八四・一期〉）。この有刃車轂は全長約四〇センチ、のこぎりのように刃の外側を波打たせ、ゆるやかな歯状を形成している。車軸とともに高速回転すれば、人肉を容易に切り裂く切削効果を上げたものと想像される。「国殤」にうたわれた戦場でもこうした有刃車轂をもつ戦車が縦横に疾駆したのではあるまいか。そう考えると、この詩に描かれた車戦の激しさがいっそう具体性を帯びてくるのである。

戦士「車右」とその武術

エジプト、ギリシャの戦車は一人乗りもしくは二人乗り戦車が一般的であったようであるが、殷代後期に定着したと思われる中国式の古代戦車は、基本的には車上に三人の戦士が乗る。中央が御者であり、もっぱら馬を御し、戦車を操作する。左側に乗り組む「車左」は三人のなかで最も身分の高い戦士である。いわば「車長」であり、射遠武器としての弓矢を担当する。

そして右側に護衛および接近戦用の戦士が乗る。これが「右《ゆう》」すなわち車右であり、たいていは個人武技を得意とした大力の勇士たちであった。車右の用いた主たる武器が接近撃刺用の戈である。車右が武器を自由に振り回すためには、御者の右側に立つ必要があった。御者の左側に立つと、武器を持つ右手側に御者が位置することになる。戦士にとって武器が使いにくく、味方の御者を傷つける恐れがあった。したがって当然のことながら格闘戦士は御者の右側に立つ必要があったのである。

王侯が出動するとき、その戦車の右となることは武人の名誉であり、『春秋左氏伝』はしばしば車右の活躍を克明に記録している。『春秋左氏伝』にとって、右に任じた武人たちの動向は、ときには王侯たちの言動よりも重要な関心事だったのである。彼らは「右の戦士」として接近格闘術を得意としたが、これは必ずしも接近戦のみを専門にしたという意味ではなく、大力に恵まれあるいは人並はずれた闘魂によって接近格闘術が他の戦士たちよりいっそう優れていたということであり、彼らは古代武人として当然、弓術および戦車を運転操作する御車術等、武術全般に通じていた。

たとえば「大叔于田」（「大叔は狩りに」）と題する『詩経』の一篇は、狩猟場における青年の活躍をうたって、第一節で「襢裼《たんせき》して虎を暴《う》ち公所に献じたり」（片肌ぬいで虎を打ち君主に献上した）と、その腕力をたたえるとともに、第二節では馬車の疾駆するさまを勇壮に描き、「叔は善き射なり、又良き御なり」（叔は優れた射手であり、また優れた御者である）と誇らかにうたっている。この叔も狩猟を戦闘の模擬戦とみなして自己の武術を鍛え、戦場では御者や車右となって君主のかたわらで修練の成果を発揮したことであろう。

古来、弓の達人として著名な養由基《ようゆうき》の活躍は、しばしば『春秋左氏伝』のなかに描かれているが、この養由基もときには車右をつとめた。養由基も春秋時代の武人として当然、御術や戈術を身につけていたのであり、とりわけ射術に優れていたところから、後世には弓の達人として名を残したにすぎないのである。

こうした王侯のかたわらで活躍した上級の武人たちこそ古代中国武術を発達させた当事者であり、自ら武術を錬磨工夫するとともに、歩兵動員に当たっては、その軍事的教練を担当し、さらに帰属社会の後継者たちに武術教育を施したのである。

右が用いた武器は主として戈である。戈は接近戦用の武器である。その形状は人間の腕が短剣を逆手に持った形に似ている。このことは戈が人間の最も原始的な攻撃法を巧みに武器化したものであることをよく表している。人間にとって最も原始的な攻撃法は手をいったん下から上に振りあげてエネルギーを蓄え、さらに下方に打ちおろすという方法である（これに対し最も原始的な防御法とは、両手で頭を抱えて身を縮める動作である）。北京原人は右利きであった。したがって右上方から斜め下に打ちおろす動作こそ、中国武術の最も原初的な技法であったといえるだろう。

腕を後方に引いてエネルギーを蓄え、前方に水平に突き出すという「突き」の動作よりも、腕を上下に振り回す「打ち」の動作のほうが攻撃法としてはるかに容易かつ効果的であった。なぜなら「突き」は線上を前後に直線的に運動して、点という小さな目標物をねらうことになるが、「打ち」は円上（面上）を運動して容易に加速度を加え、目標物を広くとらえることができるからである。

打撃効果を上げるため、人間はまず石のように硬いものを手に持った。あるいは木や巨大動物の骨などを用いて、目標物と身を接することなく打つ工夫をした。手に物を持つことは危険な対象物から少しでも距離を保って身を安全な位置に置くという消極的意義のほか、素手では届くことのできない距離にも攻撃を加え、さらに手首のスナップと武器の遠心力によって打撃効果を高めるという積極的意義をもっていた。この意味で武器は手足の延長化であると同時にその力の強大化だったのである。

戈は戦場以外の平時にも基本武器として衛兵が携帯し、武人同士の争いや暗殺の武器としてもしばしば用いられた。竹内照夫訳『春秋左氏伝』によっていくつかの例を見てみよう。

（成公十七年）さて十二月壬午、胥童《しょどう》と夷陽五《いようご》が甲武者八百をひきいて郤《げき》氏を攻めにかかったが、長魚矯は、多人数はいけないとことわり、公の命じた清沸魋《せいはいたい》と二人だけで、（けんかを中止した形で）戈を曳きずり、ほどけた帯など結びながら、裁いてもらうのだといつわって（郤氏に駆け込んで）行った。おりしも郤氏の三人が榭《しゃ》（武芸の稽古場）の中で相談をしている。矯はすかさず戈をふるい、駒伯《くはく》と苦成叔《こせいしゅく》とを、その席上に撃ち殺した。温季は、

「こんな死に方はご免だ」

とすばやく逃げたが、矯は、温季が車に乗りかかるところに追いつき、戈で殺した。なきがらは三つとも朝廷でさらされた。

この翌年、成公十八年にも、

　斉では、慶克の事のつづきとして、甲申、晦、斉侯は武士の華免に命じて国佐を侯の居間近くで戈で殺させた。

とある。

また襄公二十八年、廟内で慶舎を暗殺する場面は、

盧蒲葵《ろほき》がうしろから子之を突き刺し、王何が戈で斬りつけ左肩を割った。子之（慶舎）はそれでも廟のたるきを引き抜いて屋根瓦をゆすぶり、供物台だの壺だのを投げつけて人を殺し、大いに暴れたあとで死んだ。

と描かれている。

もう一つ、昭公二十年、公孟暗殺事件の例をあげてみよう。

丙辰、衛侯は平寿の町におり、公孟は城の蓋獲之《がいかくし》門《もん》の外で祭りをもよおした。斉氏はその門外に帷をめぐらして武士を伏せ、かつ祝鼃《あ》に命じ薪を積んだ車に戈をかくし、その車を門の外口に置いた。そして公孟が家を出ると、斉氏の人の車が一つ跡を追ってゆき、華斉《かせい》が御し、宗魯が右をつとめる。その車が城の大門の中に入ったと

き、（追ってきた車が急に迫って、）一人が戈をふるい、公孟に撃ちかかった。とっさに宗魯は公孟を庇《かば》って戈を背で受けようとしたが、戈は魯の腕を断って公孟の肩を斬り、ついに二人とも殺された。

この事例では暗殺者の戈は右の武士宗魯の「肱《うで》」を切断し、そのまま公孟の肩に食い込んでいる。戈は当初、頭頂や首筋に鋭利な刃先を打ち込む単純な撃殺用の武器であったが、しだいに内側に鎌のような弧形の刃をつけた形状になり、一撃で首を斬ることもできる斬撃両用の武器となったのである。

戈で首を斬るとき、左手でまず相手の頭髪をつかみ、引き倒すように相手の体勢を前方に崩す。この動作を特に「捽《そつ》」といった。短剣で勝負を決するとき、あるいは徒手格闘でもこの動作が用いられたらしい。頭髪をつかんで前に押さえつければ、相手はまったく無防備な体勢となり、自己がほぼ完全な主導権を握ることになる。実戦武術では、「捽」はいわゆる「崩し」の動作として、きわめて有効だったであろう。『説文解字』には、ただ単に「頭髪を持つなり」とあるが、「頭髪をつかんで前方に崩す」という古代格闘術の技法を表した武術的用語として理解すべきである。

戈から、さらに先端部分が枝別れして、撃刺・刺突・切断などの複合的な用途に使用できる武器が生じた。これが「戟」である。戟は長柄の武器であり、いわば戈と矛を合体させた武器である。春秋後期の水陸白兵戦を描いた著名な汲県山彪鎮一号墓出土の大鑑（「水陸交戦図鑑」）あるいは一九六四年に成都百花潭中学十号墓から出土した銅壺（注：四川省博物館「成都百花潭中学十号墓発掘記」・杜恒「試論百花潭嵌錯図像銅壺」〈『文物』一九七六・三期〉）などに描かれた画像紋戦闘図には、弓・戈・剣とともに戟を持つ戦士が多数描かれている（これらの戦闘図には格闘の決め技として、上述の「捽」すなわち相手の頭髪を握って押さえつけた体勢も描かれている）。

春秋時代から戦国時代にかけて武器が多様に発達したのは、鋭利な刀刃をつくる金属技術が進歩したからであるが、もう一つ、刀刃を支える柄の製造技術が進んだことも見逃してはならない。とりわけ長柄の武器の場合、

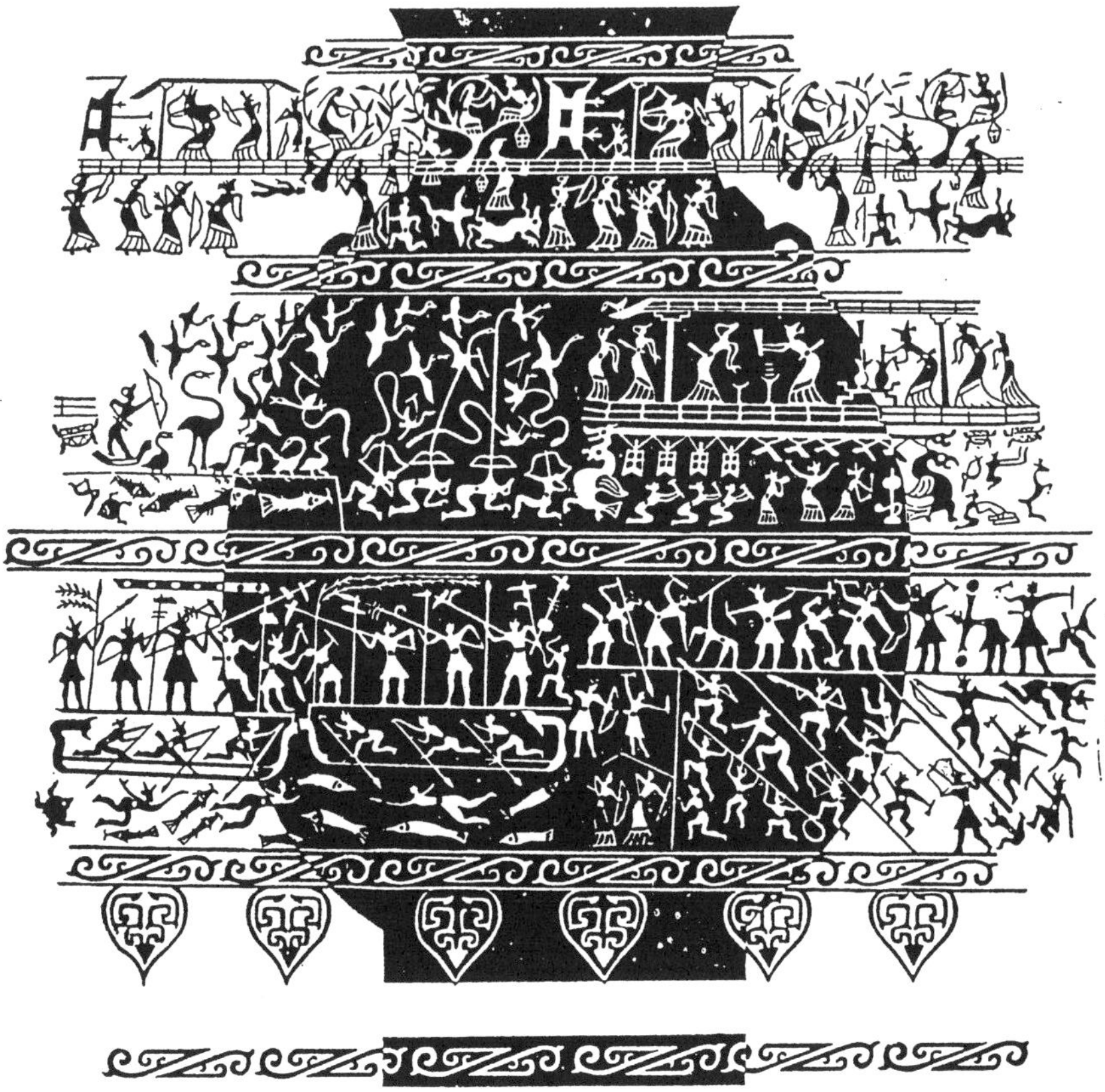

画像紋戦闘図。春秋戦国時代の狩猟・戦闘が描かれている。（楊宗栄編『戦国絵画資料』中国古典芸術出版社 1957）

柄の良否は武器としての優劣に決定的な影響を与える。使用しやすく耐久性をもった均質の柄を大量生産するため、たとえば「積竹」技術が発達した。細身の角材を芯に、まわりを細竹で囲み、糸を固く何段にも膠着させ、最後に布で包んで漆を塗る。殷代の弓はすでに木、動物の角・腱など、複数材料を組み合わせた一種の「合板弓」であったが、春秋戦国時代にかけて、いわば現代のプラスチック製造技術に相当するこうした合板技術が金属技術とともに発達し、殺傷力の高い武器が普及するとともに、それにつれて武術もまた長足の進歩をとげたのである。

一九七一年、長沙瀏城橋一号墓から出土した遺物のなかに剣・戈・戟・矛・弓・矢など春秋晩期の兵器が八十件以上発見された（注：湖南省博物館「長沙瀏城橋一号墓」〈『考古学報』一九七二・一期〉）。そのなかにも積竹材の長柄があり、また菱型棒を芯に四面を薄板で囲んだ積竹材同様の木質合板柄もあった。長さ約三メートルに達し、車馬具も同時に出土しているところから考えても、これら長柄の矛や戈は車戦専用の武器であろう。

春秋時代、戦闘用武器とは別に、平時に車上に備える警乗用の武器として「殳《しゅ》」とよばれるものがあった。刀刃のない矛、すなわち棒状の武器である。『説文解字』によれば「殳とは、人を殊する（逐《お》う、退ける）杖」の意であり、「積竹で製造した八角材で長さ一丈二尺」（『周礼』）というから、杖・棍・棒と同類である。『春秋左氏伝』には、この殳で戦車の横木を打ち折った記事が載っている。

昭公二十一年十一月癸未、公子城は呂の封人華豹《かひょう》と争いになり、車上から決闘同様に矢を射ち合った。はじめ華豹が城を射たが、矢は城と子禄（城の右）の間を飛び抜けた。次に射た城の矢は華豹を倒した。華豹の右張《ちょう》匃《かい》は殳を握って下車し、城の車に迫った。城は張匃の腿を射た。しかし、張匃は屈せず、「扶伏《ふふく》してこれを撃ちて軫《しん》を折る」。すなわち、這うように迫って殳で打ちかかったが、車上に達せず、車の横木を打ち折ったのである。

殳は本来、警護用の補助武器であり、殺傷を目的とするものではなかったであろうが、ひと打ちで車の横木を折るほどならば、人間を撃殺することも容易だったはずである。張匃ら右の武人たちが平時の武器術として材料を工夫し、用法を練ったであろう「殳術」は、のちの杖術・棍術の原型であったといえるだろう。

第三節　拳法と角抵――徒手格闘術の起源と伝播

護衛の拳士たち

春秋戦国時代の覇者斉国は「拳勇」を重んじた。『管子』小匡篇第二十に人材発掘をすすめる斉国の政策が記されている。その一節にいう。

公また問いて曰く、『子の郷において、拳勇股肱《ここう》の力あり、筋骨衆に秀出する者あるか。あらば以て告げよ。あれども告げざれば、これを才を蔽うという。その罪五あり』と。

斉国は宰相管子（?～前六四五）のことばをいれて、富国強兵政策の一環として、広く国内に文武両面にわたる有能な人材を求めた。聡明の士を「賢」とよび、有力の士を「才」とよび、そうした人物を無視したり、故意に隠したりすれば、その罪は重罪に値する、としたのである。まもなく斉国のこの政策は成功し、斉はついに春秋動乱期の覇者となることができたのであった。

『荀子』議兵篇に各国の軍事政策を比較して「斉人は技撃に隆《さか》んなり」と述べ『漢書』刑法志にも、「斉の愍《びん》は技撃を以て強し。魏の恵は武卒を以て奮《ふる》う。秦の昭は鋭子を以て勝る」とある。技撃とは拳法を含む武術の別称もしくは総称であるが、しばしば技撃の一語で拳法のみを表すことがある。いかに斉国の拳勇が世に鳴ったかを知ることができるだろう。

管仲の活躍した斉国は山東省一帯にあたる。山東省は現代にいたるまで数多くの著名な拳法家を生みだしたが、その起源は管仲のころ、春秋時代の前期、紀元前六五〇年のむかしにさかのぼるのである。

『春秋左氏伝』などには、右に任じた接近戦を得意とする武士たちの拳勇ぶりが随所に記録されている。武人として名誉ある戦いぶりを描いたものもあるが、ここでは当時の技撃がどのようなものであったかをいくらかでも想像しうるものを例示してみよう。

例一

魯の桓公（在位前七一一〜前六九四）は紀元前六九四年、斉侯に暗殺された。この事件について、『春秋左氏伝』は単に「夏四月丙子、公（桓公）を享し、公子彭生をして公を乗せしむ。公、車中に薨ず」と記すだけであるが、『史記』（「斉太公世家」）には、

斉の襄公、魯君と飲みてこれを酔わす。力士彭生をして魯君を車に抱え上げ、よって魯の桓公を拉殺《ろうせつ》せしむ。

とある。「拉殺」とは、わき腹を締めつけ骨をくじいて殺すことである。『史記』は同じ事件を別の箇所でも述べているが、そこでは「摺脅」ということばを使っている（「魯周公世家」）。これも、あばら骨をくじくという意味である。いずれにしろ力士彭生は、酔いしれた桓公を車上で介抱するふりをして、素手で暗殺したのである。

のちに魯の外交抗議にあって、斉は彭生を殺して決着をつけた。

例二

荘公（在位前六九三～前六六二）の十一年、乗丘の戦いにおいて、公の右の顓孫《せんそん》が宋国の大夫南宮長万を生け捕りにした。万は大力の士であったが、荘公の射た矢で傷ついていたので、格闘のすえ顓孫に組み伏せられたのであろう。外交交渉によって万は宋国に帰ることができたが、宋公は彼に「始め吾、子を敬せり。今、子は魯の囚なり。吾、子を敬せじ」と言った。以前は汝を尊敬したが、魯の虜囚となったからには、もう尊敬しまい、と辱めたのである。万はこれを気に病んだ。左氏伝によれば翌年八月、万は蒙沢において君主を弑《あや》め、駆けつけた大夫の仇牧と城門に出くわしてこれを「批殺《ひさつ》」した。批とはもと搥と書き、手によって打つ意。したがって、批殺とは手で打ち殺すことを意味する。この箇所は、公羊伝では、より具体的に描写している。

万、怒りて閔公《びんこう》を搏ち、その脰《くび》（頸）を絶つ。仇牧、君の弑《しい》さるるを聞き、趨《はし》りて至りこれと門に遇う。剣を手にしてこれを叱す。万、仇牧を臂撥《ひさつ》してその首を砕く。

万は君主と大夫の二人とも、平手で頸に打ち込んで殺している（撥もひら手で打つ意。いわゆる手刀打ちであろう）。大夫の仇牧はこのとき「剣を手にして」万に立ち向かった。その剣をものともせずに万は素手で正面から身を接して打ち込んだのである。万がきわめて徒手接近戦に優れた大力の士であったことが想像できる。

十月、万は宋国から陳国に逃亡する。その際、彼は輿に母を乗せてひっかつぎ、ただの一日で陳に着いた。宋国は万を取りもどすため陳に賄賂を贈った。万はなにしろ大力の男であるから、陳の人は女に命じて万を酒に酔わせ、犀の皮袋にまるめこんで宋に送った。宋に到着したとき、万は大力を発揮して手足を皮袋から突きだしていたという。宋の人は万を殺して肉醬にしてしまった。

例三

僖公（在位前六五九〜前六二七）の二十八年春、晋侯は曹国を侵した。晋侯はかつて恩義を受けたことのある僖負羈《きふき》の家にだけは絶対に入ってはならないと将兵に命じた。すると右の魏犨《ぎしゅう》は同輩の顚頡《てんけつ》とともに不満を抱いた。

「われわれの苦労もかまわず、恩返しとはなにごとか」

魏犨らは僖負羈の屋敷を攻め、焼討ちにしてしまった。その際、魏犨は胸にけがをした。晋侯は命令に反した彼を殺そうと思ったが、その「材」（勇力の才）を惜しみ、まず人を見舞いに行かせ、様子を見ることにした。けがの程度がひどければやはり思い切って殺してしまおうとしたのである。

魏犨は胸を包んで使者に会い、

「わが君のお蔭をこうむりますからは、よくならずにおきましょうか」

と言い、手拍子を取りながら跳んだりはねたりしてみせた。それでこれは赦すことになり、顚頡をば殺して全軍にふれまわった。そして（魏のかわりに）舟之僑《しゅうしきょう》を立てて公車の右にした。

（注：竹内照夫訳『春秋左氏伝』）

ここでの問題点は「手拍子を取りながら跳んだりはねたりしてみせた」ところである。原文を読み下すと、ここは「距躍《きょやく》して三たび百《はく》し、曲踊《きょくよう》して三たび百す」となっている。一説によると、これは拳法の技を演じたのである（注：児島献太郎『国訳春秋左氏伝』、諸橋轍次『大漢和辞典』〈距〉字解等）。すなわち百は拍であり、また搏に通じる。「三たび百す」とはしたがって、手によって搏撃の勢を示すことが三たびということである。距躍はまっすぐ前方もしくは上方に跳び上がる直線的な跳躍、曲踊は身を翻して跳ぶ変則的な跳躍。つまり、距躍と曲踊は足の勢を示したものと解釈するのである。「三たび」は必ずしも三回と解釈する必要はなく、「たびたび」の意である。したがって、魏犨はいくたびか拳脚をふるって自己の壮健を誇示したのである。王の使者の面前でのことであるから、ただ単に手拍子をとりながら跳びはねたとするよりは、拳法の技を演じたと解釈するほうが前後の文意にも符合する。

例四

宣公（在位紀元前六〇九～前五九一）の二年秋九月、晋の霊公は宰相趙盾《ちょうとん》を宴会に招き、伏せておいた兵士で殺そうとした。趙盾は謹厳な武士で、霊公が君主の徳にはずれると、しばしば直言をもって諫めた。霊公はこれをわずらわしく思い、趙盾を亡きものにしようと謀ったのである。趙盾の右の提弥明《しびめい》は暗殺計画を未然に察知し、急いで堂上に登り、口実を設けて趙盾を連れ出そうとした。霊公は怒って四尺の大犬を二人にけしかけた。だが、提弥明は大犬をみごとに「搏殺」（左氏伝）する。すなわち素手で打ち殺したのである。趙盾もついに剣を抜いて戦い、乱闘となった。

趙盾は脱出することができたが、提弥明はその場で斬り死にした。

公羊伝によれば、提弥明が大犬を搏殺した技法は、実際には蹴り技であった。公羊伝には「逆してこれを踆《しゅん》し、その頷を絶つ」と記され、「足を以て逆蹋《ぎゃくとう》す、（これを）踆《しゅん》という」との注記がある（何休『春秋公羊解詁』）。つまり足のつま先部分で下から猛犬のあごを蹴り上げ、絶息させたのである。左氏伝はこれを要約して、われわれが今日、足技を用いていても「拳法を使用した」と表現するように、ただ単に大犬を「搏殺」したと記録したのである。（注：馬明達・馬賢達「手搏初探」〈『中華武術論叢』第一輯　人民体育出版社一九八七〉参照）

わずかながらも以上四例によって、紀元前六・七世紀、接近戦を得意とする勇力の武士たちが、単なる力技だけではない、すでに拳法らしき搏撃の技を身につけていたことが推測できる。

太古エジプトの格闘壁画（ベニ・ハッサン岩窟墓。紀元前2050年頃）。常陸山谷右衛門『相撲大鑑』（1914）より。同書初版を記念して坪井正五郎博士が1909年6月、常陸山に寄贈した「太古エジプト相撲絵巻物」（壁画模写）の一部。

『手搏六篇』——最古の拳法書

『漢書』芸文志兵書の部に『手搏六篇』の書名があることは広く知られている。いうまでもなく手搏とは、手で搏つの意、すなわち拳法の古称である。仮にも『手搏六篇』と題する専門的な兵書が存在していたということは、漢の時代までには確実に体系化された拳法が存在していたとみなしてよいであろう。殷周王朝が建設されてから一千数百年、技法の体系化とその伝承のためにテキストが生まれたとしても決して不思議ではない。

拳足で突いたり、打ったり、蹴ったりする戦術そのものは、おそらく人類最古の格闘術であり、その起源は人類の発生時点に求めることができ、その体系化は他の武器術と同様、軍隊が組織化された時点、すなわち中国の場合は殷周時代に求めることができる。

ただし別の観点から、各国民族の徒手格闘術と比較して考察するならば、拳で打ち合うことが最も原始的な格闘術であるとしても、それが必ずしも体系的な武術として組織化されるとはかぎらない。とりわけ単に手で打つだけではなく、拳で直線的に突き、さらには足を用いてからだの平衡を保ちつつ敵を攻撃するには、高度な技術を必要とする。

世界最古の格闘術の遺跡は、古代近東およびエジプト初期王朝の遺物・墳墓壁画である。カハジェ・ニントゥから出土した紀元前四千年紀から三千年紀への過渡期に属する白亜奉納版の断片には、二組のレスラーと一組のボクサーが浮き彫りにされている（注：ベラ・オリボバ『古代のスポーツとゲーム』ベースボール・マガジン社一九八六）。

紀元前三千年紀半ばから前二千年紀にかけてのエジプト壁画には当時の各種のスポーツ・ゲームが描かれ、そのなかにボクシング・レスリングなどが含まれている。サッカラにある高官プタハ・ホテプの墓室壁画（前二三〇〇頃）には素手でボクシングをしている若者たちが描かれ、ベニ・ハッサンの墓室壁画（前二〇五〇頃）には百二十二組ものレスリング試合像が連続的に描かれている（注：前掲書）。これらは殷王朝（前一六〇〇頃）に先行する格闘術の古代遺跡であり、すでに徒手格闘術が体系化され、しかもスポーツ競技として成立していたところに大きな特徴がある。ギリシャの古代オリンピックは、このエジプトのスポーツ文化を受け継いだものである。

したがって中国の手搏が世界最古の体系化された格闘術というわけではないが、紀元前にすでに専門的なテキストを成立させ、その後も同一民族によって現代にいたるまで絶えることなく伝統を保持し、蹴り技をはじめ身体各部を多様に駆使してその技術的内容を発展させ、総合的な徒手武術として独特の分野を築いた拳法は、疑いもなく中国武術を特徴づける最大の標識である。

エジプト・ギリシャなど古代西方の徒手格闘術が早くからゲームとして発達したのに比較して、古代拳法としての手搏は実戦的な徒手武術として発達した。また古代西方の格闘術には本来、蹴り技はなかった。後世、ギリシャのパンクラチオンで蹴り技が用いられるようになったが、これは後述するように中央アジアの遊牧民族が持ち込んだものである。これ以前のエジプト壁画などに、蹴り技のように見える図は、相手に足を取られている場面と解するほうが合理的である。

蹴り技の起源を特定することは困難であるが、一つの可能性として、中央アジアの遊牧民族のあいだで、馬などの動物の本能的闘い方をヒントに、自然発生的に生まれた技法であったと考えることができるだろう。馬の蹴りから拳法の蹴り技が発生した……これを単純な発想として一概に否定することはできまい。現代の中国拳法でも意識的に動物の動きから学んだ拳法の技や表演型が存在し、近年はこれらを「象形拳」として分類しているほどである。

車馬戦の流行した殷周時代、蹴りは車右たちの接近格闘術として発達し、戦国時代末期手搏が確立したころは、蹴り技もその技法体系のなかに確固たる位置を占めていたであろう。

残念ながら『手搏六篇』は早く亡んで伝わらない。一九三〇年居延から発掘された漢代木簡一万余点のなかに

「相錯畜相散手」と記した断片が存在する（注：一九五九年刊中国科学院考古研究所編『居延漢簡甲編』所載第一三〇四号）。陳邦懐「居延漢簡偶談」（注：『考古』一九六三・一〇期）は、これを『手搏六篇』の残簡とみなした。この場合「相錯畜」とは「二人の腕が交錯聚畜（集蓄）する」こと、つまり「搏ち合うこと」であり、また「相散手」とは「搏ち合い」から離れたところを意味するものと著者は解している。馬明達「手搏初探」は同じく残簡説を採りながらも、「錯畜」とは互いに組み合った状態で、「散手」とは組み合いから離れて打ち合うことであると解釈する。現代拳法用語で「散」とはいわば「定」の対語であり、「散手」とは定型によらないで、つまり型としてではなく「自由に打ち合う」ことを意味する。したがって馬氏解釈のほうがはるかに拳法的な解釈といえる。この説に立って「相錯畜相散手」をあえて和訳すれば「互いに接しては組み合い、互いに離れては打ち合った」と解することが可能である。したがってこの六字は、たしかに徒手格闘を描いた記録の一部であろう。しかしながら、この一片の木簡をもって直ちに『手搏六篇』の残簡であると推定するには、あまりにも資料不足といわなければならない。

現在の段階では、『手搏六篇』の内容がどのようなものであったか推定することは困難であるが、手搏が器物・機械等と異なり、やはり現代人と同じように自らの手足のみに頼る戦術であった以上、技術的にそれほどわれわれの想像能力を超えるものではあるまい。ましてその一端はさきにも引用した『春秋左氏伝』などでうかがうことができる。

『孔叢子』に「骨は騰《は》ね肉は飛び、䫮獣《さんじゅう》を手搏す」とあり、また前漢の揚雄『長楊賦序』に「網を以て周阹《しゅうきょう》となし、禽獣《きんじゅう》をその中に縦《はな》ち、胡人《こじん》をしてこれを手搏せしめ、自らその獲《え》たるを取らしむ」とある。これなどはまさにローマ時代に流行した猛獣対人間の闘技をほうふつとさせる。ここには戦った人間も「胡人」と明記されている。したがって、この場合は明らかに、人物・競技方式とも西方直輸入のものであった。それを手搏という漢語で表現したのであるが、このような闘士が横行したとすれば、必然的に手搏の実技にも影響を与えたことであろう。

このほか晋代の人葛洪（二八四〜三六三）の『抱朴子』自叙には、「（少年時、運動が苦手で）手搏はほかの子供に及ばなかった」という記述がある。

また、『宋史』王嗣宗伝には「手搏を以て状元を得た」と記されている。この場合は王嗣宗の戦功を妬んだ人物が嗣宗について「手搏などという小技で出世した教養のない人物」と侮辱的に評した発言の一部にすぎなかったが、しかしながら漢代から宋代まで、「手搏」という用語が生きていたという事実は重要である。

『手搏六篇』は『漢書』芸文志の成り立ちから考えるならば、漢よりも以前の時代、おそらくは戦国時代の作品であろうことが推定できる。

『漢書』芸文志兵書の部の解説によれば、漢代になって張良と韓信が孫子・司馬法等古来の兵法百八十二家を要約して三十五家にまとめたが、呂禄・呂産ら呂后の一族が宮中から持ちだしたため散逸してしまった。武帝時代、軍正の官にあった楊僕が散逸した兵書を拾い集め、成帝時代、劉向が宮中の所蔵書籍を編纂したときに歩兵校尉任宏が兵書を校定した。任宏は兵書を兵権謀・兵形勢・兵陰陽・兵技巧の四種に分類した。

楊僕、任宏ら軍人が直接兵書の校訂をおこなったことは『漢書』芸文志兵書目録の信頼性を高め、その分類方法が明確な軍事的観点に立っていたことをわれわれに告げる。

任宏は『手搏六篇』をどこに位置づけたか。まず兵書四大分類を概観すると、兵権謀には十三家二百五十九篇が収録された。「権謀とは正を以て国を守り、奇を以て兵を用い、計を先にして戦いを後にするなり。形勢を兼ね、陰陽を包み、技巧を用うるものなり」。すなわち軍事論の根本をなす戦略論であり、その目録筆頭には『孫子』が掲げられている。

兵形勢は十一家九十二篇図十八巻。「形勢とは雷動風挙、後に発して先に至る。離合背郷、変化常無く、軽疾を以て敵を制する者なり」。すなわち戦術論であろう。

兵陰陽は十六家二百四十九篇図十巻。「陰陽は時に順いて発し、刑徳を推す。斗（＝北斗七星）に随いて撃ち、五（＝五行相克説）に因りて勝ち、鬼神を仮りて助となす者なり」。いわば軍事占術論である。

兵技巧は十三家百九十九篇。「技巧は手足を習わし、器械を便にし、機関を積み、以て攻守の勝を立つる者なり」。これが戦闘技術すなわち武術論である。「手足を習わし」とは徒手格闘術を中心とする肉体の基礎鍛錬であり、「器械を便にし」とは剣・戟の武器法訓練、また「機関を積み」とは弩弓などの機械式兵器の操作訓練であろう。

以上、合計五十三家が『漢書』芸文志兵書目録のすべてであった。

『手搏六篇』はいうまでもなく兵技巧の部に収められている。いま、兵技巧の部をさらに列挙すれば、次のとおりである。

兵技巧

一、　鮑子兵法十篇図一巻
二、　伍子胥十篇図一巻
三、　公勝子五篇
四、　苗子五篇図一巻
五、　逢門射法二篇
六、　陰通成射法十一篇
七、　李将軍射法三篇
八、　魏氏射法六篇
九、　彊弩将軍王囲射法五巻
一〇、　望遠連弩射法具十五篇
一一、　護軍射師王賀射書五篇

一二、　蒲苴子弋法四篇
一三、　剣道三十八篇
一四、　手搏六篇
一五、　雑家兵法五十七篇
一六、　蹵鞠（＝蹴鞠《しゅうきく》）二十五篇

ここに掲げられた兵書は十六種二百二篇八巻であり、「兵技巧は十三家百九十九篇」とする『漢書』の記述と合計数が一致しない。しかし、兵技巧が書目の上では射法・弩法を中心としていたことは一目瞭然である。十六種のうち、弓・弩だけで十一種を占めている。弋《よく》は鳥などを捕獲するため矢に糸をつけて射る狩猟弓術である。射遠武器としてここに一括して掲げたものであろう。すると弓・弩・弋等の「射法」が十六種のうち十二種（七五パーセント）を占めていることになる。射法以外では、剣道・手搏・雑家・蹴鞠の四種である。雑家と蹴鞠は、いわば技巧関連書目であって武技そのものではない。つまるところ手搏が兵技巧の最末端に位置づけられていたことになる。

射法・剣道・手縛の順序は、敵との距離の順序であるが、戦場における対敵技術の重要度を示すものでもあろう。しかし、後世中国武術の中心になった刀・槍よりも早期に手搏が兵書として成立し、『漢書』芸文志兵書の部に確固たる位置を占めていたということは、やはり中国武術における拳法の独自性を示すものであり、いかに拳法が古い伝統を有する武術であるかを改めて認識することができる。

兵技巧のなかで『手搏六篇』とともに注目されるのは、最後に『蹴鞠二十五篇』が収録されていることである。蹴鞠は『漢書』芸文志のもとになった劉歆の『七略』では諸子の部に入っていたのを『漢書』の編著者、後漢の班固が兵書の部に入れたのである。蹴鞠とは蹴球のことであり、戦国時代すでに流行していた軍事的スポーツで

銭選『蹴鞠図』（上海博物館蔵。『人民中国』掲載）。中央の人物は拳法・蹴鞠を愛好した宋の太祖・趙匡胤。

あった。『漢書』師固注には、

鞠は韋（＝なめしがわ）を以てこれを為《つく》り、実（＝中味）するに物を以てす。蹙《しゅう》はこれを蹴《け》って戯と為すなり。蹙鞠は力を陣する（＝勝負を争う）の事、ゆえに兵法に附す。

とある。蹴鞠は日本に伝来して「蹴まり」となり、宮中における遊戯となったが、中国では武人や遊侠の士に蹴球を愛好するものが多く、今日のサッカーと同じように後世になってもわれわれの想像よりは武張ったスポーツとして普及した。たとえば宋の太祖趙匡胤《ちょうきょういん》は拳法を得意とし、また蹴まりを愛好した近衛軍出身の帝王として知られる。現在でもサッカーを好む者は足の力が強く、ねらいが正確であり、拳法の二起脚（空手道の二段蹴り。前方への飛び蹴り）などは驚くほど短期間に熟達する。古代中国において蹴球は狩猟と同様に軍事訓練に直結していたスポーツだったので、必然的に拳法と影響しあうところが大きかったにちがいない。

パンクラチオン――古代オリンピックの拳法

古代ギリシャ人は神霊を慰める祭典競技を盛んにおこなった。ピティア、ネメア、イストミアそしてオリンピアで開催された競技は、古代ギリシャの四大祭典競技といわれる。オリンピア祭典競技は紀元前七七六年に第一回がおこなわれた。中国では周の幽王六年にあたり、諸侯が離反し周王室の権威が失われ、春秋戦国時代に突入する直前である。

オリンピア祭典競技は最初の約五十年間、ギリシャ半島住民のあいだで開かれたが、やがてスパルタ、アテナイなど地中海諸島を含み、前六世紀には黒海、アフリカの沿岸諸国にまで参加者が及んだ。古代オリンピックの最後は紀元後の三九三年といわれるから、実に一千年以上も継続したことになる。

古代オリンピックは、紀元前五〇〇年ころの記録によると、数日間にわたり十三種目の競技が開かれ、そのうちレスリング・ボクシング・パンクラチオン・少年レスリング・少年ボクシング・武装競走など武術的競技が半数を占めている。これらの競技に優勝した者はすべて名声を獲得し、今日までその名をとどめている。当時の人々はスパルタ教育などで知られるように武人的教養を重視していたのであった。

パンクラチオンがオリンピックに初めて登場するのは紀元前六四八年のことである。競技種目として出現したのはレスリング・ボクシングより数十年おくれている。格闘術としてはパンクラチオンのほうがより原初的であり、早期に出現したであろう。組み打ち（レスリング）と打ち合い（ボクシング）の分離にあきたらない尊武の気風が、ルール付き試合を乗り越えることを要求し、ついに実戦形態のまま競技として登場することになったのであろう。

「ギリシャ語のパンクラチオン（Pankration）とは、文字通り『すべての』（Pan）『ちから』（Kratos）を発揮して戦う競技」（注：東京教育大学体育学部体育史研究室編著『図説世界体育史』新思潮社一九六四）であり、打ち・蹴り・関節技等あらゆる攻撃技が許された。勝敗はただ、自らが自らの敗北を宣言するという屈辱的方法以外にはなかった（敗者は腕を高くあげて人差指を伸ばすか、手で相手の肩をたたいた）。だから誇り高きスパルタ人の多くは競技としてのパンクラチオンに参加することを好まなかったという。

F・メゾー『古代オリンピックの歴史』（注：大島謙吉訳　ベースボール・マガジン社一九六二　原著：Dr.Ferenc Mezo(1885－1961)“*Geschichte der Olympischen Spiele*”1930同書は一九二八年、オリンピック芸術競技文学部門第一位となり金メダルを受賞した）には、古代中国拳法史との関係できわめて注目すべきパンクラチオン競技者の彫刻像が紹介されている。ルーブル博物館所蔵の青銅製彫刻像であり、さらに次のような注記がある。

突きの特殊な方法として、いわゆるApoternizein（原注：カカトで突くことを意味する）がある。この技の発明者はキリキスのパンクラチオン競技者である。身体が小さいのでHalterというあだ名がつけられていた。各地にこの人物の像がある。

銅像は両手を左右に振り分け、右足で地を踏みしめ、左足を蹴りあげている。その姿勢は太極拳の「蹬脚」とよばれる前蹴りの形とまったく同一である。注記に「身体が小さい」とあるが、それはギリシャ人と比較しての話であり、両拳を振りあげ、指先をしっかり曲げて足首を締め、力強く前蹴りをしているその脚、そしてまた胸の筋肉の盛りあがったその体格は堂々たるアジア系拳法修行者のからだである。しかも頭部にはまげらしきものが付いており、体格と風貌は他の数十枚の写真に見られるギリシャ系競技者とまったく異なっている（注：ニコ

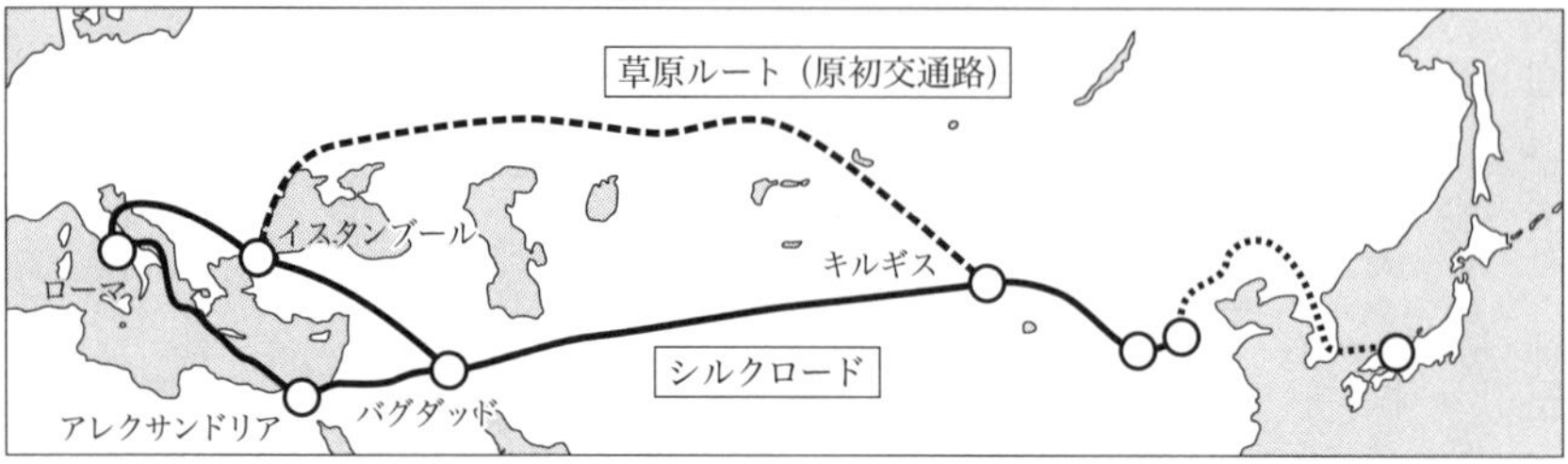

エジプトに源流を発し、ギリシャ・ローマで国際競技として発達した古代オリンピックの格闘競技とその開催様式はユーラシア大陸を西から東に伝播し、中国・高句麗の「角抵」となり、さらに日本に伝来して「すもう（相撲）」の原型になったと考えられる。

ラオス・ヤルウリス／オット・シミチェク監修『古代オリンピック　その競技と文化』講談社一九八一には、同一青銅像のより鮮明なカラー写真が掲載されている。また、前掲ベラ・オリボバ『古代のスポーツとゲーム』にも、蹴り足の外側から撮影した同一像と思われるものが掲載されており、参考となる）。

パンクラチオンに蹴り技を持ち込んだこの拳士の出身地「キリキス」（一般に「キルギス」）は、現在中央アジアに位置し、東は中国の新疆ウイグル自治区に接している。言語はトルコ語系で蒙古語の借用語も多い。キルとは草原、ギスとは遊牧を意味するという。

キルギス人は古代からイェニセイ川上流、ケム川の盆地の森林地帯に居住し、蒙古高原の遊牧民族と連携して、しばしば漢民族と戦った。遊牧民族は古代中国の軍事技術に大きな影響を与えた。青銅製武器の製造、戦車戦さらに騎馬戦術などはいずれも遊牧民族が中国中原にもたらしたものである。中央アジアやオリエントで開発された先進的な軍事技術をいちはやく取り入れたものが中原の農耕部族のなかで覇権を確立することができた。その初期の実践者が殷王朝と、それに続く周王朝だったのである。

周王朝の創建者武王は紀元前一〇五〇年ころ、諸侯と連合して殷を攻め、殷都郊外の牧野で大規模な車戦の末、殷を滅亡させた。殷の紂王は逃げ帰って自決したが、武王は「軽呂」の剣で紂王の屍を打ち、とどめの儀式とした（『史記』周本紀）。この「軽呂」とは、トルコ語“King-rak”の音訳であり、トルコ式短剣を意味した。

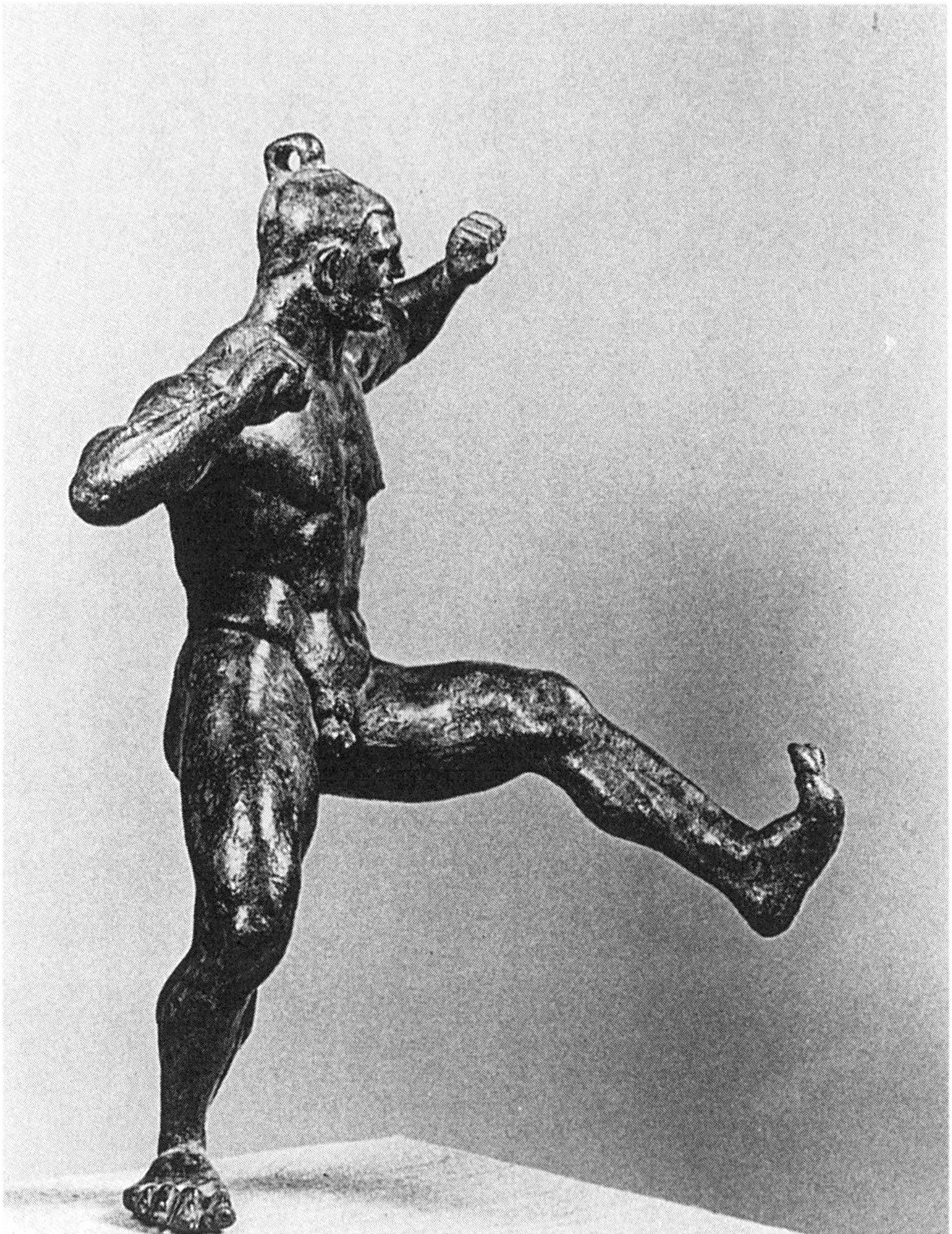

ルーブル博物館に所蔵されているホールター像（『古代オリンピック　その競技と文化』講談社1981）。古代オリンピックのパンクラチオンで活躍したキルギス格闘士（中央アジア遊牧民族）。体格、頭髪スタイルはギリシアの格闘士と全く異なっている。蹴り技は中央アジアの遊牧民族によって発明され、ユーラシア大陸、さらに朝鮮半島を経て古代日本に伝わった。

また、『列子』湯問篇に見える周の穆王が西戎を征して得た「昆吾の剣」は、まさにキルギス製の短剣であったとする論考がある（注：鳥居龍蔵「土耳古式短剣に就て」〈『鳥居龍蔵全集』第七巻〉朝日新聞社一九七六）。

古代早期から中国ではトルコ式短剣が重用され、そのなかにキルギス製も含まれていた可能性がある。キルギス民族は中央アジアの遊牧軍団の一環として古代ユーラシア大陸を東西に疾駆し、中国・ギリシャ両極の武器・格闘術に影響をもたらしていたのである。

中国でキルギス短剣が愛用され、ギリシャ地方でキルギス拳士が活躍していたということは、中国、ギリシャという遠隔の古代文化圏に中央アジアの遊牧民族を連鎖の環として、たしかな文化伝播ルートが存在していたことを、いま一つ証明するものである。蒙古高原からヨーロッパに連なる草原ルートは、砂漠と高山にさえぎられる「シルクロード」よりは、遊牧しつつ移動することが可能な原初の交通路であり、たとえ人々が一挙に両極を旅行することはなかったにしても、それぞれの小さな勢力圏を伝わって両極に文化が伝播することは可能だったのである。

角抵——すもうの起源

「角抵《かくてい》」は相撲《すもう》の古称であり、また「角力」と書くこともある。角は獣の角《つの》のことであり、羊や牛などが角をからめて争闘するところから発生した表現であろう、「力を角す」といえば、力をくらべることを意味する。「角力」はまた「捔力」と書かれることもあった。「捔力」は『日本書紀』の当麻蹶速《たぎまのけはや》（原文：當麻蹶速）と野見宿禰《のみのすくね》の試合物語のところにも見える。この物語は日本の「国技」相撲の起源として有名である。相撲と同種の格闘技は世界各地に存在し、わが国では一般にそれぞれが自立的に発生したものであるとされている。この場合、相撲とは、自立的に発生したと想定するほうがより自然な、それほど原始的な格闘術であるとみなしているわけである。

しかし、筆者は、角抵の起源と伝承および角抵遺跡・遺物の分布などから判断して、日本相撲は中央アジアの遊牧民族に発した徒手格闘術が古代オリンピックに流入して競技として完成、それが中国に逆流して実戦的な手搏（拳法）とは別個に、観客を前提とする角抵競技として成立し、さらに古代国際交流のなかで朝鮮を経由して日本に伝来したものと考える。このような伝播説が可能か否か、まず『日本書紀』の記述に沿って当麻蹴速と野見宿禰の試合物語を再現し、その技法内容を確認しておこう。

垂仁天皇七年（前二三）秋七月のことである。当麻の村に当麻蹴速という力の強い男がいた。その強力なること、獣の角を毀《くじ》き、鈎《かぎ》を伸ばすほどであった。常に人に語って、

「はたしてこの世にわが力に勝るものがあろうか。なんとかして強き力の者に会い、生死を問わずただひたすらに力くらべがしてみたいものだ」

と豪語していた。

これが天皇の耳に入った。

「朕が聞くところによれば、当麻蹴速は天下の力士であるという。誰かこれと並ぶ者はあるか」

一人の臣が進みでて申しあげた。

「臣の聞くところによれば、出雲の国に勇士あり、名を野見宿禰と申します。この者と試合させてはいかがでしょうか」

その日のうちに天皇の使者が発った。

こうして当麻蹴速と野見宿禰の「捔力」がおこなわれることになった。勝負について、原文にいう。

則ち当麻蹶速と野見宿禰とを捔力せしむ。二人、相対して立ち、おのおの足を挙げて相蹶る。則ち（野見宿禰が）当麻蹶速の脇骨を蹶折りたり。また（倒れたところを）その腰を蹈み折りてこれを殺す。

すなわち、両者とも最初から蹴り技を応酬し、決め技もまた下段に踏み込む蹴り技だったのである。野見宿禰は当麻蹶速の地を賜った。その村に「腰折田」の名があるのは、この故事にもとづくのであると、この相撲物語は結んでいる。

以上の物語で明らかなように、当時の「捔力」は今日の相撲とまったく様相を異にするものであった。「蹶速」という名前からして、それはむしろ拳法的であり、そして野見宿禰はその「蹶速」に対して蹴り技で勝ったのであるから、これまたよほど拳法的動作に熟達した人物だったのである。

しかし、それはこの物語が日本相撲の起源であることを否定するものではない。たしかに、それは相撲の起源であった。いや、相撲の起源でもあった、というべきであろう。つまり徒手格闘術が、柔術・空手（拳法）などと分化する以前の形態であったとみるべきである。この意味ではギリシャのオリンピックにボクシング・レスリングと並んで総合格闘術としてパンクラチオンが存在したのと共通するところがある。

パンクラチオンでは「ホールター」とよばれた蹴り技を得意とする遊牧民族出身の選手が活躍し、「ところきらわず足で踏みつける」ことも競技上まったく合法的であった。『日本書紀』に描かれた格闘技は、後世の日本相撲よりは、はるかに古代ギリシャのパンクラチオンに共通している。

日本の相撲に「四十八手」が生まれ、突く・殴る・蹴るの三つが禁手となり、あるいは土俵が発明されて安全な競技形式を確立し、戦闘技術的な面を柔術にゆずるのは、近世に入ってからのことである。現代の日本相撲でも立会いの瞬間に掌で激しく突き合う場面がしばしば見られる。これもかつて「相撲（相《たが》いに撲《なぐ》る）」の名称にふさわしく両手で打ち合ったなごりである。近代でも大関くらいの上位力士になると相手に組み付かれて褌《まわし》を握られるのを恥とし、もっぱら突き倒すことを本分としたほどである（注：三木愛花『日本角力史』一九〇九増訂版）。

中国においても、相撲にはやはり拳打ち・蹴り技が含まれていた。『水滸伝』は古流中国拳法の資料として重要であるが、相撲を描いた場面もいくつかある。同書の格闘場面は実在の技法名を登場させ、描写も的確であり、このことから考えて少なくとも作者の生きた時代すなわち作品成立時代（元末明初）の拳法・相撲の実相をかなりの程度反映していると考えてよいであろう。

『水滸伝』第六十七回、「没面目《ぼつめんぼく》の焦挺《しょうてい》」をうたった詩に、「相撲叢中、人、尽く伏す。拳を拽《ひ》き脚を飛ばすこと刀の如く毒《はげ》し」とある。焦挺は黒旋風の李逵《りき》を赤子のようにあしらい、脇腹に蹴り込んで倒すが、闘いのあとで「祖伝三代相撲を生と為す。いまの技は父子相伝、徒弟にも教えず」と語る。野見宿禰も当麻蹴速の「脇腹に蹴り込んで倒し」ている。正面を避けて脇から蹴り込む技が古代から決め技の一つとして重視されていたのであろう。

『水滸伝』第七十四回、燕青と強力を誇る相撲教師（師範）任原《じんげん》の試合もよく知られた場面であるが、任原は額面に「拳は打つ南山の猛虎、脚は踢る北海の蒼龍」と大書していた。

この第七十四回には、任原の豪華な試合用服装が描かれている。膝あて・股あてなどの保護具を着け、「踢靴《てきあい》を緊《きつ》く繫《し》む」と記されている。靴を履き、しかもこの靴を「踢靴」（＝蹴り靴）とよんでいるのは十分注目に値する。このように中国でも相撲は、基本的には組み打ち・投げ技を主体としたであろうが、いざとなれば蹴りを用いる拳法と共通の総合的格闘技であった。ここでも古代ギリシャのパンクラチオンと共通する姿が浮かび上がる。

「相撲」は「角抵」より後に現れたことばである。用語だけを分析比較するならば、「角抵」は「抵触して力を角す」で組み打ちに重点があり、「相撲」は「相互に撲り合う」で打突に重点がある。この二つの用語は本来、別々に発生したことばであった。

「相撲」はもともと仏教伝来後、『法華経《ほっけきょう》』『本行経《ほんぎょうきょう》』『涅槃経《ねはんきょう》』等仏教教典に描かれたインド格闘技「ゴダバラ」を翻訳するために造語された新しい漢語であった（注：三木貞一『相撲史伝』一九〇二、横山健堂『日本相撲史』一九四二、池田雅雄『相撲の歴史』平凡社一九七七等参照）。「相撲」という用語が普及したのは、鳩摩羅《くまら》什《じゅう》らインド僧が仏教教典の漢訳事業に一大盛時をもたらした四、五世紀以降のことであったろう。

角抵の語は『史記』李斯伝に、「（秦の）二世は甘泉にありてまさに觳抵《かくてい》（＝角抵）俳優の観をなす」とあるのが最も早い。次いで『漢書』武帝紀に、「（元封）三年春、角觝の戯を作す。三百里内、皆来たり観る」と記録されている。

一方、『漢書』刑法志は「先王の礼、淫楽の中に没す」と角抵の戯を批判し、「元帝の時に至り、貢禹の議を以て、始めて角抵を罷《や》む」と述べている。

紀元前二〇〇年ころ秦で始まった角抵の戯は、漢の武帝の元封三年（前一〇八）ころ最盛期を迎え、元帝（在位前四九～前三三）の時代に中止されたということになる。約百五十年続いたわけである。以後、角抵は民間に流出し、拳法とは別個の格闘競技として普及した。そして仏典の普及後は「相撲」が角抵の代替語として広まったのである。

国家行事としての角抵の戯は漢代が最盛期であったが、しかしその後の王朝でも廃絶したわけではない。とりわけ元・清などの北方政権時代は宮廷行事として相撲大会がしばしば催され、その伝統は現在のモンゴル民族の年中行事「ナダム」に引き継がれている。

古代角抵の記録に共通するものは、角抵は常にそれを観る者＝観客の存在を前提としていたということである。角抵は当初から「角抵の戯」として登場している。わざわざ「戯」とよんでいたことは、角抵が初めから祭祀・軍事とは切り離された娯楽性のつよい行事だったからである。「角抵の戯」では、角抵競技を中心として、音楽・舞踊・曲芸などの各種娯楽プログラムが上演された。秦・漢における角抵の戯はもっぱら王朝貴族の目を楽しませることを目的とし、自らが互いに身体を駆使して競い合うスポーツ大会ではなかった。観客にとっての娯楽性に主眼をおけば、より刺激のつよい競技形式や演目を求めるようになりがちである。漢代、角抵の戯が「先王の礼、淫楽の中に没す」と批判され、ついに廃止されたのはこの点に原因があるだろう。

しかしながら角抵の成立によって、徒手武術が軍事から独立して競技化したのは、中国体育史にとって貴重な実績であった。帝王の面前で上演する以上、当時を代表する選手が集められたであろう。いいかえるならば、角抵の戯とは原初的ながらも一種の全国的な競技大会であったということである。この競技性という点が、実は古代中国における手搏（拳法）と角抵（相撲）の一つの分岐点となっていたのである。

「角抵の戯」という競技・行事の開催方式を、古代中国人はどのように思いついたか。一つの可能性として、当時地中海最大の国際行事であった古代オリンピックが波及したものと推定できる。オリンピックの盛大さと数々の勇者のエピソードが原初的な「シルクロード」を通じて、中国の王侯らの耳に達したのではあるまいか。ちょうどホールターとよばれたキルギス人がパンクラチオンに蹴り技を持ち込んだように、貿易と戦争との和戦両面の文明交流のなかで、古代ギリシャの競技方式が中国に導入されたとしても決して怪しむに足りない。

すでに述べたように「角抵」は拳で突くよりもはるかに組み打ち的な表現である。「角抵」の抵という文字は、手で当てて押しのけるのが原義である。手搏など伝統的な徒手武術とは別に、角抵が新たに導入された外来のスポーツ競技であったとするならば、角抵とはまさにレスリングもしくはパンクラチオンを直訳したことばであろう。

素朴な力くらべはすでに殷周時代から存在した。『礼記』月令篇には農閑期に軍事訓練を奨励する記事があり、ここには、「天子将帥に命じて武を講じ、射御を習い、力を角せしむ」とある。また、『史記』秦本紀によれば、秦の武王は大力の持ち主で力くらべを好んだ。そのため、力士の任鄙《じんぴ》・烏獲《うかく》・孟説《もうえつ》はみな高官に任命された。ある日武王は重い鼎《かなえ》を挙げきそい、あやまって鼎を落として膝蓋骨を折り、そのけがもとで死んだとされている。これは秦武王の四年すなわち紀元前三〇七年のことであり、秦の二世が甘泉宮で角抵の戯を開くちょうど百年ほど前にあたる。殷周時代から戦国時代末期まで角力とは、重い物を挙げきそう素朴な力くらべを意味し、格闘技ではなかった。角力が相撲と同じ意味をもつようになったのは、角抵の民間普及後であろう。

中国で実戦的な徒手格闘術が技撃もしくは手搏として成立してからも観客を前提とする格闘競技はなかった。しかも『漢書』芸文志兵書の部における『手搏六篇』の位置でも明らかなように、徒手武術は軍事論の最末端に位置する小技にすぎなかった。角抵の成立によって、初めて徒手武術は格闘競技として古代における盛大な競技大会の主役の座を占めることができたのである。

戦国時代の中期、紀元前四世紀ころには、すでに中国と地中海方面との交流は、それ以前に比較してはるかに時間的距離が近づいていた。このころには西アジアを経由してエジプトに発したガラス工芸が中国に伝来している。角抵の戯が開かれるようになったのは、それ以後のことである。ガラスのような壊れやすいものまで伝来する時代になった。まして格闘術を身につけた剛健な人間そのものが「伝来」するのは、もっと容易であったろうと思われるのである。

戦国時代中期はアレキサンダー大王（前三五六〜前三二三）がエジプト・ペルシャ・インドを攻略し、広く東方世界にギリシャ文化が伝播した時代でもあった。中国北方で活躍した遊牧民族の格闘術がギリシャに入って競技化し、さらに戦国時代末期、ギリシャ文化伝播の波に乗って再び中国に還流し、秦国において角抵として成立したと想定することは十分に可能であろう。そして中国の角抵は朝鮮半島を経由して日本に伝来したのである。

当麻蹴速と野見宿禰の試合は垂仁天皇七年、すなわち紀元前二三年ころである。秦二世の角抵の戯から約百八十年、漢武帝が盛大な角抵の戯を開いた元封三年（前一〇八）から八十五年後である。中国から手搏や角抵が伝わる時間的余裕は十分にあった。

高句麗遺跡の角抵図１（池内宏他『通溝』）。角抵が日本に伝播して相撲となった。

高句麗遺跡の角抵図２

まして漢の武帝は積極的な外交政策をとり、強大な軍事力をもって周辺民族を制圧し、西域のみならず東アジア国際交流をも一挙に活発化させた。角抵の戯を開いた元封三年とは、武帝が前年来の対朝鮮戦争に勝利し、平壌に楽浪郡を置くなど朝鮮半島に直轄植民地四郡を設けたときである。すなわち漢帝国と朝鮮半島が政治的に直結したときであった。

このことは日本にも大きな衝撃をもたらしたことであろう。直轄四郡の一つ真番郡は朝鮮半島の南端に位置し、九州とは海峡を隔てるのみであった。『漢書』地理志に、「楽浪海中に倭人有り、分かれて百余国を為す、歳時を以て来たり献見すと云う」との記事がある。楽浪郡を通じて日本人もまた紀元前一世紀ころ、漢帝国との接触を開始していたのである。『後漢書』倭伝によれば、紀元五七年には、倭の極南界に位置する奴国の使節が自ら大夫（大臣）と名乗り、漢の都洛陽で光武帝に謁見し印綬を賜っている。

武帝（在位前一四〇〜前八七）治下にあって角抵は、朝廷の祝賀行事あるいは「四夷の客をもてなす」外交行事として開かれた。『漢書』西域伝の賛に、「酒地《しゅち》肉林《にくりん》を設けて、以て四夷の客を饗《もてな》し……角抵の戯をなし、これに観視せしむ」とある。元封三年以後は、この「四夷の客」に朝鮮使節もいたであろうことは十分に考えられる。角抵が朝鮮に入ったのはこのころであり、また日本に伝播したのもこれからそう下る時代ではあるまい。『日本書紀』によると、皇極天皇元年（六四二）七月には、百済の皇族使節をもてなすため、諸国の「健児《ちからひと》」を召集し相撲大会を開いている。七世紀には角抵が日本に完全に定着していたわけであるが、外国使節の来訪を歓迎して開催したところに漢武帝以来の「角抵の戯」の伝統が息づいている。

朝鮮半島北端、鴨緑江中流の高句麗遺跡は、倭軍と戦った高句麗第十九代広開土王陵碑（「好太王碑」）で著名であるが、ここにはまた角抵を描いた二つの古墳が存在することでも知られている。この隣接する二つの古墳は一九三五年、最初に学術的調査をおこなった日本の研究者によって、「舞踊塚」「角抵塚」と命名された。池内宏・梅原末治『通溝』上下二巻（日満文化協会一九四〇）は、その詳細な調査報告書である。

二つの古墳はいずれも内部壁面および天井部分に被葬者（おそらくは身分の高い武人）をめぐる多種多彩な生活活動場面が描かれており、舞踊・角抵の図はその一部分にすぎない。

角抵塚の角抵図では、二人の半裸の競技者ががっぷりと四つに取り組んでいる。その組み方は今日の日本相撲とまったく同じである。両者のかたわらに杖をつく一人の老人が勝負を見守っている。この老人はおそらく単なる観客ではなく、勝負を判定する行司（審判）であり、杖も判定用に用いられた小道具と考えられる。ギリシャの格闘図にも細い竹のようなステッキ（一般に鞭とされている）を持ったコーチ、審判役の人物像がよく競技者のかたわらに登場する。

舞踊塚天井下部にも注目すべき角抵図が描かれている。二人の武人らしき競技者が互いに腰を落として向き合い、前手を差し出し、後ろ手を引いて身構え、まさに闘いを始めようとしているところである。角抵塚の静的な図に比較して、はるかに躍動的な描き方である。二人とも裸体の闘士であり、鼻下とあごに手入れのいきとどいたひげをはやし、しかも頭髪を後ろに結わえてまげをたくわえている。筆致にアジア的香りはあるが、風貌・体格ともパンクラチオンの拳士像「ホールター」によく似かよっている。

中国河南省密県で近年発掘された後漢時代の墓室壁画「角抵図」も半裸でひげを生やし、まげを蓄えた二人の闘士が両手両足を開いて相対している図であり、高句麗古墳壁画（とりわけ舞踊塚の角抵図）と共通している。『後漢書』高句麗伝には、高句麗は前漢時代、漢王朝から「鼓《こ》吹《すいぎ》技人《じん》」を賜ったと記されている。すなわち舞楽および各種技能に優れた人材が導入されたのである。「技人」のなかには相撲力士も含まれていたであろう。角抵の戯のありかたから考えるならば、力士はむしろ「技人」の中心的存在であったかもしれない。

パンクラチオンのキルギス拳士像がユーラシア西端の角抵遺物とすれば、高句麗古墳の壁画はユーラシア東端の角抵遺跡である。舞踊塚・角抵塚の壁画は一般に四世紀の作品とされているので、角抵がすでに日本に伝播したのちの時代に描かれたものとみなしうるが、古代ユーラシアの格闘術が日本列島に伝播した、その中継点を象徴する貴重な遺跡といえるだろう。

　相撲を日本に自立的に発生した格闘技ととらえるのではなく、古代オリンピックの格闘競技が中国大陸および朝鮮半島を経由してはるけき極東の国日本に伝わり、ついに日本の国技相撲として開花したと考えるのは、決していきすぎた仮説ではあるまい。ユーラシア大陸に開花したパンクラチオン・角抵の軌跡をたどると、むしろ自立的発生説よりは伝播説のほうが、はるかに合理的な想定と思われるのである。

第四節　諸子百家の思想と武術への影響

孔子一門――「武士道」の原点

春秋戦国時代は政治的動乱の時代であったが、全国にまたがる単一の強権が存在しなかったことは、人々の自由な発想と交流をうながし、いわゆる諸子百家の思想を花開かせた。そのなかに武術に大きな影響を与えた三つの潮流があった。まず第一に「武士道精神」の原点となった孔子・孟子らの儒家思想、第二に剛から柔に達する道を説き、技術上達の諸相を示した老子・荘子らの道家思想、そして第三に軍事的観点から直接、個々の格闘武技にも応用しうる各種戦法を説いた孫子・呉子らの兵家思想である。

近代の思想家梁啓超は、諸外国にしばしば「中国民族は不武の民族なり」と評されることに反発して『中国之武士道』（一九〇四）と題する歴代武人の評伝を著し、「中国民族の武は、その最初の天性なり。中国民族の不武は則ち第二の天性なり」と主張したが、本篇の筆頭にまず孔子を掲げ、「天下の大勇、いずくんぞ我が孔子に過ぐる者あらんや」と、その尚武精神をたたえている。

「武士道」あるいは「武士道精神」などはいずれも日本語であって中国的表現ではない。中国語としては「武徳」というべきであろう。中国では儒教の成立により孔子はのちに文徳の神となったが、まさに梁啓超が位置づけたように中国武徳の源流もまた孔子に発するのである。『論語』は朝鮮半島を経由してかなり早期に日本にもたらされ、道徳観念を発達させる文化的役割を果たした。とりわけ中世、武士階級が誕生して以来、孔孟学派の思想は武人社会に決定的ともいえる大きな影響を与え、日本における武士道精神の原点となったのである。

孔子（前五五二～前四七九）は、「身長十尺、武力絶倫」とうたわれた叔梁紇《しゅくりょうこつ》の子である。叔梁紇の武勇は『春秋左氏伝』にも記録されている。敵城の関門をこじ開けて味方の兵士を脱出させた故事は特に有名である（注：『春秋左氏伝』襄公十年）。沈着冷静で大力の持ち主であったということであろう。孔子も体格は人並はずれて大きく、武人らしいいかつい容貌をしていたようである。『史記』によれば、孔子は「身長九尺六寸（約二一六センチ）、当時の人々はみな『長人』といって珍しがった」ほどである。『呂氏春秋』慎大覧篇には、「孔子の勁《ちから》は国門の関を挙げるほどであったが、力をもって聞こえることを肯《がえ》んじなかった」とある。体格、力量とも孔子は武人叔梁紇の血を受け継いでいたのである。

孔子は徳治主義による政治をめざし、兵について軽々しく語ることを避けた。しかし、その一方では、

「教えざるの民を以て戦う、是《これ》、これ（民）を棄つと謂う」
（軍事教練をしていない民を戦わせることは、民を捨てるのに等しいというべきである）

との『論語』子路篇のことばに表れているように、民衆の軍事教練を重んじた。このことばの前条で「善人、民を教えること七年ならば、亦以て戎《じゅう》に即《つ》かしむべし」（民は七年教練して、初めて戦役につかせることができる）とも説いている。民衆を指導する武士階級については、さらに文武両面にわたる武人教育を重視したであろう。孔子の弟子で子路とともに政治家として著名になった冉求《ぜんきゅう》（字：子有）は、斉軍が魯に侵攻したとき、季康子の命を受け、魯の左師を率いて斉軍と戦った。冉求は管周父《かんしゅうほ》を御、孔子の若い門人樊遅《はんち》を右として出陣したが、決戦の場では自ら戈を手にして斉軍に突入した。兵はみな、冉求のあとについて突撃し、ついに斉軍を潰走させ

た。

このときの戦闘については『春秋左氏伝』哀公十一年の条に記事があり、孔子は冉求の戦闘ぶりを「義なり」と評している。『孔子家語』正論解篇によると、戦い終えて、季康子は冉求に「子の戦場における行動は学んだものか、天性のものか」とたずねた。このとき冉求は、「私は孔子に学んだ。孔子は大聖である。文武ともに通じている。私は折に触れその戦法を聞いたが、まだ十分理解していない」と答えている。

『孔子家語』郊問篇によれば、孔子はかつて子貢に「一張一弛は文・武の道である」と語り、「張りつめたままで弛《ゆる》めることを知らなければ、文・武を十分に実践することができず、弛めたままで張ることを知らなければ、また文・武を為すことはできない」と、余裕のある心でバランスのとれた文武両道の修行をすべきであると説いたことがある。

孔子は自らが多芸の人であった。『論語』子罕篇で、「(専門を選ぶとすれば) 吾何をか執らん。御を執らんか。射を執らんか。吾は御を執らん」と語っているが、孔子と弓術の関係を物語るエピソードは比較的多いので、実際には御術よりも射術を好んだはずである。

儒派の重要典籍となった『礼記』は射義篇において、「射は仁の道なり。射は正を己に求む。己正しくして后に発す。発して中《あた》らざるときは、則ち己に勝つ者を怨《うら》みず、反りて己に求むるのみ」と弓術競技の要訣を述べているが、これに続いて、「孔子曰く、『君子は争う所なし、必ずや射か。揖譲《ゆうじょう》して升《のぼ》り、下りて而して飲ましむ。其の争いや君子なり』と」と記している。「君子は争いを求めない。しいて挙げれば射術のようなものか。深い礼を繰り返して堂上に昇り、射ち終わっては勝敗の杯を交わす。その争い方はまことに君子にふさわしい」と語ったのである。

射の競技は的に向かって矢を放つ以上、形式的な礼儀作法だけでは成り立たない。『礼記』射義篇によれば、「古は天子、射をもって諸侯・卿・大夫・士を選ぶ」ことがあった。成績が悪ければ領地を削られ、身分の格下げになることもあった。孔子の時代も的中の成績が武人としての名誉に影響したことは想像するまでもない。礼儀とともに実力が重んじられたということである。孔子も射について語ることが多かったということは、それだけの実力が前提となっていたはずである。おなじく『礼記』射義篇によると、孔子が矍相《かくしょう》の地でおこなわれた郷射の礼に参加して競技の場に立ったとき、「観《み》る者、堵牆《としょう》の如し」といわれるほどの観客が押し寄せた。孔子は弓術の古法にも詳しかった。偉丈夫の孔子が古式豊かに堂々と弓を射る姿は、当時の武人たちを惹きつけたのである。

孔子は「智」（学問の探求）、「仁」（道義の実践）、「勇」（敢闘の精神）を重んじた。この三者を知れば身を修め、人を治め、ひいては天下国家を成すにいたると考えた。つまり「智・仁・勇」を、社会を成り立たせる根本的な徳目とみなしたのである。このうち「勇」は武術に直接関係する徳目ということができよう。試みに「勇」について語った『論語』のことばを挙げると、次のようなものがある。

「義を見て為《せ》ざるは勇無きなり」（「為政篇」）
「由（子路）や、勇を好むこと我に過ぎたり」（「公治長」）
「勇にして礼なければ則ち乱る」（「泰伯篇」）
「勇を好みて貧しきを疾《にく》むは乱る」（同前）
「知者は惑わず。仁者は憂えず。勇者は懼《おそ》れず」（「子罕篇」）
「卞荘子《べんそうし》の勇……、これを文《かざ》るに礼楽を以てせば、亦以て成人と為すべし」（「憲問篇」）
「仁者は必ず勇あり、勇者は必ずしも仁有らず」（同前）
「君子の道なる者三、我能くする無し。仁者は憂えず。知者は惑わず。勇者は懼れず」（同前）
「勇を好みて学を好まざれば、その弊や乱。剛を好みて学を好まざれば、その弊や狂」（「陽貨篇」）

「君子勇有りて義無ければ乱を為す。小人勇有りて義無ければ盗を為す」（同前）

「勇にして礼無き者を悪《にく》む。……不遜にして以て勇と為す者を悪む」（同前）

（注：木村英一訳注版〈講談社文庫一九七五〉金谷治訳注版〈岩波文庫一九六三〉等参照）

こうした語録で明らかなように孔子が説いた「勇」とは、一言でいえば「礼のある勇」であった。孔子のいう「礼」とは狭義の礼儀作法だけではなく、文化的な力をもった社会規範もしくは行動様式を意味した。力だけに頼る単なる蛮勇を孔子は否定した。『論語』述而篇に、次のようなことばがある。

「暴虎《ぼうこ》馮河《ひょうが》、死して悔い無き者は、吾与《とも》にせざるなり」

「暴虎」とは、虎を素手で搏つこと。「馮河」とは黄河を歩いて渡ることである。ともに困難なことのたとえに用いられてきたが、孔子にとって「暴虎馮河」は、殉ずべき大義もなければ、君子にふさわしい礼もない、単なる無謀な行動にすぎなかったのである。

孔子は決して闘うことに消極的ではなかった。「義を見て為ざるは勇無きなり」のことばに象徴されるように、孔子一門は諸子百家のなかで最も敢闘精神に富んでいた。無謀な勇を戒める一方で孔子は、父母の仇に「市朝に遇えば、兵に反《かえ》らずして闘え」（注：『礼記』檀弓上篇）と教えている。外出先で父母の仇に遭ったときは、わざわざ鋭利な武器を取りに家に帰らず、その場で直ちに闘えと教えたのである。孔子がしばしば「勇」について語り、「礼ある勇」を説いたのも、基本的には孔子自らが敢闘精神に富み、それだけ血気にはやる人々が門下に多く集まっていたからであろう。

春秋時代、孔子の一門以外にも、「礼ある勇」を実践した武人は数多く存在していた。それは孔子もよく見聞して知っていた。孔子の武徳論は、ある意味では戦乱のなかでかえって発達した春秋期「武士道精神」の偉大な総括であった。

孔子が「勇を好むこと我に過ぎたり」と評した門人子路は、のちに政治家となって名を著したが、もとは武侠の人で、初めて孔子に会ったときも「戎服」（戦闘服）に身を固め、剣を手に取って舞い、「古の君子は剣を以て自ら衛《まも》れるか」と問いかけた。これは古礼に身をつつしむことを教えた孔子に対する挑戦であった。孔子は「不善あるときは則ち忠を以てこれを化し、侵暴あるときは則ち仁を以てこれを固くす。何ぞ剣を持せんや」と答えた。子路は「今この言を聞けり、教えを受けんことを請う」とその場で剣をおさめて入門した（注：『孔子家語』好生篇）。孔子の理性ある胆力が武侠の人子路の剣を制したのである。

『礼記』檀弓下篇に、孔子の発言として、次のようなきわめて注目すべきことばを載せている。

孔子曰く、「人を殺すの中に、又礼有り」と。

楚と呉が戦ったとき、楚の商陽が陳棄疾とともに敗走する呉軍を追撃した。陳棄疾は「王事である。射よ」と商陽に命じた。いわば「王命」によって商陽は弓を手にしたが、一人を倒すと直ちに弓を袋に納めようとした。陳棄疾は繰り返し同じ命令を発した。商陽は「一人を倒すごとに目を覆い」、三人を倒したが、ついに御を止めて「自分は朝議にあずからない士の身分、三人殺せば復命するに足る」と言った。これを聞いて孔子は「人を殺すのうちにもまた、礼がある」と感想を述べたのである。

『孔子家語』曲礼子貢問篇によれば、子路はこの孔子のことばに反発して、「臣たる者、君の大事にあたっては、死してのちに已むべきである。夫子よ、なぜこれを良しとするのか」と質問した。孔子は答えた。

「然《しか》り。汝の言の如し。吾《われ》、その人を殺すに忍びざるの心あるを取れるのみ」と。

君命のもとに武術を発揮し、人を殺すことを孔子は肯定した。しかし、武人の心に一点の礼が最後まで存することを孔子は願ったのである。

子路は衛国の内乱のなかで殺された。戈で撃たれたとき、子路の冠のひもが断ち切られた。「君子は死すとも冠を免《ぬ》がず」と言って、子路は冠を正して死んだ（注：『史記』仲尼弟子列伝）。孔子門下でも勇力をもって鳴った武人政治家にふさわしく、子路は敗れて死するときも礼を実践したのである。

子路は子羔《しこう》とともに衛に仕えていた。子羔も孔子門下の逸材である。衛国で内乱が発生したとの報を聞いたとき、孔子は「柴（＝子羔）やそれ来たらん。由（＝子路）や死せん」と言った。子羔は生き延びて魯に戻ってくるかもしれないが、子路はきっと死ぬだろうと予感していたのである。果たして衛の使者が来て子路の死を伝えた。孔子は中庭で「哭《こく》」した。子路の死を悼み、声をあげて涙したのである。哭したあとで孔子は改めて使者に子路の最後をたずねた。「（敵は）これを『醢《かい》』（塩漬け）にせり」と使者が話すと、孔子は左右の者に、塩漬けの品をみな覆させて言った。「吾、何ぞこれを食うに忍びんや」と（注：『孔子家語』曲礼子夏問篇）。

孔子の言動と教化、そして直門七十七人をはじめ門下約三千人といわれた多種多彩な人々の果敢な実践活動は、文徳のみならず武術上の道徳がいかにあるべきかを明示し、中国武徳思想の成立に最も具体的に寄与したのである。

〈柔〉思想の確立

「柔よく剛を制す」とは、よく知られた武術要訣の一つである。柔的側面を重視するのは中国武術に広く見られる優れた特徴であり、現今の拳法諸流派のなかにも太極拳をはじめ「柔拳」として分類しうる流派が多数存在する。

「柔よく剛を制す」の出典は兵書古典の一つ『三略』である。このあまりにも広く知られたことばが、そもそもどういう文脈から生じたものであったか、いま確認のため、関連箇所を改めて引用してみよう。

『軍讖《ぐんしん》』に曰く、柔能く剛を制し、弱能く強を制す。柔は徳なり、剛は賊なり。弱は人の助くるところ、強は怨みの攻むるところ。柔も設くるところ有り、剛も施すところ有り。弱も用うるところ有り、強も加うるところ有り。この四つの者を兼ねてその宜《よろ》しきを制すべし。

このように『三略』は剛と柔、強と弱をそれぞれ対置させ、それらの特徴をよく把握して総合的に運用することを説いたのである。この文の少しあとで、『三略』は再び『軍讖』のことばを引き、剛柔のどちらか一方に偏する危険性について、次のように警告している。

『軍讖』に曰く、能く柔能く剛なれば、その国は弥《いよ》いよ光る。能く弱能く強なれば、その国は弥いよ彰《あき》らかなり。純柔純弱なれば、その国は必ず削らる。純剛純強なれば、その国は必ず亡ぶ。

『軍讖』は『三略』以前の古い兵書といわれるが、失伝の書であり、剛柔論を展開したその原文を確認することはできない。いずれにしろ『三略』がここで説いていることは、「純柔は弱体化し、純剛は滅亡する。ゆえに剛と柔は互いに補完し合って初めて真に強い」ということである。したがって「柔よく剛を制す」とは、柔的なものが常に剛的なものより優れているということではなく、「柔もまた剛を制することができる」という一面の真実を説いたものにすぎなかったのである。

しかし、力で力を制することを目的とし、本質的に剛を基本とする武術において、柔の特質に着目し「柔よく剛を制す」の要訣に達したことは、やはり古代中国における武術思想の優れた先進性であったといわなければならない。

弾力を利用して矢を発射させる弓は、柔的なものが剛的な威力を発揮することを示す最も代表的な武器である。原始時代から弓が武器として使われていたことは、中国人が早くから少なくとも実践的には柔の武術的意義を把握していたことを現している。細かい竹を張り合わせる積竹技術によって強靭な武器の柄を製造していたこともその一例とすることができるだろう。

春秋戦国時代、老子を祖とする道家は、思想的な側面から柔の積極的意義を説き、以後の武術思想に大きな影響を与えた。道家思想の展開によって、〈剛柔論〉という中国武術独特の理論的分野が切り開かれた。この点に道家思想の武術史的意義が存在する。

『老子』は政治や軍事について積極的に発言している。ただその立場と視点が儒家と異なっていたにすぎない。宇宙を動的に把握し、絶えざる変化に柔軟に対処することを説いた『老子』は古来、兵法家の愛読する書でもあった。唐代には兵書の一つとしてみなされ、たとえば王真『道徳真経論兵要義述』は「(『老子』の）五千言は一章といえども意の兵に属さざるところなし」と述べているという（注：邱少華・牛鴻恩『先秦諸子軍事論訳注』軍事科学出版社一九八五）。

直接「兵」について語った『老子』のことばのうち、最も著名なものは第三十一章の次の一文であろう。

兵は不祥の器にして、君子の器にあらず。已むを得ずしてこれを用うるも、恬淡《てんたん》を上と為す。勝ちて、美とせず。しかるにこれを美とする者は、これ人を殺すことを楽しむなり。それ人を殺すことを楽しむ者は、則ち以て志を天下に得べからず。

また、第五十七章で「正を以て国を治め、奇を以て兵を用う。事無きを以て天下を取る」と述べているが、この点は『孫子』と共通している。『孫子』でも正と奇を対比させ、奇・正の転換によって勝利を得ることを説いているのである。

老子は「無」を重んじた。のちの道家末流の書は、この老子の「無」の理念を教条主義的にとらえ、しばしば消極的な虚無思想に陥った。しかし、老子が説く「無」とは、単に「何もない」を意味したのではなく、「何もない、だからこそあらゆる変化に応じてすべてを生ずることができる」という積極的エネルギーをもっていたのである。

老子はまた、「無為を為す」ことを強調した。「無為を為す」すなわち「為すこと無くしてしかも為す」とは「人工によって為すことなく天道によって為すべきである」ということであり、人間の小さな技巧を排し自然の大なる力を利用して物事をなすことである。自然の大なる働きに和せば、最小の力で最大の効果を発揮することができる。技術的にいえば、それは柔力によって目的を達成することである。「無為」が運動体となって現れるとき、そのエネルギーは柔力となって具現化するのである。

『老子』が柔をどのように理解し、主張していたかを検討するため、まず同書から直接「柔」について語ったことばを拾ってみよう。

「気を専らにして柔を致《きわ》め、能く嬰児《えいじ》のごとくならんか」（第十章）
「柔弱は剛強に勝つ」（第三十六章）
「（水は）天下の至柔《しじゅう》にして、天下の至堅《しけん》を馳騁《ちてい》す」（第四十三章）
「小を見るを明と曰い、柔を守るを強と曰う」（第五十二章）

「(赤子のごときは) 骨は弱く筋は柔らかにして而も握ること固し」(第五十五章)
「人の生まるるや柔弱にして、其の死するや堅強なり。万物草木の生ずるや柔脆にして、其の死するや枯槁なり。故に堅強なる者は死の徒にして、柔弱なる者は生の徒なり」(第七十六章)
「天下の柔弱なるもの、水に過ぐるは莫し。……弱の強に勝ち、柔の剛に勝つは、天下知らざるもの莫きも、能く行なうは莫し」(第七十八章)
(注：阿部吉男・山本敏夫等『老子・荘子上』明治書院一九六六、小柳司気太『国訳老子』一九二〇等参照)

このように老子は、まず気を集中し心身を柔らかく保って、あたかも「嬰児」(赤ん坊) のようであれと教えている。人は生まれたときは柔らかく、死ぬときは固い。草木も同じである。したがって「柔弱」は生長と変化が可能な「生の徒」であり、「堅強」は固定したままでそれ以上変化を生じることのできない「死の徒」であると説く。

太極拳が近代になって柔拳として成立し、「養命の武術」として広く普及したのも、生命を賭して人と殺傷し合うべく自己の身を固く鍛える剛強の拳を「死の拳法」として排し、自己の生命を養う柔拳こそ「生の拳法」であると主張したことが人々の共感を得たからであろう。太極拳の成立と普及は、老子を祖とする道家思想が提唱した古代の〈柔〉理念が、近・現代の中国武術に直接的に影響した典型的な例であるといってよい。

気を専らにし、心身を嬰児のごとく柔らかく保てという老子はまた、動くときは「水のようであれ」と教えている。天下に水よりも柔弱なものはない。しかし、この天下の「至柔」(最高の柔) が、最も堅固な岩石をもころがし、あるいは貫き、そしていかなる隙間にもその空間に応じてあらゆる変化を身に現すことができるのである。

水を例として要訣を説くのも『老子』と『孫子』が共通している点である。『孫子』は「勢」(勢い) と「節」

（瞬間的な決め）を重んじたが、勢篇で「激水の疾《はや》くして石を漂《ただよわ》すに至る者は勢なり」と説き、また虚実編では「兵」を水にたとえて、次のようにいう。

夫れ兵の形は水に象《かたど》る。水の行は高きを避けて下《ひく》きに趨《おもむ》く。兵の形は実を避けて虚を撃つ。水は地に因りて流れを制し、兵は敵に因りて勝ちを制す。故に兵に常勢なく、水に常形なし。能く敵に因りて変化して勝ちを取る者、これを神という。

（注：金谷治訳注『孫子』岩波文庫一九六三　以下『孫子』訳文は同書による）

『孫子』はこの前条で「兵を形《あらわ》すの極は、無形に至る」とも述べている。「無」の働きを重視しているところも『老子』と共通する。老子と孫子は、孔子ほど伝記がはっきりしていない。両者の生没年を特定することはできないので、老子が孫子にどのように影響を与えたかを具体的にたどることはできないが、両者の思想に著しい共通性があることは明らかであり、あたかも『孫子』は『老子』の基本理念を軍事問題に適用して成立したかのような印象さえ与える。したがって『老子』が古来、いわゆる『道徳経』として道教の聖典となっただけではなく、兵書の一つとして武人に影響を与えてきたというのもよく理解できるのである。

道家思想の原典として『老子』と並び称される『荘子』は、「大宗師篇」において、

古の真人は、其の寝《い》ぬるや夢みず、其の覚《さ》むるや憂い無し。其の食《くら》うや甘《あま》しとせず、其の息は深深たり。真人の息は踵《くびす》を以てし、衆人の息は喉《のど》を以てす。

と述べているが、これは『老子』の「気を専らにして柔を致め、能く嬰児のごとくならんか」（第十章）を受

け継ぐ荘子なりの「自然体」の理念ということができる。

『荘子』は人為的な努力を必要とする技術の世界でも、その極限の段階は真人の呼吸法と同じく、柔軟ですなおな最も自然の状態に達すると、いくつかの寓話によって説いた。これらの寓話は、人工を排し自然を貴ぶべきであるという道家の思想を展開するために著され、必ずしも技術修練の要訣として説かれたものではなかったが、結果的には剛的な修練の限界を突破する新たな視点を提供し、古来、武術を含む各種芸道の極意として愛読されてきたのである。

これらのいわば「上達の寓話」ともいうべき『荘子』の代表的説話を要約して列挙し、その意とするところを武術的観点から検討してみよう（注：訳解は森三樹三郎『荘子』中公文庫一九七四、赤塚忠『荘子』集英社一九七七等参照）。

例一：〈包丁、文恵君のために牛を解く〉（「養生主篇」）

包丁が牛を解く術はあたかも音楽を奏でるかのようであった。文恵君が「技もここまで達するものか」と感嘆すると、包丁が答えた。

「臣の好むところは道であり、技よりも進んでいます。はじめ私は牛の外形にとらわれましたが、三年経つと牛の姿が見えなくなりました。目で見ず、天理に合わせて神《しん》の行くままに包丁をふるったからです。いま私の刀は使うこと十九年、解く牛は数千牛、しかも刃こぼれ一つしていません。それはなぜか。本来、牛の節にはすきまがあり、刀刃はこのように厚さがない。厚さのないものを以てすきまあるものに入れれば、刃を遊ばせてもなお余地があるというものです。したがって十九年経ってもまだ刀刃は新たに研ぎおろしたかのように鋭利なのです」

「目で見ずに神の行くままにまかせる」ということは、日本武術でいう「心眼を以て見る」に相当する。修練は本来、人為的な努力である。しかしこの努力を重ねることによって、目や手足という個々の末端部分が人工的に動くのではなく、心身が一致した総合的な感覚で自然に動くことができるようになるのである。比喩では「神の欲するまま」に動いているこの段階は、動きが最も自然で効率的な筋道に沿っている状態であるが、実は自己の主観が最も欲するままに動いている状態でもある。したがって自己の主観が望むままに、小なるすきまも大なる空間としてとらえ、厚さあるものも厚さなきものとして駆使することができるのである。

例二：〈孔子、蟬《せみ》とりに会う〉（「達生篇」）

孔子が楚に行ったとき、林の中でせむしの老人が蟬をとっていた。あたかも地上から物を拾うかのように無造作にとっている。『巧みなるかな。道ありや』と孔子が問いかけると、蟬とりは『われに道あり』と答えて言った。

「はじめは竿の先に土を丸めて二つ重ね、それが落ちないように練習する。ついで三つ重ね、それができるようになったら、さらに五つ重ねて練習する。ここまでくると、身を構えたときはあたかも木の切り株のごとく、腕をさしだせば枯れ枝のごとく、無心の境地となって、もはや天地万物のなかに蟬の羽しか存在しなくなる。こうなれば、とりたいものは、どうにでもとれるようになるのだ」

『荘子』はしばしば寓話のなかに孔子を登場させる。ここでもわざわざ儒家の祖孔子とせむしの老人を対置させている。主体的、現実的な（したがって肉体的な）努力を重んじる儒派を揶揄し、人為を超えたところに道があり、この道を得れば、せむしの老人でさえも神意を凝らして霊妙な働きをなすことができると強調したのである。

例三：〈舟を学ぶ〉（「達生篇」）

顔淵が孔子に聞いた。

「私はかつて觴深《しょうしん》の淵で舟を操ること神のごとき船頭にあったことがあります。私が『舟を操ることは学ぶことができるか』と問うと、船頭は答えました。『できるとも。あるていど上手に泳げる者は、よく練習すれば舟を操ることができるようになる。水中に潜って自由に泳げるほどの〈没人《ぼつじん》〉ともなれば、舟を見たことがなくとも操ることができるものだ』と。これはどういうことでしょうか」

孔子が答えた。

「上手に泳げる者がよく練習すれば舟を操ることができるようになるのは、水を忘れるからである。没人ともなれば淵も陸も区別なく、舟が転覆しても車輪が退いたほどにしか感じない（したがって没人は転覆を恐れないのですぐに舟が操れるようになる）。賭けごとでも値打ちのない物を賭けるときは巧みでも、黄金を賭けるとなれば目がくらむ。事物の外形にとらわれれば自己の内面は拙くなるということである」と。

『荘子』はここで儒派が学ぶことを重視するあまり、しばしば小心翼々として学ぶこと自体にとらわれていることを批判し、舟を見たことのない没人が舟に取り組むがごとく自由大胆に学べ、「およそ外重き者は内拙し」と説いたのである。孔子ばかりでなく顔淵を登場させたのは、顔淵が孔子門下で最もよく学んだ者とされているからであろう。ちなみに「觴深の淵」とは「觴《さかずき》」がやっと浮かぶほどの浅い淵ということであり、ここに儒派に対する意図的な揶揄がよく現れている。

例四：〈木鶏の徳〉（「達生篇」）

紀渻子《きせいし》が王のために闘鶏を育てることになった。十日経ち、王がたずねた。

「鶏は闘う準備ができたか」

「まだです。からいばりして気が強いだけです」

それから十日経ってたずねた。

「まだです。声や影にさえ興奮してむかおうとします」

また十日経ってたずねた。

「まだです。まだ相手をにらみつけて気負っています」

さらに十日経ってたずねると、紀渻子は答えた。

「もういいでしょう。ほかの鶏が鳴いていても平然として変わるところがありません。遠くから見ると、木彫りの鶏のようです。自然の徳がそなわったのです。どんな鶏もあえて立ち会おうとするものはなく、みな逃げ出してしまいます」と。


この木鶏説話は、『荘子』の「上達の寓話」のなかでも、特に日本で武術を学ぶ者に親しまれてきた。二十世紀の名力士とうたわれた双葉山が六十九連勝の偉業をなしとげ、一九三九年一月ついに安芸の海に敗れたとき、ある人が「咲くもよし散るもまたよし桜花」と慰問の電報を打ったのに対し、双葉山が「われいまだ木鶏にあらず」と返電したのは、よく知られた逸話である。日本武術では「不動心」を重視する。木鶏は不動心をそなえた達人のすがたを象徴するたとえとして日本人に親しまれてきたのである。

例五：〈列御寇の射術〉（「田子方篇」）
列御寇が伯昏無人《はくこんぶじん》に射術を見せた。弓をひきしぼったとき、肘の上に水の入った杯をのせ、そのまま矢を放つ。あたかも木人像のごとく、微動もせずに連続して射た。すると伯昏無人が言った。

「まだ射《い》る（ことを意識している）の射《しゃ》であって射《い》ざるの射《しゃ》になっていない。汝は百仞の淵に臨んでも射ることができるか」

無人は御寇を連れて高山に登り、百仞《ひゃくじん》の淵に臨み、うしろ向きに断崖の端に立った。そして御寇を招くと、御寇は地に伏し、かかとまで汗びっしょりになった。そこで伯昏無人が言った。

「達した人というのは、上は青天をうかがい、下は黄泉に潜み、八極の果てまで自在にふるまい、しかも神気は変じないものだ。いま汝の心は恐れ、目はくらむというありさま。これではいくら当てようとしても当たるまい」と。

ここでも『荘子』は技術だけに頼ることの限界を示し、天然自然のなかに自己の心身が一如となったとき、初めて技術も自在に使いこなすことができると説いたのである。

道家思想はしばしば詭弁に陥り、観念的な世界に遊ぶこともあったが、その一方では自然主義的立場から〈柔〉理念を説き、人間主義を基調とする剛的かつ実践的な儒家思想とはまた別の発想のもとに、事物の本質に迫るアプローチを提示し、古代中国における武術思想をいっそう豊かにしたのである。

兵書『孫子』と武術

兵書『孫子』の成立は、西紀前数百年の古代において、中国の軍事学があらゆる分野にわたって高度に確立していたことを象徴する。

『孫子』は、しばしば中国最初の兵書といわれる。しかし、『春秋左氏伝』には「伝来の陣法」や「新たな兵典」などが登場する。春秋期、各国にそれぞれ新旧の軍事論・用兵術があったのは明らかである。たとえば、宣公十二年の条にある随武子の発言は、楚の陣法や兵典について触れ、また殷代における戦略要訣として「乱を取

り亡を侮る」（乱れれば取り、衰えればつけこむ）ということばが引用されている。また、孫叔の述べた戦術論として、

「むしろ我、人に薄《せま》るとも、人をして我に薄らすること無かれ。詩に曰く、『元戎《げんじゅう》（先陣の車）十乗、以て先ず行《こう》を啓《ひら》く』とは、人に先んずるなり。軍志に曰く、『人に先だてば、人の心を奪うことあり』とは、これに薄るなり」と。

と記されている。このほか、成公十八年の条には、晋の悼公が即位後、新旧の軍法を用いて軍事教練に力を入れ、強国としてのしあがるさまが描かれている。桓公五年の条に見える「魚麗《ぎょり》の陣」とは、「偏（戦車二十五乗）を先にし、伍（歩卒五人）を後にし、伍承《う》けて弥縫《びほう》す」、すなわち戦車を先頭にしてその後ろに一組五人の歩兵集団を重ねて進む陣形である。おそらくこの「魚麗の陣」は戦車戦の基本隊形であり、戦車が開発された当初から存在したであろう。

太公望が武王の参謀として周王朝の建国を助けたとの伝説を引くまでもなく、そもそも軍隊の誕生時から兵法は存在したはずである。紀元前十四、五世紀の殷代中期、戦車を駆使する車戦時代には、すでにかなり高級な戦術が展開されたであろう。『孫子』の登場はこのころから約一千年ものちのことである。この意味から『孫子』は最初の兵書ではなく、車戦時代の最後に残った兵書というべきであり、それだけに同書には長期にわたる古代の戦争・戦術を省みた深い総括が込められているのである。

『孫子』は視野が広く、人間行動に対する洞察の深い書であり、社会の各種分野に応用することができ、二十世紀の今日まで古典としての生命力を保ち続けてきた。

『孫子』はなによりも国家間の戦争における戦略・戦術を述べた軍事論であるが、個人的な格闘武術の理論形成

にも大きな影響を与えてきた。兵書『孫子』の成立以来、おそらく武術を学ぶ者で直接的と間接的とを問わず『孫子』の要訣に触れなかった者はいないであろう。『孫子』が後世、個々の武術論に影響を与えた典型例の一つとして、倭寇と戦った明代武将戚継光《せきけいこう》（一五二八〜一五八七）の著述『紀効新書』をあげることができる。『孫子』は日本武術史上でも最も基本的なテキストとして尊重されてきた。日本武術ではしばしば戦略論を「大の兵法」といい、武術論を「小の兵法」というが、『孫子』は大・小の兵法を兼ねる要訣の書として重視されてきたのである。

孫子の生没年、経歴は明らかではない。『史記』には孫武、孫臏《そんぴん》という孫姓二人の列伝が記されている。『史記』によれば、孫臏は孫武の百年後の子孫である。また『漢書』芸文志にも、

『呉孫子兵法』八十二篇、図九巻。師古注「孫武なり。闔廬《こうりょ》に臣たり」
『斉孫子』八十九篇、図四巻。師古注「孫臏なり」

とあり、二人の孫子がそれぞれ兵書を著したと記録している。漢代にはおそらく後学者の手が加えられて八十篇以上の大部の書として存在していたのであろう。

孫武が『春秋左氏伝』に登場せず、その経歴が不明のため、孫武の存在を疑う説、あるいは孫武と孫臏を同一人物とする説などが現れたこともあるが、一九七二年四月、山東省臨沂銀雀山の西漢墓から『孫子』と『孫臏』が同時に出土し、春秋戦国時代に相前後して孫姓二人の兵法家が活躍したとする『史記』の記述あるいは『漢書』の兵書目録などに、いっそう信頼性が増した。

孫臏は、もとは同門でのちに生涯の仇敵となった龐涓《ほうけん》にねたまれ、その讒訴《ざんそ》にあって臏刑《ひんけい》（あしきりの刑）に処された。このため「孫臏」とよばれるようになったのである。孫武の「武」もまた本来の名ではなく、孫子の

「武略」を顕彰するため死後に付された名であった可能性があるという（注：天野鎮雄訳注『孫子』中公文庫一九七五）。

『史記』によれば、孫武は斉の人であり、

兵法を以て呉王闔廬に見《まみ》ゆ。闔廬曰く、「子の十三篇、吾　尽くこれを観たり」と。

と記されている。呉王闔廬は魯・昭公二十八年（前五一四）に即位し、魯・定公十四年（前四九六）に越との戦いに敗れて死んだ。即位十九年であった。この間を孫武の活躍期とみることができる。ちなみにこの時期は、孔子の三十代後半から五十代半ばにあたる。

現在の『孫子』は漢代テキストにもとづくが、孫子が呉王闔廬に謁見したとき、すでに『孫子』十三篇を著していたということが事実ならば、たとえ漢代までに後学者の手が加わっていたにしろ、『孫子』十三篇は『論語』等の断片的言行録とちがって、基本的には孫子自身が論述した体系的な軍事論ということになる。

『孫子』の特徴は、万物は常に変化するという道家的哲学を背景に、判断するときは客観的事実にもとづいて変化の様相を察知し、行動するときは変化に柔軟に対応し、自己の主体的な能動性を確保して、欲するがままに動き勝つべくして勝つことをめざした点にある。一言でいえば、「変化を直視し、主体的に動く」ということである。また、格闘武術的観点からもう少し具体的に要約するならば、『孫子』兵法の要訣とは、「虚・実の変化を見きわめ、奇・正の戦術を転換させ、勢・節を以て集中的に勝負を決する」ということである。

虚実の変化については、すでに『老子』の項で引用したように、『孫子』は虚実篇で兵の形を水にたとえて、「兵の形は実を避けて虚を撃つ。水は地に因りて流れを制し、兵は敵に因りて勝を制す」と述べている。『孫子』計篇では「兵とは詭道なり」と断言し、自己の意図・戦術と反対のものを敵に示して相手を撹乱し、「その無備を攻め、その不意に出ず」べきであると説く。虚実篇ではいわば自然に生じた虚実を見きわめ、計篇では意識的に敵に虚を生じさせ、自己の実を以て攻めることを教えているのである。

同じく虚実篇にいう「わが十を以て敵の一を攻むる」というのも多数の敵を分割状態に陥れ、わが全力を以て各個に撃破する戦術であり、わが実を以て敵の虚を撃つことである。これは毛沢東の「戦略的には一を以て十に当たり、戦術的には十を以て一に当たる」となって現代によみがえり革命戦争に応用されたが、個人武技の格闘戦術としても十分に適用が可能である。

虚実は武力と志気によって構成されるいわば物質的・精神的エネルギーの状態であるが、奇正は戦術の変化によって主動的に虚実を作り出すことである。『孫子』勢篇は、次のようにいう。

凡そ戦いは、正を以て合い、奇を以て勝つ。故に善く奇を出だす者は、窮まり無きこと天地の如く、竭《つ》きざること江河の如し。……戦勢は奇正に過ぎざるも、奇正の変は勝《あ》げて窮むべからざるなり。奇正の相い生ずることは、循環の端なきが如し。孰《だれ》か能くこれを窮めんや。

循環する円には端がないように奇正の円転する変化はきわまるところなく、堅固な敵もついには弱点をあらわにし、わが実を以て敵の虚を攻めることができるのである。

相手が多様な戦術を展開して攻めてきたときは、「常山蛇陣の法」を以て迎え撃つ。『孫子』九地篇によれば、常山に棲む「率然」という蛇は、

その首を撃てば則ち尾至り、その尾を撃てば則ち首至り、その中を撃てば則ち首尾倶《とも》に至る。

といわれるほどいかなる変化にも柔軟に即応することができたという。これも変化に対するに変化を以てし、結局は主導権を握るというたとえである。

『紀効新書』拳経捷要篇で、戚継光は古今の各流拳法の長所を取って三十二勢にまとめたが、その目的とするところを序文のなかで「各流のよいところを選んで訓練すれば、常山の蛇のごとく、首を打ちては尾応じ、尾を打ちては首応じ、その身を打てば首尾相い応ず」と述べている。『孫子』の拳法論への適用を示す一例といえるだろう。

勢・節も『孫子』の重要な要訣であり、そのまま個人武技に応用しうる教えである。「勢」とは「勢い」、「節」はいわば「瞬間的な決め」であるが、勢篇のなかで孫子は次のように説く。

激水の疾《はや》くして石を漂《ただよわ》すに至る者は勢なり。鷙鳥《しちょう》の撃ちて毀折《きせつ》に至る者は節なり。是の故に善く戦う者は、其の勢は険にして其の節は短なり。
勢は弩を彍《は》るが如く、節は機を発するが如し。

これを意訳すれば、「激流が石をも漂わすほどになるのが勢というものである。猛禽が一撃で獲物の急所をうちくだくほどになるのが節というものである。このゆえに戦いに優れた者は、その勢は険しく、その節は短い。勢とはあたかも弩を張るかのように力の蓄えがあり、節とは引き金を引いて矢を発するかのように力が集中している」ということである。

孫子は勢篇の結びで、「勢とは千仞の山から円石を転がすようなものである」とも言っている。要するに勢（勢い）とはエネルギーの量的な集積であり、節（決め）とはエネルギーの質的な集中であるということができる。

戚継光はこの勢・節の要訣を格闘武技に取り入れた。『紀効新書』長兵短用説篇で戚継光はまず、

長なれば則ちこれを勢険なりと謂い、短なれば則ちこれを節短なりと謂う。万殊一理なり。

と説き、兵器の長短と勢節の理論を結合させ、長短・勢節の組み合わせと相互運用こそ格闘武術の要訣であると主張したのである。これにつづく「長鎗総説」で、戚継光は独特の槍術論を展開し、楊家鎗を批評して、

ただ楊家の法は虚実あり、奇正あり。虚虚実実あり、奇奇正正あり。その進むや鋭く、その退くや速し。その勢は険にして、その節は短なり。動かざること山の如く、動けば雷震の如し。

と述べている。戚継光は『孫子』兵法を槍術に応用して新たな要訣を生み出したのである。

孫子が奇正、虚実の変化を重視するのは、戦闘における自己の主導権を確保するためである。「人に致して人に致されず」（虚実篇）あるいは「人に後れて発し人に先じて至る」（軍争篇）などは、もはや原典を離れてひとり歩きをし、個人武技の世界で日常的に語られる基本的な要訣となっているが、もとはいずれも戦場における主導権の確保を説いた『孫子』のことばであった。

戚継光と並ぶ明代の勇将兪大猷《ゆだいゆう》は棍法を得意とし、戚継光はもとより当時の少林寺武術にも大きな影響を与えた。兪大猷の著『剣経』は「剣」と題しているが、実際には棍法のテキストである。戚継光は『紀効新書』短兵長用説篇で棍法を説くにあたり、『剣経』のほとんど全文を採録したため、当時から武術界でこの兪大猷の棍法論が広く読まれた。このなかで兪大猷は棍法の要訣とは結局、

千言万語も「人に致して人に致されず」の一句に外ならず。……「人に後れて発し、人に先じて至る」の一句に外ならず、「他《かれ》が先の一下《いちげき》を打たず、ただこれ他が第二の一下を打つ」に外ならざるなり。

とする。まず相手から動かせ、その動きを見て確実に自己が主導権を確保し、敵の第二撃目を許さず全力で打ち込むということである。ここから兪大猷は「旧力略過、新力未発」という著名な八字訣を生みだした。すなわち、「旧力略過《やや》ぎ、新力未だ発せざる（を打つ）」の意であり、敵の第一撃目が旧力となってやや過ぎ、第二撃目がまさに新力となって生じようとする一瞬前をとらえて打ち込むということである。これは「人に致して人に致されず」および「人に後れて発し、人に先じて至る」という『孫子』兵法を棍法という格闘武技に具現化した要訣であった。

このように『孫子』兵法の基本は、奇正の戦術的変化によって虚実をはかり、能動的に勝機を作りだし、たとえば十対一という絶対的な力の差を導きだすことによって勝つべくして勝つということであり、戦場の用兵術としてはもとより個々の格闘武術にも基本的な要訣として取り入れられていったのである。

『孫子』は既述したように日本にも大きな影響を与えた。『孫子』の日本移入については佐藤堅司『孫子の思想史的研究』（風間書房一九六二）に詳しいが、ここでは中国最近の軍事啓蒙書の一つ『中国古代兵書雑談』（注：王顕臣・許保林共著　戦士出版社一九八三）が要約したところによって、まず『孫子』の日本伝来とその軍事的影響について概観してみよう。

『孫子』をはじめとする中国兵法を日本人として最初に日本にもたらしたのは、吉備真備（六九三〜七七五）である。吉備真備は阿倍仲麻呂とともに唐に派遣され、留学十八年ののち大量の漢籍を携えて七三四年に帰国した。大宰府在任中、吉備真備は『孫子』等兵法を講義し、七六四年九月には恵美押勝の反乱をわずか十七日（実質八日間）で鎮圧した。吉備真備は兵書『孫子』の伝来者にふさわしく、理論と実践ともに優れた武人だったのである。

吉備真備以来、日本人留学生によって当時存在した中国兵書はほとんど日本にもたらされた。八七五年、大火によって皇室蔵書が失われたが、そのあと寛平年間（八八九～八九八）勅命によって編集された『日本国見在書目』には、なお兵書五十九部もが掲げられている。「そのなかには隋唐志に見えない兵書があり、しかもわが国『唐書』経籍志には兵書はわずか四十五部しか載せていない」と『中国古代兵書雑談』は指摘している。当時日本でいかに兵書研究が活発であったかをうかがうことができる。

吉備真備以後の日本武人による『孫子』の著名な活用例について、『中国古代兵書雑談』はまず八幡太郎源義家と武田信玄をあげている。源義家はかつて大江匡房に『孫子』兵法を学んだが、陸奥戦役中、雁の飛び立つのを見て『孫子』軍争篇のことば「鳥の起つは伏（兵）なり」を思い出し、危機を脱したという。

また、武田信玄は軍旗に「その疾《はや》きこと風の如く、その徐《しず》かなること林の如く、侵掠すること火の如く、動かざること山の如し」という『孫子』軍争篇の四句を大書していた。ちなみに武田氏は源義家の弟新羅三郎源義光の子孫である。

近代の例として『中国古代兵書雑談』は、日露戦争における東郷平八郎と乃木希典をあげて、次のように述べている。

日本海軍総司令東郷平八郎は出発するとき日本書籍は何も持たなかったが、ただ一冊『孫子』だけは身につけて行った。対馬大海戦中、彼はロシア海軍を撃破したが、その陣法は『孫子』兵法に由来するのである。戦争終結後、彼はロシア軍に戦勝した理由を二句に総括した。その二句とはすなわち『孫子』の「逸を以て労を待ち、飽を以て飢を待つ」（引用注：「われはのびやかにして疲れたる敵を待ち、われは食い足りて飢えたる敵を待つ」の意。軍争篇）であった。また陸軍大将乃木希典は戦後、私費で『孫子諺義』を出版し、友人に寄贈している。日本人将領による戦闘指揮のなかで、いかに『孫子』の位置とはたらきが重要であったかを見ることができよう。

日本人が歴史上『孫子』に学んだ著名例として『中国古代兵書雑談』が掲げたものは、すべて戦場におけるいわば「大の兵法」であったが、もちろん「小の兵法」である個々の格闘武技にも『孫子』が大きな影響を与えてきたことはいうまでもなく、実例をあげるとすれば、ほとんど枚挙にいとまがないであろう。ここでは近世の剣術極意書として名高い宮本武蔵『五輪書』と現代空手道の祖ともいうべき船越義珍『松濤二十訓』を取り上げるにとどめたい。

『五輪書』は宮本武蔵（一五八四〜一六四五）が、晩年になって生涯を回顧し、自流の奥義を地・水・火・風・空の五巻にまとめたものである。実際には『五輪書』の本文に『孫子』のことばは一つも引用されていない。序文のなかで「仏法・儒道の古語をも借りず、軍記・軍法の古きことをも用いず」執筆したと明記しているように、宮本武蔵は古典・故事の引用をせず、しばしば通俗的表現を用いて自己の語りたいままに書き表している。重要な要訣を漢語に訳しがたい「大和ことば」によって総括することが多い。ここに『五輪書』の一つの特徴がある。したがって『五輪書』と『孫子』を比較考究する場合は、武蔵が総括した要訣そのものを分析し、『孫子』兵法との共通項を探るところから始めなければならず、『五輪書』の本文の字句をそのまま取り上げて単純に『孫子』の影響の有無を論ずることはできない。しかし、「一人の敵に自由に勝つ時は、世界の人に皆勝つ所也」（地の巻）と兵法の大・小一致論を説き、自らも小（剣）の兵法家にあきたらず大の兵法家をめざした宮本武蔵にとって、『孫子』が闘争原理を導きだす重要な源泉の一つであったことは、まず疑いがない。一説によれば、宮本武蔵は『孫子』のことばを軍旗に掲げた武田軍団の流れをくむ兵学者と兵法・剣術の交換教授をしているという（注：神子侃訳解『五輪書』徳間書店一九六三）。

『五輪書』地之巻に「我、若年のむかしより兵法の道に心をかけ、十三歳にして初めて勝負をす」と自ら記しているが、宮本武蔵は戦国時代の武人の子であり、少年時から『孫子』兵法を聞き知っていた可能性がある。

宮本武蔵はなぜ『五輪書』と題したか。「五」は地・水・火・風・空という五巻を意味するのはいうまでもないが、それを「五輪」と表したのは、従来説かれているような仏教哲学の影響ではなく、むしろここにこそ武蔵の闘争原理と『孫子』兵法を結びつける最も大きな環が存在するのである。

すでに部分的に引用した「凡そ戦いは、正を以て合い、奇を以て勝つ。故に善く奇を出だす者は、窮まり無きこと天地の如く、竭きざること江河の如し」という『孫子』のことばには、原文どおり引用すると、次のような句が続いている。

> 終わりて復た始まるは、四時これなり。死して更々《こもごも》生ずるは日月これなり。声は五に過ぎざるも、五声の変は勝げて聴くべからざるなり。色は五に過ぎざるも、五色の変は勝《あ》げて観るべからざるなり。味は五に過ぎざるも、五味の変は勝げて嘗《な》むべからざるなり。

ここから『孫子』は、すでに引用した「戦勢は奇正に過ぎざるも、奇正の変は勝げて窮むべからざるなり。奇正の相い生ずることは、循環の端なきが如し。孰か能くこれを窮めんや」という結語に導くのである。

このように『孫子』は、声・色・味など事物の相はいずれも五種にすぎないが、その変化にはきわまりがない。ゆえに戦いも奇正の二つが輪転する環のように限りがないと説いているのである。宮本武蔵のいう「五輪」とは、まさにこの『孫子』のことばを源泉としているだろう。このように考えて、改めて『五輪書』を読むと、「大和ことば」に満ちた武蔵の語録の行間から『孫子』の姿が浮かび上がってくる。そして武蔵兵法もまた、変化をとらえ、自己の主導権を確保して一挙に勝負を決するという、まさに『孫子』兵法を日本刀術に具現化した典型例であることに気づかされるのである。

『五輪書』が日本的表現に満ちているということは、まずなによりも「我に師匠なし」（地之巻）と豪語した宮本武蔵の天賦の才によって、実戦のなかで自得するところが多かったからであろうが、また一方では『孫子』兵法をはじめとする諸流の要訣をそれだけ自己の体内に消化していたということであろう。

次に『孫子』のごく近年における日本武術への影響例として、『松濤二十訓』をあげることができる。

「松濤」とは現代空手道の確立と普及に功績のあった船越義珍（一八六八〜一九五七）の号である。柔道の嘉納治五郎にならって、船越義珍は中国から琉球に伝来した「唐手」拳法を、近代的な日本武道として確立した。そして、禅の「空」理念にもとづき「唐手」を「空手」と改め、相対訓練を重視する剣道・柔道の修行体系を大幅に取り入れて新たな訓練体系を樹立した。時代的には昭和十年（一九三五）ころである。いわば日本空手道とは、中国拳法を母とし日本武道を父として二十世紀に誕生した古くして新しい徒手格闘の武術であったということができる。

『松濤二十訓』はこの船越義珍が二十箇条にまとめて門弟に教示した空手道の精神的な要訣である。『松濤二十訓』は、いわば断片的な口訣であって、船越の自著『空手道教範』（一九三五）には収められていない。ここでは仲宗根源和編著『空手道大観』（一九三八）所収船越義珍「空手道二十ケ条と其の解説」（解説は仲宗根源和）により、二十箇条の本文のみを掲げる。ただし、参考として関連箇所に『孫子』等語録を付した。

第一条　空手道は礼にはじまり、礼に終ることを忘るな。

第二条　空手に先手なし。

（参考：「人に後れて発し人に先じて至る」〈『孫子』軍争篇〉）

第三条　空手は義の補《たす》け。

第四条　先ず自己を知れ、而して他を知れ。
　　　　(参考：「彼を知り己を知れば百戦殆うからず」〈『孫子』謀攻篇〉)
第五条　技術より心術。
第六条　心は放たん事を要す。
第七条　禍《わざわい》は懈怠《げたい》に生ず。
第八条　道場のみの空手と思ふな。
第九条　空手の修行は一生である。
第十条　凡《あら》ゆるものを空手化せよ、其処《そこ》に妙味あり。
第十一条　空手は湯の如し、絶えず熱度を与へざれば元の水に還《か》へる。
第十二条　勝つ考へはもつな、負けぬ考へは必要。
第十三条　敵に因って転化せよ。
　　　　(参考：「水は地に因りて流れを制し、兵は敵に因りて勝ちを制す。……能く敵に因りて変化し、而して勝ちを取る者、これを神という」〈『孫子』虚実篇〉「敵に因りて転化し、事の先とならず、動きてはすなわち随う」〈『三略』上略〉)
第十四条　戦いは虚実の操縦如何に在り。
　　　　(参考：「兵の形は実を避けて虚を撃つ」〈『孫子』虚実篇〉「戦いは正を以て合い、奇を以て勝つ。……奇正の相い生ずることは、循環の端なきが如し」〈『孫子』勢篇〉)
第十五条　人の手足を剣と思へ。
第十六条　男子門を出づれば百万の敵あり。
第十七条　構は初心者に、後は自然体。(参考：「兵を形すの極は無形に至る」〈『孫子』虚実篇〉)

第十八条　形は正しく、実戦は別物。
第十九条　力の強弱、体の伸縮、技の緩急を忘るな。
第二十条　常に思念工夫せよ。

以上のように、『松濤二十訓』は精神的な訓戒を基調とし、いくつか闘争原理に触れている。これら闘争原理に関することばは、修練を通じて自得した要訣が基盤となっているが、その理論化にあたっては明らかに『孫子』に学んでいる。

第二条「空手に先手なし」は最もよく知られた船越義珍のことばであり、単に技術的な要訣にとどまらず、みだりに争いを求めないという精神的な教えともされている。この根本的な立場においても、兵書でありながら「百戦百勝」を必ずしも肯定せず「戦わずして人の兵を屈する」（謀攻篇）ことを最善とした『孫子』兵法の立場とまったく軌を一にしているのである。

このように、手に武器を持たず闘うという最も原始的な武術でありながら、二十世紀に入って成立した「空手道」という最も新しい日本武術にも、『孫子』兵法が重要な要訣として脈打っているのである。

第五節　中華帝国の成立と中国武術の確立

秦兵馬俑の軍隊と武器

紀元前二二一年、秦王・政は全国を軍事的に統一し、秦帝国（前二二一〜前二〇七）を築いた。秦は封建制を廃止して郡県制をしき、文字・度量衡の統一をはじめ中央集権国家を維持するにふさわしい各種制度の統一化と標準化を図った。秦は全国統一後わずか十五年で滅び、漢が比較的長期にわたって統一事業を完成させた。漢帝国は古代世界史上でもまれに見る強大な統一国家であり、周辺の小民族に計りしれない大きな影響を及ぼした。日本が未開社会から文明社会に脱皮し、国際的な潮流に加わるのもこの漢帝国出現の余波である。

秦は全国の民間兵器を没収した。以後の武器は大部分、軍隊用に官立の工場で製造された。武器の統一的生産によって武術もおのずから全国的に標準化されたであろう。秦は戦国七雄のなかで最強の軍事力をもっていた。したがって秦の軍隊武術が数百年にわたる春秋戦国時代の一つの到達点であったとみることができる。

一九七四年三月から一九七六年の夏にかけて、陝西省臨潼県に所在する秦始皇帝陵の東北一・五キロの地点から、実物大の陶製兵馬俑《へいばよう》を埋めた巨大な陪葬坑が相次いで三個所発見された。これらの兵馬俑は秦の軍団編成をそのまま模型化したものであり、これによって秦軍の戦闘技術がどのようなものであったか具体的に理解することが可能である。

一号俑坑は東西に長い長方形である（南北六〇　東西二一〇、総面積一万二千六百平方メートル）。陣形は、まず前衛として先端に三列横隊二百十人の歩兵が配置されている。左右両端の縦列には側翼としてそれぞれ外側を向いた歩兵が立っている。前衛と側衛に囲まれた内側中央部に、九組の密集軍団が縦に整列している。歩兵と戦車がほぼ交互に組み合わさった軍団である。いうまでもなくこれが主力軍であろう。すでに出土した部分の俑配置密度から計算して一号俑坑全体には合計六千体の兵馬俑が埋まっているものと推定されている。（注：始皇陵秦俑坑考古発掘隊「臨潼県秦俑坑試掘第一号簡報」〈『文物』一九七五・一一期〉）

前衛と側衛の主要武器は弓・弩である。本隊の主要武器は矛である。剣は少数の指揮官クラスの武士が所持しているのみで全員が持っているわけではない。戦車は密集した歩兵の間にあるので、機動力はそれほど高くないであろう。戦車のみで編成された純粋の戦車軍団は別の俑坑から発掘されている。一号俑坑の戦車は常に歩兵とともに進軍し、戦闘すべき隊形にある。

これに比較して、二号俑坑は騎馬と戦車を主とする機動軍団である。二号俑坑は一九七六年五月、一号俑坑からわずか二〇メートルの隣接地点で発見された。総面積六千平方メートルである。一号俑坑の半分の大きさということになる。二号俑坑の陣形は、まず左翼に三組の騎馬隊合計百八頭分の兵・馬俑が縦に整列している（ただし各組先頭部分のみ戦車二両が配置されている）。中央三組の縦列部隊は歩兵を従えた戦車隊である。そして右翼は横八両、縦八両合計六十四両の戦車隊が方形陣を組んでいる。（注：始皇陵秦俑坑考古発掘隊「秦始皇陵東側第二号兵馬俑坑鑽探試掘簡報」〈『文物』一九七八・五期〉）

この右翼方形陣は歩兵を一兵もまじえない純粋の戦車軍団である。左翼と中央軍の前方には弓・弩兵が前衛として方形陣を組み、しかも内側の兵は膝を屈して待機の構えをとっているので、この後ろに位置する騎馬・戦車はみだりに前方に進めないが、右翼戦車隊は隊中に歩兵なく、前方にも歩兵を置いていないので、いつでも迅速に出撃することが可能である。

試掘部分から推定すると、この機動力を特徴とする二号俑坑軍の武器も一号俑坑軍と同じく、射遠兵器の弩と弓を主とし、格闘兵器として矛と剣が配備されていた。矛と剣はまだ少数しか出土していないが、剣を持つ武士は歩兵軍団より多かったものと推定される。

三号俑坑は一九七六年六月に発見された。二号俑坑戦車軍団の後方、一号俑坑歩兵軍団後衛部分の内側に位置する。面積はわずか五百二十平方メートルで、二号俑坑の十分の一にも満たない。中央に戦車一両があり、これを護衛するかのように左右合計六十四体の武士俑があった。一般戦車の乗員は三人であるが、この三号俑坑の戦車は乗員四人である。服装から判断すると一般戦闘要員より身分の高い武士である。武器類は三十四件出土したが、うち三十件は銅殳である。銅殳二十件に残長一メートルの木柄が着いていた。殳は警護、儀杖用の武器であり、実戦用ではない。こうした事実から考えて、三号俑坑の部隊は一、二号俑坑軍を合わせた全体の司令部であったと推定される。（注：秦俑坑考古隊「秦始皇陵東側第三号兵馬俑坑清理簡報」〈『文物』一九七九・一二期〉）

以上のとおり三つの兵馬俑坑は、あたかも秦始皇帝陵の先駆けとなり、東方に向かって進軍する姿を実物大で再現した巨大な模型軍団であった。この俑坑軍団を典型例として秦軍の編成と戦闘技術の特徴を要約するならば、下記五点にまとめることができるだろう。

一、三つの俑坑軍団は、後方に司令部を置き、前方に機動軍団、右方に戦車・歩兵混合軍団を置く有機的な構成となっている。この陣形により、戦車・歩兵軍団を正兵とし、機動軍団を奇兵として、さまざまな戦術を展開することが可能である。

二、戦闘の主力は戦車をまじえた密集歩兵軍である。

三、騎兵はまだ過渡期的存在であり、戦車が依然として重要な役割を担っていた。

四、軍隊武術は弩射・弓射・騎射など射術が中心である。格闘武器術としては、長兵器として矛を用い、短兵器として剣を用いた。剣は約一メートルの銅製長剣である。戈も使用されていた。刀術はまだなかった（刀に似た特異な形状の武器が試掘段階で二件出土しているが、格闘武器として配備されたものとは思われない）。
五、兵士俑は身長一七五～一八六センチ、指揮官クラスは一九〇センチの偉丈夫である。馬俑・戦車が実物どおりの寸法で製造されているところからみて兵士俑も実寸と考えてよい。秦は角力・角抵の盛んな国であったから、兵士たちは徒手格闘術にも優れていたであろう。
以上、歩兵が重要兵種となり、騎兵が登場し、また弩射が盛んとなり、あるいは剣が短剣から長剣となったことなどは、西周時代に比較して進歩した一面であるが、にもかかわらず鉄製武器が普及していた戦国時代の他国と比較すると、秦軍の装備はどちらかといえば旧式である。したがって秦が他国を征服した勝因は、武器の先進性ではなく、全体の用兵術に勝っていたからであろう。あるいは専制的な政治が人民を巧みに戦争に駆り立てたからであるともいえるだろう。秦は法家思想にもとづく過酷な専制支配によって、「私闘」を規制し、人民の闘争心を「公戦」すなわち国家的な対外戦争に集約したのである。

騎馬戦術の導入

中国の騎兵は戦国時代に始まった。中原諸国家のうち最初に騎馬戦術を導入したのは趙の武霊王（在位前三二五～前二九九）である。紀元前三〇二年（『竹書紀年』）もしくは前三〇七年（『史記』）のことであった。

アッシリア人はすでに前十世紀、騎馬による狩猟、戦闘をおこなっていた。ただし当初は、直ちに車戦をくつがえすほどの戦力とはならなかった。鐙や鞍のない裸馬にまたがっていたので、戦うためにはあまりにも不安定だったのである。その後数百年間に騎乗術が徐々に発達し、前五世紀にはユーラシア大陸に騎馬戦術がかなり普及していた。とりわけ中央アジアの遊牧民族は皮革製の鞍を発明し、軽装で馬に乗り、高速で疾駆させながら強弓を射ることができた（注：加茂儀一『騎行・車行の歴史』法政大学出版局一九八〇）。

武霊王が趙国に騎馬戦術を取り入れようとしたとき、家臣たちは激しく反対した。胡服・騎射は夷狄の習俗であり、蛮夷に見習って服装を改め戦術を変えることは中華文化の伝統を傷つけ、聖人の教えた礼節に背くものと考えたのである。武霊王は実用主義の立場から、「諺に曰く、書を以て御する者は、馬の情を尽くさず。古を以て今を制する者は、事の変に達せず」（『史記』趙世家）と説き、自ら活動的な胡服を着用し、騎射の士を招いて趙国に騎馬戦術を導入した。

武霊王は北の宿敵中山国を滅ぼし、西の強国秦を脅かしたが、紀元前二九五年内乱のなかで餓死した。その後数十年、趙は秦と戦ったが、紀元前二二八年秦軍はついに趙都邯鄲を陥した。秦始皇の十九年にあたる。

このころ秦にもすでに騎射術が普及していたものと思われるが、降伏した趙軍騎馬隊は秦軍に吸収されたであろうから、中国最初の馬術・騎射術は秦軍武術の一部となって伝わったはずである。さらに秦滅亡にともない、その騎射術は漢軍に流れた。

漢王がかつて項羽の騎兵軍に追われたとき、自軍を再編成するため陣中で騎兵の将たるにふさわしい者を選ばせた。このとき臣下はみな、「もとの秦の騎士で重泉県の人、李必と駱甲が騎兵のことに習熟し、いま校尉となっているので、これを騎将にすべきであると推薦」した。選ばれたふたりは、兵士の信頼を得るためには漢軍直系の騎士を将にしたほうがよいと進言した。そこで漢王の近臣灌嬰を将とし、李必と駱甲は自ら副官となって出撃し、楚軍の騎兵を大破した（注：『漢書』灌嬰伝）。

この挿話によって、秦の騎馬戦術が漢に伝わったことを確認できる。この挿話はまた、古来から、たとえ国が滅亡しても、優れた武術は征服軍に吸収されて生き延びることが多かったという事実を象徴するものでもある。

漢代は馬術・騎射術が著しく発達した時代である。漢代の戦争では万単位の騎兵と、これに数倍からときには十数倍という大量の歩兵を動員した。戦車はもはや副次的な存在にすぎなくなった。この点が秦代以前と大きく異なる新しい特徴である。

秦末の動乱期、趙の地を攻略した武信君は、范陽の県令徐公を「車百乗、二百騎、侯爵の印を以て」迎えた

（注：『漢書』蒯通伝）。秦兵馬俑の騎馬軍団に比較して騎兵の比重がかなり高くなっていることに注目すべきである。騎馬戦術の普及については地域差もあったであろうが、戦国末期から秦末までの短期間に急速に広まったということであろう。この時期に成立したと思われる兵書『六韜《りくとう》』は戦車・騎馬・歩兵の戦力比について、次のようにいう。

則ち易戦の法（＝平坦な地で戦う場合）は、一車は歩卒八十人に当たり八十人は一車に当たる。一騎は歩卒八人に当たり、八人は一騎に当たる。一車は十騎に当たり、十騎は一車に当たる。
険戦の法（＝険阻な地で戦う場合）は、一車は歩卒四十人、四十人は一車に当たる。一騎は歩卒四人に当たり、四人は一騎に当たる。一車は六騎に当たり、六騎は一車に当たる。

「易戦の法」を標準と考えて上記を単純化すれば、車・騎・歩の戦力比は一：一〇：八〇である。これを基準として編成すると、戦車一両（戦士三人）につき騎兵十騎、歩兵八十人となる。

騎馬戦術を最初に導入した趙国の例では、名将李牧が知能のかぎりをつくし、「えりぬきの戦車千三百乗、騎射兵一万三千、百金の士（百金の賞に値する勇士）七十万の勢力を築きあげた」（注：『史記』馮唐伝）という。この場合、車・騎・兵の比率は一：一〇：七〇で、ほぼ上記基準に等しい。

車・騎の比率を一：一〇とするのは戦国時代の常識的な数字だったようである。たとえば『史記』蘇秦列伝などに列挙された主要国兵力は次表に要約される。

〈戦国時代主要国の兵力と車・騎比率一覧表〉

国名	兵力	車騎比率
燕	「帯甲数十万、車六百乗、騎六千匹」	一：一〇
趙	「帯甲数十万、車千乗、騎万匹」	一：一〇
魏	「武士二十万・蒼頭二十万・奮撃二十万・厮徒十万（＝戦士合計七十万）、車六百乗、騎五千匹」	一：八
楚	「帯甲百万、車千乗、騎万匹」	一：一〇
秦	「帯甲百万、車千乗、騎万匹」	一：一〇

（注：秦は『史記』張儀列伝、他は蘇秦列伝による）

秦軍の騎兵は戦国時代すでに発達し、一：一〇の標準比率に達していた。秦は昭襄王の四十七年（前二六〇）、長平の戦いで趙国の大軍を撃破したが、このときすでに騎兵軍五千が活躍している。このような事実から考えると、秦の兵馬俑坑に見られる模型軍団には騎兵軍があまりにも少ない。兵馬俑坑は三個所であるが、実は二号俑坑（戦車主体）と三号俑坑（司令部）の中間に未完の俑坑が発見されている（注：秦俑坑考古隊「秦始皇陵東側第三号兵馬俑坑清理簡報」〈『文物』一九七九・一二期〉）。まだ兵馬俑などが埋蔵される以前に廃坑となった状態であり、本来の使途は不明であるが、面積約四千六百平方メートルで二号俑坑約六千平方メートルよりひとまわり小さいだけである。この未完成の俑坑が、あるいは騎馬軍団用であったかとも思われる。

一九六五年、陝西省咸陽楊家湾漢墓の陪葬坑から彩陶兵馬俑による模型軍団が発見された（注：楊家湾漢墓発掘小組「咸陽楊家湾発掘簡報」等〈『文物』一九七七・一〇期〉）。歩兵俑約一千八百、騎馬俑約五百が出土している。秦の兵馬俑ほど大規模ではなく、また俑も実物大ではないが、漢代初期軍隊の陣容を十分に反映した模型軍団である。兵馬俑坑は十一個確認されているが、このうち歩兵俑坑四、戦車俑坑一に対し、騎馬俑坑は六個もあり、しかも騎馬軍は百騎以上が密集した長方陣を一単位としている。

騎馬軍団を主体とする楊家湾漢墓兵馬俑は、戦車を重視する秦兵馬俑と対照的である。漢代は遊牧民族との戦争のなかで騎馬・騎射術が急速に発達し、ついに古典的な戦車戦と決別した時代であった。それが兵馬俑にも如実に現れているのである。

漢の文帝十四年（前一六六）、匈奴の騎馬大軍十四万が甘粛省に侵入したとき、漢は「車千乗、騎十万」（注：『史記』匈奴列伝）を発して長安を防備した。車・騎比率は一：一〇〇である。いいかえれば、このときの戦車の比重は趙国時代の十分の一にすぎなかったということである（ただし、このときの歩兵軍については記述がないので、あるいは「騎十万」のなかに相当数の歩兵軍が含まれていた可能性もある）。

文帝のあと景帝の時代は、匈奴とおおむね友好的な関係を保った。しかし、武帝（在位前一四〇～前八七）が即位してまもなく、漢と匈奴との緊張は一挙に高まった。漢はまず元光元年（前一三四）、謀略によって匈奴の大軍（十万騎）をおびき出し、車・騎・歩合計三十万で馬邑に待ち伏せた。匈奴の単于は途中で漢軍の謀略を見破り、兵を引き上げた。これ以後、漢と匈奴は、数千から数万単位の軍で激しく戦った。動員数が減じたのは、それだけ騎兵を主体とする機動戦が多くなったということであろう。

元光六年（前一二九）、漢は四人の将軍に出撃を命じたが、将軍の名称は「車騎将軍・軽車将軍・騎将軍・驍騎将軍」であり、戦力は各一万であった。このうち「軽車」が戦車を意味する。また「車騎」は「戦車・騎兵軍」の意であるが、この場合の「車」とは、戦闘用の軽車ではなく、騎兵軍の戦闘力と防御力を補強する特殊な武装車（いわゆる「重車」「武剛車」）および輜重車の類だったはずである。したがって四軍のうち三軍が騎兵軍であり、従来型の戦車軍は全体戦力の四分の一にすぎなかった。このときの戦争は漢軍の敗北に終わったが、騎兵のみで戦う匈奴軍団との戦闘のなかで漢軍の騎馬戦術もおのずから磨かれていったであろう。漢が良馬を求めて西域の遊牧諸国家と和戦両様の構えのなかで積極的に交流したのはこのころからである。

元狩四年（前一一九）、漢は大規模な遠征軍を組織して匈奴を討った。武帝は大将軍衛青・驃騎将軍霍去病に出撃させたが、戦力は各五万騎、歩兵・輜重数十万であった。衛青軍が匈奴の本隊と会戦したとき、衛青は武剛車に円陣を組ませ、その間から騎兵を出撃させた。このときの戦闘は漢軍の大勝利に終わった。（注：『漢書』衛青・霍去病伝）

敗北を喫した元光六年（前一二九）の戦闘から元狩四年（前一一九）までの十年間で、漢軍は大量の騎兵軍を主体とし、これに歩兵軍を組み合わせて、匈奴の騎馬軍団を大破することができるようになったのである。このときの漢軍は、「前将軍・左将軍・右将軍・後将軍」で組織していた。将軍の名称に「騎」とか「車」などと明記されていないのは、全軍が騎兵主体で編成されていたからであろう。つまりこの十年間でついに殷代以来の古典的な戦車軍団は実戦場から姿を消したのである。

このあとも匈奴との戦いで漢は苦戦したが、弐師将軍李広利の遠征軍は太初四年（前一〇一）大宛国の王都弐師城を攻略して、ついに武帝が求めていた名馬「汗血馬」を漢にもたらした。これよりさき武帝は烏孫の良馬を得て「天馬」と名づけていたが、大宛の汗血馬はさらにたくましかったので、烏孫の良馬を「西極馬」と改め、大宛の馬を「天馬」と称することにしたのである（注：『史記』大宛列伝）。天馬をたたえる歌が『史記』楽書にのこっている。

天馬来兮従西極　　天馬来る、西極より
経万里兮帰有徳　　万里を経て、有徳に帰す
承霊威兮降外国　　霊威を承《う》けて、外国より降る
渉流沙兮四夷服　　流沙を渉《わた》りて、四夷服す

良馬の導入によって馬種が改良され、当然馬術・騎射術もいっそう進歩したことであろう。

匈奴の武術はいうまでもなく騎射術が中心であり、ほかに武器として刀・鋋（小矛）を用いた。一方、漢も騎射が中心となったが、歩兵は依然として重要な兵種であった。歩兵（あるいは歩兵軍）は「材官」、将軍は「材官将軍」とよばれた。「材」とは体格に優れた格闘戦に強い勇士を意味する。歩兵軍は射遠兵器として弩・弓、格闘用の長兵器として矛・戟、短兵器として剣・刀などを用いた。とりわけ弩は匈奴の騎馬軍団に対抗する有効な武器として発達した。総体的には漢軍のほうが、はるかに多彩な武術を駆使し、大量の兵を動員することができた。

人口的に少ない匈奴が漢に匹敵する軍事力を発揮したということは、それだけ匈奴の馬術・騎射術が優れ、戦闘に際しては全員が勇猛果敢に戦い、かつ機動力に富んでいたからである。匈奴の男子は小さいころから生活のなかで羊を乗りまわし弓射に慣れ親しみ、戦時には成人男子の全員が直ちに武装騎士になることができた。匈奴の総兵力は三十万（『史記』匈奴列伝）とされるが、実質的な動員力はその半分、十五万程度が最大限だったようである。しかし、『六韜』の騎・歩比率を単純に適用すると、十五万の騎兵軍は六十万（「険戦」＝山間部）から百二十万（「易戦」＝平野部）の歩兵軍に相当する巨大な軍事力であった。

匈奴の侵攻に苦慮し、有効な対策を模索していた文帝時代、朝廷の「智嚢《ちのう》」といわれた鼂錯《ちょうそ》も兵策を上書したが、そのなかで鼂錯は匈奴と漢の軍事的な長所を比較列挙している（注：『漢書』鼂錯伝）。

まず匈奴の「長技」は次の三点である。

一、匈奴の馬は中国の馬よりも、よく山谷を駆けめぐることができる。

二、匈奴の騎兵は地形の険阻なところでも中国の騎兵より巧みに疾駆しながら騎射することができる。

三、匈奴は風雨と飢渇に対して中国の人間よりも耐えることができる。

つまり匈奴は、馬、騎射術、兵士の持久力の三点で漢より優れていたのである。これに対し、漢の「長技」を次の五点に求める。

一、平地で軽車・突撃騎兵を駆使すれば、匈奴の衆兵はたやすく乱れる。

二、勁弩・長戟を備え、射程を長くすれば、匈奴の弓も射ち勝つことができない。

三、堅固な甲、鋭利な武器をもち、長短兵器を組み合わせ、遊撃弩手を往来させ、隊伍を整列して前進すれば、匈奴兵も対抗することができない。

四、材官（強力な弩を持つ歩兵軍）が的を同じくして一斉射撃すれば、匈奴の革の鎧、木の盾は耐えることができない。

五、地上に下馬して戦い、剣・戟で身を接して格闘すれば、匈奴兵は逃げることができない。

鼂錯は「匈奴の長技は三、中国の長技は五である。これに加えて数万の匈奴軍に対し、数十万の漢軍を動員して、衆を以て寡を撃てば必ず勝つ」と提言したのである。

一言で要約すれば、匈奴は山間の機動的な騎馬戦を得意とし、漢は平野の密集地上戦を得意としたということである。既述したように、漢軍もその後、急速に騎兵の比重を高め、騎馬主体の機動軍団を編成するようになったが、それでも都城の攻防戦などを含め総体的にみるならば、歩兵軍は漢軍にとって重要な役割を果たしたのであり、鼂錯の比較論を通じて、漢代の基本的な戦闘術をよく理解することができる。

李広・李陵、あるいは衛青・霍去病など漢代を代表する武人は、いずれも匈奴との戦争で活躍した軍人であった。当然のことながら彼らが最も得意とした武術は騎射術であった。『史記』『漢書』に記載された彼らの伝記には当時の典型的武人像が生き生きと描かれ、伝記を通じて漢代の戦闘・武術訓練の実態をうかがうことができる（『史記』の著者司馬遷もまさにこの時代に生きた歴史家であった）。

殷周王朝の古代から、中国民族は戦闘を得意とする遊牧民族に触発されて自らの武術を体系化してきたが、馬術・騎射術も匈奴との戦いのなかで漢代武帝期に確立したということができるだろう。

弩射術の起源と普及

弩《ど》は機械じかけで矢を発射する弓である。弩による射撃術は古代中国における特異な武術であった。弩は戦国時代に普及し、漢代の対匈奴戦では最も活用された武器である。

弩は弦を張るときには力を要するが、いったん弦を張り、矢をつがえれば、あとは引き金をひくわずかの力で矢を発射させることができる。疾駆する馬上で瞬間的に弦を張って矢を放つには伝統的な弓が便利であるが、敵の騎兵を城内から狙い射ちするとか、山間に待ち伏せして一斉射撃するには、弩は弓より、はるかに使いやすい武器であった。この意味では防御戦に適した武器である。馬上で弩を射た例もあるが一般化しなかった。

戦闘で弩が用いられた例として、孫臏による馬陵の戦い（注：『史記』孫子・呉起列伝）が有名である。

紀元前三四一年、孫臏を軍師とする斉軍が魏の領土内に入った。このとき韓を攻めていた魏軍は急いで自国に引き返し、斉軍を追った。孫子は魏軍の進行速度をおしはかった。孫子の計算によると魏軍は夕暮れに馬陵に到着するはずであった。馬陵は道が険阻で狭く、伏兵を置くのに適している。孫子は大樹をはぎ、「龐涓、この樹の下に死せん」と記し、大量の弩手を動員して伏兵の陣をしき、「夕暮れに火の手が挙がったら一斉に射撃せよ」と命じた。かつての同門龐涓は、いまは魏の将軍として斉軍を追撃していた。

夜、龐涓は馬陵に到着した。前方の白い木肌に文字が書かれているのを見た龐涓は、さらによく見ようとして火を点じた。その瞬間、斉軍の万弩が一斉に発射されたのである。魏軍は散を乱し、龐涓は、「ついにあの青二才に名をなさしめたか」といって、自ら首をはねて死んだ。「孫臏はこの勝利で名声を天下にとどろかせ、その兵法が世々伝えられるにいたった」と『史記』孫臏伝は結んでいる。

孫臏は孫武の百年後の子孫である。孫武の著『孫子』には、「勢は弩を彍るが如く、節は機を発するが如し」

との著名なことばがある。弩が比喩に用いられたということは、それだけ弩が普及していたものとみなさなければならない。孫武は孔子とほぼ同時代である。しかし、『論語』あるいは車戦時代の戦闘を詳細に物語る『春秋左氏伝』などに弩は登場していない。

春秋末期の攻城戦を描いた絵画資料、たとえば汲県山彪鎮出土の水陸交戦図銅鑑あるいは成都百花潭出土銅壺の画像紋戦闘図などにも、弓射に関しては練射場における訓練、糸をつけて鳥を射る弋射の狩猟、そして実際の戦闘場面など多数描かれているにもかかわらず弩は描かれていない。戦闘場面には戈・矛などの格闘兵器が登場しているが、射遠兵器として描かれているのは弓であって弩ではない。したがって、春秋時代、中国に弩は存在しなかった、少なくとも戦闘で用いられた形跡はないとしなければならない。

「勢は弩を彍るが如く、節は機を発するが如し」という『孫子』の一句は、実際には戦国時代に後学者の手によって付け加えられた可能性がある。『孫子』十三篇は単なる語録ではなく体系的に記述された軍事論であり、孫武自著の原形を比較的忠実に保ちやすかったはずであるが、『漢書』芸文志に「呉孫子兵法八十二篇、図九巻」とあるように、一時は八十篇以上にまでふくれあがっていた。したがって現今の十三篇が一語一句にいたるまで原著どおりと断定することもできないのである。その他、『管子』軽重甲篇、『周礼』司弓矢に弩に関する簡単な記述があるが、いずれも後代の手が加わっているものと考えられる。

『周礼』『儀礼』と合わせて「三礼」とよばれる『礼記』は、武人の出処進退、武器の取扱い、さらには弓術競技における作法などについて具体的に論じている。曲礼篇では、弓・剣・矛・戟の受け渡し方まで説明している(その具体的作法とは、要するに武器の使用部位を相手に向けず、互いに安全に、かつ敬意を形に表して受け渡すのである)。また投壺篇・郷飲酒義篇・射義篇などを設けて競技の礼、意義などについて細かく論じている。しかし、こうした個所に弩についての記述はまったくない。弓の礼、剣の礼はあっても、弩の礼はなかったのである。

弩はもともと南方起源の武器である。中国北方の遊牧民族は弩を使用する習慣がなかった。これに比較し、中国南部とりわけ雲南省など西南部の山岳民族およびこれらと境界を接する東南アジアの一部では、古代から現代にいたるまで簡単な構造の木竹弩を巧みに利用する民族が存在している。

もし弩が周辺民族から渡来したものではなく、中国で最初に発明されたものであるならば、おそらく「弩」の文字は使用されなかったはずである。「弩」の字義は「奴の弓」すなわち「蛮夷の弓」を意味するからである。『釈名』は「弩は怒なり。勢のあること怒る（がごとき）なり」と説く。これは、弦を張るのに一般弓より多大の力を要し、発射すれば弓よりも強力であるという意味を込めた解説であろう。だが、この解釈は弦を張るのに全身の力を必要とする蹶張弩《けっちょうど》が普及して以後の解釈とみるべきである。弩は当初、中国武器として改良される以前は、機械じかけで矢を発射するところは便利であったが、弦を張る強度は弓より強かったとは考えられない。南方民族の原始弩は、殺傷力を高めるためには毒矢を用いたのである。部品の性能向上によって中国弩の強度が増したのは戦国末期以降であろう。漢代には弩の機械部分が金属製となり、初めて強力な蹶張弩が一般化したのである。

弩は中国で当初から「弩」とよばれていた。当初は弩よりも「勢のあること怒るがごとき」強弓が各種存在したはずである。殺傷力の低い時期にも「弩」とよばれていたとすれば、「弩」の字義は単純に「奴の弓（蛮夷の弓）」と解釈すべきであろう。

「匈奴」「倭奴」の用例を引くまでもなく、「奴」字は中国人が周辺民族に対して用いた蔑称である。古代ローマを「大秦」とよび、現代イギリス・アメリカを「英国」「美国」と表記する。漢代、遊牧民族と友好を求めたときは、わざわざ「匈奴」を「恭奴」、「単于」を「善于」と改めた（注：『漢書』匈奴伝）。文字によって尊卑の格や親疎の別を表すのは、古代から現代まで中国人の一貫した習慣である。「弩は奴の弓である」という解釈が成り立つ場合、この「奴」が中国人を意味することはありえない。したがって、「弩」の一文字によって、弩が外

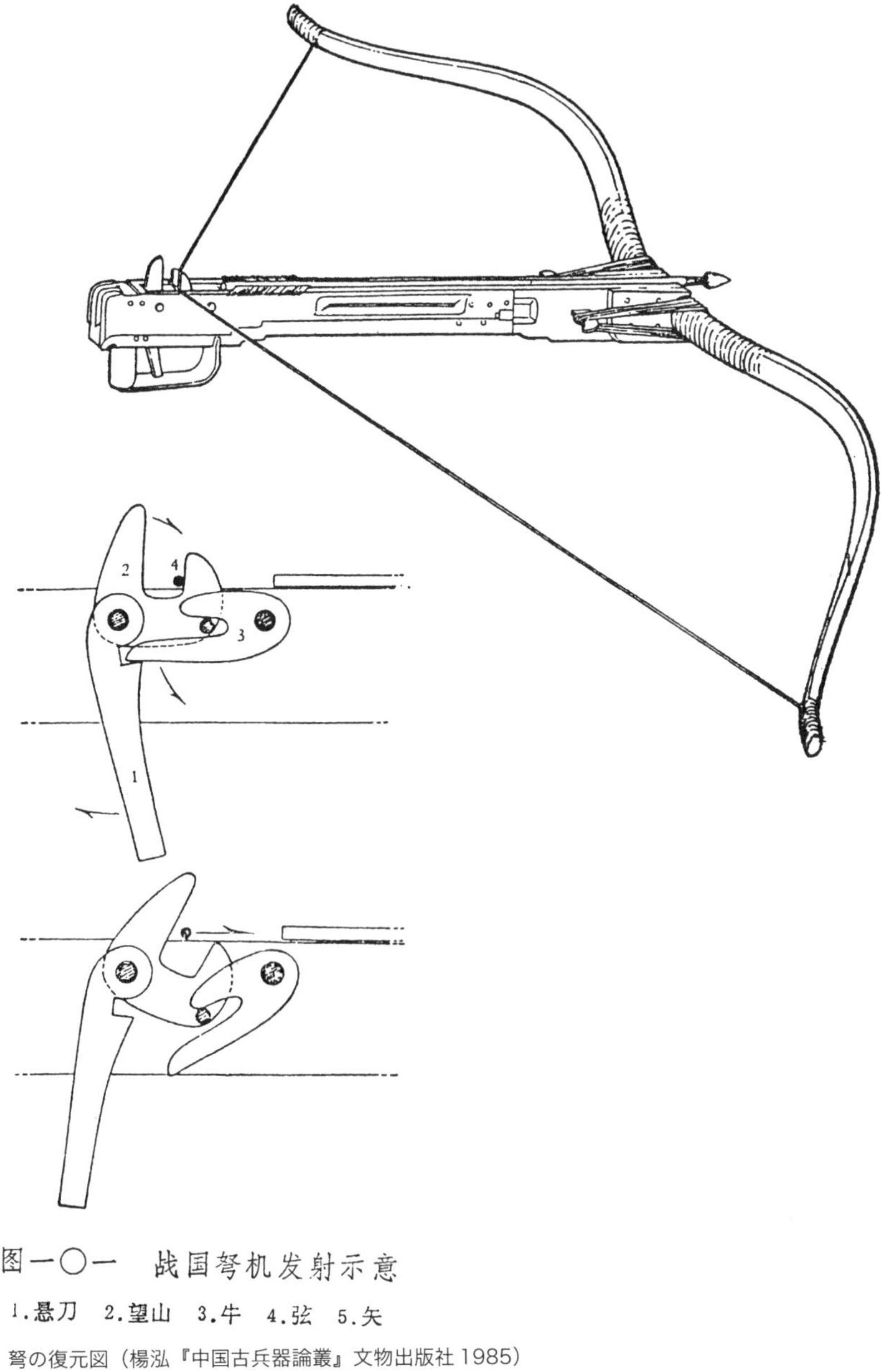

图一〇一　战国弩机发射示意

1.悬刀　2.望山　3.牛　4.弦　5.矢

弩の復元図（楊泓『中国古兵器論叢』文物出版社 1985）

来の武器であったとする渡来説が可能となるのである。

雲南の山岳地帯に居住するリス族の男子は、近年までリス刀とよばれる独特の直刀を身につけ、少年時から弩射に習熟し、各家には必ず二、三個の弩を備えていた。矢は竹製で「白箭」「薬箭」の二種がある。「薬箭」とはいうまでもなく先端に猛毒を塗った毒矢である。携帯弩のほかリス族には「地弩」もあった。動物が餌に食らいつくと、餌に結び付かれた糸が引っ張られて自動的に矢を発射する仕掛け弓である。

リス族の主要な居住地は雲南省を南北に縦断する瀾滄江、怒江上流の山岳地帯である。瀾滄江はミャンマー領に入ってメコン川となり、怒江は同じく下ってサルウィン川となり、その末流はインド洋に達している。一九一七年日本製の地図（注：東亜同文会『支那省別全誌・雲南省』付録雲南省地図一九一七）によると、瀾滄江支流には「弩弓河」とよばれる川が存在していた。当然、この名称もリス族が弩弓に習熟していたことと密接な関係があるだろう。

リス族は素朴な農耕生活のかたわら狩猟によって食糧・毛皮などを確保した。漢民族は弩をもっぱら兵器として利用したが、リス族など南方民族にとって、古来から弩は戦闘用武器としてよりも狩猟用具として生活に密着した存在であった。それだけに二十世紀の今日になってもリス族は弩を生活から切り離すことができないのである。リス族に代表される雲南山岳地方の少数民族の生活形態は、世界各地に現存する原始的な少数民族と同様、おそらく紀元前から二十世紀前半まで基本的にはほとんど変化することなく維持されてきたものとみることができよう。

古代の『呉越春秋』から近年の諸論考まで中国側文献は弩の中国起源説を主張しているが、筆者はリス族などの狩猟用の原始的な弩が中国南方の覇者楚国に入って以来、兵器として急速に発達しつつ各地に普及したと考える。そして、戦国時代末期から漢代にかけて、機械部分に堅固な金属製部品が利用され、ますます強力な蹶張弩となり、また「望山」（目盛りをつけた照準器）を工夫するなど、強度と精度に優れた殺傷力の高い中国武器として完成したと想定する。

弩が普及した戦国時代中期は、古代中華文化の伝統が崩壊した時期であり、趙の武霊王による北方夷狄の騎射術導入にみられるように、実戦で有効な戦闘方式は外来文化であっても積極的に受け入れようとする動きがあった。南方蛮夷の弩もこうした革新の波に乗って普及したものであろう。北方の騎射術、南方の弩射術が中原に入って、旧来の車戦方式はいっそう衰退の道を歩まざるを得なかったのである。

「前期孫子」ともいうべき孫武の『孫子』十三篇には、兵法の要訣を弩にたとえた個所は一個所にすぎないが、一世紀後に活躍した「後期孫子」すなわち孫臏は、単なる比喩としてだけではなく、実戦上における弩の用法についてもたびたび語っている。それだけ孫臏時代には弩が普遍的に存在していたのである。前期孫子時代に弩が出現し、後期孫子時代に弩が一般化していたとするならば、この一世紀間を中国弩の普及期であったとみなすことが可能である。戦国中期の戦闘法についても参考となるところが多いので、『孫臏兵法』（注：銀雀山漢墓竹簡整理小組編・金谷治訳注『孫臏兵法』東方書店一九七六）から弩について触れた部分を数例引用してみよう（文中、□は判読不能による欠字）。

長兵は前に在り、短兵は□に在り、これが流弩を為《つく》りて、以てその急者を助く。（「威王問」）

この場合の「流弩」とは「遊弩」と同じで、危急に備えるいわばゲリラ的な弩兵を意味する。「短兵は□に在り」は当然「短兵は後ろに在り」であろう。長兵器を前列に短兵器を後列に配置した正兵に対し、弩兵は奇兵として臨機応変に用いるのがよいという意味である。

勁弩《けいど》趨発《すうはつ》とは甘戦持久する所以なり。（「威王問」）

「威力ある弩によって矢つぎばやに射れば、敵を寄せつけず楽に持久することができる」の意である。

制に曰わく、弩を以て疾利に次ぎ、然る後にその法を以てこれを射よ。塁上には弩と戟と分かると。（「陳忌問塁」）

「疾利」は地上にばらまくとげ状の障害物、いわゆる「まきびし」である。「まきびしで進退困難に陥った敵を弩法で射よ。塁上には弩と戟を置き、いよいよ敵が攻め込んだら戟で闘え」の意である。

車騎の戦いに与る者は、分かちて以て三と為し、一は右に在り、一は左に在り、一は後に在り。易なれば則ちその車多く、険なれば則ちその騎多く、厄なれば則ちその弩多し。険易に必ず生地と死地を知り、生に居りて死を撃つ。（「八陣」）

地形に応じて車・騎・歩（＝弩）の用い方を説いたもの。「平地では戦車、山地では騎馬、渓谷では弩を多用し、常に地の利を占めて戦え」の意である。

このほか、「兵情」篇では、矢を兵卒、弩を将、発する者を君主にたとえて戦闘要訣を説いている。矢・弩・人の協調がなければ放たれた矢が的に当たらないのと同様、兵・将・君主の協調がなければ戦闘に勝つことはできないと教えているのである。このように、孫臏は実戦的な弩の使用法を示すとともに、また比喩にも弩を用いて自己の兵法をより鮮明に語っている。孫臏の時代にはそれだけ弩が武人にとって身近な存在になっていたのである。

漢代は金属性の弩機が発達し、蹶張弩が定着した。漢代画像石の一種にいわゆる「蹶張図」がある。口に矢をくわえ、両足で弩を踏み、両手で力いっぱい弦を張ろうとしている図である。一説によればこれは魔除の一種として彫られたものという（注：陳長山・魏仁華「蹶張図考」〈『考古与文物』一九八三・三期〉）。画像のテーマになったということも、蹶張弩が漢代には広く普及していたからである。

漢代は西北の辺境防備に弩が活用された。弩兵は蹶張弩を駆使する勇力の士であり「材官」あるいは「材官蹶張（士）」などとよばれ、歩兵部隊の中核として重視された。

弓は二石で最大級の強弓といえる。また、その射程距離は百歩を標準限界とする。春秋時代の弓の達人養由基は「百歩離れて柳の葉を射当てた」故事で有名であるが、『尉繚子《うつりょうし》』にも「百歩の外に人を殺す者は弓矢なり」とある。これに対し、漢代の弩は一般に三石から六石であり、射程距離は百二十歩から二百歩であった（注：楊泓『中国古兵器論叢』増訂本）。六石・二百歩の強弩を二石・百歩の強弓と単純比較するならば、漢代の弩は強さで弓の三倍、飛距離で二倍という優れた武器であった。

弦を両手だけで引くかあるいは足を使って引くかで、弩には「臂張弩《ひちょうど》」と「蹶張弩」の分類が生じた。これは蹶張弩の誕生によって従来の単純な弩を臂張弩として区別するようになったのであろう。『晋書』馬隆伝には、勇士を募集するため「腰引弩三十六鈞、弓四鈞」を基準として試験をし、一日で三千五百人を得たとある。このころには弓の九倍の牽引力を要する強弩が存在していたのである。蹶張弩は足で踏みつつ手で引くが、腰引弩はきずなを腰にめぐらし、その両端の輪を弩弓の端にひっかけ、足で踏み腰の力で引く。『武備志』ではこれを腰開弩といっている。

ただし弓は速射と機動性に優れていたので、弩が流行しても弓が廃れることはなかった。それどころか騎馬の一般化と騎射術の発達によって、かえって弓の有用性が高まり、弩はしだいに駆逐されていったのである。

唐宋時代の史書には「材勇を選びて番頭と為し、頻りに弩射を習う」（『唐書』兵志）、あるいは「天下の弩手

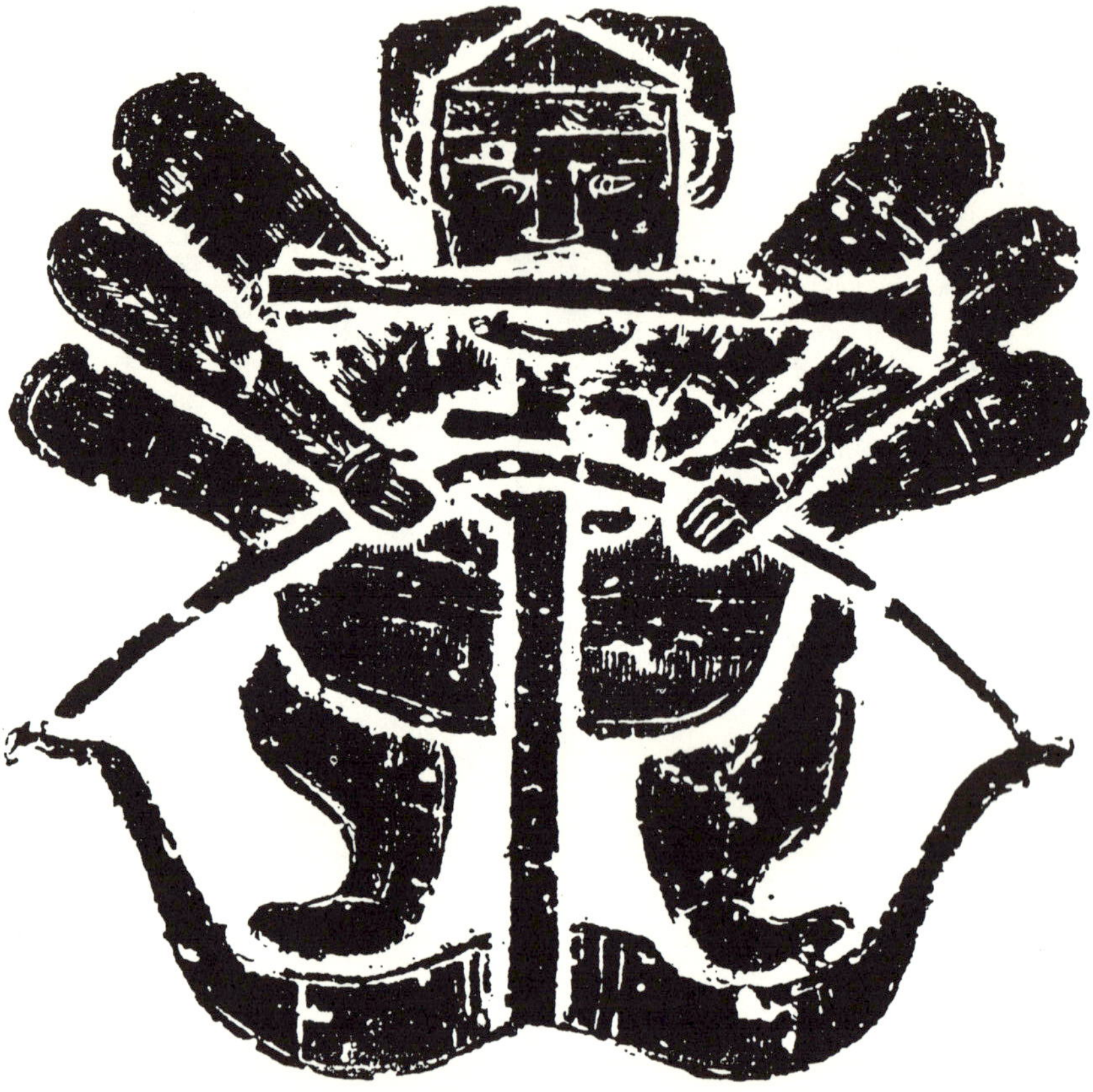

蹶張図（『図説世界文化史大系 15　中国 I』角川書店 1958）

を募り、従うところを問わず」（『宋史』索虜伝）などの記事がみえる。また、宋代『武経総要』には、特に「教弩法」の一項をもうけて戦場で弩をいかに活用すべきかを論じている。これによると弩は唐代すでに、戦場で必ずしも有利なものとは考えられていなかった。弩は矢を装着するまでに時間がかかる。弓であれば一本の矢をつがえたとき、その矢を引く右手になお二、三本の矢を握っておいて、連続的に発射することが可能である。いわゆる「参連」（三連続射撃法）である。

戦場で騎兵あるいは騎兵を先頭とする歩兵軍は、しばしば射遠兵器の戦闘距離を瞬時につめて弩兵を崩した。そこで唐代は弩兵に「刀棒」を背負わせ、敵が接近したときは直ちに刀・棒に持ちかえて格闘することにした。あらかじめ弩兵の隊中には弩を回収する専門の兵さえ配置していたのである。

このように、弩の欠陥を補うため弩兵に格闘戦を担当させた唐代の戦闘法に対して、『武経総要』は三人が交互に射る連環射撃陣ともいうべき戦法を編みだし、弩兵を歩兵とまじえない独立の戦闘集団として用いることを主張した。これは、基本的には孫臏の流弩兵と共通する考えである。

弩の連環射撃法とは、「発弩人」「進弩人」「張弩人」の三列となり、前列の発弩人は矢を発射すると直ちに後方に退き、中列で旁牌のかげに待機していた進弩人が前列に出て発弩人となる。このとき後列で弦を張っていた張弩人が中列に入って待機するのである。こうすれば「則ち弩は声を絶たず、則ち戦いに奔《はし》る（＝敗走する）ことなし」と『武経総要』は結論づけている。単独で「参連」する弓射法に対し、三人がかりで「参連」する弩射法を開発したわけである（別掲〈弩弓術・連環射撃法示意図〉参照）。

弩は唐宋時代、すでに漢代ほどは流行していなかったが、元代以降、衰退の一途をたどった。元朝は北方遊牧民族が中原を征服した時代であり、遊牧民族は南方系の武器である弩を重視しなかった。弩は騎馬戦に不適であり、元代の陣地戦・攻城戦ではイスラム教徒の回回砲が発達した。

明代武術書、たとえば茅元儀『武備志』、あるいは『少林棍法闡宗』で著名な少林寺出身の民間武術家程宗猷

弩弓術・連環射撃法（三段撃ち）

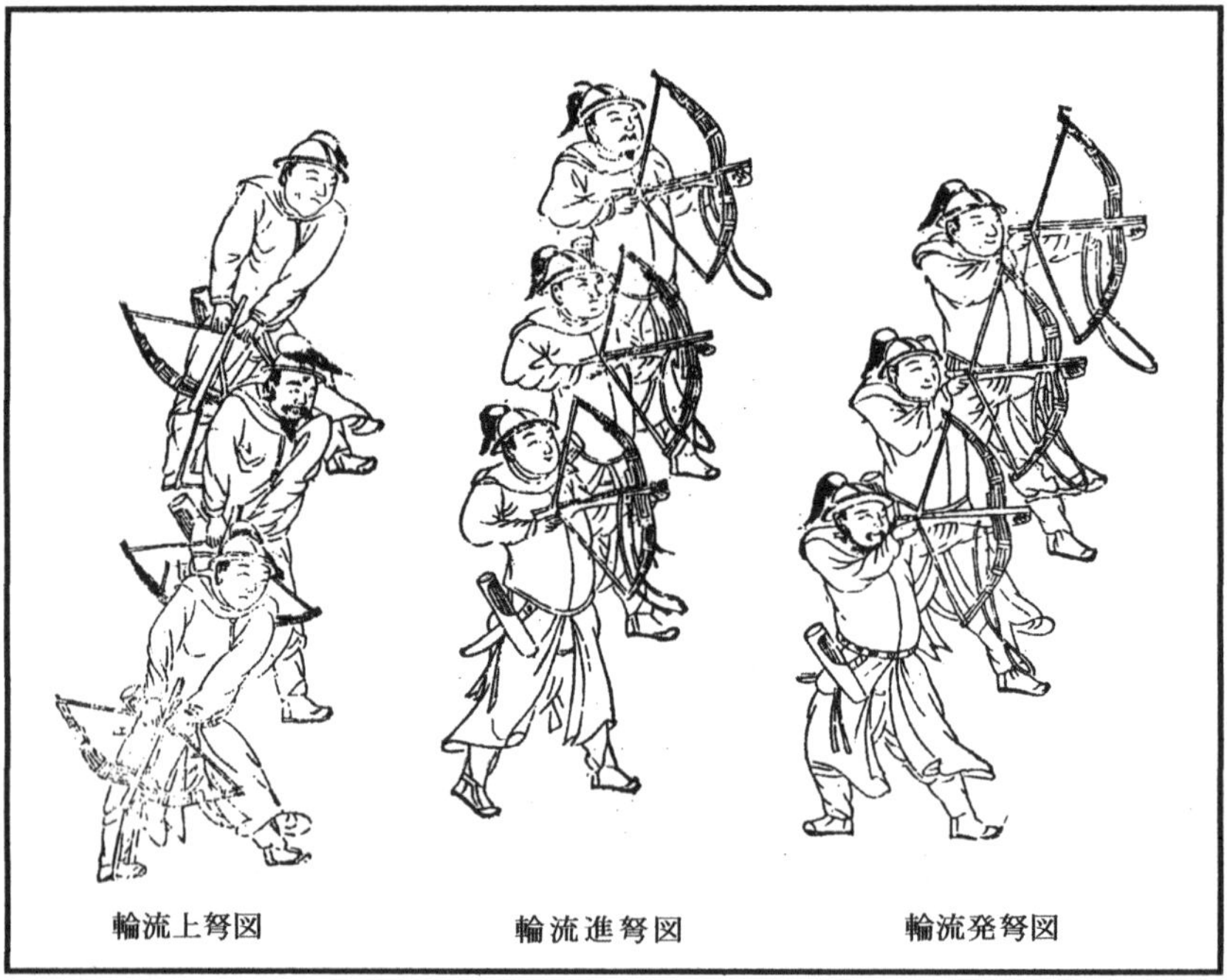

（明代『武備志』1621）

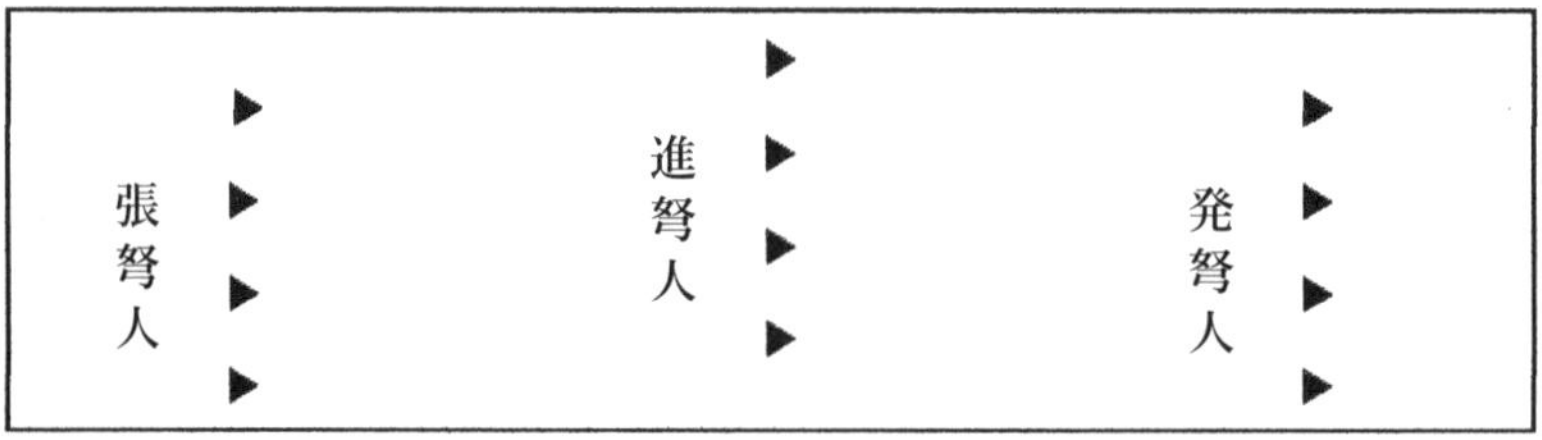

（宋代『武経総要』1044）

古代武器・弩弓は明代、火器の発達によって廃れた。しかし、その射撃法は鉄砲術に受け継がれた。日本戦国時代、織田信長らが用いたという鉄砲の三段撃ちもこの弩弓術・連環射撃法に淵源するといえよう。

の『蹶張心法』などには、弩の種類、戦法などが図解入りで詳述されている。しかし明代、実際の戦場で弩はあまり用いられなかった。茅元儀は『武備志』巻八十五所載〈弩論〉の冒頭でまず、「茅子曰く、弩の法久しく伝わらず」と明記している。茅元儀や程宗猷は、南倭北虜の侵略に抗して、古代に活用された弩を復活させようと理論的な研究をおこなったにすぎない。明代、弩が皆無であったというわけではないが、少なくとも明代中期以降、一般の戦場で大量に使用されたことはなかった。

弩が廃れた原因は、次の二つに要約することができる。

一、弩は速射と機動力で弓に劣る。唐代から宋代にかけて馬術・騎射術が発達し、機動的な戦闘が盛んとなり弩の重要度が低下した。

二、宋代から元代にかけて火薬兵器など弩以外の殺傷力の高い兵器が発達し、明代には小銃が現れた。こうした火薬兵器の登場と発達につれて弩の重要度が低下した。

火薬兵器は宋代中国で発明され、金・元軍によって普及発達した。その影響はイスラム世界を通じてヨーロッパに及び、大砲がしだいに小型化して携帯用の小銃が開発された。小銃はヨーロッパ人のアジア進出にともなって東南アジア、中国、日本へと広まった。日本人によって改良された精度の高い火縄銃は倭寇の侵掠にともなって中国に逆流し、中国火器術の進歩をうながした。

宋代は弓弩院を設けて弩の生産をおこなっていたが、明代には火薬兵器の研究と生産のため神器営が設けられた。弓弩院から神器営の変遷は、そのまま弩から小銃への変遷を物語る。弓は依然として基本的な武器であったが、もはや射遠兵器としての弩は近代的な小銃にその地位をゆずったのである。

しかしながら、たとえ武器としての弩は廃れても、その射撃法は小銃射撃術のなかに受け継がれていったとみなすことができるだろう。

たとえば小銃射撃術に、引き金は「暗夜に霜の降るごとく」引けという口訣がある。これは左手で銃床を固定させ、右手は引き金を引く動きが銃床に波及して狙いが外れることのないよう、両手をそれぞれの役目にしたがって静かにコントロールせよという教えであろう。これとまったく共通する教えが、『呉越春秋』に記録されている陳音の弩弓術にある。越王に「正射之道」を問われた陳音は、「左手は枝に附すがごとく、右手は児を抱くがごとし」といい、あるいは「右手は機を発す。左手は知らず。一身の教えを異にす。その況、雌雄の（異なるが）ごとし。これ正射持弩の道なり」と答えている。古代中国人が到達した弩弓射撃術の極意は、武器としての弩そのものが死滅しても現代小銃射撃術のなかに生命を保ち続けているといってよい。

剣戟の術から刀槍の術へ〈1〉剣と刀

刀は石器時代から存在した。ただし、石刀は単なる闘争のための武器ではなく、原始的な狩猟・食物採集に不可欠の生産手段であった。闘争にはむしろ石刀よりも片手で振りまわすことのできる小型の石斧・石戈等が、主要な武器として用いられたであろう。

殷代の戦士は腰に短刀を帯びていた。この時代には、生産工具の刀と戦士用の短刀には明らかな区別があった。つまり殷代には、純粋に武器としての短刀が存在していたのである。

戦士用の短刀は青銅製が普及していた。この時代の短刀で留意すべきことは、後世の短刀とちがって刃部が鎌の刃のように内側に湾曲していたということである。

殷代の戦闘では、射遠兵器としてすでに弓が発達し、接近戦では矛と戈が主要な武器であった。したがって短刀は護身用の補助武器として使用されたにすぎず、短刀術として独自の武術を形成するにはいたらなかった。

剣は西周時代に出現した。現在までに中国で発見された剣のうち最も早期に属する例として、一九五六年陝西省長安趙家坡の西周墓から出土したものを挙げることができる。全長わずか二八センチの青銅短剣である。その後も北京琉璃河五十三号墓、陝西宝鶏竹園溝一号墓等から同様例が出土している（注：楊泓『中国古兵器論叢』

増訂本)。

牧野の決戦で殷を滅ぼした周の武王は、「軽呂」の剣で紂王の屍を撃ち、とどめの儀式とした(『史記』周本紀)。すでに述べたように「軽呂」とはトルコ語"King-rak"(＝「短剣」)の音訳とされている。『漢書』匈奴伝にみえる「径路」の刀は、応劭注に「匈奴の宝刀なり」とあるが、これもまた"King-rak"の音訳である。

剣は当初、中央アジアのトルコ系遊牧民族から伝来した希少価値を有する新式武器として、周朝王侯のあいだに徐々に普及したものと推定される。殷代はすでに青銅技術が高度に発達していたので、剣がひとたび中国に入ってからは、自国で生産することはそれほど困難なことではなかったはずである。春秋期には剣が武器として一般化しているので、このころには中国製の銅剣が各地で大量に生産されていたであろう。

『春秋左氏伝』昭公二十三年(前五一九)の条に、「庚与《こうよ》、虐にして剣を好む。いやしくも剣を鋳れば、必ずこれを人に試みる。国人これを患《うれ》う」とある。庚与は剣を好んだが、残虐な性格で、剣を造るたびに人間を相手に試し斬りをしたというのである。これも造剣が盛んであったことの一つの証左といえる。

一九六五年、湖北省江陵県の楚墓(望山一号墓)から越王勾践の剣が出土した(注：湖北省文化局文物工作隊「湖北江陵三座楚墓出土大批重要文物」〈『文物』一九六六・五期〉)。全長五五・四センチ(柄八・四センチを含む)である。剣身上部に、「越王勾践、自ら用剣を作る」という銘文が、文様に等しい古式の鳥篆《ちょうてん》(書体)で刻まれている。春秋中期から晩期にかけて、王侯のなかには剣を好み、あるいは自ら造る者さえいたのである。

山彪鎮出土銅鑑の水陸交戦図には、左手に楯を持ち、右手に剣を掲げている戦士の像がある。その姿は弓・矛・戈などで戦う戦士と同等に描かれている。しかも、弓・矛・戈を持つ戦士も腰に短剣を帯びている。楯で防ぎつつ剣で戦う戦士自身もまた、腰にもうひと振りの剣を帯びている。このことは、春秋後期から戦国初期のころ、剣は常に身に帯すべき補助的な武器であると同時に、弓・矛・戈と同等の主要武器としても用いられていたことを物語っている。

この時期の出土品から類推して、剣の長さはおおむね五〇センチ前後であった。のちの鉄剣に比較すれば短いが、短剣は約三〇センチ程度であるから、青銅製で五〇センチあれば、格闘武器用の青銅長剣として分類することができる。

剣が格闘武器として用いられるようになると、剣による格闘法すなわち剣術を専門的に研究、指導する者が登場した。『史記』の作者司馬遷の先祖にもこうした人物がいる。

司馬氏はもと周室史官であったが、「恵王・襄王の間」（前六七六〜前六一九）、周を去って一族は衛・趙・秦等各地に分散した。衛に移った者は中山国の宰相となり、そして趙に移った者は剣術を伝えて名を著したという（注：『史記』太子公自序）。

越王剣が発見された望山一号墓からは木剣が出土している。戦国墓から実物の兵器とともに木剣が出土した例はほかにもある。当時の木剣は、もちろん実戦用ではなかったが、また儀仗用でもなかったであろう。したがってこれら木剣は練習用であった可能性がつよい。もしそうだとすれば、安全な木剣練習によって、剣術はますます普及し、発達したはずである。

『漢書』は呉・越の気風を評して、「呉・粤（＝越）の君は皆、勇を好む。故にその民は、今に至るまで好んで剣を用い、死を軽んじ、（軍事に徴）発することが容易である」と述べている。

勾践は仇敵の呉王夫差を倒すべく、二十余年間ひたすら越国の強兵策に努めた。勾践は楚人陳音を招いて弩弓術を導入したが、これも強兵策の一環であった。陳音の弩弓説話を載せる『呉越春秋』は、この弩弓術導入と前後して南林出身の「越女の剣術」を軍隊訓練用に導入したと記している。

古代から現代まで中国武術史上に活躍する女性は少なくないが、この「越女」は女性武術家として最も早く史上に登場した人物の一人である。陳音の弩弓説話と同様、正史の記録として伝えられているわけではないが、何らかの事実が反映していることは、ほぼまちがいない。

『呉越春秋』によれば、「剣の道とはどのようなものか」という越王の問に対して、越女は次のように答えた。

「その道は甚だ微にして易（変化）あり。その意は甚だ幽にして深し。道は門戸あり、また陰陽あり。門を開き戸を閉じ、陰衰えて陽興る。およそ手戦の道は、内は精神を実にし、外は安儀を示す。これを見んとすれば、好婦に似たり。これを奪わんとすれば懼虎《くこ》に似たり。……」

この越女の剣術論は、そのまま現代中国武術論として通用する。中国武術の優れた技法には、外側に常に柔的なものを現しつつも内側には崩しがたい剛的な力を秘めているものが多い。外柔内剛は古代と現代を通貫する中国武術の特色の一つである。この面で中国武術の歴史には、古代と現代のあいだに、ほとんど伝統の断絶がない。二千年前『呉越春秋』に記されたこの越女のことばは、いみじくも「およそ手戦の道は」と述べているように、剣術論にとどまらず刀・槍・拳法など各種武術の要訣として生きているのである。

剣術は春秋時代から戦国・秦・前漢まで数百年にわたって流行した。戦国時代に鉄製の剣が現れ、ますます剣身が長くなった。近年における戦国鉄剣の発掘報告例としては、河北省文物管理処「河北易県燕下都四四号墓発掘報告」（注：『考古』一九七五・四期）が重要である。北方出現の鉄剣例としては早期に属するからである。もともと鉄剣製造は南方系の技術であり、とりわけ楚国の鉄剣は有名であった。『史記』范雎列伝に「（秦の）昭王曰く、吾は聞く、楚の鉄剣、（鋭）利なり……と」とあり、また『荀子』議兵篇は「楚国宛地の鋼鉄製矛の恐ろしさは、毒性の蜂やさそりと同じである」と述べている。

戦国晩期の楚墓から鉄製武器が出土した例は少なくない。しかし、燕下都四四号墓の発見によって、「少なくとも戦国晩期、燕国の鉄製兵器は南方より後れていたわけではなく、すでにかなり広く鉄の武器が使用され、しかも鍛鋼技術が相当進んでいたことも明らかとなった」と発掘報告は指摘している。

燕下都四四号墓から出土した遺物は、細かい貨幣類を除くと、兵器が主であった。鉄製武器は、剣（一五）、矛（一九）、戟（一二）、刀（一）、匕首（四）の五種五十一件である。銅兵器もあったが剣・戈、各一例のみである。このほか鉄銅合金製の弩機、鏃など二種二十件が出土した。

剣十五件のうち、保存状態のよい七例で見ると、全長七三・二〜一〇〇・四センチ、平均九〇・六センチ（剣身七二・六＋柄一八・〇センチ）である。一般の青銅長剣の長さを平均五〇センチとした場合、鉄製長剣は平均で青銅長剣の一・八倍、長いものでは二倍に達していたということである。

武器の性能が向上するにつれて、当然その武器を使いこなすために技法も発達したであろう。

秦王（始皇帝）は殿中でも常に長剣を帯びていた。『史記』刺客列伝には、秦王の長剣が暗殺者荊軻の短剣と闘った格闘のありさまが、目撃談にもとづいて生々しく描かれている。あまりにも有名な物語なので、ここでは格闘の経過に主眼を置いて簡単に要約する。

秦始皇二十年（前二二七）、燕国の発した暗殺者荊軻は、計略を以て秦王に近づいた。荊軻が献上の地図に巻き込んで隠しておいた匕首で襲いかかったとき、秦王は危うく身を引いて剣を手に取った。だが、剣が固く長いので、すぐには抜くことができなかった。殿中では王以外、側近も武器を持つことが許されていなかった。荊軻は王に迫った。王は柱をめぐって逃げまわる。

「王、剣を負え」と臣下が叫んだ。そこで秦王は剣を背負って引き抜き、荊軻の左足を斬って倒した。荊軻は短剣を投げつけたが、空しく銅柱に当たった。秦王は、再び荊軻を撃った。荊軻は八カ所に傷を負い、そのときようやく駆けつけた兵士たちに止めを刺された。

こうして荊軻の短剣は秦王の長剣に敗れた。中国武術では「一寸長ければ一寸強し」という。荊軻が暗殺に失敗したのは、秦王自らが武術的な実力をもっていたからであるが、この武器の長短によるところも多い。荊軻は武器の短さを補うために刃に毒薬を塗っていたが、第一撃をかわされたため、ついに機会を失したのである。『史記』刺客列伝には、「荊卿、読書・撃剣を好み、（剣）術を以て衛の元君に説く。衛の元君用いず」とある。旅の途次、ひとと「剣を論じて」不仲となり、その土地を去った挿話なども記されている。荊軻は単なる游俠の士ではなく、もとは剣術で一国に仕えようとした武術家であった。戦国末期から秦漢にかけて、このような武術家が多数、諸国を放浪し、壮士・游俠の世界に剣術が流行したのである。「楚の田仲、俠を以て聞こえ、剣を好む」（『史記』游俠列伝）などもその一例である。

漢代には、「少時、読書を好み、撃剣を学ぶ」（『漢書』司馬相如伝）、「年十三にして書を学び、十五にして撃剣を学ぶ」（同、東方朔伝）とあるように、剣術は書と並ぶ少年時の基本的な修行科目となっていた。これらの伝記に共通して「撃剣を学ぶ」と記されているところから考えると、少年に効果的に基本技を修得させる指導体系あるいは練習体系なども発達していたであろう。

秦末、漢の劉邦と天下を争った楚の項羽は、少年時、剣の修行を嫌った。しかし、これも少年時には剣を学ぶことが当然とされていた当時の風潮を示す事例として重要である。

成人後の項羽は実際には、剛剣の使い手となっていた。項羽は剣を軽視したが、それは体格・気力とも衆に優れていたので、自己流で剣を使うことが容易だったからであり、剣を苦手としたわけではない。

項羽は挙兵に際して、会稽の守と会談中、項梁の目くばせを合図として立ち上がった。項羽本紀は、

籍（＝項羽）、遂に剣を抜きて守の頭を斬る。項梁、守の頭を持し、その印綬を佩《お》ぶ。門下大いに驚き、擾《じょう》乱《らん》す。籍が撃殺するところ数十百人、一府中、皆慴伏《しゅうふく》し敢えて起つものなし。

と記している。

項羽を破って天下を統一した漢王劉邦も、自ら「吾、三尺の剣を持ちて天下を取れり」（『史記』高祖本紀）と豪語していた。高祖本紀には劉邦が道中の通行を阻む大蛇を一撃で両断した説話等を載せている。秦王、楚王（項羽）そして漢王のいずれもが常に長剣を帯び、しかもそれを使いこなすことができたのである。

長剣は、いつごろから長刀に移行したか。既述したように、青銅製の短刀は殷代すでに存在していたが、兵器としては補助的に用いられたにすぎない。長剣と同程度の長さをもつ長刀の登場は、前漢時代の中期以降であろう。このころは匈奴との戦争が激しくなり、戦場における戦闘は古典的な戦車戦から騎馬戦へと移行した。馬上の格闘戦では剣よりも刀の方が使いやすい。

またこの時代は製鉄技術の発達によって、鋭利かつ堅牢な長刀の生産が可能となったのである。青銅長剣はあっても青銅長刀というものは存在しない。長刀は鉄器時代の産物である。したがって武術として刀術が成立したのも鉄製長刀が普及、定着したであろう漢代後期と考えるべきである（ここでいう長刀とはいうまでもなく短刀に対する相対的な分類用語であり、偃月刀《えんげつとう》〈＝薙刀《なぎなた》の類〉など長柄の大刀は本書では原則として「長大刀」とする。長刀は短刀と同様、短兵器に属し、長大刀は長兵器に属する）。

沛公（劉邦）が鴻門で項羽と会見したとき、項荘（項羽の従弟）は陣中の慰みと称して剣を取って舞い、隙をみて沛公を撃殺しようとした。すると「項伯もまた剣を抜き、起って舞い、常に身を以て沛公を翼蔽」した（項羽本紀）。この鴻門の会における暗殺未遂事件と同様の場面が、『三国志』呉書甘寧伝に描かれている。

甘寧はかつて凌統の父、操を殺した。凌統は当然、甘寧を恨んだ。そのため、甘寧は凌統と同席することを避けてきた。あるとき、呂蒙が設けた宴席でついに同席することになった。宴がたけなわとなると、統は「刀を持って」舞いはじめた。これを見た甘寧は「私は双戟の舞が得意です」と言って、戟を手に取り立ち上がった。主人の呂蒙は、「貴方が得意といっても、まだ私ほどではないでしょう」と言って、「刀を操り、楯を持ち、身を以て」二人の間に分け入ったという。

鴻門の会では剣、呂蒙の舎では刀が主要武器であった。陣中の舞いにことよせた二つの暗殺未遂事件を比較して、楊泓「剣と刀」（注：前掲『中国古兵器論叢』所収）は、次のように論ずる。

東呉の三人の将領が用いた武器は、刀、刀と楯、双戟（手戟）であり、もはや剣の跡は見られない。項荘の舞剣から淩統の舞刀への変化は、両漢四百年の間に、軍隊主要装備としての短柄の格闘武器が剣から刀に変わったという歴史的事実を、まさに生き生きと反映している。

前漢後期以降はおおむね長剣・長刀の共存時代であろう。漢代武庫遺跡からは鉄製の長刀と長剣がともに出土している（注：中国社会科学院考古研究所漢城工作隊「漢長安城武庫遺址発掘的初歩収穫」〈『考古』一九七八・四期〉）。長刀の形状は外見が剣とよく似た直刀である。第七遺跡出土の一例で見ると、長刀の長さは、全長六七センチ（幅三〜四センチ）であった。ちなみに同時に出土した鉄製長剣の一例は、長さ八〇センチ（幅三〜四センチ）である。戦車と騎馬が長期にわたって共存したように、長剣・直刀も相当長期間併用されたのであろう。『後漢書』〈輿服〉には、「佩刀」はあっても「佩剣」に関する礼制は見られない。しかし、佩刀時代になったからといって、剣術が直ちに廃れたわけではなかった。剣術は武術の一部としてしばらく存続した。魏の曹丕（一八六〜二二六）は『典論』自叙に自己の武術歴を回顧しているが、後漢末期の剣術について次のように語っている。

余も又撃剣を学び、師を閲すること多かった。各地の法は、それぞれ異なるが、ただ京師のみを善しとする。桓帝（一四七〜一六七）・霊帝（一六八〜一八八）のころ、王越という近衛軍の勇士がいた。この術に優れ、京師で著名となった。河南史の阿言は、かつて越と遊び、その法を得た。余はこの阿から学び、剣術に精通することができたのである。

曹丕はここで、格闘武術を得意とする奮威将軍鄧展と、酒席のことながら、剣論の果てに試合して、四たび戦って四たび勝ったと記している。鄧展は武器術はもとより拳法を得意とし、「空手にして白刃に入る」こと、つまり素手で真剣白刃取りができると豪語していた。そこでまず食膳に盛ってあった甘蔗（砂糖きび）を剣に見立てて試合したのである。

自叙によれば、曹丕はまず、三たび鄧展の臂を打った。一同大笑いとなった。真剣白刃取りを自慢するその手臂を打たれたのであるから、鄧展にとっては完全な敗北である。鄧展は「もう一手」と望んだ。四たび立ち合った曹丕は、深く突っ込むそぶりを見せた。これは誘いの技であった。はたして鄧展は今度こそ、と前に出た。そこを曹丕は体をさばいて鄧展の顔面を打った。その見事な技に一同は目をみはるばかりであったという。

曹丕は文学史にも名をのこす政治家で、現今『孫子』テキストの源流『魏武注孫子』で著名な後漢末期の魏王曹操の子である。曹丕は二二〇年、後漢最後の献帝を廃し、洛陽に都して魏を建て、ここに三国時代が幕を開けた。後漢から三国時代の初期まで、剣術はまだその命脈を保っていたのである。

唐代には剣が儀仗用の形式武器として一時的に再登場し、あるいは宗教的な権威の象徴として尊重されたりもした。しかし、実戦的な格闘武器としては刀が短兵器の主役の座を占め、剣は実戦の場から次第に遠ざかっていった。

『武経総要』武器図には、まだ刀・剣がともに描かれている。剣はやや短く、おそらく将校用であって一般歩兵のものではない。刀は八種あるが、「手刀」は一種のみで他は長柄の長大刀、すなわち長兵器である。

明代『武備志』陣練制剣術の部は、「古の剣、……唐の太宗、剣士千人あり。今その法伝わらず」として朝鮮剣術を採録図解している。また、同書刀術は、長刀術と牌刀術の二種に分かれている。牌刀術とは、左手の牌（藤製の楯）と右手の腰刀を組み合わせて戦う格闘法であり、中国南方独特の武術である。しかし、長刀術の部は、「（宋代『武経総要』所載の）その習法、みな伝わらず」として倭寇の日本刀術を採録している。明代には剣術はおろか刀術も、その半ばが失われ、倭寇侵掠が契機となって、ようやく刀術研究が再興したのである。

俗説では唐・宋時代、剣術が盛んであったようにいわれるが、これは民間における表演用武術もしくは剣舞としてであり、実戦的武術としてではなかった。

二十世紀初頭の辛亥革命期以来現在まで、中国武術として剣術が再び盛んとなったが、にもかかわらず実戦場で用いられた短兵器の格闘武術は、刀術であって剣術ではなかった。唐・宋時代の刀剣武術もこれと同様の状況だったのである。

剣戟の術から刀槍の術へ〈2〉戟と槍

槍は刀術とともに発達した武術である。武術を一般に「弓馬刀槍」とも言い表すように、刀・槍は格闘武術を象徴する代表的な武器である。もっとも、「弓馬刀槍」が武術一般を意味することばとして流布したのは、刀槍術が武術の主流となった中世以降のことである。

戈と矛、剣と戟、刀と槍は、いずれも一対の武器といってよい。つまり短兵器と長兵器の組み合わせである。殷代から西周時代は、戈と矛が基本武器であった。春秋戦国時代から秦漢時代は剣と戟、唐宋時代以降初めて刀と槍が格闘武器術の中心となった。

矛と戟は、春秋戦国時代から秦漢時代まで相当長期間にわたって共存したので、槍術はこの矛と戟という二つの長兵器の技術を受け継いだ。戟は矛に戈を合体させた武器で、撃・刺両用の複合機能をもつ長兵器であった。それだけに戟の柄を操作する技術は、矛術よりも格段に進歩したであろう。矛術は両手で矛を前後させて突く単

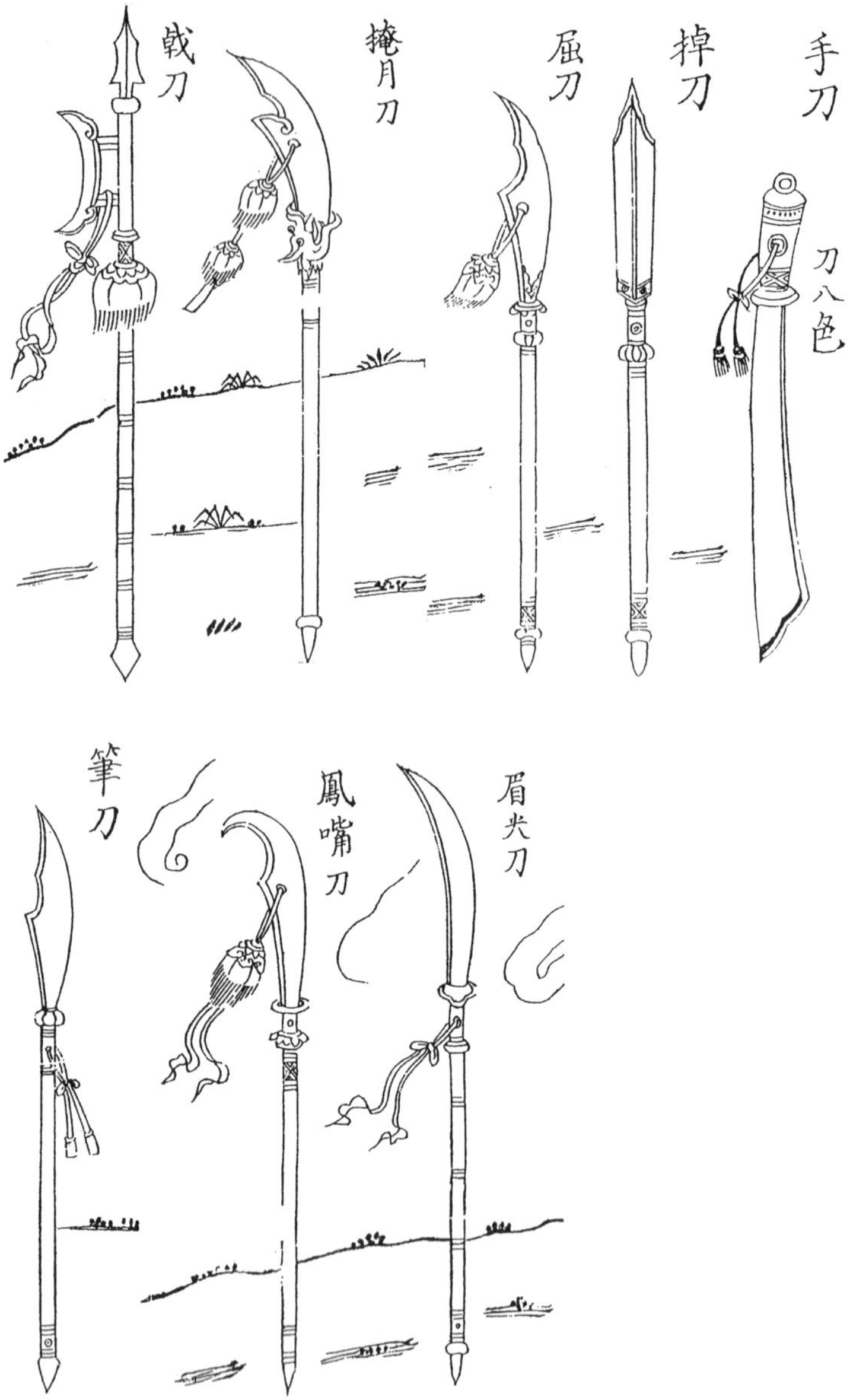

宋代の刀八種（『武経総要』）

純な技で成り立っていたはずである。しかし戟術には当然、柄を前後に運動させる突き技のほか、上下・左右に振りまわす斬撃の技術が加わる。状況に応じて柄を左右の手で持ち換えたりする必要もあったであろう。

中国槍術の特徴は柄を両手で巧みに使いこなして、短く突くときはあたかも槍が一寸の武器であるかのように小さく使い、間合いが遠ければ長大な武器として圏外に人を制するところにある。長柄を長短自在に扱うこのような操作法は、長期にわたる戟術の発達の成果として槍術に吸収されたものであったとみなすことができる。

矛はもともと車戦時代、歩兵が用いたいわば下級兵士用の武器であった。戟は車上から突くことも、また撃つこともでき、さらに引っかけることもできたので、戦車による接近戦では用途の多い便利な武器であった。したがって戦車に乗り組む上級武士は早くから戟を使いこなしていた。「持戟百万」（『史記』高祖本紀）ということばがあったように、戟は漢代には兵力の象徴的存在とさえなっていたのである。

矛と槍は一見したところ形状が類似しており、刺突武器という点で用途も共通している。にもかかわらず、なぜ「槍」という新しい名称が生じたのであろうか。

矛は青銅時代の産物であり、刃の身幅が広く、刃部のソケットに柄の先端を差し込んで固定する。槍の刃はソケットではなく、剣と同じように基本的には、なかごを柄の先端に差し込んで固定する。しかも槍の刃は身幅が非常に狭い。こうした槍の形状は鉄器時代に初めて製造が可能となった。柄の長さも一般的には、矛は短く、槍は長い。矛を青銅時代の産物とするならば、槍は鉄器時代の産物であり、形状・時代とも両者は別個の武器として誕生したのである。

「槍」は「鎗」とも書く。また、日本では和製漢字で「鑓」とも書く。刺突武器を表す「鎗」字は宋代に使われはじめ、明代以降に定着したと思われるが、本来の正しい用字ではない。漢代『説文解字』は「鎗。鐘声なり」とし、明代の音韻字書『正字通』は「鎗。俗に誤り鎗を以て刀槍の字と為す」としている。『説文解字』段注にも「槍、今俗に鎗と作る」とある。段玉裁（一七三五〜一八一五）は、いうまでもなく清代の言語学者である。

明・清時代、武術家は「鎗」字を用いていたが、言語学者はまだ、それが誤用であることを認識していたのである。

『説文解字』が説くように、「鎗」は本来、玉の音、鐘の音を表す文字であった。「鎗然」（『管子』軽重甲）とは、金属の楽器から発する音を言い表す。「鎗鍠」は鐘鼓の音であり、「鍠鍠鎗鎗」（『後漢書』馬融伝）といえば、かしましくきらびやかな行列のありさまを表現している。

ところで「槍」もまた、本来は武器を表すことばではなかった。矛や戟が使用されていた先秦時代、「槍」は農具であった。たとえば、『管子』小匡篇に農具の一種として列挙されている「槍」は、いわゆるツキコミ（＝土を穿つ農具）である（注：公田連太郎訳注『国訳管子』）。

「槍」は当初、木の先端を鋭角に削った単純な構造で、雑草を取り除くため、あるいは畑の土を掘り起こすためなどに使用されたのであろう。しかし、先端が鋭角であれば当然、狩猟や闘争に用いることも可能だったのである。

たとえば『墨子』備城門篇には、「一歩に、連挺、長斧、長椎、各一物を置く。槍二十枚を二歩の中に周置す」とある。この場合の「槍」は臨時的な守城用の兵器として転用されたものであり、まだ純粋の武器ではなかった。ここに列記されている連挺も脱穀や麦打ち用のいわゆる「連枷」であり、典型的な農具の一種である。竿の先に短い棒を回転できるように取り付け、これを振り回しては地上に打ちつけ、脱穀などに使用する。日本では「殻竿《からざお》」ともいう。

『墨子』非攻篇では戦闘用武器として「矛・戟・戈・剣・乗車（＝戦車）」が列挙されている。『墨子』の活躍した戦国時代、格闘用の長兵器はあくまでも矛・戟であって、槍は連挺等とともに城壁を登って攻めてくる敵兵を突いたり、叩いたりするために使用された臨時的な武器にすぎなかったのである。

日本で「鎗」の文字が普及せず、新たに「鑓」という漢字が造られたのは、「槍」でさえ武器名称としては本来の用法に合わず、まして「鎗」は中世以降の当て字だったからであろう。

太寧元年（三二三）、劉曜と戦った陳安は「七尺の大刀、丈八の蛇矛」を持って奮闘したという（『晋書』劉曜伝）。四世紀初期には、馬上の格闘戦で用いられる長兵器に長矛や長大刀が登場してきたのである。このころになると戟はあまり用いられていない。戟は撃・刺両用であったが、斬撃を主目的とする長大刀の登場によって戟の「撃つ」機能が駆逐され、単機能の刺突武器として矛が生き延び、のちに槍となって定着したということができるだろう。

この場合、戟のもつ斬撃の機能を長大刀が受け継ぎ、戟の刺突機能はそのまま槍となったと考えることも可能である。つまり刀が発達し長柄の長大刀が登場したことによって、戟は刺突武器として単機能化したのである。陳安が蛇矛で戦ったとき、劉曜軍の勇士平先が立ち向かい、三たび撃ち合って陳安の蛇矛を奪い取った。馬上で相手の長兵器を奪うには、よほどの胆力と武術が必要である。これも漢代以来発達した馬上戟術の成果を受け継いだものである。

唐代初頭、太宗を助けて王世充軍と戦った武将尉遅《うっち》敬徳《けいとく》も馬上における長兵器の格闘が得意であった。尉遅敬徳の用いた武器は「矟《さく》」とよばれる。矟は「ほこ」と訓じうるが、もはや古代の矛の姿はなく、ほとんど槍と同様の武器となっていたと考えてよいであろう。ちなみに『釈名』は「矛の長きもの、丈八尺を矟という。馬上に持つところ。その矟矟として殺すに便なるをいうなり」と説く。

『新唐書』尉遅敬徳伝（列伝第十八）には、馬上奪矟の術をめぐる武術史上に名高い試合物語が記載されている。

> 敬徳はよく矟をさばくことができた。単騎で賊陣に入るたびに、賊は矟で突き刺そうとするが、ついに傷つけることができなかった。敬徳は賊の矟を奪い取って、逆に敵を突き刺すこともできた。この日も重なる敵陣の包囲をものともせず自在に駆けめぐってもどってきた。

斉王元吉もまた、馬矟を得意としていた。敬徳のうわさを聞いて、これを軽んじ、自ら敬徳の腕を試そうとして、矟の刃を取り去り、柄だけで試合することを命じた。敬徳は言った。

「たとえ刃先を加えたところで、傷つけることはできますまい。刃先を抜くにはおよびません。私は謹んで刃先を取りましょう」

元吉の矟は、はたして敬徳の身に触れることができなかった。太宗が敬徳にたずねた。

「矟を奪うのと、矟を避けるのとでは、どちらがむずかしいか」

「矟を奪うほうがむずかしいものです」と敬徳は答えた。

そこで太宗は敬徳に、元吉の矟を奪ってみせよと命じた。

元吉は矟を取り、勇躍して馬にまたがり、真剣に敬徳を刺そうとした。だが、敬徳はたちまち元吉の矟を三たび奪った。元吉も剛勇の士ではあったが、驚嘆しておのれの未熟を恥じた。


隋末の武人、単雄信は「能く馬上、槍を用う。(李)密の軍中、『飛将』と号す」(注:『新唐書』李密伝)と伝えられている。馬上槍術の存在を示す記事としては、この単雄信伝が最も早期に属するであろう。尉遅敬徳とほとんど同時代である。

後漢末から唐初まで約四世紀は、短期政権あるいは地域的政権が興亡を繰り返した分裂抗争の時代であった。武術はこうした動乱期に著しく発達し、あるいは変革する。武器としての槍が確立し、戟術から槍術(及び長大刀術)へ転換したのはこの時代であったろう。馬上で用いる長柄の矛としての「矟」は、その過渡的な一形態であった。

唐代中期、玄宗皇帝時代(七一三〜七五六)には、「槍」が用語としても普遍的に用いられていたようである。白居易の詩「新豊折臂翁」(＝「新豊の臂を折りし翁」)には、「梨園歌管の声を聴くに慣れ、旗槍と弓箭とを識らざりき」とある。この場合の「旗槍」とは「軍旗」と「槍」を意味する。詩中の「折臂翁」は、かつて二十四歳のとき、自ら臂を折って廃残の身となり徴兵を逃れた。この詩は折臂翁に託して辺境異民族の地に軍事遠征することの愚かさを戒めたものである。「槍」がこのような詩にも詠み込まれていたということは、ようやく槍が先秦時代の農器具としてのイメージを脱して、矛・戟を受け継ぐ長兵器の新たな武器として定着していたということである。

実戦上の記録でも、たとえばこの玄宗皇帝時代、まさに辺境の地で異民族と戦った武将哥舒翰《かじょかん》は、馬上で豪快な槍術を駆使し、勇名を馳せた。

哥舒翰は敵に追いつくと背後から大声でよびかけ、相手が振り返ったところを喉を突き刺し、そのままはね上げて馬上から落としたという。そこに哥舒翰の家来が駆けつけて首を切り落とした。「以て常となす」と『新唐書』哥舒翰伝は記している。

ついで五代の「三忠臣」の一人といわれる王彦章《おうげんしょう》もまた、豪槍を扱い「王鉄鎗」とよばれた。鉄槍を持ち、飛ぶがごとく疾駆して突き刺し、軍中ではだれも腕を並べる者がいなかった（『新五代史』王彦章伝）。『宋史』叛臣伝に記載されている南宋動乱期の武人李全も、弓馬・鉄槍を得意とし、「李鉄槍」とうたわれた。槍術を論ずる場合、しばしば言及される楊氏槍術の「二十年梨花槍《りかそう》、天下無敵手」ということばは、この李全の妻楊氏が戦い敗れて自軍に語った痛恨の辞の一節である。

梨花槍とは、明代の用例によれば、穂先の下に短い火薬筒をつけた槍である。花火のように火薬を発射して敵を攪乱し、隙に乗じて突き刺す槍法である。ただし、これはあくまでも明代の例にもとづく解釈であり、宋代楊氏の梨花槍が実際にどのような槍術であったかは確言できない。

いわゆる「楊氏槍術」が門派として確立し、流行したのは明代になってからであるが、明代の楊氏槍術は、宋代李全の妻楊氏の梨花槍とは、直接的な関係は認められない。「梨花槍」という名称の美しさと「天下無敵手」

という豪快な響きが結びついた『宋史』の一文が、その後の武人に愛唱され、いつしかこの一句がひとり歩きをし、ついには楊氏が槍術の流祖的な存在として位置づけられるようになったものであろう。

第二章　中国武術の発達Ⅰ　少林寺武術の源流と展開

第一節　達磨大師拳法開祖説の虚実

達磨少林拳開祖説

「禅宗の開祖達磨大師が少林寺の僧侶に伝えた心身鍛錬法こそ少林拳（あるいは中国拳法）の起源である」という俗伝は、清朝末期から辛亥革命後の民国初年にかけて、拳法の近代的普及発達とともにいっそう広まった。

このような俗説の源流をさかのぼると、まず尊我斎主人《そんがさいしゅじん》『少林拳術秘訣』（一九一五）にいきつく。同書第七章「拳法の歴史と真伝」によると、達磨大師は説法のため初めて少林寺を訪れたとき、僧侶たちの精神・筋力がなえ衰えているのを見て、「まず修行に耐える強いからだを持たなければ仏道を悟ることができない」と、次のような早朝の鍛錬法を教授したのであるという。

一、朝天直挙《ちょうてんちょっきょ》

原文に「解にいわく手は上に向けて伸ばし、気は三焦を貫く。左、上ならば右は下」とある。いわば左右の手を上下しながらおこなう呼吸運動である。挙動数を二手と数える。

二、排山運掌《はいざんうんしょう》

前式のあと足を一尺ほど開き、両掌を左右前後に推す。「力を掌心に貫かせ、気は丹田に発し、猛虎推山の勢いあり」とある。気力をこめた両手運動である。四手と数える。

三、黒虎《こっこ》伸腰《しんよう》

前式の運動が終わったあと、いったん足を収めて直立し、再び足を開きつつ両手を左右に分けて押し開く。立ち足を「短馬」（腰をやや落とした立ち方）から「高馬」（腰を高くした立ち方）に変化させ、「すべからく腰の力を用いよ」とある。腰の伸展運動である。四手と数える。

四、鴈翼舒展《がんよくじょてん》

前式のあと、足を収めていったん休み、再び大きく息を吸って「下は丹田を貫く」。両手は両脇に着け、それから雁が羽を広げるように両手をゆっくりと左右に開き肩と同じ高さまで持ち上げ、そして下ろす。両手と同時に足のかかとも上下させる（足先に全体重をかけることになる）。「両手を起こすとき気が貫くように感じ、胸が開き、腕がふくらみ、指が熱くなるかのようであれば効果がある」。いわば柔的な呼吸運動である。一手と数える。

五、揖肘鈎胸《ゆうちゅうこうきょう》

直立の姿勢から、右または左足を一歩前に進め身を低くさせながら、気を丹田に注ぎ、両掌を膝まで下ろす。再びもとに戻りつつ指先を徐々に鈎型に曲げ、しっかりと胸に着ける。両肘に力を込める。「各地の拳法家がよくおこなう気功の一つ」という。いわば剛的な呼吸法である。一手と数える。

六、挽弓開膈《ばんきゅうかいかく》

腰をやや落とし、左右に弓を引く形である。「民間に流伝する八段錦の『左右開弓如射鵰』と同種の運動である」。姿勢を正し足腰を鍛えるのに効果的な呼吸運動である。一手と数える。

七、金豹露爪《きんびょうろそう》

これまではすべて掌を用いたが、この運動は豹拳を用いる。豹拳とは拳を半分開いた状態、つまり指の第一・第二関節のみを曲げた拳である。前式と同じように、腰を落とし「半馬立ち」で、力を込めて両拳を交互に突き出す。拳力に合わせ「開声吐気」する。つまり気合いを発しながら鍛える突きの基本運動である。一手と数える。

八、腿力跌《たいりょくてっ》蕩《とう》

足蹴りの基本運動である。次の四法からなる。

（一）足尖直踢《そくせんちょくてき》　足先で低く蹴る。

（二）横腿掃撃《おうたいそうげき》　横に蹴り、すばやく足を引き戻す。

（三）長腿高挙《ちょうていこうきょ》　上段蹴りである。「この腿法は軽率に用いてはならない。高く蹴れば隙が生じ、名家に会えば容易に制せられるからである」。したがって「風のごとく蹴り、そして引くことができるよう鍛えるべきである」。

（四）鈎腿盤旋《こうたいばんせん》　脚尖で外から内に円を描くように引っかける足技である。

第八運動の足蹴りを四手と数えると、全部で十八手となる。片手運動から両手運動へと進み、途中に呼吸法とともに足腰を鍛える運動をはさみ、最後は拳法の突き蹴りの基本動作でしめくくるという体系である。拳法の予備訓練もしくは準備体操として現在でも直ちに援用が可能なほど実用的な内容である。

『少林拳術秘訣』によれば、この十八手こそ「達摩大師開宗の手法」であり、別名「十八羅漢手」ともよばれる。当時は「強精壮骨の用」つまり単なる身体鍛錬法にすぎなかったが、数百年を経て「覚遠上人」「白玉峰」らによって百七十余手に発達し、少林拳として確立したというのである。

この説は同書のもとになった南派少林派の一部に伝わる伝説にすぎず、嵩山少林寺の史実とは無関係である。しかし、同書は刊行後、その内容が技術的には実用性が濃厚であり、思想的には孫文の説く近代中国革命の主張を含んでいたため、武術界にとどまらず広く社会的に影響を与えた。

たとえば今日でも広く読まれている郭希汾『中国体育史』（一九一九）は、まず第二編「古時之体操術」第三章「達摩之十八手」において、上記の説と十八種の運動をそのまま採録し、典拠が『少林拳術秘訣』であることを明記している。同書はまた第四編「拳術」の部でも、第三章「少林拳之創始」にはじまって第四章「覚遠上人之拳術」、第五章「白玉峰之五拳」にいたるまで、『少林拳術秘訣』の説をほとんど原文どおりに展開しているのである。

偽書『易筋経』の実体

達磨大師が少林寺に一種の身体鍛錬法を遺したという説は、『少林拳術秘訣』からさらにさかのぼって、達磨著述と銘うって明末清初に流布したとみられる『易筋経』序文に由来する。「易筋」とは「筋を（弱から強に）易（変）える」つまり「筋力増強法」の意である。

『易筋経』序文は同書がどのような経由で世に出たかについて大略、次のように説く。

易筋経序　　　　　　唐　李靖　薬師　撰

後魏孝明帝太和年間、達摩祖師は梁から魏に移り、少林寺で面壁していたが、ある日、衆徒に問いかけた。「みなの修行のほどを知りたい。おのおの信ずるところを述べよ」衆徒はそれぞれ修行の成果を述べた。師はいちいち「誰それは吾が皮を得たり」、「誰それは吾が肉を得たり」、「誰それは吾が骨を得たり」と答えたが、ただ慧可に対しては「汝は吾が髄を得たり」と言った。この話をのちの人々は単に修行の深浅を現したものと理解しているが、実はそれぞれ具体的な意味があったのであり、漫然と語ったことばではなかったのである。やがて九年の功を終え遷化されると、師は熊耳山に葬られたが、実はこれも履物を一つ遺して去られたのであった。

師が去ったのち、面壁の壁が風雨で崩れた。少林僧が修理しようとすると鉄の箱が出てきた。中には二つの経典が入っていた。一つを『洗髄経』といい、もう一つが『易筋経』であった。

嵩山少林寺（増田亀三郎・岡田栄太郎編『菩提達磨嵩山史蹟大観』1932）

『洗髄経』とは何か。人は生まれると直ちに愛欲にまみれる。仏道を修行するためには、まず五臓六腑百骸を一つひとつ洗浄し、清虚を保たなければならない。したがって仏智を得るにはこの経から入らなければならない。この経によって、初めて修行の向かうべき道を知ることができる。「髄を得たり」とはこの意味であり、単なる例えではなかったのである。

『易筋経』とは何か。骨髄の外、皮肉の内側はすべて筋膜によって血気が通行している。このことを体得しなければ修行を進めることはできない。これを知れば、いわゆる「皮」「肉」「骨」なるものもまた、単なる例えではなかったことがわかるであろう。

『洗髄経』は師の衣鉢とともに慧可の手にわたり秘伝とされたのでそのまま世に隠れた。そして『易筋経』だけが少林寺に残ったが、天竺（インド）のことばで書かれていたので、十中二、三がわかるのみで、誰もすべてを理解することができなかった。そのため少林寺では、その一端を取って拳法の小技を競うばかりとなったのである。

ある僧が『易筋経』のすべてを訳読したいと志を立て、この経を携えて諸国を遍歴し、ついに峨嵋山で西竺の僧般喇密帝《はらみった》に出会い、その訳解によって初めて教義を理解することができた。そこでその教えにしたがって百日修行してみると、筋肉が凝固し、さらに百日練ると気血が充足し、さらに百日鍛えるといわゆる金剛堅固の境地に達し、仏智の門に入ることができたのである。

この僧は聖僧に従っていずこともなく姿を消したが、徐鴻客は海外でたまたま出会うことができ、秘伝を授けられた。徐はこれを虬髯客《きゅうぜんきゃく》に教授し、虬髯客がまた私に伝えてくれたのである。私はいまだ仏の境地に達したものではないが、この世にもまれな妙義を求道の人に伝えるべく、このように由来を序したのである。

貞観二年春三月三日

この序文のはじめに書かれている「皮・肉・骨・髄を得たり」との問答は達磨伝説のなかでも最も著名な挿話の一つであり、原典は『景徳伝燈録』である。『景徳伝燈録』三十巻は道原が景徳元年（一〇〇四）に編纂した。同書は、インド古代にまでさかのぼって禅宗諸師一千七百一人の伝記を体系づけ、禅宗の権威を確立しようとした。達磨大師の伝説はほぼ同書によって固められたといえる。同書は一〇一一年、勅名によって入蔵が許可され、いわば天下公認の禅宗史書となり、後世に広く普及し、達磨伝説の形成もこれによって加速化したのである。

『易筋経』序文の日付は唐初の貞観二年（六二八）と明記されている。『景徳伝燈録』が出版された宋の景徳元年（一〇〇四）をさかのぼること三百七十六年となる。この一事だけでも『易筋経』が後世の人の手による偽作であることが明らかである。

『易筋経』はなぜ貞観二年（六二八）としたのであろうか。隋を滅ぼした李淵（高祖）が皇帝を称し、国を唐と号したのは六一八年のことであった。これより九年後、唐の太宗李世民が即位し、年号を貞観と改めた。太宗は魏徴や房玄齢など名臣の補佐を得て、のちに「貞観の治」とよばれるほどの太平の世をもたらし、唐朝大帝国の基盤を築き上げた。

貞観時代はまた、中国仏教史にとっても一時代を画したときである。玄奘《げんじょう》（六〇二〜六六四）が経典を求めてインドに旅立ったのは貞観三年（六二九）であり、帰国は貞観十九年（六四五）である。前後十七年にわたる大旅行のあと、玄奘は多数の経典を正確に訳し、玄奘以前を旧訳、玄奘の訳を新訳とよぶほど中国訳経史に一時代を画した。それは仏教の中国受容化に新たな道を切り開いた。また、玄奘の旅行記『大唐西域記』は小説『西遊記』となって民衆に親しまれた。

『易筋経』の作者は、原著を達摩大師とし、序文の日時を貞観初期に設定することによって、経典としての権威と同時に、「貞観の治」に対する民衆の憧憬《どうけい》心理を利用して、いっそうの信頼性と親密感を『易筋経』に付与しようとしたのである。

ここでもう一つ明らかにしておかなければならないことは、「貞観の治」の為政者唐の太宗李世民こそ、少林寺の武名を初めて天下に顕彰した皇帝であったということである。

隋末から唐初にかけて少林寺も動乱に巻き込まれ、次第に自衛のための武力を持ちはじめていた。

唐の建国二年目にあたる六一九年、王世充の乱が起きた。王世充は西域の胡人を父とする隋末唐初の群雄の一人である。幼少から文武に通じ、煬帝のもとで軍功をあげて出世した。隋の中央集権が崩れていくのを見た王世充は、六一九年ついに自ら鄭国皇帝を名乗ったが、唐の太宗李世民におわれた。

少林寺の西北五十里に柏谷墅《はくやしょ》がある。王世充は土地の険しさを利用して、ここに兵を擁し、最後の一戦を交えようとした。このとき少林寺の僧たちは衆を率いて戦い、王世充の甥仁則を捕らえる殊勲を立てた。太宗はこの戦いにおける少林寺の軍功を賞し、土地四十頃、水碾一具を賜与した。少林寺の武名はこれによって初めて世に知られることになった。後世、少林寺は禅宗の聖地の一つとなり、また同時に民衆の間に武術の聖地としても崇められるようになったが、その起源をたどればこのときの軍功に由来するのである。

『易筋経』序文の日付貞観二年（六二八）は、この王世充の乱からわずか九年後のことである。にもかかわらず作者は少林寺について、まったく後世の人々と同じレベルでしか理解していない。つまり、ただ漠然と少林寺の武名を知るだけで、その由来を理解している形跡がない。作者がもし貞観二年に実在し、少林寺に少しでも関心をもつ人物であるならば、まさに当代の皇帝である李世民と少林寺の結びつきを知らないはずはない。したがって序文も、同じく偽作にしろ、もっと異なった内容になっていたであろう。まして、序文の作者に擬せられた李靖（字は薬師　五七一〜六四九）とは、李世民に親しく仕えた唐初の代表的武将・戦略家であり、まさに王世充反乱軍の鎮圧に活躍した武人だったのである。

序文によれば、編者李靖は『易筋経』の秘伝を虬髯客から伝えられたという。虬髯客とは隋末唐初に活躍したという英雄の一人、張仲堅のことである。赤ひげがあたかも虬《みずち》（蛇に似た架空の動物）のように曲がっているので虬髯客とよばれたという。

この虬髯客と李靖の出会いは唐代の小説『虬髯客』からヒントを得たものであろう。同小説は『太平広記』に採録され、後世も広く流布した。もし『易筋経』の偽作者が、李靖と少林寺僧兵軍がともに李世民の指揮下で王世充反乱軍と戦ったいわば同盟関係にあったことを知っていたならば、序文すなわち『易筋経』の由来記もまったく内容を異にしていたはずである。しかし、偽作者は少林寺武名の史実を知らず、唐代小説に仮託してかえって真実から遠ざかってしまったのである。

宋代以降『孫子』『呉子』とともに『武経七書』の一つに数えられる唐代の著名な兵書『李衛公問対』は衛国公李靖が唐の太宗李世民の問いに答えた戦略・戦術論である。これも後人が唐初の名将李靖に仮託して編んだ兵書であった。『易筋経』の作者は、唐初に編まれた剛健術のテキストという名目を立てるには、この李靖に仮託するのが最も説得力があるものと単純に考えたのであろう。
『易筋経』が達磨大師や少林寺の史実とはまったく無関係に編まれた偽書であり、その実体が達磨に仮託した道教系統の養生法であったことは、『易筋経』の内容からも明らかである。
「易筋総論」はまず、次のように筋力強化の意義を説く。

　仏道修行の基礎に二つある。一つは「清虚」（心身が清潔であること）、一つは「勇往」（勇往邁進する力を持つこと）である。清虚とはなにか。これぞ洗髄である。勇往とはなにか。これぞ易筋である。易とは変化である。筋とは勁力である。人身は四肢百骸すべて筋によって働きをなし、筋によって勁力を生じ、筋によって全身に気血をめぐらすのである。筋力が弱ければ、なえ衰え、ついには絶命するにいたる。これに対し筋力が強ければ、剛を得て健康となり、長命を得るのである。

ついで各章にまたがって注意事項を細かく述べつつ具体的な練法を解説している。その基本的な方法とは、まず

　手で体を揉《も》むことである。最初は少年の手によって揉ませるのがよいとする。しだいに鍛錬が進んで筋力がついてくると木槌で突いたり叩いたりする。やがては小粒の石が入った袋も利用して全身を丹念に叩いて鍛えるのである。また錬磨するときは処方にしたがって製造した薬を服用する。

揉法はまた、陰陽のバランスを保たなければならないとして「陰陽配合論」で、次のように説いている。

　天地は一陰陽、人身もまた一陰陽である。陰陽が互いに交じり気血が融合すれば病はなくなる。女子は外陰

内陽、男子は外陽内陰である。したがって陽が衰えて病となったときは、女子に採ませる。その反対に陽が盛んで陰が衰えて患った場合は男子に採ませ、その内在する陰を以てその盛を制する。

このように他人の精気によって自己の衰えた気を補おうとするのは、「採補の術」とよばれる道教系の理論である。「陰陽配合論」に続く「下部行功法」はさらに進んで男性性器の鍛錬法まで述べ、「この修業を百日続ければ、弱なるものは強に、柔なるものは剛に、縮なるものは長に、病なるものは康になり、誰もが烈丈夫（立派な男性）になることができる」というのである。このように『易筋経』本文をひもとけば、一読にしてこれらの教えがとうてい解脱を説くべき「禅宗開祖」達磨大師の教義ではありえないことが明白であろう。

『易筋経』はいつごろ成立したか。版本によっては、「天台紫凝道人」宗衡による「天啓四年三月」付け跋文《ばつぶん》が掲載されている。『易筋経』読後感を述べた後書きである。序文の日付とは異なり、信頼性がある。もしこれが実際の日付とすると、『易筋経』は明末の天啓四年（一六二四）には成立していたことになる。

一方、呉敬梓が一七三三年ころ著した小説『儒林外史』には、拳法の腕くらべを描写した場面に、「握り拳は能く虎の頭を砕き、側掌は能く牛の首を断つ」という『易筋経』の一文が書名とともに引用されている。小説にも登場するということは、このころには『易筋経』がかなり流布していたと考えることができる。

『易筋経』序文には、「少林寺ではすでに真の仏法が失われ、少林僧はただ拳法（原文では「技芸」「角芸」「小技」等。いずれも一般的には拳法を意味する用語）を得意とするばかりである」といった意味のことが書かれている。

少林寺は、はじめ唐初に立てた軍功で著名となったが、特定の武術を得意としていたわけではなかった。明代にも棒術で有名になったのであり、少林寺が拳法と結びつけられ「少林拳」などの呼称が生まれたのは明末清初である。『易筋経』序文に描かれている少林寺のすがたは清代に入ってから広く民間に定着した俗的なイメージであった。したがってこのような俗的イメージによって少林寺を語っていること自体、『易筋経』が後世の偽作であり、その成立年代が古くとも明末清初の時代をさかのぼるものではないことを、自ら暴露しているのである。『易筋経』に述べられている鍛錬法そのものは、かなり古くから伝わるものであろう。同書に関連して注目すべき道教経典に『達磨大師住世留形内真妙用訣』（以下、『住世留形要訣』と略す）がある。「住世留形」とは「形（人体）を留めて現世に永住する」の意で、不老長生のための呼吸法を述べたものである。『住世留形要訣』は宋代の張君房『雲笈七籤《うんきゅうしちせん》』第五十九巻に「諸家気法」の一つとして収録され、今日に伝わっている。『住世留形要訣』は冒頭に、この教義の由来を次のように説いている。

私はむかし、西国において住世留形胎息の妙を授得した。はじめ私は師にたずねた。
「いま震旦（中国）および諸国に東遊し、心地密法を弘伝しようと思いますが、彼の地には寒暑があり、災患のため身を傷つけ、生の活力を失うことが多いようです。願わくば形を留め、災患に侵されず、長く世に住む留形不死の法を得たいと思いますが、このようなことが果してできましょうか」
「できよう」と師は言った。私はさらにたずねた。
「どうすればできましょうか」

このあと師は「胎息の術こそ住世留形の本である」として、まず次のように説く。

そもそも生の本は胎息に始まる。神が精気と合して凝結し、よく変化して形となる。これが生を受ける本である。本気とは人が存在する根本である。気は神によって生じ、形は気によって成る。形が気を得なければ、成り得る因を無くす。気が形を得なければ、主となる因を無くす。もともと本気を受けるときは、母の臍下に伏して、混沌たる三カ月を過ごし、玄牝《げんぴん》（＝口と鼻）備わるのを待つ。玄牝すでに立てば、なお瓜の花のごとく、闇に母気を注いで、ここに終る。母が息を吐けば吐き、吸えば吸い、綿々として十カ月が経つと、気は足りて形が円となり、神が通じて意識備わり、ついに解胎して生まれるのである。

つまり「胎息」とは文字どおり「母の胎内にあるときの本源的な呼吸」である。後世の内家拳が説く内的な呼吸法と共通する考えである。人はこのような内息を守り、神（心的エネルギー）・気（肉体的エネルギー）を合すれば長くこの世に形（人体）を留めることができるというのが「胎息の術」の基本的理論である。

このあとも『住世留形要訣』は「凡人の息気は喉を出入し、聖人の息は神気が常に気海（下腹部）にある。気海は元気の根本である」等、凡俗の人と聖人とを対照させつつ「神を汚濁にさらさず清に保ち、静を多とすることが長生の要訣である」ことを繰り返し説き、最後を次のように結んでいる。

師は言った。「もし自然の息に住し、神が気を御せば、すなわち鼻から出入する息というものはなくなり、すべて真の胎息となるのである」

凡夫の人は母の胎内から現世に生まれてくると情欲が動く。情欲が動くと精気はことごとく下降し、茎端から洩れる。これはみな情欲が引き起こすのである。これが制御できないと田圃の水が枯れるがごとく、ついにはその本源も衰え、生の本を喪うことになるのである。

このように『住世留形要訣』は、肉体主義を貫く『易筋経』とはまったく対照的な内功修練を説いたものである。『易筋経』も建前としては「本来は悟りへの道に、清虚を保つ『洗髄経』と勇往を説く『易筋経』があった」としている。しかし、これは肉体主義を正当化するための口実にすぎない。

『住世留形要訣』はいわば『易筋経』にいうところの『洗髄経』に相当するが、内容を比較すれば明らかなように『住世留形要訣』と『易筋経』の両者はまったく相反する教義を説くものであり、決して互いに補完しあうものではない。また『住世留形要訣』には、まだ達磨と少林寺武術について関連づけるようなことばが、いっさい見られないことに特に留意すべきである。

しかしながら『住世留形要訣』と『易筋経』は、ともに達磨に仮託して養命を説くという基本的な立場で一致している。この点においては『住世留形要訣』を『易筋経』の一つの源流として認めることができる。『易筋経』が達磨に仮託した偽書であり、その序文に依拠して達磨を少林寺武術の始祖とすることが学問的に誤りであることを最初に明らかにしたのは、唐豪『少林武当攷』（一九三〇）である。同書によると、達磨少林拳開祖説は二十世紀に入って、先にあげた郭希汾『中国体育史』（一九一九）のほか各種の拳法書、朱鴻寿『拳法講義』（一九一七）、孫禄堂『太極拳学』（一九二四）、湯顕『達摩派拳訣』（一九二六）、許太和『南拳入門』（一九二六）等によって急速に普及し、「このような偽妄《ぎもう》の説がついに現代的な進歩のなかにある中国の社会に蔓延《まんえん》した」のである。

そして達磨少林拳開祖説はこの時期になって、初めて日本にも影響を及ぼした。大正末期から昭和初期にかけて、船越義珍・摩文仁賢和・宮城長順ら琉球出身の先駆的な空手家たちの努力によって、中国拳法を直接的源流とする琉球拳法が日本本土に紹介され、剣道などの伝統的な日本武術に合流して新たに「日本空手道」として成立した。

「空手」の名称採用は昭和五年（一九三〇）から昭和十年（一九三五）にかけてのことである（それまでは「琉球拳法」もしくは「唐手」と書かれていた）。「空」の文字は単に「徒手空拳」を意味するばかりでなく、「色即是空、空即是色」という『般若心経』のことばに依拠した思想的内容をもつ。『般若心経』は禅宗の好む経典の一つとして著名である。日本武道は儒教とともに禅宗の影響をつよく受けている。「空」字の採用によって禅宗、ひいてはその開祖とされる達磨は、日本空手道にとっていっそう身近な存在となった。まさにこのようなときに、中国では拳法の近代的発展とともに、『易筋経』の達磨少林拳開祖説が体育史研究書あるいは各種拳法書により、近代的な装いを帯びて新たに普及しつつあったのである。

これがどのように日本に伝わったか。空手研究家仲宗根源和は『攻防拳法　空手道入門』（一九三八）のなかで、その直接的契機が吉田正平『神通自在』（『易筋経』の翻訳解説書）にあることを指摘し、摩文仁賢和、船越義珍ら空手指導者がそれぞれ無批判に達磨少林拳開祖説を受け入れたと批判している。

摩文仁は仲宗根に対して、初めて『神通自在』に触れたのは「大正十二、三年ころ」と語っているが、同書初刊は大正九年（一九二〇）である。つまり、『易筋経』の説く達磨少林拳開祖説はわが国に一九二〇年に輸入され、一九二三年ころ空手界に影響を与えたが、その十五年後一九三八年には仲宗根源和によって否定されたということになる。中国では先述したように唐豪によって一九三〇年には否定されていた。しかし、いったん民間に浸透しはじめた達磨少林拳開祖説を阻止するだけの力はなかったのである。

ごく近年になって刊行された中国の拳法書にも、技法的には優れた内容をもっていながら、依然として達磨少林拳開祖説の影響を抜け出ていないものが見受けられる。本来ならば、型の創編者がたとえ無名であっても、内容的に価値があればそれで十分に貴いのであり、虚妄の伝説で自己の拳史を飾る必要はない。にもかかわらず、技法の優れた伝承者が容易に達磨伝説を受け入れ、なかなかその枠の中から抜け出ることができないのはなぜか。一つには技法の伝承者というものは技術そのものに対して関心がつよく、学術的な史的探求には関心が薄いということがいえるだろう。もう一つは禅宗の影響があまりにもつよいため、達磨にからむ伝説は土にしみこむ水のような浸透力をすでに持っているということがあげられる。いいかえれば、達磨伝説を容易に受け入れるだけの精神的土壌が社会的に存在するということである。また、より高い権威によって認められたものには、より高い価値があると考える一般的な有名志向も見逃すことのできない条件である。

達磨少林拳開祖説の虚構を打破し、少林拳のみならず中国武術の歴史を正しく理解するためには、中国仏教・

道教史上における達磨の位置、意義について考究することが欠かすことのできない道程の一つとなってくるのである。

第二節　中国仏教史上における達磨

ダルマ禅師の虚構と真実

禅宗の開祖とされる達磨は、その生涯・思想とも実はいまだに不明確で、定説として確立された伝記は一つも存在しない。禅宗は中国仏教史上おそらく最大の宗派であり、わが国にも大きな影響を与え、宗教を越えて日本文化の主要な底流の一つにさえなっている。にもかかわらず禅宗初祖の伝記は不明のままで今日にいたっているのである。試みに一般的な仏教辞典をひもとくと、次のように解説されている。

ぼだい－だるま［菩提達磨］

［ボーディダルマ（Bodhidharma）、達磨禅師、円覚大師］（?～五二八?）中国禅の伝承では開祖とされているが、謎の面が多い。インドのバラモンに生まれ五二〇ごろ（異説が多い）海路南中国に入り、北方の魏に向かい、各地で禅を教え、洛陽東方の嵩山少林寺で壁観（壁に向かって座禅すること）をして心の本来清浄である理を悟ることを主張したという。この壁観が面壁九年の座禅伝説から後世日本の手足の無いダルマの風習となり、七転八起の諺となった。また梁武帝との禅問答や弟子の慧可が両腕を切って誠を示した伝説、インド旅行から帰途の宋雲が死後の達磨がインドへ帰るのに出会ったと

か数々の奇抜な伝説が彼に帰せられている。著として少室六門宗・達磨禅師観門・菩提達磨四行論・達磨真性偈・無心論・観心論などが托せられるが、そのほとんどは疑わしい。

（注：中村元監修『新・仏教辞典』誠信書房一九六二）

ここに要約されているように「禅宗初祖」達磨については「数々の奇抜な伝説」があるのみで、確たる事績はほとんどない。達磨が渡来したとされる五二〇年ころ、中国の仏教はすでに十分成熟していて、当時の高名な僧はいずれも確実な史実として存在している。にもかかわらずこの時期の資料には、「禅宗初祖」達磨は存在しない。この時期、禅宗はまだ成立していなかったし、「禅宗初祖」としての達磨伝説もまだ生まれていなかった。

いま改めて達磨伝説に共通する事項を箇条書に整理すると、次のようになるだろう。

一、「南海渡来」　名称を菩提達磨（達摩）といい、南海ルートで南中国に渡来した西竺の高僧である。

二、「皇帝面謁」　梁の武帝に面謁し、「仏道に寄与したがどんな功徳《くどく》があるのか」「何も功徳はない」とのいわゆる「無功徳問答」をおこない意見が合わなかった。

三、「面壁九年」　嵩山少林寺に留錫、面壁九年の禅行に励んだ。

四、「慧可断臂《えかだんぴ》」　慧可が雪の中にたたずみ片腕まで切って修行の覚悟を示したので入門を許し、のち第二代の衣鉢を与えた。

これらの伝説はおおむね『続高僧伝』（六四五）から『景徳伝燈録』（一〇〇四）にかけて完成された達磨像である。『景徳伝燈録』によれば、達磨が広州に海路到着したのは「普通八年（五二七）九月二十一日」で「武帝は広州刺史の報告を受けて使節を派遣し、十月一日達磨は金陵（南京）に着いた」。しかし、普通八年は三月ですでに大通元年に改元されていた。つまり、普通八年に「九月」はなかった。また、わずか十日で広州と金陵の間を使節が往復し、達磨を迎えるのは時間的に不可能であったろう。この二点は古くから指摘されていることである。また、武帝との禅問答も後世禅宗一門が創作したもので、史実としては認めがたいというのが今日、一般的な定説となりつつある。

梁の武帝は「皇帝菩薩」とよばれたほど仏教に対する信仰があつかった。その在位四十八年間（五〇二～五四九）は南朝仏教の隆盛期であった。武帝は当時の高僧と親しみ、大寺を建造し、自ら仏教関係の著述を多数のこした。武帝の知遇を受けたり、家僧として顧問になった僧侶の名も多く明らかになっている。彼らは武帝の保護と奨励のもとに経典を翻訳・整理し、あるいは高僧の伝記などを著した。したがって当時、仏教関係の資料は質量ともに後代に誇るべきものがあった。だが、皇帝と面謁したとされるほどの著名な高僧であるべき「禅宗初祖」菩提達磨は、当時の記録にはいっさい登場してこない。

達磨の実在を示す最も初期の資料として、しばしば『洛陽伽藍記』が取り上げられる。同書は東魏の楊衒之が五四七年、洛陽に赴任した際、戦乱で破壊された往時の仏教寺院をしのんで調査、記録したものである。

同書はまず第一に永寧寺を紹介している。永寧寺は北魏の孝明帝の母胡太后が熙平元年（五一六）に建造した。僧房一千以上、山門・正殿に金銀・珠玉を用いた豪華な寺で、わが国四天王寺の先例になったともいわれるが、北魏滅亡の年（五三四）に焼失した。著者は永寧寺の由来、建物の配置などを述べたあと、次のように付記している。

当時、西域の沙門で菩提達摩なるものがいた。波斯国（ペルシャ）の胡人である。（寺の）金盤が日にまばゆく輝いて雲を照らし、宝鐸が風を含んで天外に響きわたるのを見て、なんというすばらしさかと賛嘆し、「私は年百五十歳、これまで諸国をあまねく歩いたが、これほどの精麗なる寺は天上天下のどこにも見ることはできないであろう」と言って口に南無を唱え、合唱すること連日であった。

この達磨像は単に寺院の壮麗さを印象づけるために付記したものにすぎず、百五十歳という年齢からも伝記資料としてはまったく信憑性に欠けるものである。まして寺院の壮麗さに驚き、念仏を唱えて喜悦するというのは「禅宗初祖」の達磨像に適合しない。出身も禅宗達磨は天竺（インド）とされており、波斯（ペルシャ）ではない。仮に上記の僧が実在の人物としても、「禅宗初祖」の達磨とは別人と判断するほかはないであろう。『洛陽伽藍記』の作者も達磨を「禅宗初祖」としてはとらえていない。

「菩提」はサンスクリット語ボーディ（bodhi）の音写で「迷いを断ち切った悟り」の意味である。法名として人物名にもなり、「菩提《ぼだい》流支《るし》」「菩提《ぼだい》流志《るし》」の例がある。両者ともサンスクリット語ではボーディルチ（Bodhiruci）で同名異人の例でもある。菩提流支は北インドから五〇八年洛陽にきた。北魏時代の代表的経典漢訳者の一人で禅宗の重んじる『金剛般若経』『入楞伽経』など三十九部の漢訳がある。一方、菩提流志（五七二〜七二七）は六九三年、招かれて洛陽にきた唐代の経典漢訳僧である。南インドのバラモン階級の出身で、この点は「禅宗初祖」達磨と同じである。華厳経の新訳に参加し、また玄奘が着手してできなかった方等部の諸経を集めた大宝積経百二十巻を漢訳整備した。

「ダルマ」（達磨・達摩）もまた仏教の基本用語であり、人名に用いられた例が少なくない。「ダルマ」とは何か。一言でいえば、「ダルマ」とは「最高の真理」であり、漢訳仏典では多くの場合「法」と訳され、ときに「道」とも訳される。

原始仏教では、人間がいかなる時、いかなる所においても、「遵守すべき永遠の理法」があると考え、それを「法」（サンスクリット語でダルマ dharma、パーリ語でダンマ dhamma）と呼んだ。その原理ダルマは「保つもの」という意味で、サンスクリット語におけるドゥフル dhr（保つ）という動詞からつくられた名詞である。人をして人として保つものである。

（注：中村元・三枝充悳『バウッダ』小学館一九八七）

たとえば一般に「呪文」を意味する「陀羅尼」（ダーラニー dharani）も語根はダルマとおなじくドゥフル dhr（保つ）であり「総持」と訳される。仏教一般では、ヨーガの精神集中において心を一カ所に結合することである。仏教初期の経典で釈迦自身のことばを比較的忠実に反映しているとされる『法句経』は、原名『ダンマパダ』（Dhammapada）で「釈迦の真理のことばを集めた詩句」の意味である。また著名な『法華経』も原名『サッダルマ・プンダリーカ・スートラ』で「正しい妙なる法（サッダルマ saddharma）を、泥の中から美しく開花する白蓮華（プンダリーカ pundarka）に例えた経（スートラ sutra）」すなわち『妙法蓮華経』の意味である。

人名としてのダルマは達摩あるいは達磨と書かれるが、また曇摩、曇無とも書かれた。これは上記引用にあるように、ダルマはダンマとも発音されたので時代と訳者によって異なる音写となったものであろう。つまり、サンスクリット語ダルマが達摩となり、パーリ語ドンマが曇摩となったのである。これらの名称を持つ著名な人物として、中村元『新・仏教辞典』等によれば、次のような例をあげることができる。

〈曇摩迦羅《どんまから》〉（ダルマカーラ Dharmakala）
中インドの人。二〇五年、洛陽にきて白馬寺で僧祇戒心を翻訳し、羯磨法《かつまほう》（僧尼に戒を授ける作法）を制定して授法を行った。これが中国における受戒の初めという。
〈竺曇摩羅刹《じくどんまらしゃ》〉（ダルマラクシャ Dharmaraksa）
月氏の人。竺高座に師事し、竺を姓とした。一般に竺法護として知られる。西域諸国を遊歴、二六六～三〇八年の間、長安・洛陽で『般若経』等経典多数を訳出し、後世「経法の中華に広く流伝したのは竺法護の力なり」（『高僧伝』）と高く評価された。

〈曇摩流支《どんまるし》〉（ダルマルチ Dharma-ruci）
西域の人。律蔵に通じていた。四〇五年、長安に赴き鳩摩羅什とともに『十誦律』の漢訳を完成させた。のち、律を知らない地方に伝道に赴き、消息を絶った。別に、五〇一年以後、洛陽白馬寺に同名異人の訳経僧がいた。

〈曇無讖《どんむせん》〉（ダルマクシェーマ Dharmaksema）三八五〜四三三
中インドからクッチャ・敦煌を経て四一二年、北中国の北涼（匈奴族の国）にきた訳経僧。王の保護を受けて『涅槃経』など後世に影響を与えた諸経典を訳し、王の政治顧問ともなって北涼の至宝と仰がれたが、四三三年刺客に殺害された。

〈曇摩耶舎《どんまやしゃ》〉（ダルマヤシャス Dharmayasasu）
南路を経て中国に渡り、四〇五年長安に入って『舎利弗阿毘曇論』などを訳した。

このように「禅宗初祖」達磨以前にすでに中国仏教史上には多数の「ダルマ」大師が実在していた。伝説の達磨渡来以降にも、史実の明らかな「ダルマ」大師として、たとえば達摩笈多のような人物がいる。

〈達摩笈多《だつまぎゅうた》〉（ダルマグプタ Dharmagupta）？〜六一九
五九〇年、南インドから長安に来た隋代の訳経僧。ジャナグプタとともに洛陽に新設された翻経院（官立の訳経機関）で『大集念仏三昧経』『摂大乗論釈』などを漢訳した。

「ダルマ」は古くはパーリ語の影響で「曇無」などと音写され、やがて「達する」「摩する」など修行的な意味をもつ「達摩」が一般化し、さらに面壁九年のダルマ伝説以降、石窟のイメージが加わって「達磨」とも書かれることが多くなったものであろう。いずれにしろ「禅宗初祖」達磨以前に多数のダルマが実在したことを、まず認識しておくべきである。

そして「禅」もまた、「禅宗初祖」達磨以前から盛んにおこなわれていた一般的な行法であり、禅宗特有のものではなかったということも、ここで再確認しておこう。

「禅」はサンスクリット語ディヤーナ dhyana 、パーリ語ジャーナ jhana の音写である。古くは、より原音に近く「禅那《ゼンナ》」とも書かれ、ことばの意味からは「静慮《じょうりょ》」とも訳された。ジャーナはヨーガの一環を占め、「精神の統一、集中」を意味する。（注：前掲『バウッダ』）

禅はインド仏教に一貫しており、ひたすらこれを実践した人を「瑜伽師《ゆがし》」とよび、ときに「禅師」とも称する。そもそも仏教の始祖釈尊が菩提樹下で禅定を続けて悟りを開いたのはあまりにも有名である。

仏教の中国初伝はおよそ紀元元年前後のことであるが、後漢桓帝の建和二年（一四八）ころ、安世高が早くも『安般守意経』『陰持入経』『禅行法想経』『大道地経』など禅観に関する経典を訳している。これらはいずれも現存するもので、その他散逸したものに『大十二門経』『小十二門経』『五門禅要用法経』『禅経』『禅定方便次第法経』『禅法経』などがある。（注：孤峯智璨『禅宗史』光融館一九一九、総持寺一九七四復刻）

以上のうち『安般守意経』が中国最初の禅経とされ、中国禅観思想史に大きな影響を及ぼした。「安般」とは「安那般那《アナアパーナ》」（AnaApa-ana）で「出入する息」つまり呼吸のことである。『安般守意経』は、静かな呼吸によって次第に深い禅定に入ることを説いたものである。

玄奘に先行して中国訳経史に大きな足跡を残した鳩摩羅什《くまらじゅう》（三五〇～四〇九）も『坐禅三昧経』『禅法要解』『禅秘要法経』などの禅経を訳し、禅法普及に貢献した。

東晋時代、白蓮社を結成して浄土念仏の行を起こした廬山の慧遠《えおん》（三三四～四一六）は禅法を重んじ、弟子を西域に派遣し禅経および戒律を求め、また仏駄跋陀羅《ブッダバドラ》（三五九～四二九）に禅経を訳させた。仏駄跋陀羅は鳩摩羅什、法顕らと同時代の訳経僧で『華厳経』六十巻の訳で著名だが、また『達摩多羅禅経』の訳でも知られる。そのため後世、北宗禅の一門では、仏駄跋陀羅を初祖とし「菩提達摩」を第二祖としている。仏駄跋陀羅は仏大先《ブッダセーナ》（Buddhasena）に師事し、漢名は覚賢もしくは仏賢と訳されるが、父の名は達磨脩耶利《ダルマスールヤ》（Dharmasurya）、祖父は達磨提婆《ダルマディブ》（Dharma・deva）である。

仏駄跋陀羅とほぼ同時代、曇摩密多《ダルマミトラ》（Dharmamitra 三五六～四四二）も禅法普及に功績のあった実在の高僧である。曇摩密多は諸国を経て宋の元嘉元年（四二四）蜀に入り、その後荊州の長沙寺に禅閣を建て、さらに建康で『禅秘要経』『五門禅経要用法』などの禅経を訳した。学徒が雲集して、「大禅師」と尊敬された。伝説の「禅宗初祖」達磨に先行して、文字どおり「ダルマ禅師」とよぶにふさわしい人物が、ここにも一人実在しているのである。

北魏時代には跋陀《ばつだ》禅師が禅の行者として著名であった（『魏志』釈老志では「跋陀」、『続高僧伝』では「仏陀」と書かれる。「仏陀」では人名としてわかりにくいので本書では原則として「跋陀」とする）。孝文帝はこれを敬い、太和二十年（四九六）特に一寺を建立して公的に保護した。これが嵩山少林寺である。したがって跋陀こそ嵩山少林寺の初祖であり、少林寺の禅法はここから始まったのである。伝説の達磨渡来五二〇年ころから二十数年前のことであった。

跋陀の道統を継ぐ高僧として僧稠《ちょう》が有名である。僧稠は、はじめ跋陀の弟子道房について修行、のち少林寺で跋陀禅師に直接師事し、跋陀から「葱嶺《パミール》より東方にあって禅学の最たるものは汝その人である」と認められた人物である。僧稠は「禅宗初祖」達磨とまったく同時代、同地域に活躍した少林寺ゆかりの著名な禅僧であった。

跋陀と僧稠の伝記は、道宣『続高僧伝』巻第十六習禅初篇にある。同書跋陀（仏陀禅師）伝の次に記されているのが「菩提達摩」伝である。『続高僧伝』は唐の貞観十九年（六四五）の撰である。したがっていわゆる達磨渡来より百年以上後世の成立ではあるが、さきに検討した『洛陽伽藍記』を除けば、この『続高僧伝』菩提達摩伝が「禅宗初祖」達磨の実在を証明するとされるほとんど唯一の史料である。大要、次のとおり。

菩提達摩

南天竺バラモンの出身である。大乗の志を抱き、未開の地に法を広めることを悲願とした。はじめ宋境の南越に達し、のち北方に渡り、魏に至った。各地に禅教を伝えたが、道育、慧可という志の高遠な沙門二人が四、五年の間、菩提達摩を師として身近に仕えた。その精誠に感じて菩提達摩は次のような真法を授けた。

道に入る方途は多いといっても、要はただ理と行の二種のみである。偽りを捨て真性に帰り、壁観に凝住せよ。そうすれば自もなく他もなく、凡聖等一となる。堅住して移らず、他教にしたがわず、道と冥符し、寂然として無為なることを理入（理から入る道）と名づけるのである。

行入（行から入る道）は四行、その第一は報怨行。経にもいう、苦に逢うも憂えずと。識達しているからである。この心があれば道に違うことはない。怨みを体して道に進むがゆえである。

第二は随縁行。苦楽は宿縁の起伏に随う。たとえ一時の栄誉を得ても、縁尽きればまた無に還る。得失はすべて縁に随うものとすれば、心に増減するところなく、法に冥順することができるのである。

第三は無所求行と名づける。世人は皆、長く迷い、あれこれと執着する。これを求という。道士は真を悟り、理は俗と反する。すなわち安心無為である。形は運にしたがって転ずるもの。苦といえば、三界はみな苦、だれが安心を得ようか。経にもいう、求むことあらばみな苦なり、求むことなくば、すなわち楽なりと。

第四は称法行、法を唱える行である。すなわち心性を浄化するためである。

達摩はこの法をもって魏国の地を開花し、識真の士はみな従い奉じて帰悟した。その語録は世に流行した。自ら言う、年は百五十余歳と。各地を遊行教化することを務めとし、ついにその最後を知ることはできなかった。

ここに描かれた伝記によれば、菩提達摩は栄誉栄華を求めず、生涯にわたってひたすら仏法の伝道に尽くした高潔な宗教家であった。また「二入四行論」によって簡潔に悟達への道を教え示すことのできた実践的な指導者でもあった。「二入四行論」は後世でも重視されている。門人に慧可の名も見える。伝説の「禅宗初祖」達磨とは、本人・門人とも名称が一致する。また渡来ルートが南方系であることも一致する。つまり伝説の達磨像と共通する要素がつよい。しかしここで注意しなければならないことは、伝説とは異なる重要点もまた存在することである。

まず渡来の時期が異なる。上記の菩提達摩は「はじめ宋境の南越に達し、のち北方に渡り、魏に至った」とある。この場合の宋は、南北朝時代、南朝の劉裕が建て、建康（南京）に都し、四七九年に滅んだいわゆる「劉宋」である。この劉宋最後の年に菩提達摩が渡来したとしても「禅宗初祖」達磨の渡来五二〇年より四十年も早い。したがって、この菩提達摩が梁の武帝（在位五〇二〜五四九）に面謁することはありえなかった。菩提達摩は、実際には四七九年劉宋滅亡の年以前に渡来していたであろう。慧可らが師事したのは四、五年で、当時すでに自ら百五十歳と語っていたとすれば、たとえ百五十という年齢が誇大にすぎる不正確なものであっても、かなりの高齢者ではあったろう。中国に渡来したときに、すでに高齢であったと想像される。魏における布教の期間もそれほど長期間であったとは思われない。

また『続高僧伝』菩提達摩伝には、少林寺についていっさい触れられていない。これも伝説の達磨像と比較した場合の重要な相違点である。菩提達摩が四七九年前後に活躍したとすれば、少林寺の創建四九六年より十年以上早いわけで、少林寺留錫もまたありえなかった。菩提達摩は壁観を説いたが、上記の伝記に明らかなように、この場合の壁観とは俗界の迷妄を自ら遮断して安住の境地を得ることのたとえであって、壁に面して座禅することではない。

「『釈門正統』には壁観を註して客塵偽妄《きゃくじんぎもう》の入らざるを壁というとある」（注：前掲『禅宗史』）。壁観の観は人生観、宗教観と同じように事物に対する見方、考え方を意味するのであって、目で見る動作や姿態を意味するのではない。ただし、この壁観が俗的に解釈されて、ついには達磨面壁九年の伝説となったものであろうことは容易に想像されることである。

『続高僧伝』は菩提達摩伝に続いて、その門弟慧可の伝記を記載している。これによると慧可は四十歳のとき、たまたま菩提達摩が「嵩洛に遊化した」のに出会い、六年間師事、「一乗（の教え）を精究した」という。嵩洛は嵩山・洛陽一帯の地方の意味であるが、嵩山は一つの山脈であり、「嵩洛に遊化した」とはあまりにも漠然とした記述である。いずれにしろ慧可伝にも少林寺は登場しない。もちろん面壁九年の故事もない。ただし達磨伝説に関連して、慧可伝のなかでは、次の三点が特に重要である。

まず第一に、はじめ達摩禅師は慧可に『楞伽経《りょうがきょう》』四巻を授けて「われ漢地を観るにただこの経あり」と語り、菩提達摩にとって最も重要な経典が『楞伽経』であったことを明記していることである。

「楞伽」とは「ランカー」(Lanka) すなわち現在のスリランカである。『楞伽経』は古代ランカー城における宗教問答を通じて仏法を説いたものである。劉宋の求那跋陀羅訳『楞伽阿跋多羅宝経』四巻、魏の菩提流支訳『入楞伽経』十巻、唐の実叉難陀訳『大乗入楞伽経』七巻が現存するという。菩提達摩が慧可に授けたのは「楞伽経四巻」といっているので、三種の漢訳のうち最も古い求那跋陀羅訳のものであろう。時代的にも符合する。今日から見れば旧訳時代の古い経典であるが、いうまでもなく当時の人々にとっては同時代にもたらされた最も新鮮な経典の一つであった。

敦煌から出土した唐の浄覚撰『楞伽師資記』は『楞伽経』を伝持した人々の事績と信念を明らかにしたものであるが、初代は求那跋陀羅、第二代が菩提達摩で、第三代を慧可とし、そのあと僧璨、道信と続き、一般に禅宗史で五祖と呼ばれる弘忍は第六代、その弟子でいわば北宗禅の初祖ともいうべき神秀は、ここでは第七代である。

伝説の「禅宗初祖」達磨は面壁座禅の苦行によって頓悟することを重視し、「教外別伝、不立文字」を主唱したとされている。この達磨像と『楞伽経』を奉持した菩提達摩とは教義のうえで大きな距離がある。『続高僧伝』慧可伝のなかで達磨伝説に関連して注目すべき第二の点は、「慧可は片腕を賊によって斬られた」と記していることである。

慧可は賊に遭い臂《うで》を斬られた。法をもって心を御し痛苦を覚えず、傷跡を焼いて血を止め布で包み、再び乞食（托鉢）の行に出て、このことを誰にも告げなかった。のち林法師もまた賊のために臂を斬られたが、怒りと痛苦のため一晩中叫び続けた。慧可は自らも臂のないことを示し、親しく介護した。このことから世に無臂林とよばれた。

この挿話のほうが三尺積雪の中で腕を自分で斬り落とし、入門の決意を示したとする伝説よりは、はるかに事実として肯定することができる。後世日本でも腕のない達磨像が絵画や人形となり、「七転八起」のたとえとともに民間に親しまれるようになったが、こうした伝説の源はこの『続高僧伝』慧可伝の挿話にあるだろう。慧可伝は続いて、その後継の人々について簡単に記している。その一人慧満の項に次のような記事がある。

慧満は乞食行脚を続けた。貞観十八年、洛州の南、会善寺の墓中に宿泊したところ、積雪三尺の大雪になった。朝、寺に入ると寺僧が「いずこより来るか」と怪しんだ。慧満は応えた、「法友来るなり」と。

この慧満の故事が慧可自身の「立雪三尺に法を問う」伝説に変化したものであろう。これが慧可伝のなかで達磨伝説に関連して注目すべき第三の点である。

『続高僧伝』慧可伝の次は僧達の伝記である。僧達は菩提達摩・慧可と人脈的には無関係の人物である。僧達は各国の皇室に重んじられ、名声のうちに生きた。在野に徹した菩提達摩・慧可系とはまったく異なる道を歩んだ禅師であった。しかし、ここにも達磨伝説との関連で見逃すことのできない要素がある。それは僧達が梁の武帝と同時代で、武帝の尊崇を受けたということである。

僧達は論議に優れ、名は南北に知られた。禅法の一門をもって広く世を開いた。かつて梁境に遊行した。宝誌は「達禅師は大福徳の人なり」と賞賛した。武帝もまた深く敬い、しばしば侍臣を顧みて言った。

「北方の鸞法師、達禅師は肉身の菩薩なり」と。そして、常に北に向かって遥拝した。

武帝ははじめ僧達を招き、直接仏法を聞いた。「昼より夜を通じて未だ聞かざる所を伝えられ、連席七宵」に及んだという。七日にわたって、かつて耳にしたことのない仏説を聞き、感激した武帝は戒を受けて弟子となった。そして勅命を下して僧達を同泰寺に住まわせた。だが、僧達は魏に帰ることを希望し、武帝もついにこれを許したのであった。つまり僧達は南の梁国に招かれ、武帝に面謁し、北の魏に去った禅僧であった。この点では達磨伝説にみごとに符合するのである。

この僧達伝の次が少林寺初祖跋陀（仏陀禅師）に中国禅学の最高峰とたたえられた僧稠伝である。達磨伝説の少林寺留錫がこの跋陀伝と僧稠伝に由来することは、いまや明らかであろう。

このように『続高僧伝』習禅初篇において連続的に記載されている仏陀禅師（跋陀）・菩提達摩・僧可（慧可）・僧達・僧稠という五人の伝記に「禅宗初祖」達磨伝説の主要な要素がすべて見いだされるのである。このことは何を意味するだろうか。結論的にいえば、「ダルマ禅師は多数いた。菩提達摩も実在した。しかし『禅宗初祖』達磨は実在しなかった。『禅宗初祖』達磨とは、中国禅宗が宗派として確立して以降、『続高僧伝』に記録された著名な禅僧たちの事績の断片を新たに集成し、禅宗の『中華初祖』として象徴的に創造された架空の人物であった」ということである。

禅宗成立の意義――ダルマ伝説の背景

禅宗が宗派として成立するのは、唐朝初期の特異な求道者慧能《えのう》（六三七～七一三）が従来とまったく異なる禅風を打ち出し、南方に強大な禅の一門を築いて以降のことである。それまでの禅は各宗にまたがる仏教の基本的修行法であり、禅学・禅行に優れた人々は何宗であっても「禅師」とよばれたのである。慧能以降、禅法そのものを宗旨とする一門が形成されていくが、しかし慧能の時代もまだ禅宗としての独立した寺院・制度・儀式は備わっていなかった。多くは律宗寺院の中に別院を形成していたにすぎない。

慧能の弟子馬祖道一（七〇九～七八九）の門下百丈懐海（七二〇～八一四）が、いわゆる『百丈清規《ひゃくじょうしんぎ》』を定め、寺院内施設の配置から制度・儀式・戒律・罰則を制定し、ここに初めて中国禅宗の基礎が確立された。のちに中国禅宗の二大門派を形成した臨済宗、曹洞宗はいずれもこの慧能の系列から生じた。臨済の初祖は臨済義玄（？～八六七）、曹洞宗の初祖は洞山良价（八〇七～八六九）である。

慧能系は広東など南方諸省に広まったので一般に南宗禅とよばれ、慧能はその初祖とされている。慧能は東山の著名な禅師弘忍晩年の弟子である。文盲でありながら求道心のつよい修行者であったと伝えられる。弘忍にはもともと神秀という学識豊かな高弟がいた。弘忍が後継者を選ぼうとしたとき、慧能と神秀がまったく対照的な訣歌を詠んだという伝説はあまりにも有名である。南宗禅・北宗禅の特徴を象徴するものともされているので、あえてここにもその挿話を採録しておこう。

あるとき弘忍は門人を集めた。

「生死こそ重大であると私はいつも語ってきた。しかし汝らは福田を求めるのみで生死の苦海を出離しようとしない。これでどうして迷いを断つことができよう。いまより汝らはしばらく自房に帰り、おのおの意にしたがい偈《げ》を作れ。わが意にかなうものがあれば、いつでもその者に衣法を授けよう」

衆目の一致するところ後継たるべき者は神秀のほかになかった。みなあえて偈を作ろうとはしなかった。やむをえず神秀は夜、壁上に一つの偈を書した。

「身はこれ菩提樹、心は明鏡の台の如し。時々に勤めて払拭《ふっしょく》せよ、塵埃《じんあい》を有らしむることなかれ」

みごとな偈として、みな口ぐちにこれを唱した。当時、慧能は碓《うす》を踏んで米をつく一介の労役僧にすぎなかった。一童子から神秀の偈を聞いた慧能は、夜秘かに偈の書かれた場所に行き、自分は文字を識らないので書を得意とする僧に次のように書かせた。

「菩提もと樹なし、明鏡もまた台なし。本来無一物、いずれのところにか塵埃あらん」

この偈を見た弘忍はついに衣法を慧能に授けた。

（注：孤峯智璨『禅宗史』、古田紹欽・田中良昭『慧能』大蔵出版一九八二等参照）

たとえ偈が実際のものであったとしても、このように後継を争う挿話として組み立てたのは南宗禅の一門が慧能系こそ禅宗の正統であると誇示するためであった。この二つの偈は「南頓北漸」を象徴するものとされている。つまり南宗禅は「頓悟」、北宗禅は「漸悟」を重視するというのである。頓悟・漸悟は五世紀ころからあった仏教論争のテーマの一つで、頓悟とは頓時（瞬時）に大悟すること、漸悟とは漸時（次第）に悟達することである。

慧能系が南宗禅とよばれるにつれ、神秀系統は北宗禅とよばれるようになったが、こうした対立的な分類は慧能の弟子荷沢《かたく》神会《じんね》の時代からである。神会は神秀系を激しく批判したことで著名である。神秀系はインド伝来の禅法を重視する伝統派であり、慧能系は旧来の伝統から脱皮した革新派であると同時に、中国の風土に土着化した民族派であった。一言で要約すれば神秀系はインド禅、慧能系は中国禅である。したがって南宗禅の初祖慧能こそ、中国禅宗の事実上の初祖である。

のちに禅宗各派の系譜を明らかにし、ないしはその伝燈を誇示しようとする著述が盛んになってから、南宗禅の一門は従来とは異なる新たな燈史を打ち出すべく、しだいに「中国禅宗初祖」達磨伝説を形成していったものであろう。

禅宗以前に成立した宗派の初祖や著名な訳経僧については、いずれも事績が明確であるにもかかわらず、後代に成立した禅宗開祖の伝記・教義・著述が最もあいまいであるという中国禅宗史の矛盾は、このように開祖伝説が後世になって創作されたものだったからである。『続高僧伝』所載の菩提達摩は、時代的にも他宗にひけをとらず、在野の禅行に徹した姿は事実上の初祖慧能と共通し、まして「菩提」といい「達摩」というその法号は、仏法の基本概念をそのまま名称としたものであり、禅宗の開祖として仮託するのにふさわしかった。

禅宗は仏教の中国的あらわれである。禅宗の成立によって、中国仏教が初めて確立したともいえる。それは翻訳宗教から自立宗教への脱皮でもあった。

受動的立場から主動的立場への転換は文化の受容にあたって共通してみられる現象であるが、特に中国仏教の自立への道を促した要因としては、次の二つをあげることができる。

一つは古来からの神仙思想や道教との結びつきである。道教が仏教の影響によって教義の体系化を進めたことは明らかであるが、道教・儒教との交流と抗争のなかから仏教もまた必然的に中国の伝統的思想につよい影響を受けたのである。たとえば「老子がインドに入って釈迦となり、胡人を教化したのである」という「老子化胡説」は、本来は仏教との論争上、道教側がその優越性を説くために編みだした偽説であったが、結局は道・仏一体観をはぐくみ、仏教の道教的解釈を切り開く一つの道となったのである。

禅宗の「一切空思想」には、道教の虚無的観念がそのまま受け継がれているとみなすことができる。静寂・無為を貴ぶ道教によって古来から蓄積された隠世的伝統が坐禅の中国的発達をうながしたことは明らかである。禅宗は「道教的仏教」であり、また「仏教的道教」である。達磨が禅宗の初祖となると同時に道教においても神仙の一人と化し、崇拝の対象となっていることは、禅宗がインド仏教から脱皮して中国土着の道教と結びついたことをよく象徴している。禅宗はもちろん道教そのものではない。禅宗はいわば仏教と道教の対立を止揚したところに成立した自立的宗教であった。

中国仏教の自立化をうながし、禅宗成立の契機となったもう一つの要因は、国家権力による宗教的弾圧であった。仏教は権力者の宗教観によって栄枯盛衰を繰り返したが、特に四人の皇帝による大弾圧は仏教史上一般に「三武一宗の四大法難」として有名である。三武一宗とは四人の皇帝の称号から取ったものである。

まず第一回目は北魏太武帝による太平真君七年（四四六）の大弾圧である。経典図像の多くが破壊焼却された。第二回目は北周武帝による建徳二年（五七三）仏・道二教の廃止である。第三回目は唐の武宗による会昌五年（八四五）の寺院破壊、僧尼の強制的還俗である。これら三人の皇帝にはいずれも「武」の一字がある。いわゆる「三武の厄」である。そして第四回目は後周の世宗による顕徳二年（九五五）仏教教団の粛清であった。これらの弾圧は道教側がしかけた宗教的抗争をもとにするものもあれば、宗教過保護による財政の負担を回避しようとする経済的目的からおこなわれたものもあった。

こうした政治的弾圧が既成宗派の組織と儀礼を破壊し、したがってインド伝来のルートを断ち切り、経典・教義に頼らないいわゆる不立文字・教外別伝を宗旨とする禅宗の発達をうながし、あるいは山中における自給自足化を促進させ、僧侶の修行と生活のあり方などにいっそうの中国的特徴を生み出すことになったのである。

中国禅宗は半ば意識的に「仏教」という名称を避けたのではあるまいか。行の主要形態である「禅」をもって宗教の名に替えた。つまり禅＝仏教を意図した。もしそうだとすれば、政治に翻弄されることを避け、渦中にある既成宗教を離れて非政治的立場に立とうとした、きわめて「政治的な」配慮であった。

伝説の達磨が梁の武帝と交わした対話にも、単なる宗教論を超えて、そこには国家権力に対する禅宗の姿勢が明らかに読みとれるのである。そしてこの伝説には、仮病を使ってまで則天武后のよびかけに応じなかったという、中国禅宗事実上の初祖慧能の姿勢が反映している。達磨と梁の武帝の対話を事実か否かと論じた場合は単なるフィクションとして片付けることができるだろう。ただしわれわれはここに、既成宗教と政治権力から自立しようとした初期中国禅宗のつよい意志の宣言を感じないわけにはいかない。

禅宗は中国仏教であってインド仏教ではない。さらに一歩踏み込んでいえば、禅宗とはインド仏教をもとにしながら中国に開花した新しい宗教であった。つまり「道教」「仏教」と並ぶ第三の宗教、すなわち禅宗とよぶよりは「禅教」とよぶ方がよりふさわしい独立した宗教であった。だからこそ禅宗一門にとっては、従来と異なる新しい開祖像として、たとえ史実を離れても開祖にふさわしい神秘的な達磨伝説が必要だったのである。

このようにみてくると達磨を「中華初祖」といい、あるいは単に「祖師」とよんで、架空の人物であるにもかかわらず、実態上は仏教の開祖ゴータマ・ブッダ（釈尊）よりも親しみ崇拝するという中国禅宗の心理的風景がいっそうはっきりと理解されるのである。

このような結論に達した以上、少林拳ひいては中国武術の歴史を正しく理解するために、われわれは実在のダルマを肯定し、架空の達磨は果敢に否定しなければならない。たとえそれが「中国禅宗の開祖」として神聖視される偉大な象徴であっても、伝説はしょせん伝説にすぎない。まして少林寺における達磨像はまったく虚構の姿であり、根本的に否定すべきである。そうしてこそ、初めて少林寺武術の歴史に対する正しい視角が生まれてくる。「少林拳開祖」の仮面をかぶっていまもときおり姿を見せる虚妄の達磨偶像を破壊し、完全に否定しないかぎり、今後も中国武術史上に達磨の幻影が徘徊《はいかい》し続けるだろう。

第三節　嵩山少林寺の歴史

嵩山少林寺の創建

『史記』によれば、古代中国には天命を受けた帝王が天地の神を祭る聖なる山に五つあった。東岳の泰山（山東省）、南岳の衡山（湖南省）、西岳の華山（陝西省）、北岳の恒山（河北省）、そして中岳の嵩山（河南省）である。嵩山は中原の地河南にあり、仏教渡来のはるか古代から聖なる五山の中心とされてきた著名な信仰の山であった。もともと「嵩山」とは「崇高なる山」の意である。

ただし嵩山は単体の山ではなく、洛陽と鄭州の間に連なる一大山系をいう。地図に「嵩山一四四〇メートル」と点で示されているのは、嵩山山系のなかで最も高い峰の標高を表しているにすぎない。峻峰の連なる嵩山の山々は東西二群に大別され、東に列する山群を太室山、西に列するのを少室山という。『古今図書集成』の引く戴延之『西征記』には「東、これを大室という。西、これを少室という。あい去ること十七里。嵩はその総名なり。各々その下に（石）室あり。ゆえにこれ（山名）を『室』というなり」とある。古来から山中に石室が多く、その一つが後世「達磨面壁の洞窟」とされた。嵩山の山麓一帯は、現在でも黄土台地をくり抜いた「窰《よう》」（洞窟住居）が多く見られる。古代中国の地理産物誌『山海経』によれば、少室山は古来薬草などとともに玉・鉄などの鉱石類も産出した。

「少林寺」は「少室山、林間の寺」の意である。少室山は俗に「少室三十六峰」という。少林寺は三十六峰のさらに別峰「五乳峰」のふもとに所在する。少林寺は太和二十年（四九六）、北魏の孝文帝が跋陀禅師のために創建した。以来一千五百年にまたがって、いくたびか荒廃を経て今日まで存続している中国の代表的な名刹《めいさつ》である。

少林寺の創建と初期の歴史については北斉の史官魏収（五〇六〜五七二）が編纂した『魏書』釈老志、道宣『続高僧伝』（六四五）仏陀禅師伝および唐代に少林僧の武功を顕彰して建てられた『少林寺碑』（七二八）などに明らかである。まず、『魏書』釈老志、太和二十年の条にいう。

また有り、西域の沙門、名は跋陀。道業有りて、深く高祖の敬い信ずるところとなる。詔して少室山陰に少林寺を立て、これに居らしめ、衣・供（物）を公給す。

「釈老志」の「釈」はいうまでもなく「仏教」の意であり、「老」は「道教」である。『魏書』釈老志は中国の初期仏教・道教史について中国正史が初めて体系的に記述したものとして意義深い。ここに簡潔ながらも少林寺の初祖として跋陀の名が記録されていることは、跋陀が当時を代表する高僧の一人であったことを証する。

少林寺開基にいたる跋陀の足跡について『続高僧伝』は大要、次のように記す。

跋陀（注：原文では「仏陀」。ここでは「跋陀」に統一する）はもと天竺（インド）の人である。はじめ五人の友と盟を結び修行に励んだ。やがて友人たちはそれぞれ悟りを得たが、ただ一人跋陀は悟りを開くことができなかった。

ある人の勧めに従い、跋陀は震旦（中国）に法縁を求めて旅立った。諸国を遊歴、魏国の恒安に達した。孝文帝は跋陀を保護し、禅林を設けた。跋陀は石をうがって龕《がん》となし、門徒とともに禅定にふけった。

恒安城内に資財百満の家があり、深く仏法を信仰し、跋陀のために別院を造った。跋陀は室内で静かに座禅を組むのを常としたが、あるとき子供が秘かに隙間からのぞき込むと、火が炎をあげて燃えさかっていた。家中、大騒ぎとなったが、実際には何事もなかった。識者は道を得た大悟のあかしであると評した。

このの ち跋陀は孝文帝の遷都にしたがって洛陽に移った。はじめ勅命によって静院を設けたが、林谷の幽玄を愛する跋陀はしばしば俗世を絶って嵩岳に入った。そこで孝文帝は再び勅命を下して少室山に一寺を建立した。これがすなわち少林寺である。

跋陀伝には慧光・道房・僧稠ら後継者の名が見える。このうち慧光・僧稠を少林寺武僧のはしりとする見解がある。しかし跋陀伝には跋陀自身についてはもとより、慧光・僧稠についても武術と関連づけうる記述はいっさいない。ただ慧光の弟子入りについては、跋陀伝のなかに次のような挿話が紹介されている。

沙門慧光は年十二のとき、天門街の井戸の縁に立って羽根蹴りの技を見せていた。連続五百回蹴って、身も落ちなければ羽根も落とさない。人々はその巧みさに感心してみとれていた。通りかかった跋陀はこの子ならば道業もまた味があろうと声をかけた。慧光も「出家は本懐です」と喜んだ。

慧光はのち四分律宗を開き、北斉の僧統となり「光統律師」とよばれた。『十地経論』の翻訳と普及に功績があった。梁の武帝に「肉身の菩薩なり」と崇められた僧達はこの慧光の門下である。

次に僧稠（四八〇〜五六〇）について、たとえば唐豪『手臂余談』は、『太平広記』九十、『紀聞』および『朝《ちょう》野《や》僉《せん》載《さい》』などによるとして、「少林武僧のうち、北斉の時代に著名だったものに僧稠がいる」と述べ、僧稠を史上に現れた少林武僧の筆頭に位置づけている。

『朝野僉載』の僧稠伝には「稠禅師は幼くして落髪し沙弥となった」と幼年時に出家したことになっている。そして、虚弱のためいつも力比べに負けるのを恥ずかしく思って身体鍛錬に励んだことが主要な挿話となっている。

しかしながら『続高僧伝』の僧稠伝は、成人になって出家したことおよび「仏経を一覧して渙然として神解せり。ときに年二十有八」とそのときの年齢まで明記している。僧稠は、それまで儒学で知られた名誉をなげうって仏道に転じ、はじめ跋陀の高弟道房について止観の禅行を修した。それが当時としては決して若くない二十八歳のときであったというのである。以後、不退転の覚悟で禅行に取り組み、ついに少林寺で跋陀から直接「葱嶺《パミール》より東（ということは『全中国で』の意）、禅学の最たるものは汝その人なり」と認められ、「さらに深要を授けられた」のである。このあと僧稠は跋陀の指示により同じ嵩山の嵩岳寺に住み、のちに北斉の文宣帝の尊崇を受けて勅命により龍山雲門寺に移り、石窟大寺の主を兼ねた。著書に『止観法』があるという。

僧稠は逸話の多い禅僧である。禅をきわめた人らしく豪胆な僧であった。すでに述べたように、武術に関連した話はない。しかし『続高僧伝』僧稠伝には武術談に転化しそうな挿話がいくつかある。たとえばあるとき僧稠は賊に襲われた。だが、僧稠は少しも恐れる色を見せなかった。かえって賊に熱意をこめて説法をすると、賊はついにわれとわが弓矢をくじいて帰っていった。

また、後年のことであるが、他人の中傷から僧稠を誤解した北周の宣帝が、怒りのあまり僧稠を手打ちにしてくれようと寺に向かったことがある。

これを知った僧稠は逃げもせず、寺から二十里も前に出て宣帝を迎えた。宣帝は怪しんでそのわけを聞いた。僧稠は答えた。

「不浄なる身血が伽藍を汚すのを恐れ、ここでお待ち申しておりました」

宣帝は馬から降りて地に伏し、僧稠の人格を疑った自己の不明を恥じた。

この宣帝との挿話は、部分的に誇張、変形されて『朝野僉載』僧稠伝の一エピソードとなっている。われわれはいま、少林寺が武術の名門であることを前提に、その系譜をたずねようとしているが、本来は僧侶が田畑や領地という生産力をもったり、武術という殺傷力を練ったりすることは決して正常なあるべき姿ではなかったということを忘れてはならない。少林寺の武術的名声を追うあまり、宗教人に徹した少林寺開創期の人々を、事実を離れてまで無理に武術に関連づける必要は少しもないのである。

少林寺が今日まで名声を保っているのは、禅行・達磨伝説・武術の三要素である。達磨伝説と武術の二要素はいずれも後世に生じたものであった。しかし、達磨伝説と武術で名声を得たのちは、禅とりわけインド禅の伝統が影を薄めていった。中国禅が確立し禅門がさらに人脈によって各宗派に分岐してからは、少林寺は曹洞宗を名乗ったので、事実上の初祖跋陀さえも少林寺史のなかでは完全に相対化されて、単に少林寺初期の高僧の一人として名をとどめるにすぎず、インド禅の伝燈はまったく消滅するにいたった。

少林寺武術の源流を探るにあたり、われわれはいま一度、少林寺初期の名声はもっぱら跋陀たちの武術をしのぐ宗教的な業績と感化力によってもたらされたものであったという基本的事実を再確認しておく必要があろう。初期の少林寺に宗教的名声はあっても武術的名声はなかった。そして、そのことは仏教寺院として少しも不自然なことではなかったのである。

少林寺最初の武功

いわゆる「三武一宗の法難」の第一、北魏の太武帝による仏教弾圧は太平真君七年（四四六）のことであった。太武帝の死後、直ちに復仏令が出され、仏教再興の道が開かれた。有名な雲崗石窟の石仏は太武帝の死後、その滅罪のために造られたものである。少林寺が創建された北魏の太和年間（四七七〜四九九）は、仏教が再び隆盛に向かったときであった。

『少林寺碑』裴漼《はいさい》の文に「周武帝、建徳中、釈老の教を断じ、ために伽藍が破壊された」とある。これが「三武一宗の法難」の第二次にあたる。北周の武帝は建徳三年（五七四）、儒学を中心とする宗教の統一をめざして仏・道二教を廃したのである。「八州の寺廟四万を貴族の邸宅にあて、経典を焼き、仏教僧三百万を還俗させ、わずか五年の廃仏期間ではあったが、思想的経済的に大きな影響を与えた」（注：鎌田茂雄『中国仏教史』）。少林寺もこの第二の法難を免れることができなかった。少林寺創建の約八十年後のことである。少林寺初祖跋陀の伝燈が薄れていったのは、一つには早い時期にこのような断絶期間があったためでもあろう。

北周武帝の死後、宣帝を経て五七九年静帝が即位、仏教の復興が宣言された。このとき少林寺は陟岾寺《ちょくこじ》と名を改めて再興された。静帝は洛陽、長安にそれぞれ陟岾寺を建てたが、「洛陽の陟岾寺とはすなわちこの寺（少林寺）なり」と『少林寺碑』に記されている。

五八一年、大丞相楊堅は静帝の禅譲を受けて即位した。これが隋の高祖文帝である。文帝は開皇九年（五八九）南朝陳を併合して天下を統一し、仏教治国政策を推進した。この開皇年間、少林寺は旧名に復し、さらに柏谷屯の地百頃を賜った。

しかし隋は二代目煬帝のとき、運河建設・高句麗遠征などの大規模な動員がたたって民衆が離反し、統一的な支配権力が崩れ、各地に群雄が割拠する全国的な動乱に陥った。少林寺もこの動乱のなかで賊徒に襲われ伽藍を焼失する。『少林寺碑』に、

大業年間（六〇五～六一七）の末、各地乱れて群盗のはびこるところとなり、真・俗の見境もなくなった。この寺も山賊に襲われ、僧徒は防戦したが、賊はついに火を放った。寺院の建物はすべて焼失した。

と記されている。この動乱期、権力をうかがう政治的軍団から単なる盗賊集団まで大小さまざまの武装勢力が各地に出没した。少林寺は皇室の保護を受けて領地まで授かっていたほどであるから、この当時いわば一種の荘園勢力となっていた。少林寺を襲撃した山賊も単なる物盗りの類ではなく、少林寺周辺の田畑・農民の支配権をねらったものであるかもしれない。これに対し少林寺もまた僧侶・門徒（農民）とも、ともに武器を手に取り団結して外賊と戦ったのである。賊が火を放ったというのは、それだけ少林寺側の武力抵抗が激しかったからであろう。つまり少林寺にとってもすでに「真（仏道もしくは出家）・俗（一般社会）の見境」はなく、敵人を殺傷し自己を防衛するため、ひたすら武装力の強化に走ったと推測されるのである。

武術は動乱期に発達し、その直後の安定期に体系化される。この時期、武術に優れた者が、賊の群れに身を投じたり、その反対に少林寺に入って僧侶や農民たちの戦闘を指揮した可能性もある。あるいは修行中の僧侶のなかに、俗世にいたころ武術をたしなんだ者がいたかもしれず、あるいはまた農民が必要にせまられて、自ら武具・武術を工夫した可能性もあるだろう。いずれにしろ少林寺における武術の起源はこの隋代大業年間の動乱期における自衛闘争にあったとみてまちがいない。

大業末年、山賊の襲撃で少林寺は全焼した。だが少林寺はそのまま廃寺となったわけではない。それどころか、かえって武装力をさらに強化した形跡がある。なぜなら少林寺が歴史にのこる武名を揚げたのは、この山賊との少林寺攻防戦からわずか数年後のことだったからである。大業最後の年は六一七年である。翌六一八年、隋の煬帝が殺され、李世民の父李淵が唐朝の旗揚げをした（武徳元年）。

洛陽に独立王国を築いていた王世充は唐軍が天下を統一するための最後の大敵であった。王世充は西域の血を引く優れた軍人で、隋の煬帝のもとで出世した。好んで豪雄の士と交わり、軍功を常に下の者に譲ったので人望も厚かった。もっぱら唐朝の観点から「王世充の乱」とよばれるが、もともと王世充は当初、隋朝の守護のために各地の反乱軍と戦った官軍側の勇将であった。

少林寺も隋朝の保護で再建できたのであったが、武徳年間に入ってからはすでに守るべき隋朝は崩壊しており、王世充も最後には自ら鄭国皇帝を名乗り、名実ともに隋朝は消滅していた。

洛陽の王世充軍に対し唐軍が総攻撃を開始したのは武徳三年（六二〇）七月であり、王世充が力つきて身を投げ出したのは翌武徳四年（六二一）五月である（投降後、流刑地への途次、仇敵に暗殺された）。この約一年にわたる戦闘のなかで、少林寺勢力は少室山柏谷荘にたてこもる王世充の甥仁則の軍と戦い、仁則を生け捕りにするという大功を立てた。

本書でいう『少林寺碑』とは、このときの少林寺の功績に対して送った李世民の「御書」をはじめとする公文書を碑面に刻したものであり、裴漼の少林寺沿革記はいわばその解説書として碑の背面に刻されているのである。正式には碑面に『皇唐太宗文皇帝賜少林寺柏谷塢荘御書碑紀』と題されている。それら碑文は拓本写真とともにすべて増田亀三郎・岡田栄太郎編『菩提達磨嵩山史蹟大観』（一九三二）に収録されている。

碑文中、李世民の「御書」は「世民」の署名を真筆のまま刻している。「王世貞碑跋に、唐文皇少林寺に告ぐるの書、その書法はなはだ工（巧）ならず、しかもまた俗ならず、まさにこれ幕僚の筆なるべし」とある（注：『菩提達磨嵩山史蹟大観』）。洛陽総攻撃の陣中で少林寺軍功の報に接した秦王李世民が、直ちに幕僚の一人に起草させ、自ら署名をしたため特使を派遣して少林寺に急送したものであろう。全文の大意、次のとおり。


太尉尚書令・陝東道益州道行台・雍州牧・左右武侯大将軍・使持節・涼州総管・上柱国・秦王李世民より、柏谷塢少林寺の上座、寺主以下徒衆および軍民の首領、士庶等に告ぐ。

いま天下乱れ、万方に主なく、世界は滅亡に瀕し、法にいたる三乗の道も絶えた。ついに現世はくつがえらんとし、軍馬駆けめぐって、神州ふつふつとたぎり、群魔の競い起つところとなった。

わが唐国は予言書をいただき、正諦を護持、日輪を運ぶ雁を馭し、光は大宝を照らす。ゆえに徳はよく人民に通じ、祇林（＝仏界）を開化する。

すでに蘇生の恩に浴し、ともに彼岸の恵みを受けるときがきた。王世充は不義の徒、あえて天の常道に逆らい、法境のすきをうかがい、悪行をほしいままにしている。このとき仁風は遠きよりそよぎ、知恵のたいまつは照る。まさに八正の道を開き、九禹の跡（＝中国全土）を回復しようとしているのである。少林の法師らは機の変ずるを深く悟り、また因果の妙なるを早く知る。よき計りごとをめぐらし、ともに福徳の地に帰ってかの凶徒を生け捕り、この浄土を清めた。大順を奉じ忠義を捧げた武功は明らかである。真理の道にしたがって悟達し、さらに仏寺の伝燈を広めた。われはこれを聞き、深く喜ぶ。

いま東都（＝洛陽）は危機に瀕し、その滅亡は日一日と迫っている。勉めて有終の功をあげ、もって範となり、おのおの旧業を安んじて寺林の幸を永遠に保て。

上柱国・徳広郡開国公安遠を遣わし、わが思うところを示す。功を立てたる指揮の者一、二名、ここに来たりて相見せしめるがよい。ゆえにここでは多くを述べない。

四月三十日

王世充は五月に降伏しているので、四月三十日付けのこの文が決戦の直前に少林寺に送られた檄文であることはまちがいない。王仁則を捕らえた功績を賞し、さらに王世充との戦いにおいて最後まで唐軍側に立つことを呼びかけた文である。碑文の一つで貞観六年（六三二）六月二十九日付け牒にも「僧等、去る武徳四年四月二十七日、翻城帰国す（＝城を翻し、唐国に帰順す）。其の月三十日、即ち勅書の慰労を蒙る」と記されている。

つまり李世民の「御書」は、四月二十七日少林寺を指導の中核とする少室山の武装勢力が王仁則を捕らえ、唐軍に合流する意を明らかにしたのを受けて、その三日後に発せられた感状だったのである。

裴漼の文はこの顚末を次のように記す。

少林寺の西北五十里に柏谷墅がある。群峯は合して暗く、深谷は長くうねっている。登りゆけばしばしば雲を踏み、見おろせばあたかも龍界をのぞき込むようである。高き頂は日をさえぎり、危険な山道が続く。このあたりは晋代に塢《う》（＝村落）となり、斉のとき郡となった。王世充はみだりに帝王を僭称し、ここを轘州《えんしゅう》とした。その地の険しさを利用して砦をつくり、洛邑には兵を擁して、まさに梵宮《ぼんぐう》をねらおうとした。ときに皇唐は、五運の休期に応じ千齡の景命を受けて（＝天命により）、悪蛇の患を取り除き、人民の塗炭の苦しみを救おうとした。太宗文皇帝は太原（本拠地）より龍躍し、ついで広武に進軍した。幕府を大開し、自ら軍旅を率いた。僧志操、恵瑒、曇宗らは、霊力の所在を審らかにし謳歌の行方を弁じて（＝勝利の命運がどちらにつくかを考えて）、衆を率いて偽軍と戦い、敢えて大順の道を明らかにし、世充の甥仁則を捕らえ本朝に帰した。太宗はその義烈を嘉《よみ》し、たびたび親書を下して慰労するとともに、あわせて報奨として土地四十頃、水碾一具を与えた。これが柏谷荘である。

これら碑文は具体的な戦闘についていっさい触れていないが、わざわざ碑面に十三人の「立功僧」の名を刻し、その一人に「大将軍」の称号を冠しているところから判断して、やはり少林寺の主導による相当の軍事的な動員と戦闘がおこなわれたと考えるべきであろう。洛陽に拠した王世充にとって、少室山の陣地が壊滅し、その土地の武装勢力がすべて唐軍についたことは、手痛い一撃となったはずである。少林寺は李世民が天下統一を果たすうえで重要な役割を演じたことになる。少林寺が焼失した「大業末年」を文字どおり六一七年と解釈すると、この四年後には唐軍を軍事的に支援するほどの武装力を少林寺はすでにもっていたのである。

この柏谷荘の戦い以来、少林寺の武名は天下に鳴り、武僧の活躍ぶりが「十三和尚、唐王を救う」などの物語となって後世にもてはやされるようになった。『少林寺碑』によれば、十三和尚の名は次のとおりである。

〈少林寺百（柏）谷荘立功僧名〉

上座　　僧善護
寺主　　僧志操
都維那　僧恵瑒
大将軍　僧曇宗
同立功僧　僧普恵・僧明嵩・僧霊憲・僧普勝・僧智守・僧道廣・僧智興・僧満・僧豊

一般には「大将軍僧曇宗ら十三人」などと言及されるが、この碑面の記録で見るかぎり、曇宗の序列は第四位である。実際に戦闘に従事した僧は、大将軍という称号を贈られた曇宗以下十人であったろう。これより上位の三僧はおそらく年齢的にもかなりの長老で、司令部と化した少林寺において精神的な指導力を発揮したものであろう。

曇宗についてはこれ以上の史料はない。大業末年から武徳年間、さらに李世民が皇帝に即位した貞観の初期ころまで約十〜十五年間少林寺に在籍し、軍事的・武術的な活躍もしくは指導をしたものと推定できる。動乱期における指導期間としては比較的長期間といえる。ただし、これはあくまでも推定値で、実際には本人の経歴も、少林寺における軍事的訓練もしくは武術の教伝など具体的内容はいっさい不明である。しかしながら、唐朝創建に関わるこの曇宗らの軍事的活躍から少林武僧の歴史が始まったことは確かである。したがって、伝説の達磨大師などではなく、この少林寺大将軍曇宗こそ少林寺武術の初祖とみなすべき人物だったのである。

少林寺の沈滞期間と元代の復活

李世民以来少林寺は唐室と密接な関係をもった。特に則天武后（六二三～七〇五）はしばしば少林寺を訪れ、また堂塔の修築などを援助した。景龍年間（七〇七～七一〇）には中宗の勅命により少林寺に「大徳十人を置き、欠員が生じたときは寺中から補うものとした」（『少林寺碑』）。皇室の保護を受けて少林寺には著名な高僧が集まり、宗教的に繁栄した。「開元の治」とよばれる唐代の最盛期を築いた玄宗皇帝（六八五～七六二）も積極的に少林寺を保護した。さきに指摘したように『少林寺碑』はこの玄宗治下、開元十六年（七二八）に立石されたものである。唐朝の太宗からこの玄宗時代までが、少林寺が唐朝創建に関わった武名を誇りつつ仏寺本来の宗教的名声を保持した最盛期であった。

天宝十四年（七五五）、節度使安禄山が反乱を起こし、洛陽を占領した。安禄山は長安も占領したが、その子安慶緒に殺された。さらにこの安慶緒を殺して、安禄山の盟友史思明が反乱軍を率いた。この「安史の乱」は唐朝の根幹を揺るがす大反乱となった。

玄宗は天宝十五年（七五六）、安禄山に追われて四川に落ち延びた。楊貴妃が殺害されたのはこの旅の途中である。玄宗の没落はまた少林寺衰退のはじまりでもあった。『菩提達磨嵩山史蹟大観』に収録されている碑銘をたどっても、開元時代のあと三種の塔銘（墓碑銘）があるのみで一挙に元代の十三世紀に飛んでいる。同書が採録する唐代最後の塔銘は貞元七年（七九一）のものである。この塔銘に付された同書解説によれば「少林寺墳墓はほとんどみな元代以後のもの」である。

少林寺西方一キロには、多数の塔が林立しており「塔林」とよばれている。これらの塔はすべて歴代高僧の墳墓であり、それぞれ生前の業績などを記した銘文が刻され、貴重な史料となっている。最近の調査によれば、現存する塔は合計二二九で、その内訳は唐塔一、宋塔二、金塔七、元塔四三、明塔一三九、清塔一〇、不明二七である（注：登封県志弁公室編『新編少林寺志』中国旅游出版社一九八八）。塔は元代に増え、明代に最も多かったということになる。

塔林からたどっても八世紀末から十三世紀末まで少林寺には約五百年もの長期にわたってほとんど歴史の表面に現れない停滞期がある。清代の『少林寺志』に収録されている少室山もしくは少林寺にまつわる詩・紀行文なども、唐代作品群のあと、宋代はほとんどなく、明代に多くなるという塔銘と同様の軌跡を示している。元以前のこの停滞した期間は、具体的には唐代中期から五代（九〇七〜九六〇）を経て、宋代（九六〇〜一二七九）の全期間にまたがる。

少林寺の碑のなかに登封県令楼异《ろうい》の『少室山三十六峰の賦』がある。宋の建中靖国元年（一一〇一）少林寺住持清江が上石したものである。『仏祖歴代通載』元符三年（一一〇〇）の条に「登封令楼异が嵩高少林道場を修した」との記事がある。楼异の碑は、この修理事業と関係があるだろう。宋代中期には政府の援助で修理がほどこされていたわけである。これによって少林寺が当時存在していたことは確かであるが、宋代は宗教・武術・学術文芸などの諸分野で活発な時代であったにもかかわらず少林寺はほとんど歴史の表面に姿を現さない。このあまりにも長い沈滞の原因は何か。また少林寺は元代になってどのように復活をとげることができたのであろうか。

少林寺衰退の原因として、まず第一に玄宗皇帝の失墜とその後の唐朝政権の弱体化により唐朝皇室による国家的な保護を失ったということがあげられる。これ以後、少林寺は唐室と再び親密な関係を保つことはなかった。それどころか唐の武宗は会昌五年（八四五）いわゆる「三武一宗の法難」のなかでも最も徹底した仏教教団の解体を断行し、全国的に寺院財産を没収した。

さらにこの九世紀中葉の「会昌の廃仏」からちょうど百年後、「三武一宗の法難」の最後にあたる後周世宗の仏教教団粛清があり、多数の寺院が廃絶された。こうした仏教弾圧が少林寺衰退第二の原因として指摘できる。これらの弾圧が少林寺にどういう直接的影響を与えたかは明らかではないが、廃絶を免れたにしろそれに近い状況に追い込まれたことであろう。

第三にこの少林寺の空白期間は、少林寺を典型とするインド仏教の伝燈が消滅し、中国における仏教が完全に土着化して、「禅宗」という形で新しい中国仏教が成立、発展した時期であったということを指摘しておく必要がある。禅宗の起源についてはすでに触れたが、禅宗は広東を中心とする南方に栄えた。仏教渡来後、少林寺など北方に蓄積された禅学は、いったん南下して土着化し、のちに禅宗となって再び北方に逆流した。いいかえるならば国家権力との結びつきと翻訳教義による理論的呪縛から解放されるために「中国禅宗」の先覚者たちは自ら北方の地を離れたのである。

付随的に指摘するならば、中国において禅宗が確立し発展しつつあったころ、インドではついに仏教が滅亡した。「インドで仏教が衰退し、滅亡したというのは、正確にいえば、イスラーム軍によって一二〇三年にヴィクラマシーの大寺院が徹底的に破壊され、比丘はすべて殺されて、サンガがインドから消滅したことを指す」（注：前出『バウッダ』）。インド仏教の中国における本拠地ともいうべき少林寺は、頼るべき精神的源流地を失い、かつまた自らも政治的な動乱、国家的な仏教弾圧などを契機として中国の宗教界における指導的地位を失ったのである。

第四に道教との対立と抗争を少林寺衰退の原因としてあげておかなくてはならない。もともと唐室は老子の李と同姓であることから老子を先祖とみなし、道教を一族の宗教として重んじていた。これは少林寺を保護した則天武后や玄宗皇帝も例外ではない。仏教は隋から唐代中期まで、ときに「法難」に出会ってもそのたびに再生復活をとげ、これが禅宗・浄土宗など実践的な中国型仏教誕生の基盤を形成したが、道教もまた俗流の民間信仰から出発して宗教としての体系を整えつつ着実に成長したのである。

仏教伝来後、為政者は仏教に道教と同じような「ご利益」を期待した。たとえば道教によって現世における不老長生を、仏教によって未来におけるよりよき因果応報を得ようとして、仏・道二教を並列的に信仰することもあった。ただし布教する側としては、仏・道二教はおおむね対立的な関係にあり、皇帝の面前で論戦し、あるいは相手を激しく誹謗する意見書を具申したりした。権力者も仏教弾圧の際、このような抗争を積極的に利用したこともあったのである。

嵩山は古来、仏教だけではなく道教の聖地でもあった。少林寺創建の約半世紀前、道士寇謙之（?～四四八）が嵩山を拠点として活躍し、そのため仏教が衰退したことはつとに知られる。仏教が衰えたときは寺院が乗っ取られ、道観となることもあった。

少林寺に達磨伝説が定着したのは、禅宗自らの創作にもよるが、宋代道教の影響が少なくない。達磨関係の遺跡と称するものに、まず「初祖庵」がある。前門に「西天にありて二十八祖、東土に過し初めて少林を開く」との対聯が彫られている。したがって、ここにいう初祖とは跋陀のことではなく達磨の意である。この初祖庵は北宋宣和七年（一一二五）に建造された。修理の手は加わっているが、宋代の様式をそのまま伝える河南省最古の木石建築物である。

初祖庵からさらに一里ばかり山中に入ったところには「達磨洞」がある。いわゆる達磨が面壁九年の禅行をしたという洞窟である。さらにもう一つ、少林寺の方丈室前に「面壁之塔」と大書した刻石がある。道教推進者として著名な蔡京の書である。宣和四年（一一二二）の立石である。

宣和年間は徽宗皇帝自ら道教を信奉、宋代のなかでも最も道教の盛んな時代であった。つまり少林寺が仏教界のなかで本来の宗教的権威を失い、停滞の淵に沈んでいたとき、達磨伝説が装いも新たに道教側から少林寺に潜り込み、ついには初祖として居座ってしまったのである。

道教との対立・抗争が少林寺沈滞の一因となったことは明らかであるが、しかし元代における少林寺の復活もまた、こうした道教との対決のなかから成し遂げられた。

曹洞宗の禅師福裕（一二〇三～一二七五）は、北京報恩寺の高僧万松行秀の門下で早くから傑僧として名を著した。元の世祖の命によって一二四五年、嵩山少林寺に住して堂舎を復興した。当時、道教では全真教が勢力をもち、憲宗五年（一二五五）には「道士ら西京天城の夫子廟を壊して文城観となし、釈迦仏像を破壊して玉観音舎利宝塔といい、寺院四百八十二所を占有、『老君化胡成仏経』および『八十一化図』なるものを流布させ、暴力をほしいままにす」（注：常盤大定『支那に於ける仏教と儒教道教』所引『大元至元弁偽録序』『焚毀諸路偽道蔵経碑』）という状況であった。

福裕は宮中における道教との公的な論戦を指導、仏教側を勝利に導き、権限を得て多数の道観を仏寺に回復した。嵩山・洛陽の寺院はことごとく面目を一新したという。福裕は単に少林寺を再興しただけではなく、仏教そのものに復活再生の息吹を与えたのである。元の世祖から中統元年（一二六〇）、「光宗正法禅師」の号を賜った。「仏教の伝燈に正しい光を与えた」の意であろう。世祖が至元八年（一二七一）の春、天下の高僧を京師に集めたとき、福裕門下がその三分の一を占めたという。ときの人々は「嵩山に祖師、再び出世す」と賛嘆した。福裕は至元十二年（一二七五）、七十三歳で没した。元の延祐元年（一三一四）、少林寺に福裕の顕彰碑『少林開山光宗正法大禅師裕公之碑』が建立された。同碑に刻された「宗派図」には福裕の門人約四百五十人が記録されている。

曹洞宗は他の禅宗諸派と同じく南方系であるが、永平道元が日本にもたらしたほか中国では長く沈滞していた。万松がこれを北方で勃興させ、多数の優れた後継者を育成したが、その一人福裕が少林寺を中心にさらに宗派を発展させた。少林寺はこのときから宗旨として曹洞宗を立て、その法統は現代に及んでいる。したがって少林寺では福裕を中興開山の祖師として尊崇しているのである。

少林寺の字輩はこの福裕を第一代とする。字輩とは、その門派独自の歌訣の文字を一字ずつ自己の名字として受け継ぐことによって、一門の道統を明らかにすることである（字輩の風習は最近まで武術界にも見られた）。

少林寺の字輩は清代の嘉慶七年（一八〇二）、少林寺法堂の前庭に立石された『勅賜祖庭少林釈氏源流五家宗派世譜碑』所載『禅門世枝旁出花聯葉綴五家宗派図譜』によって知ることができる。これは禅宗各派の系列を明らかにしたものであるが、同時に字輩の排列を示しているからである。碑文は五派の筆頭に曹洞宗を掲げ、さらにその第一に少林一門を記している。

曹洞宗

薬山儼下より雲岩曇晟《どんじょう》出づ。晟の下、洞山良价禅師出づ。价の下、曹山本寂禅師出づ。これより曹洞一宗立つ。而して少林祖庭と江西豫章の両派あり。一つは少林雪庭（福裕の号）裕禅師、曹洞の根本一宗を立つ、計七十字派、曰く、

福慧智子覚《ふくけいちしかく》　了本圓可悟《りょうほんえんかご》
周洪普広宗《しゅうこうふこうしゅう》　道慶同玄祖《どうけいどうげんそ》
清浄真如海《せいじょうしんにょかい》　湛寂淳貞素《たんじゃくじゅんていそ》
徳行永延恒《とくぎょうえいえんこう》　妙体常堅固《みょうたいじょうけんご》
心朗照幽深《しんろうしょうゆうしん》　性明鑒崇祚《せいめいかんすうそ》
衷正善禧祥《ちゅうせいぜんきしょう》　謹慤原済度《きんかくげんせいど》
雪庭為導師《せっていいどうし》　引汝帰鉉路《いんじょきげんろ》

〈大意〉

福なる知恵によって自覚し、根本を理解して初めて悟る
普ねくわが宗を世に広めよ、道の喜びは玄祖を同じくすること
清浄なること真に海のごとく、純朴の波を寂としてたたえる
徳行、永遠に変わることなければ、妙なる法体は常に堅固
心性、明朗にして幽玄の深みを照らし尊き幸いを見る
信仰の正しさが吉祥を生み、敬虔な祈りによって彼岸に渡る
雪庭禅師こそ導師、汝の手を引き真理の道に帰る

少林寺の碑にのこる僧名をたどると、たとえば元代『少林開山光宗正法大禅師裕公之碑』の宗派図には「落髪小師」として、恵崇・恵厳・恵寿ら「恵（慧）」字輩百十八人が名を連ね、その次に「落髪師孫」として智応・智顕・智密ら「智」字輩百八十四人の名がある。さらにそのあとに「孫重」として子才・子興・子柔ら「子」字輩四十人がいる。また元の至正九年（一三四九）立石『少林禅寺第十五代息庵禅師行実之碑』の宗派図には「落

髪小師」百八人を列挙しているが、覚徳・覚梁・覚千など全員が「覚」字輩である。ここまでで「福慧智子覚」の第一句がそろうことになる。

ついで明の洪武二十五年（一三九二）立石『少林寺第二十一代松庭禅師寿塔銘』には「了」字輩が現れ、明の景泰六年（一四五五）立石『少林寺第二十五代凝然（了改）禅師道行碑』には本・圓・可・悟の字輩を持つ門人名がその順序どおりに列挙されている。つまり第二句の字輩は十四世紀末から十五世紀半ばの人物ということになる。

また、明の嘉靖四十四年（一五六五）立石『小山（宗書）禅師行実碑』には周・洪・普・広・宗という第三句の字輩が見られる。

この字輩の原歌を記載した嘉慶七年（一八〇二）立石『勅賜祖庭少林釈氏源流五家宗派世譜碑』の末尾に記された当時の少林僧の名には、清・真・如・海・湛・寂・淳の字が見られる。すなわち第五、六句の字輩である。

少林寺近代の武僧として名高い恒林（一八六五〜一九二三）は第七句の最後の「恒」字輩、そのあとを継いだ妙興（一八七六〜一九二七）は第八句の最初の「妙」字輩にあたる。つまり十三世紀の福裕以来、二十世紀前半まで約七百年にわたって、少林寺における字輩の慣行は確実に受け継がれてきたのである。

少林寺史は北魏の創建いらい唐宋までを第一期とし、元から現代までを第二期としてとらえることができる。第一期はインド禅の時代、第二期は中国禅（曹洞宗）の時代である。跋陀を第一期インド禅少林寺の初祖とするならば、福裕はいわばこの第二期中国禅少林寺の初祖である。この意味からは少林寺における「初祖達磨」とは、第一期から第二期への少林寺衰退期に、道教系勢力のあと押しによって少林寺に潜り込んだ幻影にすぎなかったのである。

第四節　明代少林寺の武僧

倭寇と「少林僧」

明代は歴代のなかで少林寺における武術活動が最も盛んな時代であった。隋末唐初の時代、すなわち少林寺が初めて武名を揚げたとき、少林寺は仏寺本来の宗教的面目を保ち、寺院にとっての軍事活動とは動乱から身を守るためのやむを得ざる自衛の非常手段にすぎなかった。

しかし、明代の少林寺は「仏に礼しては兵を論ずる」と評されたほど、寺内における武術訓練が日常化し、活動範囲も自衛にとどまらず、政府の要請を受けて中国各地の辺境に出征した。北の山岳地帯ではモンゴル軍の侵攻を防ぎ、東の海浜にいでては倭寇の侵略に抗し、南に下っては苗族の反乱鎮圧に功績を上げた。あるいはまた兵士訓練に赴いた少林寺の武僧が回教徒反乱軍との戦いで壮烈な戦死をとげた例もこの時代の史書にのこされている。後世、われわれが思い描く少林寺の武術的イメージは、ほとんどこうした明代少林寺の軍事的活動にもとづいている。

『明史稿』兵志は「郷兵」の項を設け、「僧兵はまず少林、次いで伏牛（河南省嵩県西南の山）である。伏牛は少林に学んだもので、鉱盗を禦した。次いで五台山である。五台の伝は楊氏をもととする。いわゆる楊家鎗である」と述べ、「嘉靖年間、倭乱に際し、狼土兵を動員したが、少林僧で応募するものも四十余人いた。勝つこと

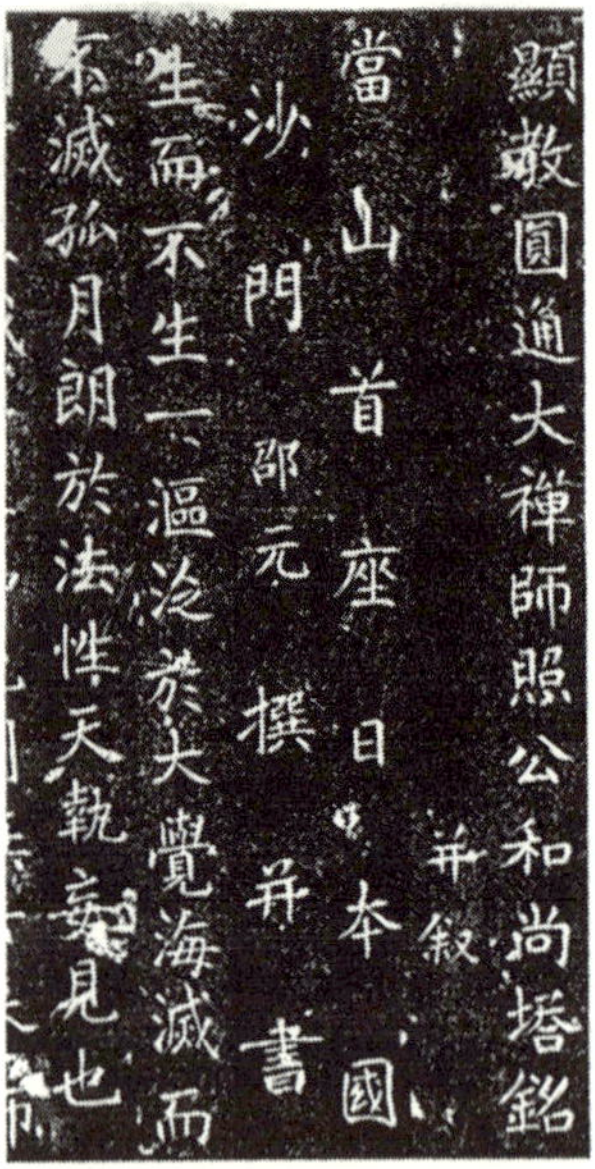

邵元撰　照公和尚塔銘

「元寇の役」に見られるように日・元両国は政治的には緊張状態にあったが、貿易・文化交流は意外に活発であり、日本の若い禅僧が多数、元国に渡った。なかでも越前出身の邵元（字：古源　1295－1364）は、元の泰定４年（1327）留学、中国各地で臨済、曹洞を学び、少林寺第15代住持息庵禅師の下で長く仕え、少林寺の首座（しゅそ：一般修行僧の指導者）となった。滞在21年、元の至正７年（1347）に帰国。少林寺に現存する照公和尚の塔銘には「當山（＝少林寺）首座日本國沙門 邵元 撰（＝文）并びに書」と記されている。同じく邵元撰による「息庵禅師行実之碑」も少林寺に現存する重要史蹟として有名である。

息庵禅師碑

（中国仏教協会等編『少林寺日本両禅師撰書三碑』北京・文物出版社 1981 所載、佐藤秀孝「入元僧古源邵元の軌跡」駒澤大学佛教学部紀要 1996 等参照）

も多かったが、また軽々しく前進して地の利を失い死ぬ者もいた」と記している。
この嘉靖年間、倭寇と戦った少林僧については、一般には顧亭林『日知録』の「嘉靖中、少林僧月空は都督万表の檄文を受けて倭を松江に禦す。その徒三十余人、自ら隊伍をなし、鉄棒を持ち倭を撃殺すること甚だ衆《おお》し。皆、戦死す」の一文がよく引かれる。張鼐《ちょうだい》『呉淞甲乙倭変志』には僧らの人名、戦闘状況についてさらに詳しく述べている。

僧兵は山東の応募者である。その徒衆は若くして武術に習熟していた。曰く大造化・月空・天池・一舟・玉田・太虚・性空・東明・古泉・大用・碧渓等四十名、みな少林僧と称した。いずれも鉄棍を持ち、長さ七尺、重さ三十斤、あたかも竹杖のように軽がると振りまわし、驍勇雄傑《ぎょうゆうゆうけつ》であった。官兵は陣に臨むたび少林僧を先鋒に用いた。

嘉靖三十二年（一五五三）六月、官兵は倭を南匯に撃ち、僧兵四人が死んだ。時に倭は白沙湾に駐していたが、都司韓璽は各路の兵および僧兵ら百人を率いてこれを禦し、大いに戦い、賊百余を斬った。賊隊に紅衣を着た巨人がいて（両）刀を振りながら襲ってきた。領兵僧月空和尚が諸僧を見まわすと、みな色を失っている。ひとり智嚢《ちのう》だけは、たじろいだ様子がなかったので、まずこれを当たらせた。闘いが始まるや智嚢は鉄棍を地につき紅衣倭の左に飛び、その勢いで棍を振り賊の一刀を打ち落とした。賊は地に転がった。そこを今度は紅衣倭の右に飛び越し、また一刀を打ち落とすと、賊はなすすべもなく斃れた。群賊はみなひざまずいて命乞いをし、あるいは散りぢりに潰走して、たむろしていた巣窟はついに空となった。了心・徹堂・一峯・真元ら四僧が勢いに乗じて首級を斬ろうと追いかけていったが、賊の乗ずるところとなって殺された。あるいはいう、倭は民家に逃げ込み、壁ぎわに待ち伏せをし、四僧が棍を振りまわして入っていき「賊ども、いさぎよく出てきて討たれてしまえ」と大声で叫んだとき、壁の後ろから飛び出してきて僧を斬り殺したのであると。この日の戦闘ではいくつか大勝を上げたので、四人の僧兵はむやみに攻めたてて油断が生じてしまったのである。

嘉靖三十三年（一五五四）二月、官兵は葉謝・馬家浜など諸地で戦った。僧兵は突出して攻め敵を多数斬ったが、援兵が続かず、また地理にも詳しくなかったため、ついに前進しすぎて敵中に陥り、大有・西堂・天移・古峯ら二十一僧がみな死んだ。

嘉靖三十四年（一五五五）十月、提督諸公は浙・直諸路の兵を合して陶宅の倭を攻撃した。僧兵は尖兵となって突っ込み、棍を振りまわして当たるを幸いなぎたおし、またたくまに数人の倭を斃した。倭は前日の官軍敗兵の衣服・武器を身につけて官兵になりすまし、突如として背後から襲いかかった。僧兵は後ろから味方の兵が接近してきたものと思ったが、そのときは倭の刀刃がすでに身近に迫って、ついに叫び声を上げながら若干名が死んだ。死体が田に折り重なって、見る人みな涙を流さない者はなかった。悲しむべし、将師が用兵を知らず、あたら猛士を駆って賊の乗ずるところとなり、呉淞をかくは犠牲の血で染めたのである。僧兵の骨はのちに官府の手によって山中に葬られ石塔が立てられた。

張鼐は松江華亭の出身で万暦時代の進士、また官は南京吏部右侍郎となった人物である。戦闘の記述はあたかも目撃したかのような見聞を含むが、万暦は嘉靖より後の時代であり、まして出身地松江はまさにこの戦闘がおこなわれた土地である。したがってこの記述は『明史』『日知録』等後代の作品よりは、はるかに同時代的な記録とみなすことができる。

倭寇と戦ったこれら僧兵が、実際に少林寺から派遣されたものかどうかは疑問である。まず第一に張鼐『呉淞甲乙倭変志』は「僧兵は山東の応募者である。……みな少林僧と称した」と明記している。つまり「みな少林僧と称したが、実際には山東の僧兵であった」と述べているのである。

第二に月空、自然などの僧名が少林寺の字輩に合わない。当時の字輩は字輩訣歌七十文字の第三句「周洪普広宗」のいずれかが用いられたはずである。後述するように倭寇撃滅に活躍した武将兪大猷に少林寺から直接二人の青年僧が武術の真訣を得るため三年間随行しているが、僧名を宗擎・普泛といい当時の字輩に合致する。月空配下で倭寇を深追いして逆に斬られた四人の僧名に了心が見られ、「了」字は七十文字に含まれるが、十三～十四世紀の字輩で時代的にはまったく適合しない。つまり、この場合は偶然の一致である。

『江南経略』によると、月空より先に対倭寇戦で活躍した武僧に「天員」がいる。はじめ月空はこの天員と領兵の席を争った。天員は「われこそ真の少林なり。汝、何の長ずるところあってわが上に出んとするか」と言った。そこで実戦同様の腕くらべとなった。これに敗れて、当初月空らは天員の配下となっていた。しかし、字輩から考えて天員もまた真の少林僧ではなかった。

嘉靖年間、倭寇撃滅に功績のあった兪大猷と少林僧との交流については、兪大猷『新建十方禅院碑』および『詩送少林寺僧宗擎（有序）』に詳しい。前者は少林寺が新たに十方禅院を建てるに際し、少林寺から依頼されて記した記念の碑文であり、後者はかつての門人宗擎に十三年を経て再会したとき、宗擎の武術をたたえ、以後の修行を励ますために贈った一篇の詩とその由来を記したものである。武術交流に関してはほぼ同様の文なので両者を合して下記に要約する（原文はともに兪大猷『正気堂集』所収）。

私はかつて河南少林寺に神伝長剣の技ありと聞いた。嘉靖辛巳の年、北の雲中から命を奉じて南征するとき道を取って寺に至った。腕の立つ僧がみな、技を見せてくれたが、私は住持の小山上人に言った。「この寺は剣技をもって天下に有名ですが、久しく伝わるあいだに技に誤りが生じて、いまや真訣が失われたものと見受けられます」

そのあと付近の景勝地を巡った。寺前の一山地になかなか形勢の奇なるところがある。そこで私は小山上人にこう言った。

「ここに小院を一つ建ててはいかがでしょうか。ますます寺の風格が増すものと思います」

するとと小山上人は慨然として言った。

「建院の責はどうか愚僧にお任せあれ。ただし、剣訣失伝については、なにとぞ貴公がこれをお示し願いたい」

「承知しました。しかしながら一朝一夕で真伝を授けることは不可能です」と私は答えた。

そこで僧のなかから若くして勇力なるものを二名選んだ。一人を宗擎といい、もう一人を普莶という。私に随って南征、営陣のなかを出入し、ときに陰陽変化の真訣を授け、また知恵覚照の戒をもって教えた。そして三年有余が経った。二人は言った。

「ああ、十分にお教えいただきました。願わくば少林寺に帰り、ご教授いただいたことを寺衆に転授し、もって永くその法を伝えたいと思います」

ついに辞去することを許した。それからまたたくまに十三年が過ぎた。万暦丁丑の年（一五七七）四月の間、私が京師の神機営で車兵を調えていたとき、ある日一人の僧が面会を求めているという。引見してみると宗擎であった。聞けば普莶はすでに他界し、宗擎のみが寺で真訣を伝え、その法を得たもの百人に近いという。

去歳二月、受戒のためこの地に錫飛《しゃくひ》し、そのまま滞在していたところ、昨日初めて私の上京を知って訪ねてきたのであった。異郷で旧知に再会し、私もうれしかった。私は今後の修行に益するところあれかしと『剣経』を授け、また一篇の詩を贈った。

学は成る伏虎の剣、洞悟したり降龍の禅
杯渡《はいと》して南粤《なんえつ》に遊び、錫飛して北燕に入る

能《よ》く深海の底を行き、更に高山の巓《いただき》に陟《のぼ》るべし
訝《あや》しむなかれ物難の舎、頭《こうべ》を回《めぐ》らせばこれ岸辺なり

（注：宗擎と再会した年「万暦丁丑の年」＝万暦五年〈一五七七〉を正しいとすると、少林寺を訪れたのはこの約十六年前となるので、嘉靖辛酉の年＝嘉靖四十年〈一五六一〉のはずである。兪大猷は嘉靖三十八年、胡宗憲の弾劾によって一時、北方前線に左遷されていたが、嘉靖四十一年には再び南方で対倭寇戦に復帰している。少林寺訪問はこの北方から南方に戻る帰路のことであったろう）

文中に「営陣のなかを出入し、ときに陰陽変化の真訣を授け、また知恵覚照の戒をもって教えた」とある。つまり宗擎は従軍の陣中で文字どおり実戦的な訓練を受け、さらに理論的な要訣を学び、また仏教教理や儒教にもとづく精神的な教えをも受けたのである。兪大猷は『新建十方禅院碑』の冒頭で「仏教の虚はその虚を以てし、天下の実を虚とす。儒教の実はその実を以てし、天下の虚を実とす。二教は天地千万載の間に平行す」と記している。兪大猷は戚継光とともに明代を代表する最も武人らしい武人として知られるが、決して武術だけの人ではなかった。深い精神的裏付けがあったからこそ倭寇平定に効のある戦略戦術を打ち立て、それを実践することができたのである。

兪大猷が北京で宗擎に授けた『剣経』は、兪自身が著した武術の要訣である。戚継光が『紀効新書』に棍法テキストとしてほとんど全文を掲載しているところから後世、広く読まれた。題名では「剣」と称しているが内容は実質的に棍法の訣文であり、対敵技法の要領を箇条書きに列挙している（第三章第三節参照）。

兪大猷は福建省の出身である。その武術も当然ながら南方系であろう。現代南派棍術から推定すると、単純でありながら、それだけに実戦的な棍法であったものと思われる。兪大猷は少林寺を訪れたとき「真訣が失われている」と言ったが、あるいはそこに南方系の観点から見た北方系の技法に対する一種の流派的な偏見が含まれて

いた可能性もある。当時少林寺に「その技の精なるを自負する僧は千余人」であったと兪大猷は記している（『詩送少林寺僧宗擎』）。宗擎が百人に兪大猷の法を伝えたことによって、当時の少林寺の武術が一挙に変化したとはいえないが、少なくとも少林寺の武術に大きな活性化がもたらされたであろうことは想像に難くない。

少林寺武僧録

嘉靖年間、倭寇との戦いに参加した嵩山少林寺の僧は、実際には兪大猷に師事した宗擎・普浮くらいであったかとも思われるが、当時嵩山少林寺の武僧がその他南北の各地で激しい戦闘に従事したのは疑いようのない事実である。それは少林寺における直接的な史料ともいうべき塔林すなわち僧の墓碑銘によって証明される。そのなかで最も注目すべきものは『友公三奇和尚塔銘』である。唐豪は「少林武僧」（『手臂余談』所収）でこの塔銘に触れているが、引用はあまりにも簡単にすぎる。ここでは主として近年の実地調査による趙宝俊『少林寺』（上海人民出版社一九八二）に依拠する。

同書によれば、友公三奇和尚の塔は嘉靖二十七年（一五四八）六月、河南府儀衛司千長の李臣が建立したもので、少林寺塔林に現存する。その銘文に「正徳年間（一五〇六～一五二一）、明廷は少林武僧を征調し山峡辺防に鎮守させ、また雲南に統征させた」と記され、また「三奇和尚には僧・俗の徒衆一千余人あり、河南・山東・南北直隷の四省に分布す」とあり、その武術的勢力が少林寺にとどまらず、北方の広範囲にまたがっていたことをうかがわせる。戦闘では自ら敵陣に突入し「斬将搴旗《ざんしょうけんき》（＝将を斬り、敵の旗を奪う）」の奇功を上げ、正徳皇帝から「都提調総言」の爵位を賜与された。

明の北伐大軍によって一三六八年、元朝一族は塞外に逐われたものの明朝建国後も蒙古軍はしばしば北辺を脅かした。明朝はこの北方からの侵略を防ぐため、遼東・宣府・大同・延綏・寧夏・甘粛・薊州・偏頭・固原に前後して九鎮を設け、これを「九辺」と称した。特に山西と河南の「班軍」には偏頭・大同・宣府の要塞に駐屯させ、はじめは交替を認めなかったが、のちに毎年春期に班交替をおこなった。

少林寺の武僧三奇和尚は少林僧兵とともに嵩山の鉱兵など山中の戦いを得意とする郷兵を率いて河南班軍に参加し、実際の戦闘で軍功を立てたものであろう。「三奇」という聞きなれぬ号は、「奇功、三たびに及んだ」の意であろう。『明史』兵志によれば、突出した最高の軍功を「奇功」とよび、特に正統十四年（一四四九）には功賞牌を造り、奇功・頭功・斉力の三等に分かち、「およそ戦いに身を挺して先行し、陣中に突入し、将を斬り旗を奪いたる者には奇功牌を与う」としている。

また塔銘に「雲南に統征させた」とあることについて、趙宝俊『少林寺』は『明史』の記事を引用して、「正徳年間、初・中・後期と数度にわたる苗族の反乱があったが、三奇和尚の率いる郷兵軍が参加したのは正徳年間も後期に属する正徳十六年（一五二一）、弥勒州苗族が起こした大規模な反乱活動のときであったろう」と指摘している。

郷兵とは本来、その土地の地理風土に慣れた民兵をその土地で活用するのが目的であり、北方の郷兵を南方に派遣したのにはそれだけの理由あってのことだろう。三奇和尚の率いる郷兵軍は、山岳地帯の活動に慣れ、接近戦を得意としていた。おそらく雲南の地理風俗から考えて苗族も山中の戦闘が得意だったであろうから、明朝はゲリラ戦に対抗するにゲリラ戦をもってするため、北方で勇名を馳せた三奇和尚に河南郷兵を一種のゲリラ部隊として「統征」させたものと思われる。

正徳（一五〇六～一五二一）は嘉靖（一五二二～一五六六）直前の時代である。嘉靖・万暦（一五七三～一六二〇）は少林寺の武僧が実戦で活躍、勇名を轟かせた時代である。正徳年間における友公三奇和尚の軍事活動はその先駆けをなすものであった。三奇和尚の中国南北における活躍によって、少林寺の武名は改めて国内に広く知られたことであろう。

武僧あるいは僧兵とよばれる武術を得意とする僧侶は歴代にわたって各地に見られたが、唐朝創建時における軍功とあいまって、この時代「僧兵といえば少林を首とす」という定評が確立し、民間にも少林武僧の名声が定着したにちがいない。各地の武僧が争って少林寺に縁を求め、少林寺の武名にあやかって「少林僧」あるいは「少林派」を名乗るという風潮は清代以降かなり一般化した。そういう風潮が発生するだけの基盤は明代嘉靖年間の初期、すでに存在していたのである。

三奇和尚の塔銘に次いで注目すべきものは『参公和尚塔銘』の記事である。同塔銘には、嘉靖三十二年（一五五三）政府の徴募に応えて姓を周、号を竺方と名乗る少林寺の僧が「僧兵五十名を領し、師尚詔（反乱軍）を征す」と記録されている。

また万暦年間の塔銘には「征戦有功（征戦、功有り）」と明記されたものが二つある。一つは万暦四十七年（一六一九）建立、順公万庵和尚の塔である。銘文には「勅賜少林禅寺の都提挙、征戦に功有りし順公万庵和尚、享寿七十四の塔」とある。都提挙は少林寺における役職名である。提挙という幹部職の上位に位置する。したがって万庵和尚はかなりの高僧である。もう一つは天啓五年（一六二五）建立、本大和尚の塔で「勅賜祖庭大少林禅寺、恩祖、征戦に功有りし大才便公本大和尚の塔」と記されている。趙宝俊『少林寺』掲載写真では、この銘文は『万庵和尚塔銘』に比較し文字が不鮮明であるが、「征戦有功」の文字ははっきりと読みとることができる。

そのほか嘉靖・万暦の塔銘には、「征戦有功」等従軍記録を含まないものの、「教師」と記されたものが二つある。嘉靖四十三年（一五六四）天竺和尚の塔銘には「勅賜祖庭大少林禅寺、荘厳円寂親教師、就公天竺和尚の塔」とあり、また万暦四十七年（一六一九）建立、本楽和尚の塔銘には「勅賜少林禅寺、授教師、武公本楽和尚、享寿四十一の塔」と記されている。近代以前、「教師」は「武術師範」を意味することが多かった。趙宝俊『少林寺』も次のように解説している。

この二人の和尚の塔銘には、なにも征戦に功あり等と述べているわけではないが、二人の武術が相当高いレベルにあったことは明らかで、だからこそ官府によって「教師」の肩書を与えられ、明朝政府の官兵訓練に当たり、あるいは各地の地主武装集団訓練に赴いたのである。

『明史』史記言伝には、万暦につぐ崇禎年間（一六二八〜一六四四）にも兵士訓練のため招聘された少林僧二人が回教徒の反乱軍と戦い、壮烈な戦死を遂げたと記録されている。原文では「少室の僧」であるが、少林寺の僧であることはまずまちがいがない。

史記言、字は司直、当塗の人である。崇禎中、挙人となる。長沙知県から知州として陜（いまの河南省陜県）に遷った。陜はまさに賊の要衝である。記言は私財を出し、兵士を募り、少室の僧を招聘してこれを訓練した。八年（一六三五）冬十一月、流賊が陜を犯した。記言はこれを禦し、数十人の首級を斬り、二十余人を生け擒りにした。老回回（回教徒首領）は憤り、数万人を率いて城を攻めたが克つことができず、雪夜に乗じて襲撃した。（陜城は）ちょうど訓練した兵士を他郡に送ったところであった。城はついに陥落した。記言は火を放って自殺しようとした。二人の僧は記言を抱え出して、

「ここで死んで何になろうか」

と言った。そこで女垣《ひめがき》を乗り越えて城を脱出した。賊軍はこれを追いかけて捕らえ、降伏を命じると記言は大喝した。

「死知州ありとも降知州なきなり」と。

（記言らは）ついに殺された。訓導の王誠心、里居教諭の張敏行・姚良弼、指揮の楊道泰・阮我疆、鎮撫の陳三元らもまた屈することなく戦死した。

万暦年間建立の少林寺石碑のなかには、朝廷から免税措置を受けたことを証する碑がいくつかある。このなかにも武僧が官軍に協力してしばしば犠牲となったことが記されている。たとえば、万暦元年（一五七三）に即位した神宗が少林寺に免税の帖を下したことを記念する碑は「本寺僧は累代、征調に応じ、しばしば死功あり」（注：『菩提達磨嵩山史蹟大観』）と強調している。

また万暦九年（一五八一）の碑には「先年、上司は寺僧を調遣す。劉賊・王堂・師尚詔・倭寇等を征するに随い、陣亡数僧」とあり、同二十三年（一五九五）の碑には「嘉靖の間、劉賊・王堂及び倭寇並びに師尚詔等倡《さか》んに乱す。本寺武僧、しばしば調遣を経て奮勇殺賊、多く死功を著す」（注：趙宝俊『少林寺』）と記されている。

明末崇禎年間、嵩山一帯に盛んとなった反乱活動の高まりのなかで、ついに少林寺そのものが直接の攻撃対象となった。反乱軍の一つ李際遇の率いる集団は少室山の通称「御寨」に立てこもった。御寨はかつて金の宣宗が兵を屯したことから名づけられた少室山頂上の天然の要塞である。李際遇は少林寺とは争う意志のないことを示しておき、僧らが油断するのを待った。そしてある日、僧らが香を焚き読経にふけっている隙をついて、武装した反乱軍数百人を率いて経堂を襲い、その場にいた僧をことごとく殺害したという。のちに李際遇は官軍に降り、順治二年（一六四五）北京で処刑された。（注：趙宝俊『少林寺』所引『登封県志』『中州雑俎』等。なお、李際遇は、一般に太極拳の始祖とされる河南省温県出身の武人陳王廷と親交があったとの伝承がある。）

李際遇の乱のみで少林寺が全滅したか否かについては、なお研究の余地があるが、明末動乱期のなかで少林寺が壊滅的打撃を受け、唐末と同様に再び少林寺が衰退期に入ったことはまちがいない。趙宝俊『少林寺』によれば、二十世紀前半まで少林寺には『征戦簿』があり、戦陣に没した歴代武僧たちの追悼会が毎年おこなわれていた。

一九七九年三月、（少林寺現職の）寺僧と座談したとき、素喜和尚は私（著者趙宝俊）に語った。

「少林寺にはもと一冊の『征戦簿』があり、ふだんは大雄殿に置いてありました。およそ征戦に功のあった本寺歴代の僧はみな、この中に記録されていました。姓名の下に各自の功績が注記されていました。毎年、陰暦の十月一日、本寺のすべての僧衆が大雄殿に集まって追悼の儀式をおこないました。方丈和尚によって『政戦簿』が宣読されます。一人ひとり名前が読み上げられるたびに、僧衆全員で三拝しました」

　一九二八年三月、軍閥抗争のなかで、石友三が少林寺を攻撃、火を放って大雄殿を焼いた。中に置いてあった『政戦簿』は、重要な経巻などとともにすべて焼失した。

少林寺の武術訓練

明代の紀行文、詩歌には当時の少林寺における武術活動を描写した作品がいくつかある。まず、最も有名なものは碑に刻されて少林寺に残された程紹「少林観武」である。

少林観武

安徳　程紹

暫《しばら》く　憩《いこ》う　招提《しょうだい》、武僧《ぶそう》を試《ため》す
金戈《きんか》鉄棒《てつぼう》、技《わざ》は層々《そうそう》
剛強《ごうきょう》　賸《あま》（余）り有《あ》り、魔《ま》を降《くだ》すの力《ちから》
習慣《しゅうかん》たり軽挟《けいきょう》、虎《とら》を搏《う》つの能《うで》
乱《らん》を定《さだ》め勲《くん》を策《さく》するは真《しん》の證果《しょうか》なり
邦《くに》を保《たも》ち世《よ》を靖《やす》んずるは即《すなわ》ち伝燈《でんとう》なり
中天《ちゅうてん》の緩急《かんきゅう》、労慮《ろうりょ》無《な》く
忠義《ちゅうぎ》の毘盧《びる》は大乗《だいじょう》を演《えん》ず

〈大意〉

少林寺でしばらく休憩し、僧たちの練武を見た
鋼鉄の棒や戈を振り回し、技は尽きることがない
余りある剛強は妖魔を降す力があり
習い慣れたる身の軽さは虎を討ち取る力がある
戦乱に軍功をあげるのは仏の悟りと同じこと
天下泰平のため身を捧げることこそ少林の伝燈である
世の変動に心迷わすことなく
忠義の僧たちはひたすら大乗の武を演ずる

天啓五年（一六二五）仲春

程紹は字を公業といい、徳州の人で万暦十七年（一五八九）進士となり、天啓四年（一六二四）、右副都御史を歴し、河南巡撫となった（『明史』）。「少林観武」は天啓五年春の作品であるから、河南巡撫に就任してまもなくのころである。おそらくこの詩は就任後最初の視察もしくは募兵のために少林寺を訪れたとき、武僧たちによる歓迎の意をこめた特別演武を見て詠んだものであろう。

『少林寺志』（注：『菩提達磨嵩山史蹟大観』巻末掲載）には、少林武僧の訓練をさらに躍動感のあふれることばで詠んだ「少林観僧比試歌」（少林で僧の比試を観る歌）と題する詩がある。作者公鼎（『明史』では公鼐《こうだい》）は万暦二十七年（一五九九）、進士となり、のち礼部右侍郎となった。程紹とほぼ同時代の人である。その人となりについて「鼐は好学博聞、磊落《らいらく》にして器識あり」（『明史』）と記されている。

少林観僧比試歌　　公　鼎

震旦《しんたん》の叢林《そうりん》、首《しゅ》は嵩少《すうしょう》。苾蒭千余《ひっすうせんよ》、尽《ことごと》く英妙《えいみょう》たり
戦勝何年《せんしょうかねん》、法門《ほうもん》を闢《へき》し、虎旅《こりょ》、茲《こ》れ従《よ》り象教《しょうきょう》に参《さん》ず
我《われ》は度《ど》す轘轅《かんえん》、適《まさ》に仲秋《ちゅうしゅう》。暁《あかつき》、招提《しょうだい》に憩《いこ》いて上頭《じょうとう》に到《いた》る
倏忽《しゅっこつ》として紺園《こんえん》は茇舎《ばっしゃ》に変《へん》じ、緇徒《しと》挺立《ていりつ》すること貔貅《ひきゅう》の如《ごと》し
袒裼攘臂《たんせきじょうひ》、余勇《よゆう》を賈《か》し、抗声鼓鋭《こうせいこえい》、風雷動《ふうらいうご》く
蜂目斜視《ほうもくしゃし》すれば伏狙《ふくそ》趨《はし》り、真前《しんぜん》に距躍《きょやく》すれば霜鶻竦《そうこつすく》む
迅《はや》きこと奔波《ほんば》の下《くだ》りて崩洪《ほうこう》するが若《ごと》く軽《かろ》きこと秋蘀《しゅうたく》の軽風《けいふう》に随《したが》うが若《ごと》し

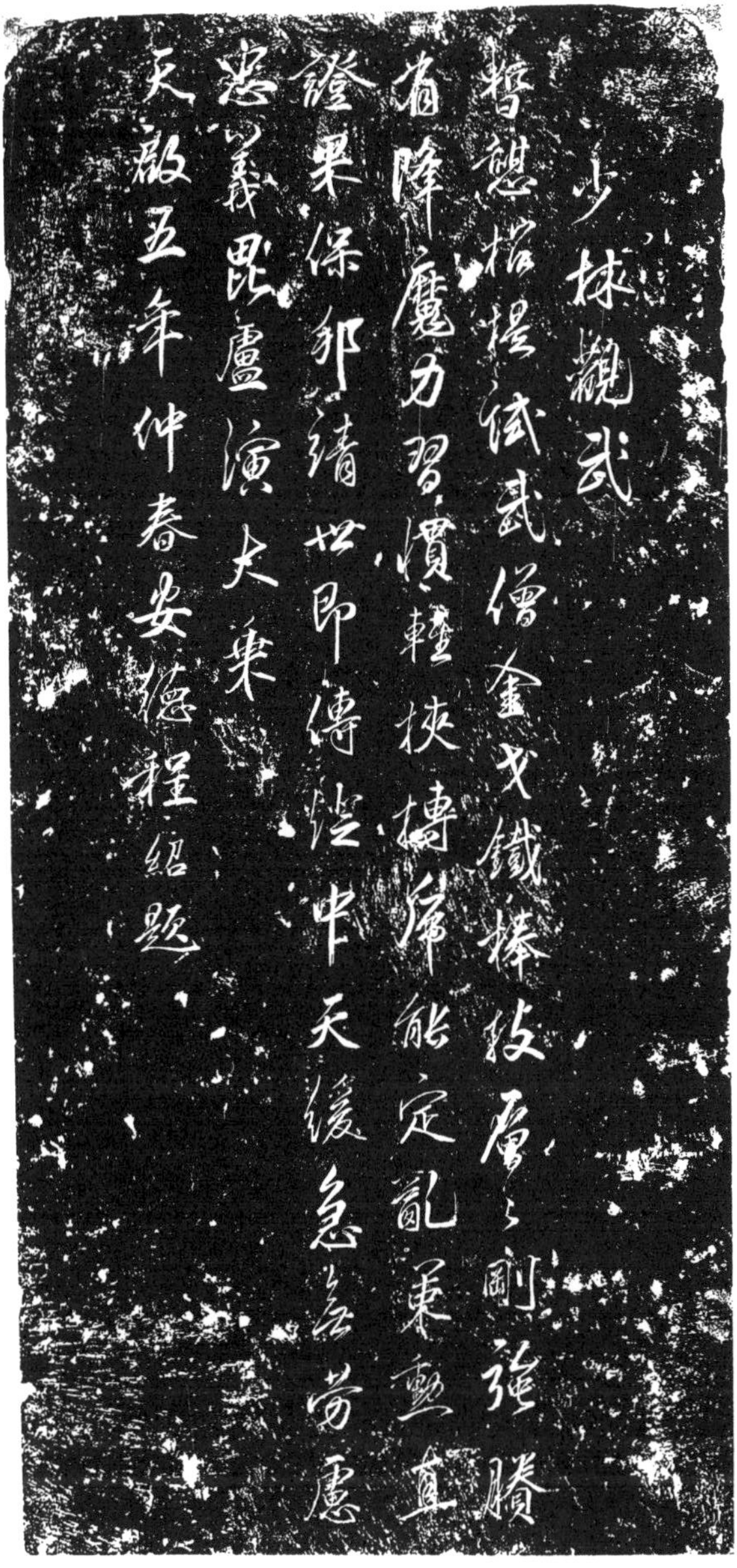

少林観武碑

崖目高睚《がいもくこうがい》、猛獣《もうじゅう》のごとく懾《おそろ》しく、伸爪奮翼《しんそうふんよく》、游龍《ゆうりゅう》のごとく騰《はね》る
梭穿轂転《させんこくてん》、相持《そうじ》すること久《ひさ》しく、窮猿《きゅうえん》、臂接《ひせつ》して毚兎《ざんと》のごとく走《はし》る
李陽《りよう》、閒《かん》を得《え》て老拳《ろうけん》を下《くだ》せば、世隆《せいりゅう》は償《しょう》を取《と》らんとして毒手《どくしゅ》を逞《たくま》しくす
復《ま》た有《あ》り戈剣《かけん》の光《ひかり》は陸離《りくり》、揮霍撞撃《きかくどうげき》、粉《こな》は飆馳《ひょうち》す
獅吼螺鳴《しこうらめい》、屋瓦《おくが》を震《ふる》わし、洞胸斮脛《どうきょうさくけい》、毫釐《ごうり》を争《あらそ》う
専門《せんもん》に練習《れんしゅう》、流古《りゅうこ》を伝《つた》え、軾《しょく》に憑《よ》りて之《これ》を観《み》れば、意《い》は舞《ま》わんと欲《ほっ》す
武徳《ぶとく》より当今《とうこん》まで、爾曹《じそう》も国《くに》のため亦補《またたす》け有《あ》り
偶来《ぐうらい》の初地《しょち》、潮音《ちょうおん》を聴《き》く、観兵《かんぺい》　何事《なにごと》か　祇林《ぎりん》に在《あ》らん
棒喝《ぼうかつ》　豈《あ》に是《こ》れ夾山《きょうざん》の意《い》ならんや、掌撃《しょうげき》は　寧《むし》ろ黄檗《おうばく》の心《こころ》に関《かん》せり
彭沢《ほうたく》　酒《さけ》を載《の》せ幽賞《ゆうしょう》を愜《きょう》す、崖桂高梧《がいけいこうご》、瀟爽《しょうそう》と対《たい》す
一時《いちじ》にして仏渭《ぶつい》は空華《くうげ》と散《ち》り、庭陰満院《ていいんまんいん》、風泉響《ふうせんひび》く

〈大意〉

中国で寺院といえばまず第一は嵩山少林寺。僧侶千余人、みな優れた人々である。かつて戦いに勝ち法門を開き、そのときから英雄旅団も仏教に参じた（宗・武一体となった）。私が轀輬に旅したのはちょうど仲秋のときである。あかつきに境内を散歩してふと気がつくと、紺の僧衣で満ちたはずの庭園がたちまち軍隊野営の地と化して、僧徒はあたかも勇猛な兵士のごとく整列している（これから朝の訓練が始まるのだ）。

肌を脱ぎ、あるいは腕をまくって見るからに勇ましく、鋭い気合いと号令のかけ声は風雷をも動かす。ひと目斜めに見下すだけで物陰に潜む猿も逃げ出し、正面に体を躍らせれば、猛鳥はやぶさも身をすくませるのみである。あるときは激流のように速く激しく、またあるときは秋風に揺れる笹の葉のように軽やか。ま

なじりを決してにらみつければ猛獣も恐れ、腕をふるって縦横に暴れるさまは龍のようである。槍棍を互いに撃ち合い、からめ合って一歩も退かぬかと思えば、突如として身を転じ脱兎のごとく逃げさる。達人李陽がわずかのすきに拳を突けば、豪傑世隆がすさまじい返し技を打つかのような見事な試合ぶり。剣光刀刃はきらめき、武器の撃ち合いで粉吹雪がつむじ風のように散る。叫び声と干戈のぶつかり合う音は屋根瓦をも震わす。胸をうがち足元を斬ろうとして、一寸の見切りを争う。

古来から専ら武を練るその伝統に、敬意を表して見ていると、われ知らず自分の体も動きだしそうである。思えば少林の僧は武徳年間より今にいたるまで武を以て国家のために尽くしてきた。たまたま初めて訪れたこの土地で読経の声を聴くつもりが、はしなくも僧兵の演武を見た。寺で観兵とはこれいかにと思ったが、禅の棒は喝を入れるためだけのものではあるまい。武術修練はむしろ禅の精神に通じているといえよう。（朝の演武を見たあと）、酒仙にならって私は酒を楽しむ。木々の高き梢は心地よく、地上の修行はひとしき空に消え去り、静かな庭いっぱいにただ風がさわやかに吹き渡る。

この詩は長詩のため現代ではあまり読まれていないが、当時における少林寺の武術訓練のありさまをよく表現している。さきの程紹「少林観武」と比較してみると、詩の形式に長短の差はあっても、内容的にはまったく共通していることに気がつく。作者はともに武僧たちの武術に感銘を受け、少林寺においては宗教とともに武術活動がいかに重視されていることか、そしてこのような宗教と武術の一体化は唐朝建国の大業に尽くしたとき以来の少林寺の伝統であるとうたっているのである。

こまかい点ではあるが、詩のなかに「伏狙（伏したる猿）」あるいは「窮猿（窮したる猿）」などのことばがあることに注目したい。ここでは比喩的な表現として用いられているが、明代少林寺で実際に「猴拳《こうけん》」（猿拳法）が練られていたことは王士性『嵩遊記』に記されている。

嵩山に旅したとき、王士性は少林寺を訪れたついでに少室山の頂上にも登りたいと思った。折り悪しく大雨のあとで、途中に急流ができていて頂上をきわめることができなかった。やむをえず王士性は少林寺に引き返す。

> 下山して再び宿す。武僧、又各（々）来り、技を以て献ず。拳棍搏撃すること飛ぶが如し。他教師、手を束して視る所、中に猴撃を為す者有り。盤旋踔躍《ばんせんたくやく》すること、宛然《えんぜん》として（＝あたかも）一（匹）の猴《さる》のごとし。

「盤旋踔躍する」とは、地上に身を転がせたり、宙に飛び上がったりすることである。このような特異な拳法を使う僧たちもいたことを前提に「少林観僧比試歌」を読むと、比喩的な表現のなかにさらに具体的なイメージが浮かび上がってくる。

また「窮猿」の前句で「梭《さ》穿轂転《せんこくてん》、相持すること久し」とうたっている。〈大意〉では「槍棍を互いに撃ち合い、からめ合って一歩も退かず」と意訳したが、当時の少林棍には「穿梭《せんさ》」とよばれる訓練法があった。両者互いに棍の先端をからませ、一伸一縮して相対感覚を養い基本功を練り上げる訓練法である（次節参照）。したがって「梭穿轂転、相持すること久し」の句もまた単なる比喩的表現にとどまらなかったであろう。

当時、少林寺が訪問者に対し積極的に演武を見せたことは、王士性『嵩遊記』以外の明代紀行文によってもうかがうことができる。たとえば袁宏道（一五六八～一六一〇）にも同じく『嵩遊記』と題する紀行文があり、「暁に起き門を出れば、童白分棚《どうはくぶんぼう》して立ち、手搏を観んことを乞う。主者曰く、『山中の故事なり』と。これを試す。絶技（＝超絶の技）多し」と述べている。

また、文翔鳳『嵩高遊記』にも「帰りて観る、六十僧の掌を以て搏する者、剣する者、鞭する者、戟する者を」とある。これらの詩あるいは紀行文によって、明代少林寺における武術訓練がいかに盛んであったかを知ることができる。

第五節　明代少林寺武術の実技

棍法——少林寺武術の中心

今日では少林拳ということばが一般化し、北派少林拳あるいは南派少林拳などという流派分類の呼称が定着している。しかし、本来は棍法すなわち棒術こそ少林寺武術の中心であった。明代少林寺の棍法については、万暦年間少林寺で学んだ民間の武術家程宗猷《ていそうゆう》が『少林棍法闡宗《しょうりんこんぼうせんそう》』を著し、技法の全伝を公開した。同書は『武備志』にも採録され、『紀効新書』とともに武術界に大きな影響を与えた。『武備志』の編者茅元儀は採録にあたって「諸芸は棍を宗とし、棍は少林を宗とす。少林の説は近世新都の程宗猷の闡宗より詳しきはなし」と述べている。『少林棍法闡宗』巻末問答編にいう。

> 或いは問う。曰く、「棍は少林を尊ぶ。今、寺僧多く拳を攻めて棍を攻めず。何ぞや」と。余曰く、「少林棍は夜叉と名づく。すなわち緊那《きんな》羅《ら》王《おう》の聖伝なり。今に至り称して無上菩提と為す。而して拳は猶《なお》未《いま》だ海内に盛行せず。今専ら拳を攻める者は棍と同じ彼岸に登らしめんと欲するなり」と。

この問答によっていわゆる少林拳が盛んになったのは『少林棍法闡宗』が刊行された万暦年間（一五七三～一

六二〇）であったろうと推定できる。ちなみに同書序文には万暦四十一年（一六一三）と記されている。

嘉靖年間（一五二二〜一五六六）、すでに河南以外にも「少林」を自称する僧兵たちが多数存在していた。万暦年間には、少林寺と直接関わりがなくとも「少林派」を名乗る者が中国各地に現れていたものと思われる。したがって、問答のなかで「今、寺僧多く拳を攻めて棍を攻めず」の「寺僧」とは、基本的には少林寺の僧として解釈すべきであろうが、また少林寺にかぎらず武僧一般を意味したものと解釈することも可能である。程宗猷自身は直接少林寺に入って棍法を学んだ武術家であるが、『少林棍法闡宗』を著したころは、すでに少林寺を離れていた。このような事情を考慮すると、上記質問は「少林の武術は棍法のはずであるが、いま世の中では少林拳が盛んになっている。なぜか」と広く解しうるのである。これに対し程宗猷は、少林を名乗るものはすべて嵩山少林寺の系統であることを前提に、「少林の棍は緊那羅王の聖伝であり、すでに最高の境地（「無上菩提」）に達している。しかし少林の拳はまだ国内にそれほど盛んとなったわけではない。いま専ら少林拳を研究している者は、少林の拳を棍と同じ段階に到達させようと努力しているのである」と答えていることになるのである。

戚継光『紀効新書』など明代兵書には当時までの代表的な中国武術の流派名が列挙されているが、「少林棍」はあってもまだ「少林拳」は見られない。たとえば『紀効新書』巻十四拳経捷要篇（いわゆる《拳経》）序文には、古今に名高い流派として宋太祖三十二勢長拳以下十九派をあげているが、槍棍については「少林寺の棍は青田の棍法と相兼ね、楊氏鎗法と巴子拳棍と、皆今の名あるものなり」と記している。「少林寺の棍」は明代中国武術を代表する主要流派の一角を占めていたのである。明代は侵略、内乱が激しかったため実戦的な武術が求められたときである。「少林寺の棍」も単に過去の名声によったのではなく、その実力によって改めて武術的流派として名を知られたのである。

「少林寺の棍は青田の棍法と相兼ぬ」とは、「少林寺の棍と青田の棍とは共通しているところがある」との意味であろう。青田は浙江省の地名である。浙江は南方系武術が盛んであり、明代倭寇動乱期のなかで沿岸地帯が数多くの実戦の場となった。戚継光が兵を募り、練兵に努力した土地である。浙江はまた、南方系棍術の真訣を少林寺に伝えた兪大猷の出身地福建省に隣接する。

少林棍の最も大きな特徴は「兼鎗帯棒」すなわち槍術と棒術の一体化である。程宗猷は「少林棍は棍法三分、鎗法七分」と明言している。戚継光の指摘する少林棍と青田棍の共通性とは、この槍棍一体化をいうのではないだろうか。当時の青田棍が実際にどのようなものであったかは不明であるが、当時から南方にも槍棍一体化を重視する棍法の流派があったとしても少しもおかしくない。実用性を尊ぶ質朴な南派武術の伝統から考えれば、槍棍一体化の基盤は十分にあった。

現代の流派を見ても、たとえば広東省に伝わる「南派少林十三槍響棍」（注：故・鄧錦濤広州市武術協会副主席（一九〇三〜一九八七）所伝）も槍棍一体の実戦的な棍法として有名である。嵩山少林寺の棍と比較して棍の握り方、立ち足の構え方が異なり、技法上でも各動作に隙を見せず一点一画を剛的に用いるので、はるかに質朴で実用的な型となっている。一見したところ両者には対照的なところさえあり、かなりの距離を感じるが、にもかかわらず槍棍一体化の点ではみごとに共通するところがある。

南北いずれの棍法であっても、実用を追求すれば、おのずから槍法に共通するところが生じ、それを意識的に追求すれば容易に「鎗法七分」に達するであろう。日常の訓練では棍を用いて操作に熟練させ、戦場では槍と棍のどちらでも同じように使うことができるとなれば、歩兵と騎兵（馬上では特に棍より槍のほうが実用的）のいずれにも運用でき、軍隊の基本武術としては最適のものということができる。

武術訓練における棍の重要性について戚継光『紀効新書』は、「もし棍を能くすれば各利器の法は則ちこれに従って得られん」と強調し、『紀効新書』よりややのちの明代兵書、何良臣『陣紀』もまた「（武）芸を学ばんには先ず拳を学ぶ。次いで棍を学ぶ。拳棍の法明らかなれば則ち刀槍の諸技は特に易易たるのみ。拳棍を諸芸の本源と為す所以なり」と述べている。明代の武将らがいかに武術訓練として棍法を重視していたかを知ることができる。

本書で『少林棍法闡宗』を取り上げ、その技法の全図解を採録したのは、まず第一に少林寺の武術とはいったいどのようなものであったかを具体的に明らかにし、現代に少林棍を復原するための基礎資料を提供するためであるが、それと同時に槍棍一体の技法を特色とする少林棍を通じて、棍法のみならず槍法の基本も理解することができ、結果として中国武術武器法の主要な側面を技術的に把握することができると考えたからである。

『少林棍法闡宗』の著者程宗猷は、本名程沖斗、宗猷は少林寺入門後の法名である。同書序文によると、程宗猷は少年時から武術を志し、少林寺の武名を慕って入門、前後十余年間学んだ。宗猷は少林寺で、初め洪転という武僧に師事した。洪転は当時すでに八十歳の老僧であったが、「棍法は神異、寺僧みな推尊」したという。宗猷が最もよく修練の相手としたのは宗相、宗岱という二人の宗字輩の兄弟弟子であったが、のちに広按について修行し、ともに寺を出て各地を歩いた。広按は「すなわち法門中の高足、ことごとく洪師の技を得た」人物であった。

程宗猷はひたすら武術を学ぶために少林寺に入門し、その後も武術修行のため各地を遊歴したという点で、後世の人々がしばしば思い描く典型的な少林武僧であった。修行の旅で宗猷は次第に「変換の神機、操縦の妙運」を悟り、さらに弓馬刀槍にいたるまで武芸各種を学び、半生を武術研究に費やした。棍法のほか単刀・長槍・弩弓の三法についても図解要訣を著している。その一つ『単刀法選』は倭寇の剣法すなわち当時の日本剣術であり、日中武術交流の貴重な資料でもある。

『少林棍法闡宗』は少林棍創始について、次のように説明している。

元の至正年間（一三四一～一三六七）、紅巾軍が乱を起こし少林寺を襲撃しようとしたとき、台所の僧が一人、進みでた。

「みなの衆、ご安心ください。私が防いでごらんにいれます」

僧が神棍を振るい、身をかまどの火に投じると、その姿はたちまち太室と少室にまたがる巨大なものとなった。紅巾軍は驚きあわてて退却した。いぶかる衆僧に、ある僧が語った。

「誰かと思えば、あれこそ観音大士の化身、緊那羅王にちがいない」

そこで衆僧は、籐で塑像を造り、その技を演じて後代に伝えたのである。

以後、少林寺では緊那羅王が保護神とされた。また清代に入ると「緊那羅王、紅軍を禦す」の壁画が描かれ、『緊那羅兵法』十五篇などが編まれた。現代にいたるまで少林寺の僧たちはこの伝説を信じ、唐初に活躍した武僧曇宗を少林寺武術の「頭輩爺《とうはいや》（最初の老師）」、緊那羅王を「二輩爺《じはいや》（二番目の老師）」とよんでいた（注：趙宝俊『少林寺』）。

緊那羅王が棍法の開祖であるというのは、単なる伝説にすぎないが、伝説でさえも少林棍の起源が元末をさかのぼらないという点については注目すべきであろう。

要するに「史実で確認しうる少林寺の武術とは棍法であり、その起源は早くとも元代（一二七一～一三六七）の末期、おそらく実際には明代初期、正徳年間（一五〇六～一五二一）三奇和尚が活躍したころである。また『少林拳』が盛んになったのは明代中期、万暦年間（一五七三～一六二〇）以降のことであり、『少林拳』はむしろ少林寺の外部で多様に発生、確立した可能性がつよい」と結論づけることができる。

少林棍の訓練体系と技法

少林棍には小夜叉・大夜叉の型と陰手棍の型があり、また排棍・穿梭という相対訓練法があった。『少林棍法闡宗』〈名棍源流〉によって、その内容を見てみよう。

（一）小夜叉・大夜叉の型（演練用の套路）

夜叉《やしゃ》は凶悪な鬼であるが、その心を降伏させれば力強い守護神となる。ここから少林棍に夜叉と名づけた。大・小は大架式・小架式のちがいであろう。原文に「大夜叉は小夜叉と相等しいが、脚歩変換の間（幅）が広いだけである」と述べている。

架式の大小の意義は流派によって異なるが、一般的にいえば大架式は構えと動きが大きいので体を練るのに適し、小架式は動きに隙がないので技を練るのに適している（もちろん最終的には大・小いずれの技も使えるように鍛錬し、臨機応変をめざすのである）。

小夜叉、大夜叉とも本来はそれぞれ六路の型があったが、『少林棍法闡宗』に採録されている棍譜図は、小夜叉第一路・第二路・第五路および大夜叉第一路の計四種である。同書問答編で「少林棍は全部で六路のはずが、一・二・五路しか図がないのはなぜか」との問いに対し、「六路といっても勢は同類であり、ただ一・二・五路が最も切要である。これに習熟すれば他はすべて類推することができる」と述べている。

（二）陰手棍

掌を基準とし、掌面を上に向ければ陽、下に向ければ陰である。陰手棍とは、両手ともに陰で棍を持つことである。たとえば両手を前に差し出し、棍の中央を上から握ったとする。このとき親指が互いに内側に向き合っているはずである。これが陰手棍であり、棍の両端を同じように小さく短く用いることができる。

陰手もまた少林棍の名である。陰手というのは両手をともに陰で棍を持ち、身を近づけて懐に入るのである。長棍を縮めて短く用いることができる。夜叉と互いに表裏をなす。

原文はこれに続いて「陰手は短棍の比にあらず」と述べているが、これは「陰手棍は長い棍を短く用いる法であり、単に短い棍を使うということではない」との意味であろう。これも六路あったが採録されているのは一路のみである。夜叉棍によって、槍法と一体化した「長棍の法」を学び、陰手棍によって「短棍の法」を練り、長・短を自在に変換させるところに少林棍の一つの特色がある。

（三）排棍・穿梭（相対訓練法）

排棍の「排」は排列の意である。原文は「排棍もまた少林の名である。両人が相対して、一人が上《かみ》となれば一人が下《しも》となる。一人が来たれば、一人が往く。あるいは周旋回転し、また身を近づけて懐に入る。二人とも互いに演じてこれを用いるのである」と説明している。つまり二人で相対して前進後退しつつ棍を突き、あるいは打ち合って棍法の実際的な運用を学び、同時に間合い・体さばきなどの相対感覚を養成するのである。

原文には「排棍はもと六路伝わっていたが、いまはただ上中下の三路を用いるのみである。しかしながらこれは活法であって定勢がない。したがって図解することが不可能である」とある。指揮者が訓練の主眼と練習者の上達度合によって、そのつど技を取捨選択して繰り返し練習させたものであろう。

穿梭の「梭」は機織の「ひ」とよばれる糸を通す道具のことであり、勢いよく行きかうさまから、しばしば「すばやいこと」のたとえに用いられる。原文に、

〈穿梭〉また少林棍の名なり。根梢《こんしょう》を相《たが》いに穿《うが》ち、一伸一縮、左右前後すること穿梭の如き然《すがた》なり。すなわち開場起手の棍なり。ただ一路のみあり。またこれは活法にして定勢なし。絵図すること能わず。

とある。「開場起手」とは、いわゆるウォーミングアップのことであろう。練習の最初に準備運動と基本訓練をかねて、互いに向き合い棍の先端をからませ、一進一退のうちに単純な繰り返し運動をおこなうのである。

練習の最初から穿梭という相対訓練を取り入れているところに、少林棍の大きな特徴がある。穿梭と排棍だけ

でも少林棍の主要技法を実戦的に身につけることができたはずである。明代、少林僧が外部に招聘されて兵士強化の訓練をおこなったときは、おそらくこうした相対訓練を中心に、短期間に実戦的訓練を施したのではないだろうか。

もともと「排」には兵士の整列するイメージがある。「排」は現代中国語でも軍事用語の一つで、「排長」といえば「小隊長」を意味する。兪大猷が少林寺を訪れたとき約千人の僧侶が武を練っていたという。千人は誇張された数字のようであるが、五十〜百人の武僧が同時に穿梭・排棍の相対訓練をおこなうということは、明代少林寺の武術的な全盛期に日常的にあったのではないだろうか。数十人の武僧が一斉に気合いを発し長棍を撃ち合うありさまは、さぞかし雄壮活発な風景であったろうと想像される。

（四）「破棍」の譜

『少林棍法闡宗』〈名棍源流〉に載せる少林棍の技法訓練体系は、以上のとおり小夜叉棍・大夜叉棍・陰手棍・排棍・穿梭から成り立つが、もう一つ注目すべきことは小夜叉第一路から陰手棍第一路まで五種類の棍譜図（型の演武線図）を示したあと、さらに各種の「破棍譜」が記されていることである。

「破棍譜」とは、いわば裏技（もしくは返し技）の技法を列挙したノートである。六路のほかさらに別法として二路あり、合計八路八十四技法にもなる。各種の相対訓練法からこうした返し技の集積までを見れば、明代少林棍が単なる型の演練にとどまらず、いかに実用的な技法を重視し研究したかが容易に理解されるだろう。

では、次に原書の図解にしたがって少林棍の技法五十五勢を具体的に分析してみよう。原書には各図に長短さまざまな歌訣が付されているが、こうした訣文の直訳だけでは具体的な動きをつかみにくい場合が多い。ここでは各技法の要点と特徴について、筆者の理解する範囲で解説を試み、明代少林棍の初歩的な復元としたい。図は早稲田大学図書館蔵『少林棍法闡宗』（上海・千頃堂書局一九一六石印版）による。

《少林棍法図解》

一．高四《こうし》平勢《へいせい》

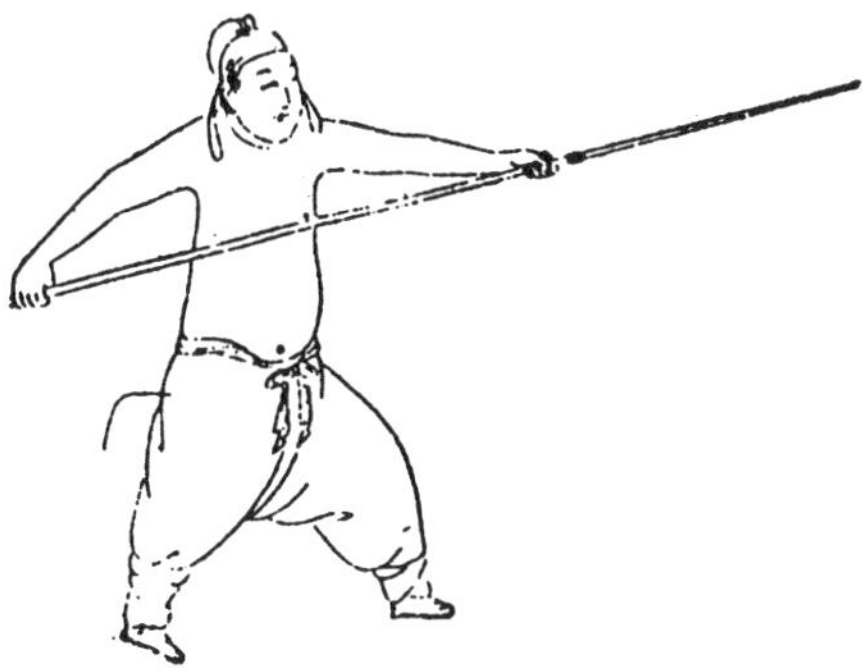

棍先を上方に向けた標準的な上段の構えである。相手が顔を突いてくれば、わが棍でいなし、あるいは身を落として下方に打ち、あるいは搭袖（後出）で身をさばく。ゆえに歌訣の最初に、「四平の高勢、変換活たり」とうたっているのである。

二．中四《ちゅうし》平勢《へいせい》

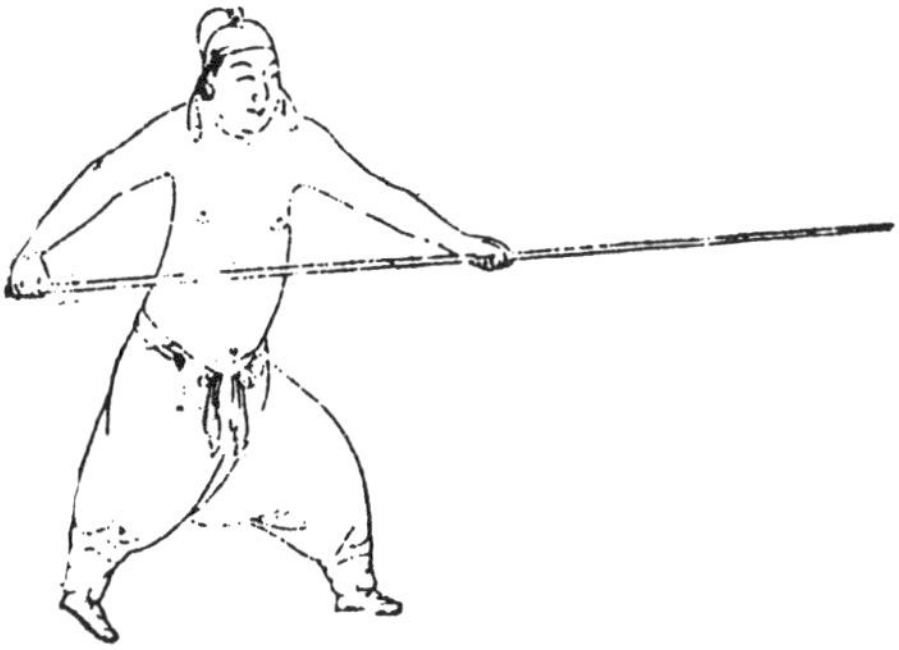

四方八方に備える最も標準的な中段の構え。鎗法では「中平鎗は鎗中の王なり」といわれる。この歌訣原文にも「中四平勢は真に奇なり。神出鬼没、意にしたがって縦横に変化す。諸勢の尊ぶところ」とうたっている。

三．低四《ていし》平勢《へいせい》

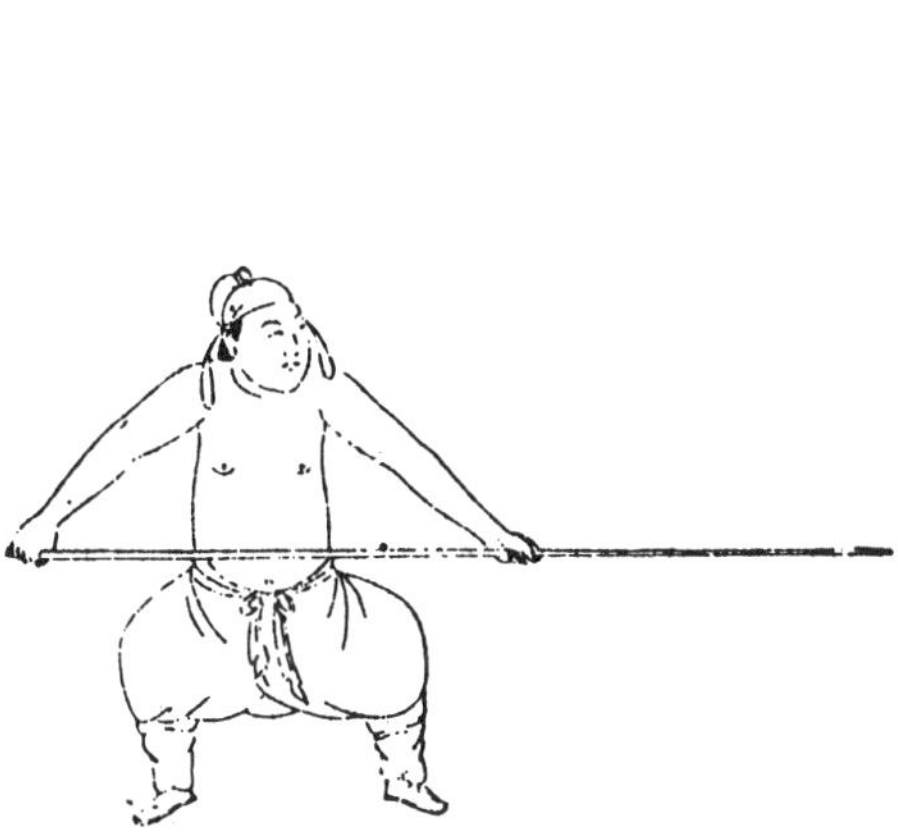

腰を落とした標準的な下段の構えであり、また防御の型である。たとえ相手が右、あるいは左から下段を突いてきても、辺・群二技法（後出）を意のままに用いて下段をさばく。ただ「搭袖」などの上段からの変化技を恐れるのみとする。

四．単手剳鎗勢《たんしゅさつそうせい》

片手突きの技。歌訣に「前手放つとき後ろ手は尽きぬ。一寸長ければ一寸強し」とある。たとえば、中四平勢から前手を放し、後ろ手で槍を飛ばすように突くのである。歌訣にはまた、「陽出陰収」とある。陽手（手掌側が上向き）で突き出し、陰手（手掌側が下向き）で引く。つまり右手をひねりながら突き、そして引くのである。

五．高搭袖勢《こうとうしゅうせい》

足、膝などをねらって突いてきた下段の攻撃に対して、体さばきをしながら前手の袖下に棍を送り、上段に構える。これが搭袖勢である。ここから一挙に、繰り出した棍を再び引き下ろしながら下段に激しく打ち下ろす。下段攻撃を破る強烈な反撃技である。

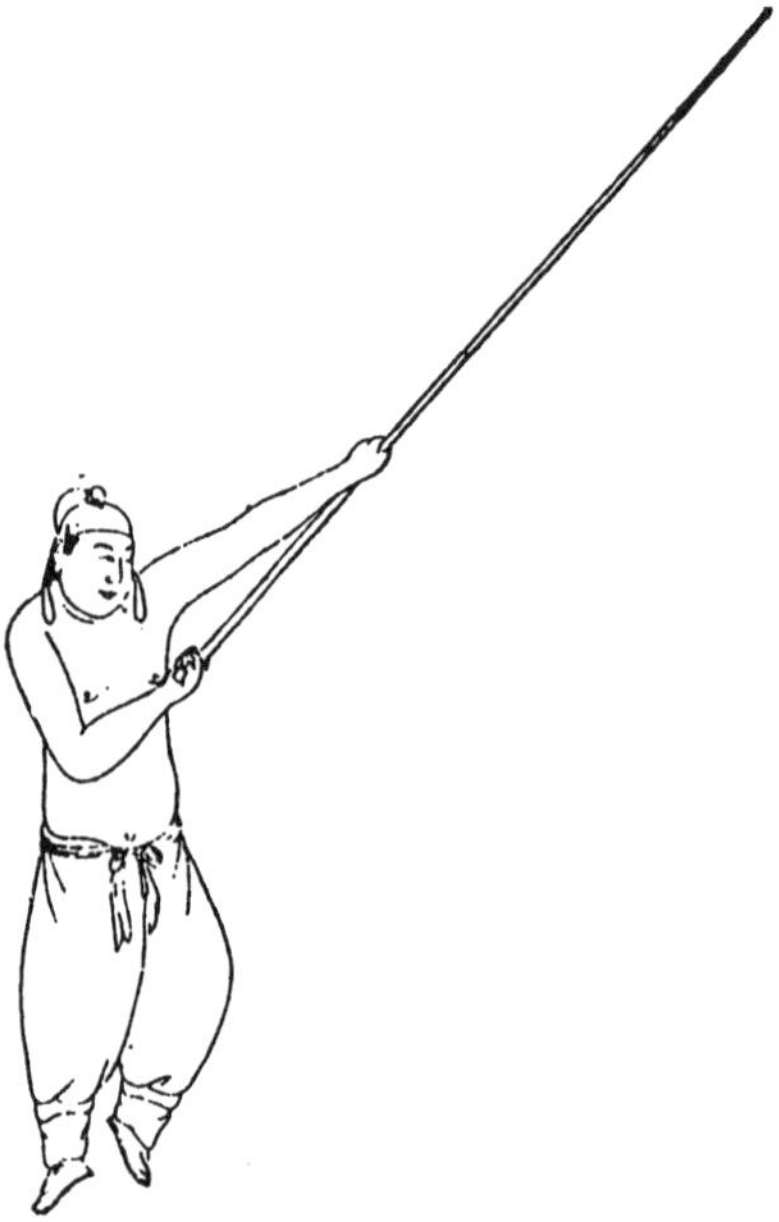

六．辺攔勢《へんらんせい》　七．群攔勢《ぐんらんせい》

「攔」は、さえぎるの意。下段攻撃を左右にはじく受け技である。左方への受け技が辺攔勢、右方への受けが群攔勢である。すなわち、辺攔勢は相手の攻撃を外側にすくうように流し、群攔勢は内側に押さえつけるように受ける。図では一見似たような体勢ながら、棍の位置と前手の使い方のちがいが明らかである。歌訣によれば、左右に攻撃をさばいたあと、棍頭を突き上げて反撃する。「ただあり穿提の柔勢妙なり。他が左右を防ぎ、棍頭鑽《つらぬ》くべし」とうたっている。

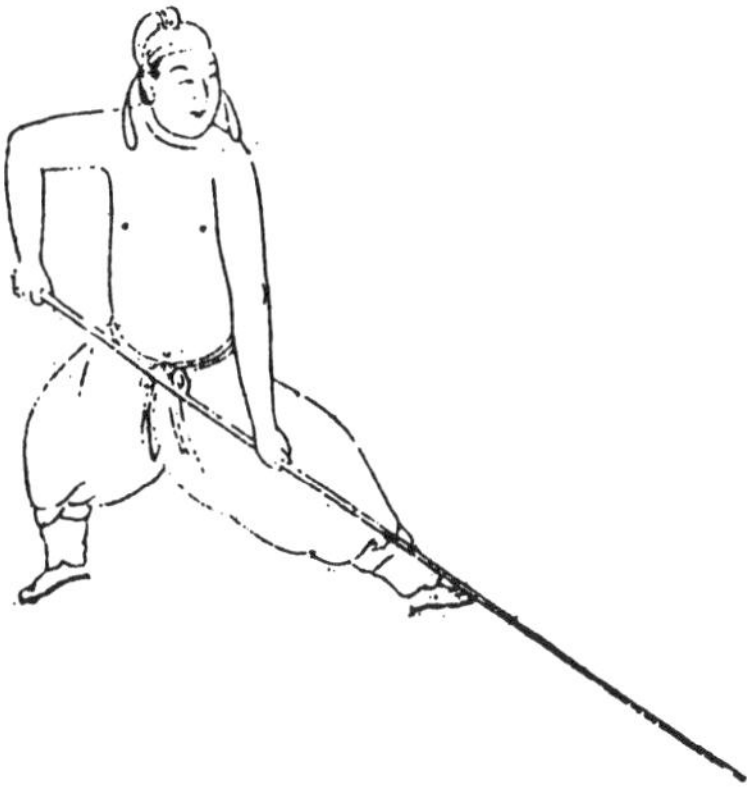

八．伏虎勢《ふっこせい》

体勢を低くし、相手の上段攻撃をさばく技である。たとえば、相手が上段を突いてきたとき、身を低くして棍を受け、そのまま相手の手元めがけて打ち込む。ただ、このような場合も搭袖勢のように上段から反撃する技には用心しなければならない。

九・定膝勢《ていしつせい》

前膝まで右手を出し、棍を体の前面に構える。歌訣に「定膝立勢は伏虎のごとし」とある。伏虎勢と同様に本来は受けを主体とする構えである。棍の上部下部をともに使い、上・中段に備え下段に対しても手の内を一転して辺・群二攔に変化する。そして隙を見て、突き・打ち思いのままに反撃する。

十・潜龍勢《せんりゅうせい》

棍首を静かに下方に垂らした構え。歌訣に「潜龍は、棍首落つるなり。諸勢、静をもって降すべし」とある。静かに下段に構えて上段攻撃を誘い、下段の隙に乗じて、相手の足・膝など下段を攻める。あるいは逆に下から上に一挙にはね上げる。

十一・鉄牛耕地《てつぎゅうこうち》

鋤や鍬で荒れ地を耕すように、上から下に激しく打ち下ろし、あるいははね上げる。図では前勢の潜龍勢によく似ているが、潜龍勢は柔勢の構え、鉄牛耕地は剛的な攻撃技法である。歌訣にも「鉄牛耕地ははなはだ剛強たり。上にはね下に打つ最も当りがたし」とある。

十二．孤雁出群勢《こがんしゅつぐんせい》

歌訣に「圏外に敗鎗あらば、孤雁出群して走るべし」とある。すなわち孤雁出群勢とは、正面から繰り出した自分の棍が外側にはじかれたとき、身を一転させて体勢を立て直す一種の逃げ技である。このあと身を転じ、片手あるいは双手で振り打つ。

十三．敬徳倒拉鞭勢《けいとくとうらべんせい》

前勢の孤雁出群勢と同じく、敗勢を立て直す技である。ただし、前勢は「圏外敗鎗を救う術」、この技は「圏裏敗鎗を救う術」である。圏裏（自己正面の内側方向）にさばかれた時、身を一転させて棍を引き、反撃に出るのである。

十四．刀出鞘勢《とうしゅつしょうせい》

刀を鞘から走らすように片手で棍を振り回す技である。前勢の敬徳倒拉鞭勢と互いに連絡、転換する単手棍の技法である。たとえば、この刀出鞘の構えから片手で棍を打ち込む。すると棍は体から大きく離れる。そこで拉鞭勢の要領で後方に転身して棍を引き付け、ついで片手で棍を振り回し、再び刀出鞘に戻ったりするのである。

十五．地蛇鎗勢《ちじゃそうせい》

相手の上段突きを受け止めずに、そのまま身を沈めてかわす技である。相手が空を突いて一瞬の隙が生じたとき、盗み足で相手に接近して反撃する。あるいは体を沈めると同時に相手の足・膝などをねらう。歌訣は「死蛇は変じて活蛇となるを誇るべし」と結んでいる。

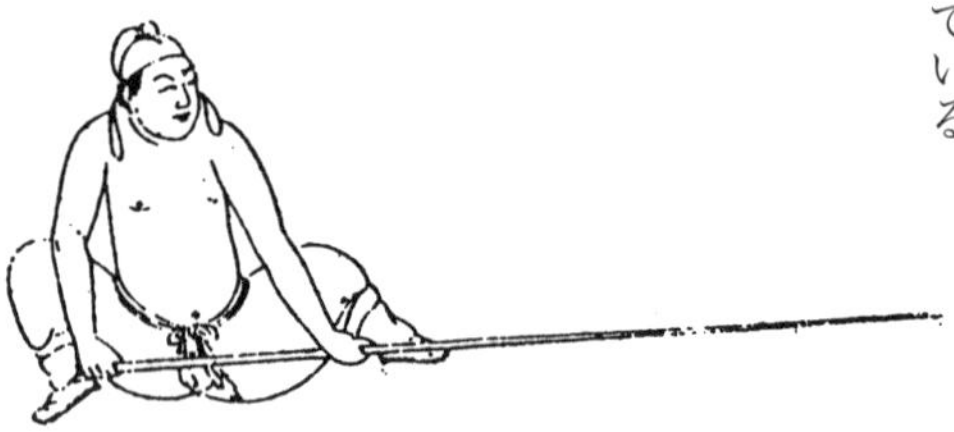

十六．提鎗勢《ていそうせい》

歌訣に「提は低き鎗を降すを主とす」とある。つまり提鎗は前勢の地蛇鎗勢のように、下段に入り込んできた棍を左右にはじく防御の術である。鎗法によく見られる撥草尋蛇勢すなわちあたかも草むらに隠れた蛇を追い払うかのように棍首を用いる技と共通している。

十七．騎馬勢《きばせい》

たとえば、足をねらってきた棍を受け止めずに、右上方に大きく足を進めて空を打たせると同時に、腰をひねって顔、のどを水平に振り打つ。「騎馬は順歩にあらず。推開して右足を上らしむ」と歌訣にある。地蛇鎗勢などの下段攻撃に対する反撃法の一つである。

十八・穿袖勢《せんしゅうせい》

足さばきは異なるが、両手と棍の動きは高搭袖勢に似ている。ただし、穿袖勢のほうがより積極的な技法である。穿袖で外側から上段を攻撃、相手が内側から下段に入れれば、足を退いて群攔勢を用いる。あるいは、前進して棍を旋風させ、刀出鞘の要領で再び棍体一致の体勢に返る。

十九・仙人坐洞勢《せんにんざどうせい》

穿袖の技で攻撃したが、相手にかわされ、反撃を受けたときなど、瞬時に後方に体を落とす。右手は依然として後方にあり、両腕を交差した形になっている。これをつぎの動きのばねとして、身を起こしざま、すばやく片手突きなどを飛ばす。

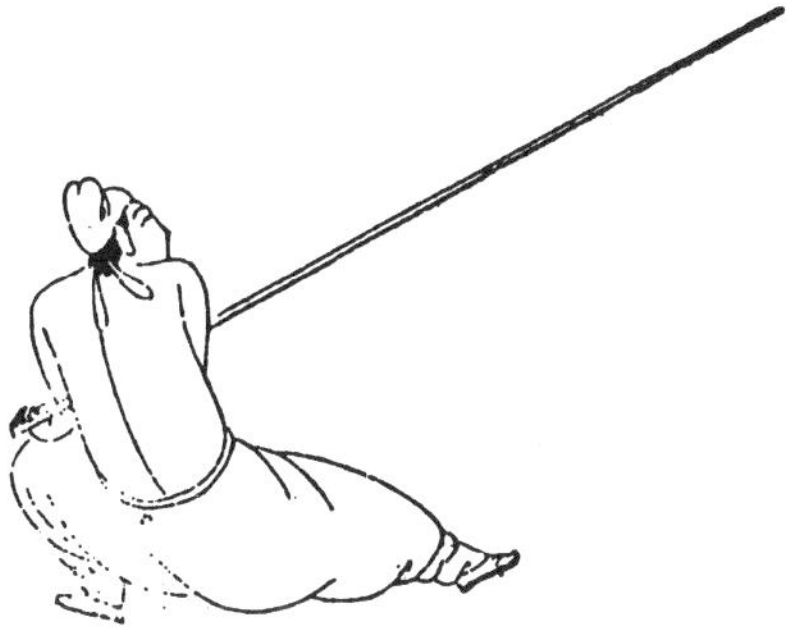

二十・烏龍翻江勢《うりゅうほんこうせい》

辺攔・群攔の二勢と類似する下段の受け技である。ただし、受けにとどまらず、わが棍を相手の棍にしつこく粘らせながら果敢に前進し、突如として上方に棍を翻す。歌訣は「先に立つ群攔、左右に挐す。再び用う翻江、まさに確を得たり」とうたっている。

二十一．披身勢《ひしんせい》

披身勢は身を退いて相手の虚を誘う牽制の技である。たとえば内側からいったんは打って出るとみせて、さっと身を退く。相手があわてて追い込もうとして手を出したとき、軽くこれを受け流し、一挙に右足を進めて騎馬勢（第一七技法）で決める。

二十二．呂布《りょふ》倒拖《とうた》戟勢《げきせい》

披身勢と同じように、いったん身を退いて相手の虚を誘う牽制の技である。ただし、披身勢は順歩（右足前の場合右手を使う体勢）であるが、この技は拗歩（右足前の場合左手を使う＝手と足が入れ違いとなる立ち方）で身を退く。隙を見て歩を進め、四平の技で突く。あるいは相手の棍をはじき、騎馬勢となって圏外から打つ。

二十三．飛《ひ》天乂《てんさ》（叉）勢《せい》

外側から攻める棍をX字の形に交差して粘らせる受け技である。虎口、すなわち前手の握り手をねらって突いてきた槍に対しては、腰を落として伏虎勢で受ける。歌訣の中でも「虎口の鎗来れば伏虎で攔す」とうたっている。

二十四．陳《ちん》香《こう》壁《へき》華《か》山《ざん》勢《せい》

拗歩で構え、腰をひねって左半身を大きく前に出す。利き手の右側にすべての実を蓄え、左側に自ら虚をつくって相手の攻撃を誘う。隙に乗じて相手が左から攻めてきたとき、体をひねって真下に、あるいは袈裟打ちに激しく打ち下ろす。

二十五．順《じゅん》歩《ぽ》劈《へき》山《ざん》勢《せい》

相手の外側に入り、陰拳で（つまり手甲を上にし、棍を下方に押さえつけた形のまま）棍を繰り出し、相手の前拳を打つ技である。「快なること、（次の）剪子股勢のごとし」と、歌訣はうたっている。

二十六．剪《せん》子《し》股《こ》勢《せい》

歌訣に「手は同じからざるも、用うればすなわち同じ。剪子股勢は穿袖に類似す」とある。棍の持ち方は異なるが、用法は穿袖勢と同じように棍底の握り手を袖下に出入させ、瞬時に棍首を上下し、攻防を展開するのである。

二十七．庄家乱劈柴勢《しょうからんへきさいせい》

俗的に意訳すれば「農夫まき割り乱れ打ちの技」である。歌訣には「劈柴は換手して圏裏認むべし。右纏右劈、歩を移して進む」とある。棍を持ちかえ、内側から相手の棍にからめ、あたかもまき割りのように棍を上下して連続的に打ち込む。

二十八．黒風雁翅勢《こくふうがんしせい》

雁翅とは相手にわが体の正面を見せない半身の構えである。歌訣に「雁翅はまず勾す圏外の鎗」とある。棍先で相手の棍を引っかけるように開き、あるいはこちらの小手などをねらってくれば、これを軽く上にはねあげてかわす。

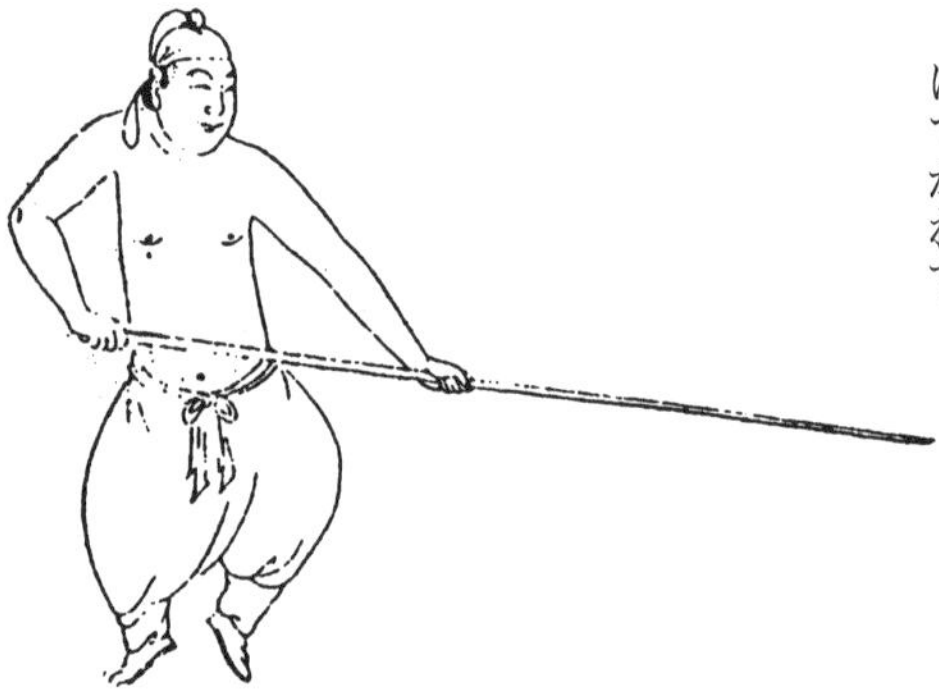

二十九．高提勢《こうていせい》

棍底の握り手を頭上にまで高く上げ、対照的に低くなった棍先で、下段から入り込もうとする相手の棍をさばく技である。また、一挙に棍を上下に入れ換え、次勢のように真っ向から激しく打ち下ろす技に変化することも可能である。

三十．烏雲罩頂勢《ううんとうちょうせい》

両手を大きく上下に分け、その棍の間にわが身を隠すような構え。この体勢で相手の外側に踏み込み、激しく下方に打ち込むのである。歌訣に「罩頂勢は圏外にありて、身はすでに棍間に入る」とある。

三十一．通袖勢《つうしゅうせい》

袖の中から棍を繰り出すように用いる技である。これまでに登場した高搭袖勢・穿袖勢・剪子股勢などと共通する技である。前手は肘を伸ばしたまま一種の軸のように固定し、その握り手は管のように軽く棍を出入りさせ、後ろ手によって棍を前後・上下に自在に動かすのである。

三十二．劈勢《へきせい》

歌訣に「鎗来らば手を縮めて一劈せよ。彼すなわち遮ぎかわさんとするも何ぞ及ばん」とうたっている。攻めてきた相手に対して真っ向上段から打ち下ろす技である。罩頂勢と足構えは異なるが用法は類似している。

三十三．覇王上弓勢《はおうじょうきゅうせい》

歌訣に「上弓勢は掤打す、雁翅と同じ。すべからく知るべし、左右の虚実異なるを」とある。つまり腰を落として大腿の上に棍を置き、相手の棍を軽くはね上げたり、巻き込んだりする。重心は雁翅勢と異なる。

三十四．朝天鎗勢《ちょうてんそうせい》

朝天とは棍先を高く天に向けた形をいう。歌訣に「朝天（勢）は三不静なり。柔を以て剛を制す」とある。たとえば、まず上段にきた相手の棍を払う。ついで相手が下段を突いたところを足を上げてかわす。ここから反撃に転じて棍を振り回して相手の上段を襲う。三段階に連続して変化するので「三不静（三たび静かならず）」といったのであろう。

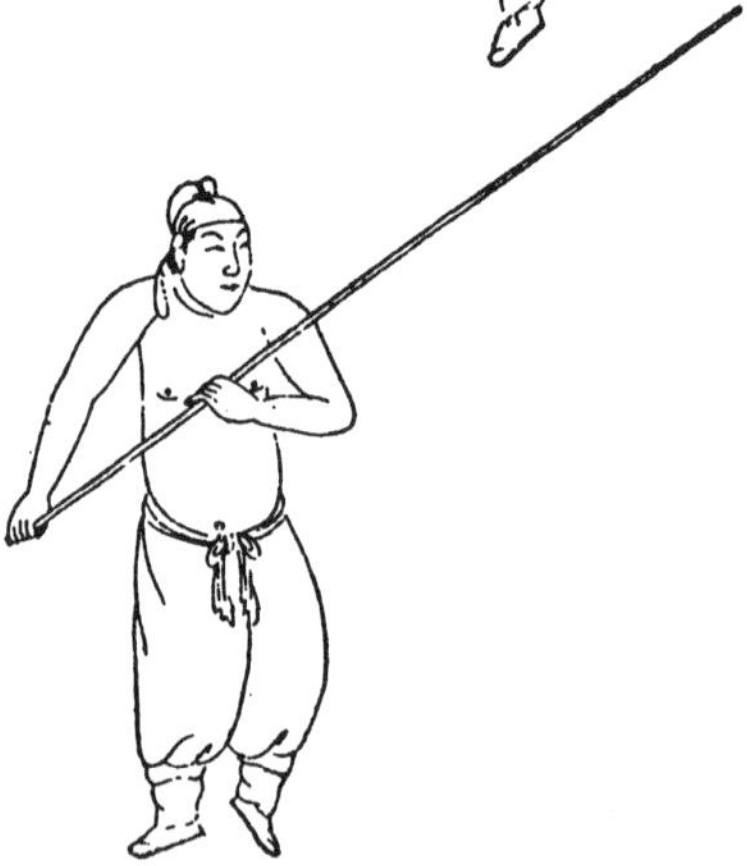

三十五．金剛抱琵琶勢《こんごうほうびわせい》

琵琶を抱くように、懐中に棍を抱えた待ちの体勢である。牽制しつつ相手の攻撃を誘う。相手が攻めてくれば退いてさばく。こうして隙を見いだし、歩を進め、棍を打ち下ろす。攻防ともに変化しやすい技である。

三十六．跨《こ》剣《けん》勢《せい》

歌訣には「跨剣（勢）は空を放ち、人の剳するを待つ。打開移歩して群攔に変ず」とある。相手の突きを誘い、いざ突いてきたらば体さばきとともに群攔勢となり、あるいは一挙に斜め上から片手で打ち下ろす。歌訣はまた「斜上単打、防ぐこと最も難し」と結んでいる。

三十七．左《ひだり》献《けん》花《か》勢《せい》　三十八．右《みぎ》献《けん》花《か》勢《せい》

片足立ちの構えから棍を横打ちに振り回すとともに、棍を持ち換えて左右の体勢を入れ換える一種の左右連環技である。必要に応じて群攔穿袖の技などを駆使し、いっそう変化に富んだ連続技とする。歌訣も「左足、高く懸ぐは左献花、横打し換手す右献花。左纏左打群攔進め、右纏右打穿袖加えん」とうたっている。

三十九．尽《じん》頭《とう》鎗《そう》勢《せい》

下段構えで隙を誘い、相手が攻めてきたとき、後ろ足を前足の後ろに運んで斜めに体をさばき、相手の隙に乗じて反撃に転ずる技である。歌訣に「偸歩（盗歩）して斜めに上り行けば極めて利あり」とある。

四十・高搭手勢《こうとうしゅせい》　四十一・単提手勢《たんていしゅせい》

歌訣は両技を合わせて「搭手・単提いずれも哄手なり。後ろ手を跟（棍尾）に接すれば、劈・拏みなあり」とうたう。哄手とは一種の威嚇・牽制の術であり、相手の攻撃に応じて、直ちに両手で棍を握り攻防の技を用いる。高搭手勢はやや身を前傾して相手を追いつめるような気迫があり、単提手勢は心持ち身を引いた体勢である。

四十二・金鶏独立勢《きんけいどくりつせい》

歌訣は「彼は足を割す（突く）、我は面を割す。ただ足を懸げん、独立勢便なり」とうたうのみである。下段攻撃に対してその場で前足をわずかに挙げてかわしながら、同時に相手の上段を突く、いわば「見切り反撃の術」である。

四十三. 倒《とう》拖《た》荊《けい》棘《きょく》勢《せい》

たとえば、こちらから突いた棍がかわされたとき、そのまま棍を後方に送る。体の前面が一瞬、がら空きとなるが、相手がこれに乗じて攻めてきたとき、後方の棍を振り回して激しく打ち下ろし、あるいは再び両手で握って突く。拉鞭勢と共通する技である。

四十四. 二郎《じろう》担山《たんざん》勢《せい》

棍を担いだ牽制の構え。歌訣によれば、ここから刀出鞘勢（第一四技法）、劈華山勢（第二四技法）などに変化する。すなわち歌訣は「担山勢は、両般に用う。剳（突き）来れば撩打して出鞘に変じ、剳せざれば推開して劈華山」とうたっている。

四十五. 鳳凰《ほうおう》単《たん》展《てん》翅《し》勢《せい》

右肘の後ろに棍を沿わせて背負い、左手を前方に大きく差しだす。歩を進めながら右手を軸に棍の上下を翻し、下から相手の前手をはね上げ、さらに連攻する。歌訣には「この技はすべからく陰手を用いて携う」とある。以下に登場する陰手棍の開門の技といえよう。

四十六．下挿勢《かそうせい》

相手が旋風棍・掃地勢など棍を振り回す技で攻めてきたときに用いる受け技である。右手を高く上げ下方に意を込め、棍先を地にしっかりと押さえつける。歌訣に「旋風掃地、勢は擬（予測）し難し。ただ有り下挿、硬く搪抵（防御）す」とある。

四十七．挟衫勢《きょうさんせい》

歌訣は「挟衫、勢を変ずること甚だ多般なり。斜上に出洞す、最も速しとなす」とうたう。図で明らかなように、前に押し出した左手は、陰手（手甲側が上）である。連続的に左右の手を陰手で突き出し、棍の両端を用いて連攻する。近い間合いで最も速く打ち込むことのできる陰手棍の基本技である。

四十八．一提金勢《いっていきんせい》

これも陰手棍である。挟衫勢よりやや間合いが遠い場合、相手の懐に入り棍尾で下から腕を打ち上げる。歌訣も「懐に入らば長棍を用いること難し。ゆえに陰手を取りて緊密たり。圏外すべからく棍根を用いるべし。歩を進め手を打つこと最も疾し」とうたっている。

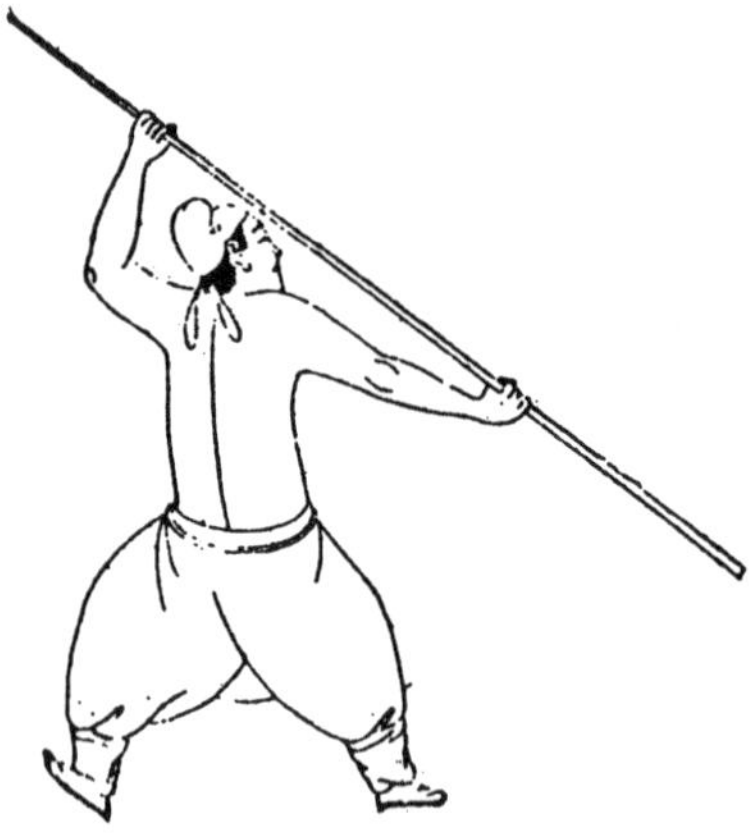

四十九．秦王跨《しんおうこ》剣勢《けんせい》

第三六技法跨剣勢と同様に、左足を前方に踏み出し、左腰に棍を構えた体勢である。ただし、ここでは前勢と同じ陰手棍である。「提金は棍を翻し懐に擠進す。秦王跨剣は棍を緊く挨（接近）すべし」とある。一提金勢に続く連絡技と考えることができよう。

五十．前攔《ぜんらん》搪勢《とうせい》

一提金勢の反対技といえよう。つまり一提金から体勢を入れ換えればこの技となる。歌訣に「前攔搪もまた陰手なり。梢（棍先）を起こして圧封し、根（棍底）を翻して進み、首を打つべし」とある。棍先で下から牽制しつつ懐に入り棍底で上から頭部を打つ。

五十一．勾掛《こうか》硬靠勢《こうこうせい》

歌訣は「前攔搪勢、圏裡を打つ。勾掛硬靠、圏外を走る」と記すのみ。たとえば前攔搪勢から一歩進み下から打ち上げ、その場で棍を外側から振り打つ。秦王跨剣勢の反対技である。一提金から秦王跨剣に連絡したように、この勾掛硬靠勢は前攔搪勢から連続的に用いる技である。

五十二．鎖《さ》口《こう》鎗《そう》勢《せい》

歌訣は短く「攔搪は下鎗を提し、鎖口は上手を封ず」と記すのみ。攔搪が下から圧封するのに対して、これは棍梢を小さく回して相手の前手を上から封ずる。したがって、これも攔搪からの連絡技と考えることができる。

五十三．鉄《てっ》扇《せん》緊《きん》関《かん》門《もん》勢《せい》

歌訣に「鉄扇勢はやや抱琵琶に似たり」とある。前手を胸の前に引いたところが類似する。いわば陰手棍による琵琶勢ということができよう。相手が前勢の鎖口勢を用いて自分の腕を攻めてこようとしたとき、身も棍も、前手とともに後方に引き、再び反撃に転ずる技である。

五十四．撐《とう》勢《せい》

撐とは、支え柱のこと。また、支えるように「つっぱる」意でもある。歌訣は「低棍は遮せず横に硬く撐す。圏外、足を掃かんとすれば、また撐住す」とうたっている。拗歩で立ち、下段を攻防する陰手棍である。

五十五．単倒手勢《たんとうしゅせい》

歌訣は単に「手を（反）倒す。打ちて棍を退く。接着すべし陰陽手」と記すのみである。両手ともに陰手で握る陰手棍から、標準的な持ち方である「陰陽手」に転換するための動作。倒手によって持ち手を変え、遠近自在に戦うのである。

（《少林棍法図解》完）

第三章　中国武術の発達Ⅱ　倭寇動乱期の兵法再興と日中武術交流

第一節　日本海賊の系譜

日本海賊の源流

「倭寇」すなわち日本海賊は、十六世紀、中国海寇と連合して山東半島から広東にいたるまで中国の沿海地方を激しく侵掠した。明朝政権は倭寇を防ぎ、中国海寇の反乱活動を鎮圧するため、沿岸の防備に努力した。明代はまた、北方に駆逐したモンゴル軍団がたびたび侵略を繰り返したので、北辺の武備にも多大の力を費やさざるを得なかった。こうした南北における軍事活動のなかから政府軍には数多くの名将が生まれ、古来兵法を一新する実戦的な兵法・武術が盛んとなり、それらは軍事訓練などを通じて広く民間に流布し、太極拳をはじめとする近・現代中国武術の直接的母体となったのである。

倭寇動乱期におけるもう一つの重要な副産物は、中国海寇の船に同乗していたポルトガル人によって鉄砲が日本に伝来し、日本戦国時代の戦闘技術に革命的な変化をもたらしたことである。鉄砲の製造技術は驚くべきスピードで日本国内に普及し、衆知のように織田信長による日本の武力統一に寄与した。

一方、日本側から対外的に影響を与えた例として倭寇の日本刀術をあげることができる。倭寇の日本刀術は民間人はもとより官軍にも大きな恐怖感を与え、半裸にちかい倭寇が日本刀を振りかざす姿は、日本人の侵略者的イメージとして現代にいたるまで中国人の深層心理に残っている。少林寺出身の武術家程宗猷の著書『単刀法選』は、日本刀術の実戦性に関心をもった程宗猷が自ら学んで著したテキストである。同書は、古流日本剣道の技法をうかがうことのできる、日本武術史にとっても貴重な史料といえる。このほか明代兵書を集大成した『武備志』に日本剣道の主要流派「影流」の伝書が採録されていることは広く知られている。

本章では、明代武術史を理解する一つの前提として、倭寇動乱期における史的事実を概観したあと、倭寇撃滅に活躍し中国兵法に画期的な変化をもたらした戚継光の戦法と武術を分析する。次いで中国に流入した日本刀術および日中間における鉄砲伝来について考察し、最後に日本柔術の成立と陳元贇柔術開祖説の伝承について再検討を加えてみたい。

まず倭寇の源流を探る意味で日本海賊の発生について考察する。

日本における海賊は八世紀ころから国内史上に姿を見せはじめ、九世紀には瀬戸内海を中心に活動が目立ちはじめた。瀬戸内海は九州・畿内という二つの政治的中心地および山陽・四国の沿海地方を結ぶ国内最重要の海路であった。流通経済が発達し、物資輸送が盛んになり、かつ政治的抗争によって中央権力の統制力がゆるむと、沿海あるいは島嶼群に散在する貧窮の海民がときに船舶を襲い物資の略奪をおこなった。これが日本海賊の起りである。

このルートはまた、九州北部を経て朝鮮半島に結びつく国際通商路でもあった。海賊が発達した主要な地点は、まさしくこの対馬・壱岐・松浦という九州北部から瀬戸内海、さらに紀伊半島に達する海上交通路の線上にあった。中世日本海賊の実体は、このルートの島々および沿海諸地方に点々と棲み分けた豪族たちで、海上を舞台として半ば自治的な生活を営んでいた武装集団であった。彼らは国家的な権力と全面的に対決するだけの力はなかったが、中央権力とは常に相対的な距離を保ち、利によって陸上の諸勢力と結びついた。一方で海賊行為を専らとする集団もあれば、また一方ではいわば海の傭兵部隊として、海上輸送物資の護衛にあたるグループもあった。

九世紀半ばから朝廷は海賊取り締まりに苦慮したが、十世紀半ばには藤原純友が海賊連合軍を率いて大規模な反乱を起こしている。九四一年、純友は九州大宰府を襲撃したが、追捕凶賊使小野好古に駆逐され、本拠地の伊予に逃げ帰ったところを伊予警固使橘遠保に討たれた。

純友による京都上洛の情報で政府軍の緊張が高まったり、あるいは純友が現実に大宰府を襲ったりしたことは、内海の海上勢力が陸上権力をめざしたことを意味しているだろう。それだけ海賊が武力的成長をとげていたのである。また、この大規模な反乱を鎮圧しえたことは、政府軍にもそれだけの水軍武力が備わってきたことを表している。もっとも政府側水軍の末端部隊にも、いつ海賊に転じてもおかしくはない沿海の戦闘的武装集団が一時的な存在として多数加わっていたはずである。

平安時代末期、これら西海・南海の海上勢力を支配下に収め、日宋貿易を独占して強固な権力を築いたのが平清盛（一一一八～一一八一）ら平氏一族であった。平氏に対抗する関東の源氏一族は騎馬戦を得意としたが、紀伊半島の海賊集団を味方に引き入れて海陸で平氏を撃破し、一一八五年壇の浦で平氏は自らの得意とする海戦に敗れて全滅した。この内戦で勝利した源氏は鎌倉幕府を組織し、政治の実権は天皇中心の貴族階級から武士階級の手に移った。日本の政治的な中心が朝廷政権から軍事政権に転換したのである。これ以降、天皇を象徴的存在とし、実質的には武士階級による軍事政権が全国を支配するという日本の統治システムが基本的には近代まで変わることなく続いたのである。

一二二三年、朝鮮『高麗史』高宗十年五月の条に「倭、金州に寇す」とある。このころから日本海賊は対外的な侵出を始めた。このときの「倭」は距離的に最も近い対馬の海賊が食料略奪を目的に侵寇したものと思われる。

一二三一年、蒙古の太宗オゴタイ・ハンは高麗に出兵、以後三十年にわたってしつような侵略を繰り返し、一二五九年ついに高麗を屈服させて自己の属領とした。一二六〇年、フビライ・ハンが即位し、一二七一年国号を元と改めた。「元」とは「すべてを包みこむ大いなる根元的な力」を意味する。国号にも世界帝国樹立をめざしたフビライの意欲をうかがうことができる。

フビライは日本に対して属領化を要求する脅迫的な外交文書を送付する一方、高麗を前線基地として屯田を設け、大規模な造船を命じて日本侵略の準備を進めた。これに対し日本は武力によって独立を守る道を選び、九州の防備を固めた。朝廷はできるだけ和平の道を選ぼうとしたようであるが、当時政治の実権は軍事政権として誕生まもない武士階級の手にあった。彼らが未知の大敵に対して戦争を決意したのは、武人としての誇りからであったろうし、またもし属領となれば国内政権が朝廷にもどり、自己の存在基盤が失われることを恐れたとみることもできるだろう。もともと日本は宋朝との通商・文化交流によって多大の恩恵を受けており、また宋の亡命知識人が当時、武士階級の背後にいて思想的につよい影響力を行使していたので、宋朝を滅ぼした元朝に対し、鎌倉幕府は初めから好意的な感情はもっていなかった。

元軍は一二七四年（「文永の役」）、一二八一年（「弘安の役」）と二度にわたって日本に遠征したが、いずれも上陸作戦に失敗して敗退した。特に第二回目は台風のため一夜で十万以上の軍勢が全滅した。ただし、武術史の観点からは、単なる天候の激変が戦争の勝敗を決定したのではなく、短期間ながら海陸の最前線で激烈な戦闘がおこなわれたことを指摘しておきたい。海から敵地を占領する場合、上陸直後にいかに基地を設けるかが最も緊要かつ困難な作戦問題となるが、元軍は日本武士の決死的な防衛線を突破することができず、直接の目的地であった太宰府を占領することはもとより、九州本土の沿岸に一つも陸上の前線基地を築くことができなかった。ここに元軍の直接的な敗因があったとみるべきである。

最前線で果敢に戦い多大の犠牲をはらった武士集団として松浦党が名高い。また伊予の河野道有らは小船で元軍の船に夜襲をかけて勇名を馳せた。松浦党、伊予河野氏らは、多くの海賊衆を率いた豪族であり、のちに中国沿海に出没した倭寇にもその一族が多数参加していた。

元軍と日本軍との具体的な戦闘については、当時の日本側資料『八幡愚童訓』『竹崎季長（蒙古合戦）絵詞』などで知ることができる。『八幡愚童訓』は当時、朝廷の守護神的立場にあった石清水八幡宮が、蒙古襲来を中心に歴代の対外戦争を記述したものである。いわば神社の立場から述べた「対外戦争勝利由来記」である。古代については神話的な伝説も多く語られているが、元軍との戦闘については比較的詳細な記述が見える。筆者不明で実際の執筆時期は戦争終結後かなり経ってからのようであるが、他の公的資料がほとんど失われているので現在でも根本資料として貴重視されている。

『竹崎季長（蒙古合戦）絵詞』は、肥後の御家人竹崎が自己の戦闘を絵物語で解説したものである。戦争の全局を述べたものではないが、対決した両軍の武器・武装、戦闘のありさまを如実に描いた貴重な資料である。

わが国で「元寇の役」とよぶこの日中戦争の史的研究は、すでに数多く発表されているので、ここでは主として上記二資料にもとづき戦闘の最も特徴的な部分のみを摘出しておきたい（注：現代の軍事的観点から当時の戦闘を分析したものに『〈本土防衛戦史〉元寇』陸上自衛隊福岡修親会一九六三がある）。

当時、日本の国内戦争では、対決した両軍の代表者がまず互いに名乗りをあげ、大義名分を簡潔に述べて戦闘の意義・目的を明らかにし、次いで音の発する鏑矢《かぶらや》を放って、これを合図として一斉に戦闘を開始した。これが正規戦の一般的な開戦作法であったようである。

元軍が第一回遠征で、壱岐・対馬を陥し、九州北岸に上陸して日本の主力軍と対決したとき、「日本の大将少弐入道覚恵の孫わずか十二、三歳の者が、まず矢合わせのために小鏑を射ると、蒙古兵は一度にどっと大笑いした」と『八幡愚童訓』にある。少年さえ先陣に列して戦うという日本軍の決意表明と開戦作法は、元軍から見ればあまりにも幼稚で形式的な儀礼としか映らなかったのであろう。そもそもこのときの日本軍の挙動が何を意味していたかさえ理解されていなかったかもしれない。こうして、戦闘開始前から、すでに両軍は風俗習慣のちがいをあからさまにしていたのである。このあとに展開された戦闘は大要、次のように描かれている。

蒙古軍は太鼓やドラを打ち、その音の激しさに日本の馬は狂うように跳ねた。馬を静めるため敵に向かうことを忘れるほどであった。蒙古の矢は短いものではあったが、矢根に毒が塗ってあり、当たるとその毒気に負けた。矢先をそろえて一斉に、雨のように矢を射かけ、近づくものは槍を持って立ち並んだ前衛の兵が中ほどをあけて引き下がり、両方から取り囲んで殺した。

蒙古軍は軽装で馬によく乗り、力強く、命は惜しまず、勇猛かつ自在に駆けめぐった。大将軍は高いところにいて、退くべきところ、攻めるべきところを太鼓で合図した。退くときは鉄砲を飛ばしたが、その音の激しさに心は迷い肝を失い、目がくらみ耳もふさがるかと、忙然として東西がわからなくなるほどであった。日本軍は一人ずつの勝負のつもりが、蒙古軍は大勢で一度に襲いかかり、押し殺し、あるいは生け捕りにした。そのため攻め込んだ日本人を一人として漏らすことはなかった。古人のことば「兵法を教えずして民を戦わせる、これを民を棄てるという」とは、まことにこのことかと、いま思い知らされた。なかでも松浦党は多く討たれた。

（注：『群書類従』巻十三所収『八幡愚童訓』による）

元軍が退くときには「鉄砲」を用いたとあるが、これはまだ火薬で銃弾を発射する後世の鉄砲ではなく、敵を威嚇し撤退路を確保するための「爆裂弾」であった。『竹崎季長（蒙古合戦）絵詞』に、流血する馬に乗って苦戦する竹崎と、退却する蒙古兵の間で円形の爆弾が破裂している場面があり、これに「てつはう」（鉄砲）と注記されている。

機動性に富み、火器を使用し、集団戦を得意とする元軍は古典的な戦闘法を脱することのできなかった日本軍を圧倒した。しかし、武士団のなかには元軍が陣を構えると全滅覚悟で攻め込むものがあり、また大将少弐入道の子息、三郎左衛門尉景資が元軍指揮の将軍（左副元帥劉復亨。山東省出身の著名な将軍）を射落とし重傷を与えるなど、日本の武士団は果敢に戦った。元軍は陸上戦闘で大きな損害を受け、最初の九州上陸作戦に失敗した。やがて日没とともに元軍は船中にもどり、そして一夜明けてみれば、船影は一つもなく「明日は滅亡かと終夜嘆

『蒙古襲来絵詞』（国立国会図書館蔵『伏敵編』付録所載）

『蒙古襲来絵詞』もしくは『蒙古襲来合戦絵巻』は本来、九州の御家人・竹崎季長が自己の戦功を明らかにするために作成した。当時の日・元両国の戦闘と武器装備等が詳細に描かれた貴重な絵画記録である。後世、各種複製本が作られて広く普及した。
画面中央、爆発物に「てつはう」と注記されている。日本人が初めて体験した火薬兵器「てっぽう（鉄砲）」であった。このののち爆弾と砲筒を軽量化して携帯可能にし、さらに小型化して火縄銃などの小銃となっていく。

いたのに、これはなにごとかと泣き笑う」（『八幡愚童訓』）日本にとって意外な結末となったのである。

『元史』日本伝はこの第一次遠征について「……ともに九百艘、士卒一万五千を載せ、期するに（至元）十一年七月をもって日本を征す。冬十月、その国に入りてこれを敗る。しかして官軍整わず、また矢は尽きぬ。ただ四境を虜掠して帰る」と記している。「四境」とは壱岐・対馬・松浦・博多など九州北部一帯を意味しているだろう。元側も第一次侵攻に関するかぎり、兵力の不足による自主的な撤退と認識していたわけで、通説のように台風など悪天候が勝敗を決したわけではなかった（撤退時に荒波で船が逆戻りし、陸に乗り上げて元軍兵士五十人が捕虜となった事実はある）。

これに対し、第二次遠征では、台風のためほとんどの船が破壊され、結果的には「生還三名」という惨憺たる敗北であったと『元史』日本伝は明記している。

官軍（＝元軍）、六月入海。七月平壺島（＝平戸）に至る。五竜山に移る。八月一日、風、船を破る。五日、文虎等諸将、各自堅く好き船を選び、これに乗る。士卒十余万を山下に棄つ。衆、議して張百戸なる者を主師となし、これを号して張総管という。その約束（＝命令）するを聴く。まさに木を伐り舟を作りて還らんと欲す。七日、日本人来り戦う。ことごとく死す。余の二、三万、その虜となりて去る。……十万の衆、還るを得たる者、三人のみ。

日本側の記録『八幡愚童訓』にも「西国の早馬着きて申すには、去る七月晦日夜半より乾風おびただしく吹きて、閏七月一日（＝元暦の八月一日）、賊船ことごとく漂蕩して海に沈みぬ。……残るところの舟どもは磯に上がり沖に漂いて海面は算を散らすに異ならず。人、多く重なりて島を築くに相似たり」と惨状を記し、そのあと鷹島における日本軍の掃討戦で激しい接近格闘戦のすえ元軍の全滅したありさまが述べられている。

元の第二次遠征軍は、陸路朝鮮半島を経由して渡海侵略した東路軍四万と、慶元（寧波）から海路を直行した江南軍十万で、蒙古・高麗・旧宋軍および砲術を得意とする回教徒兵士などを含めた巨大な国際的連合軍であった。元軍は九州北部の地理を事前に研究し、大軍をもって一挙に太宰府を占拠し、ここから日本占領計画を進めるつもりであったろう。『八幡愚童訓』によれば、元軍は生活用具や鋤鍬など農耕器具まで携帯していたので、たとえ太宰府を陥すことができなくとも、壱岐・対馬・平戸あるいは松浦郡など九州北部に長期的な根拠地を築く予定だったかとも思われる。

江南軍が到着したのは台風のわずか数日前で、陣容を整え全面攻撃をしかけるにはまだ日数が不足していたかもしれない。しかし、東路軍は六月初旬には志賀島で日本軍と本格的な戦闘に突入している。戦闘二カ月、元軍は九州に有効な上陸拠点を築くことができなかった。それどころか元軍の艦船自体も、戦功を争い小船で夜襲をしかける日本の武士団に苦しめられたのである。さきに見た『八幡愚童訓』から、両軍の戦術・武器をうかがうことのできる箇所を要約してみよう。

まず一番に草野次郎は、二艘で夜、異賊船一艘に乗り移り、二十一人の首を取り、火をつけて帰ってきた。その後、元軍は用心して、寄せるものがあれば大船から石弓で打ちおろした。日本船は小さいのですべて破壊され、死者は十中八、九、生還するものはまれであった。そこで夜討ち禁止の触れをだしたが、伊予の武人河野六郎（通有）は、もともと氏神の三島神社で、「十年の間に蒙古来襲なければ、こちらから異国に押しかけて合戦せん」と誓いの起請文を十枚書き、それを焼いて灰を飲みくだし、戦闘の決意を高めていたので、「八年目で好機至れり」と喜び勇んで兵船二艘で押し寄せた。

蒙古の放つ矢で郎党四、五人が射たれ、頼るべき伯父（通時）も負傷して倒れた。通有もまた石弓で左肩を強く打たれ、弓を挽くことができなくなった。そこで片手に太刀を抜き、帆柱を蒙古の船に差しかけて、思いきって乗り移り、さんざんに切りまわって多数の首を取り、大将軍とおぼしき玉冠をいただいたものを生け捕りにして帰ってきた。（注：『八幡愚童訓』）

小船で大船に乗り移り、船中で斬りまわり、引き上げるときには火を放つという戦い方は、海賊の得意とする戦法でもあった。江戸時代、森重都由がまとめた瀬戸内海海賊の主流、三島村上氏の戦闘要訣書『合武三島流舟戦要法』（注：『海事史料叢書』第十巻所収　巌松堂書店一九三〇）には「船中太刀打ちの習いの事」として、次のように記している。

船中で戦うには、槍よりも太刀打ちをよしとする。これは海賊家に伝わる古法である。接近して勝負するからである。敵船に乗り移り、船内を隅々まで討ってまわるには、槍ではあと先がつかえて取り扱いに不自由である。太刀ならば動きも自由なので、敵船に乗り移ろうとしたときは、槍を捨てて刀を抜き、船首から船尾まで切ってまわるべきである。兵士・水夫の区別なく、相手かまわず手あたり次第に切りまくるのが、船戦における太刀打ちの古伝なのである。

同書はまた、「先師の言によると、船と船との会戦は、「無二の格」（一あって二がない格闘＝必ず勝負が決まる）である。敵船に接したら必ず乗っ取ってしまうよう心得なければならない」として、乗っ取りの重要性を説くと同時に、「本船取り捨ての事」として船を捨て去るときの火法等を述べ、これらについてはいずれも「別に秘伝がある」としている。

元軍の敗因は、その先遣隊が四万の軍勢で二カ月もの長期間にわたって戦闘したにもかかわらず、ついに日本軍の最前線を突破して九州北岸に有効な上陸拠点を築くことができなかったところにある。海上で台風を迎えざるを得なかったのも、そのもとは上陸作戦の失敗に起因するというべきである。

台風は毎年この時期に日本に到来する季節的なもので、何ら神秘的な突然の発生ではなかったが、一挙に大軍を海に沈めて戦争を終結させ、日本に奇跡的な勝利をもたらしたので、八幡大菩薩の加護によって「神風」が吹いたのであるという伝説が広く信じられるようになった。これが後世、測り知ることのできない困難や大敵に出会っても、死を賭して戦えば天が助けるといういわゆる「神風精神」（自己犠牲的な日本の特異な特攻精神）を生みだしたのである。

八幡大菩薩とは、日本の仏教受容後、古来の神道と結びついて生まれた神仏混合の守護神で、特に武人の守り神として崇拝された。倭寇も八幡大菩薩の旗をかかげ、その船は中国読みで「バファン」とよばれた。のちには日本でも「八幡《ばはん》」といえば「海賊」もしくは「密輸」を意味するようになった。

元軍の日本遠征はその後も計画されたが、一二九四年フビライの死とともに中断し、日元間の国家的な緊張関係はしだいに緩和されていった。しかし、それに乗ずるかのように、一三五〇年ころから私的な武装集団「倭寇」が、朝鮮半島をしきりに侵しはじめ、ついには中国大陸にまで足を延ばすようになった。皮肉にも日本に対する元軍の渡洋攻撃は、倭寇を大陸に招く呼び水となったのである。日元戦争で日本側捕虜となった者のうち、旧南宋軍の多くは「唐人」として優遇され処刑をまぬがれた。こうした南方の中国人によって、航路・航海に関する新たな知識や技術が日本側に伝えられた可能性もあるだろう。

高麗・元および一三六八年に成立した明国は、いずれも倭寇の取り締まりに苦慮した。これらの政権は外交ルートを通じて日本にたびたび抗議したが、当時日本は南北朝時代の政治的動乱期で、もともと権力の緩衝地帯で自立的な行動を展開していた海賊を全面的に禁圧するだけの力はもっていなかった。鎌倉時代末期から日本国内には「山に山賊、都に盗賊、そして海には海賊」がはびこり、幕府はこれら中央権力に服さない自立的な武装集団を「悪党」とよんで、その対策に追われていたのである。

一三九二年、高麗では李成桂が即位し、新たに「朝鮮」を建国した。李成桂は高麗・朝鮮史上でも最も偉大な武将の一人で、北方では女真族の侵略に抗し、南方では倭寇鎮圧に成果を上げた。

海上勢力の拡大と外洋進出

朝鮮は一四一九年、対馬を攻撃した。日本で「応永の外寇」、朝鮮では「己亥東征」とよぶこの軍事侵攻は、倭寇の度重なる侵掠に対抗して対馬における海賊の根拠地をたたくのが目的であったが、日朝間の外交関係を一挙に緊張させた。元寇の再来かと恐れた日本政府（室町幕府）は、文化使節の形で代表団を送り、朝鮮の真意を探らせた。一四二〇年初め（閏正月十五日）日本使節の帰国に際し、朝鮮は日本回礼使として宋希璟を同行させた。宋希璟は六月十六日、将軍足利義持にも謁見、意思の疎通を図り、九月に帰国した。

宋希璟の旅行記『老松堂日本行録』は、当時の日朝間の航海が距離の近さに比して、いかに困難に満ちたものであるかを示すと同時に、既述のようにこの外交航路が同時に日本海賊の活動海域でもあったということをよく伝えている。とりわけ海賊の制海権を示す次の一節に注目すべきである。

是の日（＝七月二十日）申の時、可忘家利（＝蒲刈島）に到泊す。此の地は群賊の居る所にて王令及ばず、統属なき故に護送船もまたなし。衆皆疑い懼《おそ》る。適《たま》たま日暮れて過ぎ帰《ゆ》くを得ず、賊家を望みて船を泊せり。其の地に東西の海賊あり。東より来る船は、東賊一人を載せ来れば、則ち西賊害せず。西より来る船は、西賊一人を載せ来れば、則ち東賊害せず。故に宗金（＝博多の豪商）、銭七貫を給いて東賊一人を買い載せ来る。其の賊倭此に到り、小船に乗りて来りて曰く、「吾れ来る、願わくば官人安心せよ」と。

（注：村井章介校注『老松堂日本行録』岩波文庫一九八七）

使節の船が停泊すると島の老弱男女がみな珍しがって見物にきた。宋希璟は乗船を許可した。対馬の日本海賊取り締まりに苦慮する朝鮮使節が、瀬戸内海とはいえ同じ日本の海賊に一夜を保護され、その一族たちと交流することになったのである。そのなかに「一人の不思議な僧侶がいた」と宋希璟は記している。

其の中に、魁首の一僧は甚だ奇異なり。起居言変りて吾人と異なるなし。予、これと与《とも》に言《かた》り、欣然として酬答す。

（注：同前）

宋希璟にとって日本は野蛮な後進国にすぎなかった。まして海賊の指導者に自分と対等に、しかも朝鮮語で語り合うことのできる僧侶がいたことに驚いたのである。しかし、日本海賊とは半ば独立した武士集団である地方豪族たちであったから、指導者には学識豊かな人間もいた。中世の僧侶は外交使節・通訳として活躍する者が多かった。まれには武力・学識をあわせもち豪族（海賊）を率いた者がいたとしてもおかしくはない。後年、寧波で貿易をめぐる外交上の争いから細川氏の使者を殺害し、船舶・市街を焼討ちにして暴れまわった大内氏の使者宗設謙道もこうした僧侶の典型であった。

宋希璟に別れを告げて僧が下船したとき、海賊たちは何やら語り合っていた。そこで宋希璟は配下の金元に耳を傾けさせた。金元はおそらく日本語を解したのであろう。

予、金元をして潜かに其の言を聞かしむるに、其の輩曰く、「朝鮮の船は則ち本より銭物なし。彼の後より来る瑠球の船は多く宝物を載せたり。若し其の船来れば則ち奪取せん」と。言已りて還帰す。（注：同前）

ここで注目されるのは「瑠球」（琉球）の船が「宝物」を載せているとの海賊のことばである。琉球人は十六世紀、マラッカ海峡まで進出し、ポルトガル人にも「レキオ人」として知られ、日本と朝鮮・中国・東南アジア諸国を結ぶ海洋上で活躍したが、宋希璟が日本を訪問した十五世紀前半にはすでにそうした中継貿易の活動に入っていたことを、この一節は物語っている。

朝鮮半島を犯した海賊は、主として対馬・壱岐・松浦の海賊である。なかでも松浦党が最も有力であった。松浦は「まつら」と読む。『魏志』倭人伝にみえる「末盧国」である。松浦は古代から大陸文化を受け入れる窓口となり、また新羅海賊や女真族の侵略（一〇一九）を受け、さらには元軍侵略の際にも最前線で戦い多大の犠牲を出したことはすでに述べた。もともとこの地方には早くから源氏の姓を名乗る武士が土着化していたが、後世の松浦党が主張する一族の祖は一〇六九年ころの検非違使「源久」で、その七人の子が松浦地方の各地に分かれて、それぞれ子孫が繁栄した。松浦・波多・石志・神田・佐志などと各地の地名を取って家名としたが、血族としての結束が固く総称して松浦党とよばれたのである（注：佐藤独嘯『元寇と松浦党』一九三一等）。松浦党に属する海賊は高麗を侵掠し、のちには平戸に中国海寇の拠点を提供、王直らと連合してしばしば明国を襲った。

瀬戸内海で最も有力な豪族は伊予（現・愛媛県）の河野一族である。鎌倉時代末期、この一族から因島《いんのしま》・村上義弘が出て活躍、その家督を継いだのが北畠親房（一二九三〜一三五四）の孫師清《もろきよ》であった。師清の子孫は十四世紀中葉、能島《のじま》・因島・来島《くるしま》に分かれ、総称して「三島村上氏」とよばれて瀬戸内海で最も有力な豪族となった。北畠氏の血筋が村上氏の主流となったことは特に注目に値する。北畠親房は『神皇正統記』の作者で、懐良親王（?〜一三八三後醍醐天皇の皇子）を征西将軍として忽那島《こつなとう》に擁立した。忽那島も瀬戸内海航路の要衝で海賊の一大拠点である。懐良親王は忽那島に三年滞在して九州に渡り、九州全域を治め、また日本の対外交渉の窓口となった。明の洪武初年、太祖が日本に使節を派遣し、倭寇鎮圧を要求したとき、尚書で太祖は倭寇の侵掠と暴行を非難するとともに、もし今後も同様ならば自ら大軍を率いて日本を討つと威嚇した。明の高圧的な外交交渉に対し、懐良親王は「ただ中華に主ありて、あに夷狄に君なからんや。天下は一人の天下にあらざるなり。臣聞く天朝（＝明国）興戦の策ありと。小邦（＝日本）また禦敵の図《はかりごと》あり。文を論ずれば孔孟道徳の文章あり、兵を論ずれば孫武韜略の兵法あり」（『明史』日本伝）と強く反発した。太祖は怒ったが、元軍東征の失敗を思い、日本討伐の軍をあきらめた。

倭寇は完全な私兵であり、日本側も歴代にわたって取り締まりに苦慮した。しかし、倭寇を構成した日本海賊は国内の有力な豪商・豪族と結びつき、瀬戸内海村上海賊にみられるように、北畠親房さらには懐良親王という強烈な民族主義的指導者と人脈の連なるものもあった。このことは倭寇の思想的系譜をたどるうえで見逃すことのできない事実であろう。

日本の海上勢力が海賊としてどのように中国大陸に進出していったか。江戸時代の兵学者佐藤信淵が天保十二年（一八四一）にまとめた海防書『禦侮儲言《ぎょぶちょげん》』によれば、瀬戸内海の三島村上氏一族に、次のような所伝があった。

永正・大永の頃より伊予国海中、因島・久留島（来島）・大島（野島。能島とも書く）の地士、飯田・大島・河野・脇屋・松島・久留島・村上・北浦等諸士共に相議して外国に渡海し、海賊をはたらき各家を富さんことを謀り、野島領主村上図書を義主と定め、各其一族浮浪の人数を集め、都合三四百人、大小十余艘の船にのって大洋を航行し、西は大明国の寧波・福建・広東・広西等の諸州より、西南印度の諸国、安南・広南・占城《チャンパ》・柬坡塞《カンボヂャ》・暹羅《シャムロ》、その他南海中の呂宋《ロソン》・巴剌臥亜《パラゴア》・渤泥《ボルネウ》等の諸島に至り、近海諸邑を剽掠し、種々の財物・器械を奪取来て、その家を富せり。以後、之を以て家業の如くに多年はたらきしを以て、四国・九州海辺諸浪人其外漁師・船方の遊棍等漸々これに加り、其人数次第に多くなりて、後には其衆八九百人或は千人以上も出ることあるに至れり。故に西南海中の諸蕃皆甚海賊に困めり。大明国にてもこの賊を畏れ、大軍を出して防禦の備を厳重にす。世に倭寇と称せしは即この海賊のことなり。今時諸家に於て船手の将士を海賊と唱ふることは、これより起りたる名義也。又諸兵家此海賊等が外国を侵し、その防禦の兵とたたかひたる仕方を聞つたへしこと共を各書に筆記し、此を船軍の本法となし、野島・久留島等の諸流に分れて各帳中の秘とすることとは為れるなり。（注：佐藤堅司編『佐藤信淵武学集』上巻所収　岩波書店一九四二）

明代中国側の倭寇資料が豊富なため、最近ではこの後世の村上氏所伝は無視されがちであるが、侵掠した日本海賊側の伝承として、やはり重要な資料というべきである。文中に「今時諸家《いまどきしょか》に於て船手《ふなで》の将士を海賊と唱ふる」とは、海上勢力が江戸時代各藩に召し抱えられて「水軍」として正規軍化してからも、習慣的にその将士を「海賊衆」とよぶことが多かったことを意味する。

村上氏所伝はまた、最初に外洋を越えて略奪交易を開始した人物について、次のように特定している。

初め外国に渡り、海浜諸邑を剽掠して家財を奪とり、帰て家を富ませし者は、備後の国秘島の住人北浦勘十郎、予州大島の郷士飯田小一郎二人なり。最初は右両家の人数僅か五六十人に過ぎざりしと云ふ。其出てはたらく毎に利を得ること大なるが故に、漸々一味合体の多勢になりたるなり。（同前）

初期倭寇は主として朝鮮半島を侵掠し、明国をめざしたときも最初は山東半島を侵した。上記村上氏所伝には、こうした北方ルートに触れず、中国南部から東南アジアのルートが示されている。したがって北浦勘十郎らは、史上最初の倭寇とはいいがたいが、倭寇が十六世紀、はるか東南アジア諸国海域まで遠征するようになった時代、その先鞭をつけた人物たちであった。

南方進出倭寇の起こりを「永正・大永の頃」とするならば、それは世界の航海史と符節を合する。このころは東南アジア海域において世界の航路が初めて東西から結びついた時代であった。

一五一七年、ポルトガル人は明国広東に入港して通商を求めている。これは中世欧州人が西方海上から中国に達して通商を求めた最初であり、彼らはこのころすでにマラッカに拠点を築いていた。一方、スペイン人は一五一九年、メキシコを占領している。そして、一五二〇年、マゼランは世界周航の途上、南米の南端をまわったところで「波の静かな大洋」を発見し、これを「太平洋」と名づけた。マゼランは翌一五二一年、太平洋を横断してフィリピン群島に達し、そこで原住民と戦って死んだ。これらはすべて、日本年号でいえば、まさに「永正（一五〇四～一五二一）・大永（一五二一～一五二八）の頃」だったのである。

明代初期の洪武年間から、倭寇はしばしば中国沿海を侵犯し、日中関係緊張化の原因ともなったが、明朝は海禁の制を厳重にし、沿海地方一帯に城を築いて海防を強化した。倭寇はまだ明国の「大患」とはなっていなかっ

望海堝の戦い

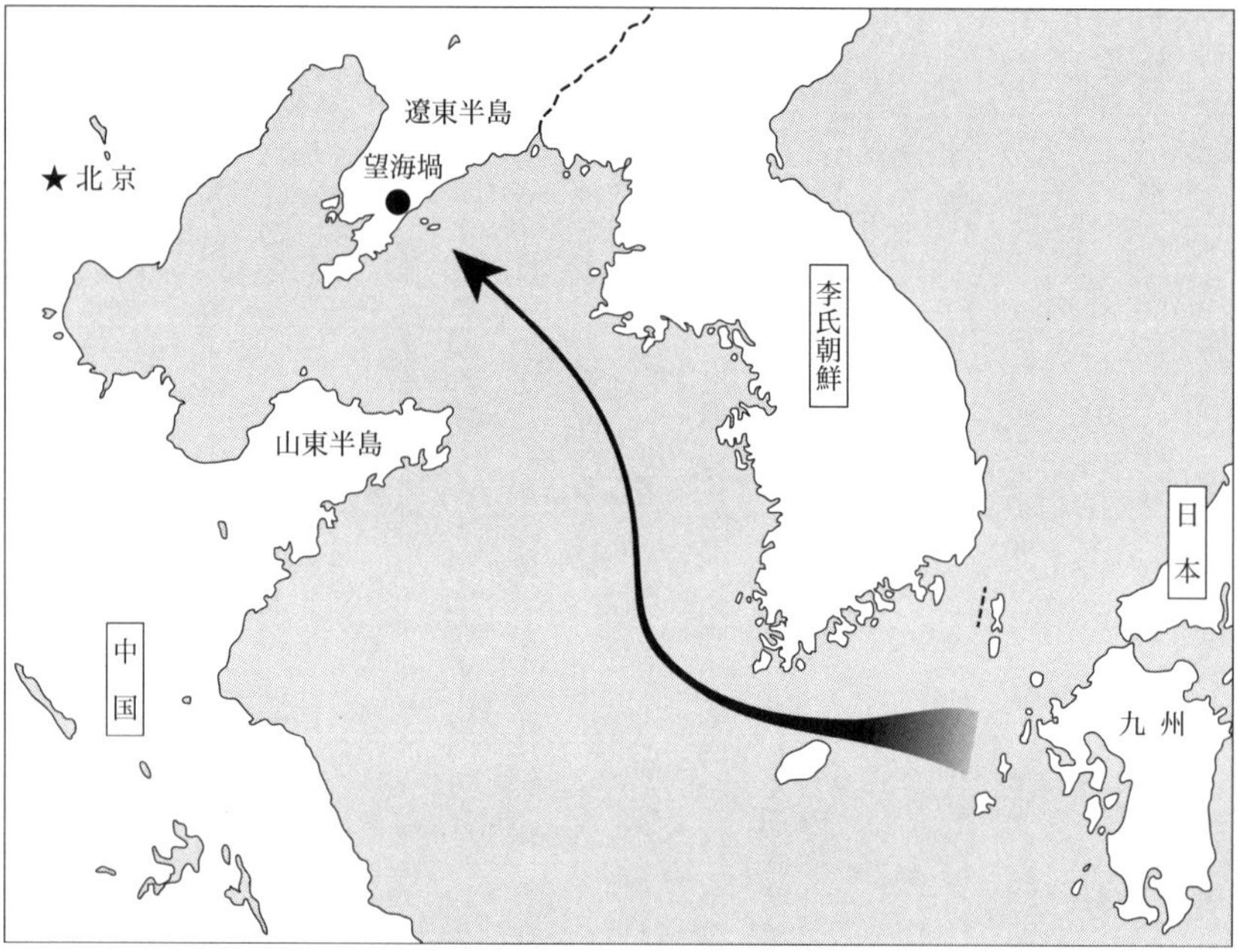

1419年6月15―16日、明軍遼東総兵・劉江は、朝鮮の倭寇情報を得て万全の体勢を敷き、戦船31艘で押し寄せた北九州の倭寇2000人を望海堝（現・大連市金州区東北30キロ）で殲滅した。この後、百年の間、中国・朝鮮の北方浜海は平穏を保った。すなわち望海堝は、いわゆる「前期倭寇」終焉の地となったのである。

た。ただし、日本とは胡惟庸事件をきっかけに、ついに国交断絶にいたった。

胡惟庸は明朝初期、朝廷内で強権を握った左丞相で、権勢をほしいままにし、ついには日本・蒙古と結んで謀反を計画した。挙兵は未発に終わったが、援兵を要請された懐良親王は入貢の使節団を装って兵卒・武器を送りつけていた。胡惟庸は別件で洪武十三年（一三八〇）に失脚、処刑されたが、謀反の詳細が洪武二十年（一三八七）になって表面化し、連係して前後三万人が粛清された。以後、洪武帝は丞相制を廃し、君主にいっそう権力を集中させた。胡惟庸の獄は明代政治制度を改変させるほどの影響を与えたのである。

洪武三十一年（一三九八）、明の建国者朱元璋が死去した。このころ日本は半世紀にわたる南北朝時代に終止符をうち、足利尊氏の孫義満が京都に室町幕府を開いた直後であった。懐良親王はすでに一三八三年に世を去っている。日中両国のいずれもが一つの時代を画したのである。足利義満は一四〇一年、明と国交を回復し、勘合貿易による通商ルートを確保するとともに、倭寇取り締まりをきびしくした。

永楽十七年（一四一九）六月、遼東望海堝で総兵官劉江は倭寇二千を全滅させた。これは明の建国後、官軍の対倭寇戦にとって初めての大勝利となった。この望海堝の戦い以後たしかに倭寇の侵掠は停滞したようであり、とりわけ山東以北に姿を現すことは少なくなった。『明史』日本伝にも「これより倭、あえて遼東を窺わず」と記している。望海堝の戦いはそれだけの成果を上げたわけである。ここで注目すべきことは、朝鮮軍が倭寇の本拠地をたたくため対馬を攻撃したのも、実はこの六月のことであったということである。

朝鮮『世宗実録』によると、朝鮮は前年来、日本海賊の手から脱走してきた中国人をたびたび遼東まで送還している。とりわけこの年正月には、慶尚道観察使の報告として「倭賊に虜せられ逃回せし漢人金得観ら二名、晋陽に至りて言う、倭賊は戦艦を造り、三月まさに中国沿海に耗《こう》（＝悪）をなさんとすと」と記されている。このあとも数度、朝鮮は同様中国人を遼東に護送している。そのつど日本海賊の動静は中国側に伝えられていた。たとえば『明実録』永楽十七年（一四一九）二月には、「いま朝鮮の送回せし軍士二人の言う、賊、浜海に来たり寇をなさんと欲すと」の記事が見え、さらに四月丙戌の条には、次のような遼東総兵官都督劉江のことばが記されている。

今、朝鮮報ず、「倭寇、飢困すでに極まれり。辺を寇せんと欲す」と。宜しく縁海諸衛は厳謹これに備えしめ、もし機あらば乗ずべし。即ち力を尽くして勦捕《そうほ》し、民の患を遺すこと無かれ。

明軍は朝鮮の倭寇情報を得て着々と防備を固め、倭寇が侵犯したときはその動静をじっくりと偵察し、陸海から挟撃して壊滅的な打撃を与えたのである。明と朝鮮はいわば一種の連係作戦で北九州の倭寇を撃滅したのであった。

第二節　嘉靖期海寇反乱の激化

日中海寇勢力の連合

望海堝の戦いから約一世紀後の嘉靖年間（一五二二〜一五六六）は倭寇・中国海寇の活動が最も激しかったときである。嘉靖年間はまた、さきに引用した三島村上氏所伝にいう「永正・大永の頃」と重なる時期でもある。村上氏所伝にも嘉靖期明国に侵掠したことを示す次のような記述を見ることができる。

永禄六年（＝嘉靖四十二年　一五六三）に我等七党都合千三百余人にて大明国平海郡を攻たるときの船備左に図す（注：大小の船を組み合わせた船陣図。引用略）。此時の船数大小百三十七艘、但親船九艘、戦船二十八艘、其他戦士及大明国浮浪人等加りて乗組たる小舟も百余艘あり。総戦士は上下千三百五十二人、別に漁師等六百余人乗組たりと云り。此人数の中には大明国の海賊等も二三百人も味方せし者あり。

（注：『禦侮儲言』）

「平海衛の戦い」は嘉靖晩期に明軍が倭寇・中国海寇連合軍と戦った最大決戦の一つであったが、ここにいたる嘉靖期初期からの主要な事件・戦闘を振り返っておく必要がある。この時期の倭寇史を理解しておくことが明代武術史とりわけ「戚継光武術」を論ずる前提となるからである。

まず嘉靖二年（一五二三）、勘合貿易の優先権を争って寧波《ニンポー》で発生した大内・細川両家の争貢事件が、嘉靖期倭寇の激化を招いた発端として重要であろう。

細川家の使節鸞岡瑞佐《らんこうずいさ》は、大内家使節宗設謙道より遅れて寧波に到着したにもかかわらず随行員宋素卿（寧波出身中国人）を使い、市舶司高官に贈賄して優先権を得たうえ、さらに宴会でも上席を獲得した。これに怒った宗設謙道は鸞岡を殺害し、細川家の船を焼き、宋素卿を追う道すがら沿道で暴れまわった。宋素卿は辛うじて逃げのびた。宗設らは寧波にもどって官署に焼討ちをかけ、官軍の船を奪って出海し、追撃した都指揮劉錦を海上で破った。

この事件によって明朝の海禁政策がいっそう強化され、嘉靖八年（一五二九）には浙江市舶太監が廃止された。しかし、これは時代に逆行する措置であった。寧波争貢事件は、もともと通商規制が厳しいために発生したものであり、鎖国にも等しい海禁政策は、通商に依存し開国を求める中国沿海豪商およびこれと結びついて利得を手にしていた官僚群をも圧迫することになった。海禁政策の強化は、密貿易という非公式な通商圏を拡大させ、かえって中国人海寇の活動を活発化させた。

嘉靖二十七年（一五四八）、都指揮盧鏜《ろとう》は、浙江巡撫朱紈《しゅがん》の命により海寇李光頭・許棟《きょれん》（許棟《きょとう》とも書かれる）の根拠地寧波双嶼《そうしょ》を攻撃、許棟ら九十余人を捕らえた。朱紈は剛直な政治家で、倭寇鎮圧のため海防強化と練兵につとめ、しだいに取り締まりの成果をあげた。これを不満とする土地の豪族・官僚らは朝廷に讒訴《ざんそ》した。倭寇問題は中国の海寇問題として、また沿海豪商官僚らの貿易権益をめぐる問題、さらには沿海居民の生活問題として、外交問題から内政問題に転化していったのである。朱紈は「中国浜海の盗を去るは易く、中国衣冠の盗を去るは尤も難し」（『明史』朱紈伝）と嘆いたが、嘉靖二十九年（一五五〇）ついに失脚するはめに陥った。朱紈は公に処罰されるのをいさぎよしとせず、毒を仰いで自ら生命を絶った。

朱紈の死は、海禁派に対する通商派の政治的勝利であったともいえるが、海防の弛緩は海寇の活動を激化させ、このころから嘉靖四十三年（一五六四）まで約十五年間、沿海地区の治安は加速度的に乱れ、海寇活動は各地に争乱を誘発し、局地的にはほとんど内乱に等しい状態に陥ることもあった。日本人の越境侵犯、略奪暴行という倭寇問題から、中国人海寇による反乱活動へと質量ともに転化拡大していったのである。

日本海賊と中国海寇は分かちがたく結びつき、いわば日中海寇の連合軍と政府軍との戦いとなった。ここに他の時期と異なる嘉靖晩期倭寇問題の特徴がある。したがってこの時期、史書に「倭寇」とあっても、それは必ずしもすべてが日本人とはかぎらない。むしろ『明実録』等中国史書によれば、当時の倭寇には中国人海寇のほか反政府的な活動家や住民なども加わり、さらに海寇によって強制的に駆り立てられた一般居民なども決して少なくはなかった。こうして積極的と消極的とを問わず、海寇側に身を置いた中国人の人数は、しばしば倭寇を淩駕《りょうが》した。これらを一括して史書は「倭寇」「倭乱」などと総称し、日本人は「真倭」と表記して区別するようになったのである。

たとえば『明史』日本伝は、嘉靖三十四年（一五五五）の条で、「大抵、真倭は十の三、倭に従う者は十の七。倭、戦えば則ちその掠するところの人を軍鋒となす。法、厳なり。人皆、死を致す。而して官軍、素より懦怯《だきょう》、至る所に潰奔《かいほん》す」と述べている。また、『明史』兵志には賞功の制度に関して、「嘉靖三十五年、真倭の賊首一顆につき賞銀百五十両」と定めた記事が見られる。

『籌海図編《ちゅうかいずへん》』は、嘉靖期の代表的中国海寇として十四系統二十二人を列挙しているが、そのなかで最も著名な海寇は王直であった。徐海・毛海峰・陳東・葉宗満らの著名な海寇は、いずれも王直の系統である。王直は安徽省徽州府の出身で、仁侠の精神に富み、学識もあった。はじめは同郷の海寇許棟の配下となり、嘉靖十九年（一五四〇）ころから海商として自立、広東で巨船を建造、ポルトガル人・日本人と交易し、数年で巨万の富を築き、九州平戸（長崎県）に居を構えた。日本人は「五峰船主」とよんで心服したという。

南浦文之『鉄炮記』（一六〇六）には天文十二年（＝嘉靖二十二年　一五四三）、種子島に鉄砲をもたらすことになった漂着船の中に「大明の儒生五峯と名づくる者あり」と記されている。この漂着船は実際には中国海寇の船であり、「儒生五峯」の筆談で同乗のポルトガル人が商人として紹介され、その所持していた鉄砲が種子島家に贈られたのである。前後の状況から判断して儒生五峯が「五峰船主」王直であったことは明らかである。王直は嘉靖二十四年（一五四五）博多の海商助才門ら三人を誘って日明間に半ば公然たる私貿易ルートを開拓した。そのきっかけは二年前の種子島漂着にある。したがって嘉靖期倭寇と中国海寇の結びつきもまた、ここに淵源するのである。

朱紈によって李光頭・許棟が掃滅されたあと、王直は名実ともに海寇の巨頭となり、倭寇・中国海寇を駆使して、しばしば沿海地方に大規模な侵寇を繰り返した。

嘉靖三十一年（一五五二）四月、福建の海寇は倭寇一万余を勾引し、千余艘の船を駕して浙江舟山《しゅうざん》・象山《しょうざん》から上陸した。台・温・寧・紹各地を流劫し、城塞を陥落させ、居民無数を殺虜した。七月、朝廷から倭寇対策を命じられた都御史王忬《おうよ》は、まず兪大猷・湯克寛《とうこくかん》を参将とし、また広西「狼兵《ろうへい》」、湖南「土兵」など客兵を召募し、弱体化していた官軍の補強を図った。

嘉靖三十二年（一五五三）三月、王直は倭寇を引き連れ、さらに福建・広東の海寇を糾合し、大挙して浙江沿海を侵掠した。史書に「連艦百余艘、海をおおって到る……浜海数千里、同時に警を告ぐ」（『明実録』）とある。これに対し王忬指揮下の官軍は必死で反撃した。兪大猷の精鋭部隊は先発して、王直が本拠地とした寧波東海の普陀諸山に夜襲をかけ、続いて湯克寛が砦を焼き討ちにした。官軍は斬首百五十余、生擒百四十三、焼死者・溺死者多数という戦果をあげた。ただし王直は、たまたま生じた台風で官兵が乱れたすきに逃げのびた。

四月、王直と並ぶ海寇の巨頭蕭顕《しょうけん》は、倭寇四百余人を率いて、南匯《なんわい》・川沙《せんさ》また松江等を攻めたが、盧鏜・兪大猷らの官軍に討たれた。顧亭林『日知録』の記述で著名ないわゆる山東の「少林僧」月空一門が倭寇との激しい戦闘に参加したのはこのころからである。「嘉靖三十二年（一五五三）六月、官兵は倭を南匯に撃ち、僧兵四人が死んだ」（『呉淞甲乙倭変志』）とある。すなわち、了心・徹堂・一峰・真元という四僧が勝ちに乗じて深追いし、かえって倭寇の待ち伏せにあって殺されたのは、まさにこのときの戦闘であろう。月空ら「少林僧」を名乗る山東の僧兵たちは、以後二年間官軍とともに奮戦し、ついに全員が戦死する。ちなみに河南少林寺の武僧たち、すなわち実際の少林僧兵たちは、この年は師尚詔反乱軍の征討に出動している（注：第二章第四節参照）。

嘉靖三十三年（一五五四）正月、五カ月にわたって太倉南沙を拠点としていた倭寇は官軍の囲みを破って出海した。官軍は船を列して海上を長期間封鎖していたが、疫病が発生したため封鎖の一角を解かざるを得なかったのである。

この年、倭寇の乱は浙江から山東半島まで広がり、官軍は各地の戦闘で苦戦した。二月、上海黄浦から脱出した倭寇が松江府を攻めた。官軍は追撃したが敗れ、県丞劉東陽が戦死した。『呉淞甲乙倭変志』にいう「大有ら二十一名の山東少林僧が深追いしすぎて全滅した」のは「嘉靖甲寅（三十三年）二月」と記されているので、このときの戦闘であろう。

三月、兪大猷の部隊は普陀山の倭寇を攻めようとしたが、陣容を整える前に反撃を受け、武挙火斌をはじめ三百人が戦死した。四月、参将盧鏜も嘉興で大敗し、将兵千人以上を失った。

五月、倭寇は崇明から蘇州府城に迫り、さらに崇徳県を大掠して去った。六月には、呉江から転じて嘉興を襲った倭寇との戦いで、官軍が大敗、署都指揮僉事夏光が戦死した。危機感をいだいた明朝は、新たに山東で募兵し、貴州・広西から援軍を集めた。

八月、倭寇は嘉興から戻り、柘林《しゃりん》などを根拠地としていたが、ここから嘉定県城を攻めたとき、「山東民槍手六千人」を率いる募兵参将李逢時および許国の官軍と遭遇した。李逢時がまず先進して賊軍を破った。賊軍は羅店鎮に退去した。功をあせった許国は勝手に間道をつたって賊軍を襲撃したが、深入りしすぎて伏兵に会い、これがきっかけとなって官軍はついに大敗した。この年、倭寇は年末にいたるまで浙江各地を侵掠した。

嘉靖三十四年（一五五五）、倭寇の乱は激化し、旧首都南京を脅かすにいたる。まず一月、柘林の倭寇は船を奪って、乍浦《さほ》・海寧を犯し崇徳・徳清など各地を襲い、「数十里、流血川を成す」惨害をもたらした。四月、援兵として期待された狼兵数隊が、倭寇数百人と戦って大敗した。この月、兵備任環《じんかん》は保靖の土兵千余ほか官・民兵三千を率い、三丈浦を拠点とする倭寇を攻撃、斬首百五十級をあげ、賊船二十七艘を焼いた。任環は身を率先して敵と戦うことを辞さない戦闘心の旺盛な武将で、また居民保護の精神に富んでいた。統率の取りにくい客兵を率いて果敢に戦った。月空ら山東「少林僧」らもこの時期、任環の指揮下に属していたはずである。

また、このころ御史屠仲律は、海寇鎮圧のむずかしさについて朝廷に上書したが、その中で「沿海の沙民・塩徒及び打生手、宜しく収録して力を併せ寇を禦せしむべし」と述べている。王儀『明代平倭史実』（注：台湾中華書局一九八四）によれば、沙民とは雲南の慓悍な少数民族、打生手とは打手すなわち拳法家のことである。同書の引く魏禧『兵跡』に、「四方に行教する者で、芸術（＝武芸）精にして諸殺法（にくわしい）のを打手という。たとえば広州・新会などの者は、勇敢なること狼兵に等しい。ゆえにかつて狼兵にまじわり雄を称えた。明朝が狼兵を徴募したとき、柳州の遊民、嘉湖の塩販、新会の打手は、多くその間にまじわっていた」と解説している。新会は南派少林源流地の一つであるが、新会の拳法はこの当時から世に知られていたわけである。

五月、柘林の倭寇は新倭四千余人を合して嘉興を襲った。だが、このときの戦闘は、参将盧鏜と副総兵兪大猷が巧みに狼土兵を用いて、王江涇《おうこうけい》で「倭患以来、これを戦功の第一となす」といわれたほどの大戦果をあげた。斬首一千九百八十、溺死した者も多く、残党はわずか数百となって柘林に逃げ帰り、さらに海上に逃れた。

七月から九月にかけて、倭寇数十人の一隊が杭州・南京間の各地を暴れまわった。南京を襲ったことは特筆すべき事件であるが、旧首都制圧などの政治的目的はなく、全員が殲滅《せんめつ》されるまで、ひたすら転戦につぐ転戦を重ねたところから推測するならば、王江涇の戦いに敗れた新倭の一部が本隊を求めて流劫したものであろう。この事件は各種の史書が同様の表現で記録しているが、たとえば『明実録』は次のように結んでいる。

この賊は紹興高埠より奔竄《ほんざん》し、六、七十人に過ぎざるも、杭・厳・徽・寧・太平を流劫し、留都（＝旧首都）を犯すに至る。径行数千里、殺戮及び殺傷無慮四、五千人。凡そ一御史、一県丞、二指揮、二把総を殺し、二県に入り、八十余日を歴して始めて滅す。

九月、勝ちに乗じて督察軍務侍郎趙文華および浙江巡撫胡宗憲《こそうけん》は、浙江・直隷の兵を集め、自ら陣頭に立って陶宅を拠点とする倭寇を攻撃した。しかし、官軍は思わざる大敗を喫した。山東の「少林」僧兵はこのときも先兵となって奮戦したが、官軍の扮装で背後から襲った賊軍に討たれた（『呉淞甲乙倭変志』の記す山東「少林」僧兵の戦闘記事はここまでである）。浙江軍も精鋭四千人のうち一千余人を失い、直隷軍もまた賊軍の伏兵の計に陥って二百余人が戦死した。この戦闘で賊軍は勢いを盛りかえし、川沙窪《せんさわ》・嘉定などの古巣に再び倭寇が集結しはじめた。

この月、参将盧鏜は大陳山の戦闘で林碧川を首領とする倭寇の一団を捕らえたが、この中に真倭「烏魯美他郎」の名がある。中国側倭寇史料にのこる数少ない日本人名の一つである。

十月から十二月にかけて浙江の倭寇が勢力を強める一方、福建地方にも侵掠が目立つようになった。

嘉靖三十五年（一五五六）一月、福建の倭寇は浙江に入り銭倉の海寇と合流して官軍と戦った。官軍は賊軍を黄家山に追いつめて撃滅した。しかし松江新場では、前年十二月来、戦闘にたけた倭寇が官軍側を苦しめ、この月も官軍は四百余人の犠牲をだして敗北している。三月には倭船四十余艘が乍浦から上陸、松江・嘉興等各地を侵掠した。

この月の兵部文書に、「侍郎趙文華が最近、降伏した倭寇から知りえたところによれば、入寇の海賊はみな日本所属野島の小夷で中国の逃亡者が引き入れたものであり、日本国王は必ずしも関知していない。そこで朝鮮に勅して日本国王に海賊禁止を実施させるべきである」(『明実録』)との提言が見られる。これは当時、真倭の主体が瀬戸内海を拠点とする日本海賊であったことを明示するものであり、日本側の三島村上氏一族(その中心は野島氏)の伝承と符合する。

四月、倭寇は直隷・浙江の各地を襲い官軍と激戦を演じた。特に佐撃将軍宗礼が徐海の率いる一万余の倭寇と戦った戦闘が有名である。当初、崇徳三里橋(浙江)では、宗礼はわずか九百の兵で迎撃し、しかも三戦三勝して斬首三百余級をあげた。徐海らは「神兵」とよんでたじろいだ。宗礼部隊は結局全滅するが、「論者は謂う、兵を興して以来、寡を用いて衆に敵す血戦の第一功なり」(『明実録』)と史書に名をとどめた。

この戦闘のあと、徐海は陳東とともに桐郷を攻めた。陳東も海寇の首領として著名で、薩摩豪族と関係が深かった。したがって、このときの倭寇軍団には大隅・薩摩など九州海賊が真倭として多数参加していたはずである。一説によれば陳東は日本人である。『籌海図編』の海寇系統図(「寇踪分合始末図譜」)陳東の条には、「これ薩摩州君の弟、書記を掌る酋なり。その部下多くは薩摩人」との注記がある。当時、薩摩島津家の当主は十五代貴久(一五〇四～一五七一)であった。貴久は優れた武将で島津家中興の祖ともいわれる。江戸時代になってから島津藩が将軍徳川家光に上呈した島津家家譜(注:『寛永諸家系図伝』所収)によると、貴久には忠将、尚久という二人の弟がいた。忠将は「貴久の名代として隅州の一揆と戦い、戦死。永禄四年(一五六一)七月十二日」と記録されている。明らかに陳東と別人である。ただし、尚久については、ただ単に「左兵衛尉。法名曇秀。一枝と号す」と付記されているのみで、このほかは没年さえ記録されていない。もし「薩摩州君の弟」が真実であれば、この尚久が陳東であろうか。いずれにしろ陳東は島津家に近い豪族出身の日本人ではあっただろう。もう一人、このときの倭寇の日本人名として、徐海の副将「辛五郎」の名がのこっている。これも『明史』胡宗憲伝には、「大隅島主の弟」と記されている。

桐郷包囲戦は一カ月に及んだ。官軍ははじめ軍事的には、なす術がなかったが、胡宗憲による謀略的な離間工作が功を奏して、倭寇軍団は結局内部分裂を起こして撤退した。陳東は徐海の裏切りで逮捕され、徐海らもまた八月、梁庄で官軍の総攻撃を受けて全滅した。官軍にとって斬首一千六百余級という大勝利となった。

浙直総督胡宗憲は前年来、日本に使者を派遣して、日本側に倭寇禁止を要請する一方、五島列島に盤居する中国海寇の最大巨頭王直に対する帰順工作を進めてきた。徐海に対する帰順工作もほとんど成功していたが、趙文華が最後の段階で徐海の恭順を受け入れず、総兵兪大猷らに殲滅戦を命じたのである。徐海は戦闘のなかで傷つき溺死したが、官軍はその死体を引き出して首を斬ったという。これよりさき、胡宗憲によって危険人物の一人に目されていた辛五郎も帰国のため出海まもないところを盧鏜の軍に逮捕されていた。徐海・陳東らの壊滅により浙直の海寇勢力は一時、主力を失った。

嘉靖三十六年（一五五七）も倭寇は山東・安徽・江蘇の各地を侵掠したが、この年最大の事件は王直に対する帰順工作とその結末であった。胡宗憲は王直に対し、国外通商認可をはじめとする諸条件を提示し、日本側に対しても使者蔣州を派遣して、海賊取り締まりと勘合による政府間貿易で同意していた。胡宗憲は開国通商が倭寇・海寇問題を解決する根本策であることを理解していた（胡宗憲以前から、このことは倭寇対策の任にあった高官からしばしば提言されていた）。

十月、王直は善妙の率いる日本側使節団四十人とともに帰国、舟山の岑港《しんこう》に入り、胡宗憲側と最後の折衝をおこなった。このとき王直は毛海峰・葉碧川・謝老・王清渓など主要頭目のもとに配下三千人を有していた。参将戚継光ら官軍側も厳戒体制を取った。折衝のつど胡宗憲は王直の意を重んじて誠意を見せた。ついに王直は帰順を決意した。しかし王直は、葉碧川・王清渓とともに杭州で巡按浙江御史王本固に面謁したところを逮捕、投獄された。王直は、胡宗憲の詐術に陥る結果となったが、これは胡宗憲の本意ではなかったであろう。巡按浙江御史王本固らの強行弾圧派が「王直は許すべからざる倭寇大乱の元凶である」として突如、逮捕に踏みきったのである。朝廷側は必ずしも胡宗憲の政治的解決策を全面的に支持していたわけではなかった。王直は二年後、杭州で処刑される。

王直が獄に下ったことを知った毛海峰らは、直ちに官軍に対して実力を行使、兪大猷・戚継光の軍を破った。これ以後、海寇の乱は激化し福建・広東にまで広がることになる。

反乱の拡大と戚継光の活躍

嘉靖三十七年（一五五八）一、二月、倭寇は広東潮州などを襲い、官軍を撃破した。四月、新たな倭寇が大挙して浙江台・温州府、楽清・臨海・象山諸県および福建の福州・興化・泉州・福清など沿海諸地を同時に侵掠した。五月、参将尹鳳は武挙楊承業らと福建の倭寇が船を連ねて海口から出港するところを攻撃し、激しい海戦のすえ撃沈七艘、斬首六十八級、七十余艘を捕らえ、残党が逃げるところを外洋に追撃し、さらに斬首百余級、生擒十六人、「銃傷及び溺水死者甚だ多し」という一大戦果をあげた。

七月、明の世宗は岑港に盤居する毛海峰らをいまだに鎮圧できず、それどころか新倭と合して勢力を強めようとしている形勢にいらだち、総兵兪大猷・参将戚継光・把総劉英らの職を奪い、一カ月以内に平定することを命じた。しかし、官軍は海中の霧にしばしば苦しめられ、また地の利を得ることができず、舟山に柵を築いて立てこもる賊軍を攻めあぐんだ。

十月、毛海峰らはいったん岑港より柯梅（定海）に移り、十一月には船を駕して南方に向かった。兪大猷は海上を追撃したが、末尾の一艘を沈めたのみであった。このときから福建・広東の海港反乱が激化し、ひいては同地方内陸側の「山寇」まで誘発するにいたったのである。

この十一月、兵部郎中唐順之《とうじゅんし》（一五〇六？〜一五六〇）が浙江に赴任し、官軍を率いて倭寇討伐戦に加わった。唐順之は武進（江蘇省）の出身で、兵法に優れ、近海に詳しかった。対倭寇戦は陸上戦闘が主体であったが、

「倭寇は上陸前、海上で撃滅すべきである」というのが唐順之の主張する戦法であった。確かにこれは渡洋航海の疲れと飲料水の蓄えが尽きたころをねらうことになるので、偵察力と機動力が十分にあれば有効な作戦であった。唐順之は大海に視察に出て一昼夜に六、七百里を走って平然としていたという。また、武技では槍術を得意とし、戚継光にも影響を与えた。

唐順之は、いまでは明代を代表する文人の一人として著名であるが、本来は軍事専門家であり、また自らも槍法・拳法など格闘武技に熟達していた。唐順之は嘉靖三十九年（一五六〇）四月に病没し、倭寇鎮圧の第一線で活躍したのは最晩年のわずか数年にすぎなかったが、実戦と著作あるいは兪大猷・戚継光らとの交流によって、明代武術史に大きな足跡をのこした。

嘉靖三十八年（一五五九）三月、胡宗憲の弾劾によって兪大猷が逮捕され、北京に送られた。だが、兪大猷はその才を惜しむ陸炳の献金運動によって獄中から救われた。朝廷は兪大猷の総兵職を免じて、山西大同の北方前線に送った。海寇反乱が浙江から福建に広がったことについて、福建では胡宗憲を非難する声がつよかった。胡宗憲は、福建人兪大猷が同郷のよしみで攻撃に手心を加えたため、賊はついに小船で出海して南方に逃げのびたのであると、かえって兪大猷にその罪をなすりつけたのである（『明実録』）。

四月、福建に大挙して現れた新倭は、攻城用の器具を携帯し、まず福寧州城を攻めたが陥すことができず、福安県に移ってこれを陥落させた。長楽・福清などの沿海地方の多くに倭寇の船が姿を見せていた。また、広東の流倭は詔安・漳浦間を往来し、一方、前年浙江から南下した舟山の倭寇は依然として浯嶼に屯していた。「これに加え新寇、福・興・漳・泉の諸処に遍し、倭にあらざる地なし」（『明実録』）という状況であった。

福建だけではなく、江北でも依然として倭寇が各地を犯した。南沙から上陸した倭寇の一団は通州に走り、総兵鄧城の軍を破ったが、江北海道副使劉景韶の軍と戦って撃滅された。

廟湾に盤踞する倭寇もこの月、衆を集め淮安を襲ったが、巡撫李遂は参将曹克新の軍を自ら督し、姚家蕩で賊軍を大破した。「(大いに戦って) 寅より申に至る」(『明実録』) とある。午前四時から午後四時までほとんど一日中戦闘したことになる。斬首四百七十八級。賊が姚荘に逃げ込んだところを、官軍は火を放って二百七十人余を殺した。さらに陳荘に逃げのびた賊軍を追撃して官軍はここでも七十四級をあげた。賊軍は残党を率いて、再び廟湾にたてこもった。

五月、官軍は苦戦のすえ廟湾の倭寇を掃討した。福建では一カ月間福州府城を包囲していた倭寇が囲みを解いて船に乗り、橘園州などに泊した。このころ毛海峰は福建泉州から広東南澳に移り、新たな根拠地を築いていた。七月から八月にかけて、官軍は鄧家荘で倭寇を大破し、各地で残党を掃討、連戦連勝した。斬首は合計四百余級という。この戦闘では江南副総兵劉顕の将兵が活躍した。江北の倭寇との戦闘は、官軍の報告によれば六月三日から八月二十七日まで前後二十余戦、斬首三千七百八十級をあげた。江北を侵掠した倭寇は、この一連の戦闘でほとんど殲滅された。

この年十月、戚継光は浙江義烏県で農民・鉱夫からなる三千人の新軍を編成した。この新軍で戚継光は募兵選抜から訓練まで、初めて自己の思いどおりに軍隊を編成することができた。戚継光は対倭寇戦に適した独自の実戦的な武器・戦術を開発し、集団戦を重んじ軍紀を厳しくして、従来の官軍とは面目を一新する強力な兵団を創出した。これまで浙江では強兵が育たないといわれ、しばしば他省から客兵を招請したが、客兵の維持には莫大な費用がかかり、またややもすれば客兵は統率を乱し、住民に災害をもたらすことも多かった。そのため「むしろ倭賊に遇うとも客兵に遇うなかれ。倭に遇えばなお避くべきも、兵に遇えば生を得ず」ということわざさえ生まれたという (『籌海図編』募客兵)。戚継光の新軍によって、浙江は客兵に依存せず自力による武装力を育成できるようになり、のちには他省にまで出動を要請されるようになったのである。『紀効新書』は、この新軍を練り上げる過程で生まれた実戦的な軍事教本であった。

嘉靖三十九年 (一五六〇) 二月、倭寇六千人が潮州などを侵掠した。四、五月の間には、新倭が濂澳《れんおう》・月港の旧寇と合流、長楽・閩安など各地で官軍と戦ったが、しだいに掃討された。この嘉靖三十九年は倭寇との戦闘記事が比較的少ない年であるが、閩《びん》（福建）全体の治安は悪化していた。十月、巡按福建御史の上奏文に「山海海盗起り、八閩に流毒す」のことばが見え、これに応えて兵部は「閩中の寇盗、半ばは土着。これ腹心の疾（患）なり」として総督胡宗憲らに「所属（将兵）を厳卒し期を尅して剿除《そうじょ》せよ。脅従者はその首を免ずるを許すも、首悪は赦すべからず」と命じている。

治安悪化の原因には、倭寇鎮圧のため募兵に応じた民兵が勢いに乗じて暴徒と化したり、あるいは戦闘後に行き場を失って寇盗に変じたりしたこともあげられる。

嘉靖四十年（一五六一）二月、江西の流賊馮天爵らが平定された。この賊党も、もとはみな両広の民兵で、募兵に応じて浙・直の官軍に入って戦闘に従事していたが、戦いのあと帰するところがなく、ついに賊団に変じて各地を荒しまわっていたのである。

この年四月から五月にかけて、浙江では倭寇が相次いで寧・台・温州を犯した。浙江官軍は総力をあげて迎撃した。このときの戦役は嘉靖晩期でも最大の激戦に属し、しかも官軍の大勝利に終わった。胡宗憲の上奏によれば、この間の戦闘は合計、海戦六次、陸戦十二次、前後擒斬一千四百二十六人、その他焚・溺死者無数という大戦果をあげて終結した。参将戚継光は戦功最も著しいものとして都指揮使に昇任した。

『籌海図編』が嘉靖期における官軍大勝利の一つとして特筆したこのときの戦闘経過を見ると、戚継光の新軍は『紀効新書』に記された軍紀・陣法をそのまま実践したみごとな戦いぶりであった。戚継光新軍は二年来、果敢に戦ってきたが、この大戦を完勝で飾り、以後「戚家軍」として勇名を知られるようになった。

なお、ここでもう一つ注目すべきことは、この陣中で戚継光が日本剣道の古典的流派ともいうべき影流の極意書を入手し、その刀法を得たということである。『武備志』第八十六巻〈刀〉は、『影流目録』の断片を載せ、冒頭解説文の中で「長刀は倭奴の習うところ。世宗の時、東南を進犯す。ゆえに始めてこれを得たり。戚少保、辛西の陣上においてその習法を得、また従ってこれを演（習）す」と述べている（注：第五節参照）。「辛酉の陣上」とは、まさにこの嘉靖四十年（辛酉）、寧台温州の戦役を指す。

倭寇の日本刀は、軍民を問わず、当時中国人が最も恐れたものであった。戚継光が編みだした「鴛鴦陣」も、いわば長短の武器を組み合わせ、集団戦によって日本刀を撃破すべく開発された戦術だったのである。この戦役で生きて虜囚となった倭寇の頭目として「五郎、如郎、健如郎」などの名が見える（『籌海図編』）。

なお、この年、福建では七月から九月の間、広東の程郷賊・三饒賊、塘下・南安の倭賊および各地の流賊が諸郡に出没した。「福・興・泉の三府はすなわち海賊に苦しみ、汀《てい》・漳《しょう》の二府はすなわち山賊と流賊に苦しむ。迭出して患となる。而して内地の奸民はこれを佐《たす》く」（『明実録』）とある。倭寇・海寇の乱では、しばしば現地住民が「嚮導」した。このときも民衆のあいだには賊の反乱活動に呼応するものがいたのであろう。

嘉靖四十一年（一五六二）二月、福建同安の倭寇が永寧衛城に夜襲をしかけ官軍を撃破し、指揮王国瑞らを捕虜にした。

七月、戚継光は浙兵七千を率いて、福建支援にかけつけ、まず横嶼《おうしょ》を拠点とした倭寇を全滅させた。横嶼は四面水路の険隘《けんあい》な土地で、その一面は浅瀬で陸と連なっていた。船では浅すぎ、潮が引いたあとは泥土のように足を取られ、官軍にとって攻めにくい要害となっていた。戚継光は兵士全員に草束を持たせ、水路を埋めて急襲し、激戦ののち、長期にわたって海賊の拠点となっていた横嶼をわずか一日で攻略したのである。戚継光は勝ちに乗じて福清に進み、牛田の寇を撃った。さらに興化まで残党を追い、夜襲をかけて、これを殲滅したのち浙江に凱旋した。

十月、福建に新倭が大挙して来襲、福清・福寧・政和などを犯した。まず浙江温州から来た一団は福寧・連江の海賊と合流して寿寧・政和・寧徳諸県を陥し、また広東南澳から来た一団は福清・長楽の海賊と合流して玄鐘を陥した。倭寇軍団は各地を侵掠し、十一月にはついに興化府城を陥した。これまで倭寇に破られた州・県・

衛・城はおよそ百を数えたが、府城が陥落したことはかつてなかった。

総督胡宗憲はこの月、南京戸科給事中陸鳳儀の弾劾によって、ついに職を解かれ、翌年五月北京の獄中で自殺した。かわって兪大猷が南方前線に呼びもどされる。

嘉靖四十二年（一五六三）二月、興化の倭寇は崎頭城《きとうじょう》に拠点を築き、次いで都指揮欧陽深の軍を伏兵によって全滅させ、勝ちに乗じて平海衛を陥した。四月、この平海衛に新旧の倭寇が合流し、官軍もまた総力を合して、一代決戦がおこなわれた。『明実録』嘉靖四十二年四月庚申の条には、まず次のように記されている。

福建の新倭、長楽より登岸し、福清等（各）処を流劫す。総兵官劉顕・兪大猷、兵を合して遮浪に邀撃し、これを平海に殲す。倭、舟を引きて出海す。把総許朝光、軽舟を以てこれを抄（横撃）す。斬首四十九級、賊すなわち尽くその舟を焚き、平海に還り屯す。

さきに引用した瀬戸内海海賊、三島村上氏所伝に見える「我等七党、都合千三百余人にて大明国平海郡を攻めたるとき」とは「永禄六年」すなわちこの嘉靖四十二年のことであるから、「我等七党」とは『明実録』にいうこのときの「福建の新倭」（福建に新たに現れた倭寇）に相当するだろう。

巡撫福建都御史譚綸《たんりん》は平海衛攻略のため副総兵戚継光の軍を浙江から呼び、これを中軍として正面攻撃にあて、劉顕を左軍、兪大猷を右軍とした。二人の総兵を脇にしたがえ、副総兵の戚継光が全軍の首位に立ったのである。譚綸は朝廷への報告の中で「臣はもとより継光の勇略を知り、中軍を領せしむ」と述べている。いかに戚継光の新軍が頼りにされていたかを理解することができる。

官軍は戚継光の軍を先頭に三方から平海衛を包囲攻略し、激戦のすえ倭寇軍団を大破した。『明実録』嘉靖四十二年四月丁卯の条は、この戦闘を要約して次のように記録している。

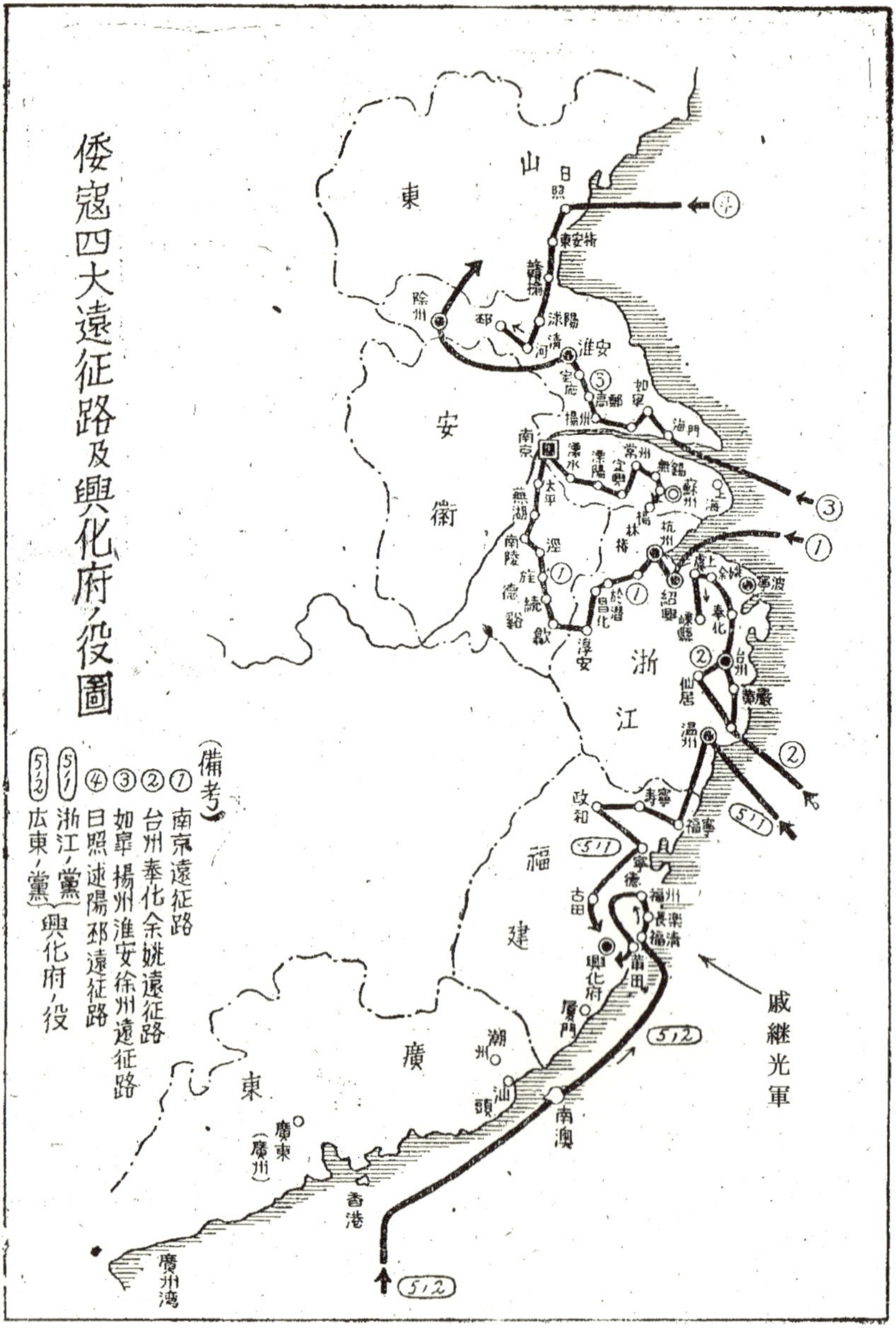

倭寇四大遠征路及び興化府の役図（登丸福壽・茂木秀一郎『倭寇研究』1942）

副総兵戚継光、浙兵を督し福建に至り、総兵劉顕・兪大猷と、もと興化を犯した倭賊を平海衛に夾攻し、大破してこれを平らぐ。斬首二千二百余級、火焚刃傷《かふんにんじょう》及び堕崖溺水《だがいできすい》せし死者無算。掠されし所の男婦三千余人を縦《はな》ち、衛所の印十五顆《か》を復得す。これより福州以南の諸寇悉《ことごと》く平らぐ。

しかし、平海衛で敗れた海寇の残党は、一万以上の新倭を糾合して仙遊県城を攻め三カ月にわたって包囲した。嘉靖四十三年（一五六四）二月、戚継光が再び兵を率いて駆けつけ仙遊城下で激しく戦った。海寇は大敗して同安に逃げた。戚継光は敗走する敵を追撃し、斬首数百級、崖から墜死するもの多数という戦果をあげたが、なお残党数千人が漳浦県の蔡丕嶺にたてこもった。倭寇との戦いでは殲滅戦を重視していた戚継光は、ここでも自ら先頭をきり、険しい崖を登って敵陣に斬り込んだ。

余衆なお数千、漳浦県《しょうほけん》の蔡丕嶺《さいひれい》に奔《はし》る。継光はその兵を分かちて五哨《しょう》と為す。身は自ら短兵《たんへい》（器《き》）を持ち、縁崖《えんがい》を徒跣《とせん》し、荊棘《けいきょく》を披《ひら》きて上り、（賊）塁に迫る。賊、伏（兵）を発す。継光の気いよいよ厲《はげ》し。各哨兵を督して賊巣《ぞくそう》に入り、死を殊して戦う。擒斬また数百人。ここにおいて閩寇悉く平らか。その残寇、脱するを得たる者、広東の界に流入し、魚舟を掠して海に入る。（注：『明実録』）

平海衛に続く仙遊の決戦で福建の海寇反乱はほとんど平定され、舞台は広東に移った。同じ嘉靖四十三年（一五六四）六月、福建の残党が広東で集結し、新たに兵を募って大軍となりつつあった。総兵兪大猷は賊軍の体勢が整うまえに急撃した。賊は漁船を奪って海に出たが暴風のため沈没し、わずか二千名の兵力となって海豊金錫に屯した。総兵兪大猷は官軍を率いて四方から包囲した。対峙すること二カ月、賊は食料がつきて脱出を図った。

副総兵湯克寛は退路に兵を伏せ、奇襲攻撃をしかけ、湯克寛自ら賊の首領三人を斬った。参将王詔らの兵も加わり官軍は賊を圧倒した。擒斬千二百人。これに各哨軍が前後して一千人を捕らえた。賊はほとんど全滅したが、官軍はなおも山中に逃げ込んだわずかばかりの賊を個別に追って掃滅した。

『明倭寇始末』は、「ここに至り倭患始めて息《や》む」と結んでいる。この二年後、嘉靖四十五年（一五六六）世宗が没し、新たに隆慶帝穆宗《ぼくそう》が即位した。穆宗は海禁政策をとりやめ、明朝は鎖国から開国に転じた。

しかし、倭寇の侵掠活動は嘉靖年間で完全に終わったわけではなかった。嘉靖に続く隆慶・万暦年間も広東の巨寇曽一本あるいは梁本豪らが倭寇と組んで各地を劫掠《ごうりゃく》した。この時期の真倭らしき人名として『明実録』万暦四年（一五七六）四月丁卯の条に「倭賊大郎哥嚕」が見える。

日本人海賊の海外進出活動が衰えるのは、戦国時代の日本を武力統一した織田信長のあとを継ぐ豊臣秀吉政権が、「刀狩り令」と「賊船停止命令」によって陸・海とも在野の武力を集中的に統制したときからである。「賊船停止命令」は天正十六年（一五八八）で明の万暦十六年にあたる。このころから日本の海賊はほとんど水軍として各藩の正規軍に編入されていった。なかには陸上に領土を持って大名に列するものさえあった。たとえば村上系の有力海賊来島一族は、慶長六年（一六〇一）豊後・森藩（一万四千石）に封ぜられ「久留島家」となり、明治維新による廃藩置県まで領主としてその家系を保ったのである。

第三節　勇将戚継光による倭寇撃滅戦法と武術の再編

「寇術」――日本海賊の武技と戦術

嘉靖晩期にまとめられた倭寇研究書『籌海図編』は、特に「寇術」の一項をもうけ、「倭奴がわが兵に勝つのは専ら術を以てである。そこでその術を還してその人を治めれば、必ずしも古兵法を用いずに勝つことができる。そこでこれを記す」として、倭寇戦術の特徴を箇条書に列挙している。断片的な記述ではあるが、中国側から描いた倭寇の典型像としてやはり重要な資料である。そこで、しばらくこれを中心として倭寇の行動・戦術を考察してみよう。まず、戦闘以外の行動は、次のように要約される。

倭寇は毎日、鶏鳴に起き、地にまるくなって会食する。食事が終わると、頭目が高座から挟冊《ノート》を見ながら、その日の襲撃目標ごとに隊長と担当部隊を指名する。一隊は約三十人。隊ごとに一、二里の距離をとり、いざとなれば法螺貝《ほらがい》で合図し、互いに救援する。薄暮に帰り、略奪物資を隠さずに差し出し、頭目がその多少を見て分配する。夜ごと略奪した婦女を侍らせ、酒色にふけり、その土地を引き上げるときは火を放ち、噴煙にまぎれて去る。

住民には報償を与え、土地の虚実をよく知り、また細作《スパイ》・案内役にも中国人を使い、あらかじめ富者の姓名を控え、順序をたてて襲うので収穫物が多い。
住民が酒食を供したときはまず毒味をさせる。市街を歩くときは伏兵を恐れて小道に入らず、また投石を警戒して城壁に沿っては歩かない。
民間の家に宿食するときは背後の壁を破っておき、あるいは見晴らしのよいところを選ぶので、襲おうとしても隙がない。

倭寇の戦術については、まず第一に「胡蝶陣」をあげている。

倭夷の得意は胡蝶陣である。陣に臨んでは扇をふるって合図とする。一人が扇をふるうと、衆がみな刀を舞わして立ち上がり、刃を空に向かってきらめかす。わが兵が驚いて仰向くと下から斬り込んでくるのである。

これが倭寇史上に名高い胡蝶陣である。扇の合図で一斉に日本刀をきらめかして襲いかかるさまが、あたかも胡蝶が群れをなして舞い上がる姿を連想させるところから、中国で胡蝶陣とよばれるようになったのである。倭寇の陣形について、「寇術」は、もう一つ「長蛇陣」があったと述べている。これは一列縦隊となり、最強の兵を先頭と後尾に置き、弱兵は中間にはさみこむ陣形である。「寇術」は「真倭は、はなはだ少なし。数十人に過ぎず。先鋒となす」ともいっているので、嘉靖期倭寇には中国人が多くなったとはいえ、侵掠に際しては常に日本人が先頭に立っていたのであろう。もっとも、長蛇陣は戦闘陣形というより行軍の隊形というべきである。南方は平野が少なく田畑・沼沢地が多いので、自然に縦列隊形で行軍せざるを得ないのである。「寇術」も、「行進は必ず単列で長い。ゆっくり歩をそろえて進む。ゆえに数十里を占め、また数十日を労としない」と述べている。続いて、戦闘の陣法について、次のように列記している。

陣は必ず四分五裂す。ゆえによく囲む。

対陣したとき、まず一、二名を先に走らせ、跳躍したり伏せたりさせる。ゆえによくわが軍の矢石火砲を空費させる。

陣を衝くときは、必ず敵人が先に動くのをうかがい、動いたあとに突入する。勝ちに乗じて長駆し、戦いたけなわとなれば、必ず四方から伏兵が立ち上がり、陣の後ろを囲む。ゆえによくわが軍を驚潰させる。

伏兵は倭寇がよく用いた戦術である。攻撃するまえに伏兵をしかけておくことはもとより、撤退・逃走するときにもよく伏兵を設けた。このため官軍が深追いして犠牲となる例が『明実録』などにもしばしば見られる。唐順之も『武編』で倭寇の代表的戦術を次の四つにまとめている。

「伏兵」（分散して身を隠せるところにはすべて身を隠し、官兵を撃つ）

「誘兵」（五十人ぐらいがまず正面から当たり、偽って逃げる。官兵が勢いづいて追ってきたところを伏兵が撃つ）

「餌兵《じへい》」（錫《すず》で造った偽の銀錠《ぎんじょう》をばらまき、官兵が乱れたところを撃つ）

「詭兵《きへい》」（密偵に官兵の衣服を探らせ、似たような服装をして陣中に紛れ込み、機を見て立ち上がる）

いずれも伏兵もしくはその応用といえよう。倭寇はこのほか意表をつくゲリラ的戦術を各種用いた。たとえば野（農村）を行くとみせて城（都市）を攻め、陸を歩くかと思わせて船を取る。とりわけ逃走時には、蓑笠をかぶって農民に化けたり、遊民の格好で都市の住民に溶けこんだりした。

「寇術」のあげる倭寇の武器は、弓・槍・刀である。鉄砲普及後は倭寇、官軍ともに鉄砲をかなり使用した。また、攻城戦では両者ともに大砲まで用いた。しかし、倭寇の主たる武器は一貫して刀であり、弓・槍は遠距離から接近格闘戦にいたる過程で補助的に用いたものといえる。

弓について「寇術」は「弓は長く、矢は巨（大）なり。人に近づき、すなわちこれを発す。ゆえに射ては（必ず）命中す」と述べている。戚継光も倭寇の弓矢について「弓長重矢」と表現している。

日本の弓は源平争闘時代から、開戦の当初こそ遠距離から射かけるものの、戦いたけなわとなれば命中率を重視し、かつ堅固な鎧を射ぬくために、できるだけ接近して矢を放った。戦国時代後期、鉄砲が重要な武器として定着してからも弓矢は鉄砲と組み合わせて活用された。江戸時代初期にまとめられた下級兵士用の戦闘教科書ともいうべき『雑兵物語』には、鉄砲二人に弓一人を配し、鉄砲が弾を込める合間に弓を射よと教え、また矢が残り少なくなったときには「一本の矢をつがえて、引いてはゆるめ、ゆるめては引き、なるべく一本の矢を大切にして、むだに射てはならない。もう死んでしまうと思ったときは、槍たけの長さよりも間近につめて、すき間をねらって放つべきである。そして、弭鑓《はつやり》（携帯用の槍の穂先。最後の接近戦で弭〈＝弓の先端〉につけて戦う）で頬か下散《げさん》（鎧の下部。腰まわりの防具）のはずれか、すき間をねらって突くがよい。そのあとは、刀でも脇差でも、勝手次第に引き抜いて、敵の手か足をねらって斬れ」と述べている（注：金田弘編『雑兵物語』桜楓社一九七三）。

「寇術」は槍について、「鈀鎗《はそう》は竿を露《あら》わさずに突き、たちまちにして（投）擲す。ゆえに測りがたし」と記している。槍の柄を相手に露出して振り回すような大技ではなく、もっぱら単純な突き技を用いたということであり、投擲したのは相手の意表をつくと同時に刀を抜いて突入し、接近格闘戦にもちこむためであったろう。

また、刀については胡蝶陣の項で触れているほか、「双刀で上を誑《たぶら》かし、下より発掠す。ゆえに格しがたし」と、「寇術」でも述べている。当時の日本刀法には、もちろん上から斬り下げあるいは水平にないで斬るなどの技もあったが、下から斬り上げてくる技に明軍兵士が特に苦戦したため、印象強く残ったものであろう。

　これらに対し官軍の最も基本的な武器は、弓と槍であった。したがって、最終的な格闘戦は「刀（倭寇）対槍（官軍）」が一つの基本的なパターンとなったはずである。中国では当時、刀と剣は実戦の主要武器ではなかった。特に剣は青銅時代の基本武器ではあったが、鉄器時代に入るとともに刀にその位置をゆずり、唐時代にはすでに儀礼的武器と化していた。それとともに剣術は舞踊と結合して民間の表演用武術となった。また、刀といえば、宋代兵書『武経総要』に見られるように、長い柄をつけた眉尖刀・掩月刀など長大刀が主体であった。短い刀は補助的な武器にすぎなかったといえるだろう。明代の著名な武術門派にも、棍・槍あるいは拳法を主体とする門派はあっても、刀・剣を主体とする門派はなかった。明代兵書『武備志』は、「刀法・剣法ともに中国ではすでに失伝しているので、刀法は日本、剣法は朝鮮の術を載せる」としているほどである（注：第一章第五節参照）。

戚継光による実戦武術の特徴

　戚継光は明軍がしばしば少数の倭寇にも大敗する原因を分析して、まず第一に募兵の段階から抜本的に改革し、良質の兵士を選抜した。第二に軍律を厳しくし、組織的訓練をほどこして集団としての戦闘能力と機能を向上させた。そして第三に、対倭寇戦に有効な各種の武器を組み合わせ、鴛鴦陣《えんおうじん》とよぶ必勝の戦術を編み出した。倭寇の胡蝶陣は、きらめく日本刀から比喩的に名づけられた戦法であったが、鴛鴦陣は戚継光が自ら名づけた陣形で、基本隊形としては次のとおりである。

　まず、最前列の二人が牌《はい》を持つ。牌の後ろにそれぞれ四人の兵士がつく。つまり二人ずつ五段構えになった計十人の二列縦隊が基本隊形である。先頭の牌手は牌に身を潜ませ、全員の防御壁となって前進する。各牌の後ろに狼筅《ろうせん》一人、長槍二人がつき、しんがりに叉鈀《さは》（さすまた）一人を置く。これに指揮者の隊長一人および炊事雑役兵一人を加えると一隊十二人の構成となる。

狼筅とは、枝の生えたままの竹を武器に転化したものである。もとは南方の狩猟具であったという。正規軍用の武器としたのは戚継光が初めてである。戚継光が採用して以来、各種の図解が見られるが、竹をそのまま描いたものもあれば、枝の部分を金属（鉄）製にしたものもある。牌手を守り、敵の攻撃を妨害する防御用の武器である。この後ろの長槍が攻撃用武器の主体である。しんがりの鈀は、槍と同じように突き、さらに必要に応じて先端の鎌の部分でひっかけたり、斬ったりなど変化技を用いる。長槍よりは短く、戚継光はこれを短兵器に属する武器としていた。

また、先頭の牌手は標槍《ひょうそう》（投げ槍）と腰刀を持ち、接近しつつ標槍を投げつける。接近したあとは、まず狼筅が相手の武器をさえぎり敵を攪乱する。そこを後ろの長槍兵が飛び出して突く。槍の間合いがつまったときには、しんがりの叉鈀が長槍を救う。こうして「筅は牌を救い、長鎗は筅を救い、短兵は長鎗を救い」、長短兵器を巧みに組み合わせて戦う。さらに牌兵が合図の鼓声を聞いても遅疑して進まないときは軍法によって首を斬るとしたが、同時に、先頭の牌手が戦死したならば全体の責任として隊員全員を斬るとした。

かつてない厳しい軍紀と集団戦法によって、「辛酉の陣」で画期的戦果をあげて以来、戚家軍は連戦連勝し、ついには対倭寇戦で最大の武名を確立するにいたったのである。

戚継光は末端兵士の武術訓練を重視した。一般に中国の武将は、兵法すなわち全体的な戦略問題に関心が強く、末端の格闘武技には関心が薄い。しかし、明代の著名な武将はいずれも格闘武技に達していた。戚継光以外にも、たとえば兪大猷は棍法に達し、武術史上屈指の棍法極意書というべき『剣経』を著した。兪大猷は明代少林寺の棍法をいまだ実戦に足らざるものと喝破し、少林棍に大きな影響を与えた。兪大猷以降、『剣経』を抜きにして棍法を語るものはいない。また、戚継光と兪大猷の二人にとって先輩格となる唐順之は、槍法に達していた。戚継光は『紀効新書』第十巻で槍法要訣を述べたあと、次のような逸話を紹介している。

狼筅：敵の武器を遮り先頭を守る
長槍：狼筅の脇から長槍で突く
藤牌：標槍を投げつけ、腰刀で斬り込む

叉鈀：一隊の殿（しんがり）となる

倭寇との戦いの中で当初劣勢にあった戚継光は、古来の兵法にとらわれず、新たな武器、戦術を試み、ついに長短武器を組み合わせた必勝の集団戦法「鴛鴦陣」を編み出した。

巡撫唐荊川《けいせん》公は西興江楼において、自ら鎗を持ち私に教えた。私が、

「一般の鎗法を見ると、その圏串《けんかん》（＝円・直）の動きは大きく、五尺もあります。兵主（＝先生）は独り一尺のみです。なぜでしょうか」

と質問すると、荊翁は次のように答えた。

「人身の側形は、七、八寸のみ。鎗圏は、ただ一尺を打開すれば、わが身膊に及ばない。大きく拏すと、相手の鎗も遠くに開くが、わが力も尽き、自分にとっても益はない」

この説はまことにその精を極めたものである。私はまた聞いた。

「この一圏に巧たるにはどうすればよいでしょうか」

荊翁は言った。

「十年の修練あるのみ」

一芸に精となるのはかくのごとく難しいのだ。

このような格闘武技に通じた武将たちの存在によって、明代の武術は明快かつ実戦的な技法が主流となった。実戦の相次ぐ動乱期にあっては、神秘的な伝説によって門派を飾る必要もなければ、その余裕もなかったのである。

ただし、戚継光の武術には、唐順之や兪大猷と異なる一つの大きな特徴があった。唐順之や兪大猷にとって格闘武技はあくまでも個人的な武術であり、彼らの戦場における集団的な用兵と直接的に関連するものではなかった。しかし戚継光にとって武術とは、末端の個人武技も組み合わせればそのまま戦場の集団的な用兵術と直結するものであった。したがって日常訓練の一つひとつがそのまま戦場で実践しうるものでなければならなかった。個人と集団の直結、日常訓練と実戦の直結というこの実践性こそ戚継光武術の最大の特徴であり、同時に『紀効

新書』の兵書・武術書としての特色もまたここに存在する。

『紀効新書』で戚継光は、しばしば現代にも通じる口語体で末端兵士に要訣を語りかけている。これはもともと同書の各部分が独立して部隊に配布され、文字の読める者が何度も読み上げて全員に暗記させるという、そもそもの成り立ちから実践的な教材だったからである。

技法の選定に際しても、戚継光はまず花法を排することから始めた。花法とは「華麗な技法」すなわち美しい形や派手な動きを主体とした技法の意である。外見は華麗だが実用性に乏しい。この場合「花」には「美しい形」の意味のほか「むだな動き」の意味がこめられている。中国武術は古くから民間で発達し、技法が単なる殺傷技術としての動きだけではなく、体育的、舞踊的動作と結合して発展したため、花法の発生する余地もそれだけ多かったのである。

戚継光は『紀効新書』第一巻の本論展開にさきだち、巻首に「或問篇《わくもんへん》」を設け、問答形式によって戚氏武術の基本観点を明らかにしているが、花法問題をその第一に取り上げ「平時、官府の面前で用いるところの花鎗、花刀、花棍、花叉の法は、敵（実戦）に用いることが可能か否か。子の教えるところまた、これあるか」と設問している。

これに答えて戚継光は、「大陣を開き、大敵に対するのは、試合場で武芸を比較したり、小賊を逮捕するのとは異なる。堂々の陣で何千何百人が隊を列して進むときは、勇者も先じてはならず怯者も遅れてはならない。群がる鎗で突いてくれば群がる鎗で突きかえす。どっと刀が斬りこんでくれば、こちらもどっと攻めかえす。常に一斉に進むことが大切であり、このようなときは武器を持つ手を転ずることさえむずかしい。どうして各自が勝手に左右に飛び跳ねることができよう。一人が後ろを振り向けば、みな何事かと疑う。一人が寸歩でも動けば、大衆もまた心を奪われる。どうして各自が勝手に進んだり退いたりできよう」と、戦場武術は集団戦闘が主体であり、個人的な花法動作の入り込む余地がないことを説いている。

次いで戚継光は「厮打《しだ》の時に到れば拿法《だほう》を忘了す」（いざ実戦となれば技法の型など忘れてしまうものだ）ということわざを引いて、実際の戦闘で型どおりの技法を用いることのむずかしさを、次のように説く。

平日、十分の武芸も時に臨んで五分も用いることができれば成功とすべきで、八分を用いることができれば天下無敵である。陣に臨んで平日十分の本領を思うがままに発揮しえた者はかつてない。

実戦では、基本的な技法でも、その半分が発揮できれば成功と評価すべきものである。まして花法などの入り込む余地はないということを、戚継光はここでも強調しているのである。

戚継光は長槍等各武技を具体的に取り上げ、まず長槍では基本的な手法・歩法・身法を学ぶ単人練習によるが、「このほかまた、いわゆる単舞なるものは、みな花法。学ぶべからざるなり」と述べている。つまり表演用の独演型などはみな花法にすぎないから不要であるというのである。そこで槍の訓練は必ず相対して、基本技を訣語のことばにしたがって「一字一字」反復練習して身につければ、あとは意のままに敵の変化に応じて勝ちを制することができるとしている。

また藤牌は、やむをえず「単人跳舞」つまり独演型から訓練を始めるが、型のなかには地上を転がったり宙を飛ぶなどの花法がある。そこで基本訓練のあとは標槍を持って長槍と相対して実際的な格闘訓練をおこなう。先に標槍を放つが、早すぎても遅すぎてもならない。そして標槍が手を離れたならば、すかさず前進して刀を使うことができるように練習すればよい、としている。

鈎鎌《こうれん》・叉鈀の場合も「転身跳打の類はみな花法であり、益がないだけではなく熟すればかえって人を誤らせる。叉鈀の花法は、はなはだ多い。削除しようとしても尽きることがないほどである」とまで述べ、「ただ俞（大猷）公の棍法に照らして叉鈀・鈎鎌を使えば、花法は生じることがなく、実戦に用いることができる」と、問答の最後を結んでいる。

このように戚継光にとって、花法とは益がないばかりか、熟すれば多用しようとするからかえって身を誤らせる危険な技法であった。しかし、表演形式の発達した中国武術には、伝統的に花法が多かった。そこで戚継光はまず第一に花法の排除を主張し、また、独演型による単人練習は基本的な訓練にとどめ、より実際的な相対訓練を重視したのである。

花法を排除し、相対訓練を重視したほか、戚継光は武器の使用にあたっては「長兵短用」（長い武器を短く用いる）と「短兵長用」（短い武器を長く用いる）の重要性を強調した。これは民間の武術門派でいえば、一種の極意ともいうべき訣語で、戚継光武術論の根幹となることばである。

戚継光は『紀効新書』第十巻を「長兵短用説篇」と名づけ、まず冒頭で次のように説く。

長器は必ず短用せよとはどういうことか。長鎗は持ち手が疲れやすい。もし短用の法を知らなければ、ひとたび発して当たらず、あるいは当たっても急所を外し、相手の短兵器が入り込めば退くのも間に合わず、長いためにかえって誤ること赤手も同然の状態となる。すべからく身（体）と歩（足）は一致させて進まなければならない。単手で一鎗することを「孤注」という。これは楊家鎗の欠陥である。学ぶ者を誤らせることがはなはだ多い。短用の法とは手と足を合致させ、ひとたび発して当たらざるときは、緩なるときは歩法を用いて退きさがり、急なるときは手法を用いて鎗桿を縮め、彼の武器がわが鎗中に入り込めないようにする。こうすれば彼も軽々しくは進入できないが、わが手中の鎗は退いても一尺であり、なお相手を突くことができる。すなわち短兵器と同じ功用となる。これが長を用いるに短を以てするという秘訣である。弓箭火器などもみな長兵であるが、力を百歩に到達させることのできるものは五十歩に近づいてから発する。力を五十歩に到達させることのできるものは二十五歩に近づいてから発する。これもまた長兵短用の法である。長なればこれを「勢険」（激しい勢いで大きく決する）といい、短なればこれを「節短」（鋭い動きで小さく決する）という。万殊といえど理は一つである。

一方、第十二巻では「短兵長用説篇」として、短兵器の長用法を説いている。たとえば牌刀術について、次のように述べている。

藤牌腰刀は、もともと短中の短であるが、必ず標鎗を用いる。すなわちこれもまた短兵長用の法である。藤牌で標鎗を用いるのは、これで相手を殺すのではない。彼の鎗とわが牌が対峙したとき、ただきっかけもなく進入することはできない。そこで標鎗を投げ、彼がそれを見て動いたとき、我は勢いに乗じて入る。彼が動かないときは必ずわが標鎗によって傷つく。その隙に入ることもできるのである。短兵長用の法は千古の奇秘であり、ひとを欺かざる成果を発揮する。

ただし、ここで一つ確認しておくべきことは、叉鈀・棍・鈎鎌あるいは日本の薙刀と同類の掩月刀など長い柄の武器も、戚継光は短兵器に分類しているということである。

戚継光は「短兵長用説」の冒頭で「叉鈀・棍・偃月刀・鈎鎌は、みな短兵である。なぜか。彼の槍は一丈七八尺、わが武器は七八尺にすぎない」と述べている。この場合の「彼」とは、いうまでもなく倭寇のことである。つまり中国の叉鈀・棍類は、倭寇の槍の半分以下の長さであったというのである。

確かにこの時代、日本では長柄の槍が流行していた。日本で直刺用の長柄の武器が古代武器の鉾を原型として、新たに「槍」として誕生したのは鎌倉時代であり、室町時代の戦乱期には槍は戦場武器の花形となり、「鉄砲が新鋭武器として華々しく登場してからも、槍の武器としての声価はそれほど下がらなかった」（注：沼田鎌次

『日本の名槍』人物往来社一九六四）。

武田家兵書の一つ『武具要説』（一五七七）によると、武田信玄はかつて各種武器の得失について経験豊かな五人の武将に論議させたことがある。槍については、原美濃守が「槍は、大刀・薙刀を持つ敵と対する以上、二間（＝一丈二尺）以下では無益である。短かくては騎馬武者を突くこともできぬ」と長柄を主張した。横田備中守もこれに賛同して、「平時の警護用ならば九尺、一丈でもよいが、戦場では長いほどよい。薙刀など持った敵を、九尺、一丈の槍で突くのでは相打ちの恐れがある」と言った。

武田家と覇権を争った織田信長も、近習たちに竹槍で模擬戦をおこなわせ、その結果短い槍は不利であると判断、以後三間（＝一丈八尺）から三間半（＝二丈一尺）もの長槍を採用した（注：太田牛一『信長公記』一六〇〇？）。

中国の叉鈀・棍類は、武器そのものの長さが日本の槍よりもはるかに短いものであったということになるが、戚継光によれば、さらに用法上からも結果的には一尺〜二尺の武器と同類の短さになったという。「短兵長用説」は前記に続いて、「たとえば浙江における叉鈀の用法は、先端に近い部分を両手で握るので、先端は握り手から二尺しかない」と述べ、また、棍も同様であるとして、次のようにいう。

一棍は六、七尺にすぎない。また、両頭をともに使用し、両手で開き握るので、棍頭はわずか尺余を余すのみである。彼（倭寇）の長鎗は閃々として進み、流星のごとく速い。自己が技術に精熟していても、ただ彼の鎗を受け止めてわが身に当たらないようにできるだけである。

隙につけこもうとしても、相手は武器を少し縮めるだけで、こちらから遠く離れてしまう。長兵器を受けとめているだけでは結局は敗れる。「短兵の理は速進にある」。そこで戚継光は実戦的な兪大猷の棍法をこれらの武器に応用し、相手が進んだとき自分も進み、相手の第一撃を受けるやいなや連打の法によって長槍の勢いを奪うという戦法を考えた。

彼が先に五尺進めば、我も進んで五尺。これで一丈の勢となる。わが連打によって相手の勢は起こりえず、抽《ひ》こうとしてもどうして一丈も抽くことができよう。ひとたび長兵の内に入れば、わが短兵は縦横する。長兵も赤手と同然となるのである。

このように長・短の武器を組み合せ、あるいは一つの武器でも長用と短用を巧みに転換させることによって、本来の功用にまさる成果を発揮させるというのが戚氏武術の特徴であった。

戚継光武術各論

『紀効新書』は数度、改訂増補され、十八巻本として定着したが、もともとは十四巻であった。そのうち十～十四巻すなわち全体の三分の一が武技の図解解説である。中国兵書は戦略・戦術あるいは軍備を説くのが一般で、これほど各個の武術を具体的に論じた兵書はかつてなかった。狼筅・藤牌は対倭寇戦用の独特の武術であり、後世ほとんど普及しなかったが、長槍・棍・拳の部分は、しばしば後世に引用される原典となった。資料的な価値も高いので、改めて各武技の解説の項から戚継光の武術論をさらに具体的に探ってみよう。

一、長槍

戚継光は武技解説の最初に長槍を置いている。長槍を戦場における格闘武技の中心と考えていたことが、この順序からも明らかである。戚継光の採用した長槍術は楊家槍である。当時、「沙家竿」「馬家長鎗」などの流派が普及していたが、戚継光は「ただ楊家の法は虚実あり、奇正あり。虚々実々あり、奇々正々あり。その進むや鋭く、その退くや速し。その勢は険、その節は短。動かざれば山のごとく、動けば雷震のごとし。ゆえにいう『二十年梨花鎗、天下無敵手』と。その然るを信ず」（「長鎗総説」）と評価している。

戚継光は楊家槍の片手突き（「孤注」）を危険な技法として批判しているが、諸流派と比較して総合的には楊家槍の優秀性を認め、戦場武術の立場から実戦的に楊家槍の技術を吸収しようとしたのである。

戚継光の楊家槍に対する批判はおそらく兪大猷の影響である。兪大猷『剣経』によれば当時、山東・河南の各所に楊家槍が流伝していた。楊家槍の基本的な陰陽虚実の理は、兪大猷の棍法と同じであり、相手の槍を「左右二門で拏す手法」に優れていたが、また重大な欠点をもっていた。それは「撒手にして殺去し、しかも脚歩進まざる」ことであった。つまり立ち足を進めず、その場から手を放して（すなわち片手で飛ばすように）攻撃するのである。このような片手突きは、狙う的が外れれば一挙に不利な体勢となる。片手突きをどう評価するかは、その人の武術観によるが、接近して確実に闘うことを重視した兪大猷から見れば、危険きわまりない技法と考えられたのであろう（注：間合いをつめて闘う接近戦重視は、現代にも見られる南派武術の伝統的特徴である。拳法も明代にはすでに短打拳が南方に定着していた形跡がある。接近主義の伝統がこのころからのものであったとすれば、兪大猷の観点には、単なる兪大猷個人の考え方だけではなく、南派一般の武術的観点が反映したものと筆者は考える。また、南派・北派の特徴が実質的にはこのころすでに顕著であったとするならば、戚継光が長・短用法の転換を発想したのは、南派・北派の対立的な特徴を実践の場で止揚したものと評価すべきであろう）。

戚継光はできるだけ兵力を損傷させず、しかも最大の戦果を組織的に上げるという考え方から楊家槍の片手突きに批判的だったのであろう。

戚継光は「長鎗総説」に続いて、「八母鎗起手」「六合」など基本的な相対練習法を列挙したあと、「習法」として、二十四勢を訣文とともに図解解説している。

少林武僧程宗猷には『長鎗法選』と題する槍術テキストがある。河南の著名な武術家李克復の所伝である。当時、河南・山東には楊家槍を伝える者が多かったので、李克復の所伝はその河南系の代表例といってよいであろう。この槍譜に見られる十八勢のうち十二勢は、技法名・訣文・図解の比較によって、戚継光の槍譜と明らかに同種の技法とみなすことができる。つまり戚氏槍術二十四勢の半分が楊家鎗の技法だったということになる。

程氏槍譜十八勢のうち戚氏槍譜に見られないのは六勢である。注目すべきことは、このうち三技法（死搠対鎗勢・翻身搠退退鎗勢・勾鎗勢）が単手槍（片手突き）の変化技であるということである。より具体的にいえば、これらの技法は、果敢に放った単手槍が外側あるいは内側に挑ねられた場合などの「逃げ技」である。戚継光はこうした技法を意識的に排除したものと思われる。単手槍そのものは、両者の槍譜とも「青龍献爪鎗」で名称が一致する。しかし、戚継光の槍法は柄の中央を握った短い片手突きになっている。これも楊家本来の単手槍を危険視する戚継光が意識的に技を改変したものであろう。

戚氏槍譜の訣文は、平均三〇字ほどである。ところが第二〇技法闖鴻門勢《ちんこうもんせい》の訣文だけは一二三字である。他の数倍を費やして、ここで戚継光が強調していることも、やはり長槍を短く用いる秘訣についてであった。

〈闖鴻門勢〉

すなわち抛梭《ほうさ》鎗法（＝機織《はたおり》の梭のごとく短く鋭く用いる鎗法）である。身は鎗にしたがって進み、閃《せん》・坐《ざ》・剟《だ》・攔《らん》・捉《そく》（など各種の技を用いて）硬く攻め込む。『経』（＝『六合鎗譜』）にいう「六直」（＝第六合第六訣「直」）の妙は、その中にある。長を用いるには短を貴ぶ。短を用いるには長を貴ぶ。これが芸中の妙理である。短にして長用するとは彼の長を禦すべきをいう。長が短に入って中らなければ、すなわち長なるがためにかえって誤りとなる。ゆえに長を用いるに短を以てする。節節は険にしてしなやか、身に近づくこと尺余。（このように近づけば）鎗法は便にして、しかも疲れない。彼はわが長を見て心を安んじ、我を深く誘って（長器を）無用にさせようとする。我はたちまち節節短く迫る。彼の智は屈し、心は（期待と）違う。倉卒として彼が我に対するのに及ばない（＝間に合わない）ようにさせる。これが長を用いる秘訣であり、万古の秘論である。

図解によると、闖鴻門勢は両手で槍を握っているが、その前手は他の技法よりもはるかに先端に近い部分を握り、しかも身体を前傾させている。槍を短く用いるありさまが、図解からも明白である。

しかし、こうした戚継光の短用法重視について、『長鎗法選』の著者程宗猷は、楊家槍の立場から次のように反論している。

『紀効新書』にいう、河南鎗法は拏・捉に好いが、進歩（の足法）がないと。しかし二合（＝六合鎗譜第二合）の「鳳点頭《ほうてんとう》」は進歩（の足法）ではないか。また、単手剳人《たんしゅさつじん》（＝片手突き）を「孤注」と名づけ、これは短兵器が受け開いて入ってくるので、「棄鎗《きそう》」（＝鎗を捨てるもの）に等しいと論じている。法中には「一寸長ければ一寸強し」とあるのを知らないのであろうか。すなわち単手剳人は彼我ともに長鎗のときにのみ用いるのである。短器は鎗で一突きすれば、すなわち彼の身に入る。どうして単手を使う必要があろうか。たとえば、ともに長鎗のとき、受け開いて進歩し、身を探って彼を剳する。彼が敗走し、あるいはいまだ彼を傷つけることができなかったとき、彼の退歩はわが進歩よりもかえって速いものである。どうして単手剳を用いないでおられようか。

つまり単手槍は、両者ともに長槍で戦い、こちらが優勢となり、さらにあと一歩の間合いをつめる必要があるとき、瞬時に槍を飛ばすように突くものであるというのである。これは長器をさらに長く用いるという意味で、

欽定四庫全書

紀效新書

卷十

闖鴻門勢

乃抛梭鎗法身隨鎗進閃坐剃攔捉攻硬上經曰六直妙在其中用長貴短用短貴長此藝中妙理短而長用者謂其可槊後長長入短不中則反為長所誤故用長以短節節險嫩就近身尺餘法便不老彼見我長安心欲使我進深無用我忽節節短來彼乃智屈心違倉卒使彼對我不及此用長萬古之秘論也

十五

長槍の短用法を説く闖鴻門勢（『紀効新書』）

「長器長用説」ということができる。たとえ相手が長槍でなくとも、このように長器の有利性を最大限に発揮させる技法は、それだけ大きな効果を生むはずである。もしも自己の持てる長槍の長さが最大に達し、自分が不利な体勢に陥ろうとしたとき、死掤対鎗勢あるいは翻身掤退退鎗勢などの変化技を瞬時に用いて、再び敗勢から優勢に転換するのである。単手槍とは本来、このように多彩な身法とともに生かすべき技法である。一般に北派武術の特徴は、遠い間合いを多彩な身法と技の速さによって戦うところにある。単手槍は、このような北派の特徴がよく現れた技法である。楊家槍の立場から見れば、戚継光の青龍献爪鎗は単手槍の長所を殺すものであり、このような間合いをつめた片手突きは、かえって身の危険を招くおそれがあった。

戚継光は倭寇の日本刀と戦う場合、まず槍の長さを生かして戦うことを第一としたが、倭寇は大胆にも上段を牽制して下段から斬り込み、あるいは相手に突かせることによって間合いをつめて入れ違いに斬るなど、しばしば明軍の槍を破った。戚継光はこうした過去の苦杯から兪大猷が得意とする接近戦術の重要性を悟り、長槍においてもその短用法を強調するようになったのであろう。

一般の兵士に戚継光が望んだことは、多彩な変化技ではなく、堅実な基本技の修得であった。「その妙はこれに熟するにあるのみ。熟すればすなわち心はよく手を忘れ、手はよく鎗を忘る。神を円にして滞らず、また静を貴ぶなり」（「長鎗総説」）という戚継光のことばは、江戸時代の日本の武士も好んで引用した武術要訣の一つである。戚継光にとって最も大切なことは、基本技に習熟し、手足と槍が一体の境地に達することであった。あとは実戦における胆力が勝負を決するとしたのである。

二、藤牌

片手に防御用の牌《はい》（＝盾《たて》）を持ち、片手に剣・刀など攻撃用の武器を持って戦う武技は古代からあった。牌の形には、円形と長方形とがある。藤牌は藤で編んだ大型の円牌である。戚継光は、「藤で牌を造るのは最近、福

（程宗猷『長鎗法選』）

（戚継光『紀効新書』）

宋代以来世に名高い楊氏槍法は長槍を飛ばすように突く単手槍や瞬時に身を替える変化技を得意とする。戚継光は身を転じることさえ難しい、敵味方の入り乱れる戦場で堅実に用いる集団戦法としての槍術を追求した。

建で始まった。銃弾を防ぐことはできないが、矢・石・槍・刀はみな防ぐことができる。そこで甲冑に代えてこれを用いる。南方田畑の泥雨中にあっては、きわめて便利である」（「藤牌総説篇」）と述べている。

一隊の前面に立って文字どおり盾となるので、胆力がありしかも動作の敏捷な青年を選んで、この藤牌術を鍛える。藤牌の武器は標槍と腰刀である。標槍は木（「稠木」）もしくは細竹でつくった投げ槍である。前部はやや太く重く、後部をやや細く軽くする。藤牌兵士は各自、右手に標槍を二本持ち、牌を持つ左手側で腰刀を併せ持つ。牌の内側には上下に二本の輪がついている。この輪に腕を通して牌を持ち、標槍を使いきるまでは、牌の内側に腰刀を横たえ、手首で押さえつけるように握り持つのである。

『紀効新書』に「牌勢」として採録されている藤牌術は、八技法である。戚継光によれば、藤牌を最も効果的に生かした戦闘法とは、要するに敵に近づいて標槍を放ち、相手が傷つきあるいは標槍をかわそうとしたところを、すばやく腰刀を右手に持ちかえて斬り込む方法であった。

敵の長鎗がわが身に及ぶのを待ち、標を擲《なげう》ってこれを刺す。中《あた》るも中らざるも、敵は必ず鎗を用いて顧撥《こはつ》せんとす。我は隙に乗じて徑進す。刀は急ぎ取り出して右にあり、牌に随って坎殺《かんさつ》す。ひとたび鎗身の内に入らば、鎗は棄物となり、我は必ず彼に勝つ。（注：「藤牌総説篇」）

つまり、牌という防御兵器に標槍・腰刀という長・短二つの攻撃武器を配したところに、戚継光藤牌術の最も大きな特徴があったのである。

三、狼筅

藤牌術に続き、戚継光は「狼筅総説」でまず狼筅の目的・用途を述べ、さらに図解によって八技法を解説している。狼筅は重い武器であり、必然的に動作は鈍くなる。「狼筅を用いるにはすべからく節は密にし、枝は堅くすることを要す。梢は利刃を加うべし」とある。つまり先端には槍と同じような「利刃」をつけていた。しかし、これは相手を突くためというよりは、手で握られないようにするためであったろう。狼筅の目的はもっぱら防御であり、戚継光はこれを「行伍《こうご》の藩籬《はんり》、一軍の門戸なり」とたとえている。「藩籬」とは、竹などを編んで家のまわりに張りめぐらした垣根などをいう。いわば狼筅は移動用の防御壁であった。戚継光も「筅はよく禦するも、殺すこと能わず」と認めている。したがって、「牌盾《はいじゅん》を以てその前を蔽《おお》い、長鎗を以てその左右を夾み、挙動疾きこと斉しく、必ずすべからく叉鈀・大刀と接翼すべし」としたのである。

このような重い防御兵器を一隊の中に組み込んだのは、長槍など攻撃用の武器を持った兵士に少しでも安心感を抱かせるためであった。胆力があり技術の高い精兵軍団であれば、「すなわちこの器は重贅《じゅうぜい》（＝役にたたない重荷）の物たるのみ」であるが、一般的には単器で敵に肉薄すると、ややもすれば兵士は動揺し、「平日十分の精習といえども、張皇失措《ちょうこうしっさく》（＝あわてふためく）して、その故態（＝もとの形）を忘る」状態となる。しかし狼筅があれば「枝梢《ししょう》は茂盛し、一身を遮蔽《しゃへい》して余りあり。眼前恃《たの》むべし。以て胆を壮にし、気を助くるに足る」のである。

戚継光は初期の苦戦から、明軍の兵士が一般的に倭寇にくらべて胆力が不足しており、それが勝敗の重要な原因となっていることを自覚していた。戚継光はこのような自軍の欠陥を直視し、その欠陥を克服する一つの手段として藤牌・狼筅を採用し、弱兵を強兵に変え、かつ集団戦法によって自己の消耗を少なくしつつ敵にはより大きな打撃を与えようという、合理的な戦術を編み出したのであった。

四、棍

『紀効新書』第十二巻は「短兵長用説」と題し、実質的には兪大猷の棍法をほぼ全面的に採録している。ここでいう短兵とは「叉鈀・棍・偃月刀・鉤鎌」など長槍に比較して柄の短い武器を意味する。戚継光は、棍以外の叉鈀などの武器も、兪大猷の棍法をそのまま応用しうると考えた。

　兪大猷の棍法テキストは『剣経』と題されている。棍法テキストになぜ『剣経』と名づけたのであろうか。一般には兪大猷の学んだ棍法が「荊楚長剣《けいそちょうけん》」とよばれていたからであるとする。確かに『剣経』序文には、自己の学んだ武術を「荊楚長剣」と明記している。しかし「荊楚長剣術」あるいは「長剣法」などとせず、ただ単に『剣経』としたのは、もう少し深い意味があったであろう。

　『剣経』序文の冒頭で兪大猷は自己の修行を簡潔に総括している。それによれば兪大猷はかつて武術の師李良欽に「荊楚長剣」を学び、その用法を十分修得したと自認したとき、兵法の師趙虚舟が「あたかも一人を敵とする法（のみ）を知ったかのようだ。どうして万人を敵とする法がここに本づくのを知ろうとしないのか」と諭した。そこで兪大猷は再び修行に励み、ついに師の意味するところを悟ったのであるという。それは単なる武術を超えて「天下（万物）の理」を知ることに通じた。序文の最後を「猷は謹んで将《まさ》に得たるところの要法を著し、『剣経』となす。以て後人に告ぐ。世に真の丈夫あらばまさに予が志を亮すべし」と結んでいる（注：『剣経』序文は『紀効新書』に採録されていない。全文は兪大猷『正気堂集』余集巻之四にある）。おそらく兪大猷は「剣」の一字に武術のすべてを象徴し、単なる棍法以上のテキストをめざしたものと思われる。

『紀効新書』に採録されている『剣経』本文の第一条は、次のようなことばである。

> 棍を用いるは「四書」を読むがごとし。鉤・刀・鎗・叉鈀は各一経を習うがごとし。「四書」すでに明らかなれば「六経」の理もまた明らかなり。もし棍を能くすれば、すなわち各利器の法はこれに従って得られん。

つまり「四書」（『論語』『孟子』『大学』『中庸』）が学問の基礎であるのと同じように、棍は武器術の根幹であり、棍法を修得すれば、他の武器もおのずから使いこなすことができるというのである。これに続く『剣経』本文は、抽象的な理論ではなく、ほとんど全文が棍による対敵戦術の具体的な要領を箇条書（約一九〇条）に記したものである。一見したところ厳密な順序はない。あたかも修行の過程で記したノートを集積したかのようである。

たとえばある箇条には、打ち込みの機会や角度などに関する三種の要訣を記したあとに「右は李良欽《りりょうきん》の伝」「右は劉邦協《りゅうほうきょう》の伝」あるいは「右は偏頭関に在りし時これを教師（武術師範）林琰《りんえん》に得たるもの」など由来を明記し、最後を「三教師、原来、一家に合す」と結んでいる。これらは当時の著名な武術家の名を知るうえで興味深いが、また兪大猷の見聞の広さと研究心の旺盛さを現している。

『剣経』は「人に後れて発し、人に先じて至る」あるいは「人に致して人を致さず」など短いことばで深い意味をもつ訣語を載せている。このなかで後世にも大きな影響を与えた訣語は「旧力略過、新力未発」の八文字であろう。これは兪大猷が修練の過程で自得した要訣である。兪大猷は数カ所でこの訣語の重要性を強調し、「この意味が体得できれば七日食らわずとも琴を弾じ歌を詠うの趣がある」とまで述べている。

「旧力略過、新力未発」とは、「相手の旧力がやや過ぎて、新力がいまだ発しない瞬間を打つ」ということである。兪大猷は次のような問答を設けて、これを説明している。

問わん、「如何なればこれ順人の勢、借人の力か」と。

曰く、「この則を明破すれば、その至妙至妙の訣を得ん。けだしすべからく知るべし、他《かれ》の出力、いずくに在りやを。我はここにおいて他と力を闘わさず、しばらくこれを忍ぶ。その旧力が略《やや》過ぎ、新力が未だ発せざるを待ちて、然る後これに乗ず。人の勢に順い、人の力を借るゆえんなり。上は（他の力の）落ちたるに乗じ、下は（他の力の）起りに乗ず。すべて（の武術）にこれあるも書に尽くしがたし。鈎・刀・鎗・棍、千歩万歩、すべて旧力略過し新力未だ発せざるに乗じ、急進して圧殺するのみ」と。わが想出したる「旧力略過、新力未発」の八箇字は妙の至りなり。前言するところの拍位（打ち込みの機）とはすべてこの理なり。

相手の攻撃をかわし、その初撃の力が旧力となり、第二撃の新力がいまだ発しない瞬間をとらえて打ち込む。ひとたび打ち込んだならば、連打連撃して圧殺するというのが戚継光の採用した兪大猷の基本戦法であった。戚継光は『剣経』本文を引用したあと、「以前、兪公は棍を以て私に示した。その妙なるところは『剣経』に明らかなので、ここでは繰り返さない。ただその最も妙なるところは、いったん手を得たのちは一撃一殺、あたかも万仞《ばんじん》の山に円石を転がすがごとく、再びとどまることはないということである」と述べ、また「彼（＝敵）の武芸が我に数倍勝るとも、いったん勢を失えば回復のいとまはなく、師家ありといえどもひとたび敗れれば永遠に返ることはできないのである。棍法だけではなく、長鎗など各種の武器はみなこの法を用いることができる。最近この法で長鎗を教えたが、明らかな効果を収めた。まことに妙の極まりである」と結んでいる。

兪大猷は明代少林寺の棍法に直接的な影響を与えたが、『剣経』が『紀効新書』第十二巻に全面的に採録されたことによって、対倭寇戦の戦場だけではなく、その棍法と武術論は明代武術界に広く大きな影響を及ぼしたのである。

五、射法

『紀効新書』第十三巻は「射法篇」と題し、手足の要領、的の狙い方など弓術の訣文約二十五条を箇条書に列挙し、図解としては弓の構え二種類（各正面図・背面図の計四図のみ）を掲載している。他の武技の項に比較してきわめて簡潔な内容である。訣文は古典からの引用あるいは古来からの口訣を援用し、これに自らの体験にもとづく要訣をつけ加えたものである。

訣文は「一、凡そ射は……」のごとき書き出しで、すべて並列的に記され、厳密な意味での前後の順序はない（したがって以下にいう第…条とは、便宜的に数え上げたものにすぎない）。この箇条書のスタイルと文章の書き方は、『剣経』と同じである。ちなみに『正気堂集』所収『剣経』は棍法のあとに、「射法」と題して、『紀効新書』の「射法篇」と第十六条までは、まったく同文の訣文を掲載している。したがって、この「射法篇」も、もともとは兪大猷の弓術ノートともいうべき武術録を原型とし、これに戚継光が後半部分を書き加えたものであろう。特に第二十四条は戦場における実戦的な要訣を述べたものであるが、胆力を重視している点と長器短用説をもとにしているところから考えて、戚継光独自の実戦的弓術観を鮮明にしたものといってよい。

第二十四条はまず、

敵に対して箭を射るには、ただこれ胆大にして力定まり、勢険にして節短なれば、すなわち人に中らざるはなく、人よく避くるものなし。

と述べている。戦場で平素の実力を少しでも発揮するためには、何よりも胆力が大でなければならない。あとは「勢険節短」の兵法の原則にのっとれば百発百中、一撃必殺であると、戚継光はここで戦場射法の要訣を総括しているのである。ここにいう「勢険」とは、どのような体勢から生ずるのか。

まさに弓を扯起《しゃき》するも、かつは尽満する（＝いっぱいに引きしぼる）ことなかれ、かつは軽発することなかれ。ただこれ四平、手を架して立定すれば、すなわち勢おのずから険なり。

すなわち、弓に矢をつがえても、直ちにいっぱいに引きしぼってはならず、むやみに発してはならない。動中

に静を保ち、落ち着いて体勢を整えれば、敵を圧倒するエネルギーはおのずから蓄えられるのである。こうして、

必ずまさに数十歩に近づくを待ちて、我を約して一発すれば、必ずよく敵に中り、必ずよく人を殺して死に至らしむ。あるいはまさに身を切られんことを患《うれ》い、あるいは賊の先鋒となるも、一中して利は十倍を収む。すなわち節おのずから短なり。

わが身が賊の先鋒と思われ、一刀のもとに斬られるかと恐ろしくなるほどの距離に敵が近づいてから、初めて矢を放てば必ず当たる。あわてて多数の矢を放って仕損ずるよりは、確実に当たり、しかも死命を制することができる。その意味では一矢で十倍の戦果をあげることができる。これが戦場射法の「節短」すなわち「一撃の鋭さを発揮する」ということである。第二十四条はこのあと、次のように結んでいる。

馬上の賊は、ただまさに大なる的を射るべし。人を射るべからず。諺にいう、『人を射るにはまず馬を射よ、賊を擒《とら》えるには必ず頭（領）を擒えよ』と。

これも戦場では、きわめて実戦的な心得であったといえるだろう。倭寇は、陸では一般に徒歩で戦ったが、指揮者は乗馬することがあった。日本海賊の伝書には馬を船に載せる要領を記しているものがある。一般には、載せる場合も一、二頭に過ぎず、いずれも指揮者用の馬であった。

「射法篇」は、簡潔な内容ながら明代の代表的弓術書、李呈芬『射経』にしばしば重要訣文として引用されている。この第二十四条も第二章「弁的」に、実戦における射の心得として全文が引用されている（注：濱口富士雄訳注『射経』明徳出版社一九七九）。

敵に身を斬られるほどの、いわば日本武術でよくいう「一足一刀」の距離に近づいてから矢を発するというのは、伝統的な中国射法ではなかった。李呈芬は『射経』冒頭の総論部分で、「倭虜矢重く弓勁く、これに中る者は必ず斃る。彼近づきて始めて発し、発せば必ず人に中る。すなわち華人ただこれを畏れて、その長ずるところを用ふるを知らず」（注：前掲、濱口訳注『射経』）と指摘している。李呈芬は別著『経武彙編』でも「北方異族の弓や和弓の必殺力のすぐれた点をいうと同時に、中国弓の破壊力の少なさを嘆いている」（注：同前）という。

はじめに引用した『籌海図編』も倭寇の弓について、「弓は長く、矢は巨（大）なり。人に近づき、すなわちこれを発す。ゆえに射ては命中す」（「寇術」）と述べている。『籌海図編』が「寇術」を設け、倭寇戦術の特徴を列挙したのは、「倭奴がわが兵に勝つのは専ら術を以てである。そこでその術を還してその人を治めれば、必ずしも古兵法を用いずに勝つことができる」ためであった。すなわち古兵法にとらわれずに、敵に優れた武器・戦術があれば、むしろそれを逆用して敵を制するためであった。

戚継光は日本式の鉄砲が普及するとともに、その精度を高く評価し、ポルトガルの火器「仏狼機」とともに、いちはやく採用している。戚継光は日本刀さえも「倭刀兵」として正規軍に組み込んだことが、北方前線向けの軍事的教程書『練兵実紀』に明らかである。接戦して一発必中を期す実戦射法も「寇術」を逆用したものであったろう。戚継光は旧来の伝統にとらわれないきわめて開明的な軍事家であり、藤牌・狼筅の採用をはじめ、効果的な武器・戦術であれば内外・古今を問わず、実利本位に積極的に研究活用したのである。

六、拳法

『紀効新書』第十四巻は「拳経捷要篇《けんきょうしょうようへん》」と題して、諸流派の優れた技三十二勢を選んで図解解説している。これがいわゆる「拳経三十二勢」の原典である。戚継光は題字の下に、

> この芸（拳法）は、はなはだしくは兵（戦闘）に預からず。よく余力あらば、すなわちまた武門のまさに習うべきところなり。ただし衆のよく強ならざる者は、またその便するところを聴くのみ。ここにおいて、これを諸篇の末第十四となす。

と注記している。拳法はそのまま戦場で使用されることは少ないが、余力があれば学ぶべき武技であり、そのテキストとして当初十四巻本の巻末に配したのである。

戚継光はここでも古今南北の垣根を取り払い、門派にとらわれず、優れた技法を選択集成している。第一勢懶扎衣は、攻防の技ではなく、開門式すなわち型を展開するための最初の動作となっている。したがって、三十二勢を連ねて独演型としても練武されたものと思われる。つまり伝統的な拳法が、改めて一つの新しい型に集約されたのである。そしてこの型は、陣中の教練を通じて中国南北の地に実技としてそのまま普及したであろうが、さらに『紀効新書』によって後世の拳法界に大きな影響を与えた。

『紀効新書』掲載武技のうち、拳法ほど今日まで影響を及ぼしているものはない。近代に成立した太極拳も『紀効新書』拳経捷要篇三十二勢（以下、単に《拳経《けんきょう》》）を母体としているという説が、はやくから唐豪らによって主張されている。《拳経》第三技法「探馬」は、太極拳「高探馬」と同一技法であるが、これに戚継光は「探馬は太祖より伝わる。諸勢降すべし変ずべし。進攻退閃、弱も強を生ず。短拳に接するの至善なり」と訣文を付している。この場合の太祖とは宋の太祖趙匡胤を意味する。一千年前の帝王の得意技が戚継光《拳経》を中継点として、今日でも太極拳のなかに存続しているのである。

拳法は紀元前から連綿として民間に流布していたが、『漢書』芸文志に『手搏六篇』の書名が見えるのみで、その実体は必ずしも明らかではなかった。《拳経》によって、中国拳法は初めて歴史の表面にその具体的な姿を現したのである。《拳経》はいわば火山の噴火口のように、古代から伝来された各流の拳法を集約溶解し、戚継光によって付加された新たなエネルギーをともなって噴出、近・現代の拳法に大きな影響を与えたのである。《拳経》については中国武術史におけるその重要性に鑑《かんが》みて、次節に独立して検討する。

武術訓練の奨励策と等級制

戚継光が『紀効新書』で取り上げた武技と特徴は以上のとおりであるが、これに関連して注目すべきことは、軍中における戚継光の武術奨励策である。戚継光はまず将たる者も必ず末端の武技に自ら通じていなければならないと主張した。「主将たる者は万人を敵とする戦略に通じていればよく、必ずしも一技一芸を習う必要はない」とする伝統的な考え方に対し、「悪《にく》むべし、これ何たる言かな」と厳しく批判している（『紀効新書』巻首「或門篇」）。

一般兵士に対する武技の訓練を職業的な武術教師にまかせているばかりでは、はたしてそれが実戦に有効であるかどうか不明である。主将が自ら武技に通じていれば、武術教師が花法など無益な技を教えていないかどうか、兵士の素質に合った訓練を実施しているかどうかを判断することができる。主将はそのうえで武技の特質と兵士の訓練程度により、勝利に直結する最も有効な配置と運用をおこなうことができるのである。まして主将は常に兵士と寝食をともにし、戦闘にあっては身を率先して兵士の先頭に立つ覚悟がなければならない。自らが武技に巧みでなくてどうして戦闘集団を率いることができようか。戚継光はこのように主張し、かつ実践したのである。

一般兵士に対しては、戚継光はわかりやすい表現で武術修得の重要性を強調し、「武術を学ぼうとしない者は命知らずの愚か者である」と、大要次のように述べている。

そもそも武芸は、お役所仕事とはわけがちがう。身を守り功を立て、賊を殺し命を救うという、わが身に直接関わることがらである。汝の武芸が高ければ必ず賊を殺すことができる。賊などにどうして汝を殺すことができよう。しかし、汝の武芸が賊に及ばなければ、賊は必ず汝を殺すであろう。したがって、もし武芸を学ばないというのであれば、それは命知らずの愚か者である。ましてや官費で食いながら賞もあれば罰もあるというわけで、自分の家でわざわざ教師をよんで学ぶのと比べれば、どれだけ安上がりなことか。また、かつては軍備も整わず紀律号令もなきに等しかったが、いまや前進後退の法は整い、連帯責任による軍法は定められた。もはや身を逃れる術はない。これでも武芸を学びたくないというのであれば、それは自分の命を仇に預けるのと同じで、これを愚か者といわずして何といおうか。よくよくこのことを考えよ。（注：第四巻論兵緊要禁令篇）

戚継光はここで、武術はまず自分の命を守るという自己の利益のために必要であると説いて、兵士が自主的に武術を学ぶよう要求するとともに、一隊ごとに連帯責任を問われる戚家軍にあっては、もはや武術を身につけ積極的に戦闘に参加する以外、生きる道はないであろうと強調しているのである。

官軍の中には、食うのに困ってその場しのぎで入隊する者もいた。こうした劣悪な兵士のなかには実際の戦闘になると戦場から逃亡する者がいた。実戦では一人が逃げ出せば、それがきっかけとなって全員の敗走につながることもある。また、恩賞目当てに一人が勝手に敵の首級を持って本陣にもどろうとするのを、まわりの者がすわ自軍の敗北かと疑うこともある。戚継光はこうした欠陥を克服するため、連座法による厳しい連帯責任制と前進後退など戦闘行動が一致して取りやすいような指揮号令制を確立した。

それと同時に恩賞もまた一隊ごとの集団制にした。牌・槍・筅などの武器を持って直接戦う戦闘要員には恩賞の配分が多いのは当然であるが、本隊に功があれば非戦闘要員である「火兵」（炊事雑役兵）にもほんのわずかながら配分がいきわたるようにした。敵の首級一個につき三十両を単位として賞金を与える場合、まず牌・狼筅・槍手ら前面に立つ戦闘要員で二十両を分ける。残り十両をその他の兵が一～二両ずつ分け、さらに火兵にも五銭を配分するのである（第三巻臨陣連座軍法篇）。上記引用文のあと、戚継光はこの火兵でさえも「奮起して武芸を学び精熟すれば戦闘兵士に昇格させ、代わりに兵の中で武芸を学ばず号令に疎い者を火兵とする。毎月一回試験をおこなう」と述べている。

戚継光が軍中でどのような「較芸」（武芸の比較、すなわち試験・試合）をおこなったかは、『紀効新書』第六巻比較武芸賞罰篇に詳しい。

戚継光はまず武器の長さ・重量・本数などを統一し、また各武器ごとに試験の方法を定め、兵士の技量を客観的に測る等級制を設けた。

各武器ごとの試験の方法とは、たとえば槍の場合、まず単槍で手法・歩法・身法・進退の法を試し、また二槍で相対して実際に槍を交え、その技を見る。

「単鎗で手法等の法を試す」とは、ひとりで型を演じることになるが、ただし従来のようにむやみに槍をくるくると回転させて見栄をきるような表演用の型であったはずはない。戚継光は比較武芸賞罰篇の第一条で、武芸を比較するには実際に敵に対して用いることのできる技術でなければならず、「花鎗等の法を学習し、いたずらに虚架を支え、以て人の前に美観を図らんとするを許さず」と述べ、さらにこれに違反した場合には、その度合に応じて上級の各将官に責任をさかのぼらせるとしているのである。

槍法の試験は、単槍の演武、相対による搏撃のほか、人体を模した木製の標的を突かせて技の正確さを試した。目標は高さ五尺、幅八寸、上から目・喉・心臓・腰・足を想定した孔をあけ、その中に一寸の木球を置いた。これを二十歩の距離から太鼓の合図とともに突進して連続的に突かせるのである。

その他の武器の場合を列記すると、大要次のとおりである。

〈弩〉　六十歩を規定とし、高さ五尺、幅一尺五寸の的に、三本中二本を的中させればよしとする。

〈弓〉　八十歩を規定とし、高さ六尺、幅二尺の的に、毎三本中二本を的中させればよしとする。

〈狼筅〉　まず独演させて身・手・歩法を見、ついで鎗と試合をさせる。長鎗の誘いに乱れず、よく防いで入り込ませなければよしとする。

〈叉鈀〉　まず独演させて身・手・歩法がいかに一致しているかを見る。また一人で刀・長鎗と試合をさせる。叉鈀はよく長鎗・刀・棍を受け、狼筅の翼となって出入し、敵を殺倒しうればよしとする。

〈刀〉　よく突入して叉鈀・狼筅が受けるのも間に合わないほどであればよしとする。（ただし、この項には「刀法、はなはだ多きもその妙を伝える者は絶えて寡《すくな》し。なお豪傑のこれに続くを挨《ま》つ」と記しているところから見て、刀だけを独立して試験することは少なく、一般には牌刀術として試したであろう）。

〈挨牌《あいはい》〉　挨牌（長方形の盾）の試験は、鴛鴦陣を組んで試す。前面に仮想敵として長鎗一人を置く。両者とも太鼓やどらの合図に合わせて接近し、突撃らっぱとともに試合を開始する。敵の長鎗が上段を突けば、牌は身を起こして鎗を頭上に受けかわし、その隙に鴛鴦陣の長鎗が身を乗り出して敵を突き、直ちに原隊伍に復する。次いで敵の長鎗が下段から牌手の足腰を狙ってきたならば、狼筅が鎗を受け、長鎗が突き、短兵器が飛び出して鎗を補佐し、また急いで原隊伍に復する。このように鴛鴦陣による各種戦法を繰り返し、左右前後いかに攻撃し、しかも隊伍が乱れないかを試すのである。

〈藤牌〉　まず独演で「遮蔽活動の法」を試す。身はできるだけ隠し、しかも敵の動きをよく見て、自己の足もとに隙が生じなければよしとする。次いで長鎗と試合をさせる。牌手は標鎗を一本持ち、敵に近づいて投げつけ、敵の動揺に乗じて刀に持ちかえて突撃し、敵の反撃を許さなければよしとする（標鎗を独立して試す場合は、銀銭三個を標的とし、小幅三十歩の距離から投げつけ、命中もしくはそのごく近くに当たればよしとする）。

〈火器〉　八十歩の距離から高さ五尺、幅二尺の木牌を射ち、三発二中、十発七中すればよしとする。

〈火箭〉 銃の的を用いて八十歩の距離から水平に当たればよしとする。

このような試験・試合方法によって、戚継光が倭寇撃滅戦に用いた戦法・武技がどのようなものであったか、より具体的に認識することができる。

戚継光は、さらに等級制を設け「比較冊」（成績一覧表）を備えて、こうした試験の結果を客観的に評価記録し、賞罰と結びつけた。

等級制は、まず大きく「上等」「中等」「下等」の三段階に分け、さらにそれぞれを上・中・下に細分した。したがって「上の上等」を最高とし、「下の下等」を最低とする九等級制となる。のちの『練兵実紀』では「きわめて精にしてきわめて熟し、上の上を超える者を超等とする」（第四巻「練手足」）としている。この場合は十等級制となる。『練兵実紀』によれば、弓矢・鉄砲などでは九発発射することとし、九中すなわち全発的中の場合が超等である。以下、八中が上の上等、七中が上の中等とさがり、一発のみ的中が下の上等、一発も的中しない者は下の中等、構えさえできない未習者が下の下等である。

比較冊には、氏名の上に等級が表示されている。第二回目の試験で一階級進級した者には賞銀一分、二階級昇進した者には二分が与えられる。一段階大きく下等から中等、あるいは中等から上等へと特進した場合は、賞銀五分である（ちなみに兵士一日の給料は三分である。『紀効新書』第四巻に、兵士は百姓のために積極的に戦えと説いたことばの中に、「汝ら兵士は何もしなくとも一日三分、この給料のもとは百姓の税金である……」とある）。

この反対に、二回も原級にとどまった者は罰則として棍で五回打たれる。原級三回は十棍、五回以上は四十棍のうえ免職となる。ただし棍罰を免れたいと思えば、原級一回につき一分の罰金を払うこともできる。この罰金は進級者の賞金となる。こうした諸規定を記した第六巻は、そのまま一種の訓練マニュアルとなっているが、特に次のような条文を読むといっそうその感を深くする。

兵が平時用いるところの武器は、実戦で敵に対して用いるものよりも重くすべきである。重いものに熟していれば、実戦で軽いものを用いた場合に自然に手が速くなる。これを「練手の力」という。

平時、各兵士はすべからく走ることを学ぶべきである。一気に一里を走っても息がはずまないようになればよしとする。また、古人のように足に砂袋をつけ、徐々に重くする。実戦で砂袋を取れば、自然に足は軽便となる。これを「練足の力」という。

このような訓練法は、現代のほとんどあらゆる武術・スポーツに採用されているウエイト・トレーニングやランニングと共通している。ランニングはいまでこそ最も基礎的な訓練法として常識化しているが、この時代はまだ一般化していなかったであろう。「走る」ことはきわめて原始的な運動であるが、スポーツ訓練法として一般化したのは、歴史的にはごく新しい。マニュアルとして「兵士は走ることを学べ」と明示したのは、いま一つ戚継光の先進的な合理性を示すものとして注目すべきである。戚継光は織田信長と同時代の武将であるが、両者には驚くほど近代的な合理性が多く認められる（ちなみに『紀効新書』初版成立と桶狭間の戦いは一五六〇年の同年である）。

万暦時代に制作された壺の図柄、いわゆる「万暦の赤絵」に戚継光の比較武芸を描いたと思われるものが日本に現存する。たとえば白鶴美術館所蔵のものには、将軍とおぼしき高官の前で、上半身裸になった二人の人物が向き合って手足を振るっている。二人の姿と動作は《拳経》に描かれた図と同様である（口絵参照）。

万暦時代は戚継光の名声が南北に高まり、倭寇平定の名将「平倭将軍戚継光」として武名が確立したときであった。そして戚継光の死去は万暦十五年（一五八七）である。この壺はおそらく戚継光を記念して制作されたものであろう。この場合、正面に描かれた高官は戚継光であり、図に描かれた動作は拳法であると特定される。一人で型を演じる単独演武の場面ではなく、二人で技を競う試合場面を描いたということは、戚継光が相対訓練を重視していたことを壺の作者がよく理解していたからであろう。あるいはこの図は、まさに陣中の比較武芸の場面を描いたものかとも思われる。比較武芸は武技によって旗の色を換え、どらの音に合わせて登場するなど、それ自体が絵になりうる勇壮活発な一種の武術大会であった。

隆慶元年（一五六七）、戚継光は神器営副将となり、翌年には都督同知に任命され、薊州《けいしゅう》・昌平・保定三鎮の総指揮官となった。北方に配置されていた官軍は当時、士気が低下し軍紀が弛緩していた。補強のため南方からよびよせた浙兵三千が郊外に配置されたとき、浙兵は大雨にもかかわらず朝から夕刻まで直立不動で少しも陣列を乱すことがなかった。それを見て大いに驚いた現地軍は初めて軍令とはいかにあるべきかを知ったという（『明史』戚継光伝）。

南方における倭寇との戦闘は、敵兵総数二万人を超えることはなく、実質的には数百人規模のゲリラ的な戦闘を対象とすることが多かった。だが、「北虜」との戦闘は数万から数十万の騎馬を主体とする正規戦となる恐れがあった。南方と北方とでは気候風土も異なり、戦闘の形態・規模もまったく異なった。戚継光は当然、この相違を前提にしながらも、軍隊の組織と運用の基本的な部分では南方における体験をほぼそのまま採り入れた。武技訓練についても、おおむね南方で確立した体系をそのまま導入した。戚継光は現地軍の問題点を論じた上疏の中で、「教練の法はおのずから正門あり。美観なればすなわち実用ならず。実用なればすなわち美観ならず。而して今、ことごとくその実なし」と指摘している。そして、それまで兵は砲手が主体であったことを批判して、これは各種兵器を状況に応じて用いるべきだという兵法の基本を知らないためで、「まさに長は以て短を衛《まも》り、短は以て長を救う」べきであると、『紀効新書』と同様の戦術論を説いている。

戚継光は薊門の地形を「内地」「近辺」「辺外」の三種に分析し、平原の内地では車戦に利があり、「半険半易」の地である「近辺」では馬戦に利があり、そして山林の地「辺外」では歩戦に利があるとして三種三様の軍備を強化した。南方から動員した浙兵は接近格闘の歩戦用に配置されたのである。

また、平原における車戦で用いる戦車は、古代の戦車とは異なる。いわば一種の砲車のようなもので、仏狼機砲二台を載せ、戦車一台に兵二十人（正兵十人、奇兵十人）をつける。兵は遠距離では鳥銃・火箭を放ち、接近戦になれば長刀・藤牌・鎲鈀などを用いて戦う。戦車は方形に陣を組んで騎馬の襲来を防ぐ防壁ともなる。戚継光はこれを「有足の城、不秣の馬」（足つきの城、餌いらずの馬）と表現している（『練兵実紀』）。かつては騎馬集団で襲う敵軍が戦闘の主導権を握ることが多かったが、この戦車術の開発によって騎馬を防ぎ、方形陣の内側から機を見てこちらの騎馬・歩兵を繰り出し、戦闘の主導権を奪うことが可能となったのである。

戚継光はまた、万里の長城を修理し、さらに長城の上に、敵襲を防ぎ相互連絡に便利な防塁台（「敵台」）を多数築いた。今日、北京周辺でわれわれが見る万里の長城の姿は、この戚継光が修築した跡である。

戚継光の在鎮十六年間にわたる軍備改革と強化および政府の対外交易解禁策によって、北辺の守備は初めて安泰化した。戚継光が中国南北で組織的、統一的な軍事訓練をおこなったことは、その武術観と実技を各地に広め、明代はもとよりそれ以後の中国武術に絶大な影響を与えたのである。

戚継光は万暦十一年（一五八三）再び広東に配属され、万暦十五年（一五八七）郷里で死去した。晩年は政敵にそねまれ不遇のうちに死んだとされているが、激動の時代に南北の各地で活躍し、その成果を『紀効新書』『練兵実紀』などにまとめ、晩年は故郷にもどって生涯を全うしたということは、武人として恵まれた一生であったというべきである。

第四節 《拳経》三十二勢の分析——古流中国拳法のメルクマール

戚継光拳法論

戚継光は《拳経》実技を解説するまえに、拳法の意義と特徴を論じている。いわば《拳経》序文ともいうべきこの解説文によって、われわれは戚継光の拳法観を理解することができ、同時に当時の主要流派についても知ることができる。拳法論としては古典的資料であり、三十二勢の成立ちを理解するためにも、まずこの序文から検討してみよう。

戚継光は最初に拳法の意義について、つぎのように述べている。

拳法は大戦の技に預ること無きに似たり。然るも手足を活動し、肢体《したい》を慣勤す。初学、芸《げい》に入《い》るの門と為すなり。故に之《これ》を存し以て一家に備う。

「拳法は大軍が武器を持って戦う戦場で実際に用いることは少ないかもしれないが、全身を使うので初心者が武芸の門に入るのには適した運動である」として、拳法を武術鍛錬の基本として位置づけたのである。

拳を学ぶは、身法活便に、手法便利に、脚法軽固なることを要す。進退は宜《よろ》しきを得、腿《あし》は飛騰すべし。而して其の妙たるや顚番倒挿《てんばんとうそう》、而して其の猛たるや披劈横拳《ひへきおうけん》、而して其の快たるや活捉朝天《かっそくちょうてん》、而して其の柔たるや知当斜閃《ちとうしゃせん》。故に其の拳の善き者三十二勢を撰ぶ。勢勢相承け敵に遇《あ》いて勝ちを制し、変化窮まり無く、微妙測ること無し。窈《よう》たり。冥《めい》たり。人、得ずして窺《うかが》う、之を神《しん》と謂《い》う。俗に拳は知らざるを打つと云う。是《こ》れ、迅雷《じんらい》耳を掩《おお》うに及ばず、所謂《いわゆる》招せず架せず、只是れ一下《いっしゃ》招架を犯し了《おわ》れば就ち十下《じゅっしゃ》有り。博く記し広く学び、多算にして勝つ。

「拳法を修得するためには身法・手法・脚法いずれも敏活でなければならない。また前後に身をさばき、上下に跳躍する力が必要である。拳法には、したがって各種の技がある。動きの絶妙なるものは顚番倒挿の技である。動きの猛烈なるものは披劈横拳の技である。動きの快速なるものは活捉朝天の技である。そして動きの柔軟なるものは知当斜閃の技である。このような優れた技三十二勢をここに撰ぶ。互いの技を連絡させて戦えば変化きわまりなく、敵にとっては暗闇も同然ながら、自分の意はすみずみにまで達する。これを神（神妙、神化の段階）という。拳法の諺に曰く『拳は敵の知らざるところを打つ』と。これは雷が鳴ってから耳をおおっても間に合わないことと同じである。いわゆる『受けもせず止めもせず、ただひとたび構えを犯せば連撃の十下あり』とはこのことである。広く学び多く試みておけば、実戦では必ず勝つ」

戚継光はここで、一流一派の壁にとらわれず、優れた技を組み合わせて戦うべきことを説き、また拳法の要訣は、一言でいえば自己が主導権を握り、ひとたび攻撃したならば最後まで一気に連撃して反撃をゆるしてはならないと述べている。この連撃によって一気に勝負を決する方法は、兪大猷が得意とした棍法の戦術からきたものであろう。

拳法の位置づけと、基本的要訣を述べたあと、戚継光はつぎのように当時の諸流派を紹介するとともに流派の特徴をいかに統合すべきかについて論じている。

> 古今の拳家、宋の太祖三十二勢の長拳有り。又、六歩拳、猴拳、囮拳《かけん》有り。名勢、各、称するところ有りて、実は大同小異なり。今の温家七十二行拳、三十六合鎖、二十四棄探馬、八閃番、十二短に至れば、此れ亦、善の善なるものなり。呂紅《りょこう》が八下《はっしゃ》、剛なりといえども、未だ綿張が短打に及ばず。山東李半天《りばんてん》の腿《けり》、鷹爪王《たかつめおう》の拿《とり》、千跌張《てんてっちょう》の跌《てつ》、張伯敬の打。少林寺の棍は青田棍法と相兼ね、楊氏鎗法は巴子《はし》拳棍とともに、皆今の名有る者。各、長ずるところ有りといえども、各、伝うるは上有りて下無し、下有りて上無し。就ち人に勝ちを取るべきも、此れ一隅に偏なるに過ぎず。もし、各家の拳法を以て、兼ねて之を習はば、正に常山蛇陣の法の如く、首を撃ちては則ち尾応じ、尾を撃ちては則ち首応じ、其の身を撃ちては首尾相応ず。これを上下周全と謂う。勝たざること有ること無し。

現代でも武術界には公然・非公然の流派的対立が存在している。明代でもこの事情は変わらなかったであろう。中国武術のうち拳法は民間武術家の創意工夫によって発展してきた側面がつよい。この意味では在野の拳法家の努力や功績を忘れてはならないが、個人的な名誉追求がしばしば門派間に排他的な対抗意識を発生させた。戚継光はあえて触れていないが、この時代の流派間には、むしろ現代より激しい対立が存在していたことであろう。それを戚継光は、常山蛇陣の兵法を拳法に応用して、戦場武術の立場から一挙に民間武術の流派的相克を止揚したのである。

ここで列挙された拳法流派は宋の太祖長拳などの古流派と、温家七十二行拳などの当代の流派に大別される。さらに当代拳法のなかに、「腿」（蹴り技）・「拿」（捕りもしくは逆手などの関節技）・「跌」（投げ技）・「打」（打ち技）など技法が細分化されて、専門分野別の流派が成立していたことをうかがわせる。

また、短打系流派が三種あることにも注目したい（十二短・呂紅・綿張）。《拳経》三十二勢にみられる短打の技は、これら短打系から採り入れられたものであろう。上記引用文で、綿張短打は呂紅に勝るとしているので、採用した短打の技も綿張短打系あるいは〝善の善なるもの〟のひとつとされた十二短系であったろう。

近代中国拳法では北派・南派あるいは外家・内家という流派の区別が盛んとなるが、《拳経》にこうした区別はみられない。明代にはまだこうした分類法が一般的ではなかったことを示しているが、清朝に確立した接近戦を得意とする南派拳法は、これら明代の短打系と密接な関係があるものと推察しうる。また「内家拳」も、本来は南派短打系であり、綿張短打と類似の拳法ではなかったかと思われる（注：第四章第四節参照）。

唐順之『武編』巻五〈拳〉は、《拳経》に先行する明代拳論として重要であるが、拳法流派として「温家長打七十二行着・二十四尋腿・三十六合鎖・趙太祖長拳・山西劉短打・呂短打」などを挙げている。そして、「趙太祖長拳は山東、専ら習う。江南また多くこれを習う。三家短打、鉞《えつ》（＝越、すなわち浙江・江蘇省一帯）またすこぶる能くす。温家拳はすなわち鉞の専ら習うところなり。（わが）家に譜あり」と述べている。つまり、浙江には蹴り技を得意とする山東の長拳もあれば、その一方では短打も三流派が盛んで、そのなかには山西から流入した劉家の短打もあった。唐順之は長拳と短打を対立的なものとせず、「長拳は勢を変ぜず、短打は勢を変ず。近く逼《せま》れば、短打を用う。もし遠く開けばすなわち長拳を用う」と相互補完的なものと考えている。

このように流派超越の志向は、すでに唐順之において明らかであった。唐順之は「（拳法の）妙は人にあり。ゆえに拳家は執泥すべからず。裡（内）・外圏、長・短打の説、すべからく完備すべし」と説いている。明代は個人的流派が盛んになったときである。在野の武術家が自己の興味のおもむくままに研究開発した結果、技法の専門化、門派の特殊化が促進された。対倭寇の実戦に迫られて、唐順之・兪大猷・戚継光ら明軍のすぐれた武人たちは、民間武術の特殊性を実戦の場で一般化しようとしたともいえようか。いずれにしろ各地のすぐれた拳法が浙江にともに存在していたことは、各流の長所を集成しようとした戚継光にとって好都合であったろう。

唐順之は温家拳の技法名のうち例として、四平勢・井欄四平勢・高探馬勢・指襠勢・一条鞭勢・七星勢・騎虎勢・地龍勢・一撒歩勢・拗歩勢を挙げている。これら十勢は、いずれも《拳経》三十二勢に含まれている。つまり《拳経》の約三分の一は温家七十二行着から採り入れられたのである。蹴りなどの足技が主として趙太祖長拳から採り入れられたとするならば、《拳経》三十二勢は温家七十二行着・趙太祖長拳・綿張短打・十二短など数流派を主たる来源としてその他各流の長所を集成したものであるといえよう（別表「《拳経》太極拳比較分析表」、三四八頁参照）。

戚継光は上記引用につづき、

大抵《たいてい》、拳棍、刀鎗、叉鈀、劍戟、弓矢、鈎鎌、挨牌の類、まず拳法によりて、身手を活動せざることなし。それ拳とは武芸の源なり。今、これを絵《えが》くに勢を以てし、これに註するに訣を以てす。

と述べている。ここで戚継光は《拳経》序文を結ぶにあたり、再び拳法を武術の基礎として位置づけ、《拳経》の目的を明らかにしているのである。「拳とは武芸の源なり」とは江戸時代、日本の柔術家に愛用されたことばであるが、その出典はここにある。

なお、ここで「絵くに勢を以てす」の「勢」とは、技法・型・構えなどを意味する武術の基本的用語であるが、唐順之が『武編』〈拳〉の冒頭で、簡潔ながら優れた「勢論」を展開しているので参照しておきたい。

唐順之はまず、「拳（拳法）に勢があるのは変化をおこなうためである。横・邪（斜め）、側・面、起・立、走・伏、みな墻戸（門構え）がある。以て守ることができ、攻めることができる。ゆえにこれを『勢』という」と基本的な定義を与えたあと、「拳には定勢があるが、用いるときはすなわち定勢がない。しかしながら、まさに用いようとしたとき、無定勢に変じていても実は勢を失っているのではない。ゆえにこれを『把勢』という」

と述べている。「把勢」すなわち「勢を把握する」とは、技法を実際に用いるときには勢の定形もしくは外形にとらわれず、その内実をつかむことが大切であると教えているのである。定形によって鍛えられた無形の力、いわば「型あって型なし」の極意である。「把勢」は「拳法」の別称として俗間に伝わり、「把式」とも書かれ、ここから拳法使いを「把匠」ともいうようになったが、本来はこのように重要な訣語だったのである。

唐順之はまた、「勢を作る（技を用いる）ときは虚があり、実がある。いわゆる法を驚かすもの（牽制の技）は虚であり、法を取るもの（決め手の技）は実である」とも語っている。ここまでが『武編』〈拳〉冒頭の、いわば唐順之の『勢論』である。「拳に勢があるのは変化をおこなうためである」という最初の一句ですでに明らかなように、唐順之は一貫して勢を動的にとらえていた。動的だからこそ「把勢」すなわち「勢をつかむことが重要である」との認識が生じたのである。勢を動的にとらえ、定勢と無定勢、虚と実によって勢を展開し、把勢によって結論づけたところに唐順之『勢論』の特徴がある。唐順之の武技論は戚継光に大きな影響を与えているが、この『勢論』も唐順之の個人的見解としてではなく、《拳経》三十二勢のひとつの前提として理解すべきであろう。

戚継光は《拳経》序文をつぎのように結んでいる。

すでに芸を得ては必ず敵に試みよ。切に勝負を以て愧《はじ》となし、奇となすべからず。まさに何を以てかこれに勝ち、何を以てかこれに敗れたるかを思い、勉めて久試すべし。敵を怯《おそ》るるはかえってこれ芸浅し。善戦は必ず芸の精《くわ》しきによる。古に云う、芸高き人は胆《たん》大なりと。信に誣《ふ》せずや。余、舟山《しゅうざん》の公署に在りて、参戎《さんじゅう》劉草堂の打拳を得たり。所謂、招架を犯し了《おわ》れば、すなわちこれ十下《じゅっしゃ》するの謂なり。これ最も妙、すなわち棍中の連打連戮《れんりく》の一法なり。

ここで戚継光は、勝敗を恐れず実戦のなかで技を磨け、と教えている。これは花法もしくは観念的な動作の多い独演型に依存したり、あるいは「一門の秘伝」などのうたい文句に惑わされたりせずに、技の有効性はあくまでも実践のなかで検証せよ、と強調しているのである。戚継光はここでまた、「芸高き人は胆大なり」というみずから愛用したことばを引用して、戦闘を左右する胆力とは武術の修練に応じて得られるものである、ゆえにひたすら錬磨せよと励ましている。そして最後に、みずからも舟山の公署で参戎（総兵・副総兵の副官）劉草堂に拳法を学んだが、拳法においても兪大猷の説く棍法の秘訣と同じく、ひとたび相手の攻撃を外して機をとらえたならば、一挙に飛び込んで最後まで連撃するのが最も効果的な戦法であると結論づけているのである。

以下、《拳経》三十二勢をひとつずつ分析し、戚継光の拳法論を通じて明代中国拳法の実体に迫ってみたい。ここで採録した《拳経》三十二勢は、実際には早稲田大学図書館蔵寛政四年（一七九二）和刻本（初刻寛文四年〈一六六四〉）『武備志』巻九十一〈陣練制・練・教芸八・拳〉による（注：長澤規矩也『和刻本明清資料集』〈汲古書院一九七四〉に寛文四年刊本『武備志』が全文収録されている）。あえて『紀効新書』に依拠しなかったのは、現存する『紀効新書』よりも、この寛政年間和刻版『武備志』掲載のほうが拳法図としては、はるかに精確で、より原形に近いと判断されるからである。

たとえば清代〈学津討源叢書〉『紀効新書』十八巻本は、三十二勢のうち八勢が欠落している。幕末の特異な兵法研究者平山子龍編『紀効新書』もこの八勢が欠落したままである。実は東京大学東洋文化研究所図書館蔵の万暦二十三年刊本でも、すでに八勢が欠落していたのである。ところが初期の『紀効新書』から武技関係を多数収録した『三才図会』・『武備志』など同じ明代に刊行された百科全書的編集本には、三十二勢がすべて完備している。ただし『三才図会』は天文・地理・人物などの一般百科であり、開門式の第一勢を末尾に配するなど三十二勢の掲載順序に編集上の問題がある。これに比し、『武備志』は茅元儀が十五年間を費やし、二千余種の古今の兵書に目を通して編集した文字どおりの武備（軍事）百科であり、専門家としての配慮が全巻に貫徹しているのである。そして和刻版『武備志』は中国版『武備志』の原形をよく伝えており、結果として《拳経》の祖形に近いと判断されるのである。

なお、唐豪の研究以来、《拳経》は太極拳の源流と目されているので、分析にあたっては原文の技法的理解につとめるとともに、現今の太極拳とどのていど共通性があるかについても個々に私見を付したい。

第一技法　懶扎衣（らんさつい）

〈原文〉

懶扎衣出門架子變下勢霎歩單鞭対敵若無膽向先空自眼明手便

〈訳文〉

懶扎衣《らんさつい》は出門《しゅつもん》の架子《かまえ》なり。下勢《かせい》を変《へん》ずれば霎歩《しょうほ》たり、単鞭《たんべん》たり。敵に対《たい》するに胆無《たんな》くして先《さき》に向《むか》うが若《ごと》し。自《みずか》らを空《むな》しくして眼《め》は明《あきら》かに手《て》は便《べん》なり。

〈注解〉

懶扎衣とは、ころもをものうげに脱ぐという意味。左手で裾などをまくりあげ、右手をゆるやかに振り上げて構える。一種の自然体ともいうべきこのようにゆるやかな構えをまず第一に置いたのはなぜか。套拳（型）を展開するための第一勢として単純に解することも可能であるが、それはまた、戦闘開始のあとの未知数の変化を重んじたからであるともいえよう。〈訳文〉をいま一度かみくだいて口語訳すればつぎのようになろう。「懶扎衣は戦いを始める最初の構えである。下勢すなわち立ち方を変化すれば、たちまち霎歩の技となり、単鞭の技となって敵を圧倒する。正面をあけた一見隙だらけの構えであり、あたかも敵に対して戦闘の覚悟もなく立ち向かうかのようであるが、八方にみずからを開くことによって、眼は確実にいかなる変化をもとらえ、手はその変化に応じて鋭く発することができるのである」

〈太極拳との比較〉

太極拳では懶扎衣、攬擦衣、攬雀尾等と門派によって表記が異なるが、この《拳経》懶扎衣を原形とみなしうる。ただし、楊派系は攬雀尾に技撃的用法を含ませ、単なる開門式から独立した技法に発展させた。

第二技法　金鶏独立（きんけいどくりつ）

〈原文〉

金鶏獨立顚起裝腿横拳相兼搶背臥牛雙倒遭着叫苦連天

〈訳文〉

金鶏独立《きんけいどくりつ》、顚起《てんき》して腿《あし》を装《よそお》い、横拳相兼《おうけんあいか》ぬ。背《せ》を搶《すす》めれば牛《うし》を臥《ふ》して双《とも》に倒《たお》る。遭着《そうちゃく》の叫苦《きょうく》、天《てん》に連《つら》なる。

〈注解〉

金鶏独立の名称は、中国武術にしばしば登場する。片足で立つ姿勢のことをいう。金鶏は美しい鶏の意、「独立」（片足立ち）の飾りことばである。

「金鶏独立は、突如として身を起こし、蹴り足を用意すると同時に、横拳（横打ち）を兼ね備える。また、後ろから組み付いてきた敵は、そのまま捨身的に後方に倒れて制する。金鶏独立の技にかかれば、その苦しみの叫びは天に達するほどであろう」

第一技法の懶扎衣は、隙だらけの柔軟な構え。金鶏独立は、これと対照的に上下前後に備える剛的な構えとなっている。

顚起とか搶背などは、徒手体操の床運動と同じように、身を地上に回転させて移動する動作とも解釈できる。この場合、金鶏独立は単に一本足で立つ静的な構えではなく、たとえば前方に身をころがせて一挙に敵のふところに入り、下から体を立ち上がらせる勢いで膝げりを用いる、あるいは後方の敵に身を一転させて近づき横拳で打ち倒すなど、きわめて動的な技となる。

〈太極拳との比較〉

同一名称の技がある。ただし太極拳では右手右膝を上げ、横拳の構えはない。

第三技法　探馬（たんま）

〈原文〉

探馬傳自太祖諸勢可降可變進攻退閃弱生強接短拳之至善

〈訳文〉

探馬《たんま》は太祖《たいそ》より伝《つた》う。諸勢降《しょせいくだ》すべし、変《へん》ずべし。進《すす》みては攻《せ》め、退《しりぞ》きては閃《ひらめ》き、弱《じゃく》も強《きょう》を生《しょう》ず。短拳《たんけん》に接《せっ》するの至《し》善《ぜん》なり

〈注解〉

探馬は、馬を探る、つまり馬の頭を撫でたり、馬に乗るため鞍を探るように手をのばす姿勢とみることもできるが、また軍事的にみれば、探索の馬、すなわち偵察の軽騎兵とも考えることができよう。いずれにしろ、図のように右手を高く掲げているところを形容しているのであろう。たとえば中段を突かれた場合など、相手の突きを見切り、あるいはその突き腕を自分の左手でかかえこみ、反動的に右手の掌で相手の顔面を突き上げる。見かけは小技であるが、実際に用いた効果は大きい。

「探馬は宋の太祖趙匡胤から伝わった技である。他のいかなる技にも勝つことができ、また自由自在に変化しうる。たとえば前進して正面から打ち込む攻撃技として用いることもでき、あるいは一歩退いて体さばきとともに用いることもできる。したがって、力の弱いものもこの技によって強力な一撃を発することができるのである。とりわけ短拳すなわち近接距離から攻撃してくる拳の技などに対して最善の反撃法となりうる」

〈太極拳との比較〉

太極拳「高探馬」と名称・動作ともほぼ同一技法とみなしうる。

第四技法　拗単鞭（ようたんべん）

〈原文〉

拗單鞭黃花緊進披挑腿左右難防搶步上拳連劈揭沉香勢推倒太山

〈訳文〉

拗単鞭《ようたんべん》、黄花《こうか》緊《きつ》く進《すす》め、腿《あし》を披挑《ひちょう》す。左右《さゆう》防《ふせ》ぎ難《がた》し。歩《ほ》を搶《すす》め、上拳《じょうけん》連《つら》なって劈掲《へきけい》すれば、沈香《ちんこう》の勢《せい》も太山《たいざん》を推《お》し倒《たお》す。

〈注解〉

拗単鞭の拗（原文では「抝」、意味は同じ）とは、ひねる、ねじる、または順逆の逆などの意。つまり腰をひねって前足と逆側の手で技を出す場合、拗とか拗歩などという（前手、前足の技をこれと対照的に順歩という）。また、単鞭とは一本の鞭。掌を鞭のように使いこなすのがこの技の特徴である。

「拗歩単鞭の技は、花の咲くがごとく四方八方に掌をくりひろげ、蹴りきたる敵の足をすくいとってはもう一方の手で突き倒す。さらに連続技として、相手に迫り、拳で下から上に突き上げれば、かぐわしきこの優美な技も、泰山を押し倒すほどの激しさを発揮する」

掌は柔らかいが、使い方によっては拳よりもはるかに威力がある。黄花は菊や菜の花の別名。掌を美しく花にたとえたのである。また、沈香は熱帯に産する香木で、沈香の勢とは「かぐわしき技」の意。太山は泰山、山東省の名山である。

〈太極拳との比較〉

太極拳には順歩で演じる「単鞭」がある。また、「摟膝拗歩」は、いわば拗歩単鞭勢ともいうべき技であり、実質的にはこのほうが拗単鞭に近い。

第五技法　七星拳（しちせいけん）

〈原文〉

七星拳手足相顧挨歩逼上下隄籠饒君手快脚如風我自有攪衝劈重

〈訳文〉

七星拳《しちせいけん》、手《て》足《あし》相《あい》顧《かえり》みる。挨歩《あいほ》して逼《せま》り、隄籠《ていろう》を上下《じょうげ》す。饒《たと》い君《きみ》が手《て》は快《はや》く、脚《あし》は風《かぜ》の如《ごと》きも、我《われ》自《おのず》から攪衝劈重《かくしょうへきちょう》することあり。

〈注解〉

拳をにぎり、ひじを鋭角に曲げた腕の形をしばしば七星という。七星とは、北斗七星のことである。腕の形が北斗七星を連想させると同時に、拳を小さく鋭く、連続的に用いるさまを星の明滅にたとえたものであろう。

「七星拳は、両拳を胸前に構え、あたかも籠を上下しながら手渡すような形で、前進しつつ拳を連続的に繰り出して敵に迫る追込みの技法である。したがって、手足の協調が特に重要である。たとえ相手の手技が速く、蹴りなどの脚技もまた風のごとく襲来するとしても、我にはもとより突きを受け、蹴りを切り裂く備えがある」

攪衝劈重とは、突き（衝）と打ち（劈）を連続的に用いることを意味しよう。攪はかきまぜるの意であり、攪衝とは相手のすばやい突きを七星の腕で受け、そのままからませるように突っ込む意味があると考えることもできよう。また劈重の重は、重複の重すなわち技を連続させる意と解したい。

〈太極拳との比較〉

太極拳「上歩七星」は名称・形とも類似するが、七星拳ほど動的ではない。

第六技法　到騎龍（とうきりゅう）

〈原文〉

到騎龍詐輸佯走誘追入遂我回衝恁伊力猛硬來攻怎當我連珠砲動

〈訳文〉

到騎龍《とうきりゅう》、詐《いつ》りて輸《ま》け、佯《いつわ》りて走《にげ》て誘《さそ》い、追《お》って入《はい》れば、遂《つい》に我《われ》は回《めぐ》りて衝《つ》く。恁《たと》い伊《かれ》が力猛《ちからたけ》くして、硬《かた》く来《きた》り攻《せ》むとも、怎《なん》ぞ我《わ》が連珠砲動《れんじゅほうどう》に当《まさ》らん。

〈注解〉

到騎龍とは、龍にまたがり逃げるとみせかけて、誘いに乗じた背後の敵を連撃する技である。到は倒、ここでは反対方向の意味。つまり龍にまたがっても、技は背後の敵に用いることを表している。

「到騎龍は、まず逃げることによって敵を誘う。敵がまさに背後から我をとらえようとした瞬間は、また同時に敵がすべての力を集中しようとしたときである。機先を制して突如ふりむき、転身の勢いを利用して拳を打つ。たとえ相手の力が強く、またその攻撃が激しくとも、敵は意表をつかれるとともに力のタイミングを失う。その虚を連撃すれば必ず勝つであろう」

力の強い敵に対しては、あえて正面からぶつかろうとせずに、いったんは逃げると見せかけて相手に油断させ、虚に乗じて反撃するというのも、古代からの戦闘術における基本的戦法のひとつといえよう。到騎龍はこの点において第十技法埋伏勢と共通する。

〈太極拳との比較〉

太極拳に同形とみなしうる技法はない。

第七技法　懸脚（けんきゃく）

〈原文〉

懸脚虚餌彼輕進二換腿決不饒輕趕上一掌満天星誰敢再來比並

〈訳文〉

懸脚《けんきゃく》は虚餌《きょじ》なり、彼《かれ》軽《かる》く進《すす》めば二《に》換腿《かんたい》、決《けっ》して軽《かろ》きを饒《ゆる》さず。趕《お》い上《あ》げて満天《まんてん》の星《ほし》を一掌《いっしょう》すれば、誰《だれ》か敢《あ》えて再《ふたた》び来《き》たりて比並《ひへい》せん。

〈注解〉

懸脚の懸はかける、かかげるの意。脚をかかげてみずから隙をつくる。ゆえに虚餌、偽りの餌である。「懸脚は虚餌、すなわち誘いの構えである。敵が軽々しくつけこもうとしたとき、ただちに踏みかえてもう一方の脚で蹴り上げる。蹴りで崩した相手をさらに追いこみ、あたかも天に満ちる星を一掌のもとに切り裂くように、相手の顔面に激しく掌打を打ちこむ。この攻撃のすさまじさにだれが再び腕くらべを望もうか」

二換腿は現在の二起脚いわゆる日本空手道の二段蹴りに相当しよう。二段蹴りは空中に飛び上がって前方を蹴るいわゆる「飛び蹴り」の一種である。たとえば左足をさきに空中にあげて跳躍し、右足で蹴ってから着地する。最初の左足を単なる牽制として用いると、いっそうこの懸脚の技に類似する。

〈太極拳との比較〉

二換腿の名称はないが、陳派の二起脚に相当する。楊派はこの動作を省略し、進歩搬攔捶～蹬脚という連続技によって動作を柔軟（簡易）化した。

第八技法　丘劉勢（きゅうりゅうせい）

〈原文〉

丘劉勢左搬右掌劈來脚入歩連心挪更拳法探馬均打人一着命盡

〈訳文〉

丘劉勢《きゅうりゅうせい》、左《さ》搬右掌《はんうしょう》して来脚《らいきゃく》を劈《き》り、歩《ほ》を入《い》れ心《しん》に連《つら》なる。拳《けん》法《ぽう》を挪《うつ》し更《あらた》めれば探馬《たんま》と均《ひと》し。人《ひと》を打《う》つこと一着《いちげき》にして命尽《いのちつ》く。

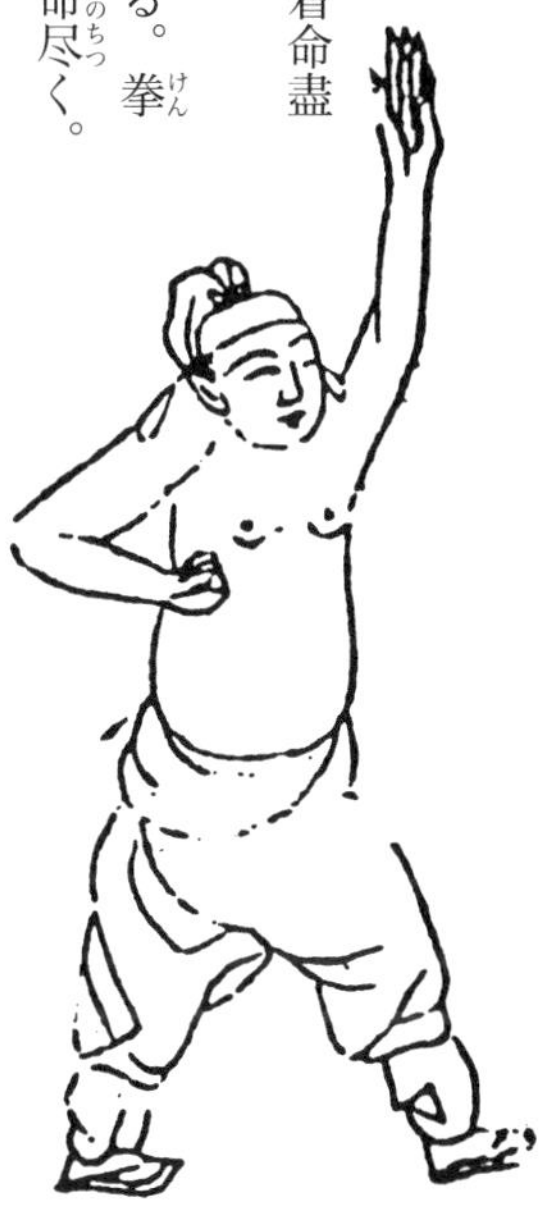

〈注解〉

丘は高台、または聖地。劉はまさかり。ゆえに丘劉の拳名は「聖なる地でいけにえを祭るまさかり」を意味しよう。図でわかるように片手を開いて大きく真っ向上段に構え、片手を拳に握って胸にしっかりと構えている。上段の手をまさかりにたとえているのであろう。

「丘劉勢は左右に掌を払って、相手の蹴りをはげしく斬りおろし、歩を進めてわが拳を心窩すなわち中段急所めがけて打ちこむのである。用法をあらためれば、この技は第三技法探馬と同じ姿勢となる。一撃すれば、人の命を奪う必殺の技である」

片手をあげているところは、探馬では上段に技をきめたあとの姿勢であるが、この丘劉勢では技を発するまえの姿勢となっているところが異なる。

左搬右掌してとは、左右に掌を搬する、つまりどの方向から攻撃がきても受けて立つ備えがある意と解したい。搬は移す、運ぶ、払うなどの意味である。

〈太極拳との比較〉

太極拳に類似技法はみられない。

第九技法　下挿勢（かそうせい）

〈原文〉

下插勢専降快腿得進歩攬靠無別鈎脚鎖臂不容離上驚下取一跌

〈訳文〉

下挿勢《かそうせい》、専《もっぱ》ら快腿《かいたい》を降《くだ》す。歩《ほ》を進《すす》むを得《う》れば攬靠別無《かくこうべつな》し。脚《あし》を鈎《こう》し臂《うで》を鎖《と》じ離《はな》るるを容《ゆる》さず。上《うえ》、驚《おど》かし、下《した》、一跌《いってつ》を取《と》る。

〈注解〉

下挿勢とは、腕を下方にさしこむように用いる受け技である。挿は農具のすき、ゆえに下挿は土を掘りかえすときのように下方に力を入れて受けとめることをいうのであろう。図と訣文から判断すると、この下挿勢は、たとえば相手の蹴りが速く、後方にさがるいとまがないとき、自分は瞬間的に前ひざを高くあげて、同時に前手を下方に挿して相手の蹴りあしを受けとめる技である。

「下挿勢は、もっぱら快腿（すばやい蹴り）を防ぐ術である。相手の足を取ってそのまま前進すれば体当たりとなり、攻防一対の技となる。膝をあげ、腕を閉じて相手と密着せよ。上は上段を牽制し、下は足を取って投げたおす」

攬は腕でからめるように払う受け技と考えられる。靠は、現在でも一般的に使われる拳法用語で、肩や腰などを相手に密着させて下半身のばねで打撃を加える体あたりなどの身法をいう。相手の蹴り足を受けとめ、そのまま前進すれば相手の体内に割って入ることになり、必然的に強烈な体当たりとなる。

〈太極拳との比較〉

同一技法はない。あえて比較すれば「摟膝拗歩」（楊派等）が類似する。

第十技法　埋伏勢（まいふくせい）

〈原文〉

埋伏勢窩弓待虎犯圏套寸歩難移就機連發幾腿他受打必定昏危

〈訳文〉

埋伏勢《まいふくせい》、弓《ゆみ》を窩《かく》し、虎《とら》の圏套《けんとう》を犯《おか》すを待《ま》ちて、寸歩《すんぽ》移《うつ》し難《がた》し。機《き》に就《つ》き、幾腿《いくたい》をか連発《れんぱつ》す。他《かれ》、打《だ》を受《う》くれば、昏危《こんき》すること必定《ひつじょう》なり。

〈注解〉

埋伏は待ち伏せの意。また、敵を虎にたとえているのは、相手が強敵であることを表している。弓は得意技、圏套は間合いの意味。したがって、この埋伏勢は、自分よりも強い敵に出会った場合のひとつの反撃法を示している。

「埋伏勢は、弓を隠して虎がわなにかかるのを待つがごとく、強敵に対してみだりに牽制技をだしたり、動きまわったりせずに、得意技を秘めて身をかがめ、ひらすら攻撃に転ずる機会をうかがう。相手が少しでも間合いに入ったときに勝敗を決する覚悟で、小さな動きもみのがすことなく、自分もまた満を持して動かない。そして、相手がぎりぎりの間合いに入るやいなや、一気に身を起こし、蹴りを連発すれば、敵は必ず昏倒するであろう」

また、埋伏の姿勢が、後方に逃げるのに便利な体勢となっていることにも留意しておきたい。強い力に対しては、これをすなおに避けて別の勝機を探るというのも、中国武術にみられる基本的戦法のひとつである。

〈太極拳との比較〉

太極拳に同形とみなしうる技はない。

第十一技法　抛架子（ほうかし）

〈原文〉

抛架子搶歩披掛補上腿那怕他識右横左採快如飛架一掌不知天地

〈訳文〉

抛架子《ほうかし》、歩《ほ》を搶《すす》めて披掛《ひか》し、上腿《じょうたい》を補《おぎな》う。那《なん》ぞ他《かれ》の識《し》るを怕《おそ》れん。右《う》横《おう》左《さ》採《さい》、快《かい》なること飛《と》ぶが如《ごと》く、一掌《いっしょう》を架《か》せば天地《てんち》を知《し》らず。

〈注解〉

抛架子の抛とは、投げうつの意。物を投げつけるような動作で両腕を振りまわして掌撃する技であり、直訳すれば「抛架子」とは「投げうちの技」である。ぬれた手ぬぐいを振りまわして攻撃するさまを想像すればさらに抛架子のイメージに近いといえよう。実は披掛という言葉も、この掌を柔らかく振りまわして打ちこむ動きをいう。披とは、もともとマントをひるがえすように羽織るという意味がある。披掛掌は近代著名門派のひとつであるが、すでに『武編』にもこの名がみられる。

前勢の埋伏勢は、敵の強撃を恐れて、いわば身をひそめて勝機をうかがったが、この抛架子は自己が主導権を握って積極的に動きまわることを強調する。「抛架子はもっぱら前に進み、腕を振り回して掌撃し、さらに蹴りなどを出す。左右に飛ぶがごとく身軽に体さばきし、相手のおもわくなどにかまうことなく、機をみて果敢に攻めこみ掌打の一撃をくわえる。敵はその衝撃で打ち倒され、天地の区別さえつけることができないであろう」

〈太極拳との比較〉

太極拳に同形とみなしうる技はない。

第十二技法　拈肘勢（ねんちゅうせい）

〈原文〉

拈肘勢防他弄腿我截短須認高低劈打推壓要皆依切勿手脚忙急

〈訳文〉

拈肘勢《ねんちゅうせい》、他《かれ》の腿《あし》を弄《ろう》するを防《ふせ》ぎ、我《われ》は短《みじか》く截《き》る。須《すべか》らく高低《こうてい》を認《みと》むべし。劈打《へきだ》、推圧《すいあつ》みな依《したが》うことを要《よう》す。切《せつ》に手脚忙急《しゅきゃくぼうきゅう》することなかれ。

〈注解〉

拈は粘、裏拳打ちで攻撃すべく垂直に立てた片手の肘下に、もう一方の腕を粘らせて水平に構えているところから拈肘勢と名づけられたものであろう。

垂直と水平、二本の腕によって、自己の中段全体をカバーし、相手にとって蹴りにくい状態をつくり、自分は裏拳打ち、突きなどの技で短く攻撃する。

「拈肘勢は、相手が思うがままに足技を使おうとするのを阻止し、自分は短く攻撃する。攻防には必ず上・中・下段をみきわめよ。劈打（正面上段から打ちおろす）、推圧（掌などでおさえて押したおす）などの技も、この粘肘勢から容易に連続させることができる。接近して両腕を巧みに変化させて使いこなし、決してあわててはならない」

「すべからく高低を認むべし」とは、高低を明確にせよの意であり、上・下段の攻防の動きをあらわすとも取れるが、あるいはまた、実力の差を明確にせよ、つまり「勝負の決着をつけるべし」との意とも解しうる。

〈太極拳との比較〉

肘底看拳と形式的に類似する。太極拳では静的な構えとなっており、用法が明確ではないが、同系とみなすことは不可能ではない。

第十三技法　一霎歩（いっしょうほ）

〈原文〉

一霎歩随機應變左右腿衝敵連珠恁伊勢固手風雷怎當我閃驚巧取

〈訳文〉

一霎歩《いっしょうほ》は機《き》に随《したが》い、変《へん》に応《おう》ず。腿《あし》を左右《さゆう》にし、敵《てき》を衝《つ》くこと連珠《れんじゅ》なり。恁《たと》い伊《かれ》の勢《かまえ》は固《かた》く手《て》は風雷《ふうらい》のごときも、怎《なん》ぞ我《わ》が閃驚巧取《せんきょうこうしゅ》に当《まさ》らん。

〈注解〉

霎はごく短い時間をいう。一霎は一瞬と同義。したがって一霎歩は「一瞬の歩み」、すなわち「すばやい足」＝フットワークを意味することになる。足を瞬時に動かすのであるから特定の型はない。ゆえにただ「機にしたがい変に応ずるのみ」である。図はおそらく正面の敵を掌底で突くと同時に体はすでに後方に向かいつつあるところを描いているのであろう。その姿は、ラグビーの試合中、ボールをかかえて疾駆する選手が追いすがる敵を掌で突きとばす動作（「ハンドオフ」）によく似ている。

「一霎歩は、機にしたがい変に応じて用いる一瞬の足さばきである。右に左に自在に動きまわり、機をみて攻め込み、敵を連撃する。たとえ相手の構えが硬く、また攻めきたる攻撃が風雷のごとくはげしいものであっても、一霎歩の技の巧みさによってこれを撃破することができるのである」

閃驚巧取とは、「閃き驚かし、巧みに取る」。閃くようなすばやい牽制で相手が乱れたすきをつくという意味である。

〈太極拳との比較〉

同一技法はないが、単鞭・摟膝拗歩の変化技とみなすことは可能である。

第十四技法　擒拿勢（きんだせい）

〈原文〉

擒拿勢封脚套子左右壓一如四平直來拳逢我投活恁快腿不得通融

〈訳文〉

擒拿勢《きんだせい》は、脚《あし》を封《ふう》ずる套子《わざ》なり。左右《さゆう》、一《ひと》つに圧《あっ》すること四平《しへい》の如《ごと》し。直来《ちょくらい》の拳《けん》も我《わ》が投活《とうかつ》に逢《あ》えば、恁《いか》なる快腿《かいたい》も通融《つうゆう》することを得《え》ず。

〈注解〉

擒拿は、手で生け捕るの意。

「擒拿勢はもともと蹴り足を封じる技である。左右の手で一の字にしっかりと押さえつけるところは、四平の技に似ている。蹴りだけではなく、まっすぐに突っ込んできた拳も両手で捕らえて投げ技に入る。いかに足の速い敵といえども、決してのがれることはできないであろう」

《拳経》序文に列挙された古今の著名な拳法流派名のなかに、「鷹爪王の擒拿」がみえる。一方、二十世紀初頭から「鷹爪拳」という擒拿を得意とする拳法が実在する。流派として両者がどれほど近い関係にあるかは、いま一歩考証を必要とするが、技法的には明らかに直結するところが多いであろう。指先の握力を強め、相手の気管・筋肉・神経・関節などの急所を強く握りしめて制するほか、日本柔術と共通する関節技、あるいは他の拳法と同じように突きや蹴りも用いる。《拳経》擒拿勢は、その最も基本的な技といえよう。

〈太極拳との比較〉

陳派「小擒拿（小擒打）」の名称・姿勢に共通性がみられる。楊派では型の中間で演じる如封似閉から抱虎帰山に移る「十字手」に痕跡をとどめている。

第十五技法　井欄四平（せいらんしへい）

〈原文〉

井欄四平直進剪臁踢膝當頭滾穿劈靠抹一鈎鐵樣將軍也走

〈訳文〉

井欄四《せいらんし》平《へい》、直進《ちょくしん》して臁《すね》を剪《き》り、膝《ひざ》を踢《け》り、頭《あたま》に当《あ》てよ。滾《こん》・穿《せん》・劈《へき》・靠《こう》して、一鈎《いっこう》を抹《まっ》すれば、鉄様《てつよう》の将軍《しょうぐん》も也《ま》た走《にげ》ん。

〈注解〉

井欄は井戸わく、あるいは井戸わくに似たもの。古代、攻城の武器の一種にも井欄と名づけたものがある。井欄四平とは、胸の前で両腕を水平に四角く曲げた形をいうのであろう。

「井欄四平、直進してすねに足払いをかけ、靴先で膝を蹴り、あるいは頭を攻める。滾・穿・劈・靠のうえに、さらに鈎打ちを加えれば、いかに鉄のような将軍といえども逃げだすであろう」

明らかに接近戦用の短打系の技である。滾・穿・劈・靠のうち、劈と靠は前勢までに何回も登場したが、劈は掌・手刀などで上段から打ちおろす技、靠は身を接してからだ全体のバネで攻撃する体当たりなどの技である。穿はうがつように突っ込む技。指先き・拳・肘など使用部位によって穿掌・穿心拳・穿心肘などというのである。滾はころがすの意、接近戦などで両肘をこねるようにして入り込む技などをいう（南派短打系の詠春拳に用例がある）。

〈太極拳との比較〉

太極拳に類似の技はない。

第十六技法　鬼蹴脚（きしゅうきゃく）

〈原文〉

鬼蹴脚搶人先着補前掃轉上紅拳背弓顚披揭起穿心肘靠妙難傳

〈訳文〉

鬼蹴脚《きしゅうきゃく》は、人《ひと》を搶《おそ》う先《せん》の着《わざ》なり。前《まえ》を補《おぎな》い、掃転《そうてん》して紅拳《こうけん》を上《のぼ》らしむ。背弓《はいきゅう》して顚《てん》じ披《ひ》掲《けい》して起《た》つ。穿心肘靠《せんしんちゅうこう》の妙《みょう》（玄妙）、伝《つた》え難《がた》し。

〈注解〉

鬼蹴脚とは、相手の意表をつく蹴り足の意。「鬼」には、巧妙な、ずるいなどの意味がある。ゆえにこの場合「鬼」は「奇」に通じる。蹴り足は普通、下から上に蹴りあげるが、鬼蹴脚はその反対に身を一挙に沈めて地表を蹴りだし、相手の立ち足を崩す奇襲の足技である。

「鬼蹴脚は、先手を取って人を攻める奇襲の足技である。突如として身を落とし前足を蹴りだして相手の立ち足を崩す。ついで体前に両手を着いて身を支え、くるりと一転して掃腿を放つや身をひるがえして立ちあがり、拳で上段を攻撃する。あるいは地上に一転して相手のふところに入り、背中から体当りするかのごとく身を接して肘で中段にとどめの一撃を加える。技の玄妙なること、容易に伝えることはできない」

なお、『武編』〈拳〉に「鬼撮脚」がある。おそらく同一技法であろう。

〈太極拳との比較〉

陳派「一堂蛇（趺叉ともいう）」は、名称は異なるが、同一内容の技法といえる。楊派系は動きを易しくするため下段の構え「下勢」に簡易化した。

第十七技法　指当勢（しとうせい）

〈原文〉

指當勢是箇丁法他難進我好向前踢膝滾躦上面急回歩顚短紅拳

〈訳文〉

指当勢《しとうせい》、是《こ》れ（一《いっ》）箇《こ》の丁法《ていほう》なり。他《かれ》、進《すす》み難《がた》く、我《われ》は好《よ》く前《まえ》に向《む》かう。膝《ひざ》を踢《け》り、上面《じょうめん》に滾躦《こんさん》す。急《きゅう》に歩《ほ》を回《まわ》らしては紅《こう》拳《けん》を顚短《てんたん》す。

〈注解〉

指当勢とは、指さすように当すなわち膛（下腹部）を直撃する下段突きの技である。「指当勢は一種の丁の字戦法である。この一撃によって敵はひるみ、我はよく追撃に入ることができる。膝を蹴ってさらに崩し、大きく前面に跳びこむ。ふところに入って、急角度に身を替え、拳を短く突きあげよ」

丁法の丁は、現在では一般に「丁字歩」などのように立ち足の構えに用いられることが多い。たとえば後ろ足を開き、前足さきをこれと垂直に構え、相手からみて丁の字になるような立ち方である。ここではまず、自分の立ち足と突き腕あるいは相手の下腹部と自分の突き腕が丁字となるよう突っ込むと解することができよう。また丁は停、停止させる、つまり相手の前進をはばみ、反撃に転ずる法との意も含んでいるように思われる。なお陳家太極拳の例では、左右に足を大きく開き、この両足の線と垂直に、身をひねるようにして下方を直突きする技がみられるが、このときも立ち足と突きの線は丁字となっている。

〈太極拳との比較〉

各派太極拳に「指膛捶」があり、名称・動作とも同種の技法とみなしうる。

第十八技法　獣頭勢（じゅうとうせい）

〈原文〉

獣頭勢如牌挨進恁快脚遇我慌忙低驚高取他難防接短披紅衝上

〈訳文〉

獣頭勢《じゅうとうせい》、牌《たて》の如《ごと》く挨進《あいしん》す。恁《たと》い快脚《かいきゃく》なるも我《われ》に遇《あ》いて慌忙《こうぼう》たり。低《ひく》く驚《おどろ》かし、高《たか》く取《と》りて他《かれ》防《ふせ》ぎ難《がた》し。短《みじか》く接《せっ》して紅《こう》を抜《ひら》き上《うえ》を衝《つ》く。

〈注解〉

獣頭とは、字義通りには動物の頭の意であるが、一般には魔除け、威嚇などのために、門柱とか牌に彫りつけた怪獣の顔をいう。ここでは自己の顔面に立てた前腕を牌にみたて、これに身を隠すようにして体勢を低くして突進するさまを形容しているものであろう。

「獣頭勢は、牌（盾）に身をかくすがごとく、あるいは猛獣が頭をさげて突進するがごとく、身をかがめて敵に迫る。たとえ足の速い敵であっても、気迫に押されて、敵は得意の蹴りを出すいとまもなく、ただ驚きあわてる。身をかがめて接近するので敵は反射的に下段を警戒する。そこを突如として拳を突きあげ高く取る、つまり上段に一本を決める。下段を捨て身の覚悟で牽制し、技は上段を襲うので、敵にとっては防ぎにくい戦法となるのである」

〈太極拳との比較〉

陳派に「獣頭勢（護心捶ともいう）」がある。名称は同一ながら形・内容とも別種の技法というべきである。

楊派ではこの技を「打虎勢」という。いずれも静的な一種の守りの構えに過ぎず、上記訣文とかみ合わない。

第十九技法　中四平勢（ちゅうしへいせい）

〈原文〉

中四平勢實推固硬攻進快腿難來雙手逼他單手短打以熟爲乖

〈訳文〉

中四平勢《ちゅうしへいせい》は実《もっぱ》ら固《かた》きを推《お》すなり。硬《かた》く攻《せ》め進《すす》めば、快腿来《かいたいきた》り難《がた》し。双手《そうしゅ》にして他《かれ》が単手《たんしゅ》に逼《せま》る。短打《たんだ》も熟《じゅく》するを以《もっ》て乖《かい》と為《な》らん。

〈注解〉

中四平勢とは、腰をがっしりと落とした中段攻撃の構えをいう。

「中四平の技は、もっぱら固きをもって硬く攻める技である。たとえ蹴りや足さばきの得意な敵も容易には入りがたい。両手で攻撃を連続させ、相手の片手技に迫る。短打は熟練が必要であるが、いったん熟達すれば、攻防ともに変化しやすい機敏な技となるだろう」

訣文から明らかなように短打系の技法である。乖は、もとる、そむくなどの意のほか、かしこい、機敏などの意味がある。「熟すれば乖となる」とは、この場合「習熟すれば使いやすい得意技となる」ことであろう。短打とは短い距離で打突することをいうが、それだけ力の蓄え方と発し方がむずかしくなる。また、相手のふところに入る機をどうつかむかが問題である。しかし、ひとたび接近して主導権を握れば連環して一挙に攻撃することが可能である。「熟すれば乖となる」とは、このことを意味しよう。

〈太極拳との比較〉

太極拳に同形とみなしうる技法はない。陳派「演手捶」、楊派「搬攔捶」は腰をすえて右拳を深く突っ込む中段突きであり、短打系の突きではない。

第二十技法　伏虎勢（ふっこせい）

〈原文〉

伏虎勢側身弄腿但來湊我前撐看他立站不穩後掃一跌分明

〈訳文〉

伏虎《ふっこ》勢《せい》、身《み》を側《そく》して腿《あし》を弄《もてあそ》ぶ。但《ただ》し我《わ》が前《まえ》に来湊《らいそう》して撐《とう》すれば、他《かれ》の立站穏《たちかたおだ》やかならざるを看《み》、一跌《いってつ》を後掃《こうそう》して分明《ぶんめい》なり。

〈注解〉

伏虎勢とは、伏したる虎の型、すなわち身を低くした姿勢をいう。「伏虎勢は、低く半身になって相手の蹴り足を捕らえる。もし相手がなお片足で体を支えて持ちこたえようとすれば（撐すれば）、その不利な体勢に乗じてわが足を後ろまわりに飛ばしてなぎ倒し、勝負の決着をつけるのである」

後掃とは、いわゆる後掃腿のことであろう。身を伏した体勢で、支え足を軸にして、もう一方の足を伸ばしたまま地上に円を描くように一転して足払いをかける技を掃腿という。掃腿は、前から旋回するか、あるいは後ろまわりに旋回するかによって前掃腿と後掃腿に分けられる。いわば後掃腿とは、後ろまわし蹴りの要領で、低く足払いをかけることをいうのである。

伏虎勢は第二十八技法騎虎勢と同種の技法である。伏虎勢は片膝が地につくほど低い体勢となっているが、騎虎勢は一歩ひきさがるだけで身は低くしない。しかし、蹴りを受けたあと掃腿できめるという点で両者は共通している。

〈太極拳との比較〉

太極拳に同形とみなしうる技法はない。

第二十一技法　高四平（こうしへい）

〈原文〉

高四平身法活變左右短出入如飛逼敵人手足無措恁我便脚踢拳捶

〈訳文〉

高四平《こうしへい》、身法活変《しんぽうかっぺん》す。左右《さゆう》、短《みじか》く出入《しゅつにゅう》し、飛《と》ぶが如《ごと》く敵人《てきじん》に逼《せま》る。手足《てあし》措《お》くところ無《な》し。恁《かく》て我《われ》は便《べん》なり脚踢《きゃくてき》、拳捶《けんすい》すること。

〈注解〉

高四平は、第十九技法中四平の上段への応用技といえよう。

「高四平の技は、身法活変する。すなわち、立ち足の幅を小さくし、上段を突くので、それだけ身は軽く、すばやく変化し、動きまわることが可能となる。左右の手を短く出入りさせて上段を連撃しつつ、飛ぶがごとく敵人に迫る。あたかも走りながら両拳を短く連打するのである。敵はあわてふためき、手足のおくところもわからなくなるであろう。こうして敵を守勢に追いこめば、自分にとって思うがままに足を蹴り、拳を打つことができるのである」

《拳経》には、井欄四平・中四平・高四平という三種類の「四平」短打が登場する。温家七十二行着に四平・井欄四平がある。四平は鎗法と同様、「四方平かに」腰を落とした体勢が基本であり、この意味で中四平を基準とする。その上段への応用として高四平と呼ばれたのであろう。そして、体前に両腕を張り出してひじを用いるのが井欄四平となったものと思われる。

〈太極拳との比較〉

太極拳に同形とみなしうる技法はない。

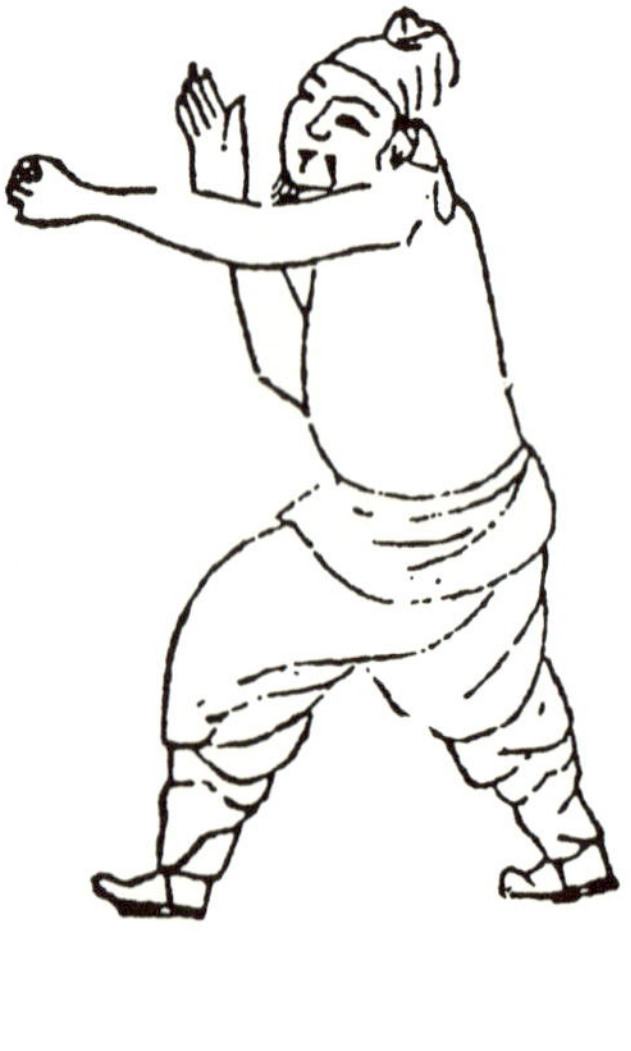

第二十二技法　倒挿勢（とうそうせい）

〈原文〉

倒插勢不與招架靠腿快討他之贏背弓進歩莫遅停
打如谷聲相應

〈訳文〉

倒挿勢《とうそうせい》、招架《しょうか》と与《とも》にせず、腿《あし》の快《はや》きに靠《たよ》りて他《かれ》を討《う》つの贏《えい》（勝利）なり。背弓《はいきゅう》して歩《ほ》を進《すす》め、遅《ち》停《てい》すること莫《な》く打《う》つ、谷声《やまびこ》の相《あ》い応《おう》ずるが如《ごと》し。

〈注解〉

図を見ると、両手を頭上にかかげ、敵に背を向けて逃げるかのようである。しかし、文意によって、これは一瞬の転身によって敵に近づくところであることが明らかである。まずこの倒挿勢は招架とともに用いるのではない。招架とは「受け技の構え」をいう。また、単に「技」あるいは「構え」を意味するときもある。普通ならば、いったん受けてから技をかけるが、倒挿勢には、こうした予備動作の動きはない。相手が前に出ようとしたその一瞬をとらえ、背中まわりに身を転じてすれちがいざまに打つのである。したがって倒挿とはこの場合、さかしまに挿す、すなわち逆転身によって打つの意となろう。

「倒挿勢は受けも構えもせず、もっぱら足のさばきのすばやさによって敵に打ち勝つ技である。背中まわりに歩を進め、一瞬の機に遅れることなく打つ。山びこの相い応ずるような絶妙のタイミングが勝利のかぎとなる」

〈太極拳との比較〉

陳派玉女穿梭は、快速で二、三歩直進し（大架式では宙を飛んで）、最後の一瞬にくるりと身を転じで右掌で打ち込む。名称は異なるが同形とみなすことは可能であろう。簡易化され楊派玉女穿梭にもその痕跡は残っている。

第二十三技法　神拳（しんけん）

〈原文〉
神拳當面插下進歩火焔攢心遇巧就拿就跌擧手不得留情
〈訳文〉
神拳《しんけん》、当面《とうめん》して下《した》に挿《さ》す。歩《ほ》を進《すす》め、火焔《かえん》は心《こころ》を攢《うが》つ。巧《たく》みに遇《あ》えば就《すなわ》ち拿《とら》え、就《すなわ》ち跌《てっ》す。手《て》を挙《あ》ぐれば情《じょう》を留《とど》むることを得《え》ず。

〈注解〉

神拳とは、相手にとっては避けがたい必殺の神妙拳という意味であろう。

「神拳は正面から下方に突っ込む技である。歩を進めて火炎のごとき拳は心臓をうがつように突く。もし相手が巧みな腕の持ち主であり、わが拳をかわしたならば、すかさず関節技や投げ技に入るべきである。いったん手をあげて戦いを開始したからには、油断したり手加減を加えたりせず、非情に徹して最後まで決着をつけよ」

相手の正面から下方に突っ込む技であるが、図と訣文から判断すると、下方といっても目的とする身体部位は心窩つまり中段である。拳法のほとんどの流派に中段突きがみられるが、神拳はおそらく上段に構えた拳を中段に突き下げる技であり、この点が標準的な中段突きと異なる。突くときに左掌を立てて前面に備えるのは突き技によくみられる形である。

〈太極拳との比較〉

太極拳に中段突き「演手捶」、下段突き「指膽捶」あるいは地上に倒れた敵を打つ「撃地捶」などの突きがあるが、神拳と同種の技はみられない。

第二十四技法　一条鞭（いちじょうべん）

〈原文〉

一條鞭橫直披砍兩進腿當面傷人不怕他力粗膽大我巧好打通神

〈訳文〉

一条鞭《いちじょうべん》、横直《おうちょく》に披砍《ひかん》す。両《ふた》つながら腿《あし》を進《すす》め、当面《とうめん》して人《ひと》を傷《きず》つける。他《かれ》の力粗《ちからあら》く胆大《たんだい》なるを怕《おそ》れず、我《われ》は巧《たく》みに好《よ》く打《う》ちて神《しん》に通《つう》ずるなり。

〈注解〉

一條鞭とは、ひとすじの鞭の意。両手を一本の鞭と化して、水平に振りまわし、しなやかに打つ技である。「一条鞭の技は、両手を水平に開き打つ。連続的に踏みこみ、正面から攻める。たとえ力が強く、豪胆な敵であっても、一条の鞭を巧みに使いこなすことによって、思うがままに打ち込むことができるのである」

《拳経》には、力の強い、あるいは気力の盛んな敵に対しては、その直撃の力を逃げるように避けてから反撃する技も多いが、この一条鞭では、豪強の敵に対しても真正面から攻め込めと説いている。それだけこの一条鞭の攻勢が激しいともいえるが、また両手を振りまわして攻撃する動作そのものが、同時に相手の眼をくらまし、あるいは相手の構えの手を払いよけたりするなどの牽制技になっているからであろう。一条鞭は温家七十二行着の技であるが、唐順之の挙げる温家変化技に「高探馬変じて一条鞭」という動きがある（『武編』）。防御的な間合いの近い高探馬から攻撃的な掌撃一条鞭に転換するのである。

〈太極拳との比較〉

単鞭が同種の技法とみなしうる。名称も訳せばともに「一本の鞭」である。

第二十五技法　雀地龍（じゃくちりゅう）

〈原文〉

雀地龍下盤腿法前掲起後進紅拳他退我雖顚補衝來短當休延

〈訳文〉

雀地龍《じゃくちりゅう》は、下盤《げばん》の腿法《たいほう》なり。前《まえ》は掲起《けいき》し、後《あと》は紅拳《こうけん》を進《すす》む。他退《かれしりぞ》けば我《われ》は顚補《てんぽ》すといえども、衝《つ》き来《きた》らば短《みじか》く当《あ》てて延《の》びることを休《や》めよ。

〈注解〉

雀地龍とは、いわば小地龍の意であろうか。温家七十二行着の地龍勢にあたろう。地龍とは地に潜む龍の意である。

「雀地龍は下盤（下段）に足をめぐらす技である。前足先きを上に向け、後ろの手は拳に握って構える。こうすることによって、らくに身を落とすことができ、相手の攻撃を見切ることができる。もし相手が退けば、我は攻撃に転化するが、もしさらに攻撃してくるならば、小さく突いて体が延びきらないように注意せよ」

この雀地龍の姿勢は、第十六技法の鬼蹴脚とよく似ているが、内容を比較すると、鬼蹴脚は攻撃的であり、この雀地龍はやや防御的、消極的な用法である。鬼蹴脚は、敵の意表を突いて連撃するために身を瞬間的に沈める。この雀地龍は、相手の攻撃をかわすために身を落とすとみることができよう。

〈太極拳との比較〉

陳派に同名同種の技法がある。陳派には鬼蹴脚・雀地龍ともに存在するが楊派系では簡易化されて「下勢」という下段構え（さばき）に統一されている。

第二十六技法　朝陽手（ちょうようしゅ）

〈原文〉

朝陽手偏身防腿無縫鎖逼退豪英倒陣勢彈他一脚好教師也喪聲名

〈訳文〉

朝陽手《ちょうようしゅ》、身《み》を偏《へん》して腿《け》りを防《ふせ》ぐ。縫鎖《ほうさ》無《な》く逼《せま》り豪英《ごうえい》を退《しりぞ》く。陣勢《じんせい》を倒《たお》して他《かれ》に一脚《いっきゃく》を弾《だん》ずれば、好《よ》き教師《きょうし》も也《ま》た声名《せいめい》を喪《うしな》わん。

〈注解〉

朝陽手とは、太陽に向けた手、の意である。この構え自体は一種の体さばきの術というべきである。

「朝陽手は半身となって蹴りをさばく技である。相手の死角に入り、すきのない体勢で迫る。相手は虚をつかれて一歩退きさがろうとする。攻守ところを変えた一瞬に、身を転じてわが蹴りを放てば、高名な師範といえども天下にその恥をさらすであろう」

「陣勢を倒して」とは、陣勢をさかしまにして、すなわち体さばきのあと、くるりと後ろ向きに身を倒して地上に手をつき、後ろ蹴りを放つと考えることができよう。朝陽手の姿勢から身を転じて後方に高く蹴りあげるのは、意外に連絡の容易な動きであり、決して不自然ではない。

〈太極拳との比較〉

太極拳に同形とみなしうる技法はない。ただし陳派には朝天鐙（楊派金鶏独立の左技）があり、また両手を地に着いて後方に高く蹴る蹬一跟があった（現在は陳・楊派とも普通の蹬脚＝かかと蹴りとして動きを簡易化している）。

第二十七技法　雁翅（がんし）

〈原文〉

雁翅側身挨進快脚走不留停追上穿庄一腿要加剪劈推紅

〈訳文〉

雁翅《がんし》、身《み》を側《そく》して挨進《あいしん》す。快脚走《かいきゃくはし》りて留停《りゅうてい》せざれば、追《お》い上《あ》げて一腿《いったい》を穿庄《せんしょう》す。剪《せん》、劈《へき》、推《すい》、紅《こう》を加《くわ》うるを要《よう》す。

〈注解〉

雁翅とは、雁のつばさ。「身を側して挨進する」姿、すなわち半身になって腰を落とし、羽をひろげるがごとく拳を突きだして前進する姿を、雁の飛ぶさまにたとえたものであろう。挨進するとは接近することであるが、半身で接近するには日本武術でいう「寄り足」動作が必要になる。現在の形意拳にこのような突き技の用例がある。すなわち、形意拳の五行拳と呼ばれる五種類の基本技のなかに崩拳という突き技があるが、拳を立てて寄り足で突くのである。

「雁翅は、わが体の側面を相手に向けて半身となり、寄り足をしながら突き進む技である。もし相手がわが攻勢に恐れをなし、足の速さに頼って一目散に逃げだしたならば、ただちに追いあげて後ろからその逃げ腰を地をうがつがごとくひと蹴りし、さらに剪・劈・推・紅などを連続させよ」

この技も短打系とすべきであろう（形意拳も北派短打系に分類しうる門派である）。連絡技のうち、剪は手刀打ち（?）、劈は掌の上段打ち、推は拳の中段突き、紅は拳による打ちあげなどを意味しよう。

〈太極拳との比較〉

太極拳に同形とみなしうる技はない。

第二十八技法　騎虎勢（ここせい）

〈原文〉

騎虎勢那移發脚要腿去不使他知左右跟掃一連施失手剪刀分易

〈訳文〉

騎虎勢《ここせい》、那《うご》き移《うつ》して脚《あし》を発《はっ》す。腿《ひ》き去《さ》ること、他《かれ》をして知《し》らしめざるを要《よう》す。左右《さゆう》の跟《くびす》、掃《はら》うこと一連《いちれん》にして施《ほどこ》す。手《て》を失《うしな》えば剪刀《せんとう》分《わか》ち易《やす》し。

〈注解〉

騎虎は跨虎、虎に跨るの意。現在でも、一歩退いて両手を上下に分けた姿勢をよく跨虎勢という。虎にまたがり手を挙げて見栄をきる姿勢である。

「騎虎勢は、体さばきをして足を発する技である。相手の攻撃に対して一歩退く。反撃の掃腿を発するために退いたのであるが、その意図はもとより敵にさとられてはならない。敵がなおも追撃しようとして踏みこんだところを、一挙に身を沈めて旋転し相手の両足をもろともに刈るのである。策を失った敵は、あたかも二つに分解された剪刀（はさみ）のように、物の役に立たなくなるであろう」

この騎虎勢は、第二十技法伏虎勢と同種の技である。騎虎勢は伏虎勢の身を高くしたにすぎないといえる。いわば中段構えと下段構えの差にすぎないが、姿勢が高ければ動きやすいので動的な用法となり、低ければ腰の居付いた静的な型となる。

〈太極拳との比較〉

下歩跨虎勢を一応同形の技法とみなすことができよう（掃腿はない）。

第二十九技法　拗鸞肘（ようらんちゅう）

〈原文〉

拗鸞肘出歩顛剎搬下掌摘打其心拿陰捉兎硬開弓手脚必須相應

〈訳文〉

拗鸞肘《ようらんちゅう》、歩《ほ》を出《い》でて顛剎《てんた》し、掌《しょう》を下《した》に搬《はら》いその心《しん》を摘打《てきだ》す。陰《かげ》を拿《とら》え兎《と》を捉《とら》う。硬《かた》く弓《ゆみ》を開《ひら》くには、手脚必《しゅきゃくかなら》ず相《あ》い応《おう》ずべし。

〈注解〉

拗は拳法用語で「逆」の意、「順」の反対用語である。右足を前にして立つ場合、右手で技を使えば順歩となり、反対側の左手で技を使えば拗歩となる。「拗歩の肘撃は、一歩踏みこんで鋭く使う。片手の掌で相手の腕などを下方に払いよけると同時に、すかさず胸の中心めがけて肘を打ちこむ。そのすばやさは、物の動こうとする気配のうちに機先を制してその見えざる陰をもつかみ、あるいは一瞬の間に眼前をよぎる小さな動きをも捕らえるほどである。剛弓を引くには、腕だけではなく、手足の協調が必要であるように、この拗鸞肘では一歩踏み込みながら一瞬のうちに攻撃するので、いっそう手足の一致した動きが必要となる」

前後に足を開き前足に体重をかけた立ち方を一般に弓歩という。「硬く弓を開く」とは、立ち足をしっかり開き、腰をひねって強く攻撃するという意味をこめている。

〈太極拳との比較〉

太極拳にはないが、陳派「砲捶」の型には同名同種の技法がある。

第三十技法　当頭砲勢（とうとうほうせい）

〈原文〉

當頭砲勢衝人怕進歩虎直捅兩拳他退閃我又顛踹不跌倒他也忙然

〈訳文〉

当頭砲勢《とうとうほうせい》、衝《つ》けば人《ひと》は怕《おそ》る。歩虎《ほこ》を進《すす》めて両拳《りょうけん》を直捅《ちょくざん》す。他退《かれたい》閃《せん》すれば、我《われ》は又《また》、顛踹《てんたん》して跌倒《てっとう》せず。他《かれ》も也《ま》た忙然《ぼうぜん》たり。

〈注解〉

当頭砲勢の前手は、単なる防御だけではなく、むしろ相手の上体を押しあげたり、腕で相手の顔面に当てるなど、いわば攻防一体の技とも考えられる。そうすると、当頭砲勢とは、大砲のような勢いで両腕で上方にからだごと突っ込む（直捅する）技の意となる。

「当頭砲の勢いは激しく、突けば必ず敵は恐れる。勇ましく踏み込んで、両腕でまっすぐに突き上げるのである。もし相手が一歩引き下がったり、横にかわした場合は、われはすかさず蹴りを連続させて、しかもつまずかず、なおも追撃できるだけの安定した体勢を保っている。敵はわが術中におちいって、ただ呆然とするのみである」

顛踹の踹は、この場合踹脚のことであろう。足先で蹴上げるのを踢といい、かかと部分で側方に蹴る技を踢というのである。したがって顛踹とは身を一転して（もしくは身を倒して）後方に蹴り上げる後ろ蹴りなどを意味しよう。

〈太極拳との比較〉

陳派に同名同種の技法がある。楊派は前後の動作を柔化、簡化したため、これを「彎弓射虎」に改変した。ただし、用法は類似している。

第三十一技法　順鸞肘（じゅんらんちゅう）

〈原文〉

順鸞肘靠身搬打滾快他難遮攔復外絞刷回拴肚搭一跌誰敢争前

〈訳文〉

順鸞肘《じゅんらんちゅう》は、身《み》を靠《こう》して搬《はら》い打《う》つ。滾《こん》ずること快《はや》く、他遮攔《かれしゃらん》し難《がた》し。復《ま》た外絞刷回《がいこうさっかい》、拴肚《せんと》して一跌《いってつ》を搭《とう》すれば、誰《だれ》か敢《あ》えて前《まえ》を争《あらそ》わん。

〈注解〉

順鸞肘は、順歩鸞肘、すなわち拗鸞肘が前足と反対側の肘で攻撃するのに対して、前足と同じ前手側の肘を使って攻撃する。両手の使い方はともに同じで、片手で相手の腕を払いよけつつ肘を打ち込む。ただし拗鸞肘では踏み込みの勢いを利用するほか、腰をひねることによって力を発揮することができるが、順鸞肘では前手側の肘を使うので力を発揮するための腕の予備動作はきわめて小さいものにならざるを得ない。そこでからだ全体の勢いで、体当たりのように相手に身を接して技を使う。これが「身を靠して搬い打つ」であろう。

「順鸞肘は、体当たりのように身を接し、片手で払いつつ肘を打ち込む。肘を回転させて攻撃すること速く、敵はとうていその動きを遮断することができない。また、体勢を崩した相手の外側にまわりこんで締めあげたり、抱きかかえてひざ蹴りをくらわす。こうした激しい連撃を受ければ、誰がこれ以上前に出て戦おうとするだろうか」

〈太極拳との比較〉

太極拳にはないが、陳派「砲捶」の型に拗鸞肘とともに含まれている。

第三十二技法　旗鼓勢（きこせい）

〈原文〉

旗鼓勢左右壓進近他手横劈雙行絞靠跌人人識得虎抱頭要躱無門

〈訳文〉

旗鼓勢《きこせい》は左右壓進《さゆうあっしん》して他《かれ》に近《ちか》づく。手《て》の横劈《おうへき》は絞《こう》・靠《こう》・跌《てつ》と双《なら》び行《おこ》なう。人人《ひとびと》虎《こ》抱頭《ほうとう》を識《し》り得《え》て躱《かわ》さんことを要《よう》すれど門無《もんな》し。

〈注解〉

旗鼓とは、字義どおりには旗と太鼓、ともに軍勢を指揮する重要な道具である。ここでは、両拳をあたかも太鼓を打つかのように上下するさまをたとえたものであろう。両拳を体前に構えて上下させながら機をうかがうのは、徒手格闘技によくみられる動作である。

「旗鼓勢は、太鼓を打つかのように左右両腕を上下させながら敵に接近する。機を見て横打ち、たて打ちなどで攻める。さらに両腕で相手を抱き込み、絞め技、靠撃（体当たり）あるいは蹴りなどを連続させる。これが世に聞こえた虎抱頭の技かと知ったときはすでにおそく、もはや逃れいずる門はない」

虎抱頭の名称は拗鸞肘などとともに『水滸伝』にも登場する。一般的技法名といえよう。「虎、頭を抱く」と読める。虎が自分の頭を抱くのではなく、頭上から人に襲いかかる姿を形容したものと解しうるが、「虎さえ頭を抱えてこそこそ逃げ出す（ほどの豪傑）」が原義であった可能性もある。

〈太極拳との比較〉

太極拳に同形とみなしうる技法はない。

以上、個別に検討したうえで改めて《拳経》の意義と特徴を論ずるならば、つぎの三点に要約しうる。

一、《拳経》は古流および当代諸流派のなかからすぐれた技法を集成した総合的な拳法である。《拳経》の基になった流派とは、《拳経》序文に記された諸流派であり、唐順之『武編』〈拳〉を参照することによって、とりわけ温家七十二行着を主要な来源としていることが推定される。温家拳の技法が《拳経》に占める割合はおよそ十三技法（四〇％）である（付表1、2参照）。温家拳は長拳系・短打系をともに含む総合的な拳法であった。蹴り技も得意だったようである。蹴り技を多用する山東の趙太祖長拳は浙江にも流入していた。短打では山西の技も流入している。温家拳がそもそもこれら諸派に影響を受けて明代に成立した新しい総合的な拳法であったかもしれない。戚継光がみずから学んだ舟山劉草堂の拳法も地元の温家拳であった可能性が強い。

二、《拳経》は民間武術の精華を吸収しつつ、戦場武術の立場から民間武術の陥りがちな欠陥すなわち花法・神秘性などを排除したきわめて合理的な拳法である。

戚継光は拳法だけではなく、鎗法など他の武技でも花法を徹底的に排除し、そのための罰則まで設けた。また《拳経》には開祖伝説、開祖武勇伝などがない。技法に神秘的な権威づけをおこなっていない。この時代は西洋の近代的な潮流がアジアを襲ったときであり、合理性を貴ぶ時代的背景があった。図解・解説文とも、《拳経》は現代の教本以上に躍動的である。演武をする人物像の一つひとつが武術家の個性を現代の教本以上に生き生きと映しだしている。教本の作成もきわめて具体的、科学的である。

《拳経》の技法を分析すると、まず付表2Aにみられるように、長拳系が二十一技法（六五％）、短打系が十一技法（三五％）である。すなわち、長拳系対短打系の割合は七対三である。また、身法・手法・脚法に大別されるので、全三十二技法をこの三種に分類すると付表2Bのように、手法が最も多く、全体の七割を占め、脚法が二割である。拳法としては技法的にかたよりのない、バランスのとれた体系といえよう（注：分類にあたっては、本来的に分類しにくいもの、現在の研究段階では不明確のものも、訣文を参考し、あるいは筆者の推定により分類した。また、身法でも蹴り技に入るための体さばきであることが明確なものは表1の総合分析表では「身・脚法」とし、付表2Bでは決め手に重点をおいて脚法に分類した。基本的な蹴り技は、すでに修得されているものとして技法が組み立てられているので、技法名と図解の姿勢だけで分類すると、蹴り技が一連の動きのなかに埋没する結果となることを恐れたからである。その他分類は筆者の私見によるところが多く、数値の客観化にはなお多面的な検証が必要であることを自覚している）。

三、《拳経》は、過去に断絶されてすでに生命を失った死滅の拳法ではなく、太極拳との密接な関係に明らかなように、現代にまで生命を保ちつづけている生きた拳法である。

付表1〈《拳経》・太極拳比較対照表〉で例示したように、現在伝わっている太極拳技法のうち《拳経》に共通する技は十四技法（四十四％）である。共通するか否かやや疑問のもの（付表中、？印を付した二技法）を加えると、十六技法（五十％）である。すなわち《拳経》技法のちょうど半数が太極拳と共通していることになる。この数値は「《拳経》と太極拳の両者には、単なる偶然性を超えた密接な血縁関係が存在している」ということを証明している。

《拳経》のなかには宋の太祖趙匡胤以来の技とされる高探馬など古流の拳法技が含まれている。われわれはこんにちでも太極拳をつうじて、こうした古流の技に日常的に親しむことができる。《拳経》はこの意味で古代と現代を結ぶ結節点となっているのである。

付表1：《拳経》・太極拳比較分析表

	《拳経》	太極拳	備考（来源・系統・技の分類など）
1	懶扎衣	攬擦衣	開門式　楊派は攻防の基本技　手法（掌）
2	金鶏独立	金鶏独立	短打系　脚法（膝）横拳を兼ねる
3	探馬	高探馬	温家系（高探馬）　手法（掌）
4	拗単鞭	摟膝拗歩	温家系（拗歩勢）　手法（掌）
5	七星拳	上歩七星	温家系（七星勢）　手法（拳）
6	到騎龍		長拳系　身・手法（回身連撃・拳）
7	懸脚	二起脚	長拳系　脚法（飛び蹴り）
8	丘劉勢		長拳系　手法（掌→拳）
9	下挿勢		長拳系　身法（蹴りの受け）
10	埋伏勢		長拳系　身・脚法（蹴り）
11	抛架子		長拳系（披掛掌）　手法（掌）
12	拈肘勢	肘底看拳	短打系　手法（拳）
13	一霎歩		温家系（一撒歩勢）　身・手法（掌）
14	擒拿勢	小擒拿	長拳系（擒拿）　手法（掌）
15	井欄四平		温家系（井欄四平勢）　短打　手法（拳）
16	鬼蹴脚	一堂蛇	温家系（鬼撮脚）？　身・脚法
17	指当勢	指膛捶	温家系（指襠勢）　手法（拳）
18	獣頭勢		短打系　手法（拳）
19	中四平		温家系（四平勢）　短打　手法（拳）
20	伏虎勢		長拳系　身・脚法（後掃腿）
21	高四平		温家系（四平勢）　短打　手法（拳）

22	倒挿勢	玉女穿梭？	温家系（倒挿幡）？ 身法
23	神拳		短打系 手法（拳）
24	一条鞭	単鞭	温家系（一条鞭勢） 手法（掌）
25	雀地龍	雀地龍	温家系（地龍勢） 身法
26	朝陽手	朝天鐙？	長拳系 身・脚法（後ろ蹴り）
27	雁翅		短打系 手法（拳）
28	騎虎勢	下歩跨虎勢	温家系（騎虎勢） 身法
29	拗鸞肘		短打系 手法（肘）
30	当頭砲勢	当頭砲勢	長拳系 手法（拳）
31	順鸞肘		短打系 手法（肘）
32	旗鼓勢		温家系（旗鼓拳） 短打？ 手法（拳）

注 1）太極拳は陳派（陳鑫『陳氏太極拳図説』）を基準とする。
2）温家拳は唐順之『武編』〈拳〉の「温家七十二行着」である。長拳系と短打系を含む浙江省の拳法。《拳経》の主要な来源とみなしうる。 3）長・短および身・手・脚法の分類は筆者私見による実験的なもの。

付表2A 《拳経》技法分類：長・短の割合

技法	系統	技法数（%）
長拳系	温家拳	10（31）
	その他	11（34）
	計	21（65）
短打系	温家拳	4（13）
	その他	7（22）
	計	11（35）
合計		32（100）

付表2B 《拳経》技法分類：身・手・脚の割合

技法	内訳	技法数（%）
手法	拳技	12（38）
	掌技	8（25）
	肘技	2（6）
	計	22（69）
脚法		6（19）
身法		4（12）
合計		32（100）

第五節　明代における日中武術の交流（一）――日本刀術の中国流伝

日本刀・日本刀術の導入

日本刀は古代の直剣から発達した。古代日本の製剣技術は日本列島に統一国家が誕生したころ、製鉄技術とともに朝鮮半島からもたらされた。奈良時代（七一〇～七八四）を経て平安時代（七九四～一一八〇）に入ると、それまでに輸入された先進的な外来文化も民族的な伝統文化と融合して独自の発展をとげ、今日の日本文化の基礎ができあがった。平安時代末期、武士階級が台頭し、源・平両氏が武力で全国的な覇権を競うようになった。日本刀を含め日本式の武器・武術の祖形はこの源平抗争時代にできあがったと見てよい。

古代の剣は諸刃の直剣であったが、しだいに湾曲し、片刃の剣になった。「かたな（刀）」は「かたは（片刃）」もしくは「かたば（片刃）」がなまって生まれた日本語である。現代日本では刀術を「剣道」とよぶように、呼称のうえでは一般に刀・剣を明確に区別していない。というよりは、古代から剣は信仰の対象でもあったので、直剣が廃れても名称は尊重されて、いわば「剣」は「刀」の丁寧語となったのである。

二振り現存する平家伝来の名刀「小烏丸」は、先端部分が両刃となった特異な彎刀である。両刃の「剣」から片刃の「刀」に移行する過渡期を象徴するかのような折衷型の様式である（注：『日本刀全集』第一巻　徳間書店一九六六）。平家財力は日宋貿易によるところが大きかった。日本刀はこのころから中国向けの重要な輸出品目となっていた。

明代はかなり大量の日本刀が政府間の貢物・交易品として、あるいは日・中海寇の密貿易商品として中国に流入した。明代の科学書、宋応星『天工開物』（一六三七）は鉄製兵器を論じた文中で、「倭国の刀、背闊《はいかつ》（＝背幅）二分ほどに及ばざるも、手指の上に架して、また倒せず。何れの錘法を用いたるかを知らず。中国いまだその伝を得ざるなり」と日本刀の精密さに言及している。室町時代（一三九二～一五七三）日本の足利将軍から明朝に献上された大量の日本刀・薙刀は、単なる贈答品ではなく、実用的な武器として明朝御林軍に配備されていた（注：周緯『中国兵器史稿』三聯書店一九五七）。

日本刀を詠んだ中国人の詩がいくつかある。なかでも宋の欧陽脩、明の唐順之の詩は特に著名である。ここでは本編に直接関係する唐順之の詩を取り上げてみよう。

日本刀歌　　唐順之

客あり我に贈る日本刀、魚鬚靶《ぎょくしゅつか》となす青絲の綆《いと》
重々《ちょうちょう》たる碧海を浮渡し来り、身上の龍文は藻荇《みずくさ》と雑《まじ》
悵然《ちょうぜん》提刀して起ち四顧すれば、白日高々天冏々《けいけい》
毛髪は凜冽《りんれつ》として鶏皮を生じ、坐せば炎蒸《えんじょう》失せて日方《まさ》に永し
聞道《きくなら》く倭夷は始めて鋳成するとき、幾歳をか深井に擲《とう》じて埋蔵すと
日淘月湅《にっとうげつれん》火気尽くれば、一片の凝氷《ぎょうひょう》　清冷と闘う
これを持ちて月中桂樹を斫《き》る、顧兎応《まさ》に知るべし光景を避けんことを
倭夷刀に塗るに人血を用う、今に至るも斑点誰か能く整えん

精霊長じて刀とともに相随い、清宵《あおぞら》に恍《こう》として見る夷の鬼影
邇来韃靼《じらいだったん》は頻《しき》りに驕黠《きょうけつ》す、昨夜も三関は又警を聞く
誰か能く将《まさ》にこの白龍の沙《さてつ》をもって、奔騰《ほんとう》して単于《ぜんう》の頸《くび》を一斬せん
古来神物は用いるに時有り、旦《あした》に嚢中《のうちゅう》に向かいて韜穎《とうえい》を試さん

（注：『唐荊川先生文集』巻之三）

唐順之に贈られた日本刀は、おそらく戦場から戦利品として持ち帰った倭寇の日本刀であろう。唐順之に日本刀を贈った「客」とは、兪大猷や戚継光など前線で戦った親しい武将であったにちがいない。倭寇との激しい戦闘の話を聞きながら、唐順之は日本刀をかざして「いま南の倭を倒して得たこの宝刀で、あすは北の韃靼を斬り伏せん」とうたったのである。明代武将らしい勇壮な詩である。

韃靼と戦う北方前線で実際に明軍に日本刀を配備したのは戚継光であった。戚継光は台州戦役いわゆる「辛酉の陣上」（一五六一）で、『影流目録』を入手し初めて日本刀法を得たとしている。『武備志』に採録された『影流目録』は、この戦役直後に刀法を含めて再編集された初期『紀効新書』十四巻本から引用されたものであろう。後世一般に普及した『紀効新書』十八巻本に『影流目録』は掲載されていない。馬明達校『紀効新書』（注：人民体育出版社一九八八）巻末には、万暦十六年（一五八八）刊『紀効新書』（十四巻本）所載「巻四短器長用解」と『影流目録』が採録されている。

万暦十六年刊本「巻四短器長用解」は、短兵器長用の理論を述べたあと、まず腰刀・長刀という二種類の刀を図解している。腰刀の部分までは十八巻本でも棍・藤牌などの部分に共通するが、長刀部分は十八巻本ではまったく見られない。

長刀部分は〈長刀製〉〈長刀解〉〈習法〉から成る。〈長刀製〉は刀の形状・寸法を図解で示している。〈長刀

解〉は長刀とは何かについて簡単に解説したもので、はじめに次のように述べている。

倭の中国を犯してより始めてこれあり。彼、これを以て跳舞、光り閃かして前すれば、我が兵すでに気を奪わる。倭、喜躍して一たび足を進めれば則ち丈余。刀長は五尺、則ち大いなる五尺なり。我が兵、短器は接し難し、長器は（敏《びん》）捷《しょう》ならず、これに遭う者は身、多く両断さる。

そこで戚継光はこの利器を逆用して、鳥銃手（鉄砲隊）の接近戦用武器として自己の陣営にも備えることにしたのである。鳥銃という遠距離用の武器と日本刀という接近戦用の武器を組み合わせた。ここにも長・短両器を兼備し、連環して用いるという戚継光の基本的戦術が貫かれている。

そして、〈習法〉には『影流目録』を掲げ、冒頭に「これ、倭夷の原本なり。辛酉の年、陣上にこれを得たり」と注記しているのである。ここには「影流之目録」という題字に続いて、技法の解説と刀法図解が掲載されている。技法の解説は漢字・平仮名混交文で、日本式の崩し字をそのまま模刻したものである。巻物状の『影流目録』に書かれていた筆記体の文字と図を意味不明のまま写したものであろう。この部分は日本でも江戸時代からほとんど解読不能とされてきた。ただし小見出しに掲げられた技法名は「猿飛」「猿回」「山陰」とされている。「猿飛」と「猿回」には訣文が数行ついているが、「山陰」は見出しだけで唐突に終わっている。このあとが戦場で失われたのであろう。たとえ不完全なものではあっても、当時の日本武術の伝書はほとんど日本に現存していないので、戚継光によって保存された『影流目録』は、日本武術史にとっても実に貴重な史料といわなければならない。

影流は江戸時代、柳生新陰流となって隆盛を誇ったが、影流初期のころについては不明な部分が多かった。影流の開祖愛洲《あいす》移《い》香斎《こうさい》（一四五二〜一五三八）の道統については、ようやく二十世紀になって青柳武明『日本剣法の古流陰流と愛洲移香』（注：雄山閣『歴史公論』一九三五・一〇号）により、おぼろげながらもその輪郭がつかめるようになった。これによれば、愛洲移香斎の子孫が記した『平沢家伝記』に「（愛洲氏は）家伝に曰く村上源氏北畠氏の苗裔《びょうえい》にして世々伊勢国に住す」とある。すなわち愛洲氏は後期倭寇を生んだ三島村上氏と連なる家系であった。また愛洲移香斎は武者修行で諸国を歩き日向国宮崎に住したという。したがってその剣法は当初、九州に伝播した可能性がある。移香斎の嫡子小七郎（宗通　一五一九～一五九〇）は関東に入り常陸の佐竹義重に仕え、剣法指南と戦功によって天正十六年（一五八八）常州西那珂郡平沢村の地を賜り、以後その子孫は平沢姓を名乗って二十世紀に及んだ。

辛酉の陣上で戚継光が入手した『影流目録』は二代目愛洲小七郎が伝授したものであろう。辛酉の陣すなわち嘉靖四十年（一五六一）は移香斎の没後すでに二十三年であったが、小七郎はなお四十二歳の壮年であった。小七郎が佐竹義重の師範となるのはこの三年後、永禄七年（一五六四）のことである。小七郎が剣法を指南した倭寇の一団が辛酉の陣上で戚継光に敗れたことと、小七郎の関東入りとのあいだには、あるいは何らかの因果関係が存在するかもしれない。たとえば、多数の門人が一挙に戦死したことによって九州もしくは瀬戸内海における基盤を失い、それが関東入りのきっかけとなったということも考えられる。

〈習法〉図解では、『影流目録』原書を模したいくつかの図に続いて、中国の兵士が十五種類の勢法を展開している。この十五勢に訣文等の解説はついていない。日本刀法を参考に戚継光が新たに工夫した技法であろう。図解部分は『武備志』にも採録されている。『武備志』巻八十六「刀」は、『影流目録』以下『紀効新書』の刀法を掲載するにあたり、次のように解説している。

茅子曰く、『武経総要』に載するところの刀、およそ八種。しかして小なるものはなお列せず。その習法、みな伝わらず。いま習うところは、ただ長刀と腰刀のみ。腰刀は團牌（＝円牌《えんぱい》）にあらざれば用いず。ゆえ

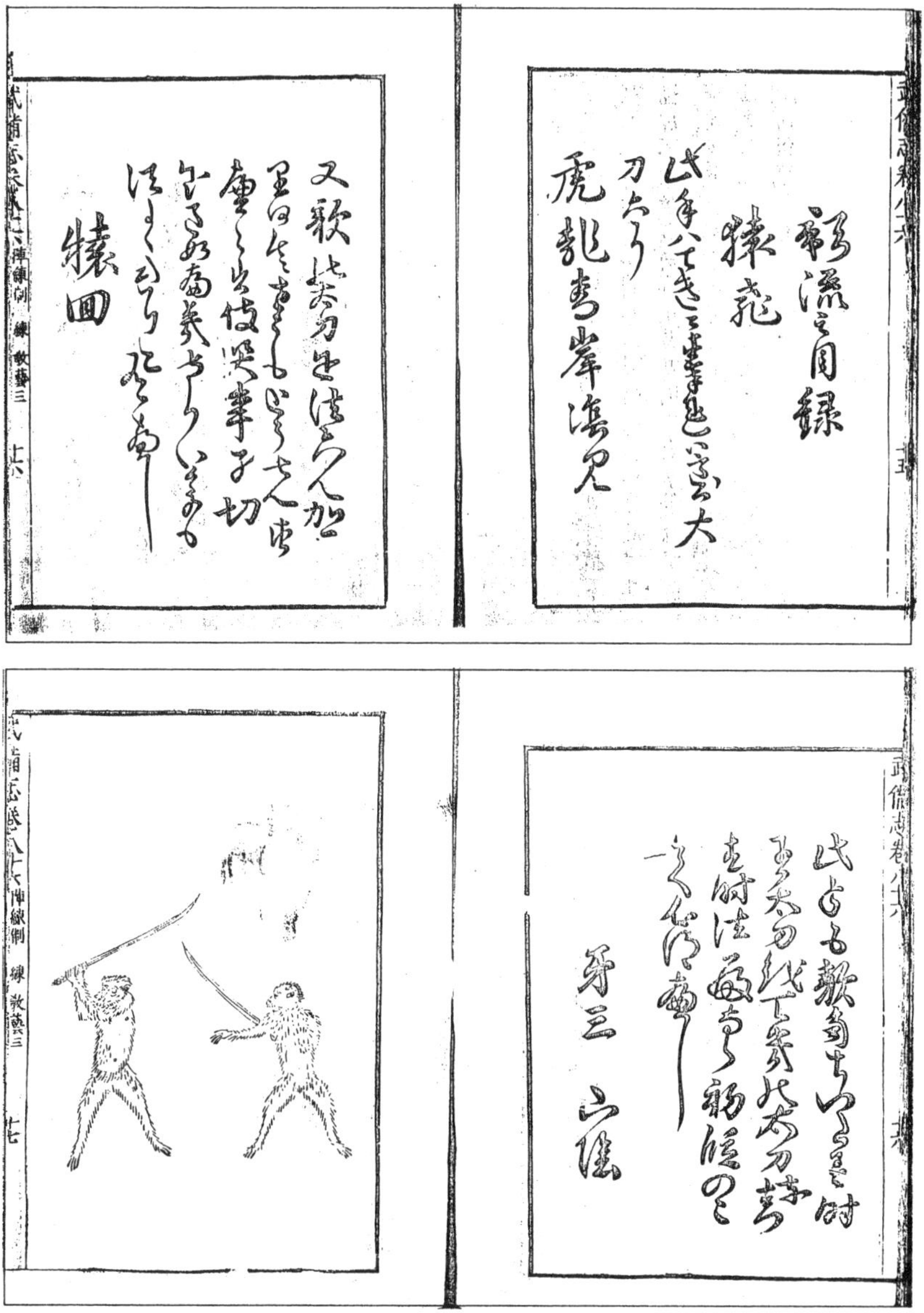

『武備志』に採録された『影流目録』（『紀効新書』原載）

に牌中に載す。長刀はすなわち倭奴の習うところ、世宗の時、進みて東南を犯す。ゆえに始めてこれを得たり。戚少保、辛酉の陣上に於てその習法を得たり。また従ってこれを演ず。後に幷載す。

戚継光は辛酉の陣上で、おそらくは戦利品として入手した『影流目録』を得て、これにもとづいて新たな刀法を編んだが、その際、自己の陣営に降った日本人から直接、日本刀の技法について尋ねた可能性もある。戦闘で捕虜となった倭寇の全員が処刑されたとは限らず、また戦闘以外に偶然のきっかけから明軍の指揮下に入って海防に従事した日本人もいたであろう。村田四郎『八幡船史』（注：高松市・草臥房一九四三　但し初版は長谷川正気の名義による『倭寇』東京堂一九一四）の引く日本人漂流記にその一例がある。これによると、日本・天正十五年（一五八七）讃岐高見村の住人小助ら十余名が福州石井に漂着したとき、取り締まりにあたった「石井の最大官人義尚」とその配下の一人「橘平《きつへい》」はともに日本人であった。

橘平の日本名は「多度津儀平」である。儀平は、かつてキリスト教信仰のためいったん呂宋《フィリピン》にわたり、帰路天川《マカオ》で海賊に捕らわれたが、天川商人のつてで「石井の最大官人」（村長？）義尚に保護され、そのままこの土地に住み着いたのである。儀平はもともと讃州多度津、橘姓の郷士の息子で、青年時は久留島海賊に属したこともあり、剣術が得意であった。本人の語ることばとして、

日本の名にては人まじり成り申さず候につき、姓は橘、名は平、字は元力と申し候。もとより剣術を学びおり申し候。その上、先祖より伝来の千代鶴国安が刀を持ちおり候へば、此所にてたびたび高名を致し候につき、先頃までは和周と申し候を元力と改名致し候て、船手の手先を務め妻も此所にてかかへ二歳に相成る男子もこれあり候

と伝えられている。当初は帰国の意志もあったが、海寇から村落を防衛する戦闘のなかで有名となり、ついには土地の女性と結婚して一家を構えたのであった。

儀平は、「近頃、兪大猷将軍戚継光将軍と申す二人、仰せ付けられ此所を兼ね守らせられ候。先刻も遠見番所より日本船見え候注進これあり候につき将軍の下知にて」出動したと述べている。この万暦十五年（一五八七）は戚継光が死去した年であり、辛酉の陣すなわち嘉靖四十年（一五六一）からは二十六年後のことになる。出動の命令を下した将軍が戚継光であったはずはなく、また儀平が直接戚継光に会った可能性もほとんどない。ここでは近年の沿海事情を説明するなかで海防将軍として勇名を馳せた兪大猷・戚継光の名をあげたものが、短絡的に結びついて上記のような表現となったのであろう。しかし、儀平の上司義尚（日本・薩州の人）の場合はどうか。「当地の最大官人」になるほどの人物ならば、武術もかなりの腕前であったろうし、住民を指揮する統率力も持っていたであろう。またこの土地で過ごした年月も短期間ではなかったはずである。福建で活躍した兪大猷・戚継光らの陣中によばれて日本武術について語った可能性がないとはいえない。

江戸時代初期の剣術書「剣法夕雲先生相伝」によれば、上泉信綱初期の高弟小笠原玄信は明国に渡り、張良の末孫を名乗る武人から短兵器の術を学び、これを影流剣術に応用して「八寸の延金《のべがね》」という技法を編み出し、帰国後天下無双を誇ったとの所伝がある。小笠原は帰国後、「今ならば先師上泉をしのぐだろう」と豪語し、柳生但馬守（宗厳）に試合を申し込んだが、柳生は勝負を避けたという。上泉の没年は一五七七年である。このころ小笠原が明国に滞在していたとすると、福州の多度津儀平やその上司義尚とほぼ同時期である。小笠原は中国武人張氏と「師を互いに芸がへしにして修行」した。つまり小笠原は張氏所伝の武術を習うとともに、上泉伝の剣術を張氏に教えた。ここに影流剣術が中国に伝来したもう一つのルートが見いだされる。

いずれにしろ明代のこの時期（嘉靖～万暦年間）は、単なる武器としての日本刀だけではなく、その用法すなわち日本刀術の技法が中国に伝来したときであった。

『単刀法選』に見る古流日本刀術

少林武僧出身の程宗猷が著した『単刀法選』は、この時代の日本刀術を伝える貴重な資料である。同書に図解説されている技法は、戚継光が新たに編成した刀術よりは、はるかに当時の日本刀術の原形に近いとみなすことができる。にもかかわらず、これまで同書がわが国で日本剣術史もしくは日中武術交流史の立場から取り上げられたことはなかった。そこで、ここでは技術内容にまで踏み込んで具体的に検討してみたい。

まず、程宗猷がどのような経過で日本刀術を学んだか、本文冒頭の「単刀説」で見てみよう。

> 器、名は単刀。双手を以て一刀を用いるなり。その技は倭奴の擅自《せんじ》（＝得意）とするところ。煅煉して精なり堅なり。制度は軽利にして、靶《つか》・鞘《さや》等の物、各々法の如し。他方の刀の並ぶべきにあらざるなり。かつ善く磨整し、光耀《こうよう》目を射ては、人をして心寒からしむ。その用いる法は、左右に跳躍し、奇詐詭秘《きさきひ》（＝いつわり、たぶらかし）、人よく測るなし。ゆえに長技も毎々、常に刀に敗る。余、かつてその法を訪ね求む。浙師劉雲峰なる者あり、倭の真伝を得たり。吝《お》しまず余に授け、頗《ほと》んど壼奥《こんおう》（＝奥底）を尽くす。時に南北皆、毫州《はくしゅう》郭五刀の名を聞く。後に親しくこれを訪ぬ。しかしてこれを劉と較するに、すなわち劉の妙なるはまた郭の多きに勝れり。艮元《こんげん》として（＝元に帰り）劉刀を受く。勢あり法ありて名なし。今、勢に依り像を取りてその名を擬し、習う者をして記憶に易からしむ。

「浙師劉雲峰なる者あり、倭の真伝を得たり」との一文で、これが日本刀術であったことは明らかである。程宗猷は当時南北に著名であった郭五刀を訪ねて、劉雲峰の技がはるかに優れていることを知った。おそらく郭五刀の刀術には、戚継光や兪大猷の嫌う花法が多く含まれていたのであろう。「五刀」の名も種類の多さを匂わせている。劉雲峰の「妙なるところ」は、単純な技法を相手の動きに合わせて巧みに用いるところにあったろう。つまり独演型の刀術ではなく、あくまでも相手を想定した実戦的な技法だったのである。日本刀術の特徴はまさにここにあった。武術を単なる殺人技術としてではなく、総合的な運動法としてみた場合は、花法は必ずしも否定すべきものではない。花法には全身をのびのびと鍛える健身法あるいは舞踊と同じように体の表現とリズムを楽しむ表演法として有効な動作も多い。しかし、明代は戚継光・兪大猷に代表されるように、実戦に迫られて花法が否定された時代であった。そして、それは職業的な軍人だけではなく、程宗猷ら民間武術家にも影響を与えていたのである。

程宗猷が紹介した図勢は、本編で二十二勢、後半に「続刀勢図」として付した刀勢が十二勢、合計三十四勢である。本編二十二勢と続刀勢十二勢は、同じ日本刀術であっても、技法系統（門派）は異なるようである。そこで、ここでは原書にしたがって、それぞれ別個に検討する。

本編における図の人物は腰に弩弓を差している。これは、遠距離で弩弓、接近戦で日本刀を用いるべきであるという程宗猷の考えを示している。つまり日本刀は弩兵に配し、長・短兵器を兼用させるという戦法である。程宗猷には各所に兪大猷・戚継光の影響が見られる。これも戚継光の長短兼用説をそのまま取り入れたものといえる。

なお、刀の長さについて程宗猷は「単刀式説」で「古に云う、快馬軽刀と。今、倭刀を以て式と為す。刀三尺八寸、靶《は》（＝柄《つか》）一尺二寸、すなわち長さ五尺あり」と述べているが、ただし「弩を用い刀を帯するが如きは、刀長二尺八寸、靶長九寸、共に長さ三尺七寸、長きに過ぐるべからず」と注意している。これでも江戸時代以降の平時一般の日本刀よりは五寸（約一五センチ）程度長い大刀である。このことを念頭において図勢を解読すると、いっそう古流日本刀術の姿が浮かび上がるであろう。以下、出典は程宗猷『蹶張心法』（国会図書館蔵）所収『単刀法選』。技法説明の本文には、原文訳を掲げる。訳注が必要な場合は（　）内に付す。

〈単刀法選〉

一．你我抜刀勢《じがばっとうせい》

刀は長いので緊急の際には鞘から抜くのがむずかしい。ゆえに本陣中で刀を用いるものは、汝がわが刀を抜き、我が汝の刀を抜いて用いる。

二．抜刀出鞘勢《ばっとうしゅっしょうせい》

左手で鞘を持ち、右手陽にしてまず少し抜いてから手掌で刀背を托しあげる。鞘口を離れるとき左手で柄を持ち、さらに右手を持ち換え、両手で柄を握って斬りかかる。

三．埋頭刀勢《まいとうとうせい》

左の門戸を開き、体の左側を敵に向け、彼の鎗を誘う。剳入《さつにゅう》（突入）してくれば、刀で横に鎗を攔開し、右足斜めに進め、左手も柄を握り、思うがままに斬りかかる。

四．入洞刀勢《にゅうどうとうせい》

これも左の門戸を開く。身を側して空に放ち、彼の鎗を誘う。入ればすなわち刀で下から彼の鎗を撩起し（はね上げ）、右足を進め片手で下から斜め上に斬りあげる。

五．単撩刀勢《たんりょうとうせい》

まず埋頭勢あるいは入洞勢で立ち彼の鎗を誘い、入ってくれば我が刀を横にして掲起し彼の鎗を開き、右足を斜めに進めて片手で下から一刀を撩起する。

六．腰砍刀勢《ようかんとうせい》

まず片手で一刀を撩し（はね上げ）その力がすでに左側に帰ったとき、片手で再び横に一刀を斬り返すのである。

七．右独立刀勢《みぎどくりつとうせい》

右側の門戸を開き、彼の鎗が割入したとき、刀で右後方に一攪して鎗を開き、右足を斜めに進めて右独立勢となり、思うがままに斬りこむ。

八．左独立刀勢《ひだりどくりつとうせい》

左側の門戸を開き、彼の鎗が劄入したとき、刀で左後方に一攪して鎗を開き、右足を斜めに進めて一刀を斬る。

九．左提撩刀勢《ひだりていりょうとうせい》

右側門戸を開き、彼の鎗が劄入すれば、刀を下から斜め上に撩し、左足を進めてまた右提撩（後出）となり、思うがままに斬りこむ。（原注：「この二勢はすなわち倭奴の絶技なり」）

十．拗歩《ようほ》刀勢《とうせい》

左足を前に出し、右側門戸を開き、彼の鎗が劄入すれば、刀で右後方に一攪し、右足を進め再び左足を進め、剪歩で斜めに入り、思うがままに斬りこむ。

十一．低看刀勢《ていかんとうせい》

右側の門戸を開き、彼の鎗が割入すれば、刀で右方に一格し、右足を左側に進めてまた上弓勢となる。この二勢は左右に鎗を格し、両側に身をかわす。進歩して鎗と離れることなく思うがままに斬りこむ。

十二．右提撩刀勢《みぎていりょうとうせい》

左側の門戸を開く。彼の鎗が入れば、刀で下から斜め上に撩し、右足を進めて左提撩となる。

十三．外看刀勢《がいかんとうせい》

右側の門戸を開き、彼の鎗が入れば右足を左に進め右方に鎗を推開する。左足進め、右足偸歩で身を滾して跳ぶ。再び左足進め、横に一刀を靠し、さらに右足進めて右方に一攬し、また一刀を斬る。

十四．上弓刀勢《じょうきゅうとうせい》

刀を右膝前に斜めに横たえ、正面の門戸を開く。彼の鎗が入れば、刀で左方に一格し、左足を右側に進め低看勢となる。

十五．左定膝刀勢《ひだりていしつとうせい》

刀を推し出して左膝上に置く。鎗には拏開・劈打がある。もしも鎗が刀を左に攔開すれば、左足を退いて上弓勢となる。もし鎗が右に刀を拏開すれば、身をやや後方に座らせ低看勢となる。鎗が再び割入すれば思うがままに斬りこむ。

十六．右定膝刀勢《みぎていしつとうせい》

刀を推し出し右膝上に置く。もし彼が左右から突けば我は歩を移して進み、刀で彼の鎗を挨削する。彼がわが脚を突けば刀を用いて一提する。彼がわが面を突けば刀で一斬する。彼がわが刀を拏せば外看勢に変化し、彼がわが刀を攔すれば上弓勢に変化し、思うがままに斬りこむ。

十七．朝天刀勢《ちょうてんとうせい》

左の肩背跨脚みな敵に向けて鎗を誘う。突いてくれば、我は左足を掲げ、刀背で左方に一攪し、鎗を開き、ただちに右足を進めて斬りこむ。

十八．迎推刀勢《げいすいとうせい》

まず外看勢で立ち、右側の門戸を開く。彼の鎗が実でなければ、刀で右方に一推して彼の鎗を開く。彼が実となりわが懐中を突けば、左足をやや右に偸んで彼の鎗を切断する。

十九．刀背格鉄器勢《とうはいかくてっきせい》

刃は薄いからこそ鋭利である。もし彼が鉄鈀など重器の類で来たときは刀口で受けると必ず刃を損傷し、敵を殺すどころではなくなる。ゆえに刀背を用いることを勢中の法とすれば攻防はさらに妙となる。

二十．蔵刀勢《ぞうとうせい》

彼の鎗は変幻測りがたい。ゆえに小刀二、三本を用意し、一本を左手に隠し持ち左肩背を敵に向ける。見抜かれなければそれだけ投げつけやすい。

二十一．飛刀勢《ひとうせい》

小刀を投げつければ彼は必ず受けようとする。その機に乗じて刀で斬りこむ。すなわち短技長用の法である。

二十二．収刀入鞘勢《しゅうとうにゅうしょうせい》

まず左手で刀靶（柄）を持ち、ついで手を換え陽掌（掌を上向け）で刀背を托して鞘に入れる。

『単刀法選』は以上二十二勢に続いて、独演用の型と「続刀勢」十二技法を図解している。独演型は程宗猷が日本刀演習用に新たに編成したものである。型の演武要領と路線図解を見ると、すでに後世の中国刀法に共通する動きが現れている。つまり、浙師劉雲峰を初伝とすると、再伝目の程宗猷からすでに日本刀術の中国化が始まっていたのである。

『単刀法選』がこれまで中国武術書としてのみ扱われてきたのも、題名、技法名、演者の服装、そして型の演武法などに中国的要素が現れていたからであろう。しかし、程宗猷が『単刀法選』で最も力を入れて紹介しようとした個々の技法はあくまでも日本刀術であった。特に右提撩刀勢・左提撩刀勢は「倭の絶技なり」と明記している。この二勢は要するに左右連環して下から斜め上に斬り上げる技であるが、構えの段階は刀を後方に置き、前面を空けた一種の捨身の体勢である。よほどの胆力と修練があって初めて実戦で使いこなすことのできる壮絶な技法である。程宗猷の武術著書に批判的で、自らは槍と剣を得意とした呉殳《ごしゅ》の『手臂録』（一六七八）も、刀法の部ではやはりこの二技法を取り上げ、「この二勢は倭の絶技なり」ということばをそのまま採録している。

日本・古流刀法の一つ「寺見流《じげんりゅう》」の伝書『寺見流兵法目録之図』には、これと全く同一と思われる技法が極意技として描かれている（下川潮『剣道の発達』大日本武徳会一九二五所載）。寺見流は薩摩で盛んな示現流《じげんりゅう》の一系であり、今も熊本に実在する。

以下に掲げる「続刀勢図」には、影流と同時代に成立したもう一つの古典的流派、新当流（神道流とも書く）に共通する技法が見られる。とりわけ逆手で刀を抜く「抜刀法」を分解説明した最初の四勢は、香取神道流を特徴づける「逆抜刀法」として、現代まで伝わっている著名な技法である。この場合、程宗猷は刀を抜き放った瞬間、図解ではあたかも刀を空中に放り上げた形となっているが、香取神道流ではほとんど柄から手を放さないで瞬時に持ち換える。ここには程宗猷による動きの花法化が見られる。しかし、基本的には「続刀勢図」十二勢も

『単刀法選』に描かれた左提撩と右提撩刀勢。下から斬り上げながら突入する連環技法として解説され、「倭奴の絶技（極意）なり」と注記している。

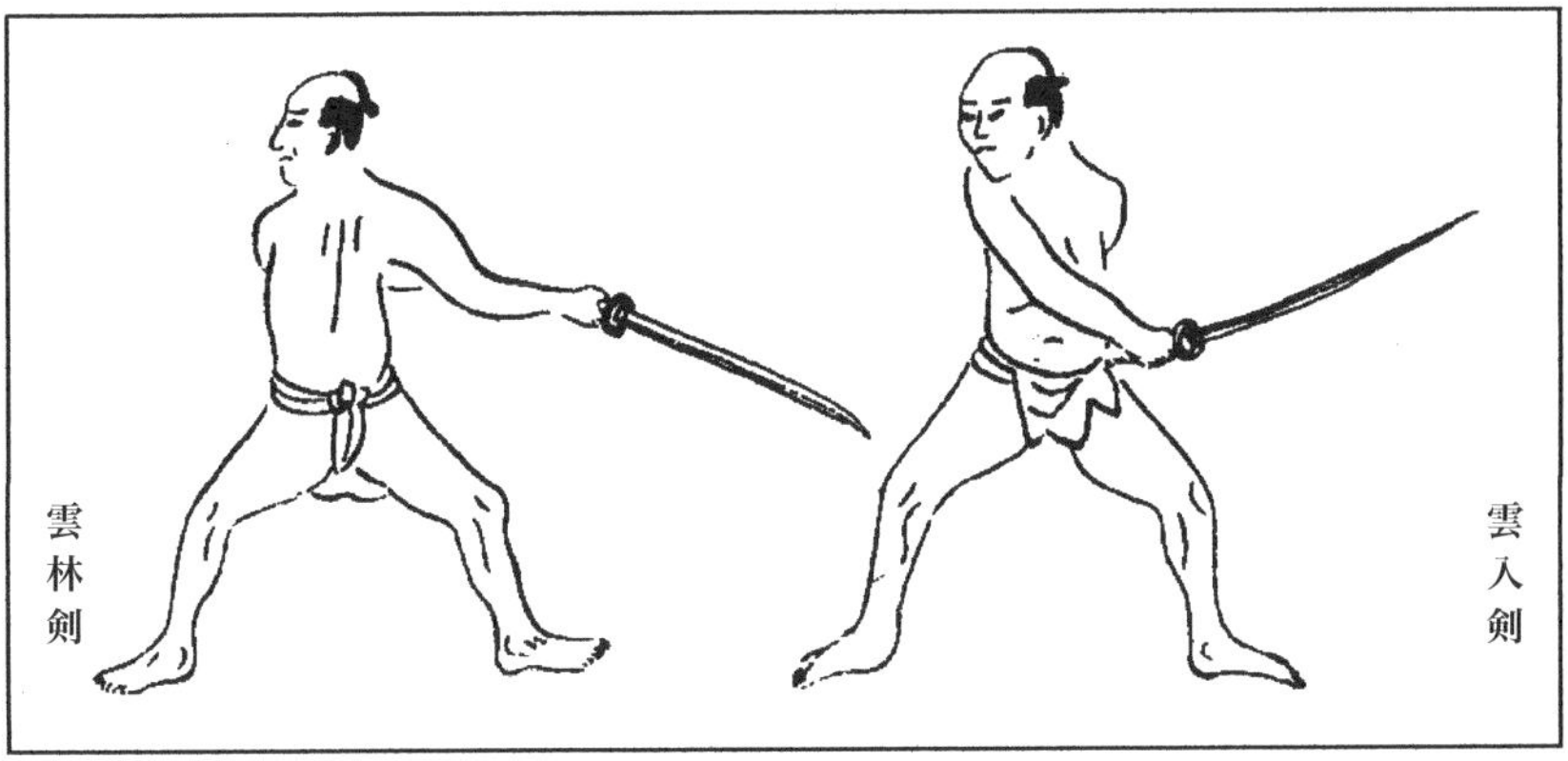

『寺見流兵法目録之図』に一対の極意技として描かれた雲入剣と雲林剣。上掲提撩刀勢と全く同一の技法と思われる（下川潮『剣道の発達』大日本武徳会1925初刊）。寺見流（じげんりゅう）は薩摩で盛んな示現流の一系。今も熊本に実在する古流刀法である。
『単刀法選』とは中国武術を象徴する少林武僧が日本刀術の典型を学び、記録にとどめ、そして後世に大きな影響を与えた稀有の武術書である。

この時代の日本刀術の動きをよく伝えていると判断される。『単刀法選』図解のモデルとなった演武者のうち、一人は著者程宗猷自身であった可能性がつよい。程宗猷はもと少林寺の武僧であった。中国武術の象徴的存在ともいえる少林寺の武僧が、日本武術の典型ともいうべき刀術を演武図解していることになる。この意味で『単刀法選』は、日・中武術交流を象徴する貴重な里程標といえるだろう。

〈続刀勢図〉

一．帯刀勢《たいとうせい》

両足並立。右膝をやや曲げ、左膝を伸ばす。雌雄脚と名付ける。左手で鞘をおさえ右手で柄を持つ。左肩を前に向け顚歩して左足を右に進め、ついで左に転身、右足を進めて出刀する。

二．出刀勢《しゅっとうせい》

右手、陽掌で柄を持ち右斜めに抜く。刀尖は左。胸腹を空け彼の鎗が突いてくれば、やや左足を後ろに移し、柄で鎗を抑える。すぐに左手も柄を持つ。刀尖は右斜め横。右肩を敵に向ける。彼の鎗がまた入れば、はね上げて一刀を斬る。外看勢のようになる。鎗がまた来れば、右足斜めに進め、刀背で鎗をひっかけ左足進めて斬りこむ。（別法略）

三．圧刀勢《あっとうせい》

右手陰で刀を持つ。身を下方にかがめ低勢となる。左手は後ろに伸ばす。刀尖は斜めに上向け、刀を放り上げやすくする。

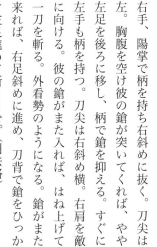

四．丟刀接刀勢《とうとうせつとうせい》

放り上げた刀が落下するのを待ち、右手陽で刀に接する。落下するとき刀を転動させない。柄を持つとき刃が前向きであればよいが、落下したとき転動して刃が前を向かず左右に偏すると使いにくい。

五．按虎刀勢《あんことうせい》

刀を右手に持つや直ちにこの勢となる。再び歩を進めて埋頭・入洞の二勢に変化し、思うがままに斬りこむ。

六．背砍刀勢《はいかんとうせい》

まず外看勢のごとく立つ。彼の鎗が右から突いてくれば、我は刀で右方に推開し、左足進め、右歩を偸んで左に転身し、一刀を横に靠する（もたれるように構える）。

七．低挿刀勢《ていそうとうせい》

まず低看勢で立つ。彼の鎗が左脚を突いてくれば、低挿勢で一提（すくい受け）する。彼が鎗を起こし、面を突いてくれば、刀背で鎗をひっかけ斜めに右足を進めて斬りこむ。

八．単提刀勢《たんていとうせい》

右手で刀を持ち、身と手を右側に偏して左手と脇腹の外側を露出し、彼の鎗を誘う。突いてくれば左足を右方に斜めに進め、左手で鎗を挽き開くとともに、右足を進め、単刀で水平に突き刺す。

九．単刺刀勢《たんしとうせい》

片手で一刀を突き刺す。戻すときは五花で挽く（くるくると十文字にまわしてもどす）。左手の肘を曲げ、刀背を縦に起こして頭上を越え、右肩に担ぐ。

十．担肩刀勢《たんけんとうせい》

刀を右肩前に横たえ、手は左に垂らす。左手と脇腹の内側を露出して彼の槍を誘う。突いてくれば左肘で右横の下方に鎗を開き、左右両足で斜めに跳んで入るとともに、左手も柄を握り、両手で斬りこむ。

（原注：後引）

十一．斜削刀勢《しゃさくとうせい》

刀を懐中に抱くようにして右肩を敵に向ける。彼が右脚を突いてくれば、刀で斜めに削して鎗を開く。すなわち刀は右脇の方に偏する。彼が鎗を起こして面を突いてくれば、左歩を偸んで鎗を流し受け、すかさず一刀を斬りこむ。

十二．収刀勢《しゅうとうせい》

刀法を終えたならば、刀を頭上方向に左旋させ、右手を湾曲させて刀背を肘上に置く。ついで手を逆に持ち換えて鞘に入れる。

以上のうち、第十勢担肩刀勢の訣文の最後には、次のような原注がある。

単提（片手持ち）の「担肩刀勢」（肩担ぎの構え）は、すなわち倭奴が偽って誘う術である。しかし、人はこの隙だらけの構えをあなどり、多くは鎗に力をこめて突っ込んでいき、術中に陥る。ゆえに云う、『敵をあなどる者は亡ぶ』と。

この注記によって、「続刀勢図」の十二勢も程宗猷が編み出した技法ではなく、部分的に花法が入っているとはいえ、基本的には前二十二勢と同じように日本刀術直系の技法であったとみなすことができる。

江戸時代以降、日本刀術はしだいに理論・術技とも洗練されて、野生味を失っていった。この『単刀法選』は、いまは失われた近世日本剣術の源流を生き生きと映しだしている。

『単刀法選』はその後の中国刀法にどのような影響を与えたであろうか。日本刀の製造法はもとより、両手で一本の刀を操作するという用法も、結局は中国に定着しなかった。日本刀はそれまで無数に輸入されたものまでが姿を消していき、重心のバランスを巧みに配置し、片手で操作することが容易な中国刀が普及し、近代に入って中国刀法は独自の発展をとげた。この意味では『単刀法選』は後代に直接的影響を与えなかったように見える。

しかし、『単刀法選』は他の程宗猷の武術書と同様、現代まで絶えることなく広く読みつがれてきた。棍法に関心をもつ者が程宗猷『少林棍法闡宗』の技法に影響を受け、あるいは兪大猷『剣経』に訣語を求めるのと同様、刀剣の術技に関心をもち、刀法で一流を創始しようとした者は、一度は『単刀法選』を手にし、なんらかの滋養を摂取してきたということができるだろう。いわば日本刀術は中国民族の伝統と習慣に合わせて吸収されていった。この意味では、『単刀法選』は見えざるところで絶えず中国刀法に影響を与えてきたということができるのである。

つまるところ、すべての技術は常に国境を越えて相互に還流するものであり、このことはまた、次節に述べる鉄砲においても同様であった。

第六節　明代における日中武術の交流（二）――「鳥銃」の伝来とその普及

火薬の起源と兵器への応用

一般的にいえば、銃砲の射撃術は必ずしも伝統的な中国武術として認められているわけではない。しかし、日本の場合、鉄砲伝来は武士階級の武術体系に衝撃的変化をもたらし、江戸時代には鉄砲術が日本武術の重要な一分野となり、いくつかの著名流派が生まれた。中国でも明代には、戚継光が軍隊武術の一つとして鳥銃を採用し、組織的な使用法を開発した。この鳥銃は西洋式小銃を日本人が改良し、倭寇によって中国にもたらされたものという。そこで本節では、「小銃術」を弓術・弩術と同類の射遠兵器を扱う戦場武術の一種とみなし、日中両国における西洋式小銃の伝播と普及について考察してみよう。

火薬は「火の薬」と書く。当初、中国では文字どおり発火性の医薬品として用いられた。火薬の起源については欧州起源説と中国起源説がある。有馬成甫『火砲の起源とその伝流』（注：吉川弘文館一九六二）は中国起源説を採り、その根拠として陶弘景編『神皇本草経集注』に硝石が医薬品として解説されていることをあげている。同書は五世紀の編であるが、実質的には漢代『神農本草経』を古伝のままうかがうことのできる貴重な資料であるという。

近代無煙火薬の誕生前、火薬とは一般に黒色火薬をいい、その成分は硝石・硫黄・木炭であった。古代中国では火薬の中心成分である硝石が、まず煉丹術の秘薬などとして利用されていたわけである。唐代のころには硝石と硫黄を中心とする混合物が激しい燃焼を起こすことが知られていた。

火攻は古代から東西を問わず最も効果的な戦術の一つとされてきた。また、漢代から硝石の存在も知られていた。しかし、中国で火薬が兵器に利用されたのは宋代以降である。宋代『武経総要』には各種の火兵器が掲載されている。おおむね原始的な火器の類を出ないが、「霹靂火毬《へきれきかきゅう》」のように爆発時に音響と猛煙を発する爆弾が登場する。ただし、火薬の爆発による殺傷力がどの程度であったかは不明である。

『金史』赤盞合喜《チガカチュウ》伝には、

時に震天雷と名づくる火砲あり。鉄缶を用い薬を盛り、火を以て之に点ず。砲響いて火発し、その声、雷の如く百里の外に聞こゆ。焼くところ半畝以上、火の点着する鉄甲は皆透る。

とある。金軍の震天雷は、かなりの殺傷力があった。金軍と戦った元の蒙古兵は、金軍の先進的な二種類の火薬兵器、震天雷と飛火槍を恐れた。

金軍の火薬兵器は、のちに元軍に取り入れられた。元軍が日本侵攻時に用いた「鉄砲」は、まさにこの震天雷であったろうといわれている。石砲式の投擲用「火砲」で放ったのであり、基本的には古来の方式であったが、弾丸に爆発力が利用されたことは近代火器に連なるものとして注目に値する。いわばこの時期が火薬兵器の古代から近代に向かう過渡期であった。元軍の砲兵は「回回砲」とよばれていたように、主として回教徒であったと考えられるので、こうした原初的な、しかしながら当時としては先進的な火器が、この時期にイスラム世界を通じてヨーロッパにも伝播した可能性があるだろう（あるいは、イスラム世界から東西に伝播したという想定も成り立つ）。

元代末期に有筒式の大砲が小型化して原始的な手銃が生まれ、明代初期にはその製造がかなり一般化していた。前掲『火砲の起源とその伝流』は世界に現存する明代の小銅銃二八丁を一覧表にまとめているが、その最古のものは洪武五年（一三七二）製である。口径二センチ、全長四三センチの青銅製で、次のような銘文が刻されている。

江陰衛全字参拾捌号長銃筒重参斤弐両
洪武五年五月吉日　　宝源廠造
牛拿此処或下用木柄拿

すなわち、洪武五年江陰衛に配備された中国製の「長銃」で、重さ約二キロであることがわかる。銘文の最後は、持ち方の説明であろう。「手で此処《ここ》を拿《と》り、あるいは下に木柄を用いて拿る」と読める（「牛」は「手」字が不明確になったものとみなす）。洪武初年は倭寇対策のため沿海各地に衛・処を築き、兵員を配置し、沿岸の防備に力を尽くしたときであった。したがって、この手銃も対倭寇戦のため製造された兵器であったということになる。

この明代銅手銃の祖形と思われる元代銅火銃が一九七〇年七月、黒竜江省阿城県から出土している（魏国忠「黒竜江省阿城県半拉城子出土的銅火銃」〈『文物』一九七三・一一期〉）。洪武銅銃とほぼ同形で、長さ三四センチ、重さ三・五キロである。一二九〇年ころの製品と目される。これが現在のところ、世界最古の小銃である。

元代に開発された銅手銃は明代洪武銘銃に受け継がれ、永楽年間（一四〇三～一四二四）以降も製造された。永楽年間は鄭和の率いる中国大艦隊がアラビア海まで進出し、中国とアラブ世界を結ぶ通商圏を形成していたときである。鄭和自身、旧姓は「馬」氏で回教徒の家系である。中国銅銃がこの時期には海路によってイスラム圏に入り、さらにヨーロッパに伝播した可能性がある。もっとも、このころからヨーロッパにおける火器は急速に進歩した。そして、十六世紀前半、火縄式発火装置の開発によって原始手銃は近代的な小銃として成立し、戦争形態に革命的な変化をもたらしたのである。

中国海寇の船に同乗していたポルトガル人によって日本の種子島にもたらされた「鉄砲」とは、このヨーロッパ式火縄銃であった。鉄砲はヨーロッパにおけると同様、日本でも戦争形態に革命的な変化をもたらし、群雄割拠の状態であった当時の日本に軍事的な統一政権を出現させる原動力となった。また、鉄砲の伝来によって日本は初めてヨーロッパ文明に目を開かされた。徳富蘇峰『近世日本国民史』（民友社一九一八）は、鉄砲伝来は日本にとって「第一の開国であった」と意義づけている。

ヨーロッパ式小銃の日本伝来

鉄砲の日本初伝については、南浦文之『鉄炮記』（一六〇六）に詳しい。同文書は島津藩の学僧文之が種子島時久の依頼を受けて著した鉄砲伝来記である。種子島は鹿児島の南方洋上に浮かぶ小島であり、種子島家の氏祖信基は平氏滅亡後、源頼朝の配慮によって生き延びた平清盛直系の子孫である。種子島家系図（注：西村時彦『南島偉功伝』一八九九所収）によれば、信基の項に「小字、菊王丸。蔵人と称する。肥後守。平氏の亡ずるや母抱きて北条時政に依る。時政、頼朝に請い、奏請して信基を種子・屋久等十二島に封ず。これ種子島氏の祖と為す」と付記されている。鉄砲伝来時の領主は十四代時尭《ときたか》であった。

『鉄炮記』（注：国会図書館蔵『南浦文集』寛永二年〈一六二五〉版）によると、天文十二年（一五四三）八月二十五日、一隻の大船が種子島に漂着した。

天文癸卯秋八月二十五丁酉、我が西村の小浦に一大船あり。何れの国より来るかを知らず。船客百余人。その形、類せず、その語、通ぜず。見る者、以て奇怪と為す。その中に大明の儒生一人、五峯と名づくる者あり。今、その姓字詳《つまび》らかならず。時に西村の主宰、織部丞なる者あり。頗《すこぶ》る文字を解す。偶《たまたま》五峯に遇い杖を以て沙上に書して云う、船中の客、何れの国の人なるかを知らず、何ぞその形の異なるやと。五峯即ち書して云う、これはこれ西南蛮種の賈胡《かこ》（＝外国商人）なり。

この文によると、漂着船は「西南蛮種」の商船であり、船客百余人の中に、一人だけ五峯という中国人が同乗していたかのように読みとれる。このため現代まで「種子島に漂着したポルトガル船が鉄砲をもたらした」との説が流行した。文之は実際にそう思って記したのであろう。文之が『鉄炮記』を記したのは慶長十一年（一六〇六）、鉄砲伝来六十三年後のことである。このころはすでに鉄砲初伝についてはポルトガル人のみが強調されて五峯に対する関心は薄れていたであろう。そこで五峯については、ただ単に「今、その姓字詳らかならず」と記すにとどまった。しかし、この五峯がのちに平戸に居を構え、「五峰船主」と日本人に尊称された王直であったことはまずまちがいない。すなわち種子島に漂着した大船とは、王直を船長とする中国海寇の私交易船であり、これにたまたま鉄砲を所持するポルトガル人が二、三名同乗していたのである。

このときのポルトガル人の名を『鉄炮記』は「賈胡の長、二人有り。一を牟良叔舎《ムラシュクシャ》と曰い、一を喜利志多《キリシタ》佗孟太《ダモウタ》と曰う」と記している。種子島時尭は好奇心が旺盛、かつ開放的な人物で彼らとの交流を喜んだ。そして彼らの滞在中に知った鉄砲の威力に驚き、大金を積んで二丁を購入した。時尭は自ら鉄砲の撃ち方を学ぶとともに、家臣篠川小四郎に火薬調合法を学ばせた。また、島内の鉄匠数人に模倣生産を命じた。しかし、このときは銃身の底をふさぐ方法がわからず、ただ外形が似るだけで実用に供することはできなかった。

翌年、再び来航した商船の中に一人の鉄匠がいた。時尭は八坂金兵衛尉清定に銃身の底をふさぐ方法を学ばせた。

『鉄炮記』に「その底の塞《ふさ》ぐ所を学ばしむ。漸く時月を経て、その巻きてこれを蔵《おさ》むるを知る」とある。つまりネジによって鉄栓を開け締めできるようになっていたのである。日本人が工業の基本技術に不可欠のネジを学んだのは、おそらくこれが最初のことであった。これ以後一年以内に、島内で数十丁の鉄砲が製造され、日本における国産化の道が開かれた。

時尭は鉄砲の製造法を秘匿しなかった。種子島は南方航路の中継地であり、畿内方面とも交流があった。「紀州根《ね》来寺《ごろじ》の杉坊某公」が「千里を遠しとせず我が鉄砲を求めん」としたとき、時尭は「我の好む所は、亦人の好む所なり」と、伝来銃の一つを譲った。紀州根来寺はもともと小領主として独自の戦力を保持していたが、これ以後鉄砲を得意とする「根来衆」として特異な戦闘集団となった。鈴木真哉『紀州雑賀衆・鈴木一族』（注：新人物往来社一九八四）によると、「根来寺内には、菩提・大谷・蓮花などの谷に沿って、独立性を帯びた多くの坊があり、それぞれ僧徒を抱えていたが、それらの中でも筆頭格にあったのが、杉坊・泉識坊・岩室坊など」であった。

また、その後、和泉堺の商人橘屋又三郎が種子島に一、二年住み込んで鉄砲を学んだ。帰郷後、「鉄砲又」とよばれたという。これら堺・紀州の鉄砲業あるいは鉄砲を得意とする戦闘集団を支配下に収めて軍事力を強化した武人政治家が織田信長だったのである。

織田信長の統一的支配に服さず最後まで果敢に戦った宗教勢力石山本願寺も鉄砲隊を抱えていたが、これも紀州のいわゆる「雑賀衆《さいがしゅう》」である。一般に織田信長は長篠の合戦で初めて、鉄砲隊を三列に構えて、後列が弾丸装塡中にも前列が発射するという連続的な攻撃法を開発したとされるが、前掲『紀州雑賀衆・鈴木一族』は、こうした戦術はヨーロッパでも長篠の合戦の七十二年前には出現していたし、雑賀ら紀州の「鉄砲衆」も信長以前から使用していたと、信長による三段構え発明説を否定している。

宋代『武経総要』には、前列（発弩人）・中列（進弩人）・後列（張弩人）という弩の三段構えが解説されている（第一章第五節参照）。こうすれば「すなわち弩は声を絶たず、戦に奔ることなし」としている。紀州の鉄砲衆たちが、ここから直接ヒントを得た可能性もあるだろう。ただし、三段構えなどの集団戦術は、発射用意までに時間のかかる兵器を同時大量に使おうとすれば必然的に生じる戦術ではあった。

当時の武将領主たちは自ら率先して射撃を練習した者が多い。初めて鉄砲に接した種子島時尭は連日修練して短期間に百発百中の腕に達したという。織田信長は十六歳ころから橋本一巴を師として鉄砲を学んだ（『信長公記』）。鉄砲の専門家が師範として名をのこしているということは、このころ（鉄砲伝来七年後）には、はやくも鉄砲術が日本武術の重要な一部門となっていたということである。

徳川家康も晩年にいたるまで鉄砲を得意とし、慶長十六年（一六一一）浅間山における狩りの記録でも鳶《とび》三羽を続け打ちに撃って二羽を撃ち落とし、一羽は飛び去ったが足を撃ち切られていたという。

長篠の合戦は、実質的には、この鉄砲を得意とした織田信長・徳川家康の連合軍であった。鉄砲の画期的な集団利用法も、これら革新的な武将のもとで生ずべくして生じたといえる。

メンデス・ピント（後出）が一五五六年すなわち鉄砲伝来の十三年後に日本を訪問したとき、親しい日本商人が語ったところによれば、日本全国には三十万挺の鉄砲があり、その商人たちだけでも六回にわたって合計二万五千挺を琉球に輸出したという。長篠の合戦で使用された鉄砲は三千挺という。三十万挺とはこの百倍であり、あまりにも巨大な数字で信用しがたい。しかし、十三年で鉄砲がほぼ全国に普及し、貿易品として大量に輸出されていたということはいえるだろう。長篠の合戦はこの時からさらに十九年後、一五七五年のことであった。

鉄砲は日本伝来後、数年で全国に普及し、古来からの戦争形式を変革するとともに、戦争の時間をも短縮させた。集団戦闘の決着が速くつくことによって、戦闘集団の滅亡と再編が加速度的に進行し、ついに近世日本に軍事的な統一政権をもたらしたのである。

もちろん鉄砲だけが武器のすべてではなく、この時期には槍から徒手格闘術まであらゆる武術が発達した。日本刀はおおよそこれ以前を「古刀」といい、以後を「新刀」とよぶ。新当流とか新影流などと、この時代の刀術流派に「新」が多いのも革新的風潮のあらわれである。新当流は香取・鹿島両神宮に関係が深いので、のちに「神道流」と書かれるようになったが、たとえば内閣文庫所蔵江戸時代初期の伝書では「香取新当流」であり、「新当流の兵法というものは浅深偽真の要道なり。然して則ち、上古の兵法を浅となし偽となす。新当の兵法、深となし真となす」と記している。「新当流」とはこの場合、文字どおり「新しい当代の流派」を意味した。古流が役に立たなくなったので新しい流派を開いたと明言し、新は深・真に通じることば、すなわち「新は深奥であり真理である」と「新」の一字を強調しているのである。ここにも当時の人びとの新しい時代への抱負を看取することができる。

こうした時代認識の変化と革新的なエネルギーは、種子島に漂着した二挺の鉄砲によっていっそう強化されたのである。大局的に見れば、室町時代末期から、織田信長・豊臣秀吉を経て徳川家康が政権を握るまでの戦国動乱の時代は、鉄砲伝来をきっかけとして日本がヨーロッパに起きた近代的な潮流に合流しようとしたときであった。徳富蘇峰が鉄砲伝来によるポルトガル人との接触を「第一の日本開国」として意義づけたのも、この意味においてである。

鉄砲の日本伝来については、ヨーロッパ側文書として、メンデス・ピント『東洋遍歴記』（岡村多希子訳、平凡社東洋文庫一九八〇）が著名である。同書は一五七八年ころ書かれた「冒険商人」メンデス・ピント（一五一〇?～一五八三）の自伝的アジア見聞録である。同書には、ポルトガル人の立場で日本発見（種子島漂着）と鉄砲伝来がかなり詳細に語られている。ピント自身の体験か否かは疑問とされているが、島の状況、領主との交流、鉄砲と射撃術の伝授等について、文之『鉄炮記』よりはるかに直接的な見聞を含んでいる。ピントが第一の日本発見者ではないにしろ、鉄砲伝来の直後から彼が四度にわたって日本に来航しているのは事実である。

ピントは鉄砲伝来後、相次いで日本を訪れたキリスト教伝道者の重要な後援者であった。ピントは一五五一年、フランシスコ・ザビエルの日本布教のため出資し、一五五六年には、のちに『日本史』を著した有名な修道士ルイス・フロイスらと、困難な旅程ながら四度目の日本渡航を果たしている。このときの渡航費用もピントの寄進である。（注：前掲『東洋遍歴記』第三巻訳者解説文。ただし、岡本良知『日欧交通史の研究』〈一九四二〉によれば、ピントはのちにイエズス会から徹底的に排斥され、同会の記録文書からもその名が抹消された。一説によれば、ピントの近い祖先がユダヤ系であったことに原因があるという。）

ピントによると、種子島領主「ナウトキン」に鉄砲を「贈り」、射撃を教授したのは「ディオゴ・ゼイモト」である。「ナウトキン」は、大島富士太郎が一九二八年、西村時彦『南島偉功伝』所載種子島家譜にもとづき、種子島時尭の前名「直時（なおとき）」に比定して以来、これが現在でも定説となっている（注：林若樹「メンデス・ピントー」〈『中央公論』一九二八・四〉参照）。「ディオゴ・ゼイモト」は各説あるが、文之『鉄炮記』に見える「喜利志多佗孟太」を「喜利志多」と「佗孟太」の二人分の人名と考えるならば、この「佗孟太」を「ディオゴ・ゼイモト」に比定することが可能ではないだろうか。

鳥銃――倭寇による日本式火縄銃の中国伝来

ポルトガル人は日本に漂着する二十五年前、一五一七年すでに中国に達していた。したがって、中国人がヨーロッパ式小銃や火砲に触れたのは、このころからのはずであるが、宋代から火器の開発を重ねてきた中国では、日本におけるような文化的衝撃は起きなかった。王直に先行する海寇らが「番夷」を浙江双嶼に誘って積極的に交易を開始したのは嘉靖五年（一五二六）である（『日本一鑑』）。このころにはヨーロッパ式火器が確実に中国に伝播しえたはずである。

『明史』兵志に「成祖、交趾を平らげ、その神機鎗砲の法を得、特に神器営を置き、これを領せしむ」とある。この神機鎗砲を中国に伝来した最初のヨーロッパ式火砲とするならば、永楽年間（一四〇三～一四二四）の初期には中国に導入されていたことになる。しかし、この神機鎗砲がどの程度ヨーロッパ式であったかは不明である。論者によっては、交趾平定の際に「中国伝来の火器法にさらに新たな戦闘法を開発した」のであり、べつに外国製を取り入れたわけではないとする（注：前掲『火砲の起源とその伝流』）。

同じ兵志に、「嘉靖八年、右都御史汪鋐、始めて仏郎機の利を言う。……一発百余丈、最も水戦に利あり」と記録されている。したがって、嘉靖八年（一五二九）には確実にヨーロッパ式火砲の生産が中国で始まっていたとみなすことができる。

また『籌海図編』が引く唐順之のことばに、「虜の最も中国を畏れるところのものは火器なり。……しかして仏郎機・子母砲・快鎗・鳥嘴《ちょうしじゅう》銃みな嘉靖の間に出ず。鳥嘴銃は最後に出て最も猛利なり」とある。仏郎機など新式大砲は嘉靖八年に採用されたが、鳥嘴銃（＝鳥銃）すなわち小銃はやや遅れ、日本人が火縄銃の国産化に成功し、倭寇が利用しはじめてから中国に導入されたのである。

戚継光は『練兵実紀』鳥銃解で、

この器、中国原《もと》伝なし。倭寇より始めてこれを得たり。これ、各色の火器と同じからず。利なること能く甲を洞《うが》ち、射ては命中す。弓矢も及ばざるなり。

と明記し、また照準の合わせ方を説明する中で「鳥銃」という名称の由来について次のように解説している。

目照の法。銃上の後ろに一星あり。目の上に一星あり。目を以て後星に対す。後星を以て前星に対す。前星を以て撃つ所の物に対す。ゆえに十あらば八、九中る。すなわち飛鳥の林にあるも、皆、射落とすべし。因りて是く名を得たり。

明代初期の原始手銃は、大砲をそのままの形式で縮小したいわば携帯式小型砲であって、鳥のように小さな的を正確に撃つことはできなかった。日本からもたらされたヨーロッパ式小銃は「目照の法」によって飛ぶ鳥も狙い撃ちすることができた。ややのちのヨーロッパ式は銃床を肩につけるが、日本製の火縄銃は銃床を短く切って頬につけて撃つ。肩付けは発射の反動を肩で消化し、頬付けは腕で消化することになる。総合的にどちらが有利かは容易に比較することはできないが、狙いに関していえば、頬付けは移動する小さな的に対しても狙いがつけやすかったのではないだろうか（ただし『神器譜』は、日本式は仰向いて鳥を撃つにはよいかもしれないが、水平に敵を撃つには技術を要し、性能としては西洋銃に劣るとしている）。いずれにしろ倭寇の火縄銃によって、中国人は初めてヨーロッパ式小銃に関心をもったのである。この時期は『籌海図編』の次の記事によって、嘉靖二十七年（一五四八）と推定できる。

予按ずるに、鳥銃の製は西番より中国に流入す。その来るや遠し。然るに造る者多くは、未だその妙を尽くさず。嘉靖二十七年、都御使朱紈、都指揮盧鏜を遣わし、双嶼を破り、番酋の善く銃する者を獲す。命じて義士馬憲をして器を製せしめ、李槐をして薬を製せしむ。因りてその伝を得て造作す。西番に比し尤も精絶たりと云う。

この嘉靖二十七年は朱紈が浙江で海防の強化につとめ、その命によって盧鏜が李光頭・許棟など寧波双嶼でポルトガル人・日本人と私貿易を推進してきた海寇勢力を一掃したときである。『明史』朱紈伝によれば、

夏四月、（盧）鏜は九山洋において賊に遇い、日本国人稽天を俘《とら》う。許棟また擒に就く。棟党の王直、余衆

を収めて遁（走）す。鏜、双嶼に塞を築きて還る。番船の後に至る者、入るを得ず。

とある。このときポルトガル人で捕虜になった者はいない。したがって、『籌海図編』にいう「番酋の善く銃する者」すなわち「鉄砲の巧みな外国人首領」とは「日本国人稽天」であろう。この嘉靖二十七年は、日本への鉄砲伝来わずか五年後にあたるが、すでに橋本一巴ら鉄砲術を専門とする者たちが日本各地で特異な武術家として自立していたと思われる。倭寇のなかに射撃の巧みな首領がいても不自然ではない。

『籌海図編』の説くところにしたがえば、嘉靖二十七年の戦闘で日本製火縄銃を入手した朱紈が直ちに馬憲らに命じて中国におけるヨーロッパ式小銃の国産化を果たしたことになる（この馬憲も「馬」姓からみてイスラム系か）。そして嘉靖晩期には、戚継光らによって明軍に実戦的な配備がなされていた。

戚継光よりややのちの何良臣が著した『陣紀』は「鳥銃は外夷より出ず。今、中華の長技と作す」と記している。嘉靖後期から中国においても小銃の製造はそれなりに進歩したのであろう。ただ、何良臣は「中国製は五、六回連発すると内部の熱で破壊する恐れがあるが、日本製は連発が可能である」とも述べている。

中国は小銃では日本におくれをとったが、仏郎機など大砲は日本と比較にならないほどの発達をみせ、やはり戚継光らが活用している。「仏郎機《フォランギ》」は「ポルトガル」の漢訳字である。「機」の文字があるため、そのまま国名が兵器の名称として定着したのである。

戚継光が使用した砲は仏郎機・無敵大将軍・虎蹲砲など数種であるが、『陣紀』には古式を含めこのほか多数の砲種を列挙している。日本ではこうした大砲類など大型兵器は、戦艦・大型船舶と同様ほとんど発達しなかった。ピント『東洋遍歴記』には、当時ポルトガル人がアジア海域で大小さまざまな大砲を用いて激しい砲撃戦を展開したありさまが体験的に語られている。中国・日本はその一部を国情と民族性に合わせて自国兵器に取り入れたが、中国は主として大砲を採り、日本は主として小銃を採ったということができる。『明史』兵志には銃砲の大小について「重器は守るに利あり。軽器は攻めるに利あり。小器は戦うに利あり。機に随って用いれば、各、宜しきところあり」と評している。この意味からいえば、中国は防御に主眼をおき、日本は攻撃に力点をおいて、それぞれヨーロッパ式火器を導入、発達させたということができる。

中国式小銃の開発

趙士禎は万暦年間、日本の鳥銃に対抗すべく嚕密銃を採用し、さらにこれに工夫を加え、各種の中国式小銃を開発した。その研究成果は『神器譜』となってまとめられた。「神器」とは、この場合、火砲とりわけ小銃を意味する。すなわち『神器譜』は明代兵書のなかでも異彩を放つ中国最初の小銃専門書であった。自序には万暦二十六年（一五九八）と記されている。豊臣秀吉が朝鮮半島にしかけた侵略戦争いわゆる「文録・慶長の役」（一五九二・一五九七）の直後である。この戦役で明は朝鮮を援護すべく出兵したが、日本軍の小銃に苦しめられた。このときの明軍の戦闘経験が『神器譜』成立の一つの起因となっている。

『神器譜』（注：長沢規矩也編『和刻本明清資料集』所収文化五年翻刻版）によると、趙士禎は万暦二十五年（一五九七）、武挙把臣・把仲兄弟と「射の試合」で知り合い、この縁で把兄弟の義伯朶思麻《ダシマ》に紹介された。朶思麻は趙士禎がかねてから関心をもっていた西域の国嚕密《ロミ》（注：嚕密＝トルコ。和田博徳「明代の鉄砲伝来とオスマン帝国」〈『史学』第三十一巻所載〉参照）の火器管理官であった。朶思麻は国から帯してきた嚕密式の火縄銃を趙士禎に見せ、かつその射撃法を伝授した。『神器譜』には朶思麻伝の九勢が図解されている。演者は頭にターバンを巻いたイスラム系の人物である。朶思麻自身の可能性がつよい。

図解九勢のうち、第四図までは火薬・弾丸の装塡法である。第五図は火縄の点火装着法。第六図から第九図までは距離と状況に応じた射撃法である。第六図は右膝を地につけた姿勢、第七図は普通に立った姿勢で、この両者は現代式とまったく変わらない。いわば標準的射撃法である。最後の二勢は敵が間近に迫ったときの対応法で

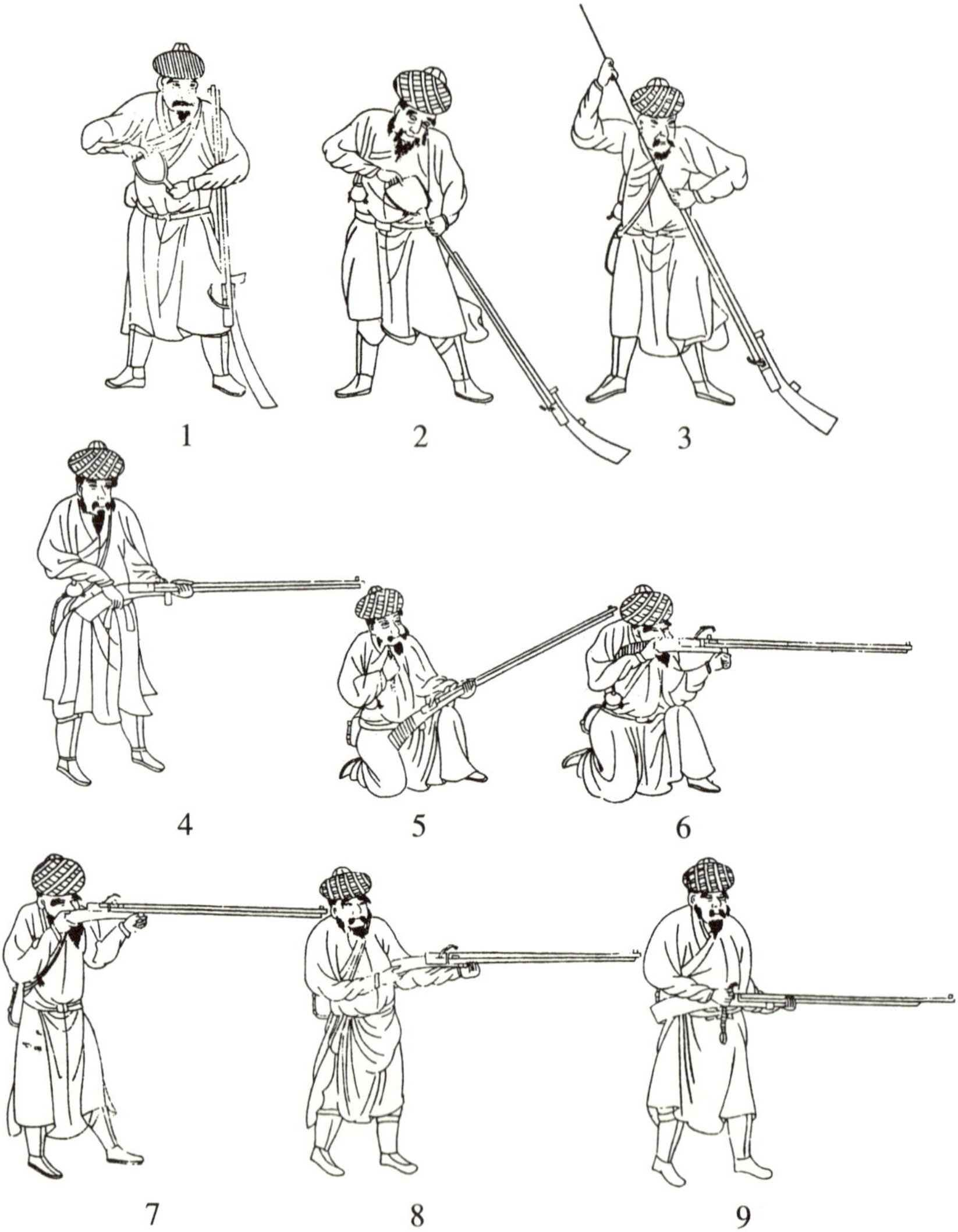

趙士禎が倭銃に対抗して採用した嚕密銃九勢（『神器譜』）

ある。まず、第八図は敵が十数歩に近づいたとき、銃を中段に水平に構えて撃つ法である。この距離ならば銃手が落ち着いていさえすれば、目で狙いをつけなくとも命中させうるとしている。最後の第九図は、敵がさらに五、六歩の距離に迫ったときである。このとき、もはや火縄をいちいち装着する時間はない。そこで右手に火縄を持ち、直接点火、発射させるのである。

嚕密銃に接して趙士禎は、初めて日本の鳥銃に勝つ自信を得た。趙士禎は嚕密銃、西洋銃、倭銃を比較してその優劣を論じ、嚕密銃が最も優れ、倭銃が最も劣るとしている。嚕密銃は銃身が長いので飛距離があり、かつ火薬が多いため殺傷力がある。しかも、持ちやすいので狙いが安定する。西洋銃は銃身が長いので倭銃よりも飛距離はあるが、銃身を軽くしているため火薬量が少ない。ゆえに殺傷力で嚕密銃に劣る。倭の鳥銃は「狠《がん》（＝殺傷力）・遠（＝飛距離）ともに嚕密銃に劣り、軽便さで西洋銃に劣る。ただ、常に修練し、芸は高く胆は大なので、よく射撃に熟しているのである」と評している。

趙士禎は嚕密銃を基本として、掣電銃・迅雷銃さらには連発銃など各種の中国式小銃を開発するとともに、気候風土の異なる中国南北の戦場でどのように小銃を活用すべきかを論じた。『神器譜』は銃の実戦用法を中心に、銃・火薬の製造までを論じた総合的な小銃教程書である。明代兵書は江戸時代、日本の武士に愛読されたが、『神器譜』もその一つであり、ここに依拠した文化五年（一八〇八）刊和刻本『神器譜』の巻末には、同書に対する日本人編者の賛辞が呈されている。この翻刻が出版された文化五年とは、北からはロシア船、南からはイギリス船が相次いで日本に来航、対外的事件が頻発し、日本が再びヨーロッパの潮流に洗われたときである。出版後二百年を経て『神器譜』など明代兵書は日本の武士階級を鼓舞する軍事教程書としてもてはやされたのである。

第七節　明代における日中武術の交流（三）——陳元贇と日本柔術の成立

日本柔術の始祖

近代格技柔道の源流日本柔術は、かつて投げ・逆（関節技）・締め・突き・蹴りなどを含む総合的な実戦用の徒手格闘術であった（しかも江戸時代の柔術諸流派は、武士階級の常識として刀槍など武器術も併習した）。嘉納治五郎は明治時代、危険な技を排除し、さらにそれまで型の修練が中心であったものを投げ技中心に自由に技を競うことのできる格技スポーツとして、柔術を再編した。そしてこの新たな格技は単なる武術ではなく「精力善用、自他共栄」を旗印とする人間修養の道であるとして、呼称を「柔道」と定めた。それ以前、柔術は「やわら」とよばれることが多く、「柔」「柔術」「拳法」など多様に表記されたのである。

日本柔術の始源については従来、主として次の三説が流布していた。

一、陳元贇始祖説

陳元贇（一五八七～一六七一）が江戸の国正寺で三人の浪人に明国の格闘技を教え、以後、この三人が自己の工夫を加えて柔術諸流のもとになった。

二、関口柔心始祖説

新心流（一般には「関口流」）開祖関口柔心（一五九七～一六七〇）が各種武術を研究し、新たに「柔《やわら》」とよぶ格闘技をまとめた。

三、王道元始祖説

明暦のころ長崎に王道元という中国人がもたらした格闘技がもとになって柔術が成立した。三説に共通していることは、いずれも柔術を江戸時代に確立した新しい徒手格闘技であるとしていることである。このうち第三説は『譚海』所載の「柔術は明暦の頃、支那より王道元と云《いう》人来りて、長崎にて教《おしえ》しより弘《ひろまり》たる事にて、其已然《いぜん》やはらと云事は、本朝には志らざる事なり」（注：『故事類苑』武技部所引　神宮司庁一九〇〇）という一文がもとになっている。

明暦（一六五五～一六五八）はわずか四年間で、万治（一六五八～一六六一）の直前である。明末に渡来した知識人朱舜水が日本に帰化したのは万治二年（一六五九）であるが、陳元贇は従来、朱舜水と同時代の人とされ、したがって陳元贇の日本渡来も万治二年ころとされてきた。この場合、明暦に渡来した王道元は陳元贇以前に「柔術」をもたらしたことになる。しかし、明暦より十年以上前の寛永年間（一六二四～一六四四）にはすでに関口柔心らが活躍していた。また、陳元贇も実際には、寛永年間にはすでに名古屋を拠点に文人として活動していた。万治二年、陳元贇は七十二歳の晩年である（この年八月、陳元贇は詩僧元政と知り合い、のちに二人が交換した詩は『元元唱和集』として刊行された）。

王道元説は始祖説としては成立しえないが、長崎に中国武術をもたらした人物名としては貴重な伝承というべきである。江戸時代初期の柔術家には、長崎で中国武術を学んだという伝承が少なくないにもかかわらず、いずれも具体的な人物名に欠けているのである。

第二説の関口柔心も柔術の大成と普及に功績が大きかったが、はたして柔術の創始者であったかどうかは疑問である。『故事類苑』武技部十七「柔術」は、柔術又体術ト云フ。又ヤハラノ称アリ。徳川氏ノ初ニ既ニ此術アリ。或ハ云フ是レ漢土ノ拳法ニシテ、帰化ノ明人陳元贇ノ伝フル所ナリト。此術ハ古来名人ニ乏シカラズ。関口流、渋川流、起倒流等最モ名アリ。又一種小具足ト称スル術アリ。即チ柔術ノ類ニシテ、一ニ腰廻ト云フ。所謂取手是ナリ。

として、まず「やわら」という名称の起源について、次の二文を引いている。

〈やはら〉柔術などいへり。紀州の関口柔心を祖とす。異朝には、なきことなり。享保中、野沢柳秀なる者出て、楊心流を創む。或は明の陳元贇来りて、江戸に住しより起るともいへり。是適遇蕃客、伝得殺活二十五勢神術者也。把勢術也。拳法とは異れり。（注：『倭訓栞』後編十七）

関口柔心ト云モノ、ヤハラヲ遣《ツカ》イ出ス。初ハ本多中書ニイデ、後ニハ紀州大納言殿ヘ出ヅ。柔心ガ仕出スユエニ、ヤハラト云フ。（注：『武家名目抄』所引『嘉良喜随筆』）

これら柔心始祖説はおおむね江戸時代後期、国学の隆盛とともに盛んになった。十九世紀初頭に成立した比較的新しい柔術流派「天神真楊流」伝書では、柔術は日本古来の戦場における格闘術から次第に生成したものであり「ちかごろ陳元贇を柔術の祖などと言うものがあるが、和国の恥辱、朝敵の部類である」と断じている。しかしながら、関口流そのものは当初、柔術を自派が創造したものとは主張していなかったようである。他流をきびしく批判し、関口流の伝統を誇示した太秦武郷『柔話』（注：一八一一　三田村鳶魚校訂『未刊随筆百種』所収）も「柔」が関口柔心に始まると主張しながら、実は関口柔心の修行時代すでに「柔」の名称があったと自ら注記せざるを得ない状況で、必ずしも主張を明確に立証できているわけではない。

なによりも関口柔心の自著という『新心流之序』には、寛永二年（一六二五）ころ東都江戸に出たときのことを「余かつて命に従って東武に行く。時に世を挙げて柔を称する者有り」と記されている（注：桜庭武『柔道史攷』目黒書店一九三五）。

関口柔心自らは自己の流派を「新心流」と命名している。もし関口柔心がまったく独創的に「柔」を名乗ったものであれば、あえて新心流という一流派名を立てる必要はなかったであろう。新心流という流派名には、「日々に新たなる心」という修行の要訣以外に、それまでの柔を越えた新しい流派であるという主張がこめられているだろう。つまり流派名としては新しくとも柔そのものの創始者ではなかったことを、流派名自体が示しているといえる。

名称はさておき、関口柔心はどのように技術を開発もしくは体系づけたのであろうか。『新心流之序』で関口柔心は自ら「余、蚤歳《そうさい》（＝早歳）より斯の術に志あり。独り限り、師承無し」と述べている（注：前掲『柔道史攷』）。つまり特定の師につかず、各流を巡り歩いて次第に自己の技法を体系づけていったのである。『柔話』によれば、関口柔心は刀槍の技に達したあと諸国を武者修行し、肥前国長崎で「もろこしの拳法に習い、捕手という業する老人」に会い、その技法をすべて体得し、のちに老子の「惟天下至柔、能天下至剛を制す」の語により、また「水の至弱にして能堅を攻むる」を以て初めて柔なるものを創始したのであるという。

関口流にさえ長崎で中国拳法系の格闘術を学んだという伝承があることは注目に値する。土佐藩に普及した小栗流も流祖小栗正信（一五八九〜一六六一）は、初め柳生流を学び、のち長崎に出張し、同じ柳生門下の駿河鷲之助とともに刀法と拳法を研究して一流を編み出した。小栗流は元和二年（一六一六）には柳生家の許可を受けて独立し、翌三年には門弟に教授したというから関口流より一時代前に成立していたことになる。ただし、小栗流の場合、「和《やわら》」もしくは「和芸」と表記している。（注：平尾道雄『土佐武道史話』高知新聞社一九六一、老松信一・植芝吉祥丸〈日本武道大系第六巻〉『柔術・合気術』同朋社一九八二）

寛永十五年（一六三八）、「島原の乱」が起きたとき、二刀流で有名な宮本武蔵は現地へ陣中見舞いのため江戸の遊廓吉原から華々しく出発した。このときの光景が『異本洞房語園』（注：吉原の名主庄司勝富の見聞記。享保五年〈一七二〇〉刊）に描かれている。著者は、宮本武蔵を見送った野村玄意という人物について、「その頃隠れなき柔術一統の名人一橋如見斎が弟子にて宮本とも懇意なり」と述べている。同書はまた別の箇所で、当時吉原で著名だった人物のリストを掲げているが、ここでも野村玄意を挙げて「柔気一流の祖にて剣術の名人一橋如見斎の弟子」と説明している。このリストには沢道智という名もあり、ここには「玄意の弟子、柔気の上手」と注記されている。野村玄意が寛永十五年ころ、すでに弟子を取るほどの腕前であったとするならば、その師一橋如見斎が「柔気」と称する柔術の一派を創始したのは寛永初年ころ、あるいはその前代の元和年間（一六一五〜一六二四）にさかのぼるであろう。すなわちこれも関口柔心に先行する柔の一つだったはずである。

いったい柔という呼称は、どこまでさかのぼるであろうか。現在まで文献で確認しうる最も早いものは柳生流『月之抄』所載「良移心当流和」である。『月之抄』は柳生十兵衛三厳が父宗矩、祖父宗厳さらに上泉秀綱までさかのぼり、新陰流を中心として柳生家に伝わる武術の要訣、目録の類を系統的に編集解説したもので、寛永三年（一六二六）起筆、寛永十五年（一六三八）に完成した（注：〈日本武道大系第一巻〉今村嘉雄編著『剣術（一）』所収）。柔術に関しては良移心当流と起倒流の目録が集録されている。「起倒流乱目録」は寛永十四年（一六三七）九月十一日付けであり、比較的新しい。茨城又左衛門が自己の修練をまとめ沢庵禅師の教示と柳生宗矩の激励によって起倒流を確立した事実が述べられている。

この起倒流の前に「和の事　是は七郎右衛門工夫により目録とす」として元和八年三月吉日付け「良移心当和」目録が解説されているのである。七郎右衛門とは、柳生宗厳の門人福野七郎右衛門友善のことである（注：前掲今村嘉雄編著『剣術（一）』）。この福野七郎右衛門は、のちに国正寺で陳元贇に教えを受けた三人の浪士の一人として登場する。

「良移心当流和」の解説と目録の本文はともに難解で、文意の通じないところもあるが、「幾千万の工夫をめぐらして剛を父とし、弱（柔）を母とす」あるいは「楊柳の風にもまれて浮く」などのたとえがあり、明らかに柔的な要素を重んじている。「良移心当」とは「常により良いものを移す心で当たる」の意、すなわち常に状況に応じて剛柔・陰陽を移して（＝転換して）対処するという意味であろう。

福野七郎右衛門と茨城又左衛門は、もともと格闘技を得意とした武術家であり、柳生家の新陰流を学んで自己の流儀を大成したのである。既述した小栗流も開祖小栗正信は柳生宗矩に近い門人であった（宗矩の高弟出淵平兵衛を直接の師とする）。初期柳生新陰流の影響下に良移心当流・小栗流・起倒流等柔術諸派が発生し、良移心当流と小栗流がともに元和年間に流儀として確立し、いずれも「和」と表記していたことに注目すべきである。すなわち「やわら」は、はじめ「和」と書かれ、次いで「柔」から「柔術」へと表記が変遷していったものと考えられる。

もともと柳生新陰流の剣技には、柔的な要素が多分に含まれていた。新陰流が徳川家の剣法として採用されたのは、徳川家康が新陰流の「無刀捕り」を試そうとして木刀で柳生宗厳に打ち込み、これを宗厳が徒手空拳でみごとにさばいたことがきっかけであるとされている。素手の場合、剛的な動作だけでは決して刀剣等武器を持った相手に打ち勝つことはできない。呼吸の読み方、体のさばきに必ず柔的な要素を必要とする。福野や茨城など初期柔術家が柳生家に入門したのも、こうした柳生新陰流の技術やエピソードにあこがれたためであったかもしれない。

こうした事実を踏まえたうえで、これまで民間に最も流布している陳元贇柔術開祖説を再検討してみよう。

陳元贇柔術開祖説の再検討

陳元贇を日本柔術の始祖とする説は『本朝武芸小伝』に始まる。同書は酒井家の家臣、天道流剣術の達人日夏繁高が著したもので、正徳四年（一七一四）成稿、享保元年（一七一六）の刊行である。日本の武術を初めて体系的に分類し、主要人物の略伝を列記したものであり、現在でも武術流派研究の基本資料として活用されている。この『本朝武芸小伝』最後の第十巻は「拳」と題し、人物略伝の前に、まず総論として次のような柔術起源論を述べている。

拳法秘書曰く、今世に所謂《いわゆる》柔術是也。武備志に是を拳といふ。古《いにしえ》是を手搏と云。日本に始る事は、近世陳元贇と云もの我国に来り居て、江戸浅府の国正寺に寓す。又浪人に福野七郎右衛門、磯目次郎左衛門、三浦与次衛門といふものおなじく彼寺に寓居して衆寮に有しが、元贇かたりて、大明に人をとらふる術あり、我其術をしらずといへども能《よく》其技をみつると云。右三人の士、其術を聞、みづから其技を工夫し出して、後《のち》能其事に熟せり。凡《およそ》柔のおこりは右三人より伝りて諸方にあまねし。此術の理は柔にして敵とあらそはず、しばしば勝ん事を求めず、虚静を要とし物をとがめず、物にふれ動かず、事あれば沈《しずん》で浮ばず、沈《しずみ》を感ずると云。凡　調息を要とす。

（注：句読点とふりがなは引用者、他は原文のまま。文中、「浅府」は「麻布」、「国正寺」は「国昌寺」とも書かれ、また人物名のうち「磯目」は「磯貝」が正しい）

このあと本文として、水早長左衛門信正（制剛流開祖）、梶原源左衛門直景（制剛流二代）、関口八郎右衛門氏心（すなわち関口柔心）という三人の略伝が漢文体で列記され、さらに当代の人物として渋川伴五郎、岩佐弥五左衛門らに関する記事が付記されている。したがって本文に陳元贇の伝記はない。わずかに上記解説文の中で「国正寺で知り合った福野らに明国の格闘術の一部を語り、それが柔術を工夫するきっかけとなった」と記されているにすぎないのである。

陳元贇が格闘術を修得していたか否かといえば、「我其術をしらずといへども能其技をみつる」ということは

「見たことはあるが修行したことはない」ということである。したがって三人の浪士も「其術を聞、みづから其技を工夫し出」すほかはなかったのである。もちろんわずか一言でも技芸の成立に重要なヒントとなることは決して少なくないので、陳元贇の影響力を過小に評価する必要はない。柔術の理念上、陳元贇が重要な示唆を与えた可能性は十分にある。しかし、だからといって陳元贇をあたかも格闘術に達した武術家として過大に評価する必要もない。むしろ武術家として陳元贇を評価することは、陳元贇が文人として日本の知識人と交流した実績を歪曲し、陳元贇の本質を見失う恐れさえある。

『本朝武芸小伝』のほか原念斎『先哲叢談』（一八一六）も、陳元贇柔術開祖説を広めた書として有名である。同書は「元贇、其の履歴を詳にせず」としながらも詩僧元政との逸話を中心に小伝を記し、その最後に一文を加えて、

陳元贇、拳法を善くす。当時、世に未だこの技あらず。元贇これを創伝す。ゆえにこの邦の拳法は元贇を以て開祖と為す。正保中、江戸城南西久保国正寺において教徒す。その道を尽くす者、福野七郎左衛門・三浦与次右衛門・磯貝次郎左衛門と為す。而してこの輩《やから》、その何れの産なるかを知らず。あるいは云う、みな薩人なりと。国正寺、のち麻布二本榎に徒《うつ》る。この寺は昔多く元贇の筆跡を蔵せり。災に罹《かか》りて今みな烏有に帰せり（＝すべて焼失した）と云う。（原漢文）

と陳元贇を完全に武術家として描き、日本における「拳法」の開祖としているのである。『先哲叢談』は『本朝武芸小伝』の百年後に出現した書であり、陳元贇の武術関連記事は特に新しい資料に依拠したのではなく、単に『本朝武芸小伝』記載の伝承をそのまま受け継いだものにすぎない。しかし、『先哲叢談』は江戸時代後期によく読まれたようであり、その普及とともに陳元贇の柔術開祖説も広まった。陳元贇柔術開祖説とは要するに、

『本朝武芸小伝』に発し、この『先哲叢談』によって一般化したとみることができる。

陳元贇はどういう人物であったか。細野子高『尾張名家誌』（一八五七）の次の小伝が最も標準的な陳元贇伝といえるだろう。尾張（名古屋）は陳元贇が寛永十五年（一六三八）五十二歳のころから死去する八十五歳まで終生の拠点としたところである。

陳元贇　字義都、既白と号す。又、菊秀軒・芝山・升菴等の号あり。明国虎林の人。崇禎中、進士に下第す。後、乱を避け（日本に）投化す。遂に辟《まねき》に応じて尾張に抵《よ》る。或は京に入り又江戸の如しと諸名士と交う。万治二年、府下に於て僧元政（原注：名、日政）と始めて相い識る。契分《まじわり》尤も厚し。その唱和するところを彙《あつ》めて『元元唱和集』と曰う。世に行わる。元贇、百技に通ず。書は趙文敏に学びて一種の風致あり。殊に拳法を善くす。正保中、江戸西久保国正寺に於て徒に授く。此の方（＝日本）に斯の技あるは元贇に始まると云う。寛文辛亥（一六七一）六月九日没。享年八十五。徳興山建中寺に葬る。著するところに『老子通考』あり。（注：原漢文）

この『尾張名家誌』は安政四年（一八五七）刊で、陳元贇伝の内容は『先哲叢談』によるところが多く、拳法に関しても『先哲叢談』によっていっそう広まった俗聞をそのまま採用している。

陳元贇は尾張に三十数年を過ごしたが、武技を伝えたり、武術について語った形跡はまったくない。陳元贇を招聘した尾張藩祖徳川義直（一六〇〇～一六五〇）は徳川家康の第九子である。学問を重んじ、諸藩に先駆けて孔子廟を建設したほどであるが、武術についても柳生新陰流の皆伝を受けた人物である。この尾張の柳生流は現代まで伝承されている（関口柔心が寛永年間仕えた紀州藩徳川頼宣〈一六〇二～一六七一〉は家康の第十子である）。両藩主とも家康の家訓を守り学問・武術をともに奨励したのである。にもかかわらず藩主徳川義直が陳元贇の武術に関心を示した形跡は皆無であり、それどころか陳元贇が尾張藩に仕えることになった寛永十五年（一六三八）ころ、同藩は柔術師範として制剛流第二代梶原直景を招いているのである。以後、梶原家は明治維新まで同藩の柔術師範として仕えた（注：前掲『柔術・合気術』老松信一〈制剛流〉解説）。

上記伝記中には陳元贇が国正寺で拳法を教授した年を正保年間（一六四四〜一六四八）としているが、正保は寛永に次ぐ年代であり柔術の代表的流派がすでに成立したあとである。この『尾張名家誌』の陳元贇伝は、同書初編巻之上「儒林」の第二に掲載されており、陳元贇を書と詩歌に優れた文人として描くところに主眼がある。拳法に関しては、陳元贇が百技に通じていた趣味の広い人物であったことの一つの例として、『本朝武芸小伝』以来普及していた俗聞を無批判に付記しているにすぎないのである。

陳元贇の日本渡来の年月については、これまで定説がなかった。江戸時代の考証家たとえば喜多村節信（一七八四〜一八五六）は『瓦礫雑考』の中で宮本武蔵が所持していたという柔術目録を模写掲載し、「(陳元贇は）心越禅師などと共に帰化せるよしなれば、万治二年（一六五九）に来れるなるべし。さるをそれよりも五年以前に身まかりし武蔵が、いまだ世に起らざる柔の名目かき置るはおぼつかなし」と疑問を呈し、「但し此武蔵が書を、柔の名目といふは誤なるか。又元贇より先に柔術はおのづから有しにや。猶考ふべし」と注記して結論をいったん保留した。

喜多村はその後発表した『嬉遊笑覧』では、『洞房語園』なども引用して、「さて此柔気といへるはやはらの術なり。武蔵が書るやはらの名目は先に余が『雑考』に載。かかれば『和事始』などに柔術は陳元贇より始るといへるは妄《あやまり》なり。元贇がここに来りし万治二年（一六五九）より武蔵が没にし正保二年（一六四五）は十五年ばかりも先なり」と陳元贇始祖説を否定した。

しかし近年になって、陳元贇が万治をはるかにさかのぼる元和七年（一六二一　明・天啓元年）三月、浙江省道奉檄使單鳳翔に従って長崎から京都に上洛していることが明らかとなった。以後、この元和七年が陳元贇の渡来年とされてきたが、小松原濤『陳元贇の研究』（注：雄山閣一九六二）は、さらに二年さかのぼって元和五年（一六一九）を陳元贇の日本初来としている。同書巻末年表によると、

一六一九年（明・万暦四十七、日本・元和五）三三歳
　秋・日本渡来。長崎にて痢病に罹り、帰国不可能となる。
一六二一年（明・天啓元、日本・元和七）三五歳
　三月、倭寇対策使節單鳳翔上洛に臨時訳官として参加す。
　同月十三日、戸田花屋邸にて羅山と唱和す。
　冬、萩にて毛利輝元に謁し、毛利領にて越年す。

とある。通訳として参加する以上、日本事情に通じていたはずであるから元和七年より二年前に渡来していたとするこの説が最も妥当であろう。しかし、渡来時に陳元贇が武術を語った形跡は認められない。陳元贇が明使随員として公的に登場することになった元和七年三月十三日「戸田花屋邸にて羅山と唱和す」との事実は、その後の陳元贇の運命を左右したものとして特に注目すべきである。なぜなら、その後の陳元贇の軌跡はほとんど林羅山の人脈ルートに沿って動いているからである。

林羅山（一五八三〜一六五七）は徳川家康以来四代にわたって徳川将軍家に学問を講じ、政治・外交両面で「即位、改元、行幸、入朝の礼及び宗廟祭祀の典、外国蕃夷の事、預かり議せざるはなく」、幕府の重要文書でその手を経なかったものはなかったという（注：角田簡撰著『近世叢語』〈『先哲像伝』林文敏公伝所引〉）。林羅山の築いた上野孔子廟は、その後湯島聖堂となり江戸幕府の学問所として発展し、この延長線上に東京大学が設立された。

林羅山は幕府を代表する外交官の一人として明使に会見した際、通訳として直接接触した陳元贇の書と詩文の能力を高く評価したものであろう。明使帰国後、陳元贇が長州の有力大名毛利輝元の知遇を得たのも林羅山の紹介によるだろう。

前掲小松原「陳元贇年表」によると、翌元和八年（一六二二）陳元贇は「毛利宰相に陪して野鹿院に遊ぶ」詩を同院南楼で詠んでいる。また元和九年（一六二三）には『長門国誌序』を脱稿している。そして、陳元贇が江戸に入るのは寛永二年（一六二五）四月上旬となっているが、この年は毛利輝元が七十三歳で死去したときである。後援者を失って、再び林羅山を頼ったものであろうか。翌寛永三年（一六二六）四月十八日には伊達政宗の宴席に招待されている。伊達政宗も西の毛利氏に匹敵する東の有力大名であり、林羅山ほどの紹介がなければ、陳元贇もとうてい伊達家の宴会に出席することはできなかったであろう。林羅山はもちろん陳元贇を武術家としてではなく、詩書に巧みな明国の文人として紹介したはずである。このとき陳元贇は次のような詩を詠んだ。

潭府今開北海筵　　潭府《たんぷ》、今開く北海の筵《えん》（＝野宴）
珍禽鳴戯曲池辺　　珍禽は鳴戯す、曲池の（岸）辺
微生得薦承恩宴　　微生、薦を得たり、承恩の宴
疑是膏霖沐九天　　疑うらくは是れ膏霖《こうりん》（＝恵みの雨）九天に沐《もく》すかと

（注：小松原濤『陳元贇の研究』）

水のほとりで酒を酌み交わし、詩を詠ずる楽しさとともに、第三句に「私も推薦を受けてこのようなありがたい宴席に列することができた」と紹介者と主宰者に礼を述べ、「このうれしさは天空のすべてから恵みの雨がわが身に降り注ぐかのようです」と、やや大げさに喜びを表現している。しかも第三句以外はすべて「水」がテー

マである。陳元贇は水の豊かな浙江の出身である（陳元贇の出身地については二、三の説があるが、小松原『陳元贇の研究』は浙江省余杭県の生まれとする）。江戸と比較して杭州や蘇州の風物も話題にのぼったことであろう。そういう席上でこの詩を詠んだとしたならば、いっそう宴席を盛り上げたにちがいない。

この翌五月、陳元贇は溜池の内藤政長邸で江戸幕府第三代将軍徳川家光（一六〇四～一六五一）に謁見している。『徳川実紀』大猷院殿御実紀巻六寛永三年（一六二六）五月の条に次の記事がある。

此月、内藤左馬助政長が桜田の邸にならせ給ひ、溜池の風景を御覧ありて薄暮迄御宴あり。政長に金三十枚給ひ、かつ明人陳元贇をめして詩を賦せしめ、仰松軒の額字を下さる。

内藤政長は徳川家に最も近しく仕えた家臣の一人で、この桜田門邸の溜池は家光がしばしば遊泳を楽しんだ場所である。このときも林羅山が紹介者として付き添ったにちがいない。上記記事に続いて『徳川実紀』は「又このほど儒臣林道春信勝（＝林羅山）仰せによりて『大学和字抄』『四書五経要語』『孫子三略諺解』を作進す」と記録しているが、陳元贇が家光に謁見した記事と同一箇所に林羅山の記事があるのは決して偶然ではない。

林羅山の紹介で、陳元贇はついに当時日本における最高の権力者に会うことができたのである。徳川将軍に謁見した事実は、日本に居住する外国人として、陳元贇にとっては誇るべき経歴の一つとなったはずである。家光はしばしば各分野の著名人物と会ったが、こうした場合、当然のことながら謁見した人物は自己の最も得意とするものを披露した。陳元贇にとってはそれが武術ではなく詠詩だったのである。

家光は父秀忠（第二代将軍、家康の三男）と同じく、武術家の演武を見ることを特に喜んだ。一方、当時の武術家も将軍の面前で演武することを最高の名誉と考えていた。『本朝武芸小伝』関口柔心伝にも「大猷大君」（家光）が柔心の芸を見たいと紀州から召しだしたが、江戸に到着したとき家光が病床についていて謁見の機会を逃したことをわざわざ取り上げて、「その技術を台覧に備う能わず、嗚呼《ああ》惜しい哉」と述べているほどである。陳元贇が明国武術をたしなんでいたとしたら、家光や伊達政宗ら武人たちの私的な宴席でその話が出なかったはずはないのである。

陳元贇はその後、尾張藩主徳川義直に仕え名古屋に居を定めたが、そこでも武術を見せたり語った形跡はなく、『尾張名家誌』にも「儒林」の第二番目に伝記が載せられていることはすでに述べた。ついでながら、この「儒林」筆頭は堀杏菴である。堀杏菴は林羅山とともに近世日本儒学の祖というべき藤原惺窩（一五六一～一六一九）のもとで学び、松永尺五・那波活所らと惺窩門下の「四天王」と称された人物である。

陳元贇は晩年、詩僧元政との交友で有名だが、元政を紹介したのは元政の詩友石川丈山であったろう。小松原「陳元贇年表」によると、石川丈山は寛永十九年（一六四二）、「大明人陳元贇の訪う所に示す」の詩を詠んでいる。おそらくこのときが両者の初対面であろう。元政と知り合うより十七年も前であり、丈山六十歳、元贇五十六歳のときである。石川丈山は江戸初期の書家・漢詩人として著名で、富士山を詠んだ詩は今日でも愛吟されているが、もともとは家康の身近に仕えた武人であった。

元和元年（一六一五）、石川丈山は徳川家康の近習の一人として大坂夏の陣に参加した。このとき、「家康の近習は先駆けしてはならない」という軍令が出された。血気にはやる丈山は、あえて軍令に違反して単身敵陣に入り、敵将の首を取った。戦後これが問題となったが、丈山は突如自ら禄を辞して出家してしまった。以後、一切の武術を捨て、藤原惺窩の門に入り、後半生を文人として過ごした。もともと丈山は禅学に関心が深く、儒学を軽視していた。にもかかわらず惺窩の儒門に入ったのは林羅山のつよい勧めによる。すなわち石川丈山もまた羅山人脈の重要な一環だったのである。

石川丈山は家康の近習の中でも熱血の人として知られ、少年時から各種武術を修練した。竹洞金節『石川丈山年譜』（一六七三）の一節に、丈山の武術に関する次のような記事を見ることができる。

公は武事に於て、みなその精微を窮めざるはなし。よく兵家の書に通じ、その奥義を識り、その妙理を説く。その鉾を揮うの術は、内海左門の芸を窮む。その砲を放つの術は稲富一夢の芸を窮む。その柔の術は福野氏の芸を窮む。その馬を御するの芸は大坪の芸を窮む。すなわちその技の秘奥を尽くさざるはなきなり。

（注：原漢文）

「柔の術は福野氏の芸を窮む」とある。ここにいう福野氏とは福野七郎右衛門以外に考えられない。福野はおそらく柳生宗厳の命で家康の近習たちに柔術を教授したのであろう。近習はおおむね家康と同じ流儀を学んだので、家康自身が「福野氏の芸」を学んだ可能性もある。家康は武術を好み、鉄砲を得意としたが、小具足すなわち古流柔術も自ら子息に伝授したことがあったという。

柳生流『月之抄』所載福野七郎右衛門の良移心当流目録の日付は元和八年（一六二二）であるが、石川丈山の棄武出家は元和元年（一六一五）であり、これ以前すなわち慶長年間（一五九六〜一六一五）、福野はすでに格闘術を他に教授するだけの腕前を持っていたのである。福野はもともと大坂の人で相撲を得意とし、相撲から柔術を編みだしたという伝承もあるが、慶長年間柳生家が家康の命により後方作戦を展開していたとき、柳生家の門人で腕の立つ福野も柳生家の手足となって軍事的な秘密活動に従事していた可能性がある。慶長五年（一六〇〇）徳川家康が覇権を確立した関ヶ原の戦いの直前、家康に対抗する石田三成側の後方を撹乱するため、柳生一族は最も活躍したのである。福野の生没年は明らかでないが、福野は柳生新陰流初代宗厳の弟子とされているので、このころすでに十分成人していたはずである。試みに福野が慶長五年（一六〇〇）に青年期二十五歳であったと仮定すると、元和元年（一六一五）は四十歳、『月之抄』良移心当流目録の元和八年（一六二二）は四十七歳となる。

元和年間は江戸時代太平の始まりとなったときで「元和偃武《げんなえんぶ》」とよばれた。「偃武」とは「武器を収め戦いをやめる」ことである。慶長から元和年間にまたがって、平和の到来とともに戦場武術が体系づけられ、各種の新しい流派が誕生した。「居合（抜刀術）・捕手（逮捕術）」あるいは「やわら」などのことばもこの時期に誕生した新しい武術用語であった。そして福野七郎右衛門は、この時期に柔術の一派を開いた武術家だったのである。

陳元贇が武術を語ったのは唯一、江戸国正寺滞在中であったが、その正確な年月日を特定することは可能であろうか。小松原濤『陳元贇の研究』所引国昌寺文書『旧紀禄』は、

大明国の僧陳元贇、寛永二乙丑年四月上旬国昌寺え入来、同四年卯名月十六日に出立致され候。尤も逗留中、長州辺の浪人三浦与治衛門・磯貝次郎衛門・福野七郎右衛門この三人え柔術と申すものを伝えられ候なり。

と記録している。すなわち陳元贇の国昌（正）寺滞在は寛永二年（一六二五）四月から寛永四年（一六二七）九月までの二年五カ月であった。寛永三年四月から五月が伊達政宗、徳川家光らに謁見した時期であり、江戸で陳元贇が著名になったのはこれ以降のことであろうから、武術を語ったのもおおむね寛永三年（一六二六）と想定してよいであろう。このとき陳元贇は四十歳、福野は柳生門下で修行と実戦を経て、良移心当流を確立した武術の大家であり、年齢的にも前述のように慶長五年を二十五歳と想定した場合、すでに五十一歳になっていた。ちなみに関口柔心はこの寛永三年、二十九歳であり、紀州徳川家にはまだ仕えていなかったが、自己の流儀はやはりすでに確立していたであろう。『本朝武芸小伝』では、関口柔心は紀州藩に仕える前、本多家（大和郡山藩主）に仕えていたという。本多家に出仕した年月は明らかではないが、二十九歳ならば柔術師範として本多家に仕えていたとしても年齢的に不自然ではない。

竹内流――日本柔術の源流

柔術は元和以降に確立した新しい武術であるが、技術的にはそれ以前、室町時代末期から盛んになった「小具足」「捕手」などとよばれる戦場格闘術の技法を受け継いでいる。小具足とは本来、戦闘用の服装・用具のうち、腰の廻りにつけた小刀・縄などの補助用具のことであるが、こうした小道具を使う格闘術そのものを次第に小具足と称するようになった。また、捕手は縄などで相手を縛る捕縄術を含むいわば逮捕術であって、情報収集を目的として敵を生きたまま捕らえるため、あるいは占領地の治安維持のために発達した格闘術である。小道具を除けば、格闘の技術は柔術と共通するところが多い。戦国時代の格闘武術が江戸時代に入って柔術として成立してからも、関口流など柔術主要流派は小具足・捕手の技を技法体系に含んでいた。いわば柔術は素手による格闘術を主にして、小具足・捕手などの戦場格闘術を平時格闘術として再編成したものと定義づけることもできるのである。

『本朝武芸小伝』は第九巻に「小具足」を、そして最終の第十巻に最も新しい武術として「拳（やわら）」を配していたのである。第九巻は題字「小具足」の下に小さく捕縛と注記し、まず「小具足・捕縛はその伝来久しきなり。専ら小具足を以て世に鳴る者は竹内なり。今これを腰の廻りという」と解説し、竹内中務大夫・荒木無人斎・森九左衛門・夏原八太夫の略伝を列記している。このうち最も著名であったという竹内流は現代まで一族が道統を継承し、いまも柔道・柔術の源流として敬意を払われている。現代の竹内流宗家（第十三代竹内藤一郎）は一九七九年、竹内家文書を公開し、この史料にもとづいて竹内流編纂委員会『日本柔術の源流・竹内流』（日貿出版社刊）が発刊された。柔道の総本山講道館の嘉納履正館長は「期待の秘伝書」と題して序文を寄せ、その中で次のように述べている。

此の度、竹内宗家及び竹内流顕彰会によって竹内流史料集が出版されることになった。これによって竹内流が史的に解明され、竹内家で門外不出とされていた多くの秘伝書が公開されるのみならず、秘伝の各技についても解説されることは真に喜ばしい限りである。

竹内中務大輔久盛が、竹内流捕手腰廻・小具足組討を創始したのは天文元年（一五三二）六月と竹内家の『古語伝』に伝えているので、竹内流は我国における柔術の内でも最も古い流派の一つということができる。久盛は、武芸を研究鍛錬の末、当時一般に用いられていた太刀に対して、ほぼその半分の一尺二寸の小太刀で対応する武術を案出し、その後に続く組討、縄等の術を体系化してその奥妙に達したことは、柔術流派の先駆をなしたものといえる。

この序文は専門家の立場から柔術史における竹内流の位置を簡潔に示している。開祖竹内久盛（一五〇三～一五九五　九二歳で没）は、かつては一城を領有して戦国武将として活躍したが、天正八年（一五八〇）宇喜多氏の大軍と戦って居城「一之瀬城」を失ってからは武術の専門家として生きた。陳元贇の誕生は日本年号でいえば、天正十五年（一五八七）である。竹内久盛は新影流の上泉秀綱（一五〇八？～一五七七　六九歳で没）とほぼ同時代である。戦国武将として志を果たせず、のちに武術の開祖として大成したという点で両者の運命には似たところがある。竹内久盛は上泉秀綱よりはるかに長寿を保ち、生涯をかけて子息たちと竹内流の完成に努めた。竹内久盛の事績は『日本柔術の源流・竹内流』に詳しいが、江戸時代広く知られた『本朝武芸小伝』にはどう記録されていたか確認しておきたい。

竹内中務大夫

竹内中務大夫（＝久盛）は作州（＝岡山県）津山城下波賀村の人にして小具足の達人なり。今これを竹内流腰の廻りという。その末流は諸州に在り。伝書に曰く、天文元壬辰年（一五三二）六月二十四日、修験者忽然として竹内の館に来たり捕縛五つを教えて去る。その帰するところを知らず。竹内は常に阿太古の神に祈ること篤《あつ》し。憶《おも》えらく彼の修験者は阿太古《あたご》の神かと。いよいよこれを敬い、これを信ず云々。その子常陸助、その子加賀助、箕裘《ききゅう》の芸（＝父祖直伝の技）を継ぎ、家名を墜《おと》さず、その名は日域《にちいき》に遍《あまね》し。（原漢文）

ここでも竹内久盛の武術開眼は天文元年（一五三二）との説を掲げている。久盛二十九歳のときである。武術家として生きるきっかけとなった一之瀬城落城（一五八〇）のとき、久盛はすでに七十七歳の晩年期であった。したがってこれ以降の竹内流の体系化と普及は、実質的には竹内流二代目久勝（常陸助　一五六七～一六六三）、三代目久吉（加賀助　一六〇三～一六七一）らによる。

竹内久勝は九州から東北地方まで、武者修行で広く日本全土を歩き、この影響で各地に柔術諸流が誕生したという。各流の武術家と交流することによって久勝も竹内流自体の技法を豊富にした。元和四年（一六一八）、久勝は京都西山に道場を開き、元和六年（一六二〇）ここで後水尾天皇に久吉を相手に竹内流を見せている。翌元和七年（一六二一）天皇から「日下捕手開山」という称号を賜与された。天皇の上覧の栄に浴しただけではなく、「日本一」とたたえられたわけである。竹内流の名声はこれで確立したといえるだろう。陳元贇が初めて日本に渡来したのは京都に竹内道場が開設された翌年の元和五年（一六一九）であり、臨時訳官として明使に随行し京都で林羅山の面識を得たのが、この元和七年（一六二一）のことであった。

竹内流三代久吉も十八歳ころから諸国修行に出たが、寛永元年（一六二四）ころ関東に入って諸流に打ち勝ち、江戸四谷に道場を構えて竹内流を広めた。江戸には寛永三年（一六二六）ころまで滞在したという。関口柔心が「余かつて命に従って東武に行く。時に世を挙げて柔を称する者あり」と述懐したのは、時代的にはこのころを指している。陳元贇が江戸国正寺に入ったのは寛永二年（一六二五）であり、ちょうど久吉の江戸滞在中にあたる。

竹内久盛以降竹内流の事績は『日本柔術の源流・竹内流』巻末年表に詳しい。上記、久勝・久吉の活動もこれによったが、江戸時代以前の竹内流の一端を示す史料として『室町殿物語』（注：平凡社東洋文庫所収。原形『室町殿日記』として臨川書店一九八〇年刊京都大学国語国文資料叢書十六・十七所収）も貴重である。同書は慶長五年（一六〇〇）以前の成立といわれ、豊臣秀吉治世下の治安取り締まりに関する見聞記を載せている。これら治安関係見聞の原資料は、京都検断職であった猶林市右衛門尉長高・脇屋惣左衛門尉貞親の日記とされるので、治安当事者によるかなり直接的な見聞と考えてよい。この中に高橋作右衛門光範という武術家が役人の手にあまる暴漢を取りおさえた逸話が三つほど採録されている。

第一話（『室町殿物語』六七「喧嘩を好む徒党の事」）によると、

ここに高橋作右衛門光範《みつのり》と云ふ人あり。器量《きりやう》・骨柄《こつがら》いかめしく、力ありて、一心の至剛《しいかう》なる事、凡《およ》そ世にたぐひなし。兵法は我朝《わがてう》（日本）にあるほどの家々の奥義《おくぎ》をつたへ、取手《とりて》は竹内の極意《ごくい》をきはめ、此のほか十文字・長刀・かま〈鎌〉・ことぢ〈琴柱〉など、家々の秘奥をか〈涸〉らせり（学びつくした）。

と高橋光範が武術に優れ、捕手術は竹内流の極意をきわめていたことを明記している。高橋光範はこの第一話で、堺の町を徒党を組んで「喧嘩買おう」と大声を上げて喧嘩を売り歩いていた暴漢たちと対峙する。光範はこのとき浪人中であった。本来はこうした俗事と無関係で済ますこともできたのだが、光範の武術を慕って門弟となった武士たちに喧嘩党退治を依頼されたのである。そこである日、光範は三人の門人を連れて、市中を徘徊していたこの暴漢たちにあえて喧嘩を売り、まず先頭の者を「取り付くより早く取つて伏せ、引きあをのけて眉間をくだけよと打」った。つまり投げ技で倒し、拳で顔面を打ったのである。相手はたちまち鼻血を出して気絶した。次いで光範は三尺一寸の大刀を抜いて鎖かたびらを着込んでいた大男を一刀両断に斬り伏せた。「こしのつがひ（関節）を一文字にきってふせたり。そのはたらき、手ばやき事、言語道断たぐひなし」と記されている。これはおそらく後世も柔術家がしばしば併習した「居合」（抜刀術）の技を用いたのであろう。暴漢たちは算を乱して逃げた。光範はなおも追跡して、また一人を突き殺した。以後、喧嘩党は姿を消し、諸家の武将たちに光範の名が知られたという。

第二話（『室町殿物語』七四「光範、手柄なる取りものの事」）は、生駒雅楽頭《いこまうたのかみ》が召し抱えていた相撲取（力士）を生け捕る話である。

生駒雅楽頭は織田信長・豊臣秀吉に仕えた著名な武将生駒親正（一五二六〜一六〇三）である。生駒親正が従五位下雅楽頭に叙任されたのは天正十三年（一五八五）であった。第二話に生駒雅楽頭が登場することによって、光範の活躍したのがおよそこの天正十三年（一五八五）から『室町殿物語』が完成した慶長五年（一六〇〇）ころまでの間のことであると推定できる。ちなみに先述した竹内久勝の全国武者修行は天正十九年（一五九一）からの八年間であり、ほとんど同時代である。

生駒雅楽頭は三十人ほどの相撲取（力士）を抱えていた。古代日本に根付いた相撲は、武士階級の発生とともに練武的なスポーツとしてますます流行した。源平抗争時代、関東の武士が特に相撲を好んだのはよく知られている。有名な曽我兄弟の仇討物語も、相撲勝負の恨みが発端である。織田信長も相撲を奨励し、しばしば高名な相撲取を集めては試合をさせた。このころの相撲取は、平時には競技で観客を楽しませ、戦時には大力を発揮して戦闘力となる者が多かったのである。

生駒雅楽頭が抱えていた相撲取の中に「うき雲・ひらぎ・かけはし」という三人の相撲取がいた。いずれも大力で有名であったが、ややもすれば勇力をたのんで喧嘩・口論などを引き起こし、事件になることが多かった。雅楽頭はあるとき、「かれらを、いかにもしていけどり、こらしめのために成敗すべき」と重臣を集めて対策を立てさせた。ある者の提案で家中の武士が師事している高橋光範に依頼してはどうかということになった。雅楽頭も光範の武名はすでに聞き及んでいた。そこで翌日、密かに自宅に招待して終日供応し、人物を見定めたうえで、一件を持ち出した。光範は「それではさっそく明日にでも」と引き受けた。

当日、光範は家老に指図して、殿のご用があるからと相撲取を一人ずつ中門から入れさせるよう手配した。雅楽頭はじめ事情を知る老若の武士たちが光範の技を見るべく早くから詰めかけた。万一の用心に家中の腕の立つ者を伏せておいたので、かなりの人数が見物していたことになる。

光範は「革袴のすそたかくとりて、しかとはさみ、一尺弐寸の小脇指をただ一こしさして」待ちかまえた。一尺二寸の小刀は竹内流開祖以来の得意とする武器であり、このときの光範の姿が竹内流の伝統的な演武装束である。

相撲取は呼びだされるままに一人ずつ中門から入る。そこにいた光範に「まかりとをり候」と何心なく挨拶して通り過ぎようとした。光範は「つとよって、うつぶせさまに取ってふせ、めて（右）のひざにて七のづ（七つめの椎骨＝脊椎の急所）をひっしと詰めて、やがてはやなわ（早縄＝捕縄）かけたりけり」。相撲取を軽がると投げ倒し、しかも暴れさせもせず、たちどころに縛り上げてしまったのである。急所を利用し、小さな力で剛力を制するのは、のちの柔術で最も重視されたが、このころの竹内流にはすでにそうした技術が含まれていたことになる。「（相手は）大力とはいへども、ちっともはたらかせず、手ばやき事いふばかりなし」というみごとなありさまであった。光範は残る二人も同じようにやすやすと引きすえてしまう。雅楽頭はこれを見て、「大のおのこの、たくましく、ちからあくまでさかんなる者どもを、引きふせ引きふせ取りかためらるる。其の功、言語のぶるにあたはず」とたたえ、光範に金品を贈り、ついでに三人の相撲取が金銀でつくった刀まで光範に与えてしまった。

第三話はこの直後に記されている。

あるとき大阪天王寺のあたりに官憲に追われた主従ふたり連れの武人が民家にたてこもった。生駒雅楽頭の奉行柳村源次兵衛・松本忠左衛門らが百五十人の手勢を率いて囲んだが、相手は「冥土の思い出に切り死にしてくれん」と構えているので、うかつに攻め込めば犠牲が出る。火攻めにすれば近隣に迷惑がかかる。相談を受けた高橋光範は、まず囲みの人数を退かせてしまう。さらに自分も丸腰になって裏口から「そちらの言い分をお聞かせ願いたい」と立てこもる武人に声をかけた。

武人は光範が武器を持たず、ものやわらかな態度で話しかけるのを見て、家の中に入るのを許した。光範は武人の言い分を十分聞いたうえで「ここは殺生禁断の地。そういう事情なら他国に行くぶんにはさしつかえない。自分が手配するから、闇に紛れて落ちのびよ」とすすめた。

日が暮れてから、光範は再度武人に会い、「話はついている。ただし人目につかぬよう別々に逃げるがよかろう」と言い、まず従者を東に逃げさせた。武人は待ち伏せがいるのではと半信半疑であったが、光範は「どうせ切り死にする覚悟だったではありませんか。出るかどうかは、そちらの気持ちしだいでしょう」と笑って去った。

武人はついに家を出て、西に向かった。逮捕の瞬間は「折りふし五月半なれば、麦のかりつみたるかげにかくれゐけるが、いづるとみるより、うしろよりもとってふせ、はやなわをかけたり」と記されている。ここでも光範はほとんど瞬時に武人を投げ倒して縄をかけたのである（従者は待ち伏せていた奉行衆が捕らえた）。

竹内家の文書以外、『室町殿物語』という竹内家とまったく無関係の史料にさえ、竹内流の技法が描かれているということは、いかに竹内流が当時から著名であったかということを示している。同時に高橋光範の逸話を通じて、小具足・捕手などが、格闘技としては柔術と同類の武術であったことが具体的に理解されるのである。もう一つこの物語が示唆していることは、天正から文禄・慶長を経て「元和偃武」とうたわれた元和年間にいたるまで、すなわち諸国分裂の動乱状態が天下統一へと収束に向かうこの段階で、単に生命を撃殺するだけの武術ではなく、相手の生命を保全しつつその自由を制するという格闘技術が要求され、盛んになったということである。

ちなみに豊臣秀吉による刀狩令は天正十六年（一五八八）である。竹内流などの捕手、あるいは元和以降の柔などの成立は、近世日本の統一化にともない治安維持の必要性が全国的に高まったという歴史的背景と無関係ではない。柔が元和年間「和」と書かれたのも、動乱から安定へというこの時代の平和的発想にもとづくものであろう。以上で明らかなように、陳元贇の柔術に与えた影響力は、柔術の確立普及期にあたって側面から一滴を投じたというきわめて相対的なものであって、柔術そのものを発明したのではなかった。こうした観点は、一九三〇年代、日本柔道史の専門家によってすでに提起されていた。

たとえば桜庭武『柔道史攷』（一九三五）、丸山三造『大日本柔道史』（一九三九）等いずれも柔術の起源は、古代格闘技としての相撲の伝統を受け継ぎ、直接的には武士階級による戦場格闘術から発達したとして、陳元贇はもとより竹内流・関口流なども歴史的には相対的な位置においている。両書とも陳元贇が実際に果たした役割については、『本朝武芸小伝』の記述に沿って、陳元贇は明国武術に関する自己の見聞を語ったにすぎないとしている。

横山健堂『日本武道史』（一九四三）も同様見解に立つが、ただし同書は会津藩の武術教育を考証解説した『会津藩教育考』（一九三一）に依拠して、「陳元贇の拳法伝授は、唯だ談話ばかりでなく、何ものか書いたものを併せて授けた」可能性があると主張した。

『会津藩教育考』第十九「柔術幷びに居合術場」は、「柔術は帰化人陳元贇が伝へしところと雖も、相岐れて我藩には神道精武流、神妙流、稲上心妙流、水野新当流、夢想流等あり。神道精武流は小笠原長政、水野新当流は小林歳程を始祖となす。他の祖は之を知る能はず」と、まず江戸時代会津藩に実在した柔術流派名を明らかにしている。そして第三十「古人事歴」柔術家列伝のうち、宝暦年間（一七五一～一七六四）水野新当流第三代師範となった塩田昭矩の伝記に次のような記述が見られる。

父に学で柳生流の剣術に長ず。また小林歳重（＝初代小林歳程の子）に従て水野新当流の柔術を修む。歳重後進者の為に教法数条を書するや、昭矩参与の功多かりき。柔術はもと陳元贇の伝へし所、その書は俗人の解し得ざるもの多かりしが、昭矩これを訳し、大に玄微を発明し事理明瞭せりといふ。

昭矩は学問にも秀でていたので、水野新当流の教法を文書化したり、陳元贇の書を訳解することができたのであろう。横山健堂は、この陳元贇の書を拳法の専門書であったろうと推定しているわけである。しかし、陳元贇が武術書を著した事績は『本朝武芸小伝』『先哲叢談』などにいっさいない。ここにいう陳元贇の書とは、文学的な詩文・著述であろう。もし武術に関係があるものとすれば、それは道教系統の哲学・呼吸法について述べたものと思われる。すでに引用したが、『本朝武芸小伝』で陳元贇伝承を記述した箇所に「此術の理は柔にして敵とあらそはず、しばしば勝ん事を求めず、虚静を要とし物をとがめず、物にふれ動かず、事あれば沈で浮ばず、沈を感ずると云。凡調息を要とす」とある。この文は一読したところ平明に感ずるが、実はいま一歩文意が鮮明ではない。昭矩が訳解した文章とは、こうした道教的な哲理を述べたものではなかっただろうか。

ちなみに、現存する陳元贇著述に『老子経通考』がある（注：静嘉堂文庫所蔵。長澤規矩也『和刻本諸子大成』第九輯所収）。同書は、江戸期以前に渡来した『老子』注釈書に、さらに陳元贇が新たな注解を付したものである。その注解は古典的な立場を逸脱したものではなく、まして当代の日本武術や柔術に結び付けて説いたところはない。会津藩柔術師範塩田昭矩が訳読し「大に玄微を発明し事理明瞭せり」という陳元贇の書とは、まさにこの『老子経通考』であった可能性がつよい。

また、横山健堂は、陳元贇のことばをヒントにどのような技が編み出されたかについて、次のような推論を加えている。

（福野ら）三士、元贇の拳法の話から果して如何なる新しい技を学び得たかについて、明記したものはみないけれども、支那拳法の得意とするところの突き即ち当身、及び足の技、殊に蹴ること等に関するものが、新らしい収穫であったろうと思ふのである。（注：前掲『日本武道史』）

しかし、突き・蹴りは使用例が少ないとはいえ、日本でも古代から相撲の技として伝来している。竹内流が急所を活用して人を制した例はすでに述べたが、相撲取も人体急所を体験的に知っており、競技の際はいわゆる「禁じ手」を設けて危険な技を排除した。これは裏返していえば、彼らがいざとなれば拳法と同じ技を使うことができたということを物語る。『日本書紀』に描かれた野見宿禰と当麻蹴速の蹴り試合はつとに著名だが、『今昔物語集』をはじめ平安時代・鎌倉時代の説話や戦記物などにも蹴りや、鎧の上から相手の胸を拳で打って突き倒すなどの用例を見ることができる。

陳元贇の話がヒントとなってこうした技なり、訓練法がさらに体系化されるきっかけとなった可能性も否定できないが、『本朝武芸小伝』では「元贇かたりて、大明に人をとらふる術あり、我其術をしらずといへども能其技をみつる」と言ったところから考えるならば、突き・蹴り等よりはむしろ明代に発達した擒拿系の技であったろうと推定できる。擒拿系拳法は突き・蹴り等基本技法を含むほか、人体の筋肉・神経・気管・関節等の弱点を利用して人を制することを得意とする。この擒拿系ならば、まず「人を捕らえる術」という陳元贇のことばに合致する。また、少ないヒントでも福野らほどの体験者であれば自己流に各種開発することが可能であったろうし、しかもこの分野はそれまで日本ではあまり発達していなかった。相撲や戦場格闘術は大技を主体に発達せざるをえなかったが、陳元贇の渡来時期は平装による格闘術あるいは逮捕術が進歩、確立したときであり、巧緻性に富んだ擒拿系の技術は時代的な要求にも合致していたのである。陳元贇の影響力が相対的なものとはいっても、こうした観点に立てば、陳元贇は文人でありながらも日本武術史に貴重な一石を投じた人物として、それなりに再評価することができる。

陳元贇伝説の現代化

陳元贇柔術開祖説が柔道史では半世紀も前に否定されているにもかかわらず、一般には陳元贇が拳法の達人であったという伝説はいまだにはびこっており、あまつさえごく最近になって、拳法の達人ということは「拳法の総本山」少林寺で学んだにちがいないという短絡的発想から、陳元贇少林拳達人説という新たな虚構が生じた。この説は主として小松原濤『陳元贇の研究』に依拠している。

『陳元贇の研究』は、陳元贇の生涯と事績を総合的に探求した画期的な労作であった。しかし、惜しむべきことに武術史との関連では再検討を要する箇所が少なくない。まず根本的な問題として、陳元贇と少林寺の関係について同書は、わずかに中島圭祥（一八七八～一九六二）という明治末期から政治的志士として日中両国で活動した一人の特異な現代武道家の主張に依拠し、そこから陳元贇の各種の技能をすべて少林寺に直結して論じていることである。

『陳元贇の研究』は、陳元贇が少林寺で修行したことを前提に少林寺および少林寺における陳元贇の武術修行について論じ、「陳元贇は一年一ヶ月の短期修行をもって少林寺を下山した。拳法試合のとき先輩に敗北した彼に院主から退去の認可があったのは、彼には投げ業にかけられても顚倒することのない宙がえりの一芸に秀いでていたがためで、時に明神宗の万暦四十二年であったという」と結び、さらに末尾に、

明治三十二年（一八九九）に河南少林寺に入山して僧となり、拳法を学んだ中島圭祥翁（一八七八～）は予て注目していた陳元贇の同寺における足跡を調査された。本篇はその直話を骨子としたものである。

と注記を加えているのである。

中島圭祥は九峰と号し、中国名を李書城と名乗った。明治末期、内田良平・平山周・宮崎滔天らと孫文・黄興

らの中国革命を協助したいわゆる日本人志士の一人である。圭祥の次男で柳心館道場を主宰し、居合・柔術などを教授した中島将弼師範は、その著『孫子の兵法と武道』（注：総合武道柳心館一九六七）で父圭祥について次のように語っている。

　九峰（李書城）と黄興等が、袁世凱の命令で民国二年七月に「生死をとわず」と懸賞金がかけられている写真が、筆者の手許にある。写真は四名だが、黄興（毒殺）も外の二名も暗殺されたが李書城（九峰）だけが生きのこり、大東亜戦争では香港の九竜地区の市長までやったが、昭和三十七年東京で八十四歳で故人になっている。

同書によると、蔣介石が日本の陸軍士官学校に入学したときの保証人は、茅野長知と中島圭祥であったという。少林寺には中世から近代まで日本の禅僧で入山した者が数名いる。しかし、武術家で入山した者はほとんど皆無のはずである。中島圭祥が十九世紀の晩期、実際に少林寺に入山したことがあるとすれば、武術家による少林寺入山のほとんど唯一の例として、それ自体は日中の武術史にとって興味深い事実となる。しかし、中島圭祥という現代人の入山体験をもって明代における「陳元贇の少林拳修行生活」を描くことは不可能である。まして少林寺に陳元贇の足跡は存在していない。圭祥も「陳元贇は拳法の達人。拳法の達人はすべて少林寺の出身のはず」という仮定で、自己の少林寺体験から陳元贇時代の少林寺を想像したにすぎないのである。それを「陳元贇の足跡」として記したところに『陳元贇の研究』の根本的問題が存在する。

圭祥が少林寺で修行した拳法の内容も『孫子の兵法と武道』によれば、それは達磨に仮託した『易筋経』鍛錬法であった。同書巻末の中島将弼「著者略歴」では「一、昭和八年西園寺公望のボデー《ママ》ガードとなり、父圭祥の指導により少林寺拳法の研究す」と記しているにもかかわらず、本文ではこれを『易筋経』の行法として解説しているのである。

正直な処この易筋経、洗髄経は日本では未だ完全に訳文した人は、皆無と言っていい。ただ、中国に渡り明治三十四年（引用注：『陳元贇の研究』では明治三十二年）少林寺に入門して修行した筆者の亡父九峰唯一人ときいている。

これは後述で入門の様を示すことにするが、いま一人は日本文豪幸田露伴先生がその一部を解説されているだけで、それも現在では見あたらず、九峰父の手許に一冊あったが残念なことに火事で焼失してしまった。筆者の手許には九峰父が「武道」と題した昭和九年（一九三四）に書いた一冊の中に示されているのみとなったが、九峰父より常々この易筋経について指示された行動のみは記憶しているのである。

残念なことに、九峰父の書いた文体が現在仲々理解できず、その大意のみで他日専門的に分解して機を得て発行して見る予定である。

このように中島圭祥・将弼父子は、『易筋経』が少林寺に発したという旧来の俗伝を信じ、あたかも『易筋経』の行法が少林拳の真髄であるかのように誤解していたのである。陳元贇が少林寺で『易筋経』を学んだと理解していたとすれば、それは誤解に誤解を重ねていたというほかはない。『陳元贇の研究』のうち少林寺・柔術などに関する史論は、このような誤解にもとづいて展開されている。中国でも最近になって、「陳元贇によって少林拳が日本に流伝し柔術となった」というような見解が見られるようになったが、これも『陳元贇の研究』が引き起こした余波であろう（陳元贇は中国では歴史上無名の人物であり、これまで元贇に関する中国側史料は出現していない）。

『陳元贇の研究』後記に含まれた「尾張藩武道と陳元贇拳法」と題する余論によると、著者小松原氏も従来は、

少林寺に入山した中島圭祥（前列右）は、のちに黄興（前列左）の革命派に参加した。（中島将弼『孫子の兵法と武道』）

陳元贇が拳法家であるとの説を否定していた。陳元贇は単に明国武術の見聞を語ったにすぎないという『本朝武芸小伝』の説を支持し、著者は「『先哲叢談』などの『善拳法』（拳法に善なり）説を否定する一例として、京都『行福庵』時代の節に述べた『庵主の泥棒騒ぎに一夜戦々惆々として眠れなかった』態度は一流に達した武道家の心境ではなかろう」と主張してきたのであるが、「少林寺入山拳法家中島圭祥翁と数次会談するに及び、元贇少林寺訪山の事実ありとの断言を実証的に打破できぬ限り、陳元贇が拳法家であるという所説を肯定する立場を」とるにいたったのである。

しかし、中島圭祥が優れた武術家であり、少林寺入山の体験を持っていたとしても、歴史研究家として著者は「元贇少林寺訪山の事実ありとの断言を実証的に」証明できぬ限り、圭祥の談話を採用する必要はなかったであろう。著者も自ら、なお疑問が残るとして、次のように記している。

名古屋市史の分類では陳元贇を武道家と扱ってはいても、尾張藩元贇流の実際を記述していない。また陳門人本多道虎にしても無三四流の剣法家としては記されてあるが、元贇とは書道の師弟関係しか言及されてはいない。他の尾張藩武道文献では元贇の国昌寺拳法を言い乍ら尾張柔術家との繋統を立証していない。文献上では元贇が藩祖敬公の前に出現したのは四十八才の陽春三月からとすれば、柳生流極意皆伝の敬公がまだ老いぬ元贇の拳法を閑却する筈もないといえよう。尾張武道と元贇流拳法の関係を闡明する資料がこんにちまで埋没しているのはいかなる風に解釈すべきであろうか。

この疑問も「陳元贇は文人であり武術の専門家ではなかったから」という著者自身の従来の主張に返れば一挙に解決されるのである。

日本柔術に与えた中国武術の影響

陳元贇柔術開祖説は、副作用としていくつかの弊害を生じた。まず第一に、文人として生きた陳元贇本来の姿を歪曲し、正しい陳元贇伝の形成を妨げた。第二に、柔術があたかも江戸時代に突如として個人的にもたらされ、ないしは発明されたとする見解が生じ、柔術史が古来格闘術の歴史から切り離された。そして第三に、あまりにも陳元贇個人に象徴的な権威を与えたため、他方面から日本柔術に与えた中国武術の影響が捨象されたことである。第一と第二の問題はすでに論じた。そこでここでは第三の問題、つまりこれまで陳元贇の陰に閑却されてきた中国武術の日本柔術に対する影響を考察し、本節の最後としたい。

「やわら」は江戸時代、多様に表記された。「和」「柔」のほか、「柔術」「拳」「拳法」などと書かれても、「やわら」と訓読されることが多かった。このうち「拳法」という用語に、ここでは特に注目したい。「拳法」は柔術が確立した江戸時代、初めて登場した新しい漢語であり、当時の日本武術にとってはどちらかといえば特異な用語であった。

中国語としても「拳法」は必ずしも一般的とはいえない。統計学的に調査したわけではないが、総称としては古今を通じてただ単に「拳」と記す場合が最も多いであろう。現代語としては「拳法」よりも「拳術」のほうがなじみやすい。一般的には「少林拳」「太極拳」など流派名をつけて用いることが多く、また「打拳」（拳を打つ）、「練拳」（拳を練る）などの動詞的表現が口語としては自然である。文献的にも古代には「手搏」とよばれていた。「相撲」も本来「相（互）いに撲る」の意で広義には拳法の古語である。「拳法」は明代以降に用いられるようになったが、中国では現代まで用例もそれほど多くはなく、やや特異な文語的表現といえるだろう。

これに比較して日本では、「拳法」は江戸時代初期に現れ、ときに柔術の代用語として用いられるようになり、明治以降現代にかけて徒手武術が柔道・空手・合気道など多様に再編されるようになるとともに「拳法」も武術用語の一つとして完全に普及、定着した。

「拳法」を正面から取り上げた用例として戚継光《拳経》の第一句、「拳法は大戦の技に預かること無きに似たり。然るも手足を活動し、肢体を慣勤す。初学、（武）芸に入るの門と為すなり」は特に著名である。この同じ序文の中に「各家の拳法」という用例が見られ、序文の最後は「（拳棍・刀鎗・弓矢・挨牌の類も）まず拳法によりて身手を活動せざることとなし。それ拳とは武芸の源なり……」と結んでいる。『紀効新書』以外の明代兵書、たとえば唐順之『武編』、何良臣『陣紀』、茅元儀『武備志』などいずれも総称は「拳」であって、それぞれの本文にも『武備志』が『紀効新書』を引用した箇所以外、「拳法」という用語は見られない。こうした事実から考えて、「拳法」は『紀効新書』の普及とともに広まった明代以降の武術用語ではなかったかと思われる。そして日本に「拳法」が出現したのも、やはりこの『紀効新書』の直接的影響によるものと考えられるのである。

紀州藩主徳川頼宣が「嗚呼、柔心が柔は諸芸の父母なり。学ばずんばあるべからず」（『柔話』）と関口柔心の柔術を高く評価し、城中における平時の護身法として近習の武士たちに奨励し、かつ自らも学んだというのは有名な故事である。この頼宣の「柔は諸芸の父母なり」ということばは、明らかに『紀効新書』の「それ拳とは武芸の源なり」を直接の典拠としている。

関口流から派生した渋川流は、柔術の実技普及と理論的確立に大きな功績があった。その伝書の一つ『柔術大成録』（注：渋川流四世、渋川伴五郎時英の著作。一七四九年完成。日本武道大系『柔術・合気術』所収）も徳川頼宣のことばを引いて、

南龍公（徳川頼宣）の曰く、「柔術は武芸の父母なり」と。森共之が云う、「柔術は人をして英雄ならしむるの道なり」と。何れも柔術の全体を見得たる説なり。

と柔術の意義を説き、この下に「拳経に云う、それ拳たるや武芸の源と為すなりと。南龍公の言は蓋しこれに本づく」と注記している。

日夏繁高が『本朝武芸小伝』を著したころは、渋川流が江戸で名声を博したときであるが、「渋川家には代々文筆に優れた人が多く、初代義方には『柔術百首』、二代胤親には『柔術稽古規』、三代資矩には『柔術大意』、四代時英には『柔心先生伝』、『柔術大成録』、『薫風雑話』等の著作」がある（注：前掲『柔術・合気術』老松信一〈渋川流〉解説）。これら渋川流の書は初代から一貫して「柔術」と表記している。「柔術」が一般化したのは、こうした渋川流著作の影響によるところが少なくなかったはずである。だからこそ日夏繁高は『本朝武芸小伝』に、『拳法秘書』に曰く、いま世にいわゆる柔術これなり」と記したのであろう。

ところで、ここにいう『拳法秘書』とは何か。同書はここに引用されているだけで現存していないが、「拳法」という用語は『紀効新書』の伝来によるものと想定されるので、『拳法秘書』も『紀効新書』に影響を受けたものか、あるいは《拳経》を日本向けに再編集したものであったかもしれない。

桜庭武『柔道史攷』の引く江戸時代の武術資料に『大極流拳法形勢棍法居合弁略』と題する書がある。この巻一に「夫れ拳法形勢の二芸は、大戦の業にあらず。然りといへ共この法を学ぶときは、身体手足の働き自由にして、進退を能なし、組んで勝負を決するにも利あり」と《拳経》類似の文があり、図解された技法も『紀効新書』の絵と同一類」である。江戸時代の後期、日本が西洋諸国の脅威にさらされたとき、明代兵書は再び流行し、各種の和刻版が生まれたが、《拳経》を主体とする再編集本は、柔術資料として当初（『紀効新書』渡来時）から各種発刊されていたのではあるまいか。

柔術の源流とされる竹内流にさえ、江戸時代後期の伝書には《拳経》の影響が見られる。すなわち竹内流伝書『武芸之序』（一八四四）「当流大意」は、「又拳法は大戦の技に預り無きに似たりと雖ども手足を活動し肢体を慣勤す。これ初学入芸の門と為すなり」と《拳経》序文を援用し、また「拳法条目」として「昇降勢・電光勢・如水勢・屈伸勢・徐疾勢・隠顕勢・精微勢・発機勢・潰衆勢・陰陽勢・与奪勢・不識勢」の十二勢を記している（注：日本武道大系『柔術・合気術』所収）。技法は竹内流のものであろうが、名称の立て方にも明らかに《拳経》の影響を読みとることができる。

竹内流・荒木流・気楽流等、かつて小具足・捕手などとよばれた古流柔術の伝書に共通していることは、江戸時代に入ってからも呼称として「柔術」を用いず「拳法」を採用していることである。これは「柔術」が新しい用語だったので、江戸時代の初期は特に自己の伝統を重んじて「柔術」の使用を避け、かわりに中国から渡来した新しい漢語「拳法」を古流にふさわしい、より権威ある用語として採用したものと思われる。

初期柔術家たちに長崎における修行伝承が多いのは、《拳経》に影響を受けた初期の柔術家たちが、文献上だけではなく、当然のことながら具体的な技法・動作にも関心をつよめ、中国との窓口になっていた長崎で少しでも中国直伝の実技に触れようとしたためであろう。

小栗流・関口流の開祖たちが長崎で中国武術を研究したとされていることについてはすでに述べたが、このほか江戸時代後期に著名となった楊心流も長崎との結びつきがつよい（楊心流は揚心流と書かれることもある）。楊心流の開祖は三浦楊心ともいい、あるいは秋山義時ともいう。楊心流は関口流より古いとは思われないが、その起源はあまり明瞭ではない。『本朝武芸小伝』に楊心流に関する記述はなく、これよりはるかのちに江戸で編集された『武術流祖録』（一八四三　広谷雄太郎編『武術叢書』一九二五所収）は、開祖を秋山義時とし、次のように記している。

揚心流　秋山四郎左衛門義時
年暦を詳らかにせず。肥前長崎に住す。武官と云う者、義時に授くるに捕手三手活法二十八活を以てす。後、義時その奥旨を究めんと欲し、太宰府天神に祈る。遂に其の妙秘を悟り、捕手三百手を工夫し、而して揚心流と号すと云々。大江仙兵衛広富、其の流を中興す。貞享年間の人なりと云う。

楊心流と真神道流を合して成立した天神真楊流の伝承によると、楊心流の開祖は「長崎表の小児医師秋山四郎兵衛由時」で医術修行のため中国に渡り「はくだ」という者に突き・蹴りなど三手を習い、帰国後これをもとにして三百三手を編み出したという（注：『柔術・合気術』所収『天神真楊流柔術大意録』）。「武官」、「はくだ」は人名とはいえない。「武官」は文字どおり中国（清朝）の武官であり、「はくだ」は拳法を意味する「白打」（拳法の別称）であろう。

十七、八世紀、琉球には中国武官が拳法をもたらした。江戸時代、外交窓口となり「唐人屋敷」の所在した長崎でも、滞在中国人が私的に拳法・医術を伝えることは十分可能であった。鎖国体制下の江戸時代にあっても、日本は儒者・僧侶とともに良医が中国から来訪することを歓迎した。彼らが当時の日本文化に与えた影響は決して小さくない（注：中山久四郎「近世支那の日本文化に及ぼしたる勢力影響」〈『史学雑誌』第二十五編第二号～第二十六編第二号〉一九一四）に分野別の事例が多数報告されている。その他、木宮泰彦『日華文化交流史』冨山房一九五五、大庭脩『江戸時代における中国文化受容の研究』同朋社一九八四等参照）。

そして、享保年間には、まさに「清朝武官」が長崎に来航し、日本に馬術・騎射術を紹介している。これは中国側から見れば貿易船に便乗した密航に等しい私的な訪問であったが、日本側の江戸幕府にとっては、徳川八代将軍吉宗の下命にもとづく半ば公然たる招聘であった。

徳川吉宗は実学を重んじ、殖産から学術文化に至るまで社会全般にわたって「享保の改革」として知られる積極的な政策をとった。武術振興にも力を入れ、とりわけ弓術・馬術・騎射術に関しては古今の流派を研究し、自ら実験を繰り返して新たな礼式を定めたほどである。江戸幕府はこの吉宗の弓馬・騎射術振興政策に沿って、良馬・馬医・騎射に優れた人物の招来に努力したのである。

このとき来訪した武官は、陳采若・沈大成の二人で、馬医劉経先らとともに享保十二年（一七二七）六月、長崎に到着した。帰国は陳采若が享保十六年（一七三一）四月、沈大成が同年十月である。

国立公文書館内閣文庫に蔵する当時の日本側記録「騎射・馬医唐人渡来之次第」（注：大庭脩『江戸時代における中国文化受容の研究』所載）によると、陳采若（渡来時三十五歳）は浙江杭州の人で、九歳から「満州之正紅旗同山之官董爾泰」に弓馬の術を学び、陝西西安府の中営において「千総之武官」を勤めていたが、年期が満ちて故郷杭州に帰っていたものという。また、沈大成（渡来時三十二歳）は浙江寧波の人で「弐拾歳」（注：拾弐歳の誤記か。中国武人は古代から現代まで少年時に修行を開始するのが普通）のとき「台州府守備之官趙天祥」に師事して弓馬を学び、その後「把総又千総之武官」を歴任し、七年間兵卒に弓馬を教えていたが、やはり年期が満ちて退役したものであるという。

もっとも、陳采若・沈大成はともに本名ではなかった。当時、清朝は対日貿易を重視していたが、種々の規制を設けていた。武官が外国に密航し、中国武術を教習することは重大な違法行為であった。「清朝武人が日本で武術を教え莫大な謝礼金を得ている」との貿易商のうわさを聞きつけた浙江総督李衛は日本側を刺激しないよう秘密裡に探索した。『雍正硃批諭旨』六年八月初八日、十月十七日、十一月初三日、九年六月十九日浙江総督李衛の上奏等によれば、陳采若は貿易商には張燦若と名乗っていたが、本名は張恒晫といい、もと弓箭教師張彬如の子として生まれ、雍正元年第五名の武挙となった人物である。また、寧波居住の千総沈大成は広東の出身で実は楊姓に属するが本名不詳とする（注：唐豪「清初張恒晫私往日本教習弓箭案」〈『手臂余談』一九三六所収〉、大庭脩『江戸時代における中国文化受容の研究』等参照）。ここでは日本で通用した陳采若、沈大成を用いる。

陳采若・沈大成は長崎桜馬場の勘定屋敷に滞在し、吉宗が派遣した馬役富田又左衛門らに実技を見せ、あるいは吉宗の質問事項に対して文書で答えた。「有徳院御実紀付録巻十二」（『徳川実紀』）によると、吉宗は陳采若らが紹介した中国式騎射術のうち、「一馬一箭」「一馬三箭」「蘇秦背剣」等の射法を取り入れ、これに日本の古式を合わせて自ら訓練を重ねて技法を確立し、のちに小笠原平兵衛常春にことごとく習熟させ、「あまねく御家人に教授すべし」と命じた。小笠原家は古来、騎射では日本一とたたえられた名門であり、これ以後、古法とは別に徳川吉宗伝を家法として伝え、その技法は二十世紀の今日まで一族の手によって保存されている。

　このほか吉宗は、沈大成が上書した『武備辺要』から陣中の馬術訓練法や競技を採用し、近習の武士たちと興じたという。こうした逸話が吉宗の武術的事績を集録した「有徳院御実紀付録巻十二」（『徳川実紀』）に生き生きと描かれている。

　陳采若・沈大成の来訪を直接斡旋したのは、これより先、享保十年（一七二五）に渡来していた朱佩章・朱子章・朱来章という福建汀州府《ていしゅうふ》の朱氏兄弟であった。朱子章・朱来章は学識経験豊富な良医として名が高かった。朱来章は享保六年（一七二一）に初渡来し、長崎で広く一般市民に医療を施した。朱来章が享保十年、朱子章・朱佩章を伴って来日したとき、幕府は日本側医師に彼らと交流するよう積極的に奨励した。御文庫医書の校合を命じられた官医今大路道三、栗本瑞見らも朱子章に書簡を送り「療養数件」について教えを受けている（注：朱子章の返書は『通航一覧』巻二一六に収録されている）。

　長兄の朱佩章は儒者として知られたが、かつては軍事に携わった清朝武官の出身である。朱佩章が吉宗の命を受けた荻生総七郎と交わした問答書『清朝探事』は、清朝の政治・軍事・法令事情を語る好資料として日本側に珍重された。朱佩章が清朝軍人の出身であることを知った吉宗は、馬術・射騎に優れた武官を新たに渡来させるよう下命し、朱佩章の子朱允伝の名義で貿易上の特権を与えた。こうした経緯でまだ三十歳代の少壮中国武人の渡来が実現したのである。

　ところで、前掲「騎射・馬医唐人渡来之次第」に、楊心流伝承と関連してきわめて注目すべき記録が見られる。すなわち陳采若・沈大成らの滞在手配の条に「牧野十兵衛殿、秋山八郎右衛門殿御立合」と記されているのである。文意から察すると、この二人は唐通事たち（武官一行の通訳兼世話役をつとめた）を指揮監督する長崎奉行所の役人であった。ここに登場する秋山八郎右衛門が楊心流開祖「秋山四郎左衛門義時」(『武術流祖録』。『天神真楊流柔術大意録』では「秋山四郎兵衛由時」)とどのように関わるかは不明である。しかし、上述の享保年間における武官渡来の故事には、楊心流伝承に見られる長崎・秋山・武官・医師という一連のキーワードがすべて登場している。したがって、両者には偶然の一致以上の何らかの関係があるものと推定できる。

武官陳采若・沈大成は騎射の達人であったが、出身地浙江は拳法の盛んな土地である。斡旋者朱佩章の出身地福建もまた南派少林拳の発源地としてあまりにも有名である(沈大成は広東出身ともいうが、広東はまた福建と並ぶ南派拳術の名門地である)。彼らが武人として騎射の外にこうした徒手武術をたしなみ、四年間にわたる長崎滞在中、希望者に伝授した可能性は大いにあるだろう。彼らは一般貿易船の乗組員と比較して、はるかに日本側の待遇に恵まれ、行動の束縛も少なく、日本人と接触する機会が多かった。秋山八郎右衛門は職務がら最も密接に滞在武官と接したであろうが、その一族もまた八郎右衛門の紹介によって陳采若・沈大成ら武官、あるいは朱氏兄弟ら医師に容易に師事して拳法・医術を学ぶことができたはずである。

楊心流が、享保十二年武官の渡来を契機として成立した比較的新しい門派であったとするならば、享保元年刊『本朝武芸小伝』に楊心流に関する記述が見られないのも当然のこととして納得できる。

上記以外にも、日本に拳法を伝えた中国武人の伝承がある。『日新館志』所載会津藩「柔術」によると、「(会津藩夢想流捕手入身兵法開祖)岩田氏系譜に曰く、永禄中、唐人紀州に来たり、関口孫兵衛信房に拳法・手搏の手を伝授す」という。永禄年間(一五五八〜一五七〇)は明の嘉靖年間晩期で戚継光が活躍していたときである。この伝承が事実とすれば、関口柔心が紀州藩で柔術を教授した寛永年間(一六二四〜一六四四)よりはるか以前、すでに紀州の地に中国拳法が伝来していたことになる。

『本朝武芸小伝』所載「〈小具足〉森九左衛門伝」によれば、「森九左衛門は捕縛の達人なり。その当身は妙を得て神なり。のち紀州頼宣卿に仕えてその名を発す」とある。森九左衛門が徳川頼宣に仕えたということは関口柔心と同時代となるが、流儀としては柔心の新心流柔より古いはずである。もし森九左衛門が地元の紀州で当身すなわち拳による突き技を修得したものとすると、中国人が紀州に拳法を伝えたとする岩田氏系譜の記述と関係があるか否か、きわめて興味深い問題となる。

会津藩には「明儒五峯」を流祖とする「体挫術」もあった。『日新館志』によると、これは武器を持つ相手の隙に乗じて突入し、その「身を挫き骨を折る妙（術）」で「柔術にあらず捕手にあらず。真の奇術なり」と説明されている。これがどの程度の真実を含んでいるか不明だが、五峯らは平戸（長崎県）を拠点とする海寇であり武装集団であった。中国海寇の滞在中、彼らの実戦的な武術を日本人が学ぶことは決して不可能ではなかった。

このように中国拳法と柔術については、陳元贇説以外にも各種の伝承が存在する。陳元贇柔術開祖説の虚像を打破することによって、われわれの眼前には近世日中間における徒手武術交流の新たな視野が開けてくるのである。

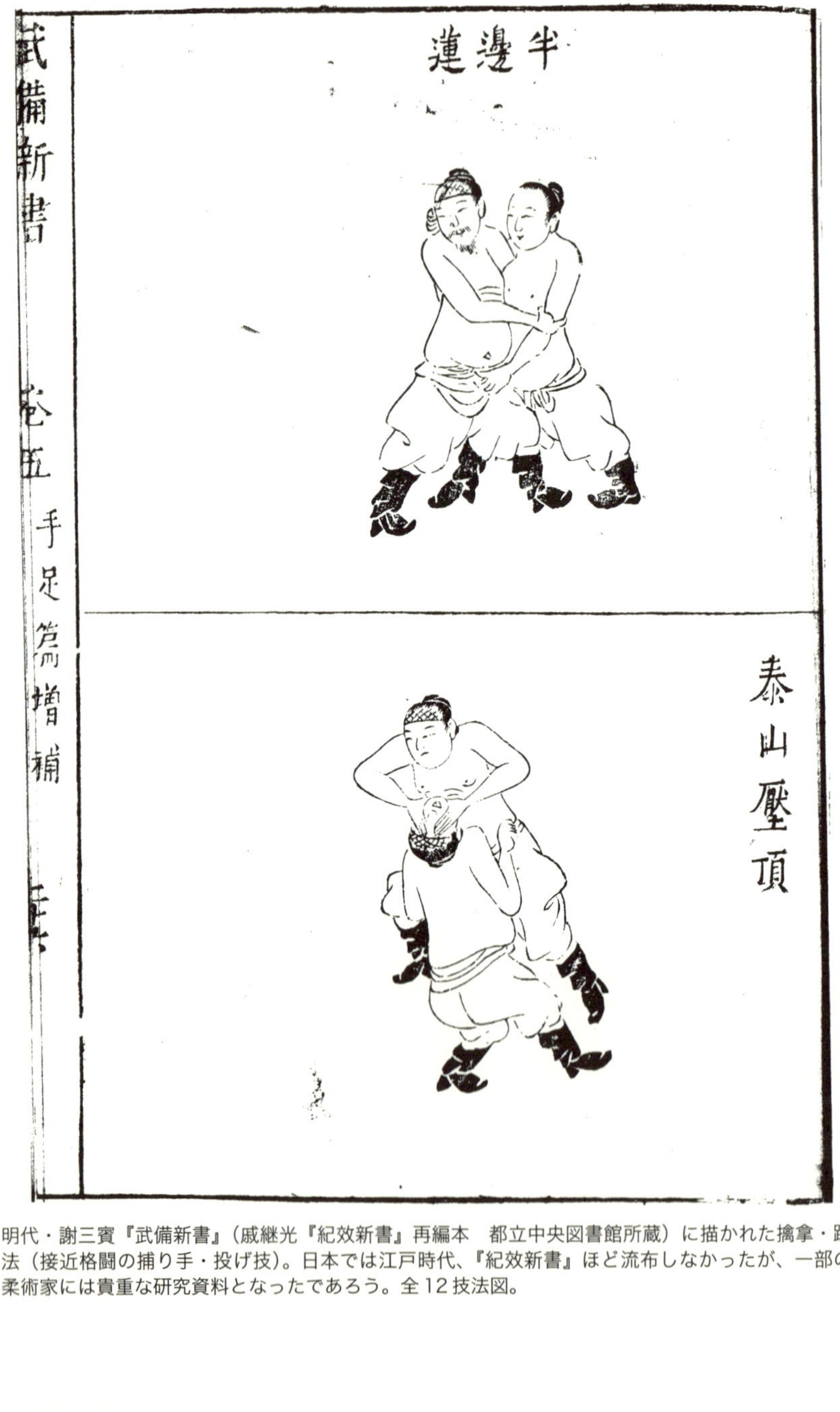

明代・謝三賓『武備新書』（戚継光『紀效新書』再編本　都立中央図書館所蔵）に描かれた擒拿・跌法（接近格闘の捕り手・投げ技）。日本では江戸時代、『紀效新書』ほど流布しなかったが、一部の柔術家には貴重な研究資料となったであろう。全12技法図。

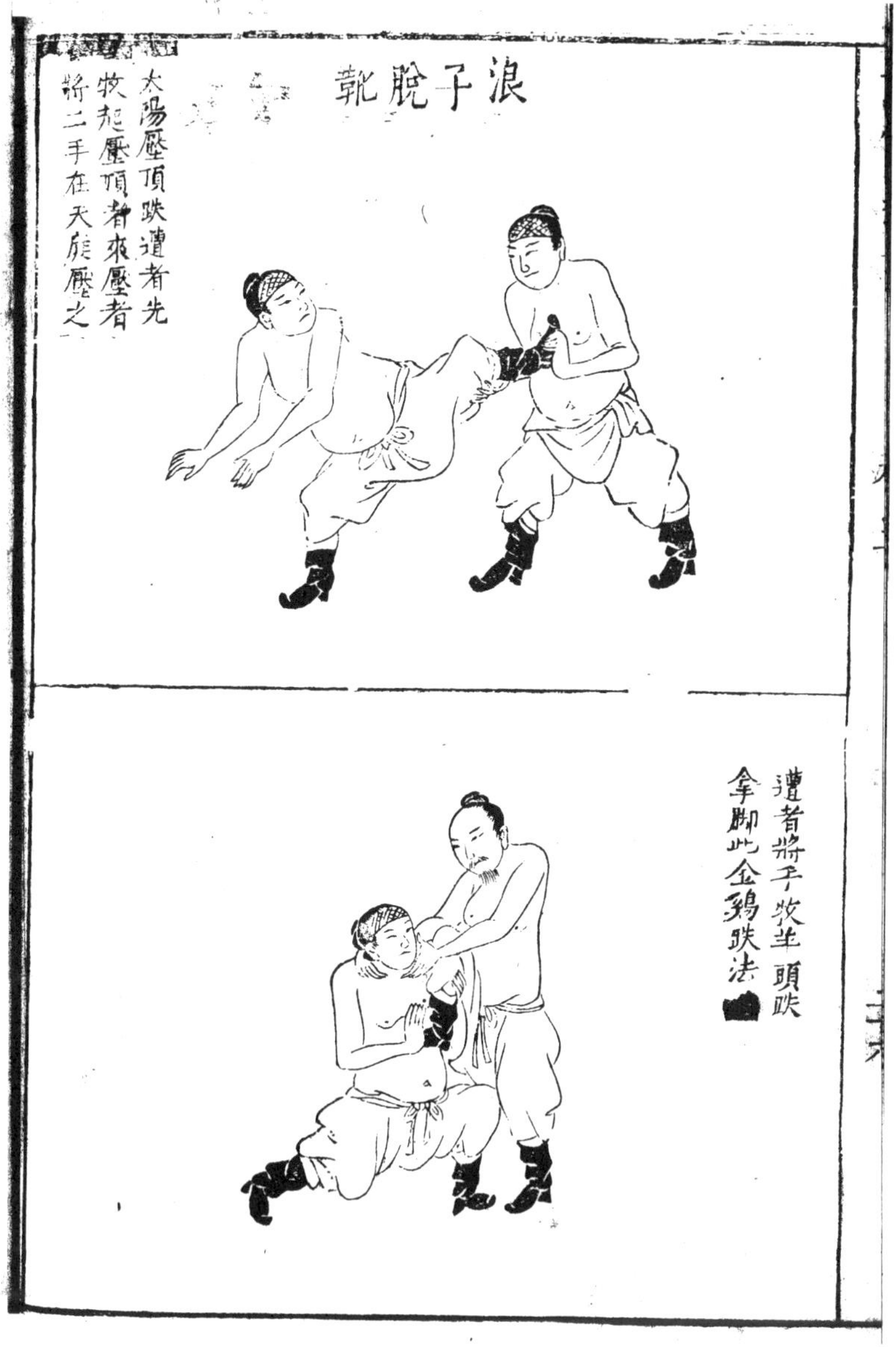
浪子脫靴
太陽壓頂跌遭者先
收起壓頂者來壓者
將二手在天旋壓之
遭者將手收並頭跌
拿脚此金鷄跌法

武備新書　巻五　手足篇増補　二十七

耀步跌

二女爭夫

到上場跌遭者先將二手分其上橋出轉身做到上橋切遭此將左手會旋其遭人後髮一跌

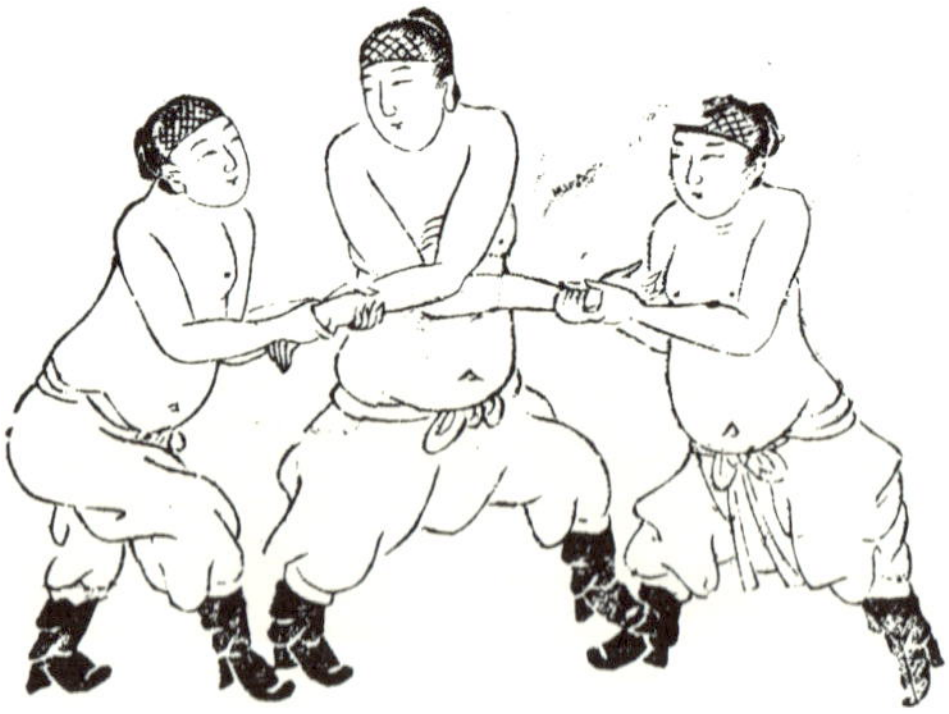

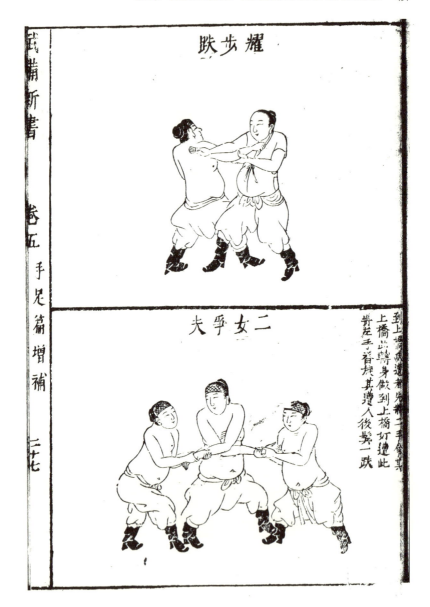

倒上橋
小鬼跌金剛

順子投井
上揪咽喉
下揪腰褻
手足篇増補

爰拿遭者鄉髮
一跌與人拿
纏徧拿法
左右用極左手將右手
揹極者右因極右將左
揹極右將右揹極者左
自脚奸即跌極在

第四章　中国武術の発達Ⅲ　太極拳武術の生成と発展

第一節　「太極拳」の成立過程

太極拳の開祖

太極拳が社会的に知られるようになったのは、清末の人楊露禅（一七九九～一八七二）が北京で武名をあげて以来である。楊露禅はその武術を河南省温県陳家溝で陳長興（一七七一～一八五三）を師として学んだ。したがって、太極拳の源流地を陳家溝とし、陳長興の架式（型）が楊露禅によって太極拳として広まったという事実は、すでに確固とした史実として定着している。

しかしながら、太極拳そのものをいつ誰が創始し、近代陳家溝陳氏にいたるまでどのように受け継がれてきたのかという起源と伝来の系譜については、諸説があり一定していない。太極拳起源説は大別すると、太極拳が陳家溝の外からもたらされたとする外来説と、陳家溝で発生し陳氏一族によって伝えられたとする陳家溝先祖伝来説の二説に分類することができる。

一、張三丰《ちょうさんぽう》開祖説を代表とする陳家溝外来説

太極拳は明代（もしくは宋代）武当山に住んだという道教の仙人張三丰が発明し、張松渓・王征南ら内家拳の達人として史書にのこる歴代後継者を通じて、いわゆる『太極拳経』の著者王宗岳に伝わった。そして、この王宗岳が太極拳を陳家溝にもたらし、陳長興によって楊露禅に伝授されたとする。

この説は主として二十世紀初頭、楊派一門によって広められた。太極拳がしばしば「内家拳」とか「武当派」などとよばれるのは、この張三丰太極拳開祖説のためである。したがって、内家拳という名称は明代に実在したが、太極拳を称して「内家拳」とか「武当派」などとするのは、歴史的にはごく近年になって生じた風習なのである。

外来説のなかには「張三丰は伝説上の人物にすぎず、太極拳の創始者は不明である」としながらも、王宗岳をいわば太極拳中興の祖とし、王宗岳によって直接もしくは間接に陳家溝に太極拳がもたらされたとする立場もある。

二、陳王廷開祖説を代表とする陳家溝先祖伝来説

この説は、陳家溝陳一族の第九世、明末の武将として活躍したという陳王廷を開祖とし、代々優れた武術の伝統が陳家溝に受け継がれ、清末にいたって陳長興から楊露禅に伝授されたとする。

この説もやはり二十世紀に入ってから唱えられた。より具体的には、武術史家唐豪によって、楊派の張三丰開祖説に対する批判として一九三〇年代に主張されたものである。この説は現在にも受け継がれ、太極拳開祖説としては最も有力な説となっている。唐豪は、王宗岳が太極拳を陳家溝にもたらしたのではなく、その反対に王宗岳も陳家溝で太極拳を学んだのであると考えた。なお、陳家溝陳氏伝来説のなかには、太極拳の開祖を第九世陳王廷ではなく、第一世陳卜とする説もある。

太極拳という名称がどのように成立したかを中心に検討した結果、筆者は上記二説とも太極拳開祖説としては成立しえないとの結論に達した。その根拠は、主として次の二点である。

一、楊露禅が北京で自己の拳法を普及させるまで、「太極拳」という名称をもつ拳法は存在しなかった。

楊露禅の伝えた架式は、確かに陳家溝で陳長興に学んだものを基盤としている。しかし、技法の思想と理念、そして技法そのものの用い方あるいは練習の方法において、楊露禅の拳法は陳家溝伝来の拳法とは質的にまった

く変化している。陳家溝伝来の拳法は、手足をすばやく使い、地を力強く踏み、あるいは宙を飛んで蹴るなど、現在のゆっくりと静的に演じる柔一色の太極拳からは想像できないほど動きの活発な、しかしながらある意味ではごく一般的な「北派拳法」の一つにすぎなかった。「太極拳」という名称は、のちになって楊露禅が新たに確立した拳法を理論づけるために創出された新しい名称だったのである。

二、太極拳の根本的教典とされる王宗岳著『太極拳経』は、実は太極拳ではなく、槍術の訣文であったというべきである。少なくとも、その訣文には「太極」の二文字はあっても、「太極拳」ということばは見られない。柔を重んじる訣文の内容が実質的には柔派の達人楊露禅の拳法を表現するのにふさわしいので、訣文の冒頭にある「太極」の二文字を取って「太極拳」と名づけ、訣文を『太極拳経』とよんだのである。

このような観点に立つと、最初に太極拳を広めた楊露禅こそ楊派という一流派の開祖にとどまらず、「太極拳」そのものの開祖としてふさわしいのではないかと考えられる。いわば第三の説ともいうべき「楊露禅太極拳開祖説」が、現実の太極拳成立過程に則した最も素直な観点であろうという結論に達したのである。

楊露禅の生没年は確定的なものではないが、一応嘉慶四年（一七九九）～同治十一年（一八七二）とされている（注：陳炎林『太極拳刀剣桿散手合編』上海地産研究所一九四三　顧留馨『太極拳術』上海教育出版社一九八二等参照）。日本でいえば幕末から明治初年まで生きた比較的近代の人物で、千葉周作（一七九三～一八五五）・男谷精一郎（一七九八～一八六四）など幕末の剣客たちと同時代人である。ちなみに露禅没後十年の一八八二年、嘉納治五郎（一八六〇～一九三八）が永昌寺で柔道教授を始めている。この年はいわば柔道誕生の年であり、近代日本武術史の幕開けともいうべき記念すべき年である。嘉納治五郎は古い時代の柔術を新しい時代に適応する近代武術に生まれ変わらせた。太極拳もまた楊露禅によって、明代動乱期にまとめられた武術としての古流拳法から、養命の活人的拳法へと生まれ変わった近代武術である。日本の柔道や合気道と同じように、太極という文字にこめられた思想は古くとも、太極拳が武術として成立したのは比較的最近のことであったという事実を、まず最初に強調しておきたい。

太極拳の源流を探る前に、史実として具体的に把握しうる楊露禅以降の系譜について、その概略をまとめておこう。なぜなら、太極拳にまつわる俗説・伝説あるいはそれらを打破しようとした史的研究のすべてが、この近・現代における太極拳の普及確立期に生じたからである。

楊露禅は一七九九年、河北省広平府永年県で生まれた。永年県に太和堂という薬業店があった。経営者陳徳瑚は、太極拳の源流地河南省温県陳家溝の人である。また、太和堂の土地は、永年県の有力者、武氏から賃借したものである。のち、武家三兄弟は楊露禅の武術活動を支援し、太極拳の理論形成と普及活動に決定的な役割を果たすことになる。源流・実技および理論を総合して考えるならば、「太極拳とは、陳家伝統の実戦的な武術、実戦を突き抜け活人的武術として練り上げた楊露禅の個人的資質と修行、そして武氏の理論的研究、これら三者の結び付きによって成立した近代的拳法である」ということができる。こうした太極拳成立における陳・楊・武の関係は、すべてこの永年県の太和堂をめぐる地縁・人縁から発生したものである。太和堂は現代に入っても公私合営で存続しているという（注：唐豪・顧留馨『太極拳研究』人民体育出版社一九六四）。

楊露禅は少年時、太和堂主人の陳徳瑚に下僕として身柄を買われ、陳の故郷河南省温県陳家溝に移った。楊露禅は成人後、自由の身となって再び故郷に戻ったときも太和堂に住み込んでいる。楊露禅は経済的にかなり困窮した家庭の出身だったのであろう。楊露禅が最初から修行目的で、太極拳の達人陳長興を慕って陳家溝に移り住んだとか、あるいはその技を盗むために召使として陳家にもぐりこんだなどという説話は、いずれも開祖の修行を美化する小説的虚構にすぎない。

当時、陳家溝では第十四世陳長興が一族のなかでは拳師として著名であった。陳長興は陳徳瑚の家の前に土地の若者を集めて拳法を教授していた。楊露禅もそうした一人として陳家溝に移り住んだ十歳ころから陳長興に師事したものと思われる。あるいは有力者である陳徳瑚が特に意識的に陳長興を拳師として招き一族の子弟に教授させたものであるかもしれない。そうだとすれば、下僕とはいえ仮にも陳徳瑚家の一員であった楊露禅は、よりいっそう自然な形で陳長興に接したことであろう。

陳長興が楊露禅に伝授した架式は、いまでは陳家太極拳老架式とよばれる。陳長興と同じ第十四世に、陳有本・陳有恒というやはり武術に優れた兄弟がいた。二人は、はじめ陳長興と同じ架式を身につけていたはずであるが、陳有本がのちに架式に改変を加え、新架式とよばれるようになった。これと区別するために、陳長興伝の架式が老架式とよばれるようになったものであろう。

楊露禅が伝え、第三代楊澄甫（一八八三〜一九三六）の代に確立した楊派太極拳の現在の架式は、陳派老架式から飛び蹴りなどの動きの激しい動作を省略もしくは他の動作で代替えし、あるいはもとの動作を分解して二つ以上の独立した動作とすることによって連環動作を容易にするなどの改変を加えたものである。

両者の型の演武を実際に見て比較すると、改変による架式のちがいに加えて、陳派は剛的に速く演じ、楊派は柔的にゆっくりと演じるという演武方法の根本的な差異によって、あたかも二つの架式がまったく異なる拳法であるかのような印象を覚える。しかしながら、架式の名称を順序通りに書き下ろした拳譜によって比較対照すると、楊派による改変には柔化・簡略化の原則ともいうべき一つの路線が貫徹している（注：「陳・楊二派太極拳拳譜対照表」参照〈拙著『精説太極拳技法』東京書店一九七三〉）。

このことを理解した上で、もう一度両者の演武を実際に見て比較すると、演武法の差異を越えて套路（型）としての同質性のつよさに驚かされる。そして楊派における架式の基本的部分が、いかに素直に陳派老架式を受け継いでいるかを理解することができるのである。単純に肉体的な観点でいえば、陳派は青年の型であり、楊派は老年の型である。しかし、ある種の武術的観点、たとえばいかに少ない力で剛的な攻撃をさばくかという柔法中心の武術的観点に立つならば、陳派は初心の型であり、楊派は達人の型であるともいえるのである。これらを総合して、両者の型を一言で総括するならば、陳派は勇壮活発に演じる躍動的な青年の型であり、楊派は柔軟静謐《せいひつ》に演じる円熟した達人の型である、ということができるだろう。

ここで重要な事実として指摘しておかなければならないことは、当時の陳家溝にはまだ「太極拳」という呼称は存在しなかったということである。陳家溝では当時、刀・槍・拳など数種類の武術が練習され、拳法だけでもまた数種類の架式が伝えられていた。のちに「太極拳」とよばれるようになった架式は、「頭套勢」（「初めの型」の意）、もしくは単に「十三勢」とよばれていた。陳家溝でもこの架式が「太極拳」とよばれるようになったのは、二十世紀に入り楊派の太極拳が著名になってからである。つまり楊派太極拳が確立したのちに、太極拳の名称と演武法が陳家溝に逆流し、陳派太極拳が成立したのである。陳一族の武術的伝統については、のちにまとめて検討することにして、ここではもうしばらく楊露禅の足跡をたどってみたい。

まず、楊露禅の陳家溝における滞在期間（すなわち修行期間）について検討してみよう。

一九三〇年、中央国術館の書面による問い合わせに対して、当時浙江国術館教務長であった楊澄甫は「祖父は十歳のころ陳家溝にゆき、陳長興に師事することおよそ三十年」と答えている（注：唐豪・顧留馨『太極拳研究』）。

陳家溝時代の楊露禅に武術で名声を得ようという野心はなかった。むしろ一人の下僕として最下層の労働に甘んじていたであろう。しかし、そうした生活のなかでは、武術の錬磨は苦しい修行というよりは、多感なエネルギーの発散の場でもあったにちがいない。武術修行の場では、身分に関係なく実力で人間が評価される。陳一族の青少年をはじめとする土地の人々と平等の立場で汗を流すことができるのは、楊露禅にとって修行の苦しさ以上に魅力的な場であったのではないだろうか。錬磨によって汗を流す、いわばスポーツとしての快感も味わったことであろう。つまり陳家溝時代の楊露禅にとって、武術は修行であり、交流であり、娯楽でもあったと考えることができる。

第三代目楊澄甫の時代に確立した楊派の架式を見てさえも、開祖楊露禅がいかに素直な学び方をしたか容易に想像される。また、師の陳長興に可愛がられ、あるいは武術的才能を尊重されたという説話はあっても、楊露禅が身分の差や姓の異なる外族であることをもって、いわれのない差別を受けたというような挿話は残されていない。陳・楊二派に対立が生じるのは二十世紀に入り太極拳が世にもてはやされるようになってからのことであり、より具体的には一九三〇年代以降のことである。

楊露禅の自立と「太極拳」の成立

楊露禅が在住したころの陳家溝は、政治的動乱も自然災害も少なく比較的安定した環境にあった。楊露禅が陳家溝を去って間もなく、南方に太平天国の乱が起こり、清朝晩期の政治的激動が始まった。やがて陳家溝もその動乱の渦に巻き込まれ、楊露禅とともに錬磨の汗を流したにちがいない陳仲甡（一八〇九〜一八七一）が、一族の子弟を率いていくたびか実戦のなかで武名をあげることになる。

しかし、総じていえば、楊露禅は陳家溝滞在中、清朝治下における比較的平穏な農村社会で労働生活と武術に打ち込んだということができるだろう。そして武術に関していえば、愚直なほどに陳長興の教えを守り、長期にわたる剛的な鍛錬の量的な蓄積が、やがて質的な変化を起こす基盤となった。すなわち、一方においては技術の進化により、他方においては肉体的老化をおぎなうために、少ないエネルギーで大きな効果を発揮すべく、技法の柔化と簡略化が進められ、それが帰郷後の武術的自立をきっかけに、いっそう促進されることになったのである。

楊露禅が陳家溝を去ったのは、主人陳徳瑚の死去による。陳家のはからいで露禅は再び自由の身となり故郷に帰った。そして、太和堂に住み込み、拳法教授を始めた。結婚も当然、自由の身となった帰郷後のことであろう。

楊露禅が永年県に帰郷した年から武術家としての自立的活動が始まり、それが「太極拳」として確立することになったと考えるならば、永年県帰郷の年は太極拳術史にとって、きわめて記念すべき重要な年となる。

楊露禅が十歳で陳家溝に行き、三十年修行したという楊澄甫の言を単純計算すると、露禅は四十歳のときに帰郷したことになる。楊露禅誕生の一七九九年が確実なものとするならば、四十歳の年は一八三九年となる。しかし、この年にはすでに楊露禅に三人目の子供が生まれている。最初の子供も永年県で誕生したはずであるから、帰郷は一八三九年四十歳のときより数年さかのぼるはずである。子供たちの誕生した年から逆算して、試みに楊露禅の永年県帰郷と結婚の年を推定してみよう。

楊露禅は三子をもうけたが、長男は早世し、次男班侯は一八三七年に誕生している（注：『太極拳刀剣桿散手合編』〈楊家小伝〉。唐豪・顧留馨『太極拳研究』〈太極拳主要伝逓系統表〉）。早世した長男の誕生を次男誕生の二年前一八三五年とし、さらにその一年前に楊露禅が帰郷と同時に結婚したものと仮定した場合には、楊露禅が永年県に帰郷し武術家として自立したのは一八三四年ということになる。楊露禅三十五歳のときである。陳家溝における修行開始を十歳のときとするならば、修行歴二十五年となる。「およそ三十年」という表現が許されるぎりぎりの範囲内に入るということができる。

永年県帰郷、すなわち武術家として自立した年の次に重要なのは、武名をあげるきっかけとなった北京上京の年である。楊露禅は、いつごろ、どのような経路で北京に出たのであろうか。通説によれば、永年県の名門一族であり、太和堂の地主であった武氏一族の後援により、清朝皇族に紹介されたのであるという。

当時の武家には、澄清・河清・汝清という三兄弟がいた。いずれも父祖以来の伝統として武術を好み、同時に文化的レベルも高い知識階級に属する人々であった。このうち武河清が楊露禅の最も初期の門人であり、のちの武派太極拳の開祖となる武禹襄（一八一二〜一八八〇）である。私見によれば、この武禹襄こそ王宗岳訣文と楊露禅の拳法を結びつけ、露禅の拳法を「太極拳」と命名した人物にほかならない。貧窮の身であり、文化的教育を受ける機会もなかった楊露禅が、武術家として自立した最初の段階で武禹襄のような富裕の知識人と結びついたことが、太極拳を成立させ、かつ発展させるうえで最も重要な原動力となったのである。

楊露禅が中央に出てからも、太極拳は知識人に歓迎され、二十世紀に入ると彼らの人脈と出版などの文化的活動によって、急速に普及することができた。この点でも太極拳は、柔道や空手など日本における近代武術の成立過程に類似している。柔道と空手は、嘉納治五郎や船腰義珍などの教育者によって新たに体系化、理論化されたときに近代武術として成立し、それがさらに大学生という行動的な知識人層と結びつくことによって、高い知的レベルを維持しつつ一挙に普及することができたのである。

武術史家徐震（哲東）が、その著『太極拳考信録』（注：一九三七台北・真善美出版社復刊一九六五）に引用する「永年県志」〈選挙表〉などによると、武汝清は一八四〇年進士となり、刑部員外郎となった。また、武澄清は一八五二年舞陽県知県として赴任した。この一八五二年、武澄清を訪ねた武禹襄は、澄清が舞陽県塩店で入手したという王宗岳著述による武術の訣文を見て大いに悟るところがあった。これがのちに武派一門によって王宗岳『太極拳経』（もしくは『太極拳論』）として重要視され、楊派・呉派など諸流派に影響を与え、ついには太極拳の根本的教典として定着するにいたったのである。

王宗岳『太極拳経』の内容については次節で改めて検討することにして、ここで結論だけを述べるならば、いわゆる王宗岳『太極拳経』とは、王宗岳のもう一つの著述『陰符鎗譜』と題する槍術の訣文の一部分、もしくはまさにその本文であった可能性がつよい。

陰とはいうまでもなく陽に対することばである。宇宙に存在する事物はすべて陰陽二つの元素によって成り立つというのが太極思想の根幹である。武術の重要な要素である剛柔についていえば、剛は陽、柔は陰である。陰はときに陽をも含む根源的な存在「太陰」として想定される。『陰符鎗譜』の題名もその字義と序文から考察すると、「陰」（宇宙の根元）に符（合）する槍術の譜」を意味する。それは、いいかえれば「柔理念による槍術極意書」を意味する。もともと拳法は、武器術のなかでは動きと理念において槍術と共通するところが多い。王宗岳が槍において達した柔の境地は、楊露禅が拳において達した柔の境地と等しかったということであろう。

武禹襄は王宗岳の極意書を読み、太極思想といういわば宇宙の根本を把握しようとする壮大な哲学にもとづく訣文に感銘を受け、同時にそれが楊露禅の武術をみごとに総括しうる理念であることを発見したのではないだろうか。また、武禹襄はこの旅の途中、陳家溝に立ち寄り、陳長興に学ぼうとしたが長興がすでに老齢のため果たせず、その隣村で拳法を教授していた陳青萍（一七九五〜一八六八）にひと月あまり学び、大いに啓発されたという。

このころから武禹襄は独自の架式を確立し、一八五三年から甥の李亦畬《りえきよ》（一八三二〜一八九二）に教えはじめた。武禹襄の誕生は一八一二年（注：唐豪・顧留馨『太極拳研究』）というから、禹襄はこのとき四十一歳であった。武禹襄が楊露禅の帰郷した一八三四年当時から露禅に師事したものとするならば、禹襄の修行歴は十九年となる。

武派太極拳の系統について、武禹襄が陳青萍に一カ月間師事したことをもって、武派を陳派太極拳の一分派とみなす主張もあるが、現存する武派の架式から見ても武派は明らかに楊派の系統に属する。武術修行の常識から判断して、ひと月間の指導で自立しうるだけの深い影響を受けたことがたとえ事実としても、十九年の修行を肉体的に否定することは困難である。まして武禹襄は王宗岳訣文を太極拳の極意書とした主唱者であった。その王宗岳訣文は、楊派の理念と実技には合致するが、剛強な陳派の武術とは合致しない。

また、王宗岳が陳家溝に影響を与えたり、陳家溝の人々が王宗岳の訣文に親しんだ痕跡は見られない。武派はやはり、その架式を楊派から受け継ぎ、楊派はその理論を武派から与えられたとみなすべきである。武派を直接陳派の流れに位置づけようとするのは、小流派とはいえ太極拳術史に果たした重要な門派である武派を陳派系統に組み込むことによって、相対的に楊派系統の地位を低め、源流としての陳派（あるいは陳・武両派）系統の名声をいっそう高めようとする権威主義的な考え方が存在するからであろう。

楊露禅の北京行きは、武禹襄が自立したころと考えてよい。つまり楊露禅が永年県を離れたことが、武禹襄の武術的自立のきっかけとなったと考えられるのである。これを仮に武禹襄が河南に旅して王宗岳訣文を発見し、あるいは陳家溝を訪れた一八五二年ころと想定すると、武汝清が進士に合格し、刑部官員として上京してから十二年後にあたる。武家の北京ルートはすでにできていたわけである。

従来の一般的通説によれば、武家が楊露禅を北京の清朝皇族に紹介し、これが武名をあげるきっかけになったとしている。しかし、呉図南講授・馬有清編著『太極拳之研究』（注：商務印書館香港分館一九八四）によると、武汝清は最初、張という北京刑部四川司の同僚に楊露禅を紹介したのであるという。張家は北京西郊四王府に天義醤園を経営していた。皇室に醤菜を納める御用商人でもあった。したがって楊露禅はこの張家に寄宿して武術を教授しているうちに清朝皇族と知り合い、宮廷武術教師の一人となり、皇族子弟およびその護衛を門人とするにいたったというのである。当時楊露禅に師事した三人の皇族護衛、凌山・全佑・萬春のうち、全佑の子、呉鑑泉（一八七〇～一九四二）はのちに独立して呉派太極拳の開祖となった。

楊露禅の拳法は北京に出てからも、当初はまだ太極拳とはよばれていなかった。「綿拳」あるいは「化拳」等とよばれていた。おそらく当初は陳家溝で用いられていた「頭套拳」「十三勢」などとよばれていたものが、楊露禅の拳法の柔らかさを直接表現するために綿拳、化拳などとよばれるようになったのであろう。ちなみにこの場合、「化」とは相手の力を溶かすことであり、敵の攻撃を身のさばきなどによって受け流し、そのエネルギーを無に「化す」ことをいう。太極拳という名称が使われていなかったということは、楊露禅の上京が王宗岳訣文いわゆる『太極拳経』の発見（一八五二）以前であることを想定させる一つの論拠となる。

武禹襄の最初の門人であり、武派太極拳第二代継承者となった李亦畬は、武禹襄から伝えられた王宗岳訣文をはじめ、武禹襄および自己の拳法論を集成して一冊の拳法論集を作成した。いわば李亦畬編著『拳法論』である。この『拳法論』は二種類の抄本によって後世に伝わった。唐豪考証によれば、最初のものは一八六七年馬印書による抄本である。この馬印書本には、拳論の中心となる王宗岳訣文の最初に「太極」の二文字が見られるが、ま

ある。だ「太極拳」という名称は現れていない。この抄本のなかに一般に「十三勢解」とよばれる次のような短い文が

一名長拳、一名十三勢。長拳とは、長江大海の如く滔滔として絶えざるなり。十三勢とは、掤、攦、擠、按、採、挒、肘、靠、進退、顧盼、中定に分かつなり。掤、攦、擠、按は、すなわち坎、離、震、兌の四正方なり。採、挒、肘、靠はすなわち乾、坤、艮、巽の四斜角なり。これ八卦なり。進歩、退歩、左顧、右盼、中定、これ金、木、火、水、土なり。五行なり。総じてこれを十三勢というなり。

（注：唐豪・顧留馨『太極拳研究』所引）

馬印書本の十四年後、李亦畬集成『拳法論』のもう一つの抄本李福蔭本が現れた。この李福蔭本になると上記「十三勢解」は「太極拳釈義」と名づけられ、次のように改変（傍線部分）されている。

太極拳、一名長拳、又の名十三勢。長拳とは、長江大海の如く滔滔として絶えざるなり。十三勢とは、掤、攦、擠、按、採、挒、肘、靠、進退、顧盼、中定に分かつなり。掤、攦、擠、按は、すなわち坎、離、震、兌の四正方なり。採、挒、肘、靠はすなわち乾、坤、艮、巽の四斜角なり。これ八卦なり。進歩、退歩、左顧、右盼、中定、これ金、木、火、水、土なり。五行なり。総じてこれを十三勢というなり。これ技なり。一着一勢、ことごとく陰陽を外れず、ゆえに又、太極拳と名づく。

（注：同前）

すなわち文の冒頭と結びに「太極拳」という呼称が追記されているのである。これが現在のところ「太極拳」という名称が史的に確認される最初の文献である。したがって太極拳という名称は、この抄本が作成された一八

八〇年には確実に成立していた。実際に太極拳という名称が口頭で使われはじめたのは、当然これよりも早い時期であろう。李亦畬が最初に拳法訣文をまとめた一八六七年（馬印書本）からこの一八八〇年（李福蔭本）までの十三年間に、太極拳が名称として確立したと想定することができる。

楊露禅は一八七二年（同治十一　日本・明治五）七十三歳で死去した。武禹襄もそのわずか八年後一八八〇年に死去している。したがって、この十三年間は楊露禅、武禹襄の最晩年期にもあたる。李亦畬は武禹襄の甥であり、門人であり、そして道統の継承者でもあった。武禹襄の晩年期、李亦畬は身近に仕えていたはずである。李亦畬が武禹襄死去の年に新たに太極拳の名称定義を付して訣文集を作成したのは、決して武禹襄の死と無関係ではなかったであろう。むしろ師との永遠の離別に際して、決意を新たにして訣文をまとめたと考えることができる。

この一八八〇年、楊露禅の子班侯は四十三歳、健侯四十一歳の円熟期であり、二代にわたる楊派一門の努力によって、武術界におけるその名声はすでに確固たるものになっていた。つまり、この十三年間は、楊派の技法普及と武派の理論形成という楊・武二派の両輪のごとき協力発展によって、その拳法が「太極拳」として、文字どおり名実ともに確立した時期であった。

楊露禅が武術家として自立したときから約半世紀、武禹襄が王宗岳訣文を発見してから約三十年、こうして十九世紀後半に特異な拳法として確立した太極拳は、しかし特異であるからこそ、よりいっそう中国的な武術とみなされるようになり、近・現代の中国武術界に大きな影響を与えることになったのである。

太極拳の主要系統

太極拳の主要系統を概観するため、別掲〈太極拳主要系統図〉を作成した。これまでにも研究者によって太極拳の系統図表が各種作成されてきた。唐豪・顧留馨〈太極拳主要伝逓系統表〉（『太極拳研究』）が最も著名である。最近のものとしては習雲泰〈太極拳主要流派発展参考表〉（『中国武術史』人民体育出版社一九八五）がある。ここではこれら各種の系統図および各門派の代表的著書を参照し、私論にもとづき新たな視点から再編集を試みた。まず、楊露禅の時代を太極拳の第一伝とした。そして、楊露禅の師陳長興を「先伝」とした。太極拳の原形という意味である。陳長興はその型を父秉旺《へいおう》から学んだという。陳秉旺は秉壬《へいじん》・秉奇《へいき》とともに当時「三傑」とよばれた。『陳氏家乗』〈陳秉旺・秉壬・秉奇〉の条には、次のように記されている。

> 三人は皆、太極拳に優れていた。互いに技を磨き合い、その芸の精なることは入神の境に達していた。人々は「三傑」とよんだ。秉壬は兼ねて医術にも優れていた。秉旺の子長興はことごとく父から学んだ。長興は常に挙動・姿勢が正しかったので「牌位の陳」ともよばれた。門徒は盛んで、そのなかで楊福魁（＝露禅）が最も名を著した。長興の子耕耘《こううん》（字、霞村）、耕耘の子延年・延禧、世々よくその業を継いだ。耕耘はかつて仲甡に従い、粤匪（＝太平天国軍）と戦って軍功があった。

陳長興と同じ十四世の陳有本が従来の演武法と異なる新架式をつくった。このため陳長興系の型は老架式とよばれるようになった。老架式は大きく演じるので大架式ともよばれる（ただし、新旧・大小の区分は相対的な分類法であり、世代が重なり、人が異なればさらに新旧・大小が派生することになる）。

有本新架系の一人陳青萍は近村の趙堡鎮《ちょうほうちん》に移り住み、和兆元・張開らに伝えた。このため、この系列の型は趙堡架ともよばれ、最近では「和氏太極拳」と名乗る人もいる。

陳青萍はまた、武禹襄が訪ねたとき、ひと月ほど教授したことがある。武禹襄は富裕の知識人であり、拳法専門家とはならなかったが、太極拳の理論的確立に寄与した。このため陳派系を重視する人々は、武禹襄を陳青萍の一系列とする。武禹襄の型は小架式に演じるが、架式そのものは明らかに楊派系に属する。そこで別掲系統図では、近年の通説に反し、武禹襄を本来の楊派系に配置した。

武禹襄は楊班侯（一八三七〜一八九二）にも影響を与えた。班侯は楊派小架式として著名だが、剛強な性格がわざわいしてほとんど門人を育てることができなかった。陳微明によれば楊班侯の弟子としては、「今に至るまでただ陳秀峯・富二爺の二人のみである」（注：陳微明『太極剣』一九一七　台北・真善美出版社復刻一九六七）。ただし班侯は、父露禅の門人全佑に影響を与えている。全佑（満州族）の子鑑泉は呉姓を名乗り、呉派太極拳の開祖となった。この意味からは、楊班侯のいわゆる実戦的な小架式は呉派に受け継がれているということもできる。

武禹襄の系列は李亦畲を経由して郝《かく》氏一族に受け継がれたので郝派太極拳ともよばれるようになった。武派の小架式を郝為真（一八四九〜一九二〇）に学び、さらに形意拳の歩法を加え、独特の門派を形成したのが、孫派の開祖孫禄堂（一八六〇〜一九三三）である。孫禄堂は形意拳・八卦掌を学び、さらに太極拳を加えて近代柔派拳法の統合をめざした人物である。

太極拳主要系統図

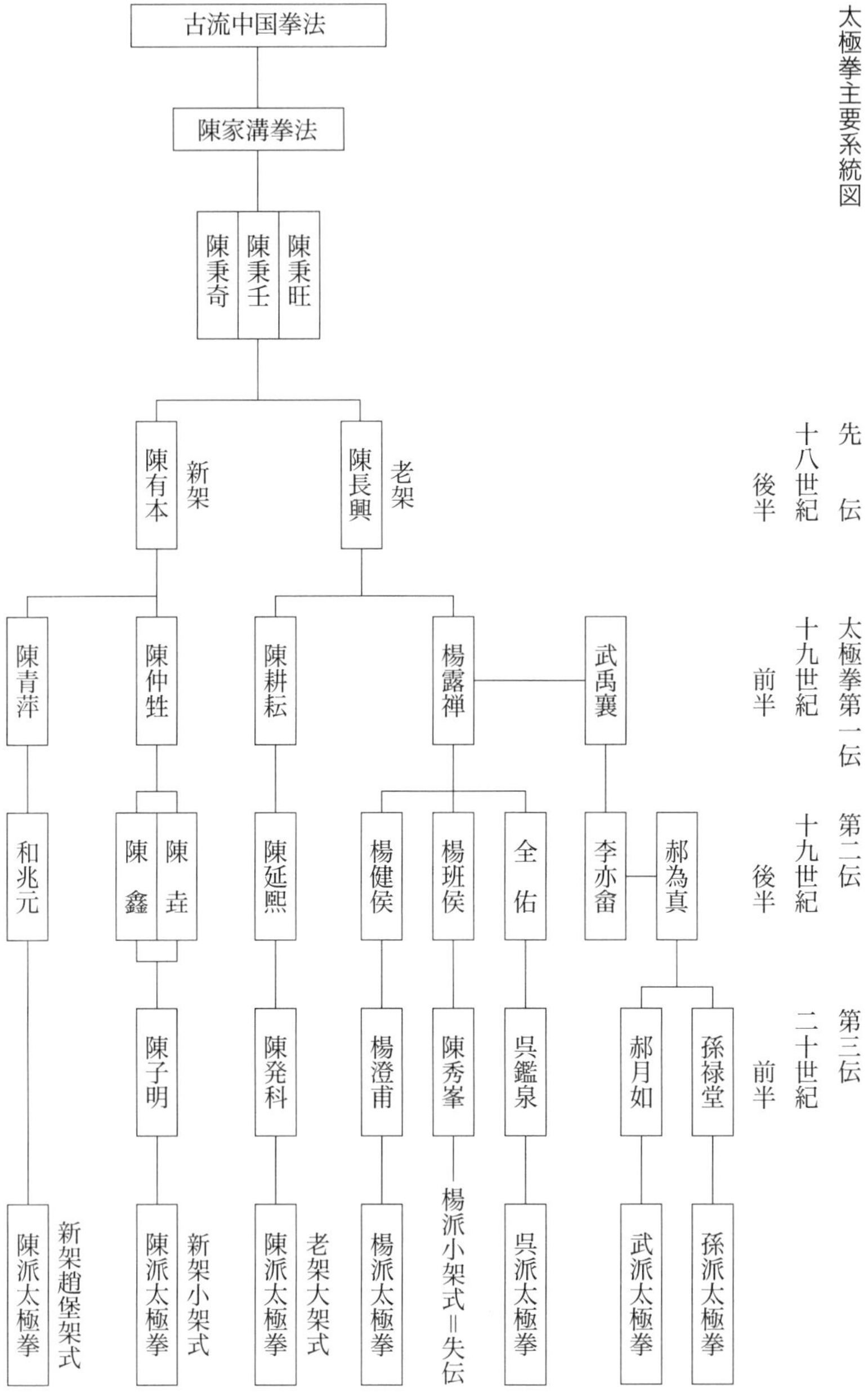

（注：時代区分は活動時期の一応の目安で、本人の生没年と厳密に対応するものではない）

第二節　『太極拳経』と『陰符鎗譜』——王宗岳訣文の実体

王宗岳『太極拳経』は槍術の訣文

太極拳の名称は王宗岳の訣文に由来し、「太極拳」という名称が成立するにともない、その訣文もまた『太極拳経』（もしくは『太極拳論』）とよばれ、太極拳の根本的な教典として定着するにいたった。王宗岳のこの訣文は、武禹襄が一八五二年河南省舞陽県塩店において入手し、河北省永年県に持ち帰って以降『太極拳経』として広まったものである。武禹襄は『太極拳経』とともに、同じ王宗岳の著述による『陰符鎗譜』と題する槍術の訣文をも入手したという。こうした定説によれば、王宗岳は拳法と槍術の達人であり、二種類の訣文を残したことになる。

しかし、結論的には『太極拳経』も『陰符鎗譜』の一部分であった可能性がつよく、陳家溝から楊露禅に伝わった実技としての太極拳と王宗岳の訣文とは、本来まったく無関係のものであったと思われる。ただし、このことは決して『太極拳経』の価値を否定するものではなく、ただ単に両者の関係の有無を論ずるならば、それは本来は無関係であったろうと指摘しているにすぎない。

もし内容について論ずるならば、太極拳と王宗岳の訣文は、ともに柔法理念による武術という一点で共通している。拳と槍という形体を越えて、それを用いる根本理念において、王宗岳の槍術と楊露禅の拳法とはまったく一致していたのである。王宗岳訣文は槍という特殊性を突き抜けて、武術一般に適合しうる普遍性をもっていた。武禹襄はまさにこのことを発見したのである。

『太極拳経』は、全文わずか四百文字にすぎない。ここに全文を掲げ、内容を具体的に検討してみよう。

『太極拳経』の原本は現存しない。いずれも抄本として伝えられ、二十世紀に入り、活版印刷によって一気に普及した。とりわけ解説付きで原文を載せた許禹生『太極拳勢図解』（注：一九二一　台北・中華武術出版社復刊一九七一）が広く読まれ、『太極拳経』を普及させるうえで影響力をもった。そこで、ここでは同書所載文を基準とし、その他徐震、楊澄甫などの著書数種を参照して復元した。（句読点は引用者）

太極者無極而生。動靜之機、陰陽之母也。動之則分、靜之則合。無過不及隨曲就伸。人剛我柔謂之走、我順人背謂之粘。動急則急應、動緩則緩隨。雖變化萬端、而理爲一貫。由着熟而漸悟懂勁、由懂勁而階及神明。然非用力之久、不能豁然貫通焉。虛領頂勁、気沈丹田。不偏不倚、忽隱忽現。左重則左虛、右重則右杳。仰之則彌高、俯之則彌深。進之則愈長、退之則愈促。一羽不能加、一蝿不能落。人不知我、我獨知人。英雄所向無敵、蓋皆由此而及也。斯技旁門甚多。雖勢有區別、概不外乎壮欺弱、慢讓快耳。有力打無力、手慢讓手快。此皆先天自然之能、非關學力而有所爲也。察四両撥千斤之句。顯非力勝。觀耄耋能禦衆之形。快何能爲。立如平準、活似車輪。偏沈則隨、雙重則滯。毎見數年純工、不能運化者、率皆自爲人制。雙重之病、未悟耳。欲避此病、須知陰陽。粘即是走、走即是粘。陰不離陽、陽不離陰。陰陽相濟、方爲懂勁。懂勁後、愈練愈精。默識揣摩、漸至從心所欲。本是舍己從人、多誤舍近求遠。所謂差之毫釐、謬之千里。學者不可不詳辯焉。是爲論。

次に改めて段落毎に内容を検討してみたい。

（一）太極《たいきょく》は無極《むきょく》にして生《しょう》ず。動静《どうせい》の機《き》、陰陽《いんよう》の母《はは》なり。

王宗岳は冒頭の一文で、この訣文すなわち自己の武術論の原点を明らかにしている。原点とはなにか。それは武術の動きも宇宙の動きの一部分として存在するということである。宇宙のエネルギーの在り方を理解して初めて、武術における動きも理解することができるということである。

文意に沿って解釈するならば、この一句は「宇宙は広大無辺であり、そのエネルギーの根元には極まりがない。極まりのない根元的な源を仮に『太極』（太《おお》いなる極《きわ》まり）と名づけたのである。太極は、あらゆる動きをおりなす陰陽二つのエネルギーを生み出す源である」ということである。なお、他本には「動静の機」の文字の見られないものもある。許禹生ら後人の手によって加えられた可能性がある。

（二）これを動《うご》かさば則《すなわ》ち分《わ》かれ、これを静《しず》むれば則《すなわ》ち合《がっ》す。過《す》ぎること及《およ》ばざることなく、曲《きょく》に随《したが》い伸《しん》に就《つ》く。

王宗岳はここで早くも武術の具体的動きについて論じはじめている。「ひとたび動きが生じたときは、陰陽二つのエネルギーが分かれたときであり、静まれば合してもとに還る。このような法則に則って、動きが過度になることもなく不足することもなく、曲線があればそれにしたがって動き、直線であればそれについて真っすぐに伸びよ」と説く。曲・直の状況に応じて、自在に、しかし必要十分なだけ動けということである。

（三）人《ひと》、剛《ごう》にして、我《われ》、柔《じゅう》なる、これを走《そう》という。我《われ》、順《じゅん》にして、人《ひと》、背《はい》なる、これを粘《ねん》という。動《うご》くこと急《きゅう》なれば、則《すなわ》ち急《きゅう》にして応《おう》ず。動《うご》くこと緩《かん》なれば、則《すなわ》ち緩《かん》にして随《したが》う。変化万端《へんかばんたん》といえども理《り》は一貫《いっかん》と為《な》す。

「人が剛術で攻めてきたとき、自分はこれとぶつかって逆らうことなく柔軟にさばく。これを走という。自分が順勢（力を発しやすい有利な体勢）となり人は背勢（力を出しにくい不利な体勢）となる、これを粘という。相手の動きが急であれば、こちらもすばやく対応する。動きがゆっくりとしているときは、それに合わせてゆっくりとする。動きはさまざまに変化しても、動き方の原理は一つである」

ここで重要なことばは「走」と「粘」である。「走」を「走らす」、「粘」を「粘らす」と読むこともできよう。

通説では、相手と腕を組み合わせたときの要領とされているが、これを仮に両者が槍を持って対しているものと解すると、走・粘のことばはいっそう動きに適合するように思われる。人が槍で剛力にまかせて突いてきたとき、自分は槍先で柔軟にさばいてそのエネルギーを他方向に「走らす」。そして、槍をからませ、常に自分が発しやすいように「粘らす」のである。王宗岳訣文が拳法ではなく槍術の訣文だったのではないかという私見の論拠の一つは、この「走」と「粘」という訣文における二つの重要な概念が、拳より槍にいっそう適合するのではないのかという点にある。

（四）着《わざ》（＝技）、熟《じゅく》するによりて、漸《ようや》く懂勁《とうけい》を悟《さと》る。勁《けい》を懂《さと》ることによりて階《かい》は神明《しんめい》に及《およ》ぶ。然《しか》るも力《ちから》を用《もち》いることの久《ひさ》しきに非《あら》ざれば、豁然《かつぜん》として貫通《かんつう》する能《あた》わず。

「技術に習熟するにしたがって、次第に懂勁ということがわかるようになる。勁を懂ることができるようになれば、やがて自分が特別に意識しなくとも、その動きが常に天理に一致するという神明の段階にいたる。しかしながら力を用いるということについて長年にわたる工夫と努力がなければ、やがて人体という小宇宙と大宇宙とが豁然として貫通するという境地には達しないのである」

「勁」ということばは、現在の太極拳において、最も重要な用語の一つとなっている。勁は武術の基本用語であるが、太極拳の場合、直接的にはこの訣文に由来する。「懂」は、わかる、理解する、の意。「勁」は、ちから。したがって、字義どおりには「懂勁」とは、勁がわかること、勁を理解することである。現在の太極拳では一般に、たとえば相手と腕を接した場合、その人の攻撃の意志がこめられたほんのわずかの動きを、最も初期の段階で鋭く知覚できることを懂勁といっている。この場合、勁とは相手の力を意味し、いかに機の先をとらえるかという技術的なものとして、懂勁を狭義に理解していることになる。しかし、この訣文で説く懂勁とは、このあとの「陰陽相済してまさに懂勁と為す」の定義に見られるように、陰陽二つのエネルギーを自在に運用して、滞りのない技の転換、動きの自由を得ること、一言でいえば「陰・陽という根元的な力を把握すること」である。したがって王宗岳のいう懂勁とは、現在の太極拳的解釈よりは、はるかに広義で原理的なものを意味しているのである。

「勁」は太極拳の場合、単なる「力」とは質的に異なるものとされる。勁と力の対比について、陳炎林はその著『太極拳刀剣桿散手合編』勁論のなかで、次のようにまとめている。

> 力は骨によって（動き）、肩背に陥（没）し、発することができない。勁は筋によって発し、かつ四肢に達することができる。力は有形であり、勁は無形。力は方、勁は円。力は滞り、勁は暢《のび》やか。力は遅く、勁は速い。力は散じ、勁は集まる。力は浮き、勁は沈む。力は鈍く、勁は鋭い。これが力と勁のちがいである。

要するに「力」とは鉄とか石を打ちつけるような剛的、硬質のちからであり、「勁」とは鞭とか弓がしなって発するような柔的、軟質のちからである。また、「力」とは単純なちから、「勁」とはバネを利用したちからともいうことができる。

（五）頂勁《ちょうけい》を虚領《きょりょう》（＝虚霊《きょれい》）にして、気《き》は丹田《たんでん》に沈《しず》む。偏《へん》せず倚《かたよ》らず忽《たちま》ち隠《かく》れ忽《たちま》ち現《あらわ》る。左重《ひだりおも》ければ則《すなわ》ち左《ひだり》は虚《うつ》ろ、右重《みぎおも》ければ則《すなわ》ち右《みぎ》は杳《くら》し。これを仰《あお》ぎては則《すなわ》ちいよいよ高《たか》く、これを俯《ふ》しては則《すなわ》ちいよいよ深《ふか》し。これを進《すす》めては則《すなわ》ちいよいよ長《なが》く、これを退《ひ》きては則《すなわ》ちいよいよ促《うなが》す。一羽《いちう》も加《くわ》うる能《あた》わず、一蠅《いちよう》も落《お》つる能《あた》わず。人《ひと》、我《われ》を知《し》らず、我独《われひと》り、人《ひと》を知《し》る。英雄《えいゆう》の向《むか》うところ敵無《てきな》きは、けだし皆《みな》これによりて及《およ》ぶなり。

「首筋を伸ばし、雑念を払って頭脳を空しくし、気は丹田に沈める。気力は偏ることなく、また滞ることなく自在に出動する。もし左に重くなれば、左側が崩れやすく、右に重くなれば、右側が暗闇と同じ不自由な状態となる。人が下から攻め込もうとすれば、こちらは限りなく高く、あるいは上から攻め込もうとしても限りなく深く、とうてい人はこちらに届くことができない。こちらが進むときはどこまでも長く達することができ、あるいはこちらが後方に下がるときは、ますます深く相手を引き込むことができる。一枚の羽の重みが加わることも感じることができ、どんな小さな虫さえ勝手に止まることを許さない。人はこちらの動静を知ることができないが、こちらは常に人の動きをつかんでいる。『英雄の向かうところ敵無し』というのも、結局はこの道理によるのである」

「虚領頂勁、気沈丹田」は太極拳演武における最も大切な要領の一つである。「虚領」は「虚霊」とも書かれる。楊派太極拳の十大要訣いわゆる「楊澄甫十訣」の第一は「虚霊頂勁」である。

この段落は、相手に対して自分がどのような姿勢、動きを取らなければならないかを説明している。そして、結論的には、自己が常に主動性を確保することが勝負の要訣であると説いている。この箇所もまた、現在の太極拳における一般的解釈のように、両者が手を組み合わせた場合の動きの要領としてよりは、槍のように長い武器を持って戦うときの要訣として読むほうが、はるかに通じやすい。

(六)斯《こ》の技《わざ》の旁門《ながれ》は、はなはだ多《おお》し。勢《かた》は区別《くべつ》ありといえども、おおむね壮《そう》は弱《じゃく》を欺《あざむ》き、慢《まん》は快《かい》に譲《ゆず》るに外《ほか》ならず。力有《ちからあ》るものが力無《ちからな》きものを打《う》ち、手《て》の慢《おそ》きものが手《て》の快《はや》きものに譲《ゆず》る。これ皆《みな》、先天自然《せんてんしぜん》の能《のう》。力《ちから》を学《まな》ぶに関《かん》するに非《あら》ずして為《な》すところ有《あ》るなり。

「この術の流派は非常に多い。門派によって技にちがいはあるが、要するに力の強い者が弱い者をあなどり、動きの遅い者が速い者に負けるというにすぎない。力のある者が力のない者を打つ、あるいは手の遅い者が手の速い者に負けるというのは、もともと天から授かった自然の能力がそのまま現れただけのことであり、力の用法を学んだか否かには関係なく生ずる現象である」

王宗岳はここで、「斯の技の旁門」というのみで、それが拳法であるのか、槍術であるのかを明らかにしていない。訣文のどこにも槍術という具体的名称はないが、重要なことは「拳法」もしくは「拳」という文字もまた、いっさい見られないということである。この段落で「手の慢き者が手の快き者に譲る」の一句があり、「手」という文字が使われてはいる。「手」はもちろん、一般的には「拳」の近似語として認めることができる。しかし、槍術においても手の遅速は重要である。

　もう一つここで指摘しておきたいことは、蹴り技についての要訣がこの訣文には見られないということである。太極拳には前蹴り・横蹴り・膝蹴り、さらには飛び蹴りなど、多彩な蹴り技が存在する。にもかかわらず、この訣文に身法あるいは手を組み合わせた場合の手法の要領と解しうる箇所はあっても、蹴りの要訣はない。これもまた、この訣文が本来は拳法の訣文ではなかったとする筆者の論拠の一つである。

（七）察《さっ》せよ、四両《しりょう》（の軽《かろ》き）も千斤《せんきん》（の重《おも》き）を撥《はじ》くの句《く》を。力《ちから》に非《あら》ずして勝《か》つこと顕《あき》らかなり。観《み》よ、耄耋《ろうじん》の衆《しゅう》を禦《きょ》するの形《かた》を。快《かい》なるも何《なん》ぞ能《よ》く為《な》さん。

「『四両の軽きも千斤の重きを撥く』の一句をよく考えてみよ。力によって勝つのではないことが明らかである。老人が多数の若者を制するという場面も戦闘でよく見られるではないか。速いからといって、必ずしも常に勝つことができるというわけではないのだ」

　王宗岳はここで前段を受けて、勝敗のかぎは単なる物理的な力や速さではなく、バネやてこの原理を応用した小さいながらも大きな効果を発揮する良質の力、あるいはそれを運用する巧みな技術にあることを説いているのである。「老人が衆を制する」もやはり拳法より槍術の表現としてふさわしい。拳脚という肉体そのものに頼る武技より、槍という武器を介して術を運用する場合のほうが、老齢でありながら衆を禦するという事実が、より多くありうるからである。

（八）立《た》てば平準《はかり》の如《ごと》く、活《うご》けば車輪《しゃりん》に似《に》たり。沈《ふか》みに偏《かた》よれば則《すなわ》ち随《したが》い、双重《そうじゅう》なれば則《すなわ》ち滞《とどこお》る。毎《つね》に見《み》る、数年純工《すうねんじゅんこう》するも運化《うんか》を能《あた》わざるものは、おおむね自《みずか》ら人《ひと》に制《せい》せらるるを。双重《そうじゅう》の病《あやまち》、いまだ悟《さと》らざるのみ。

「立っているときは、はかりのごとく平衡を保ち、ひとたび動き出せば車輪のごとく円滑である。足が片側の深みに偏ると重心はその方向に随って体勢が崩れ、両足ともに重ければ全体の動きがたちどころに滞る。数年もまじめに練習しながら運用の巧みでない者は、たいていは相手に容易に動きを制せられる。これはまだ双重のあやまちを悟っていないからである」

王宗岳はここで重心の取り方と動きの要領を説いている。はかりのごとく立てとは、バランスを保つということもさりながら、またいかなる微妙な動きをもはかりのごとく察知せよとの教えでもあるだろう。「双重」も太極拳における最も重要な概念の一つになっている。これもおそらくはこの訣文以降、太極拳に入ったことばであろう。双重とは両足がともに重く居付くことである。立ち足が安定しているというだけでは用をなさない。安定は常に動きを含んでいなければならない。安定は陰・陽二つのエネルギーが合した静の一瞬にすぎず、それは瞬時にして動に転化しうるものでなければならない。双重はいわば陰と陰とが重なって、自ら動きの自由を失った状態である。

（九）この病《あやまち》を避《さ》けんと欲《ほっ》すれば、すべからく陰陽《いんよう》を知《し》るべし。粘《ねん》は則《すなわ》ち走《そう》、走《そう》は則《すなわ》ち粘《ねん》。陰《いん》は陽《よう》を離《はな》れず、陽《よう》は陰《いん》を離《はな》れず、陰陽相済《いんようそうさい》して、まさに懂勁《とうけい》となす。勁《けい》を懂《さと》りてのちは、いよいよ練《ね》ればいよいよ精《せい》なり。黙《もく》（々《もく》）と識《し》り、揣摩《しま》（研究）すること漸《ようや》くにして心《こころ》の欲《ほっ》するところに従《したが》うに至《いた》る。

「双重のあやまちを避けたいならば、必ず陰陽の相関関係を知らなければならない。たとえば粘は走、走は粘。陰陽は本来一体のものであり、陰陽が互いに補完しあっていることを知り、両者を自在に駆使しうるようになったとき、初めて懂勁＝勁を懂ったということができるのである。いったん勁を懂（悟）ったならば、あとは練れば練るほど術は深まる。こうして黙々と錬磨を積み重ねれば、やがて思うがままに技を使うことのできる心技一体の境地に達するのである」

王宗岳はここでも懂勁が重要な段階であることを強調している。懂勁とは何か、すでに第四段で明らかであるが、懂勁とは勁の本質を知り、力の成り立ちと運用を知ること、すなわち力の根本的な使い方を知ることである。初歩的な練習だけでは双重の欠陥に陥る。陰陽の転換、それを知ることが双重のあやまちを避けることである。

双重の壁を突き破ったところに懂勁がある。ただし、懂勁はそのままが悟達の境地ではない。懂勁ののちさらに質の高い修練を積めば、やがて自在の境地に至るのである。現今の太極拳は「懂勁とは相手の動きを察知する知覚力」と単純に解釈しているので、上述の意味からは原著者である王宗岳の主張とはかなりくいちがっていることになる。

（十）本《もと》はこれ己《おのれ》を捨《す》て人《ひと》に従《したが》うを、多《おお》くは誤《あやま》りて近《ちか》きを舍《す》て遠《とお》きを求《もと》む。いわゆる差《さ》は毫釐《ごうり》、謬《あやま》りは千里《せんり》なり。学《まな》ぶ者《もの》、詳《つまび》らかに弁《べん》ぜざるべからず。これ、論《ろん》と為《な》す。

「最も大切なことは、自己の一方的な見方を捨てて相手との相関関係を把握することである。しかし、多くの人は、身近に存在する簡単な真理を捨てて遠き誤解にあこがれる。根本的な立場の、一厘に満たないほんのわずかのちがいで、千里の誤りを生ずるのである。武術を学ぶ者は、このことをよく考えておかなければならない。これを本論とする」

以上のように、王宗岳の訣文には、「太極」の二文字はあっても「太極拳」はない。また、具体的に拳法を論じた語句もない。いわば武術の原理を述べたものであるが、王宗岳に槍術の訣文があることを前提に読めば、上記訣文も拳法訣文としてよりは槍術訣文として理解するほうが、語句の比喩的な表現もいっそうふさわしく感じられるのである。

王宗岳の要訣を一言で要約するならば、「万物は変化する。変化の源は陰陽二つのエネルギーである。この陰陽二つのエネルギーを自在に転換駆使することが武術の要訣である。自我の小なる力を捨てて、大なる天理に身を委ねれば、根本的な力の用い方を知ることができる」ということである。これこそ太極の哲学というにふさわしい。王宗岳が長年の修練から自得した天然自然の理である。楊露禅も青年時代の激しい修練のすえに、この天然自然の理を自得した。王宗岳の訣文が楊露禅の拳法に符合するのはまさにこの共通の原理によるのである。

『陰符鎗譜』――王宗岳訣文の原典

王宗岳のもう一つの訣文とされる『陰符鎗譜』は、現在その全文を見ることはできない。しかし、唐豪・徐震らの研究書には、『陰符鎗譜』に寄せられた「佚名氏」の序文がしばしば引用され、このいわゆる佚名氏「陰符鎗譜序」によって王宗岳の経歴と武術および『陰符鎗譜』の成り立ちをうかがうことができる。

佚名氏「陰符鎗譜序」（注：徐震『太極拳考信録』）もまた、冒頭の一句に太極の二文字を含み陰陽二元論を説くところから武術論を展開する。全文（意訳）を見てみよう。

易に太極があって、初めて両儀を生じ、これを陰陽と名づけた。道のよしとするところは一理百体であり、而してあらゆる変化を安んずるものは陽に存せず陰に存する。孔子は言った、「尺取り虫が身を屈するのは伸びることを求めてであり、龍蛇が冬ごもりするのは身を存するためである」と。昔から今にいたるまで道を説く者はここを根本とし、兵を語る者もここを原点としない者はない。世にいわゆる「武に善なる者」が、おおむね勢（技）を語るのみで理について語ろうとしないのは、嘆かわしいことである。勢を語って理を語らない者は、いたずらに力の存在を知るのみで、技に巧みさが存在することを知らない。これでは、ほんとうに技に精《くわ》しい者ということはできない。

佚名氏はこのように、「宇宙（太極）は陰・陽という二つの世界に分かれ、陽といういわば動きの世界を準備するものは陰である。したがって、武術も陰を原点とする。一般の武術家は、力とか外面的な技術（勢）にとらわれ、内面的な原理に基づいた巧みな用法を知ろうとしない。これではほんとうに技を理解しているとはいえない」と総論を述べ、王宗岳の武術がどのようなものかを予告しているのである。

佚名氏の序文が王宗岳のいわゆる『太極拳経』とまったく同じように、「太極」の二文字から説き起こしているのは、偶然の一致であろうか。本文の主旨に合わせて書くのが序文というものの性格である。佚名氏は王宗岳による本文の書き出しに共感をもち、またそれが陰符鎗という一つの門派の立脚点であるところから序文においても原著者にならって「太極」から説き起こし、読者の王宗岳槍術に対する理解への一助としたのである。このように単純に考えるとき、両者の書き出しのみごとなまでの一致が最も素直に理解されるのである。

山右（山西省）の人王先生は幼少のころから経書・史書はもとより黄帝・老子の書、さらには兵家の書にいたるまで読まざるはなく、兼ねて撃刺の術に通じ、なかでも鎗法に最も優れていた。けだし先生は天体自然の消長変化を深く観じ、身体行動の節奏を熟知し、ひたすら修練工夫を積み重ね、おのずから一家をなし、ついにこれを陰符鎗と名づけたのである。ああ、先生のごとく陰符に深くなければ、どうしてこのように達することができようか。

ここではじめて佚名氏は王宗岳を簡潔に紹介している。佚名氏によれば、王宗岳は幼少から文武に優れ、ついに天体の消長変化と身体行動のリズムを合して、陰符鎗を発明した槍の達人であった。

陰符とは『陰符経《いんぷきょう》』を指す。『陰符経』は「道家の兵書」と評され、唐代以来各種の注釈書が流行している。「陰」とは宇宙の根元的な力、「符」とは符丁であり、「陰符」は端的にいえば「天の啓示」であるが、「符」にはまた「符合する」の意がある。つまり「陰符」とは宇宙の大いなる力に合致して戦略・戦術を展開することであり、現今の太極拳がよく主張するように、「天の大宇宙に人身の小宇宙を合致させる」ことである。

辛亥の年、王先生は洛陽で私に見せてくれたことがある。私はその大体を知るのみで、奥義をことごとく理解できたわけではなく、そのことがいつも残念に思われた。郷試を受験するため私が開封に滞在していたとき、先生も開封に居を移され、余暇にまた本稿を私に示された。私は夢中になってこれを見た。

この序文が書かれたのは、文末に記入された年号によって乾隆乙卯の年すなわち乾隆六十年（一七九五）であることが明らかである。佚名氏が洛陽で初めて『陰符鎗譜』を見たのは、これより四年前、乾隆辛亥の年すなわち乾隆五十六年（一七九一）ということになる。この年は、あえて太極拳術史と重ね合わせると、楊露禅の生誕八年前にあたり、露禅の師陳長興二十歳のころであった。

佚名氏と王宗岳は、おそらく武術を好む読書人として何らかのきっかけで親しくなったものであろう。あるいは、ともに長年にわたって科挙受験を志し、勉学の余暇に武術を語り合ったものであろうか。王宗岳は訣文を見せるだけではなく、実際に槍を取って自己の槍術をいくどとなく佚名氏に見せたにちがいない。佚名氏が「夢中になってこれを見た」のが単なる訣文にとどまらなかったであろうことは、上記に続く以下の文からも知ることができる。

先生の鎗は、その潜むときは九泉の下に蔵《かく》れるがごとく、またその発するときは九天の上に動くがごとく、上下窮まりなく、剛柔変化し、而してそのすべては陰の一字に帰するのであった。まことに陰符鎗と名づけられたとおりである。

この短い文のなかに王宗岳の槍が生き生きと躍動している。王宗岳の槍は、そのすべてが陰の一字に帰するという。すなわち、静にして柔なるものが王宗岳槍術の原点である。したがって試みに、槍を持つ王宗岳の姿を描くならば、その構えは標準的なものであり、決して奇異に流れず、見た目にはおそらく平凡な中段の構えを得意としたにちがいない。立ち足は広からず狭からず、肩の力を抜いて、手の内は柔らかに槍を握り締める。その静かな姿は、「あたかも地中に深く潜んで、この地上には存在しないかのごとく、しかしひとたび発すれば、自由奔放に宙を駆けめぐる」のである。

この一文は、いわゆる『太極拳経』のなかでも、「頭頂の勁を虚領（虚霊）にし、気は丹田に沈める。左右に偏せず、隠れたかと思えばたちまち現れる。下から見上げれば限りなく高く、上から見おろせば限りなく深い。人、我を知らず、我独り人を知る。英雄の向かうところ敵なし」と説く第五段によく照応している。

原理というものに大小はないが、それが現れる道には深浅がある。人によって用いるところが異なっても、一つの源に行き着く。『陰符経』は道を語る書であるが、内容は広大であり、すべてを包含する。先生はその一端を取って鎗に用いた。したがって、その鎗を見れば、また先生の道を知ることもできるのである。

このように佚名氏は、陰符鎗の由来を結論づけ、王宗岳の槍が古今を通じて優れたものであることを強調する。

むかし楊氏の鎗は、自ら称して「二十年李花鎗、天下無敵なり」といった。女性にして鎗法に明るかったといっても、ただその勢を知るにすぎず、必ずしもその極意によく達していたとはいえないのに、世に名を揚げ、名声はこうして後世にまで伝わっている。まして先生は三教の書に深く通じ、古今の技に詳しく、精錬してついに陰符鎗に達したのであり、もって天下後世に伝えるのに何の不足があろうか。

最後に佚名氏は、次のようにこの序文を結んでいる。

先生はつねづね私にこう語っていた。「もともと鎗譜など作る気はなかったが、数十年この中に心をくだいて、初めていささか自得するところがあった。その修練の成果を少しでもまとめてみたいと思うようになったのである」と。そこで鎗法を集成して訣とし、その進退変化の法を明らかにし、序を私に求められたので、このように大略を記して序文に代えたのである。

乾隆、乙卯の年

この佚名氏序文によって、王宗岳は若いときから槍術に励み、修行数十年ののちに『陰符鎗譜』を著したことがわかる。仮に十歳から三十年もしくは四十年修行したとすれば、序文末尾に記された乾隆乙卯の年すなわち一七九五年、王宗岳は四十〜五十歳であった。いずれにしろ、王宗岳は十八世紀後半、開封、洛陽に居住した槍術を得意とする教養豊かな武術家であったということができる。

徐震『太極拳考信録』後序文によると、『陰符鎗譜』には「上平勢七則」「中平勢十三則」「下平勢十一則」があり、上・中・下段の戦法を具体的に論じている。ほんの一部しか引用されていないが、それでも王宗岳槍術の実技をうかがうのに十分である。たとえば上平勢第七則には、次のような文がある。

彼の鎗がわが大門（正面）を高く突いてきたとき、我は蛇が物に纏わるように鎗を乗せ、足とともに追い上げて二転し、彼の鎗を巻き込み、力をこめて下に落とすや、直ちにわが鎗を単手で突き出す。

また中平勢第一則として、次の一文が紹介されている。

身は正しく立てることを要し、鎗を平らかにして臍上におく。彼の中段の鎗がわが大門を突いてきたとき、我は圏法を用いて彼の鎗を圏開し、単手で突き出す。

さらに下平勢第一則には、次のように記されている。

彼が梨花滚袖鎗で我を突こうとしたとき、我は陰陽手を用いてあるいは仰向けにあるいは下向けに合して彼の鎗を軽くたたき、足とともに後退して彼を突こうとする。彼が鎗を転じたとき、我は前手を放して単手で突き出す。

上・中・下段いずれの戦術にも共通していえることは、受けは柔、攻めは剛ということである。すなわち、纏わるように、あるいは渦巻くように相手の槍を流したり、巻き込んだりして反撃の機会をつかむや単手で槍を突き出す。単手で突く技は、両手で突くよりも長い距離を、瞬間的には槍を飛ばすように突く。

もともと槍は両手でしっかり柄を握り締めて単純に前後に動かす技が原初的な基本技であった。しかし、体験の積み重ねと教伝によって、槍術の戦法は飛躍的に進歩し、やがて「手はよく鎗を忘れ、鎗はよく手を忘るべし」という手の内の極意が生まれた。このような技術の進歩のなかから、瞬間的に槍を飛ばす単手の突き技が開発されたのである。槍を飛ばすように突く単手扎（単手槍）は、その技法が誕生したときは意表をつく奇襲の技であった。この単手の突きは楊家梨花鎗の得意技であり、嵩山少林寺の棍法にも導入されている。

徐震によると、『陰符鎗譜』の最後には槍術の極意を詠んだ四首の詩が載せられており、その表現から「王宗岳陰符鎗は『紀効新書』の影響を受けていることが明らかであり、『紀効新書』はまた楊家梨花鎗法を取り入れているから、王宗岳陰符鎗の技術的系譜は結局、楊家梨花鎗に連なる」と説いている。

技術的系譜の指摘もさることながら、いま『陰符鎗譜』の構成と内容を探求するわれわれにとって、同書の最後に四首の詩が掲載されていたという事実も重要である。徐震『太極拳考信録』後序は、次のように述べる。

鎗法に関していえば、（陳家溝陳氏の）二十四鎗は、もともと梨花鎗法であったことが『紀効新書』（との比較）によって明らかである。『陰符鎗譜』の最後には詩が四首あり、第二首には「心はすべからく手を忘れ、手は鎗を忘るべし」とあり、また第四首には「静なるところを陰となし、動けばすなわち符す」とあるが、『紀効新書』長鎗総説に「心はよく手を忘れ、手はよく鎗を忘る。神を円にして滞らず、また静よりも貴きはなし」とある。これが詩語の出典である。すなわち王氏鎗法もまた梨花鎗に発するのである。

『陰符鎗譜』佚名氏の序文によれば、王宗岳は古今の技に詳しかった。王宗岳や戚継光は、あくまでも自己の修行とか直接的な見聞をもととしながら、武術書古典とか史書に記録されている伝聞などによって往事の技術をも研究したのであり、楊家梨花鎗の影響が見られるからといって、直ちに梨花鎗を彼らの槍術の源流もしくは直接的母体と結論づけるのはやや短絡にすぎるだろう。

王宗岳が前代に出版された『紀効新書』を研究したことは想像に難くない。したがって「心はすべからく手を忘れ、手は鎗を忘るべし」が同書を出典としたことは明らかである。しかし、「静なるところを陰となし、動けばすなわち符す」の一句は、王宗岳独得の表現とみなすべきである。王宗岳は、古今の武術を広く研究しながらも、自己の修練にいそしみ、修業数十年ののち独自の境地に達してから『陰符鎗譜』を著したのである。

ここでもう一度、本節の原点にかえって、『陰符鎗譜』がどのような内容をもっていたか、その構成を推定によって復元してみよう。まず最初に佚名氏序文が同書の由来と特色を紹介し、最後には槍術の要訣を詠み込んだ四首の詩があった。また、本文には、上・中・下段およびその他の戦法を箇条書に説いていた。いわゆる王宗岳

『太極拳経』が『陰符鎗譜』の一部であったとする私見が正しいものと仮定し、これを本文の最初に置くと、『陰符鎗譜』は次のように武術書としていっそう明確な構成をもつにいたるのである。

一、序文………佚名氏による大意紹介。
二、本文
　1．鎗術原論………著者自身による総論。
　（いわゆる『太極拳経』）
　2．鎗術戦法………具体的な技術。
　（1）上平勢七則
　（2）中平勢十三則
　（3）下平勢十一則
　（4）川袖挑手穿指搭外搭裏十七則
三、結論
　詩歌四篇………詩歌による鎗術極意のまとめ。

これがおそらく武禹襄が入手したときの『陰符鎗譜』の原構成だったのではないだろうか。王宗岳訣文いわゆる『太極拳経』は、「太極拳」名称発生以前の文であり、それ自体が『太極拳経』と題されていたはずはなかった。王宗岳訣文の最初に「太極」の二文字があり、武禹襄ら武派一門によってそこから「太極拳」の名称が生み出されたものであることは、まずまちがいないであろう。

王宗岳に関する歴史的資料は『陰符鎗譜』一点のみであり、この資料から判断するかぎり、王宗岳は槍の達人であって拳法の達人ではない。まして「太極拳」の発明者でもなければその中興の祖でもなかった。また、この資料から判断するかぎり、王宗岳が陳家溝を訪れた形跡はない。王宗岳と陳家溝、あるいは王宗岳と太極拳を結びつける材料はいっさい存在しないのである。王宗岳という名称さえ、陳家溝の人々は知らなかったであろう。二十世紀に入って太極拳の名称が確立すると、王宗岳訣文も『太極拳経』として定着した。陳派の人々でさえ、太極拳の名称と王宗岳太極拳達人説を受け入れるようになった。ここで初めて「王宗岳が陳家溝に太極拳を伝えた」とする説と、その反対に「王宗岳も陳家溝において太極拳を学んだ」とする説との論争が生じたのである。前者は主として徐震によって主張され、武・呉両派を含む楊派系統の人々によって広められた。後者は主として唐豪によって主張され、陳派系統の人々に採用されたのである。

現在も太極拳の源流に関する論考は、一般的には王宗岳と太極拳の結びつきを前提とする。しかしながら、この前提を除去し、論争の出発点を武禹襄以前に戻さないかぎり太極拳の真の源流にたどり着くことは不可能であろう。

第三節　内家拳の系譜

開祖の伝説

内家拳は現在、太極拳、八卦掌、形意拳など内功的な修練を重んずる拳法の総称として用いられている。しかし、内家拳はもともと明末清初に実在した流派名の一つにすぎなかった。人物の系譜および実技の構成も、内家拳は本来、太極拳と無関係の拳法であった。十九世紀末から二十世紀初頭にかけて、少林拳などに対抗して、当初は専ら太極拳の門派としての独自性を強調するために、主として楊派系統の人々によって内家拳の伝説が利用されたのである。唐豪は『内家拳的研究』（注：一九三五　香港・麒麟図書公司復刻一九六九）序文のなかで「太極拳は内家拳なりと標榜するものは則ち近二十年間のことであり民国以前には未だ聞かざるところであった」と述べている。

内家拳が清初に失伝したにもかかわらず、その流派名が二十世紀まで伝わり、太極拳の源流としてもてはやされたのは、明末清初の著名な文人黄宗義が著した『王征南墓誌銘』（注：『南雷文定』前集巻之八所収）による。墓誌銘は次の一文で始まっている。

少林は拳勇をもって天下に有名となった。しかしながら、人を搏つことを主とするので、人はまたこれに乗

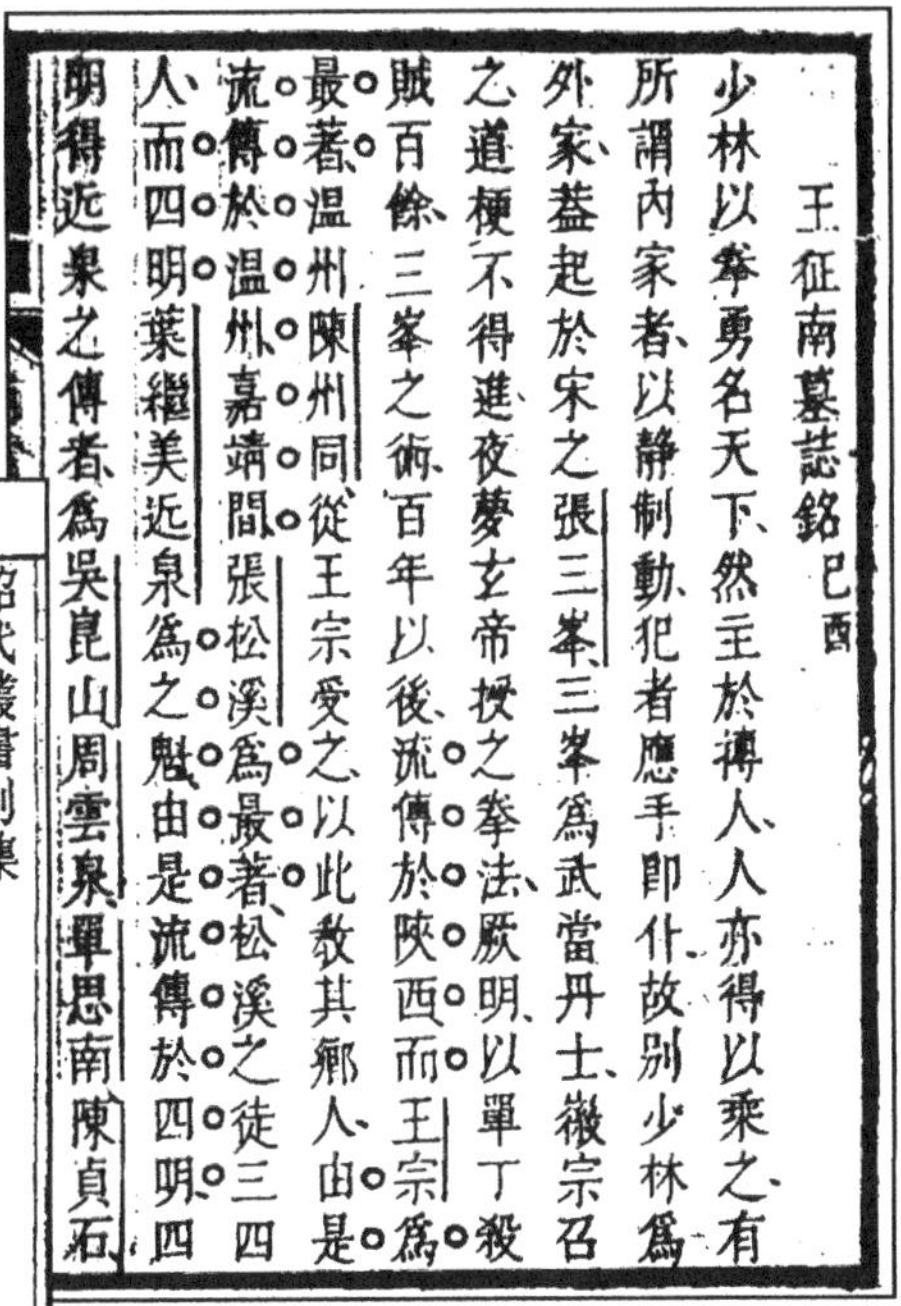

王征南墓誌銘 己酉

少林以拳勇名天下然主於搏人人亦得以乘之有所謂内家者以靜制動犯者應手即仆故別少林爲外家蓋起於宋之張三峯三峯爲武當丹士徽宗召之道梗不得進夜夢玄帝授之拳法厥明以單丁殺賊百餘三峯之術百年以後流傳於陝西而王宗爲最著温州陳州同從王宗受之以此教其鄉人由是流傳於温州嘉靖間張松溪爲最著松溪之徒三四人而四明葉繼美近泉爲之魁由是流傳於四明四明得近泉之傳者爲吳昆山周雲泉單思南陳貞石

黄宗義『王征南墓誌銘』（『南雷文定』所収）

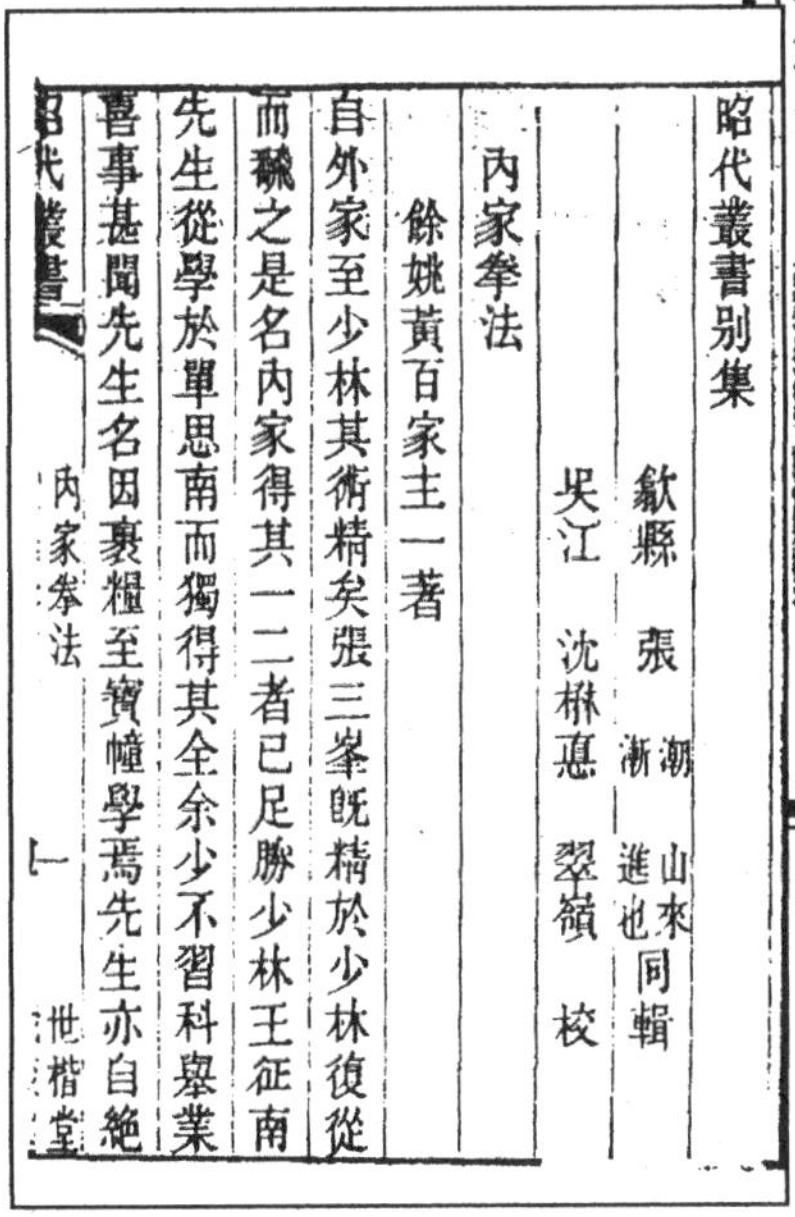

昭代叢書別集

歙縣　張潮　山來　同輯

吳江　沈楙悳　翠嶺　校

内家拳法

餘姚黄百家主一著

自外家至少林其術精矣張三峯既精於少林復從而翻之是名内家得其一二者已足勝少林王征南先生從學於單思南而獨得其全余少不習科舉業喜事甚聞先生名因裹糧至寶幢學焉先生亦自絶

昭代叢書　内家拳法　一　世楷堂

黄百家『内家拳法』（『昭代叢書』別集所収）

黄宗義・百家父子が書き遺したこの二つの著述によって、われわれは今日でも王征南とはいかなる人物であったか、征南が伝えた実在の内家拳とはどのような武術であったかをすべてうかがい知ることができる。

ずることができる。いわゆる内家というのは静をもって動を制し、犯すものは手に応じてたちまち倒れる。ゆえに少林を別して外家となすのである。けだし、宋の張三丰《ちょうさんぼう》より起こる。

この黄宗義『王征南墓誌銘』冒頭の一文によって、初めて外家拳と内家拳の区別が生まれた。また、内家拳の初祖を張三丰とする説もここから生じたのである。

『王征南墓誌銘』は、太極拳門派にとって利用価値に富んだ資料であった。まず第一に、内家拳を少林拳よりも高級な拳法としていることである。「少林」の名声は宗教界・武術界にとどまらず、一般社会にまで浸透していたから、それに匹敵する権威を得ることができるという一点で『王征南墓誌銘』は太極拳門派にとって、またとない格好の材料だったのである。まして、「少林は『人を搏つこと』、すなわち剛的に攻撃することを得意とするために、われとわが力によってかえって体勢を崩したり、隙を生じたりしがちである。一方、内家拳は『静をもって動を制』し、攻撃しようとしたものは一撃で倒れる」と説いている。これは太極拳のめざすところと軌を一にしており、あたかも達人楊露禅の拳法を集約したかのごとくである。楊派の人々はこのように考えたのにちがいない。

また、内家拳の祖を武当山の仙人張三丰としていることは、少林派が祖と仰ぐ嵩山少林寺の「ダルマ大師」と対照的となり、開祖の伝説としてふさわしい。二十世紀初頭、太極拳が内家拳伝説を取り入れて以来、張三丰太極拳開祖説は一挙に広まり太極拳結社がわざわざ張三丰生誕祭と銘うって盛大な祝賀会を開催するまでになったのである（注：たとえば陳微明『太極剣』一九二七のグラビアに〈致柔拳社一九二六年四月九日張三丰祖師生誕祝賀行事記念写真〉が掲載されている）。

『王征南墓誌銘』の内容もさることながら、墓誌銘の撰者が黄宗義という著名な学者であったということも新たな伝説を作り上げるうえで好都合であった。大学者のお墨つきによる歴史資料として、人々に対する説得力をもった。虚構の伝説を作り上げるのに、「学術的」根拠として利用できたのである。まして黄宗義は明末清初の政治的な動乱期に、最後まで明朝に忠節を尽くした愛国者として著名であった。二十世紀初頭、清朝がまさに滅亡し、再び明朝と同じ漢族中心の国家が近代的装いのもとによみがえろうとしていたとき、黄宗義ら明末清初の愛国的な諸学者の著者や事績もまた再び人々にもてはやされた。黄宗義の『明夷待訪録』は、清末の動乱期、政治的に関心のつよい青年層に特に愛読されたという。

黄宗義が『王征南墓誌銘』を著した目的は、当然のことながら王征南の事績を明らかにすることであった。王征南に直接連なる内家拳の系譜については、後述するように、人物名をあげて具体的に記述している。しかし、張三丰については、前述の冒頭文に続いて、次のように述べているにすぎない。

張三丰は武当山の道士である。徽宗帝がこれを召し出そうとしたが、道が険阻のため進むことができなかった。夜、夢に元帝から拳法を授かり、夜が明けるや、たった一人で百余の賊を撃殺した。

張三丰は相当古い時代から民衆のあいだに親しまれた道教の仙人であり、内家拳が自派の権威を高めようとしていつごろからか開祖としたものであろう。黄宗義はこうした内家拳の開祖伝説を伝説として紹介したにすぎない。

『明史』方伎伝には、次のような「張三丰伝」がある。

張三丰は遼東懿州《いしゅう》の人、名を全一あるいは君寶ともいう。三丰はその号である。身なりにかまわないので「おんぼろ張」ともよばれた。痩せて背は高く、大きな耳に丸い眼をして、ごわごわとしたひげ面であった。暑さ寒さも一枚の着物で過ごし、一升一斗を軽く平らげたが、あるいは数日に一食ともいい、あるいは数カ月食らわずとも平気であったという。書物はひと目読めばそらんじ、行くところ常なく、一日千里を歩いたともいう。遊びごとや冗談が巧みで、よく旁若無人にふるまった。

かつて武当山の各所に遊び、「この山はいつか必ず興隆するだろう」と人に語っていた。当時、武当山の五龍・南巌・紫霄の各所とも戦火によって壊滅していた。張三丰は門弟たちといばらや瓦礫を除いて庵をつくり、しばらく住んでいたが、やがてそこを捨てて立ち去った。太祖はかつてその名を聞き、洪武二十四年（一三九一）使者を派遣して召し出そうとしたが尋ねあてることができなかった。

のちに三丰は宝鶏の金台観に住んだ。ある日、自分で「もう死ぬだろう」といい、辞世の歌を遺して逝った。村人たちは共同で棺を作り、遺体を収め、まさに葬ろうとしたとき棺の中から声がする。開いてみると、三丰が生き返っていた。それから三丰は四川に遊び、蜀の献王にまみえ、また武当山に帰った。襄、漢の地を経て足跡はますますとらえがたくなった。

永楽年間、皇帝成祖は内侍・朱祥に璽書《じしょ》と下賜品を持たせ、給事中・胡濙《こえい》を使者として派遣、僻地に至るまで探しまわらせたが、いく年経っても捜し当てることができなかった。そこで工部侍郎・郭璡、隆平侯・張信らに命じて三十余万人を動員、百万の資金を投じて武当に一大道観を造営した。完成後、太和太岳山の名を賜り、役所を設け印を鋳造して守護させた。かつて三丰の予言したとおりとなったのである。

別説によれば、三丰は金代の人で、元初に劉秉忠と師を同じくし、のちに鹿邑の太清宮で修道したというが、いずれも確かなことはわからない。天順三年（一四五九）、皇帝英宗より通微顕化真人の名を贈られたが、その存亡は莫として測りがたく、ついに明らかにすることはできなかったのである。

この『明史』の記述が、張三丰伝説の原点である。これ以後の史料、道教・拳法の関係書はほとんどすべて、この『明史』張三丰伝を受け継ぎ、これをそれぞれの立場から適当に改変しているにすぎないのである。

『明史』が記述しているように、張三丰はその存在すら明らかではない道教の仙人であり、まして拳法に関係する伝説はまったく存在しなかった。張三丰の名が世上に流布したのは、歴代皇帝のなかに張三丰に対して関心をもつものが多かったからであろう。なかでも永楽年間、成祖皇帝（永楽帝）による大々的な張三丰探索行は三丰の名をいやがうえにも高めたことであろう。しかし、唐豪『少林武当攷』によれば、成祖にとって張三丰探索行は表向きの名目にすぎず、裏にはもう一つの政治的目的が秘められていた。

成祖は明朝の創建者洪武帝の第四子である。はやくから洪武帝の信頼を受け、北京に燕王として封じられ、北辺の守護にあたった。本来ならば、長男の皇太子が洪武帝の後継者となるはずであったが、病弱のため父に先立って死去した。そこで洪武帝はやむなく皇太孫を後継者としたが、燕王ら諸王にはこれを不満とする空気があった。

洪武帝が洪武三十一年（一三九八）に世を去ると、皇太孫は正式に第二代皇帝として即位し、建文帝となった。建文帝はまだ十六歳の少年であった。年若い新帝を補佐する側近たちは、皇帝と血のつながりを持つ諸王を極度に警戒し、一人ずつとりつぶしにかかった。燕王はこれに対抗して挙兵し、四年間にわたって叔父・甥のあいだに骨肉の激しい戦火が交えられた。いわゆる「靖難の変」である。燕王は建文四年（一四〇二）、ついに南京城を陥落させ、自ら皇帝に即位し、成祖永楽帝となった。

南京城を総攻撃したとき、建文帝は宮殿に火を放って自殺した。しかしのちになって、地下道を伝わって家臣ともども落ち延びたというわさが生じた。成祖はこれを気に病んだ。死に追いやったはずの建文帝が、実はその臣下とともに生き延びていて、秘かに再興を謀っているのではないかという疑いにとらわれたのである。

成祖は建文帝の生死を確認すべく、しかしながら民心を動揺させないように、表向きには張三丰という優れた神仙を求めるのだという非政治的な名目のもとに胡濙一行を派遣して、僻地にいたるまでくまなく探索させた。

『明史』胡濙伝は、次のようにいう。

胡濙、字は源潔、武進の人である。建文二年（一四〇〇）兵科給事中、永楽元年（一四〇三）戸部都給事中となる。恵帝（建文帝）は火中に死没し、あるいは逃げ去り多くの旧臣が従ったともいう。永楽帝はこれを疑った。そこで胡濙に御製の詔書を持たせ、使いとして派遣し、張三丰仙人を尋ねて天下の州・郡・郷・邑をあまねく歩かせ、建文帝の所在を秘かに偵察させたのである。

このため胡濙は母の葬儀に帰ることさえ許されず、前後およそ二十年間も「張三丰を求めて」各地を尋ね歩いたのである。成祖は建文帝が国内で発見されないのは海外に亡命したからであるという新たな説を信じて、鄭和ら数名に海外探索行を命じた。中国航海史上に名をとどめる鄭和の海外遠征も、表面的には海外に中国の威名をとどろかすという使命をもっていたが、ことの起こりは成祖の疑心から発した建文帝一派を追い求める探索行にあったのである。『明史』鄭和伝に、次のように記されている。

鄭和は、雲南の人、世にいわゆる三保太監とよばれた。はじめ燕王に仕え、のちに軍功によって太監に抜擢された。成祖は恵帝（建文帝）が海外に亡じたと疑い、その足跡を求め、かつ異域に中国の富強を示そうとして、永楽三年六月、鄭和・王景弘らを西洋に使わした。

張三丰が足跡を記したといわれる武当山を中心とする一帯は、現在でも河南・陝西・湖北三省の省境にある険阻な山岳地帯で、古くから各地の流亡化した農民や反逆者の群が逃れ込む土地であった。明の太祖は自ら大軍をもってこの一帯を平定し、国家の禁令によって各地から農民が流入するのを禁止したほどである。永楽帝の死去四十年後には「荊襄の乱」とよばれる大規模な反乱が発生している。中央権力にとっては代々、不穏な土地だったのである。胡濙は、張三丰はもとより建文帝も発見することはできなかった。しかし不穏な地帯を丹念に歩きまわることによって、民心を慰撫し、各地の情勢を細かく偵察して反政府の芽を摘み取るという政治的な成果は十分にあげることができたであろう。そして、仮に名義上の問題にしろ、長期にわたって勅命により公然と張三丰を追い求めたことは、国内において三丰の名をそれこそ「僻地に至るまで」普及させたことであろう。それまでは幻の仙人にすぎなかった張三丰も、こうして少なくとも名称だけは社会的に定着するにいたったのである。武術史家唐豪はこのことを皮肉をこめて、『少林武当攷』のなかで次のように述べている。

当時、中央権力は建文帝を追い求めるのに急であった。愚民はこのことを知らず伝説に附会するものは日を追って多くなった。明末以後になると三丰を内家拳の始祖としてあがめるものまで出てきて、これが今日のいわゆる武当派を形成したのである。張三丰もなんという好運児ではあるまいか！

内家拳の系譜と王征南

開祖伝説はさておき、内家拳の実伝の系譜については黄宗義が『王征南墓誌銘』で具体的に人名を記録している。

三丰の術は百年後、陝西に流伝した。王宗が最も著名であった。温州の陳州同は王宗に師事し、これを故郷に伝えたので、温州に流伝した。嘉靖年間（一五二二～一五六六）、張松渓が温州で最も著名であった。松渓には三、四人の門人があったが、四明の葉継美近泉が最も優れていた。そこで四明にも流伝した。四明で近泉の伝を得たものは呉崑山・周雲泉・單思南・陳貞石・孫継槎であり、みなそれぞれ受け継ぐ者がいた。すなわち、崑山は李天目・徐岱岳に伝え、天目はさらに余時仲・呉七郎・陳茂宏に伝えた。雲泉は盧紹岐に伝えた。貞石は董扶輿・夏枝渓に伝えた。継槎は紫元明・姚石門・僧耳・僧尾に伝えた。そして單思南の伝を受け継いだ者が王征南であった。

三丰を伝説上の人物として除くと、内家拳の第一代は王宗である。いわゆる太極拳の達人王宗岳とわずか一字ちがいである。これもまた太極拳の門派にとってつごうのいい材料であった。しかし、王宗と王宗岳が同一人物であった可能性はまったくありえない。なぜなら王宗岳は清代乾隆年間（一七三六～一七九五）の人であり、王宗は明代嘉靖年間（一五二二～一五六六）以前の人であることが確実だからである。時代的に二百年以上の開きがある。また、王宗は陝西省の人であり、一方王宗岳は山西省の人である。土地も時代もまったく異なるわけである。

王征南の生没年について、黄宗義は墓誌銘に「某年丁巳三月五日に生まれ、某年己酉二月九日に卒す。年五十三」と記した。この生没年は一六一七年～一六六九年を意味する。清朝支配下で年号を明記するのを避け、あえて「某年」と記したのである（注：唐豪『少林武当攷』）。いま改めて年表をひもとくと、王征南の生まれた一六一七年には、「万暦四十五年」と「後金天命二年」が併記されている。後金が国号を清と改めたのはこれから十九年後のことであり、永明王が雲南で殺され明が完全に滅亡したのは一六六二年である。王征南はこのときすでに四十五歳であった。卒年の一六六九年は、明の滅亡後七年、清の康熙八年にあたる。王征南は生涯の大部分を明の滅亡期に過ごした武術家だったのである。

王征南、本名は来咸、征南はその号である。拳法のほか弓を好み、弓術のうでによって軍職を得、臨山の把総（千総に次ぐ武官）となった。明軍敗退ののち、清朝に仕えるのをいさぎよしとせず、隠居して農地を耕し、貧窮のうちに自己の志をつらぬいた。墓誌銘には、伝聞による二、三の武術的エピソードが語られているが、黄宗義はそうした武術面よりも、明朝に対する忠節を終生つらぬいた王征南の精神に同志的共鳴をおぼえたのである。

黄宗義は、墓誌銘の最後を次のような銘文で結んでいる。

> 技有《わざあ》ること斯《か》くの如《ごと》きながら、一《ひと》つとして施《ほどこ》さず。また終《つい》に技《わざ》を鬻《ひさ》がず、その志《こころざし》や悲《かな》しむべし。
> 水《みず》は浅《あさ》く山《やま》は老《お》ゆ、孤墳《こふん》だれか保《たも》たん。この銘章《めいしょう》を視《み》たるもの、庶《こ》い幾《ねが》わくば考《かんが》え有《あ》らんことを。

この結文をあえて意訳すれば、「かくのごとき優れた武術を身につけながら、結局は明朝興隆のために役立てることはできなかった。しかしながら、こと敗れてのちも、終生その技を売って身を立てようとはしなかった。その志や悲しむべし。川の水もいつかは枯れ、山さえも老いるときがある。この孤墳をいつまでもだれが守ってくれるだろうか。もしこの銘文が目に入ったならば、願わくば、そのうらに秘めたるわれらが深き想いを察せよ」と訴えているのである。

黄宗義の子、黄百家は、少年のころ王征南の名にあこがれ、その門を叩いた。王征南は、もともとみだりに技を人に示したりはしなかった。とりわけ次のような五種類の人間、すなわち「心の険しい者、闘いを好む者、酒に狂う者、軽々しく技を露わす者、虚弱遅鈍の者」には技を伝授すべきではないという方針をもっていた。幸い黄百家は王征南の許しを得て、たった一人の門人となった。征南の居室が狭かったため、そのかたわらの鉄仏寺で修行することになった。

> 先生と演練のあと、私たちはよく濁酒数杯を傾け、散策を楽しんだ。山の端に月がのぼるころ、せせらぎの音を聞きながら、先生はいにしえを語りいまを論じ、ときには激しく世の不義を批判した。私が刀槍剣戟の法にも興味をもつと先生はこう言った。
> 「拳法さえできれば、そのほかはたいして難しくはない。ここをこうすれば槍となり、ここをこうすれば剣

戟の法となるのだ」

　先生は兵士の訓練、陣塁の規模などにいたるまで少しも惜しむことなく私に教えてくれた。

「これまで伝えるべき者がいなかったが、いまはもうすべてをそなたに授けよう」と先生は言った。

（注：黄百家『内家拳法』〈東京大学東洋文化研究所蔵『昭代叢書』別集所収〉）


　しかし、父の黄宗義は、百家があまりにも武術に熱中して学問をおろそかにするのを恐れた。黄百家自身も家の窮状を見かね、また太平に向かいつつある世の中で武術がどれだけ役立つか将来の身の処し方に不安を感じた。やがて黄百家は拳法修練から遠ざかり、学問に打ち込んだ。あるとき王征南が城中に来たついでに黄百家の書斎に顔を見せ、親しく内家拳の真髄を語り、あるいは武術家としての心構えを説いた。


　たとえば先生はこう言った。

「拳法は技の多さが大事なのではない。熟することが大事なのだ。技を練って熟すれば、たとえば六路の基本型も無数の用法が生ずる。まずそのなかの技が陰陽に分かれて十八法となり、さらに四十九手に変化するのである」。あるいは、「拳法は絞花槌のごとく、左右・中・前後みな到るべきで、一面だけにとらわれてはならない」とも言い、また次のようにも語った。

「拳法は博きより簡に帰するのである。七十二跌（原注：すなわち長拳・滾斫・分心十字などの各種の打法）より三十五掌（原注：すなわち斫・削・科・磕・靠など）、さらに十八法（原注：すなわち六路の十八法）に至る。十八より十二（原注：倒・換・搓・挪・滾・脱・牽・絹・跪・坐・攧・拿）に、十二よりすべては心を存すべき五字（原注：敬・緊・径・勁・切）に帰するのである」。（注：同前）

王征南の期待にもかかわらず、もはや黄百家の胸に武術に対する興味は湧かなかった。王征南も貧窮のなかに病いを得て昔日の面影は失われていた。王征南の死後、黄百家は往事を振り返り、師に対する追慕の念をこめて、後世に王征南の教えを伝えるべく、『内家拳法』を著したのである。

内家拳の実技

黄百家『内家拳法』によって、内家拳の技法体系と王征南の武術観および征南がどのような術技を得意としたかを、われわれは今日でも十分にうかがい知ることができる。はたして内家拳は太極拳の源流とするほどの共通性をもっていたであろうか、『内家拳法』によって具体的に検討してみよう。

まず、内家拳には手法三十五、歩法十八があった。箇条書に列挙すれば、それぞれ次のとおりである。

〈手法〉
(一) 斫《しゃく》　(二) 削《さく》　(三) 科《か》　(四) 磕《かい》　(五) 靠《こう》　(六) 擄《りょ》　(七) 逼《ひっ》　(八) 抹《まっ》
(九) 芟《さん》　(一〇) 敲《こう》　(一一) 揺《よう》　(一二) 擺《はい》　(一三) 撒《さん》　(一四) 鐮《れん》　(一五) 攏《ごう》　(一六) 兜《とう》
(一七) 搭《とう》　(一八) 剪《せん》　(一九) 分《ふん》　(二〇) 挑《ちょう》　(二一) 綰《わん》　(二二) 衝《しょう》　(二三) 鈎《こう》　(二四) 勒《ろく》
(二五) 耀《よう》　(二六) 兌《だ》　(二七) 換《かん》　(二八) 拈《ねん》　(二九) 起《き》　(三〇) 倒《とう》　(三一) 圧《あっ》　(三二) 発《はっ》
(三三) 揷《そう》　(三四) 削《さく》　(三五) 釣《ちょう》

注：(二) と (三四) が「削」の同字。現在異本なく校合不能。

〈歩法〉
(一) 踅歩《てんほ》　(二) 後踅歩《こうてんほ》　(三) 碾歩《てんほ》　(四) 冲歩《ちゅうほ》　(五) 撒歩《さんほ》　(六) 曲歩《きょくほ》　(七) 蹋歩《とうほ》
(八) 斂歩《れんほ》　(九) 坐馬歩《ざまほ》　(一〇) 釣馬歩《ちょうまほ》　(一一) 連枝歩《れんしほ》　(一二) 仙人歩《せんにんほ》　(一三) 分身歩《ぶんしんほ》　(一四) 翻身歩《ほんしんほ》

（一五）追歩《ついほ》　（一六）逼歩《ひっぽ》　（一七）斜歩《しゃほ》　（一八）絞花歩《こうかほ》

これら手法と歩法を組み合わせた「応敵打法」として、次のような技法名が列挙されている。

〈技法〉

（一）長拳《ちょうけん》　（二）滾斫《こんしゃく》　（三）分心十字《ぶんしんじゅうじ》　（四）擺肘逼門《はいちゅうひつもん》　（五）迎風鉄扇《げいふうてっせん》
（六）棄物投先《きぶつとうせん》　（七）推肘捕陰《すいちゅうほいん》　（八）彎心杵肋《わんしんしょろく》　（九）舜子投井《しゅんしとうせん》　（一〇）剪腕点節《せんわんてんせつ》
（一一）紅霞貫日《こうかかんじつ》　（一二）烏雲掩月《ううんえんげつ》　（一三）猿猴献果《えんこうけんか》　（一四）綰肘裏靠《わんちゅうりこう》　（一五）仙人照掌《せんにんしょうしょう》
（一六）彎弓大歩《わんきゅうだいほ》　（一七）兌換抱月《だかんほうげつ》　（一八）左右揚鞭《さゆうようべん》　（一九）鉄門閂《てつもんさん》　（二〇）柳穿魚《りゅうせんぎょ》
（二一）満肚疼《まんととう》　（二二）連枝剪《れんしせん》　（二三）一提金《いちていきん》　（二四）双架筆《そうかひつ》　（二五）金剛跌《こんごうてつ》
（二六）双推窗《そうすいそう》　（二七）順牽羊《じゅんけんよう》　（二八）乱抽麻《らんちゅうま》　（二九）燕擡腮《えんたいさい》　（三〇）虎抱頭《こほうとう》　（三一）四把腰《しはよう》

〈套路〉

内家拳の套路（型）は「六路」と「十段錦」の二種類だけである。「六路」は手足を緊く演じ、「十段錦」は手足を開展させて演じる。黄百家は歌訣とともに、動作の要領について細かく注記を付している。これによって直ちにこの套路を復元することは困難であるが、少なくとも内家拳がどのような拳法であったか、その動きの特徴を理解することは可能である。そこで、ここでは歌訣と注記をできるだけ原文に忠実に訳出してみよう。

「六路」

（一）「祐神通臂最為高」（祐神《ゆうしん》の通臂《つうひ》、最《もっと》も高《たか》しと為《な》す）　通臂とは長拳（＝直突き）である。右手まず長拳を陰出する。左手、乳のかたわらに伏せる。合わせて四長拳。足は連枝で長拳に随い、わずかに搓り足で左右に移す。長拳はすべて手背をまっすぐにしなければならない。拳が内に、あるいは外に向いたりするのは病ちでこれを戳拳《たくけん》という。

（二）「斗門深鎖転英豪」（斗門《とうもん》、深《ふか》く鎖《と》じれば英豪《えいごう》を転《てん》ず）　左膊を下に垂らし、正面に向かい上を衝く。右手は水平に屈して外に向ける。このように両拳を相対させた形が斗門である。右足の踝前を斜めに傾け、左足踝の後ろにつける。これを連枝歩という。右手は二本指で左拳のかたわらから鈎進し、また鈎出する。これを乱抽麻という。右足もまた右手に随い左足前に鈎進、鈎出し、小さく蹋歩となって連枝に帰る。

（三）「仙人立起朝天勢」（仙人立起《せんにんりっき》す、朝天勢《ちょうてんせい》）　左手の長拳を右耳の後ろに持っていき、左前下に斫《き》りおろす。乳のかたわらに伏せる。左足、左に搓《す》り足。右手、左耳後ろに持っていき、右前下に斫りおろす。鈎起して左拳背に置く。右拳はひねって正面の鼻の前。朝天勢に似ている。右足のかかとをずらし、正面で外に向けて横たえ、左足先につけ、丁の字のようになる。これが仙人歩である。すべて立ち足は腰を低く落とさなければならない。身を直立させるのは、犯してはならない病ちとされる。

（四）「撒出抱月不相饒」（撒出《さんしゅつ》して抱月《ほうげつ》すれば相《たが》いに饒《ゆる》さず）　右足を右から後ろに大きく撒歩する。それにつれて左足を右に転じ、坐馬歩となる。両拳を陰（＝手の内下、手甲上）にし、水平に向き合わせる。これが抱月である。再び前手を擦って斗門に返り、足は連枝に返る。同じく四長拳。左右の拳を収めて、きつく胸の前で交差する。手を陽面にし、右が外、左が内、両䏜で脇を挟む。

（五）「揚鞭左右人難及」（揚鞭《ようべん》、左右《さゆう》すれば人及《ひとおよ》び難《がた》し）　足を擦って後ろに転ずる。右足が前、左足は後ろにある。右足を前進させ追歩となる。右手は陽から陰に発する。膊はまっすぐ、肘を水平に屈し、前に横たえる。角尺のような形となる。左手を後ろに引き、脇に伏せる。収めるや否や面を転じて、左手を陽から陰に発する。左足を進めること、上と同じである。

（六）「煞鎚衝擄両翅揺」（煞鎚《さっつい》、衝擄《しょうりょ》、両翅《りょうし》を揺《ゆす》る）　煞鎚は左手を陰にし、水平に横に屈し、右手を後方に兜（包む、かぶせる）して左掌に至る。右足は右手に随って等しく進め、左足の後ろに至る。衝擄は、後ろに身を翻すとともに右手で直斫する。右足、それにつれて後ろに転ずる。左足を掲げ、左拳で下方を突き、左膝の上につけて釣馬歩となる。これは専ら少林派「摟地挖金磚」（地《ち》を摟《ろう》し金《きん》の磚《かわら》を挖《ほ》る）などの術を破る法である。右手は左膊をつかみ、左手を右手の内側から縦に起こす。左足前に進め、逼歩となる。右足もそれにつれて前進させたあと連枝に返る。両手も斗門に返る。両手を揺り動かす。両足は右に擦って坐馬歩となり、両拳を平かに陰にして胸につける。まず右手をまっすぐ水平に開いて、また胸に収める。左手も同様にする。

「十段錦」

（一）「立起座山虎勢」（立起《りっき》す、座山《ざざん》の虎勢《こせい》）座山虎勢は、斗門で型の起こりとする。連枝の足、右に擦って坐馬となり、両拳を陰にして、平らかに胸につける。

（二）「廻身急歩三追」（廻身《かいしん》して急歩《きゅうほ》す三追《さんつい》）右手を開いて転身し、左手長拳を出すこと六路と同じ。ただし六路では連枝歩を用いた。搓り足で方角を転じたときも、やはり右足が前で連枝歩となっていた。ここでは進退に斂歩を用いる。技を繰り返して三進する。

（三）「架起双刀斂歩」（双刀《そうとう》を架起《かき》す、斂歩《れんぽ》なり）左膊を下に垂らし、拳はまっすぐ立てて前に向ける。右手は平に屈して外に向ける。左足を内側に擦って、両足はきつく斂歩となる。

（四）「滾斫進退三廻」（滾斫《こんしゃく》して進退《しんたい》すること三廻《さんかい》）前手を下に抹し、後ろ手で斫して進む。同様にして三進し、三退する。すべて斫法は、上段は円に、中段は直に、下段はやはり円に、斧鉞《まさかり》のごとくに用いる。

（五）「分身十字急三追」（分心十字《ぶんしんじゅうじ》、三追《さんつい》すること急《きゅう》なり）両手を胸につける。左手で開き、左足を左手に随って進め、右手で長拳を出す。三拳を循環させる。右手を胸につける。右手で開き、左足で転面し、左手で長拳を出す。また三拳を循環させる。

（六）「架刀斫帰営寨」（架刀《かとう》、斫《しゃく》して営寨《えいさい》に帰《かえ》る）右手は再び、左手の内に交叉する。斫法は前と同じ滾斫の技である。ただし、転面してただ三斫する。右手を用いて転身する。
（七）「紐拳碾歩勢如初」（拳《けん》を紐《ひね》り、碾歩《てんぽ》すれば勢《せい》は初《はじ》めの如《ごと》し）拳は下に垂らし、左手をやや出し、右手は下から出して上に進める。ともに陰面（手甲が上）である。左足は左手に随い、右足は右手に随って、搓り足で移す。転面せずに拳を二回紐る。
（八）「滚斫退帰原路」（滚斫《こんしゃく》して、原路《げんろ》を退帰《たいき》す）左手で身を翻し三斫して退歩する。
（九）「入歩韜随前進」（歩《ほ》を入《い》れ韜《とう》は随《したが》いて前進《ぜんしん》す）左手を水平に胸につける。平直に少し開く。右手で拳を覆い、上に兜して（包み込んで）左手首で止める。左足は左手に随って入る。斂歩で身を翻す。右手もまた水平に胸につけ、同様にする。
（一〇）「滚斫帰初飛歩」（滚斫《こんしゃく》して初《はじ》めに帰《かえ》らん飛歩《ひほ》のごとし）右手で斫したあと右足を搓り足で移す。
（一一）「金鶏独立緊攀弓」（金鶏独立《きんけいどくりつ》、緊《かた》く弓《ゆみ》を攀《ひ》く）右手で再び斫し、右足を搓って転ずる。左拳を上から下に挿す。左足、釣馬歩で半歩進める。右足随い、連枝に返る。則ち六路の衝拳釣馬歩である。
（一二）「坐馬四平両顧」（四平《しへい》に坐馬《ざま》し、両顧《りょうこ》すべし）すなわち六路の両翅揺擺である。斗門に返る。坐馬して揺擺する（両手を揺り動かす）。

手法・歩法などの基本技、これらを組み合わせた対敵技法、またその技法を練り込むための「六路」「十段錦」という二つの演練用の套路（型）などから判断すると、内家拳の特徴として次のような点をあげることができる。

まず技法は手技が中心である。三十五の手法があり、十八の歩法があるにもかかわらず、蹴りなどの足技は一つもない。次に動きは緊密で間合いが狭いことである。また、套路（型）はきわめて素朴である。多彩な蹴り技をもち、音楽に合わせて舞踊にもなりうる現今の太極拳とはまったく対照的である。そして意外なことに、これら内家拳の特徴は現代のいわゆる南派少林拳の基本的性格と共通しているのである。

中国拳法は一般に内家拳と外家拳に分類される。内家拳の典型が太極拳であり、外家拳の典型が少林拳である。少林拳はさらに楊子江を中心として南北に分類され、北派は手足を多彩に展開し、南派は手技を重厚に用いるところに特色があるとされている。したがって、太極拳と南派少林拳とは、拳法の性格からいえば、最も縁の遠い対照的な流派のはずである。しかしながら、内家拳が柔派拳法であるとか、太極拳と密接な関係があるなどという現代ではもはや定説化した見方をいったん排除して、黄宗義『王征南墓誌銘』黄百家『内家拳法』という内家拳を直接語る一次史料によって、再度実在の内家拳を客観的に分析するならば、内家拳はむしろ南派拳術の特性を備えた短打系統の拳法であると結論づけることができるのである。

内家拳は陳州同が陝西省の王宗に学び、故郷の温州にもたらしたという。陝西省はもちろん「北派」に属する。しかし温州は浙江省の沿岸地帯に位置し、福建省に隣接する。福建省はいうまでもなく広東省と並んで数多くの南派少林拳の実技と伝説を生んだ南派拳術の二大温床地である。福建省はまた、剛柔流・上地流など南派少林系を母体として成立した日本空手道諸流派の源流地でもある。

内家拳は温州から四明に流伝した。王征南は四明における二伝目の單思南に教伝を受けた。この四明も浙江省の寧波と紹興の境界にある。王征南は「奉化から鄞《ぎん》に移った人」(『王征南墓誌銘』)である。奉化、鄞ともに現在の寧波市南方に所在する土地である。王征南は臨山において把総となったが、この土地もまた寧波に現存する。

要するに内家拳が実際に流伝した温州・寧波は上海と福建省に挟まれた浙江省の沿岸地帯であり、そもそも地理的には南派拳術の領域内に入っているのである。また歴史的にみても、温州には尚武の精神をはぐくみ、実戦的な武術を発展させるだけの史的条件があった。たとえば、浙江省杭州大学・季建成「温州南拳」(注：雑誌『中華武術』一九八六・六号)によると、「温州南拳は、浙江省における南派拳術の重要な構成部分である。歴史的、地理的条件により、温州一帯は古来から武を習い身を鍛える気風が盛んであった。素朴な姿に豊富な内容を秘めた独得の特徴がいまに至るまで伝えられている」とのことである。

また、この文によれば、銅刀・銅剣などの出土状況から見て、温州一帯の武術活動は紀元前の戦国時代にまでさかのぼることができるという。それ以後の歴史的発展段階について、同文は四段階を指摘している。要約すると、まず第一段階として南宋時代、政治・経済・文化の南遷にともない武術も普及した。ついで第二段階として元末明初、異民族の統治に反対する有志が浙南に集結、「明教」を組織し、武術を教授した。「明教」斉堂は温州一帯だけでも四十数カ所があった。

さらに第三段階として明の洪武年間、「南蛮」ともよばれた温州山岳地帯の居民は、各地でたびたび激しい暴動を引き起こした。「厳しい地理的環境に加えて、社会的な激動がこの地の人民に尚武求生の欲望を強めさせ、いまでも『男児にして武を習わざるものは好漢にあらず』といわれるほどの好戦的な気風をこの地の人民に植え付けた」。明朝三百年間はまた、このあたり一帯、倭寇の侵略によって苦しめられ、それがかえって武術の発展をうながした。「生死を賭けた戦争の洗礼によって、温州の武技は派手なところのない素朴で実用的なものになった」

そして第四段階として清朝中期には、反清組織三合会の一部が福建省南部から温州平陽一帯に流れてきて、武術教伝の名のもとに勢力を蓄えた。その結果「この土地の技法は南派少林系との結びつきをつよめ、現在温州で最も流伝する虎門拳法・剛柔門拳法・五鶏門拳法・鶴形門拳法にその一斑をうかがうことができる」という。

黄百家『内家拳法』には、用語上も技法や身体部位の名称に南方的表現が色濃く見られる。たとえば「斫」と「睜」がその最もよい例である。「睜」は、北派拳術では用例が見られない。一方、南派拳術では今日でも流派を越えて一般に通用する用語であり、肘関節を含む中腕部の「うで」を意味する。「睜」の字体は、「争」に身体の部分を意味する「月」を配して合成されている。「争う」には「力で対抗する」意味があるが、ここから「力を入れて突っ張る」意となり、さらに体を支えて突っ張る肘のあたりを表すために「睜」の文字が造られたものであろう。ただし、諸橋『大漢和辞典』によると、古代の音韻書『集韻』を典拠として、「䏲」は次のように足の筋肉として定義されている。

䏲　ショウ　きびすのすじ『集韻』䏲、足跟筋也

「きびす」と「うで」とではあまりに対照的な部位であるが、南派拳術における「䏲」に、筆者が解するように「突っ張る」の意が含まれているとすれば、足の筋とする『集韻』の解とに共通点が認められる。しかし、いずれにしろ同字典が典拠とした『集韻』は十世紀に編集された書物であり、現代の一般的な中国語辞書には、もはや「䏲」の文字はほとんど見られない。

「斫」は、十段錦の第四路「滾斫進退三回」原注で、黄百家自ら「すべて斫法は、上段は円に、中段は直に、下段はやはり円に、斧鉞のごとくに用いる」と説明しているように、手刀で激しく斬るように打つ技である。「斬り手」、「斬り打ち」などと訳すことが可能である。ちなみに諸橋『大漢和辞典』では、次のように解している。

斫　シャク　うつ、撃。きる。
〈斫手〉シャクシュ　拳法の手法の一つ。両手の指をのばし、掌をひらき伸ばして、左手はうしろに、右手は下に向かってうつ方法。

「斫」は内家拳の最も代表的な技法である。手法三十五の第一に掲げられ、套路のなかでも中心的技法となっている（前出「十段錦」参照）。それはまた、王征南が最も得意とする技でもあった。黄百家『内家拳法』は王征南の思い出を語るなかで、これについて次のように述べている。

先生の技のなかで凡技を遥かに超えるものに盤斫があった。斫は拳法家が最も重んじる技である。斫には四種ある。滚斫・柳葉斫・十字斫・雷公斫である。先生にはこのほかに盤斫があった。それは斫をもって斫を破る術であった。盤斫は先生が久しい熟練のすえ豁然として悟った独創的技法である。

「斫をもって斫を破る」とは、相手の攻撃の手を受けながら、そのまま突っ込んで反撃に転ずる技法である。盤斫の「盤」には、「円形に力をめぐらし受けかつ攻める」の意が込められているのではないだろうか。こうした攻防一体の技法も、実は南派少林拳に特徴的に見られる技であり、これを一般に南派では「連消帯打」という。「消（受け）と打（攻め）を連帯させる」の意である。日本武術でいう「攻防一体」に相当する。「斫」もまた武術の技法名称としては、太極拳はもとよりその他の北派主要流派にほとんど用例の見られない用語である。現代の南派拳術でも一般的とはいえない。しかし、清末から民国初年にかけて流布した南派少林系の拳法書『少林拳術秘訣』（一九一五）には、主要技法の一つとしてしばしば取り上げられている。まず、第四章「通行裁手法」から見てみよう。章の冒頭に「其の一　挑手・斫手・攔手・切手」として次のように解説されている。

挑とは、敵人の手を上にはね上げることである。斫とは、勢いに順って下に斫りおろすことである。攔とは、敵人の手と物をはらいのけることである（原注：横手である）。切とは、機に乗じて垂直に切り下げることである（原注：格手でもある）。これらは川・黔・湘・楚にまたがる共通の攻撃手法である。

川・黔・湘・楚とは、それぞれ現代の四川・貴州・湖南・湖北にあたる。楊子江流域の諸省であり、南派拳術として典型的な福建・広東両省と、北派拳術を代表する山東・河南両省及び陝西省との中間地帯にあたるが、南派系色彩のつよい土地である。

『少林拳術秘訣』には、第三章「技撃入手法」にも、斫について次のような解説がある。

〈斫挑手《しゃくちょうしゅ》〉刀で物を斫切《しゃくせつ》（切断）するように用いるので、切手《せっしゅ》（切り手）ともいわれる。この手には双斫と単斫の別がある。単斫とは、片手で挑ね上げながら、もう一方の手で敵人のわき腹および脈根、耳部あるいは腿を斫撃することである。双斫とは、両手を長短同時に出して、挑を帯しつつ斫を帯する法であり、機敏このうえない技法である。この手の操法は、剪手とはやや異なり、「切手」とよばれるものの、手を出すときは総じて身を側して半身となり、掌の指を並べて斜めに斫（斬）り出してこそ、初めて力を発することができるのである。

唐豪は「北方人は拳を鎚という。最近では捶とも書かれる。内家拳の第六路に煞鎚の語があるが、これはいずれも北方の方言であり、南方人は使わない。したがって語言学的見地からいえば、内家拳は確かに北方の拳法である」（注：『内家拳的研究』）と断定しているが、これは上述の根拠から適切な見解とは認めがたい。まして「鎚」は南派でも用いることばである。

内家拳は太極拳とは発生的にまったく関係のない流派であり、技法的にも相反するところの多い対照的な拳法であった。技法的・地理的要素を合わせて考えれば、内家拳は南派拳術に属すると、ほぼ断定することができる。しかし、隣接の福建省に見られるような南派拳術の典型であるいわゆる「南派少林拳」であると断定するには、まだ二、三の問題点が残っている。

たとえば、内家拳は南派少林拳と多くの共通項をもちながらも、「双手斉出《そうしゅせいしゅつ》」という技法上の重要な問題について相反する考え方をもっていた。「双手斉出」とは「両手を同時に出す」の意である。手技の得意な南派少林拳は、しばしば両手で同時に攻撃したり、あるいは片手で受けつつ片手で攻撃するなど、いずれにしろ両手を同時に使う技を得意とする。南派少林系にとって、「双手斉出」は基本的な動きの一つである。だが、内家拳は「双手斉出」を病法の一つにあげ、いわば禁じ手としているのである。内家拳では何が病法とみなされていたか。これは拳法史的にも興味ある問題なので、ついでにここに列挙し、簡単な意訳を添えておきたい。

（一）嬾《らん》散《さん》遅《ち》緩《かん》　集中力に欠け動作が遅いこと
（二）歪《わい》斜《しゃ》寒《かん》肩《けん》　上体が歪み、肩が上がっていること
（三）老《ろう》歩《ほ》腆《てん》胸《きょう》　足元がふらつき、胸が突き出ていること
（四）直《ちょく》立《りつ》軟《なん》腿《たい》　棒立ちになったり立ち足が軟弱で腰が据わっていないこと
（五）脱《だっ》肘《ちゅう》戳《たく》拳《けん》　肘や手首が曲がって直線的に突けないこと
（六）紐《じゅう》臂《でん》曲《きょく》腰《よう》　腰が左右にねじれたり前後に曲がっていること
（七）開《かい》門《もん》捉《そく》影《えい》　隙だらけでやみくもに手を出すこと
（八）双《そう》手《しゅ》斉《せい》出《しゅつ》　両手を同時に出すこと

内家拳は自らを少林拳に対立するものとして位置づけていた。『王征南墓誌銘』『内家拳法』のいずれも、まず流派の由来を最初に述べて「少林拳を外家とし、これにまさるものとして内家拳があるのだ」と強調している。また『内家拳法』は「六路」の原注で、「衝擄は専ら少林派『擄地挖金磚』（字義から考えて、下から股間を攻める技と想定される）の術を破る技である」と明記している。内家拳の一門が少林派につよいライバル意識をもっていたのは明らかである。

内家拳は一体、歴史的、流派的にどのように位置づけるべきであろうか。一つの可能性として、次のように考えることが可能である。

まず、内家拳の淵源については、陝西省から来伝したとの説を否定する材料はないので、これを事実として認める。そうすると内家拳の源流は、北派の短打系拳法の一種であったということができる。あるいは、楊子江流域には短打系統が多かったように推定されるので、これを「楊子江流域と共通の短打系拳法の一種であった」といいかえることもできる。

内家拳は温州に流伝して以降、南方人の気質・体格に合わせて発展し、直接的あるいは間接的に近隣地域の諸流派に影響を与えた。王征南から黄百家に伝わった内家拳は失伝したが、このことは必ずしも内家拳のすべてが消滅したということを意味するわけではない。もともと單思南から王征南に伝わった内家拳の系統は内家拳全体からみれば一分派にすぎなかった。武術流派における生成消滅の一般的傾向から考えると、流派名は消えても実技の幾分かは他流派のなかに受け継がれていった可能性がある。内家拳は、消滅したというよりは、諸流派のなかに埋没していったというべきであろう。

そして内家拳と近縁関係にある南派拳術のなかから、のちになって「南派少林拳」の伝説が生まれた。つまりこの場合、歴史的には、少林（北派）～内家拳～南派少林拳の順序で出現したのである。内家拳史料が語る少林派とは、南派少林が誕生する前の北派拳法一般を指す俗称であった。同じ少林を名乗っても、北派と南派は現在でも激しい対抗意識をもっている。この意味から、内家拳が「北派」少林と対立しつつも、南派「少林」と共通基盤をもつと指摘することになんらの矛盾も生じないのである。

このような観点に立って一言で総括すれば、内家拳は北派短打系が南派少林拳へと生成発展する一つの中間項であったということができる。したがって太極拳の源流に位置づけることはできない。むしろ、太極拳は北派長拳系とみなすことができるので、技法的に内家拳と太極拳とはまったく対照的な門派だったのである。

内家拳系統表（『王征南墓誌銘』による）

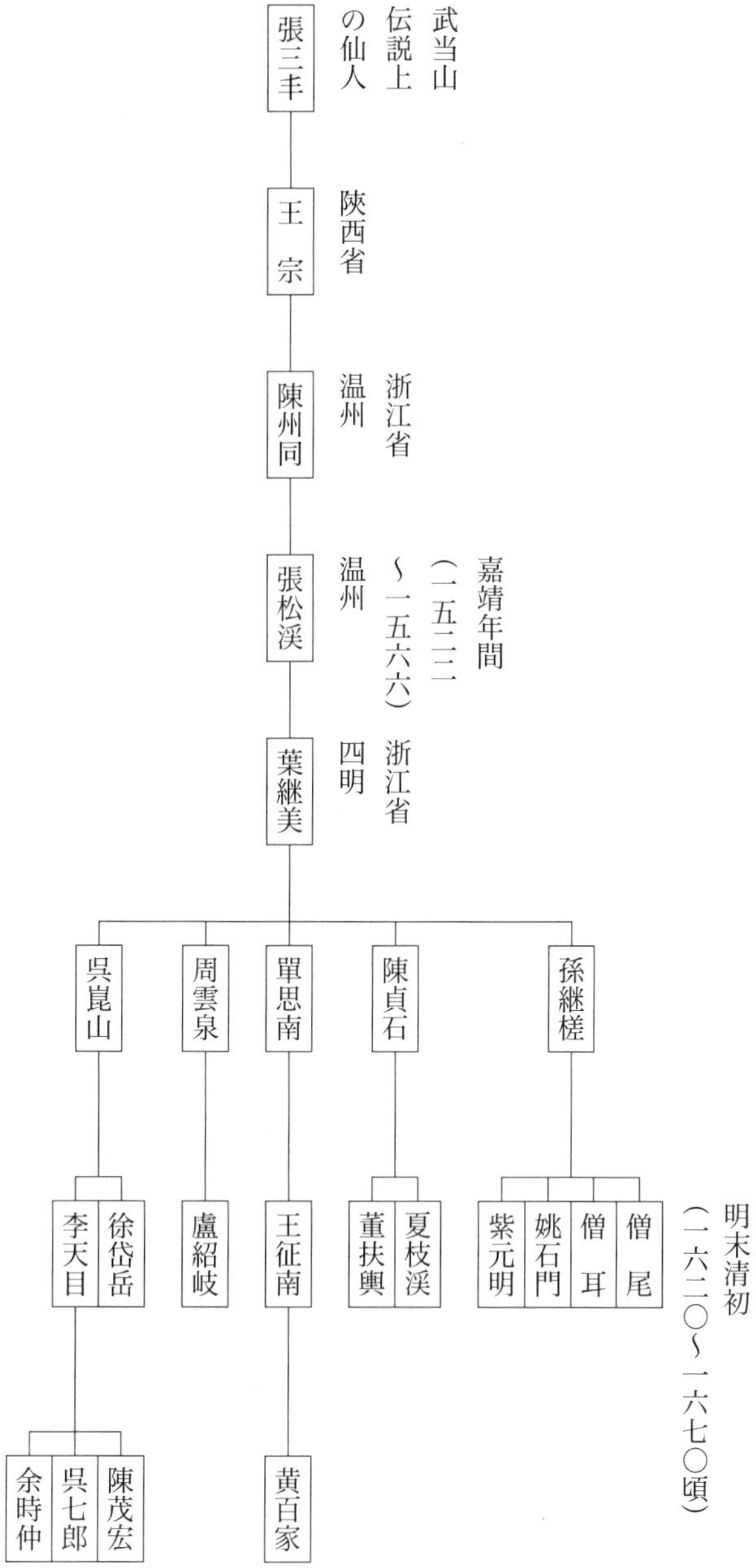

第四節　『寧波府志』〈張松渓伝〉の問題点

内家拳史料としての〈張松渓伝〉

内家拳を語る場合、『王征南墓誌銘』とともに必ず引き合いに出されるのが『寧波府志』張松渓伝である。『王征南墓誌銘』は内家拳の系譜を紹介するなかで、「嘉靖年間張松渓が最も著名であった」と記している。これによって張松渓の実在が確実視されるが、『寧波府志』に張松渓の独立した伝記が記され、しかもこのなかに張松渓が少林僧と戦いこれを破ったとの記述があるため、張松渓は後世いっそう有名になった。そして近代以降、内家拳ひいては内家拳を受け継ぐと自称する太極拳諸流派の人々によって、自分たちの流派が少林派に勝ることを示す歴史的根拠として、この『寧波府志』張松渓伝がもてはやされてきたのである。

『寧波府志』張松渓伝は、内家拳の源流すなわち張三丰開祖説、王征南にいたる内家拳の系譜および内家拳の特徴などについては、ほとんど『王征南墓誌銘』『内家拳法』に依拠しており、ただ次の三箇所のみが前二者に見られない新しい内容となっている。

（一）張松渓は鄞《ぎん》（浙江省）の人である。拳法に優れていた。師は孫十三老である。

（二）松渓は儒者のごとく慎み深く、常に敬意をもって人に接した。身なりも質素で目だたず、人がその術を求めても謙虚に断わるばかりであった。当時、少林僧は拳をもって天下に勇名を馳せ、倭寇の乱を鎮圧するため召し出された僧が七十人ほどいた。松渓の名を聞くと僧たちは鄞までやってきた。松渓ははじめ身を隠していたが、土地の青年たちに強くすすめられ、試しに出向いてみた。僧たちは、ちょうど酒楼の二階で腕くらべをしているところであった。見ていて松渓は思わず失笑してしまった。僧たちは、それが松渓であることを知ると、直接試合することを要求した。松渓は、「試合をする以上は、お互いに死んでも文句をつけないと約束しよう」と言って同意した。

松渓は腕を組み、静かに座った。一人の僧が跳躍して蹴ってきた。松渓はわずかに身をかわすと、手を上げてこれを送った。僧はそのまま空を飛んで地上にはげしく落下し、息も絶えだえとなった。僧たちはたちまち恐れをなして敬服した。

（三）あるとき張松渓は青年たちと城中に出かけた。月城で青年たちは出口をふさぎ、一列に並んで礼をした。

「もはや出るところはありません。どうか少しでも先生の術をお見せください」

そこで張松渓はやむをえず、青年たちに数百斤もする円石を運ばせ、これを重ねさせた。張松渓は言った。

「わしももはや七十、無用の老人、諸君の一笑をかうことになりましょうが……」

右手を上げ手刀で打ちおろすと、三つの石がみな、まっぷたつとなった。張松渓の術の奇異なること、かくのごときであった。

まず、順序は逆になるが、（三）のエピソードから検討することにしよう。一斤は旧制の重量では、約六百グラムである。したがって、百斤は約六十キロである。「数百斤」を少なく見積って二百斤と解釈しても、一つの円石で百二十キロになる。三つでは三百六十キロである。たとえ七十歳の老人でなくとも、数百斤の円石を手刀で割ることは物理的に不可能であろう。内家拳は今日われわれが想像するより剛強な拳法であったが、それでも防御型の拳法であり、少ない力で大きな効果を発揮することを重視していた。大石を試し割るというのは、この意味から内家拳にそぐわない。また、黄百家『内家拳法』の技法体系にこのような試し割りに結びつく鍛錬法は見られない。

『寧波府志』張松渓伝自体も、その最後に内家拳の特徴を要約して「外家は人を打つことを主とし、身を踊らせて跳躍したりするので、隙が生じて人に乗じられる。内家は張松渓の伝を正伝とするが、その法は人を禦することを主とし、よほどの困窮に追い込まれないかぎり技を発しない。そのかわり発すれば、必ず倒し、乗ずる隙はない。ゆえに内家の術をより優れているとするのである」と述べ、さらに「人を打つときは必ず急所をねらう」と内家拳の「穴法」を列挙している。このような内家拳の特徴と大石の試し割りとは、まったく似合わないといえるだろう。したがって、(三) のエピソードは後世の人もしくは筆者による創作の可能性があり、事実とは認めがたい。

(二) の場合はどうか。飛び蹴りの強襲を軽く身をかわし、敵はわれとわが力で自滅する……この挿話は、上述の内家拳の解釈にふさわしいといえそうである。しかし、よく考えてみると、これも事実としては疑わしい。七十人もの僧侶が戦陣を離れて、たった一人の武術家に会いにくるだろうか。しかも酒楼に上がり込んで酒をくみかわし、宴席で武術の腕くらべをし、さらに命を賭けた果し合いをするなどということがありうるだろうか。また、いざ試合となると、座り込んでいる体勢の低い相手に対していきなり宙を飛んで蹴るなどという戦法をとるものであろうか。酒に酔って無謀になったというのではあるまい。それほど酔っているのであれば、宙を飛ぶことさえできなかったはずである。そもそも儒者のごとき人物で技を乞われても謙虚に謝絶し、そうした場を避けてきたという張松渓が、酔いどれ僧侶を相手に命を賭けた果し合いをするだろうか。このように考えると、このエピソードも「少林は攻撃型で、力にまかせ人を打つことを主とし、身を躍らせたりするので、ややもすると隙を生じ人に乗じられる」という内家拳が描く少林派の典型的図式を、そのままドラマ化した虚構の説話であったと思われる。

『寧波府志』は一七三五年曹秉仁の編述になる。すなわち黄宗義『王征南墓誌銘』（一六六九）から六十六年後、黄百家『内家拳法』（一六七六）から五十九年後に成立した。張松渓は王征南より数代以前の人物であるにもかかわらず、その伝記は王征南に関する史料より半世紀以上ものちに出現したわけである。張松渓の伝記を書くにあたって作者曹秉仁が『王征南墓誌銘』『内家拳法』を直接参照したことは確実である。

したがって、上記二つの説話に作者が意識していたか否かは別にして、王征南の姿が投影しているのも無理はなかったであろう。張松渓が慎み深い儒者の風格をもち、めったに技量をあらわさなかったのは、『王征南墓誌銘』『内家拳法』に記された王征南の姿そのものである。王征南は内家拳の衰退を悲しみ、少林派に激しい対抗意識をもっていた。少林僧を破った張松渓の武勇伝は、少林派に打ち勝とうとした王征南の願望をドラマ化したといえなくもない。

また、もう一つの武勇伝では、大きな円石を手刀で打ち割ったという。なぜ「円石」であったのか。内家拳の主要技に斫があった。斫とは手刀で斬るように打つ技である。王征南は、この斫を得意とし、斫をもって斫を撃ち破る「盤斫」の技を創出したほどである。盤斫の盤は、円盤の盤であり、字義どおりに解釈すれば、盤斫は「円盤斬り」である。つまり円石を打ち割るイメージにも、王征南の姿が投影されているのである。

最後に（一）「張松渓は鄞の人である。拳法に優れていた。師は孫十三老である」を検討してみたい。「師は孫十三老」との記述は、この『寧波府志』以外に見られない。これだけでは武勇伝のような虚構性を含んでいるかどうかという検討さえ困難である。もし、この記述が真実であれば、これはこれで内家拳の系統図を一歩豊富にする貴重な資料となる。つまり、内家拳を温州にもたらした陳州同と張松渓のあいだに「孫十三老」という人物を新たに追加できることになる。

しかし、「張松渓は鄞の人である」との記述には大きな疑問がある。鄞は寧波の古称である。『王征南墓誌銘』では、「張松渓は陳州同の故郷温州で嘉靖年間に著名となった人物」と記されている。これを素直に読めば、張松渓は「温州の人」のはずである。念のためこの箇所を、『王征南墓誌銘』と『寧波府志』張松渓伝の記述どおりに対照して見ることにしよう。

『王征南墓誌銘』	『寧波府志』張松渓伝
三丰の術は百年後、陝西に流伝した。王宗が最も著名であった。温州の陳州同は王宗に師事し、これを故郷に伝えたので、温州に流伝した。嘉靖年間、張松渓が温州で最も著名であった。	三丰ののち、嘉靖に至って、その法はついに四明に伝わったが、張松渓が最も著名であった。
松渓には三、四人の門人があったが、四明の葉継美近泉が最もすぐれていた。そこで四明にも流伝した。四明で近泉の伝を得た者は呉崑山、單思南、王征南であった。	松渓には三、四人の門人があったが、葉近泉が最高であった。近泉の伝を得た者は呉崑山、單思南、王征南であった。

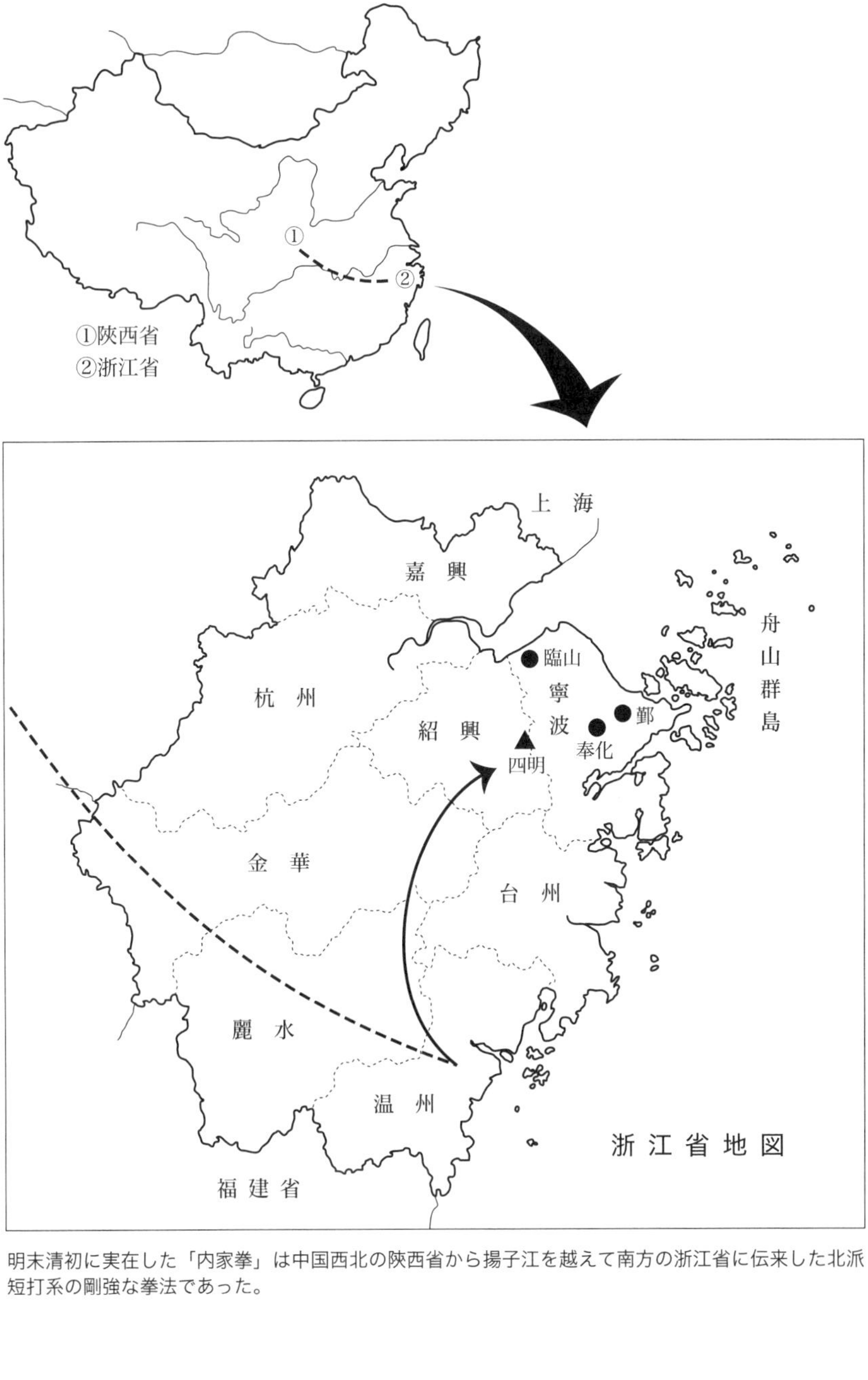

明末清初に実在した「内家拳」は中国西北の陝西省から揚子江を越えて南方の浙江省に伝来した北派短打系の剛強な拳法であった。

両者を比較して明らかなことは、『寧波府志』は内家拳を張三丰から（孫十三老を経て）、ほぼ直線的に「四明」の張松渓に伝わったとしていることである。つまり人物の系譜としては、王宗と陳州同を省き、土地も陝西はおろか同じ浙江省内の温州まで省略し、張松渓を温州から四明に移し換えている。このことは一体、何を意味するだろうか。

『寧波府志』は張松渓を「鄞の人」といい、また「四明で最も著名であった」といっている。この場合の鄞は広義の寧波を意味したはずであるから、現在の寧波市、その郊外の鄞県、近接する四明をすべて含んでいた。つまり四明は鄞の一部であった。したがって鄞の人といい、四明の人といっても、その記述に矛盾は生じない。ところが温州は、現在の地図を見ても明らかなように、台州の諸地を経由して初めて達する土地であり、しかもそこはすでに福建省に隣接するいわば「他郷の地」であった。

單思南、王征南らによって、内家拳は寧波府一帯において著名な流派となり、内家拳の普及とともに張松渓の名も寧波に広まっていったであろうことは、『王征南墓誌銘』によっても容易に想像される。おそらく『寧波府志』の作者は、内家拳を郷土の寧波に特有の拳法として描き、『王征南墓誌銘』などによってすでに有名であった王征南をうわまわる内家拳初期の達人として張松渓の伝記を書き上げ、これを府志に収録したかったのではあるまいか。そのため内家拳の系譜から陝西の王宗、温州の陳州同をともに省略し、そのかわりに孫十三老という新たな人物を介在させ、内家拳は嘉靖年間以前から代々寧波に伝えられてきたかのように意図的な操作をおこなったとみることができる。三丰も松渓も同じく張姓である。同姓であることは、真実味をつよめる好材料だったであろう。

このように、『寧波府志』張松渓伝は、寧波人の内家拳に対する熱い思い入れを汲み取ることはできるが、黄宗義『王征南墓誌銘』ほどの政治的気概もなく、また黄百家『内家拳法』ほどの武術的資料性もなく、さらに伝記としては、捏造の疑いさえある、きわめて資料価値の低いものであったという結論に達するのである。

このことは、しかしながら、張松渓そのものの存在を疑わせるものではない。張松渓については、別の角度からのアプローチが可能であろう。

張松渓と「綿張」短打

張松渓は嘉靖年間に活躍したという。嘉靖年間はまた、倭寇が楊子江下流域を犯し、その鎮圧のため戚継光が活躍したときでもあった。つまり戚継光は張松渓と同時期、同地域で活躍した武将であった。戚継光は、当時の著名な拳法諸流派から優れた技を集めて三十二勢にまとめ、これを『紀効新書』に収録した。はたして戚継光は張松渓の名を知っていたであろうか。戚継光が技を収集するため参考にした諸流派のなかに内家拳は含まれていたであろうか。これに関し、中国の太極拳研究家沈寿が近年、次のような興味深い問題提起をおこなっている。

《拳経・捷要篇》は「呂紅が八下剛なりといえども、未だ綿張が短打に及ばず」と述べている。その大意は、呂紅の拳術八法は剛猛ではあるが、「綿張」の短打にはかなわない、ということである。「綿張」の技法に対する戚継光の賞賛ぶりをうかがうことができる。ここでいう「綿張」とは、拳術の勁路が柔綿であることをもって世に聞こえた内家拳の張松渓を指すのであろうか。「短打」とは、（内家拳の）「六路短打」を指すのであろうか。史料が欠乏しているため、一つの懸案事項とし、より深い考証を待つほかはないが、ただ断定できることは、戚継光と張松渓がともに嘉靖年間寧波に居住した人物で、一人は倭寇鎮圧の将領であり、一人はその土地で著名な拳法家であったということである。したがって、「綿張」とは張松渓のことではないかと疑うのにも一定の根拠が存在するのである。（注：沈寿『太極拳法研究』福建人民出版社一九八四）

すでに検討したとおり、張松渓は温州の人であり、寧波に居住したかどうか断定することはできまい。しかし、浙江一帯の海防を任務とする戚継光にとっては、温州は寧波と同じように重要な守備範囲に入っていた。戚継光は自ら各種の武術に通じ、流派を超えて実戦的な技法につよい関心をもっていた。まして拳法については、《拳経》序文に「舟山の公署で劉草堂の拳法を修得した」と明記している。舟山は寧波に対面する島である。土地の拳法家を通じて、戚継光が張松渓の名を知っていた可能性は十分にある。武術家を重視していた戚継光によって張松渓が短期的にしろ直接召し出された可能性さえあるだろう。つまり戚継光によって実力を認められたからこそ、いっそう名を揚げることができ、後世にまで「嘉靖年間の著名な武術家」として張松渓の名が残ったとも考えられる。

問題は《拳経》序文で高い評価を与えられた短打の「綿張」が、すなわち張松渓であったかどうかということである。前節で論じたように内家拳が短打系の拳法であることが明らかとなったいま、この可能性は十分にある。両方の張氏とも、嘉靖年間、浙江で名を知られた短打系の拳法家であった。同姓、同時代、同地域、同系統である。両者が同一人物であったことを示す状況証拠は十分にある。

しかしながら否定的材料として、次のような問題点も指摘しておかなくてはならない。まず第一に、《拳経》序文に記された諸流派のなかに内家拳の名が見られないことである。もっとも、このころはまだ少林派とか少林拳などという名称もなかった。『紀効新書』にも「少林寺の棍」はあるが、「少林拳」はない。古来、少林寺の棍は有名であったが、少林寺が拳法にも力を入れるのは万暦（一五七三～一六二〇）以降であり、少林拳ということばは明末から清初に確立したと推定される。

少林拳に対抗して名づけられた内家拳という名称も当然、明末以降に命名され、嘉靖年間にはまだ流派に名称がつけられていなかったということも考えられる。『王征南墓誌銘』にも張松渓以降初めて内家拳が浙江各地に複数系統で普及していったように書かれている。この場合には《拳経》序文に内家拳の流派名がなくとも張松渓と「綿張」を同一人物とすることに矛盾は生じないことになる。

しかしながら、第二の疑問点として、技法名の問題がある。《拳経》三十二勢には確かに短打系統の技法が見られる。たとえば、七星拳・拈肘勢・井欄四平・指当勢・獣頭勢・下挿勢・中四平勢・高四平・神拳・雁翅・拗鸞肘・順鸞肘・旗鼓勢などは、いずれも一般の技法よりは身を接近して用いる技であり、短打系の技法である。「綿張」の短打が採用されているとすれば、このなかのいくつかということになろう。しかし、このなかに内家拳の「応敵打法」三十一勢の名称と一致するものが一つとしてない。これほど完全に技法名が異なるというのは、「綿張」の短打が張松渓の内家拳ではなかったからであると考えるのが最も自然であろう。戚継光は流派超越の立場に立っていたが、採用した技法の名称をすべて入れ換えるというのは想像しがたいことである。

《拳経》に「綿張」の姓名もしくは出身地が明記されていれば、いま一歩確定的に論じることもできるが、この点について戚継光は何も述べていない。したがって現在の段階では、これ以上の検討は困難であるが、これまで「綿張」の短打と張松渓とが結びつけて論じられるということはなかった。《拳経》を太極拳の主要な源流とみなした場合、もしも「綿張」と張松渓の両者が一致すれば、内家拳と太極拳は明らかに別流派ではあったが、《拳経》を介在して内家拳の技法がめぐりめぐって太極拳に流入していたということになる。この意味から沈氏の指摘は、内家拳ひいては太極拳の歴史に新しい発見をもたらしうるきわめて興味深い問題提起というべきである。

第五節　陳家溝陳氏一族の武術的伝統

明末武将陳王廷

一九三〇年年末から翌一九三一年一月にかけて、武術史家唐豪は陳氏直系の拳法家陳子明の案内で、その故郷すなわち河南省温県陳家溝を訪問し、太極拳術史に関する実地調査をおこなった。太極拳の源流地において研究家が直接調査をおこなったのはこれが最初であり、それは太極拳の源流を解明するうえで、画期的な調査旅行となった。

唐豪はこの調査で『陳氏家譜』『陳氏家乗』など陳氏一族の系譜を記した貴重な史料を入手した（注：いずれも独立して刊行されたことはないが、唐豪・顧留馨両氏の諸著、陳鑫『陳氏太極拳図説』等に部分的な引用がある。原本は現在、中国国家体育委員会所蔵という）。『陳氏家譜』には一世陳卜から十六世までの系譜が記されていた。主要人物については各種の旁注が付記され、たとえば武術に優れていた人物名のかたわらには「拳手」「拳師」「拳手可師」「拳最好」などの注記があった。

「拳手」とは、「拳法の使い手」の意で、拳法を修得していた人物を意味する。「拳師」は「職業的な拳法家」もしくは「指導的な拳法家」の意味で、実際に門人を持ち、拳法を教授していた人物であろう。「拳手可師」は、「拳手にして師とするも可なる人物」で、ひとには教授していなかったが、拳法の腕は拳師に等しかったということであろう。いわば「拳手」と「拳師」の中間的評価である。そして「拳最好」は「拳、最も好し」で、その時代で拳法が最も優れていた人物の意であろう。

『陳氏家譜』のなかで、九世陳王廷には、次のような注記があった。

王庭、又の名奏庭。明末、武庠生《ぶしょうせい》、清初、文庠生《ぶんしょうせい》なり。山東にありて名手たり、群匪千余人を掃討す。陳氏拳手刀鎗創始の人なり。天性豪傑、戦大刀あり、考うべし。

これを根拠に唐豪は、「陳王廷太極拳開祖説」を主張したのである。だが、ここでまず強調しておきたいことは、『陳氏家譜』に多数の武術的注記があるにもかかわらず、「太極拳」ということばがどこにも見られないということである。「太極拳」は後世になって楊露禅の拳法に付された新しい名称であって、現在のような演武法による太極拳が陳王廷の時代に存在したはずはなかった。しかし唐豪は、「楊露禅が陳家溝の陳長興に『太極拳』を学んだのは明らかな事実である。陳氏武術の祖とされる陳王廷は陳長興の祖先である。ゆえに陳王廷が『太極拳』の開祖である」と考えたのである。

また陳王廷が遺したという一首の散文詩のなかに、「戦乱の世から陰遁後、農耕の余暇には拳法をつくり、一族子弟に教えた」と記されており、唐豪はこれも自説を補強する有力な材料として紹介した。陳王廷の遺詩は現在でもしばしば引用されるが、一般には前半しか紹介しないので、参考のためここに全体を訳（意訳）しておきたい。

「陳王廷遺詩」

ああ、かつてはよろいに身を固め、手には鋭い武器を持ち、群がる賊を平らげた

いくたびか危険をくつがえし、恩賜までこうむったものを
いまはいたずらに年老いて、余命いくばくか
ただ黄庭一巻を携えて落ちきたり、こころ退屈なときは拳を造り、農事多忙のときは田を耕す
ひまにまかせて子や孫に教え、龍となるも虎となるも、ただなるがままにまかせるのみだ
官糧を欠いたならば一日も早く収め、私債を求められれば、すぐに返済する
おごりもへつらいも用いることなく、もっぱら忍譲を先とする
ひとがわれを愚かと呼ぼうが、あるいはまた、ひとがわれを狂と呼ぼうが
われはつねに耳を洗い、怒りで頭上の冠が震えるようなことはない
万戸の諸侯がみな、不安におののきながら業に励む姿こそ笑止なもの
つねにのびやかなるわが心にはかなうまい
名利はすべてむさぼらず、立身出世は邯鄲の夢と消えるのを知るべきだ
いざ漁水に心たのしませ、山川に歩をめぐらせようではないか
興亡に手を貸さなければ、すでに世は安泰も同じだ
恬淡として、ねたむことなく求めることなく、まして人情のうつろいやすさもうらむまい
成功失敗われに関せずだ
これが神仙でなくてだれを神仙といおうか

（注：陳鑫『陳氏太極拳図説』〈台北・真善美出版社復刻一九六四〉付録『陳氏家乗』陳奏庭伝所載）

この詩には国家防衛の戦いに武人としての本分を燃焼させたにもかかわらず、天下は自己の望まぬ方向に移ってしまったという、おそらくは明末武将に共通する虚無的な悲哀感がにじみでている。「こころ退屈なときは拳

を造り、農事多忙のときは田を耕す」の原文は「悶来時造拳、忙来時耕田（悶え来たるとき拳を造り、忙来るとき田を耕す）」である。「悶」には「ゆううつ」、「退屈」の二つの意味があり、ここでは「こころ退屈」と仮に口語訳したが、なかばはうっくつした心境にあったであろう。隠遁しきれない武人のうっくつしたエネルギーが拳法創出の原動力となったといえるだろう。もっとも「農繁期には田を耕し、農閑期には拳法を造った」と単純に解することも可能ではある。

明末は、内にあっては李自成の反乱、外にあっては清軍の侵略という内憂外患こもごも来る一大動乱期であった。陳王廷はこうした戦乱のなかを生き抜いた武将であった。陳王廷の活躍は史書にも記録されている。まず、『懐慶府志』呉従誨伝に次のような記録が見られる。

呉従誨《ごじゅうかい》、北直隷の人。崇正（＝「崇禎」の原文誤記）の末、温県統治の頃、河南の土寇が猖獗《しょうけつ》をきわめ、河に沿って温城を直撃した。従誨は、郷兵守備陳王廷、千総郭忠等を率いて自ら諸河を防御し、賊船に火を放って焼いた。溺死するもの無数、賊はついに逃げ去った。郭忠は流れ矢にあたって戦死した。

『温県志』呉従誨伝もほぼ同様の内容で陳王廷の名を明記しており、さらに『安平県志』呉従誨伝によって、この戦闘が崇禎十四年（一六四一）であることが確認される。『安平県志』には陳王廷の名は見られないが、次のように記されている。

（呉従誨は）郷兵を率いて登陣し、自ら矢石を冒して賊舟二十七を焼いた。溺死するもの数えきれず、賊は敗走した。以後、賊はあえて黄河北岸を窺おうとはしなかった。壬午の年（翌崇禎十五年〈一六四二〉）、賊は黄河を決壊させて開封を水攻めにした。

「壬午の年に開封を水攻めにした」というこの記述によって、これらの史書に「土寇」あるいは単に「賊」と記されている一団が、中国史上に名高い明末の反逆者李自成の軍隊であったことが確認できる。

李自成は温城防衛戦の三年前、崇禎十一年（一六三八）すでに河南に入っている。崇禎十二年（一六三九）、李自成は河南陝県の西、函谷で明軍に敗れ、いったん湖北に逃れた。崇禎十三年（一六四〇）、北京・南京・山東・河南・山西・陝西・浙江は干害のうえ大蝗害《だいこうがい》に襲われ、冬になると「人、互いに食《は》む」ほどの一大飢饉となった。飢民のなかに李自成軍に従う者が多く、李自成は大軍を率いて再び河南に入った。明くる崇禎十四年（一六四一）が温城防衛戦の戦われた年である。この年、李自成は洛陽を陥し、福王朱常洵を捕らえ、細切れにし鹿肉に混ぜて食らい、「福禄酒」と号した。まさに『懐慶府志』のいう「土寇猖獗」のさまがしのばれる。

この翌年、崇禎十五年（一六四二）、李自成は黄河を決壊させ、開封城を水攻めにして、ついにこれを陥した。この年、清軍は万里の長城を破り、続けざまに六十七城を攻略、袞州（山東滋陽）に達している。明・清・反乱軍による三つどもえの戦闘は、こののちもしばらく続くが、このころすでに明朝倒壊の運命は明らかであった。

温城防衛戦は、こうした明末の一大動乱期に戦われた激しい戦闘だったのである。陳王廷はこのとき「郷兵守備」であった。温城防衛戦では、呉従誨の総指揮のもとに、千総郭忠が官軍を率い、郷兵守備陳王廷が郷土兵部隊を指揮したということであろう。そして、『安平県志』に「呉従誨は郷兵を率いて登陣し」とあることから考えて、陳王廷の率いる郷土兵すなわち陳家溝をはじめとする近郷各地から召募した農民兵の軍隊が、このときの戦いの主力だったにちがいない。おそらく官軍は各地の戦闘に投入して兵力が不足していた。また、沿岸を守るためには土地の地理に詳しい郷土兵のほうが実効もあった。呉従誨はいわば官民一体の郷土防衛軍を組織したわけである。

攻める反乱軍もまた、農民兵が主力であった。農民どうしが生死を賭けて凄惨な戦いを展開したのである。そしてこのときは、「水攻に対する火攻を」という呉従誨の作戦が功を奏して、ついに郷土防衛軍が勝利したのであった。このときの勝利の成果は、北岸の郷土兵たちにとって単なる一時的なものではなかった。なぜなら、反乱軍は以後、北上を諦め南岸諸都市の攻略に転じたからである（李自成は一六四三年ついに西安を陥している）。

温城防衛戦のあと陳王廷の名はさらに高まったことであろう。死後、陳家溝には陳王廷の碑が立てられた。「墓碑によると陳王廷は康熙年間に没した……墓碑は康熙五十二年に立てられた」（注：唐豪『太極拳根源』。ただし唐豪・顧留馨編著『太極拳研究』一九六三は康熙五十八年としている。なお、『太極拳根源』は唐豪『戚継光拳経的研究及其評価』一九三五を香港拳術研究社が一九六三年に復刻したもの）。

康熙五十二年は一七一三年にあたる。温城防御戦の一六四一年から七十二年後である。温城の戦いの当時、すでに陳王廷は十分に成人し、社会的な声望もあったはずである。このとき陳王廷の年齢は、常識的には三十五歳から四十五歳くらいとみてよい。すると碑を建てた年は、単純計算で百七歳から百十七歳となる。長寿だったとしても没年はおよそ七十～八十歳くらいであろう。したがって、碑は死後かなり経ってから建立されたものと想像される。試みに温城防御戦の年に四十歳とし、八十歳で没したと単純仮定すると、陳王廷の生没年はおよそ一六〇一年（明・万暦二十九）～一六八一年（清・康熙二十）ころと推定することができる。

陳家溝歴代の拳法家

『陳氏家譜』によると、九世王廷のあと十世には武術的な注記が見られないが、十一世二人、十二世五人、十三世四人、十四世五人、十五世四人、十六世三人に付表〈『陳氏家譜』武術注記人物一覧表〉のとおり各様の武術的注記が付されている。

この注記一覧でめだつのは、十五世仲甡、季甡に「最も優れたり」「神手たり」「神妙たり」など最高級の賛辞が注記として、しかもいくつも重ねてほどこされていることである。これに比較して、楊露禅の師であり陳家溝で当時最も著名であった十四世長興には、楊露禅という太極拳の達人を生んだことで後世さらに有名となったにもかかわらず、「拳師」という平凡な注記のみが記されている。

『陳氏家譜』十六頁には「以上乾隆十九年（一七五四）譜序、以下道光二年（一八二二）接修」とある。十四世長興の誕生が乾隆三十六年（一七七一）であり、乾隆十九年はその十七年前であるから、『陳氏家譜』はおよそ十二〜十三世のころ、初めてまとめられたわけである。また『陳氏家譜』の表紙には「同治十二年（一八七三）新正穎川氏宗派」とあった。したがって、『陳氏家譜』は乾隆十九年に初めて作られ、以後少なくとも三度以上にわたって手が加えられてできあがったものである。武術的注記もまた二、三代にわたって書き加えられた可能性がある。しかし、その大部分は一九三二年唐豪にこの『陳氏家譜』を手渡した陳森が自ら記したものである可能性が大きい。すなわち上述注記の最後の部分に、「我が高曽祖父は皆、文と拳とを兼ねて最優たり。森、批す」（注：顧留馨『太極拳術』）と明記されているのである。「批す」とは意見、注意などを欄外に記すことである。


武術的注記のある人物を中心にして陳一族の血統をたどると、八世で（Ⅰ）撫民《ぶみん》、（Ⅱ）守身《しゅしん》、（Ⅲ）起鳳《きほう》、（Ⅳ）可賓《かひん》の四系統に分かれる（注：別掲図及び顧留馨『太極拳術』〈付表一：陳家溝陳氏拳家世系簡表〉参照）。

（Ⅰ）撫民系では、撫民の子九世王廷（家譜原文では「王庭」）のあと、注記人物としては十二世に甲第がいるだけである。王廷直系の血統からは、十二世で武術的伝統が途絶えたわけである。王廷の子と孫には注記人物は一人も見られない。王廷自身を含めて注記人物は計二人にすぎず、四系統のうちで最も少ない。もし王廷が陳氏武術の創始者であったならば、直系の血統からも武術に優れた人物が輩出しているのではないだろうか。王廷個人が武術的に優れた人物であったとしても、はたして陳氏伝統武術の創始者であったかどうかについては、この点に一つの疑問が生じる。

（Ⅳ）可賓系も十二・十三・十四世に各一人ずつ計三人で途絶えている。武術的伝統が顕著に見られるのは、結局（Ⅱ）守身系と（Ⅲ）起鳳系の二系統ということになる。

（Ⅱ）守身系が太極拳の直接的源流となった陳長興の系統であり、現在の流派的分類によればいわゆる陳派太極拳「老架式」の系統である。この系統では十二世から十五世まで各代にわたって注記人物が見られ合計七人（注記の有無があいまいな秉奇を含む）である。十六世はまだ記載されていない。

これに対し（Ⅲ）起鳳系は、すでに十六世まで記載されており、注記人物は十一世から十六世まで最も広範囲にわたって見られ、しかもその数は十三人（注記の有無があいまいな有孚を含む）で四系統のうち圧倒的多数を占めている。この起鳳系はまた、いわゆる陳派太極拳「新架式」の系統でもある。家譜の所持者であり最後の注記者である陳森は、この系統の十六世である。そして一九三一年、唐豪を陳家溝に案内し、陳森に引き合わせた陳子明はこの系統の十七世にあたる。

この当時太極拳は、すでに全国的に著名な流派となっていた。太極拳は陳長興の型を直接の源流とする。太極拳が普及すればするほど、楊露禅の師である陳長興の名も高まっていったことであろう。陳森は唐豪の探訪に際し、陳氏のなかで自己の系統にも優れた武術的伝統があることを誇示するために、家譜に最後の手を加えたものと推定される。すなわち『陳氏家譜』は、武術的にみると、新架式系統の立場から補正されて唐豪に手渡されたといえるのである。

しかしながら、陳森が家譜の最後に「我が高曽祖父は皆、文と拳とを兼ねて最優たり。森、批す」と注記したのは、この系統にも武術的に誇るに足るだけの歴史的事実があったからである。陳王廷が明末の動乱期に郷土防衛軍の指揮者として李自成の反乱軍を撃退したときと同じように、清末の動乱期にあって清朝治下最大の反乱活動となった太平天国の北伐軍が温県を直撃したとき、十五世陳仲甡は一族を率いて太平天国軍と戦い、郷土を防衛、近隣諸省に勇名をとどろかせたのである。

太平天国の乱と陳家溝防衛戦

陳家溝における攻防戦については二、三の史料がある。まず、陳家溝側の記録として『陳氏家乗』（注：陳鑫『陳氏太極拳図説』巻末付録）「陳仲甡伝」によって、戦闘の経過を見てみよう。

咸豊三年（一八五三）五月十八日、太平天国の北伐軍（以下、単に「太平軍」）は鞏《きょう》県から渡河を開始した。陳仲甡は弟季甡・族弟衡山・耕耘（長興の子）・長男垚・甥淼《びょう》等、当時の陳家溝で武術に優れたものを中核として、一族子弟数百、郷勇約一万人を動員して郷土防衛軍を組織した。仲甡はこのとき四十四歳である。

太平軍との戦闘は五月二十一日から始まった。仲甡は自ら陣頭に立って戦い、太平軍の指揮者数人を殺した。太平軍が敗走したとき、さらに追い打ちをかけて数百を殺した。五月二十二日、太平軍は通り過ぎる村を焼き払いつつ進軍し、仲甡らの防衛軍に迫った。仲甡はこのときも戦闘になると敵陣に入って戦い、「司馬」の旗を掲げ太鼓を打って指揮していた敵将を討ち取った。太平軍は散を乱して潰走した。

翌二十三日、初めて伏兵の計を用いることにした。仲甡は一軍を率いて蟒《ぼう》河《が》の北に伏せ、垚・淼らを廟中に潜ませた。衡山・耕耘らが正面から太平軍を誘った。太平軍が蟒河を通ったとき、防衛軍は三方から挟み討ちに攻撃した。太平軍は一気に撃ち破られ、武器を捨て味方の屍を乗り越えて逃げ去るほどの敗走ぶりであった。しかし、太平軍が本営を築いていた柳林には、まだ大軍が控えていた。このため翌日も必ず来襲があるものとみた仲甡は再度伏兵の計を用いることにした。二十四日の戦闘は、陳家溝そのものが戦場となり、この一連の温県における攻防戦に決着をつける最大の激戦となった。『陳氏家乗』陳仲甡伝は次のように描いている。

　二十四日、衡山は伍郡村に伏兵を置き、季甡は陳溝の左に、耕耘らが陳溝の右に伏兵を構えた。仲甡公は族姪敬本らを本体の左右翼とし、族兄俊徳の率いる李南方らの一隊を援軍として防衛陣を敷いた。賊は果して柳林から大挙して攻めてきた。仲甡公がまず敵を迎えた。衆は皆、恐れた。刀刃を接する戦いとなったが、仲甡公はあたかも雑草のごとく敵を斬りなぐった。

突如、敵陣に強敵が現れた。賊軍のなかでも饒将とうたわれた大頭王楊輔清である。身の丈六尺、堂々たる腰まわりで、かつて銅砲を脇に抱えて武昌城を乗り越え、これを陥落させたつわもので、その後、向かうところ敵なしといわれた。いま配下の兵が敗れつつあるのを見た楊輔清は、自ら接戦にうって出たのである。

仲甡公はあなどれぬ敵とみて、陳溝に誘い入れ伏兵をもって討とうとした。戦い疲れて賊（楊輔清）はついに逃げ出した。仲甡公は追いかけていき、槍でその首を横なぐりに打った。賊はすばやく身をすくめて鐙に隠れた。馬腹の下から突こうとすると、賊は再び馬上に身を躍らせた。すかさず仲甡公は単手で槍を繰り出し、みごとに賊の喉もとを突き刺した。そして、賊が馬上から落ちたところをすかさず襲いかかって、ついにその首を討ち取った。賊衆はこれに驚き、あわてふためいて逃げまどうばかりであった。そのとき西方に天をおおう土煙が上がり、東からは地を震わす砲声がとどろいた。防衛軍は直ちに二隊に分かれて迎え討とうとしたが、それらは李文清公の率いる援軍であった。このとき賊軍はすでに柳林に逃げ帰っていた。

このあと太平軍は懐慶府を攻めあぐみ、山西に迂回して北上したが、結局北方遠征の戦いは、太平軍にとって失敗に終わるのである。陳仲甡の率いる郷土民兵による防衛軍は、陳王廷の時代から二百年を経て、再び自らの武力によって郷土を守り抜いたのであった。

陳家溝における激戦と「楊輔清」を倒した陳仲甡の活躍は、二十世紀初頭まで土地の故老たちが好んで語り継いだ武勇談であったらしい。陳鑫『陳氏太極拳図説』の李時燦序文（一九二一記）は、次のように述べている。

咸豊三年、粤寇（＝太平軍）李開方が十万の衆を率い、鞏県から黄河を渡り、温県の南、河灘・柳林中に駐屯したとき、李文清公は民団を用いてこれを撃とうとした。団は烏合の衆で敵に会うとたちまち敗走した。

陳英義先生（＝仲甡）は弟季甡と直ちに戦陣に踏み入り、その首領楊輔清を陳溝に誘い入れ、単手で槍を突き出し、これを斃した。楊輔清は寇中で大頭王と号し、攻城の名手として知られていた。それが倒されたので寇衆は気力をそがれ、ついに西方に去ったのである。いまでも父老は「英義、柳林で敵を殺す」の物語を談ずると、口角泡を飛ばし、とどまるところを知らない。これ以後、大河の南北では、拳法といえば必ず陳溝の陳氏ありといわれるようになったのである。

『陳氏太極拳図説』には、序文、付録『陳氏家乗』およびあとがきの随所にわたって陳仲甡のこの英雄談が語られている。戦闘の大要は史実として認めることができよう。ただし、二十四日陳家溝における戦闘で陳仲甡が倒した太平軍の勇将とは、楊輔清ではありえなかった。

楊輔清と黒力虎

楊輔清は太平天国の主要幹部の一人で「東王」楊秀清の弟である。楊秀清は太平天国の中心人物洪秀全をしのぐ軍事的、財政的実権を握っていた。このためかえって内部の実権闘争のなかで、咸豊六年「北王」韋昌輝に抹殺された。楊輔清も「輔王」として太平天国の王位に列せられた幹部の一人であるが、太平天国の乱が平定されたのちも生き延びている。郭廷以『太平天国史事日誌』（一九四六）によると、楊輔清は「一八七四年八月、福建台湾で捕らえられた」。太平天国が崩壊して十年後に、ようやく逮捕されたのである。

楊輔清の小伝は王文濡『太平天国野史』（一九二三）にも見ることができる。同書によると、楊輔清は兄楊秀清とは一線を画し、太平天国のもう一人の最高幹部石達開の軍に早くから身を寄せていたので、内部闘争で暗殺されるようなこともなく、最後まで太平天国のため活動することができた。乱が鎮圧されると、楊輔清は上海を経由し米国に亡命した。太平天国十三年（一八六三）七月のことである。このとき楊輔清は太平天国の再興を期して金銀財宝など相当の軍資金を携えていった。

この軍資金をもとに楊輔清はサンフランシスコで、秘密結社美州（＝米国）三合会を創設した。三合会とは「三点水（＝『シ』）を共に合する」で「洪」の文字を表す暗号であり、太平天国回復の意が込められている。楊輔清は米国に流れてきた中国人に積極的な支援を与え、結社の勢力を拡大しようとしたが、やがて資金の枯渇とともに米国政府におわれた。米国官憲は楊輔清を秘密結社の首領として嫌っていたのである。そこで楊輔清は光緒十年（一八八四）、単身帰国し、福建提督羅大春を頼った。

羅大春は太平天国軍の旧将であり、乱の平定後政府軍に帰順していた。楊輔清とは厚い友誼を交わした間柄であり、秘密の保てる友人であった。羅大春の身辺にいた部下もみな、かつての同志たちであったが、彼らは楊輔清に対し、軍資金として米国に運んだ金銀の分け前を要求した。楊輔清は、資金はすべてこの二十年余、秘密結社の組織活動のためすべてを使い果たし、いまはただ一身を旧友に頼るのみで、財宝などあるわけがないのだと説明した。かつての同志たちはこれを喜ばず、閩督何璟に密告した。何璟は直ちに羅大春に対し、楊輔清の身柄を差し出すよう要求した。羅大春は抵抗したが命令には抗すべくもない。楊輔清はこれも天命とあきらめ、羅大春に付き添われて出頭した。何璟は半年間楊輔清を署にとどめ、これまでの来歴と太平戦史を書き上げさせたうえで処刑した。急を聞いて駆けつけた羅大春は遺体にすがりついて号泣した。その後、楊輔清は羅大春によって手厚く葬られた。

以上が王文濡『太平天国野史』に描かれた楊輔清の小伝である。同書によれば、楊輔清は太平天国の崩壊二十年後に捕らえられたことになり、郭廷以の『太平天国史事日誌』とは十年の開きが生じる。しかし、いずれにしても楊輔清が乱の失敗後も生き延びたことを証するのに十分であろう。

咸豊三年（一八五三）太平天国軍は南京を陥落させ、ここを「天京」と定めると直ちに林鳳祥・李開芳の率いる北伐軍を出発させた。林・李とも反乱の最初から参画し、常に実戦の第一線を率いてきた猛将であったが、太平天国における地位は楊輔清よりもかなり下位の幹部である。したがって楊輔清が林・李の指揮下に入って温県を攻撃するようなことはありえない。また林・李の二人とも一八五五年に直隷、山東で相次いで捕らえられており、温県攻撃のときは終始健在であった。では、温県攻撃の際、陳家溝で倒された猛将とは一体誰だったのか。太平天国の乱の戦闘見聞録ともいうべき『盾鼻随聞録』巻五には、次のような挿話が記されている。

蔡という湖南人で占卜の術に長じた男が賊に身を投じて河南にきたとき、ひと占いして「溝に会えば必ず大将を喪う」と言った。「黒力虎」とよばれるきわめて剛強な男がいた。武昌城を陥落させたとき、一番乗りしたほどの豪の者である。勇を恃んで単身陳家溝に行き、拳棒の教師陳某に遭遇した。陳は二人の子を率いて黒力虎を取り囲んだ。しばらく闘ったあと、陳家父子は敗れて門に向かって逃げ込んだ。黒力虎が追って入ると、十七歳くらいの少女が槍を持って門のそばに待ち伏せしており、不意に後ろから太股を突き刺した。黒力虎が地に倒れたところを襲いかかって、ついに首を斬り取った。賊衆はこのため大いに気勢を奪われた。

おそらくこの記述のほうが、より客観的に事実を述べているだろう。「陳仲甡が武昌一番乗りを果たしたほどの太平軍の勇将を陳家溝に誘い込んで倒した」という話の大筋において、この『盾鼻随聞録』の記述は陳家溝に伝わる陳仲甡武勇伝と一致している。いうまでもなく「拳棒の教師陳某」とは陳仲甡であり、仲甡が率いた二人の子とは長男垚、甥淼であった。槍で黒力虎を倒した少女の名は伝わっていない。

黒力虎は単身で陳家溝に行ったとあるが、この点はやはりかなりの軍勢を率いていたものと考えるべきである。陳家溝の戦闘は連日にわたる温県攻防戦の一環として戦われたのであり、いくら「勇を恃んで」もこの日黒力虎が単独で陳家溝に行くことは不自然である。

槍の少女は、その名こそ伝わってはいないが、待ち伏せの先頭にいたこと、また突入する敵を一瞬にしとめた

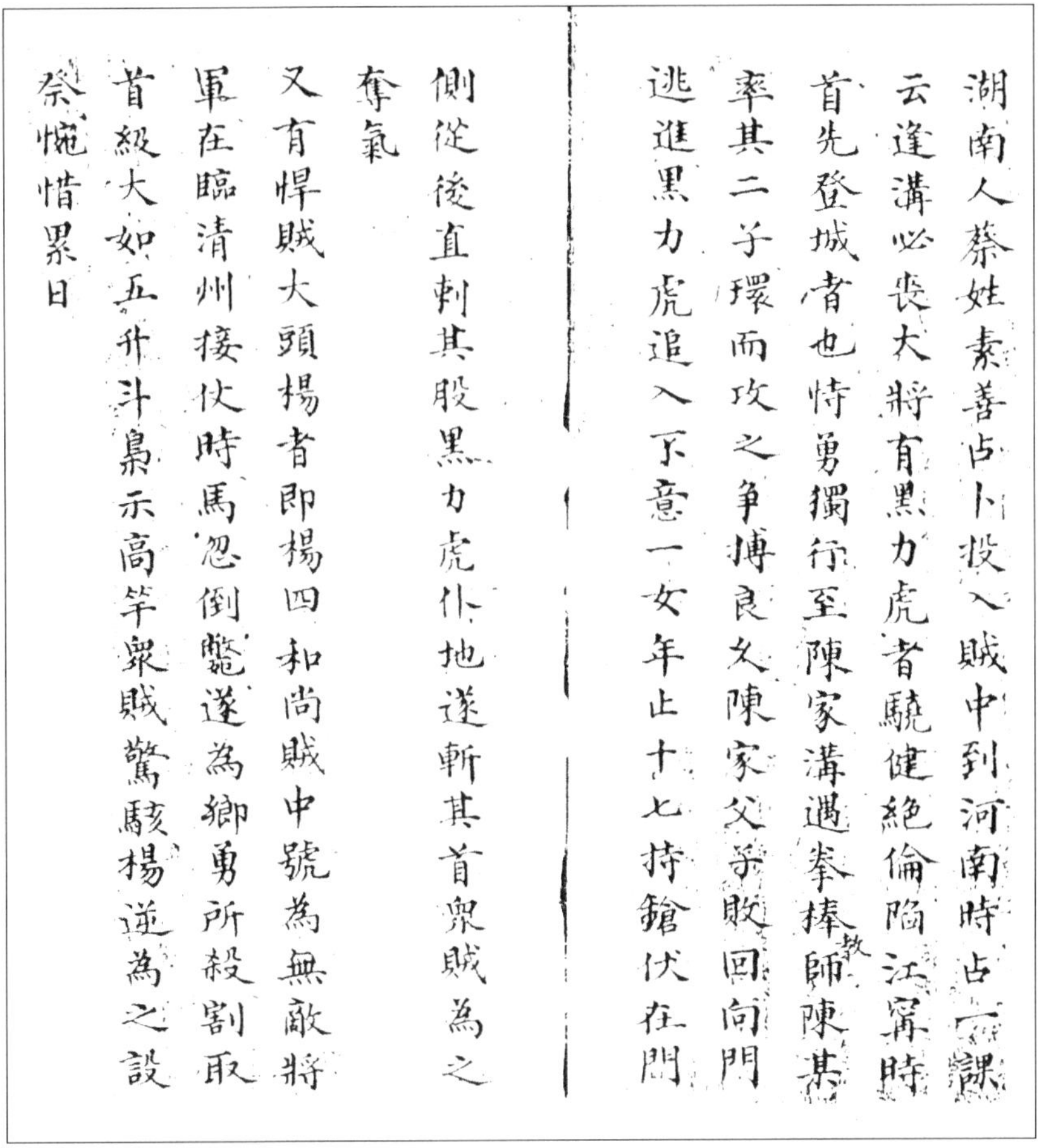
湖南人蔡姓素善占卜投入賊中到河南時占一課
云逢溝必喪大將有黑力虎者驍健絶倫陥江甯時
首先登城者也恃勇獨行至陳家溝遇拳棒教師陳某
率其二子環而攻之争搏良久陳家父子敗回向門
逃進黑力虎追入不意一女年止十七持鎗伏在門
側從後直刺其股黑力虎仆地遂斬其首衆賊為之
奪氣
又有悍賊大頭楊者即楊四和尚賊中號為無敵将
軍在臨清州接仗時馬忽倒斃遂為郷勇所殺割取
首級大如五升斗梟示高竿衆賊驚駭楊逆為之設
祭惋惜累日

（『盾鼻随聞録』〈国立国会図書館蔵〉　写本）

「太平天国の乱」初期史料『盾鼻随聞録』には、温県陳家溝の陳氏一族が郷土防衛のため太平天国軍の猛将黒力虎と激しく戦った逸話を収録している。「拳棒教師陳某」（＝陳氏拳法達人・陳仲甡父子）が誘い込んだ黒力虎を、待ち伏せしていた17歳の少女が槍の一撃で突き倒したと記す。陳家溝で熱く語られた郷土武勇伝の一つ。

ことなどから判断すると、決して偶然の配置ではなく、当時の陳家溝では名の知られた存在であったにちがいない。技術、胆力ともになければ、待ち伏せの先頭に置かれることはなかったはずである。陳仲甡が日頃から武術・胆力ともに優れていると認め、この日も意識的に配した門人の一人だったと考えるべきではないだろうか。時日の経過とともに集団的な戦闘の細部が省かれ、すべてが指揮者陳仲甡の英雄談のなかに収斂されて伝わることになったものであろう。では、黒力虎がなぜ「大頭王楊輔清」となったか。『盾鼻随聞録』には前条に続いて、たまたま次のような挿話も載せている。

また、賊軍の強者に大頭楊というものがいた。すなわち楊四和尚である。賊軍のなかでは無敵将軍と号していた。臨清州で接戦となったとき、馬が突然倒れて死んだ。そこを郷勇が襲って殺し、首を斬り取った。首級はまるで五升斗のように大きかった。竿に高々と掲げると賊衆はみな、恐れおののいた。

つまり、英雄談が成立する過程で、事実の単純化と虚構の増殖化がくりかえされ、陳仲甡が陳家溝で倒した敵将は「黒力虎」から「大頭楊」へ、そして太平天国軍の楊氏のなかで地位名声の高い「楊輔清」へと変化していったのである。

陳仲甡武功録

温県攻防戦によって陳仲甡の武名は一挙に揚がった。その後、仲甡は郷勇を率いて、温県はもとより遠隔の地にも官軍の要請を受けては出兵し、数多くの実戦で活躍した。『陳氏家乗』の記述に沿って年代順に列挙してみよう。

咸豊六年（太平天国六年〈一八五六〉）
土匪が亳州（安徽省）で暴れた。陳仲甡は前温県令の張禮延に従い、季甡とともに郷勇を率いて亳州に赴き、五戦五勝、数日で亳州を回復した。残党が陳州に逃げたところを追撃し、陳州で三戦三勝、千余人の首級を挙げ、数車分の軍用品を奪い取った。

咸豊七年（太平天国七年〈一八五七〉）
土匪が六安州に盤踞《ばんきょ》した。仲甡らは要請に応じて急援に赴き、三日間昼夜を分かたず連続的に攻撃し、ついに城市を奪回した。この功績で仲甡は六品頂翎（翎《れい》＝清朝で功績のあったものに与える冠の飾り羽根）を授与された。

咸豊八年（太平天国八年〈一八五八〉）
盗賊が四方に蜂起した。張楽行の一団が汜水を犯した。仲甡は郷勇を組織して黄河沿岸の防御につとめた。賊軍は数日、渡河の機会をうかがったが、防衛陣に隙がなく、ついに渡河をあきらめた。このため温郷の安全が確保された。

咸豊九年（太平天国九年〈一八五九〉）
蒙城、阜陽が陥落した。陳仲甡は要請を受けて出陣、賊軍を連破し、二城回復に貢献した。この戦闘で仲甡は五品賞花翎を授与された。

咸豊十一年（太平天国十一年〈一八六一〉）
長槍会李占標が衆十数万を率いて山東から彰・衛・懐三府を犯した。陳仲甡は要請を受けて郷勇を募り、武陟・木欒店で迎撃しようとした。賊軍は敢えて西進しようとせず、そのまま引き返した。

同治六年（一八六七）
土匪張総愚は数十万の衆を率いて絳から懐に入った。仲甡は鑫（三男）、淼（甥）ら族徒および郷勇数千を率いて参戦。十二月十四日、早朝から昼まで戦闘が続いた。淼は身に重傷を負いながら奮戦したが、ついに馬もろとも砲撃にあたって戦死した。仲甡は悲憤をこらえ、いっそう衆を励まし、猛将二人、旗指揮二人を倒し、鋭卒二百余人を討ち殺した。夜になって賊軍はついに懐境の外に潰走した。

こうして咸豊三年（一八五三）から同治六年（一八六七）まで十四年間、陳仲甡はたび重なる戦乱のなかで、一族・郷勇からなる郷土防衛軍ともいうべき一種の民兵軍団を組織し、国土を一時は二分化するほどの勢力を持った太平天国軍、また太平天国に呼応して蜂起した局地的な反政府軍・農民一揆軍、あるいは戦乱に乗じて各地を略奪しようとした匪賊の群などと戦い、弱体化しつつあった政府軍を支援し、郷土の防衛に力を尽くしたのである。

陳仲甡は嘉慶十四年（一八〇九）正月二十七日に生まれ、同治十年（一八七一）十月十四日に卒した（注：『陳氏太極拳図説』所載「陳英義公伝」による）。したがって、この十四年間は陳仲甡の四十四歳から五十八歳にあたる。死去したのは六十二歳、『陳氏家乗』に記された最後の戦闘からわずか四年後である。いわば陳仲甡は生涯後半期のほとんどすべてを実戦のなかに過ごした武術家であった。死後、土地の人々の衆議によって「英義」の名が贈られた。「義によって立つ英雄」の意であろう。陳仲甡が「英義公」とよばれるのはこれによる。なお、楊露禅の生没年は一七九九～一八七二年とされるので、陳仲甡とほぼ同時代である。露禅のほうが十歳年長であるが、露禅は陳家溝に約二十五年間滞在したので、ふたりはごく近しい仲だったのではあるまいか。もっとも拳法の型は、露禅が陳長興の老架式を受け継ぎ、陳仲甡は陳有本の新架式を受け継ぐとされている。

陳仲甡は軍事的戦略、武術的才能ともに優れた武術家であった。軍事的才能については上述の戦闘記録から明らかである。仲甡は戦闘ともなれば、果敢に戦陣に入ってまず指揮者を倒すことをめざしている。また、敵の力が強大と見れば、ためらわず伏兵の陣に誘い込んで集団で殲滅する。あるいは強固な防衛陣を敷いて戦わずして敵の力を退けたことが幾度となくあった。

陳仲甡には垚・焱・鑫という三人の子がいた。長男垚は武に優れ、焱・鑫の二人は文に優れていた。垚について『陳氏家乗』は次のように述べている。

陳垚、字は坤三、仲甡の子である。年十九で武庠に入った。毎年拳を練ること一万回、これを二十年の間、怠ることがなかった。父に従ってしばしば賊軍と戦ったが、いまだかつて敗れたことはなかった。

鑫は初め焱とともに文の道を進み歳貢となった。文人ではあったが、幼少から拳法を学び、同治六年（一八六七）陳淼が壮烈な戦死をとげた張総愚反乱軍との戦いには、父とともに従軍し実戦を体験している。晩年になって拳法の研究にうちこみ、光緒三十四年（一九〇八）から民国八年（一九一九）まで十二年間を費やして陳家溝最初の拳法書を完成させた。これが『陳氏太極拳図説』である。

『陳氏太極拳図説』成立の史的意義

『陳氏太極拳図説』が取り上げた拳法の型（套路）は、陳長興が楊露禅に伝えた型と本来は同じものである。すなわち、陳家溝に伝わる数種の套路のうち一般に頭套拳とよばれていた型である。しかし、動作の各部分に異同があり、演武の速度、力の強弱なども異なるため、一般には陳長興系の型を老架式、『陳氏太極拳図説』で紹介された型は新架式とよばれる。

老架式は突き・蹴り・震脚《しんきゃく》（強く地を踏む動作）など力をこめるべきところは全身の力をこめ、また速度の必要な動作は速く演じる。それだけ老架式は動作の原初的な意味と演武の方法が一致しているのである。したがってその型は起伏・強弱に富み、一般に少林拳とよばれる標準的な北派拳法と何ら異なるところはない。

これに対し新架式は、力の強弱、技の快速という演武方法は含みつつも、老架式に比較すればはるかに柔的な要素が多く、たとえば力をこめて速く突くべきところを意念をこめてゆっくりとおこなうなど、一つの動作を単純に完結させるのではなく、その動作の細かいプロセスも十分に玩味するかのように演じる。それだけ新架式は静的、内面的であり、演武法に楊派太極拳と共通するところがある。

新架式は陳長興と同世代の人で、陳仲甡の叔父にあたる陳有本がまとめたものといわれる。陳鑫（一八四九～一九二九）がそれを父仲甡から兄の垚とともに直伝で学んだものであることは、『陳氏太極拳図説』〈撃地捶《げきちすい》〉の項に注記された体験記を通じてうかがい知ることができる。

撃地捶とは、どのような技か。型のなかでは前後の敵にはさまれたと仮想し、まず前方の敵を前蹴りで倒す。ついで後方に振り向きざま、後ろの敵の下腹部にかかと蹴りを放つ。そして、地上によろめき倒れる敵にとどめの一撃を加えるべく二、三歩追い上げて、相手の体にのしかかるようにわが身を低くし、地に向かって突きおろす。この決め手が撃地捶である。このあと、再度後方に振り返って、今度は宙に飛び上がって蹴るという、型のなかでも最も起伏に富み運動量の激しい箇所である。

（撃地捶の動作について解説したあと）むかし、私がまだ少年のころ、先大人（＝父親）はこの型のとおりに身をかがめ、われわれ兄弟ふたりを背中に張り付かせ、力いっぱい下に押さえつけるように言った。ところが先大人がわずかに身をひねると、ふたりとも同時にはね倒されてしまった。そのとき私はこの技のかぎがどこにあるかを悟ることができた。上は頂精（＝頭頂の気力）をまっすぐに領導し、下は艡精《とうせい》（＝立ち足の気力）を円に開き、両足は地をしっかりと踏みつけ、中間の腰精（＝腰の気力）でひとたびひねり転ずれば、いかに多人数といえども押さえつけることはできないのである。ましてわれわれ兄弟ふたりなどはいうまでもない。これがいわゆる「中気（＝中心気力）満ち足りて貫けば、物来るとき速やかに物に応じて違うことなし」との教えである。

この短い注記はまた、仲甡親子ひいては当時の陳家溝の人々による拳法修練がどのようなものであったか、その一端を如実にわれわれに告げている。楊露禅もまた、こうした雰囲気のなかで少年時から拳法に親しんだのであろう。『陳氏太極拳図説』によって、われわれは今日でも十九世紀中葉の陳家溝の武術に触れることができ、父から子に、体から体へと受け継がれた陳仲甡の拳法の型を味わうことができる。この型の系統は現在でも伝えられており、『陳氏太極拳図説』は手足の動きを驚くほど詳細に記録しているので、ほぼ当時のままに復元することもそれほど困難ではないのである。このように陳氏武術を教本として記録にとどめたところに『陳氏太極拳図説』の大きな意義を認めることができる。

しかし、武術史的にみてさらに重要な意義は、『陳氏太極拳図説』によって「太極拳」という名称と、その原形となった陳家溝の拳法とがここに初めて公然と結びついたということである。いわば「陳派太極拳」はこの時点で成立したといえるのである。

本来、太極拳の原形となった陳家溝の拳法は陳長興系の老架式の型である。しかし、老架式の人々は自分たちの派から一つの支流として派生したにすぎない楊派一門が、太極拳という独得の拳法を確立させ、その主流となったことに一種のライバル意識をもっていた。したがって、老架式の人々は自分たちが中央で活躍するようになってからも、太極拳という名称や柔軟かつ静的な演武法を用いることには抵抗、もしくはこだわりを感じていたのである。

陳氏拳法が広く公開されるようになったのは、南京中央国術館が成立し、中国武術の近代的な組織化と普及化が統一的におこなわれようとしたときからである。陳氏拳法は太極拳の源流に関心をもっていた人々、あるいは柔一色の演武法に疑問を感じていた人々によって歓迎された。はじめ陳子明（十七世）、陳績甫（十八世）によ

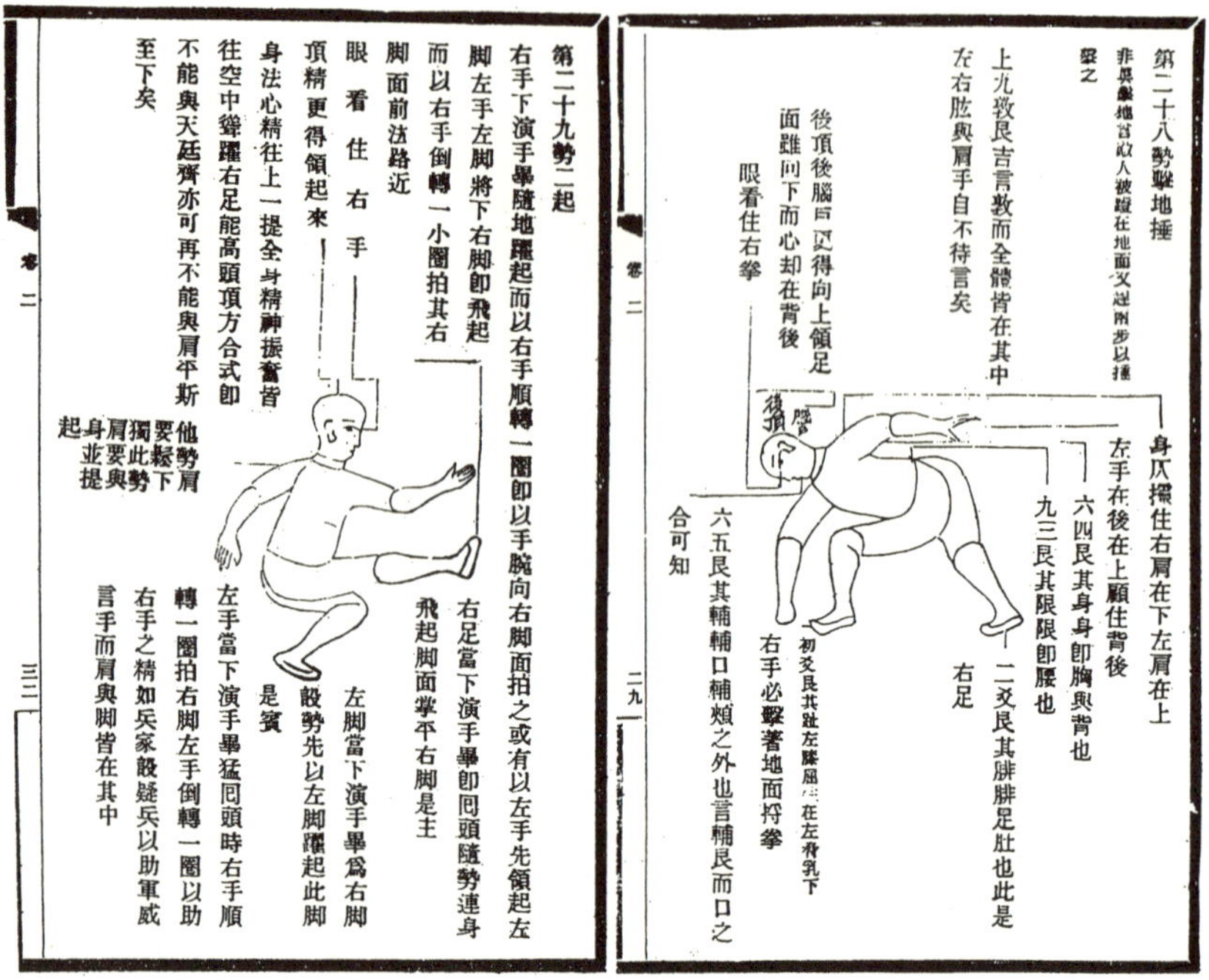

撃地捶一二起脚の連続技。蹴り倒した相手を撃ち、身を翻して後方に飛び蹴りする。（『陳氏太極拳図説』）

って主要都市で紹介され、陳長興系十七世陳発科（一八八七～一九五七）が一九二八年、職業的な拳法家として北京に進出して以来、各地に急速に普及した。現在各地に見られる陳派太極拳の多くは、この陳発科晩年の型から派生したものである。

達人陳発科——現代陳氏拳法の原形

武術史研究家として著名な周剣南の回想録「蒐集国術史料経過」〈七、陳発科先生を訪問し、初めて陳派太極拳を見る〉（注：台湾『武壇』一九七四・二三、二四期）は、民国三十七年（一九四八）当時の陳発科の拳法について、次のように記している。

陳先生は字を福生という。また復生とも書く。河南省温県陳家溝の人である。太極拳の名家陳長興先生の曾孫にあたる。早くも民国十七年（一九二八）、北平（北京）に出て太極拳を教えた。民国三十四年（一九四五）冬、私が重慶にいたとき、章啓東氏の紹介で洪懋中兄と沈家楨氏を訪ねたことがある。沈さんはかつて北平で陳発科先生について陳派太極拳を学んだことがある。彼は陳先生を非常に尊敬していた。そして陳先生の修練を口を極めて賞賛し、たとえば陳先生が金剛搗碓の技で足をひと踏みすると窓がみな揺れ動くほどだと言った。

私は北平に着くとすぐに陳先生がまだ北平にいるかどうかを尋ねることにした。河南会館で聞いてみると、陳先生は騾馬市大街八十九号中州会館に住んでいるとのことである。そこで中州会館に行ってみると、陳先生はちょうどひまつぶしに三人の奥さん連中と麻雀を打っているところだった。陳先生はすぐに牌の手を止めて私の相手をしてくれた。

陳先生は中ぐらいの背丈で、丈夫そうなからだ、年は六十歳あまりだった。私はまず沈家楨さんのことを話してみたが、どんな人か思い出せないようだった。私は彼に太極拳を少し見せてほしいとお願いしてみた。彼は「私は運気をしないが」といって頭套拳を演じた。

演武のとき、その動きは、あるいは早くあるいは遅く、また剛かと思えば柔に変じた。発勁（＝気力を集中して力いっぱい技を発する）のとき、その気勢は人を驚かすほどであった。突き出す拳は風を帯び、ひとたび震脚して地を足踏みすると、窓こそ動かなかったが、確かにそういわれるほどの勢いがあった。以前見たことのある楊澄甫・呉鑑泉両氏の伝える練法とは大いに異なるものだった。普通に武を練った程度の人が、彼が拳を練るこの修練のほどを見たならば、おそらく敢えて彼と手を交えようとはしないだろうと私は思った。また、むかし楊露禅先生が名家の林立する北京で、なぜあのような名声を樹立しえたのか、私は初めて理解することができた。当時は金銭を出せば買えるというような宣伝道具はなかった。名を揚げるには真の実力に頼らなければならず、数え切れぬほどの闘いの試練を経て、初めて名声を獲得できたのである。

陳先生は演武のあと、太極拳における纏絲《てんし》勁《けい》の重要性を繰り返し強調した。最後に先生は王向斎先生との間に生じた摩擦について語ったが、麻雀の手をあまり長く中断させても申し訳ないので、まもなく私は礼を述べて立ち去ったのである。

陳発科はなぜ演武の前に、わざわざ「私は運気をしないが」とひとこと断わったのだろうか。おそらく剣南が太極拳一般ではすでに常識化していた独得の用語・概念を用いて質問したのに対し、陳発科は自己の拳法がそれとは一線を画すものであることを強調したかったのではあるまいか。この一言に陳発科の一般的な太極拳に対する考え方を知ることができる。王向斎との確執もおそらくこうした武術的理念・技法のちがいからきたものであろう。

王向斎は形意拳をさらに内面化させ、意念の修練を重んじた。その意味では王向斎の形意拳は太極拳以上に太極拳的であった。王向斎の拳法も含めて、この当時形意拳・八卦掌・太極拳の三門は、一括して「内家拳」あるいは「内家門」などとよばれるようになっていた。「内家拳」は本来の一流派名を表すことばから離れて、「内功を重んじる拳法」いわゆる柔派拳法諸流派を表す一般的な用語として定着していたのである。

したがって「私は運気をしないが」との一言に、太極拳はもとより内家拳あるいは柔派拳法一般に対する陳発科の反発が現れているとも解することができる。

共産党が一九四九年、北京で政権を樹立してから太極拳も民族体育の一つとして全国的、組織的研究が盛んにおこなわれるようになった。北京市に成立した民族形式体育委員会（主任：張甄）主催による太極拳研究委員会議の席上、太極拳研究家呉図南は陳発科が出席しているのを見て「陳派の拳法は『砲捶』であり、『太極拳』ではない。したがって陳発科の正式出席は認められない」と主張した。陳発科はこの主張に対し、自らの拳法が一般的太極拳と異なることを認めて単なる「列席」、いわばオブザーバーとしての立場に甘んじたという（注：呉図南講授、馬有清編著『太極拳の研究』）。

呉図南が「陳氏拳法は砲捶であり、太極拳ではない」と断じたのは、一九一七年自ら陳家溝を訪れ陳鑫と面談した経験にもとづいているのである。

陳鑫はわれわれに詳細に語ったが、彼によると陳家溝では毎年秋の収穫後、農作業が終わると、広場で少林会を開く。陳家溝の人はみな、そこで練習するのが長年のきまりになっていた。彼ら陳家が代々練っているものは砲捶であり、少林拳に属する。彼らは家伝の砲捶を習い伝えることすでに数百年の歴史をもち、村では彼らを砲捶陳家とよんでいるとのことである。　　（注：前掲書）

現在の陳派のなかには砲捶の型を「太極拳第二路」とよぶものもいるが、これは砲捶までが太極拳化したことを表すものである。その反対に、陳家溝の伝統的見地に立てば、「もともと砲捶の一部が太極拳に変じたにすぎない」といいかえることもできる。陳発科の拳法の完全なる太極拳化も現代中国が太極拳を民族的体育健康法として奨励するようになってからであろう。陳発科は一九五七年、七十歳で没した。上記太極拳研究委員会議は一九五〇年ころというから陳発科は約六十三歳であった。陳発科がいわば「運気を用い」演武を柔軟化した、つまり陳氏拳法を「太極拳化した」のは、実際にはこのころだったのではないだろうか。現在、陳発科系統の人々が、その型を陳発科「晩年の型」にもとづくとしばしば語るのも、こうした事情を意味するものであろう。

「運気」とは柔派拳法が最も重んじることばである。運気とは気を体内、指先のすみずみまで巡らすことであり、これによって内面にエネルギーを蓄えることができ、こうした内面的エネルギーにもとづいて外側に現れる技は、たとえその動きが小さくとも強大な力を発するという考えである。

この「運気」に対し、先に引用した剣南回想録の挿話において陳発科は「纏絲勁」を強調している。纏絲勁は現在でも陳派太極拳で最も重視されている理念の一つである。纏絲勁とは陰陽二つのエネルギーが体内をらせん

陳発科（1887－1957）（沈家楨・顧留馨編『陳式太極拳』1963）

陳績甫（1893－1973）（『陳氏太極拳滙宗』1935）

陳発科は1928年北京に出て以来、太極拳源流の伝承者として高く評価され、優れた門人を輩出した。陳績甫は初め南京中央国術館に招聘されたが、のち郷里に帰り一族子弟に教授した。現今の陳氏太極拳はほとんどこの二系統に連なる。

状に駆けめぐり、これが技とともに外側に放出されて強大な力を発揮するという考えである。気力の源泉は外側で把握しうる筋骨の機械的動力にではなく、目に見えない内側に蓄えられるという点で両者は共通しているが、「運気」の静的なイメージに対し、「纏絲勁」は動的なイメージを提示している。

陳派纏絲勁理論の確立

陳派太極拳の基本理念とされる纏絲勁は、その源を尋ねると陳鑫『陳氏太極拳図説』にいきつく。同書巻頭の多数の図のなかに陳鑫は「太極拳纏絲精図」と題して、陰陽を象徴する黒白二本の線が円の中心に向かってらせん状にめぐる一つの図を描き、その下に次のように記している。

> 私は諸子の太極円図を読み、そして悟った。太極拳を打つ（＝演じる）には、すべからく纏絲精を理解しなければならない。纏絲精とは中気（＝中心の正気）を運ぶの法門である。これを理解しなければ、拳を理解することはできない。

続けて陳鑫は「人身纏絲正面図」「人身纏絲背面図」によって、纏絲のエネルギーが丹田から指先までどのように人体をめぐるか、その基本路線を明示し、さらに「太極拳纏絲精論」「太極拳纏絲法詩四首」によって自己の纏絲勁理論を詳細に論じた。陳鑫は「纏絲精」としているが、後年の陳派纏絲勁の理論はすべてここに発するとみてまちがいない。つまり陳派纏絲勁理論は陳鑫『陳氏太極拳図説』によって確立されたのである。ここに同書のいま一つの大きな意義を認めることができる。

楊派を中心として成立した太極拳は、近代中国武術界に大きな影響を与えた。そして、太極拳諸流派が合わせて一つの巨大な勢力となるにつれ、太極拳は奔流となってその源流地である陳家溝に還流したのである。老架式系統とは一歩距離をおいていた新架式系統の陳鑫は、かえってつよい本家意識に目覚め、いち早く太極拳の名称を採用し、基本理念はもとより型の動作の小さな部分にいたるまで、すべてを太極理論によって解明しようとした。その結実が『陳氏太極拳図説』であった。いわば太極理論による陳氏拳法の再構築、ここにこそ『陳氏太極拳図説』成立の最も大きな武術史的意義が存在するのである。

陳鑫は「太極拳」を父祖伝来のものとし、陳氏武術の祖を陳家溝陳氏一世陳卜にさかのぼって求めた。

明洪武七年、始祖卜は農耕読書の余暇に陰陽開合をもって全身を運転させることを子孫に教え、消化飲食の法とした。その理が太極にもとづいていたので、名付けて太極拳といったのである。

（注：『陳氏太極拳図説』自序）

すなわち陳鑫は陳卜太極拳開祖説を主張したのである。したがって、唐豪らによって開祖とされた第九世陳王廷については、同書巻末の付録『陳氏家乗』の最初にその略伝を掲げているものの、太極拳との関わりについては、ただ「太極拳に精なり」としか記していない。

陳鑫の自序は続けて、陳卜創始の太極拳が陳鑫の曽祖父十三世公兆に伝わり、祖父有恒・叔祖父有本に再伝し、さらに父仲甡・叔父季甡に伝わったとし、自己の系統を陳氏武術の本流に位置づけた。

だが、それまで陳一族には陳卜と武術を結びつける伝承はいっさい存在しなかった。陳鑫もそれを意識していたからこそ、陳卜創始の太極拳を「消化飲食の法」つまり一種の健康法であったとし、公兆以後武術として発展したものと主張したのであろう。

陳鑫はあまりにも自己の著述のすみずみまで太極理論によって整合性をもたせようとしたため、かえって一部に歪みを生じて、それが『陳氏太極拳図説』の理論的限界となっている。しかし、たとえ陳鑫の所論がときに極論に走ることがあっても、それはむしろ同書に強烈な個性を与える結果となった。この点が武術史上に異彩を放つ太極拳の理論書として、現在にいたるまで流派を越えて愛読される原因になっているのであろう。その意味からも、やはり『陳氏太極拳図説』は太極拳の源流地陳家溝が生んだ画期的な拳法書であった。

陳家溝陳氏武術の体系

陳氏武術は、他の諸門派と同じように、拳法だけではなく各種の武器術を含んでいた。徐震『太極拳考信録』によると、かつて陳子明は徐震に陳氏武術の拳譜・歌訣・套路（型）などを収集した数種の抄本を見せ、また陳子明自身『陳氏世伝拳械彙編』を著したという。徐震は数種の陳氏抄本のうち、「陳両儀堂記」および「文修堂」と記された二冊を最も重要と考え、それぞれ「両儀堂本」「文修堂本」とよび、この二冊と陳子明の『陳氏世伝拳械彙編』を合わせ、『太極拳考信録』において詳細な比較考証を展開している。われわれは今日、これらの原本を見ることはできないが、『太極拳考信録』によって陳氏武術の体系をおおよそ理解することができる。

以下、同書によって陳氏武術を種類別に採録してみよう。ただし、拳譜の細かい考証については同書に譲り、ここではあくまでも陳家溝陳氏には、どのような拳法・武器術があったか、その特徴は何かなど、武術体系の全体像を譜面によって把握することを主眼とする。

一、拳法

まず、太極拳の原形となった「頭套十三勢」のほか、「二套」「三套」「四套」「五套」という一連の型がある。「三套」「四套」「五套」は拳譜だけが残って、実際には早くから失伝していたらしい。「二套」も文修堂本は「失伝」としているが、両儀堂本は「五套」の拳譜に続いて、「二套砲捶十五紅十五砲走拳」と題して独立した拳譜を記載している。文修堂本も一連の型とはまったく別個に「砲捶」の拳譜を載せ、「砲捶架子十五紅十五砲走拳心用」と題している。これが現在、陳派の一部で「砲捶」あるいは「太極拳第二路」とよんでいる型である。

太極拳纏絲精図（原図）

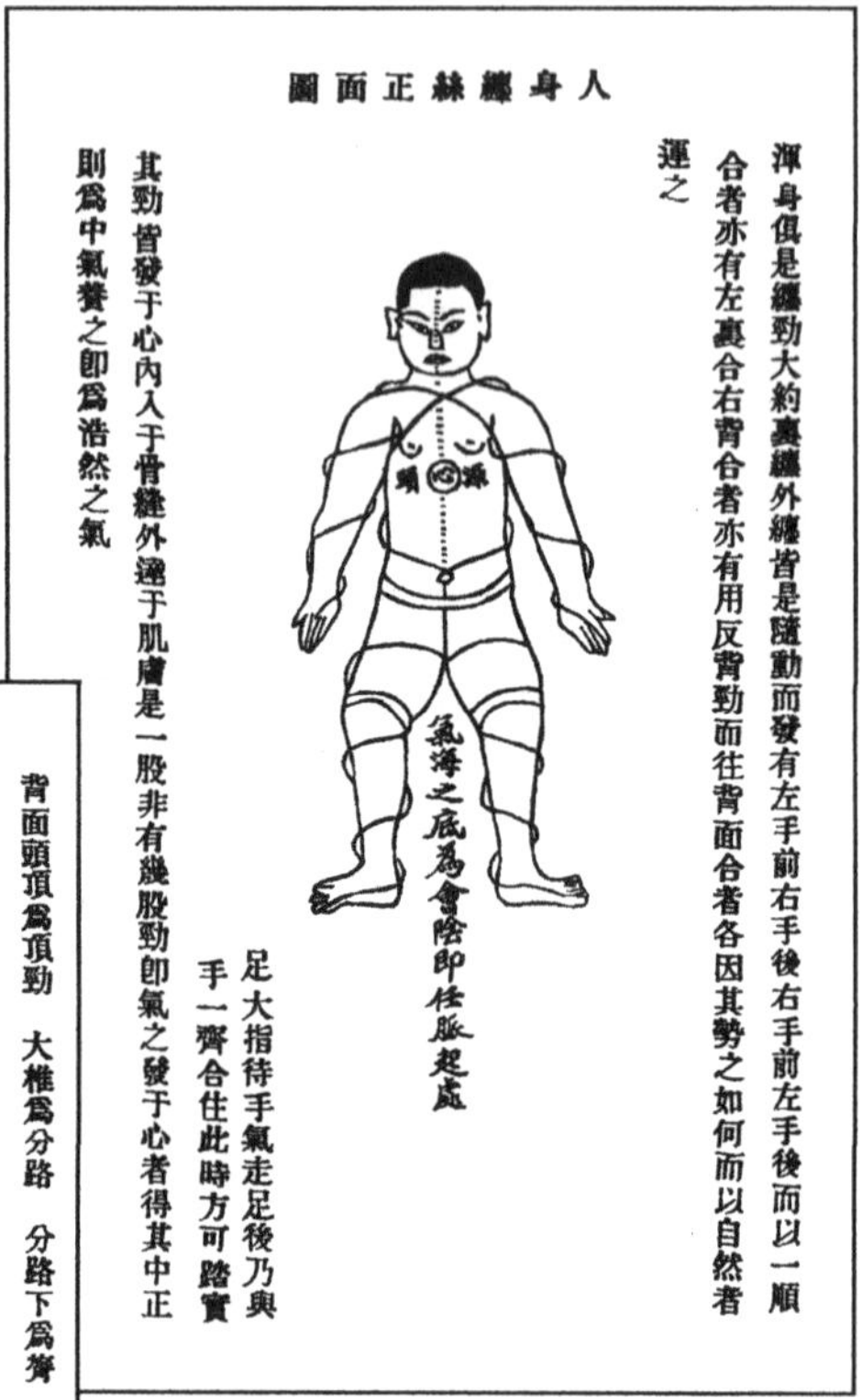

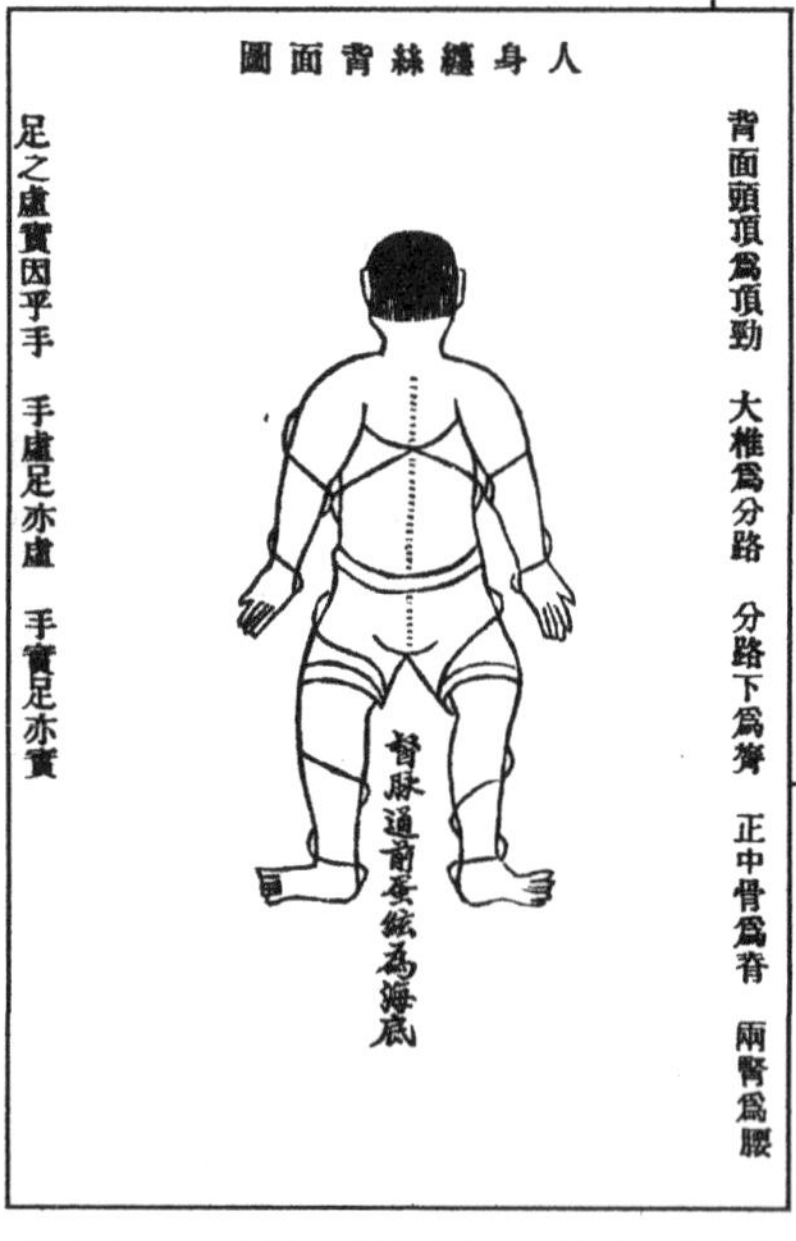

（陳鑫『陳氏太極拳図説』1933）

陳鑫は宇宙の原理を明らかにする各種太極図を描き、それを人身に当てはめて拳法の極意は纏絲精（纏絲のエネルギー）にあると説いた。陳氏太極拳の纏絲勁はここに起源する。陳鑫は「太極拳纏絲精図」に注記していう、「私は諸子の太極円図を読んで悟った。太極拳を打つには必ず纏絲精を明らかにしなければならない。纏絲は中気（正中の気力）を運ぶ法門である。これを明らかにして初めて拳に明らかとなることができるのである」と。

つまりどちらの抄本にも「砲捶」が記録されていたが、両儀堂本はこれを「二套」扱いにし、文修堂本はまったく独立した型としていたわけである。このことから徐震は頭套拳（＝原形太極拳）と砲捶は別系統の拳法であったと推論している。

両儀堂本はさらに「太極拳」の拳譜をも載せ、「太極拳、一名頭套拳、一名十三勢、即ち十三折、亦即ち十三摺なり」と題記している。陳氏一族が「太極拳」という流派名を受け入れたのは二十世紀に入ってからと思われるので、両儀堂本に頭套拳とは別個の「太極拳」拳譜を載せていることは、両儀堂本が比較的新しい抄本であることを物語る。参考のため両儀堂本に掲載されている頭套拳と「太極拳」の拳譜を比較すると、基本的にはもちろん同じ型であるが、「太極拳」は頭套拳の素朴さを脱して、はるかに現行陳派太極拳の拳譜に近い表現となっている。

たとえばこの「太極拳」拳譜には「白鵝亮翅」という技法名が見られる。これは頭套拳にはなかった技法名である。頭套拳はもとより陳氏のどの旧譜にも見られない。「白鵝亮翅」とは、鶴などが羽を広げるように、右手を右上方に振りあげる動作である。もともとは独立した技ではなく、型のなかで技法を結ぶ連絡動作にすぎなかったと思われる。楊派太極拳が型のどの部分も丹念に演じるようになってから、それまでは単なる連絡動作にすぎなかった動きも、しだいに一つの意味をもつ独立した技法として扱われるようになった。「白鵝亮翅」も楊派太極拳が成立してから各派に普及した「白鶴亮翅」の影響を受けて新たに陳派が採用した技法名であろう。両儀堂本に頭套拳と「太極拳」が併載されていることによって、頭套拳が楊派によって「太極拳」として成立し、やがて源流地の陳家溝に還流し、陳派太極拳の成立を招いたという史的結果をいみじくも陳派自らの拳譜が示しているのである。

上記のほか、陳氏の拳法には、次のような拳譜がある。

「一百単八勢」

一〇八勢の意。「長拳歌訣」「拳勢総歌」とも書かれる。一説によれば、山西省洪洞県に伝わる通背拳と共通の拳譜であり、洪洞県通背拳のほうがはるかに歌訣として整っているという。

「短打」

三種の短打系拳譜がある。そのうち一つは「散手」と題されている。散手とは一般に、套路を分解して技を自由に練習する場合をいうが、ここでは短打系のしかも比較的長い型のようである。

「六六三十六勢滚跌」

肘を使う技が入っているが、相撲や柔道のように組んで闘う接近戦用の型であろう。

「金剛十八拏法」

拏法とはこの場合、擒拿すなわち関節技などで相手の手足を封じる接近戦用の技法であろう。

上記四種は失伝、あるいは短期的に陳家溝に流入したが、実技としては根付かなかったものであろう。いずれにしろ拳譜として存在するだけで、実技が陳氏伝統武術として伝えられた形跡はない。

二、槍術

拳法について槍譜、歌訣などが豊富である。徐震が陳子明の『陳氏世伝拳械彙編』から引用したところによれば、次のような練法ないし歌訣があった（原文は「鎗」「槍」の二文字を混用しているが、そのままとする）。

「四鎗対扎法」

互いに対面して、四種の基本動作を繰り返し練習する相対練習法。

「八鎗名称」「八鎗対扎法」

まず八種の技法名をあげ、次いで相手の動きを想定して、それら八種の技法を実際にどのように用いるかを記している。あるいはこれも連環して訓練することのできる相対練習法であろうか。槍譜を表面的に比較する限りでは、「四鎗」が基本的な動作の訓練であるのに対し、「八鎗」は相対して、より実戦的な技法を訓練する構成になっている。

「十三槍名称」

十三種の技法名が列記されている。単独で演練する型（套路）を示した槍譜であろう。頭套拳（太極拳）は十三勢ともよばれた。両者に関連があるか否か、参考のため、十三槍の名称を採録しておこう。

青龍出水・童子拝観音（原注：一名、古樹盤根）・餓虎撲食・攔路虎（原注：一名、拗攔槍）・斜披横掃眉・中心入対（原注：井攔倒掛）・俊鳥入巣・面纏背崩・黄龍三攪水・面披・背崩・白猿拖槍・面崩懐中抱月（原注：即ち、琵琶勢）

これで明らかなように、「十三」の数字が偶然一致するだけで、両者に共通性はない。

「二十四槍名称」「二十四槍歌訣」「二十四鎗練法」

「二十四槍名称」は二十四種の技法名を列挙したもの。「二十四槍歌訣」は技法名を詩歌に盛り込み、套路の順序を示した槍譜。「二十四鎗練法」は「歌訣」と同じ套路を、技法名をあまり用いず、手足の動きに重点をおいて解説したノートである。

「二十四槍名称」は『紀効新書』所載の槍術二十四勢とほとんど同じである。「歌訣」「練法」は『紀効新書』には見られない。「歌訣」の最後に「もしもこの槍の名と姓を問うならば、楊家花槍二十四」とある。すなわち、ここでいう「二十四槍」とは史上に名高い「楊家梨花鎗」を意味するものとしている。おそらく『紀効新書』成立後に「歌訣」「練法」を整えて一派をなした槍術であろう。

以上、「四鎗」「八鎗」「十三槍」「二十四槍」は、槍譜の内容から判断して、それぞれ別系統の流派であり、実際に陳家溝で最も普及していた槍術がどれであったかは不明である。両儀堂本には「桓侯張翼徳四槍」「拾三鎗」という槍譜名称も見られる。槍は簡便かつ有効な武器であり、製造も比較的簡単なので、太平天国の故事を引くまでもなく、陳家溝で盛んに練習されていたであろうことは容易に想像される。

三、棍（棒術）

棍譜として次のようなものがある。

「旋風棍名称」

十五の技法名が列挙された棍譜。独演用の型であろう。「舞花」すなわち棍を旋回させる動作が多い。

「旋風棍」の名称はここからきているものであろう。

「盤羅棒訣語」「盤羅棒練法」

「盤羅棒訣語」は盤羅棒の由来と精神を詩によって説いたもの。「盤羅棒練法」は套路をいかに演練するか、技法と動作を順序どおりに記したものである。「訣語」のなかに、「古刹、登出すれば少林寺」あるいは「前に嵩山あれば、後ろに御寨あり」などの句があり、最後に「此の棒の出処を知ることを要すれば、盤羅は留伝して邵陵に在り」と結んでいる。「邵陵」とは「少林」のことである。発音が類似しているため、「少林」はよく「邵陵」「邵霊」などと誤記されることがある。

盤羅棒が実際に少林寺で創編された武術か否かは不明である。盤羅棒と程宗猷『少林棍法闡宗』とを比較すると、両者に共通性はないので、それぞれ別系統の棍（棒術）であることが明らかである。肝心の「少林」を「邵陵」と誤記しているところから考えても、少林寺から直接伝来したものではあるまい。

四、長刀類

長柄の大刀類に属する譜は次のようなものがある。

「大戦朴鐮歌訣」

「朴鐮」は柄の長い一種の大刀である。「歌訣」でその演練の套路を詠んでいる。十六句からなる語調の比較的整った豪快な歌訣である。

「春秋刀訣語（原注：一名、偃月刀）」

これも一種の大刀術である。「訣語」は二十八句からなる套路の歌訣である。「春秋刀」は現在でも表演されることがある。唐豪は『王宗岳考』（注：一九三五　香港・麒麟図書公司復刻一九六九）で「春秋刀譜」について触れているが、「その刀法はいまでも陳家溝で伝習されている」と述べている。唐豪は民国二十年（一九三一）陳家溝を探訪した際に「春秋刀譜」を入手した。

『陳氏家譜』陳王廷の項に付された注記に「天生豪傑、戦大刀あり」とある。陳王廷が大戦朴鐮、あるいは春秋刀と同様の大刀術を得意としていたことは大いにありうることである。

五、刀剣類

「単刀名称」

単刀とは、一本の刀を片手で操作する刀術である。套路の順序通り十三の技法名が列挙されている。

「双刀名称曁歌」

「曁」とは「及び」の意。双刀術の名称を織り込んだ歌訣二十四句が記されている。双刀術とは両手で二本の刀を操作する武器術である。

「双剣名称」

十四の技法名が套路の順序通りに記載されている。双剣とは双刀と同じように両手で剣を使う武器術である。

「双鐗名称」

鐗とは、直線の金属棒に剣のような柄をつけた武器。古代兵器を模したもの。双鐗は両手で二本の鐗を操作する武器術である。ここでは十四の技法名が套路の順序通りに記されている。

これら刀剣類のうち、単刀以外の双刀・双剣・双鐗は、鍛錬の方法としては有益であるが、どちらかといえば実戦的武器術というより表演用武器術の型と解釈するべきであろう。

以上のような陳氏武術の旧譜を総合して、その特徴および問題点を要約すると次のようなことがいえるだろう。まず第一に、陳家溝陳氏は外来の武術を積極的に吸収しているということである。陳派の立場による従来の説では、「太極拳は陳家溝に起源する」として、陳氏武術はすべて陳家溝内部で創造、育成され、それが外部に一方的に流出することはあっても、外来の武術が流入することはなかったと説くことが多かった。しかし陳氏自らが少林の棒術あるいは楊氏槍術の譜面を採録しているという事実は、陳氏一族が近代にいたるまで外来武術の吸収に積極的であったことを証明している。

より優れた術に対する好奇心と、それをできるだけ身につけたいという欲求は、武術を学ぶ者がもつ最も基本的な志向である。武術界では「棍は少林、鎗は楊氏」とうたわれ、それぞれ最も著名な流派として名声が定着していた。したがって陳氏一族がこうした著名流派の譜につよい関心をもったのもある意味では当然のことである。

陳家溝で優れた武術が発生し純粋培養されたとする主張は、「太極拳」が陳家溝に還流し、陳家溝陳氏が太極拳の元祖として名声を獲得したのちに初めて説かれるようになったのである。それまで陳家溝では内家・外家の説に影響されることもなく、あらゆる流派に対して偏見をもたず自由に優れた武術を求めていた。武勇の歴史を誇ることはあっても、彼らは陳氏の名を冠して組織的に一流派を立てることは考えもしなかったであろう。近代以前の陳氏一族にとっては、各個々人の実力こそ最も大切なものだったからである。

ただし、ここで指摘しておかなければならないことは、収集された譜は必ずしも陳家溝における武術の実態を表すものではないということである。外来武術の吸収に積極的であり、少林盤羅棒あるいは楊氏槍術の譜があるからといって、必ずしもそれらの実技がすべて伝来したわけではない。譜と実技とが遊離しているということを把握しておかないと、陳氏武術の実態を見誤ることになるだろう。

譜は武術の文学的側面であり、譜の作成には文学的素養が必要である。武術の実技的能力と、譜を作成する能力とは必ずしも一致しない。陳一族は文学的才能に恵まれていなかったわけではない。たとえば『陳氏家乗』には数名、同知・知県など文官として出世した人も記されている。しかし、こうした文学的能力が直接武術面に役立った例は、陳鑫の『陳氏太極拳図説』までほとんど見られなかった。中国農村の武術家には文盲が多かったので、おそらく陳家溝でも必要最小限の技法名や簡単な訣語を口頭で伝授するのみで、内容の整った歌訣や文学的な訣文は発達しなかったのである。

第二に、陳氏武術の特徴は実戦性にある。これは動乱からしばしば郷土を防衛しなければならなかったという歴史的条件から必然的に生じた陳氏武術の基本的特徴である。いうまでもなく、それは武術本来の性格でもあった。実技優先という陳家溝の農民武術家たちにとって、譜は二次的な存在にすぎなかったともいえる。

二十世紀に入り、近代国家形成の熱い息吹のなかで、これまで河南の一寒村にすぎなかった陳家溝は、太極拳の源流地として中央武術界からも注目を浴びるようになった。改めて自己の武術的伝統に誇りと自覚をもった陳家溝の人々は、独立門派としての内実と体裁を整えるために、口頭・譜面を問わず、またそれが一過性のものか実技とともに伝わった伝統的なものかを問わず、陳家溝で入手しうるだけの譜を収集しようとした。その最初の努力が両儀堂本などの抄本であり、それが陳子明の『陳氏世伝拳械彙編』として整理されたとみるべきである。

『陳氏家譜』武術注記人物一覧表

世代	人名	武術注記
九世	王廷	「王庭、又の名奏庭。明末武庠生、清初文庠生。山東にありて名手たり、群匪千余人を掃討す。陳氏拳手刀槍創始の人なり。天生豪傑、戦大刀あり、考うべし」
十一世	光印	「拳手可師」
	正如	「拳師最好」
十二世	善志	「拳頭可師」
	継夏	「拳手可師」
	甲第	「拳手可師」
	節	「拳最好」
	敬柏	「拳手可師」
十三世	公兆	「拳師最好」別注「拳手可師、大家」
	大興	「拳可師」併注「大家」
	秉壬	「拳手可師」
	秉旺	「拳手可師」
十四世	長興	「拳師」
	有恒	「拳手大家」
	有本	「拳手最高、子弟に教ゆること衆に出たり」
	巽	「拳手可師」
	鵬	「拳手可師」
十五世	耕雲	「拳手」
	伯甡	「拳術最優」
	仲甡	「武生、文武皆全」「拳術最優」「神手」「拳師神妙」
	季甡	「拳手神妙」「拳術最優」「神手」「拳師神妙」
十六世	垚	「武生」「拳師最優」
	淼	「拳師最優」
	鑫	「文武皆通」

（注：顧留馨『太極拳術』所載「〈陳氏家譜〉中陳氏拳手史料」より作成）

『陳氏家譜』武術注記人物系統図（唐豪・顧留馨『太極拳研究』、顧留馨『太極拳術』所載系統表等により作成。
＊印は武術注記のない人物で、必要以外名称を省略した）

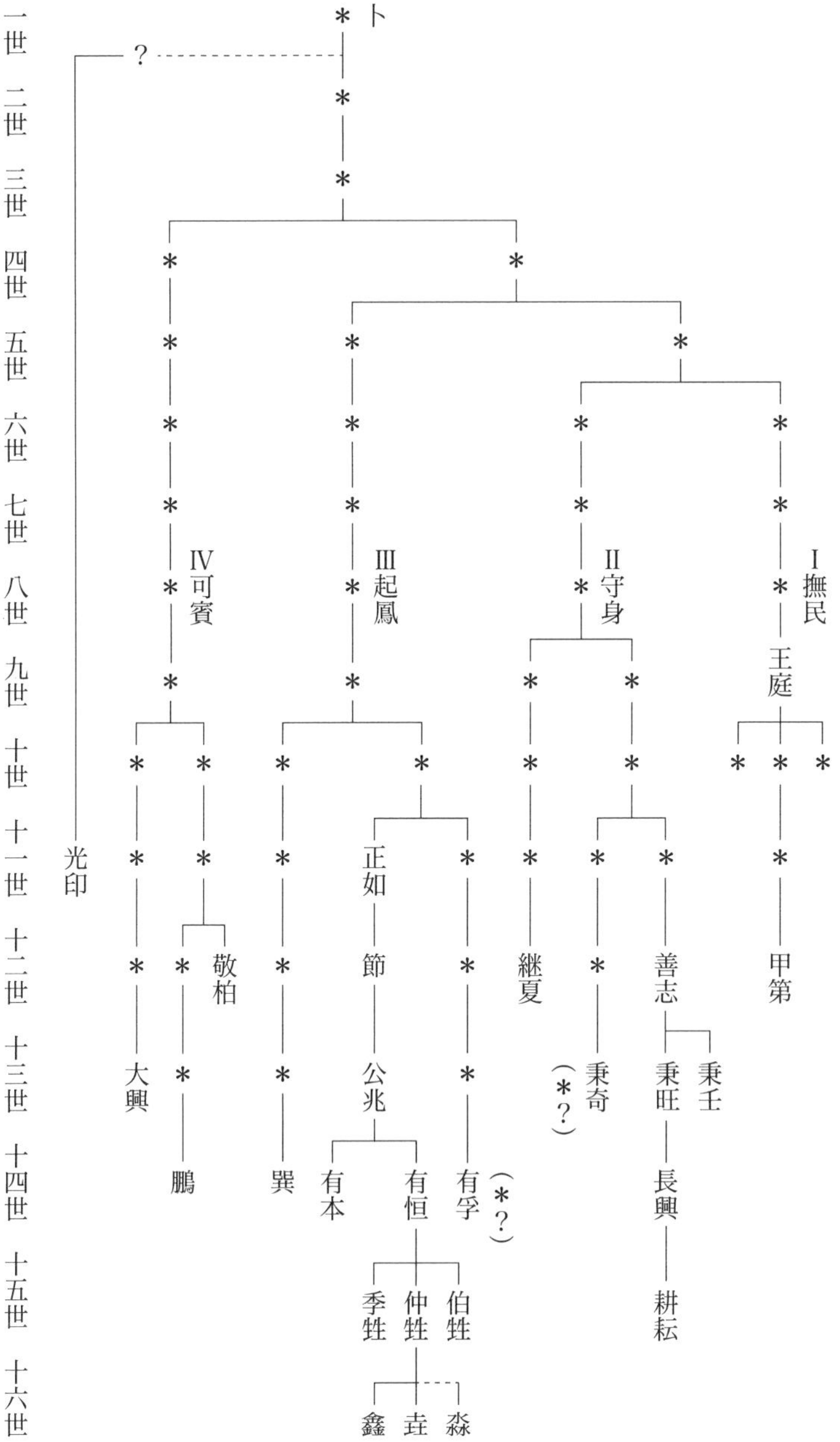

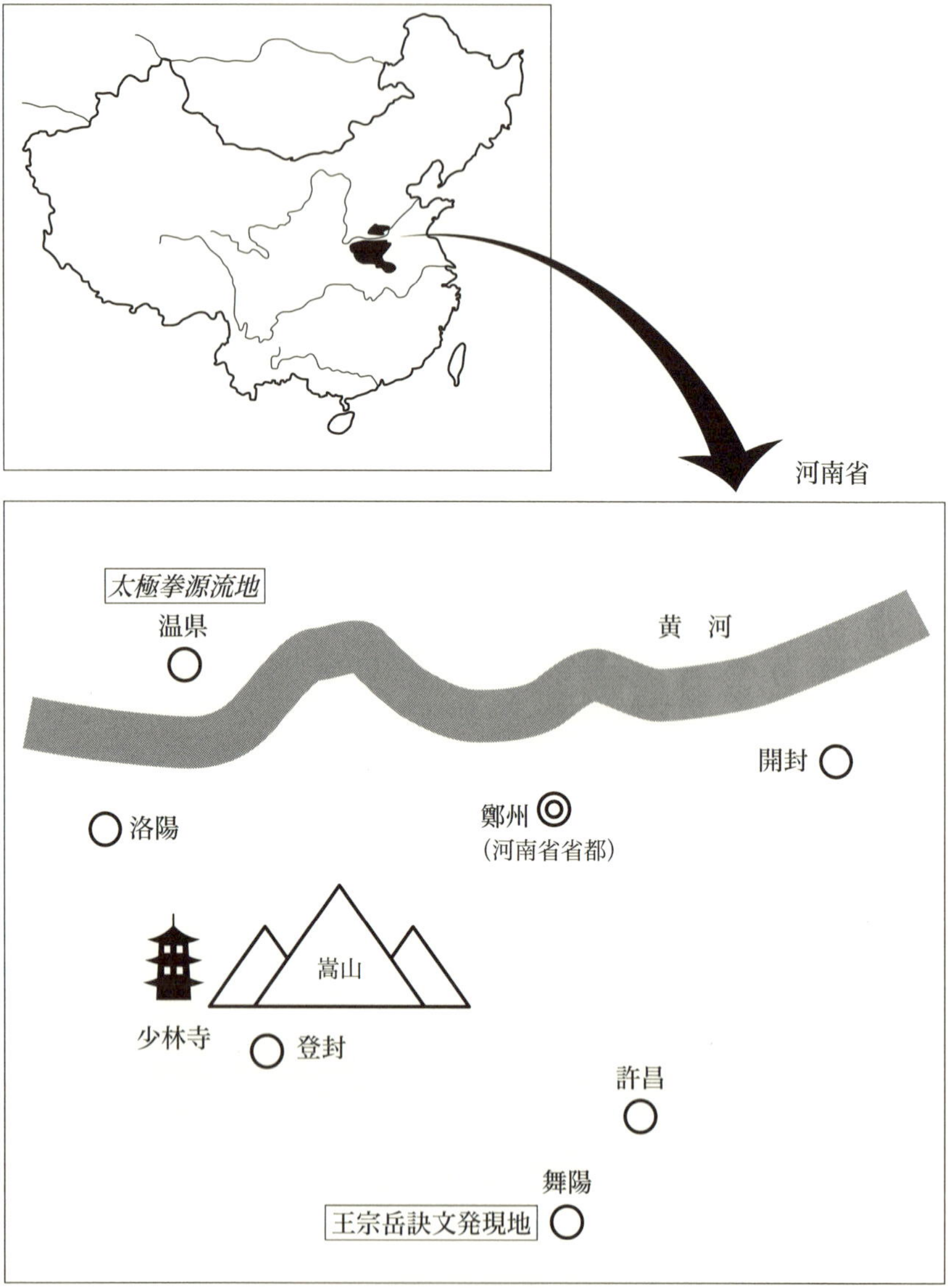

温県と少林寺。中国中原の地、河南省には黄河をはさんで太極拳の源流地として名高い温県陳家溝と達磨伝説・少林拳ゆかりの地、嵩山少林寺が並存する。中国武術の国際的発展にともなって、両地は近年ますます武術名門郷として国際的にも広く知られるようになった。

第五章　中国武術の展開

第一節　清朝治下の秘密結社と南派少林拳の成立

南派少林拳の主要流派

清代、広東・福建両省の拳法を中心に、いわゆる「南派少林拳」が成立した。中国武術とりわけ拳法は、地理的な分類法を用いた場合、一般に揚子江流域を境に南派と北派に分類されるが、このような分類法も南派少林拳の成立にともなって生じたものであろう。

南派少林拳とは、端的にいえば、「福建少林寺」を精神的総本山とみなす「少林派」の拳法である。中国南方は北方に劣らず古代から武術が盛んであった。しかし、南方武術は気候風土と居住民族の気質のちがいにより、おのずから南方特有の地域的特徴をもっていた。たとえば古代、北方では戦車戦・馬術・騎射術等が発達したのに対し、南方では水戦・弩術・剣術等が発達した。角抵・手搏などの徒手格闘術は本来、北方系の武術である。史料不足のため古代南方における徒手武術の起源と伝播を詳細にたどることは困難であるが、おそくとも明代のころには南方に地方色豊かな拳法が成立していた。清代に入ってこの技術的伝統のうえに、秘密結社天地会を通じて広まった福建少林寺伝説が新たに結びついて南派少林拳となったのである。したがって、福建少林寺伝説が発生する前に、実技としての南派拳術がすでに存在していたということを、まず認識しておくべきである。

南北両派の技法的な特徴としては、俗に「南拳北腿」といわれるように、南派は両足を地に据え、力をこめて

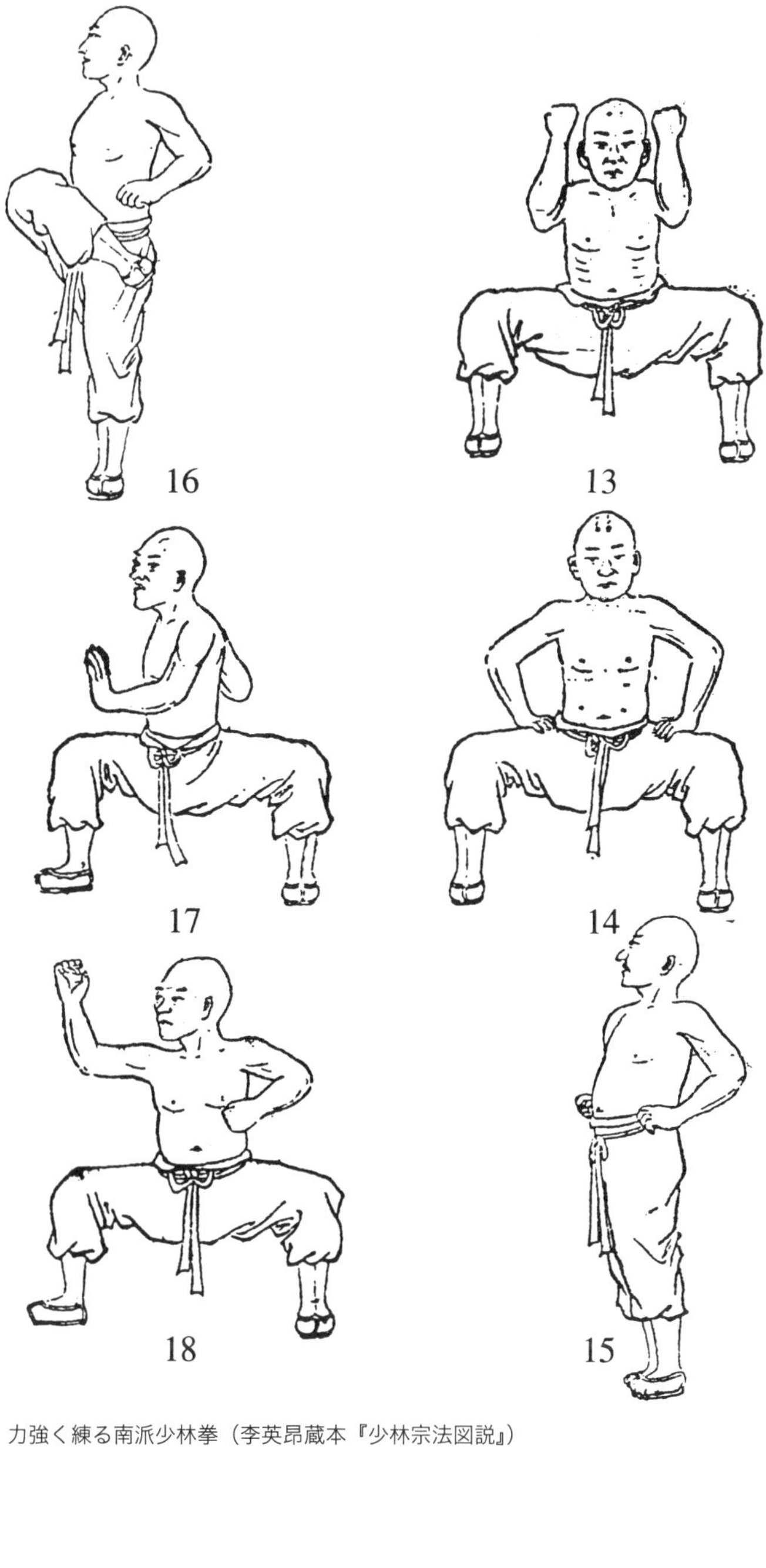

力強く練る南派少林拳（李英昂蔵本『少林宗法図説』）

激しく掌・拳を打ち出す技が多い。これに対し、北派はすばやい身法によって多彩な蹴り技を展開するところに大きな特色がある。もちろん、これは南北両派の最も目立つ特徴をとらえた、ごく大ざっぱな総括である。北派にも蹴り技をほとんど用いない手技中心の拳法が各種存在し、また南派もさらに流派によって、それぞれ異なる技術的特色を発揮することはいうまでもない。

広東系では、手足を大きく用いるか小さく用いるかによって、しばしば「長橋大馬《ちょうきょうだいま》」「短橋狭馬《たんきょうきょうま》」という表現が使用される。この場合、「橋」とは手・腕、「馬」とは立ち足を意味する。つまり「長橋大馬」とは、たとえば両足を開き腰を据えて、手もまた大きく力をこめて突き、あるいは振りまわす技である。これに対し「短橋狭馬」とは、立ち足を狭く、両手の肘を落とし、できるだけ隙をつくらず最少の動きで相手の攻撃をさばき、かつ反撃する技である。したがって、長橋大馬を特徴とする門派は攻撃型の拳法であり、短橋狭馬を特徴とする門派は防御型の拳法であるということもできる。

ただし、長橋大馬といっても必ずしも北派の長拳系に見られるような、肘や膝を伸ばしきって手足を直線的に用いるということではない。南派はおおむね短打系の拳法を基盤として発達した拳法であり、長橋大馬・短橋狭馬は本来、南派少林拳のなかで各種の技法を相対的に比較した用語として理解すべきである。

一般に南派という場合は、広東・福建はもとより江蘇・江西・浙江・湖南・湖北・四川など揚子江流域の南方各省を含むが、流派創始説に「福建少林寺」の伝説を最も色濃く反映しているのは広東・福建系の諸派である。とりわけ広東を中心に普及した洪家拳は清末、実際に天地会系の秘密結社と関係があった。

洪家拳は、単に洪拳ともいう。長橋手（手腕を大きく使う技）、短橋手（手腕を小さく使う技）の混合拳ではあるが、どちらかといえば長橋大馬の攻撃型拳法を得意とする。拳・掌の手技が中心で蹴りは少ない。大技、小技ともに腰を据えて重厚に使うことが多く、ときには大声で気合いを発しつつ剛力をこめて技を用いる。

洪拳をいつ誰が創始したかは明らかではない。一般には福建人洪熙《こうき》官《かん》が確立した拳法であり、秘密結社洪門に伝えられたものとする。洪門とは、いわば天地会系秘密結社の総称であり、清末には孫文らの近代革命運動に合流した。天地会系に伝わる創始伝説によると、福建少林寺が清朝に焼き討ちされたとき、五人の高僧が脱出した。洪拳伝説はこの天地会伝説を受けて、生き延びた五僧の一人至善《しぜん》禅師が少林拳の正宗を伝え、その第一の高弟洪熙官がさらに工夫を加えて自己の架式を完成させたものとする。

天地会文献によれば、清末洪門の内部問答（入会式の合い言葉）の一部には、次のように洪拳を主題とするものがあった。

問答例一：

「武は何処より学びたるや」

「少林寺に在りて学びたり」

「何芸、先と為すや」

「洪拳、先と為す」

「何ぞ証と為すもの有りや」

「詩あり、証と為す。『猛勇なる洪拳、四海に聞こゆ。少林寺内に在りて僧に出たり。普ねく天下は洪姓に帰し、明主を相扶して乾坤を定めん』と」

（注：蕭一山『近代秘密社会史料』巻四所収『洪門問答書』国立北平研究院一九三五）

問答例二：

「爾《なんじ》、何人の命を奉じて前来し軍に報ずるや」

「我、高渓（の地）天裕洪の命を奉じて来たり」

「爾、何の本領有りて敢えて来たり軍に投ずるや」

「我、十八般の武芸有り。件件、皆能くす。文武全材なり」

「爾、文は何師の教うる所に従うや。武は何処の学ぶ所に従うや」

「文は洪花亭先生の教うる所に従い、武は少林寺の学ぶ所に従う」

「幾時《いつのとき》、開館するや」

「七月二十五日五時開館す」（蕭注：「五時」は「午時」の誤り）

「幾多の同窓書友有りや」

「三八廿一人」

「何件を学ぶを先と為すや」

「洪拳を先と為す」

「何ぞ証と為すもの有りや」

「詩有りて証と為す。『勇猛たり洪拳、四海に（名を）揚ぐ。少林寺に在りて内伝に出でたり。普ねく天下は洪姓に帰し、来日を得て後、明主を扶けん』と」　（注：同前巻四所収『先鋒対答』）

ただし、平山周『支那革命党及秘密結社』（注：本書は初め一九一一年辛亥革命勃発直後発刊の雑誌『日本及日本人』第五六九号巻末とじ込み付録として収録公刊され、翌年商務印書館が中文版『中国秘密社会史』として編訳出版した。東京・長陵書林一九八〇年復刻版編集者解説文参照）所引の問答では、

香主「何の処に武芸を演ぜしか」
先鋒「少林寺に於て」

香主「汝先づ何をか思ひし」
先鋒「洪家」

となっている。ここにいう「洪家」は「洪姓一家」つまり天地会そのものを意味し、洪拳という流派名を意味するものではない。このほうが洪門入会式の問答としては一般性がある。洪拳を主題とする問答は、おそらくこれを原形として広東系もしくは洪拳系結社で改変したものであろう。前掲二つの洪拳問答には、広東語特有の文字、表現が含まれており、これらの問答が北京語とはまったく発音の異なる広東語で交わされたことは明らかである。

清末の革命志士が著した特異な拳法書、尊我斎主人『少林拳術秘訣』には本来、一人の半裸の僧侶による演武図一八一勢が図解テキストとして付いていた。これものちに『少林拳術図説』あるいは『少林宗法図説』等として流布した。図解テキストで見るかぎり、練武の方法、技の用い方などは洪拳と同系統である。日本空手道では剛柔流、糸東流に伝わる型と共通するところがある。徐震は『少林宗法図説考証』のなかで、この拳法は湖南系であると指摘し、「わが友劉協生先生は湘（＝湖南省）中の少林名手である。その練るところの羅漢功は〈十八手〉（＝『少林宗法図説』所載の練功法）ときわめて近く、その五拳は龍・虎・豹・鶴・猴で、これ（＝『少林宗法図説』図解の拳法）と大同小異である」と述べている。湖南は清末、広東と同じように革命運動の地下活動が盛んであった。武術的には南派系に属する。

洪熙官創始説そのものは、のちに検討するように、清末に流行した武侠小説『万年青』の影響が濃厚であるが、洪拳もしくは「洪拳を使う武侠集団」が清末、南方系の革命秘密結社と密接な関係があったことは、これらの文書・図解などからも類推することができる。洪熙官が小説上の人物にすぎなかったとすると、それ以外に洪拳創始者に関する所伝はない。つまり洪拳の開祖はまったく不明ということになる。

洪拳の「洪」字は、あるいは秘密結社洪門そのものを意味した可能性がある。つまり開祖も明らかでないほどの土俗的な拳法が、秘密結社洪門を通じて普及し、いつごろからか「洪門の拳」すなわち洪拳とよばれるようになったと考えることもできるのである。

洪拳とともに著名な広東系の門派に詠春拳がある。もっとも広東系といっても広東を中心に普及した流派ということであり、詠春拳も本来は福建の白鶴拳系に属する拳法である。白鶴拳といえば福建省永春県が著名である。詠春拳名称の由来は明らかではないが、永春県という地名と無関係とは思われない。『明史』兵志に「(福建)泉州・永春の人は技撃に善し」とある。明代から永春は徒手武術の名門地だったのである。

一説によれば詠春拳の源流は、洪拳と同じく至善禅師に発し、福建の厳詠春という女性によって確立されたという。しかし、木人像を相手に体さばきとともに掌・拳を打ち込む実打の訓練を重視する等、現今の訓練体系から見るかぎり、詠春拳もやはり男性的で剛的な要素のつよい拳法である。立ち足を狭く、両手の肘を落として絶えず胸を守るように身構えるところから、開祖を女性に仮託したものであろう。

詠春拳は短橋狭馬を基本とする。一挙一動に隙がなく、自己の圏内を犯す者は、鋭い反射神経とバネを使い、最小の動きで打倒するという典型的な短打拳法である。木人像によって狭い間合いから体さばきとともにあらゆる技と動きを小さく鋭く鍛えるとともに、早くから実際に相手と手を組み攻防を繰り返す相対練習を開始し、反射神経と技の応用を錬磨する。

詠春拳は膀手《ぼうしゅ》・攤手《たんしゅ》・伏手《ふしゅ》の三手を得意とし、型は小捻頭《しょうねんとう》・尋橋《じんきょう》・標指《ひょうし》の三種のみで、いずれも中国拳法の套路としてはきわめて簡素な型である。このうち小捻頭は日本空手道剛柔流の基本鍛錬型「転掌」によく似ている。小捻頭の原義は「小さく拳頭を捻って手腕を鍛える」の意であろうし、転掌もまた「左右上下に掌を操転して手腕を鍛える」の意であろうから、名称も類似していることになる。琉球拳法はほとんどすべて福建系の中国拳法を母体としている。剛柔流転掌が詠春拳小捻頭もしくは詠春拳と同系統の福建系拳法の影響によって成立した型であるということは、ほぼ確実であろう。

もともと剛柔流は宮城長順の師東恩納寛量が福建からもたらした南派拳術を基盤としており、「三戦《サンチン》」を鍛錬の基本型としている。三戦は、福建鶴拳系統の各派に共通する基本鍛錬法であり、鶴拳・太祖拳などを吸収して成立した福建の総合拳法五祖拳もまた三戦を基本型としている。すなわち三戦によって基本を練るのは、南派少林拳のなかでも福建系の特徴であるといってよい。

洪拳、詠春拳とともに、もう一つ広東系の門派として注目すべき拳法に蔡李《さいり》仏拳《ぶっけん》がある。蔡李仏拳は道光年間、広東省新会県の人陳享《ちんきょう》（一八〇六～一八七五）が創始した長橋大馬の南派総合拳法である。新会は永春と同じくすでに明代から著名な武術の名門地であった。『明会要』の引く『世法録』には、「東粤《とうえつ》の俗は撃刺を喜び長牌砍《ちょうはいかん》刀《とう》に習（熟）せり。而して新会・東莞の産は強なること半ばなり」とある。広東では新会と東莞が勢力を二分するほど著名な土地であったということであろう。

一門の口碑によると、開祖陳享は幼少から天分を発揮し、十七歳で最初の師である叔父陳遠護の皆伝を受けた。このあと、李友山に四年間師事し、さらに李師の紹介状を持って羅浮山に潜む「少林僧」蔡福禅師を尋ねた。ここで八年間、拳法と仏教哲理の教育を受け、帰郷後二年間にわたって拳技を整理し、型を編成、練習課程を定め、蔡・李両師の教えを仏教の心法によって統一することをめざし、道光十六年（一八三六）蔡李仏派を開いたという。ちなみにこの時期、北方では楊露禅が河南陳家溝を離れて「太極拳」を創始しつつあったころである。

道光十九年（一八三九）、林則徐が広州でイギリス商人のアヘンを没収し、焼却した。これをきっかけに翌年、アヘン戦争が勃発した。さらに道光三十年（一八五〇）には太平天国の乱が起きている。道光年間、中国南方は一大動乱期に入っていた。陳享は武術家として清朝に徴用されることを避け、広東省の南海・順徳・中山などを転々としつつ自己の流儀を広めた。

河南陳家溝の拳師として著名な陳仲甡は、太平天国の北伐軍と戦い郷土を守って武名を揚げたが、一方、南方

南派少林蔡李仏派開祖・陳享。清末から抗日戦争まで一門から多数の志士を生んだ。（朱紹基編『蔡李仏拳術専書』第一集）

では蔡李仏派が多数、革命の旗印に呼応して太平天国軍に参加していた。太平天国初期の軍師で洪秀全の右腕であった南王馮雲山は、蔡李仏派龍子才の門人である。陳享自身も太平天国軍に参加し、乱の平定後は清朝の追求を逃れて、一時期米国サンフランシスコに身を潜めていた。

蔡李仏派は、この一派の得意技「挿搥《そうつい》」の一撃に込める気合いのかけ方によって同門の証しを示す暗号としたともいわれ、清末動乱期から抗日戦争期まで一門から多数の志士を生みだした。

蔡李仏拳は、身を縮めて相手の下段を打ち上げるなどの小技も使うが、おおむね柔軟な体さばきとともに手足を大きく展開して技を用いる。たとえば蔡李仏派が得意とする主要技は「掛《か》・捎《しょう》・挿《そう》」の三手である。「挿」とは挿搥のことであり、まず拳を半開して四指の第二関節を突起させる。こうすることによって拳尖を鋭くし、打距離を長くする。遠い間合いからすばやい身法とともに腕をまっすぐに伸ばして突っ込むその動きは北派的であり、最小の動きで最短距離をねらう短打の典型詠春拳の突き技と対照的である。

これら洪拳・詠春拳・蔡李仏拳は広東を中心に普及したが、洪拳・詠春拳は自ら福建系であると称しており、開祖伝説に福建少林寺の伝説が色濃く反映している。蔡李仏拳も「羅浮山に潜む少林僧蔡福」を開祖陳享の師としている。蔡李仏拳に吸収された李家拳にも「開祖は李色開（李式開とも書く）であり、その所伝を李友山が受け継いだ」との説がある。李色開とは、天地会伝説上の人物で、福建少林寺から生き延びたいわゆる天地会五祖の一人である。だが、このような南派少林拳の伝説は、はたしてどれだけ史実にもとづいているであろうか。

南派少林拳の伝説と史実

福建少林寺の伝説は秘密結社天地会の創立説話として誕生した。文献によって異同はあるが、説話の要点を改めて要約すると、次の三点になる。

一、福建九蓮山少林寺の武僧は、清朝のため西魯《せいろ》討伐に軍功を立てた。

二、にもかかわらず、清朝は少林寺の忠誠を信用せず、ついに軍隊を派遣して少林寺を焼き討ちにした。
三、生き延びた五人の高僧が反清復明《はんしんふくみん》の結社天地会を創設した。
（注：佐々木正哉『清末の秘密結社――前編・天地会の成立』参照　巌南堂書店一九七〇）

まず第一項から検討すると、そもそも福建九蓮山少林寺なるものは実在しない。これだけでも天地会の少林寺伝説が虚構のものであることが明らかである。福建少林寺が虚構の存在であることは、唐豪がすでに一九四一年、『少林拳術秘訣考証』のなかで明白に結論づけている。唐豪は中央国術館成立後、現地調査あるいは地方政府への公文書による確認作業などで、福建少林寺はもとより、近代に入って語られるようになった「山東少林寺」「台湾少林寺」などの実在性も否定した。福建少林寺について、唐豪はまず所在地の名称すら一致していないことを指摘している。唐豪の引用する福建少林寺の所在地名称と出典を列記すると、次の通りである。

「福州府圃龍県九蓮山」（『近代秘密社会史料』巻二西魯序）
「福州府盤龍県九連山」（洪門秘書『西魯伝』）
「福州府福田県九連山」（『近代秘密社会史料』巻四「稟進辞」）
「福州府浦田県九連山」（『中国秘密社会史』第二章）

県名の表記は一つとして一致するものがなく、また福州府に実在する県名もない（ただし、福田、浦田は実在の県名「莆田」に近い）。山名も九蓮山と九連山の二つに分かれている。これら文書の記載者の時代に、福建少林寺がすでに焼失して跡形もなかったという建て前をとっていたにしろ、少なくとも福建少林寺を精神的総本山とみなす直系の人々が、このように一致しない地名を用いていたということ自体、いかに福建少林寺の実在性が薄弱であったかを示している。唐豪はこの指摘に続いて、次のように結論づけている。

著者の推断によれば、洪門が長房を福建にありと称したのは晩く出た『海底』で、これにかこつけて少林を福州九蓮山にありとしたのである。その後、蓮を連に改めた書本が出て二つに分かれた。こうして圃龍県、福田県の地名が一つまた一つと増えた。盤、浦の二字は、さらにその後に変転したものである。『近代秘密社会史料』が出版される五年前、馮超如は私に浦田は莆田の転訛であると語った。当時、少林の有無を究明するため、莆田県志を調べてみたが、このような少林を探すことはできなかった。また、中央国術館学員徐樹椿に託して、原籍である莆田を調査させたが、その結果もやはりこのような少林を探すことはできなかった。圃龍、盤龍、福田、浦田という四つの県名は、福州の一府にないばかりでなく、福建全省にも存在せず、その偽りであることを知るべきである。九連山は、広東連平県東三十里に存在しているが、山中にはべつに少林寺などはない。

佐々木正哉『清末の秘密結社──前編・天地会の成立』は、少林寺の所在地だけではなく、物語の根幹をなすその他の重要な地名も文書によって異同が激しいことを指摘して、これは「そこで起ったという事件そのものに現実的な根拠が無かったから、従って地名もまた非現実的であり、ただ説話の体裁を整える意味しか持たなかったのではないか」と疑問を呈している。

ただし、このことは嵩山少林寺が実在する唯一の少林寺という意味ではない。元代以降、河南嵩山以外に実在した少林寺として河北盤山少林寺がある。盤山少林寺は晋魏年間に創建された。旧名を法興寺という。元の至正年間、嵩山から法統の一部が流れて「北少林寺」の額を掲げた。盤山少林寺には拳法や秘密結社に関する伝説はいっさいない。しかし、盤山が一名「盤龍山」とよばれたことは注目に値しよう。盤山は山が険しく、「盤して」つまり山路をめぐって登らなければならなかった。そこで一名を「盤龍山」といったのである。前掲、天地会伝承には、福建少林寺の所在地を「福州府盤龍県」とするものがある。天地会伝承には史実の断片があちこちに投影しているが、これもその一例とすることができる。

盤山には唐代の武将李靖が剣を舞ったという「李靖舞剣台」があり、明代武将戚継光もここを訪れ「盤山頂上に遊ぶ」の詩をのこしている。盤山少林寺が清代、結社活動の盛んな南方中国人のあいだで、どのていど知られた存在であったかは不明だが、盤山が北方では比較的著名な山であったということはできるだろう。盤山少林寺は二十世紀まで実在したが、攻日戦争時代、戦火で焼失し、いまは明末清初建立の多宝塔一基をのこすだけである。

盤山少林寺以外に嵩山の法統を汲む「少林寺」が絶無であったとはいいきれない。日本の例では、多数の僧侶が元・明代、中国に留学し、帰朝後日本各地で禅宗を広めた。その余波で十四～十六世紀、越中少林寺（創建者：明巌正秀）・遠州少林寺（大樹宗光）・武州少林寺（大洞存長）・越前少林寺（嫩桂裕栄）など各地に「少林寺」が創建されている（注：孤峯智璨『禅宗史』）。現代日本でも青森県から九州大分県まで全国三十の都府県にまたがって六十二の少林寺が実在する。

しかしながら、中国では盤山少林寺が文献的に確認しうる、嵩山以外に存在した唯一の少林寺である。たとえ、このほかに「少林寺」が実在したとしても、天地会や南派少林拳に関係するものではなく、福建少林寺が架空の存在であったという結論は動かないであろう。

また、少林僧が遠征して大功を立てたという「西魯」も架空の国名である。ただし、架空の福建少林寺に、史実として存在する嵩山少林寺が投影しているように、「西魯討伐に軍功を立てた」とする天地会の伝説には、康熙二十四年（一六八五）黒龍江北岸アルバジンで発生した清・ロシア間の軍事衝突が反映していると見てよいであろう。これは周貽白『洪門起源考』（一九四七）等、一部の研究者によってすでに指摘されていることである（注：秦宝琦『清前期天地会研究』参照　中国人民大学出版社一九八八）。

『清史稿』本紀七によれば、このとき清軍は臨時に徴用した福建人藤牌兵の活躍によってロシア軍を撃破した。福建は遠隔地であったため、実際には台湾平定によって清朝に帰順し、山東・直隷・河南の開墾に従事していた福建人五百人を動員したのである（注：劉献廷『広陽雑記』）。このとき福建人部隊は一兵も損せずにロシア軍を降伏させたという。この点でも「少林僧の軍団が一兵も損せずに西魯国を撃破した」とする天地会伝説と符合する。

アルバジンは別名「雅克薩《ヤクサ》」という。同地は順治八年（一六五一）ハバロフが占領して城塞を築いて以来、極東進出をねらうロシアの拠点となっていた。福建人部隊が活躍した康熙二十四年（一六八五）の戦闘後も両国で境界をめぐって対立していたが、ついにその四年後、康熙二十八年（一六八九）ネルチンスク条約が結ばれて同地は清の属領として確定したのである。このことは、軍事的には清が優位に立っていたということであり、福建人の活躍した康熙二十四年の戦いは政治的にも大きな作用を発揮したことになる。そしてこの福建人藤牌兵の武名は当然、同郷人を通じて福建に伝わったにちがいない。しかし、この福建人部隊が清朝によって特別に顕彰されたという形跡はない。ここにも「少林僧兵は大功を果たしたが、恩賞を辞退して再び少林寺に帰り、読経ざんまいの生活を送った」とする天地会伝説と符合する点がある。

天地会は、かつて明代、東から侵攻した倭寇との戦いに戚継光の率いる藤牌兵や臨時徴用の少林僧が活躍した故事を意識して、これと対照的にこの「雅克薩の戦い」を「西における祖国防衛戦」としてとらえ、これを脚色して西魯伝説をつくりあげたのではなかったろうか。清代、ロシアは羅刹《らせつ》とよばれた。そして羅刹は一般に「極西の国」として理解されていた。西魯とはこの羅刹を暗喩したことば、もしくは羅刹をヒントに創造された地名であろう。このように考えると、物語の主役として明朝「嵩山」少林僧に対するに清朝福建少林僧、討伐の対象として東の倭寇に対するに西の西魯が、それぞれみごとに対置され、ともに少林僧が国家に忠誠を尽くしたとする天地会伝説の基本構造を浮き彫りにするのである。

ただし、このことは明末清初に実在した黄宗義あるいは鄭成功らの反清復明活動と天地会とは本来、無関係であったということを意味する。説話中、少林僧は当初、清朝に忠誠を誓い、その軍事力の一部となっていた。これは反清復明のレジスタンス活動とまったく相反する立場である。天地会系結社が反清復明の旗印を掲げ、黄宗義・鄭成功らを天地会の源流に位置づけたのは、清代中期以降のことである。天地会系結社つまり洪門は、素朴な武侠結社から政治的な秘密結社へと成長するにつれて、絶えず自己の創立説話を新たにしてきたのである。

次に、説話要点の第二項「清朝による福建少林寺の焼き討ち」伝説に関しては、福建少林寺が架空の存在である以上、この焼き討ちも架空の事件であったということになり、ことの真偽はいまさら論じるまでもない。ただ、そこにも王朝の興亡期に戦火にさらされた嵩山少林寺史の断片が投影しているということを指摘できるだけである。

しかしながら、ここで実在する嵩山少林寺と清朝がどのような関係にあったかを確認しておくこともむだではない。この点については、かなり明確な史実を列挙することができる。まず最も象徴的な例をあげると、康熙四十三年（一七〇四）、康熙帝の御書『少林寺』が少林寺の天王殿に掲げられた。また、雍正十三年（一七三五）、少林寺の山門（常住院の大門）が奉勅によって創建された。康熙帝の御書『少林寺』はこのとき以来、山門に掲げられて現代にいたったのである。

乾隆十五年（一七五〇）には、乾隆帝自ら少林寺に宿泊し、詩四首を詠んでいる。これを記念して、乾隆帝が宿泊した方丈は、その後「龍庭」とよばれた。乾隆四十年（一七七五）、少林寺千仏殿が修築されたとき、内部には乾隆帝の親筆による扁額『法印高提』が掲げられた。こうした事実は清朝が歴代の皇室以上に少林寺の伝統を尊重し、少林寺もまた清朝の保護を名誉としていたという両者の親密な関係を表している。

清末の道光八年（一八二八）三月二十五日、河南巡撫楊海梁の代理として、満族高官麟慶《りんけい》（一七九一～一八四六）が中岳に詣で、少林寺を訪問した。このとき麟慶の要望に応じて、少林寺の武僧が拳法を演武している。麟慶の自伝的な図解入り見聞録『鴻雪因縁図記』（注：上海申報館一八七九）には、そのときの演武の光景が「少林校拳」と題して描かれている。

緊那羅殿の庭前で二人の僧が向き合い、拳を振るっている。衣の裾をからげ、両足はすねをむきだしにして大きく広げている。前手の袖が風に舞い、いかにも気合いを込めて戦っている様子がうかがわれる。かたわらに五人の僧が並び（おそらく演武の順番を待ち）、その端には武術教師であろうひときわ体格のよい僧が主僧らしい人物になにごとかを説明している。麟慶だけは椅子に腰掛けて観武している。椅子の左側に簡素な小テーブルがあり、一杯の茶が供されている。麟慶の従者は小者が二人、やや身分の高い人物が一人である。おおげさな演武会ではなく、ふと思いついて日常の練習を見ているかのような風景である。緊那羅殿からは棍を抱えた神像が身をかがめて庭先の演武会を興味深げにのぞき込んでいる。この神像が緊那羅王であり、少林寺の伝説では棍術の開祖とされている。

麟慶の文によれば、はじめ少林寺の僧は演武を辞退した。麟慶が少林寺武名の由来を説いて遠慮する必要はないと説得すると、「主僧は笑って諾し、乃ち健僧を選びて殿前に校（＝試合）せしむ」とある。そして、演武のありさまは「熊経鳥伸《ゆうけいちょうしん》、果然、嬌捷《きょうしょう》たり」と記されている。身法もあざやかにすばやい技を展開したのである。

この「少林校拳図」が意味するところは二つある。一つは道光年間に嵩山少林寺に拳法が実在していたということ。もう一つは、それが決して秘密の存在ではなかったということである。主僧がはじめ演武を辞退したのは、単純に謙遜したからか、もしくは武術は本来宗教の聖地にふさわしくない殺生の道具で、高貴な参詣客に見せるべきものではないと考えたからであろう。主僧がまた、麟慶のたっての要望に「笑って諾し」たということは、少林寺の拳法が秘密でもなければ、まして清朝打倒を目的とする武術でもなかったからである。仮にも麟慶は河南巡撫の代理であった。もしも清朝と少林寺が少しでも緊張関係にあったとすれば、「少林校拳図」に描かれているような親密な訪問と観武はありえなかったはずである。

麟慶（1791－1846）

少林校拳図（麟慶『鴻雪因縁図記』1849 序刊　早大図書館蔵）

この図ではやや見にくいが、緊那羅殿入り口の横に平服で椅子に座って観武する麟慶の姿がある。『鴻雪因縁図記』は麟慶が各地を巡遊するたびに随行の画家に絵画で風物を記録させ、日記風にノートを付けた紀行文。麟慶は黄河の治水事業に力を尽くし、皇帝からもその功績を認められていた清朝高官であった。主著に『河工器具図説』がある。

少林寺白衣殿にいまも残る拳法壁画「錘譜」もこのときの観武を記念して描いたものとされている。その中に、庭で拳を練る武僧たちを見おろしながら、中央の殿上で僧侶と弁髪《べんぱつ》の貴人がなにごとかを語り合っている場面がある。おそらく主持僧が貴人に拳法を解説しているところであろう。この弁髪の貴人が麟慶ということになる。この図は道光年間に描かれた。くしくも道光八年の緊那羅殿前における「校拳」は、観武者と演武者側の両者によって絵画資料に記録されたことになる。このような図が道光年間、少林寺に掲げられたということは、清朝と少林寺の親密な関係を立証するいま一つの事例である。

康熙帝時代から清末にいたるまで、各地で反清復明の活動が弾圧されていたにもかかわらず、嵩山少林寺は一貫して清朝の保護を受けてきた。したがって天地会の少林拳説話は、実在の嵩山少林寺とはまったく別個に生じた伝説として再検討しなければならない。

嵩山少林寺は、創立まもない隋末の動乱期、群賊によって焼き討ちされた。以後、少林寺は自衛のため、自ら軍事力を保有し、唐朝創建を助けた。このとき以来、少林寺は宗教的な名声とともに武術の名門地としても知られるようになった。明代にはすでに実在の少林寺と関係なく、「少林僧」もしくは「少林派」を名乗る者が各地に現れた。こうした傾向は、とりわけ武術の盛んな山東省に多かったようである。明代、倭寇と戦って陣没した月空らの僧兵軍団も山東の「少林僧」であった（第二章第四節参照）。

清代になると、侠士・豪傑のなかには、弁髪を嫌い、僧侶となって各地を遊行する者がいた。彼らも多くは「少林僧」を名乗ったであろう。「少林僧」といえば、まずは宗教人として達摩禅師の威光にあやかり、かつ反清復明の志士のイメージを保つことができたのである。やがて、彼らをめぐるさまざまな説話から、少林派武術の新たな伝説が誕生し、はぐくまれていった。『聊斎志異』に描かれた李超と少林尼僧の説話もその一つであり、乾隆末年の人青城子による『志異続編』にも「拳勇」「拳法」「跛者」「少林寺」など拳法に関する説話がいくつか記されている。このうち「少林寺」には、機械じかけで動く木人像を相手に拳を練るという訓練法が語られて

少林寺白衣殿の拳法壁画（『菩提達磨嵩山史蹟大観』1932 所載）
清代道光年間の作という。道光８年（1828）３月25日、河南巡撫代理として満族高官麟慶が少林寺を訪問した。この時の歓迎演武を記念して描かれたものであろう。画面中央の壇上に主僧と語る清朝風弁髪姿の貴人が見える。

壁画中央部の拡大図

いる。これは、後世さまざまに脚色された「少林寺木人像伝説」の原典とみなしうる重要な説話である。

また「拳勇」の冒頭には、

拳勇（＝この場合「拳法」と同義）は江陰（江蘇省）の人が最も好んで習う。すなわち風気の然らしむるところである。ゆえに「江陰に逢着すれば手を動かすなかれ」ということばがある。乾隆の間、江陰には二人の拳術教師がいた。一人は王朝選、もう一人は左紹期である。いずれも「万人敵」と号していた。

と記されている。これも南派拳術が当時盛んであったことの資料として重要である。

清代中期の拳法テキストとして著名な曹煥斗編注『拳経拳法備要二巻』は、時期的、地理的にちょうどこの説話を実技者の立場から裏付ける貴重な資料である。同書には乾隆四十九年の曹煥斗序文があり、「十三歳から拳を学び、二十八歳以降、専心修行し、江淮・両浙・荊楚を漫遊した。試合した強敵は数え切れないほどであるが、幸い敗北を喫したことはかつてなかった」と記している（注：東京大学東洋文化研究所蔵。最近の復刻版として孫国中整理『少林正宗・拳経』北京師範大学出版社一九八八がある）。

この書は実質的には、南派短打系拳法の要訣を説いたものである。同書は拳法の起源を少林寺に求め、「少林寺短打身法統宗拳譜」「少林寺短打推盤歩法」および「少林寺玄機和尚伝授身法図」等を載せている。ただし、まだ福建少林寺伝説の影響は見られない。技術的にはすでに南派少林拳の特徴を備えていながら、なお少林寺とは嵩山少林寺を意味するという過渡期的存在である。おそらくこれが清代中期における南派拳術の基本的立場であった。

清末、道光（一八二一〜一八五〇）から光緒年間（一八七五〜一九〇八）にかけて、中央政権の支配力がゆるむと一挙に武侠小説が花開き、ますます少林拳伝説が豊富になった。たとえば文康『児女英雄伝』第六回に描かれた拳法立ち回り場面に「武当拳」「少林拳」が登場する。事実からは遠い講談調であるが、当時民間で拳法がどのように理解されていたかの一例になる。

拳法というこの武芸は武器で殺し合うのとはちょっとちがう。流儀、きまり、架式というものがある。流儀といえばまず「武当拳」「少林拳」の二派である。武当拳は明の太祖洪武爺が遺したもので、これを「内家」という。少林拳は姚広孝・姚少師が遺したもので、これを「外家」という。和尚が習うものはたいてい少林拳である。次に拳を打つきまりといえば、向かい合ったとき互いに手を（顔面に掲げて）一拱し、まず「請（お願いします）」と一声あいさつする。拱手するとき左手で右手を包めば、これは相手にまず打ち込ませるということ。右手で左手を包めば自分から先に打って出るということである。次に架式ということになれば、拳の打ち、脚の蹴り、拿法（捕り手）に破法（返し技）、それぞれちがいがある。

このあと拳法で戦う場面が描かれている。立ち回りの描写法には『水滸伝』の影響が見受けられるが、武当拳・少林拳という対立的な流派の登場は『水滸伝』創作時代には存在しなかった。明末、清朝に果敢に反抗した行動的な知識人黄宗義の『王征南墓誌銘』が武当山張三丰の拳法を内家拳とし、これに対して少林拳を外家拳として区別して以来、両派対立の伝説が生み出されていったのである。

さらに清末、武侠小説『万年青』が登場して、福建少林寺の拳法伝説が決定的に流布することになった。『万年青』は、『聖朝鼎盛万年青』八集七十六回本もしくは別名を『乾隆巡幸江南記』と題して流布した。原題は『万年清奇才新伝』である（注：譚正璧『中国小説発達史』一九三五）。『万年青』の前半は、乾隆帝が身分を隠して各地を渡り歩き、「弱きを助け強きをくじく」游侠伝と、福建少林派の拳豪をめぐる武勇伝が交互に語られる。『万年青』後半は、官憲側に与した「峨嵋派」のため南派少林派が全滅するまでを描いている。『万年青』の

南派少林拳の伝説を広めた武侠小説『万年青』

前半と後半は、筆致が明らかに異なる。後半部分はのちに別人によって書き加えられたものであろう。『万年青』全体を通じて登場する少林派の総帥は至善禅師であり、その門人として活躍するのは方世玉、洪熙官らである。現今の南派少林拳伝説の源流をたどると、ほとんどはこの『万年青』にいきつく。結論的にいえば、南派少林拳の伝説は、天地会の起源伝説と『万年青』の武侠伝を組み合わせて清末に成立したのである。

天地会説話の要点第三項は、福建少林寺が焼き討ちされ、「生き延びた五人の高僧によって天地会が創立された」とする。この天地会起源伝説と『万年青』の福建少林派の拳豪物語とが、どのような関係にあるかは明らかではない。しかし、少なくとも天地会の誕生期（乾隆期以前）には、まだ福建少林寺の伝説は誕生していなかったであろう。天地会が名を揚げた最初の反乱活動は、乾隆五十一年（一七八六）台湾における林爽文の乱であるが、当時の首謀者取り調べなどの清朝側記録などに、天地会が福建少林僧によって創立されたというような記述は見られない。

実在した天地会の創立は、この林爽文の乱からそれほどさかのぼらないであろう。蔡少卿『中国近代会党史』（注：中華書局一九八七）は、現存する清代史料の再検討の結果として、「天地会は福建省漳州地区に起源し、乾隆二十六年（一七六一）漳浦県の洪二和尚すなわち万提喜、俗名鄭開によって創立された」とする。これが天地会起源に関する最近の有力説である。同書はまた、天地会は「組織方面から見るならば、この一帯にもとから存在した秘密結社（父母会・小刀会・鉄尺会など）を基盤に発展したものである」としている。

清朝治下の秘密結社には、おおむね二系統あった。一つは白蓮教系の宗教結社であり、もう一つは天地会に代表される武侠結社である。このほか清朝打倒をめざすさまざまな政治結社が存在したが、武侠結社と政治結社はしばしば融合し「会党」とよばれた。これに対し、宗教結社は「教門」とよばれる。教門は北方で盛んとなり、会党は多く南方で発生した。そこでこれを「北教南会」ともいう。

誕生期の天地会、あるいは天地会に前後する数多くの武侠結社は、いずれも自発的な血盟の同志結社であり、ほとんどが「拳棒教習」を人集めの手段としていた。天地会系の秘密結社は清末の近代革命運動に合流することによって史上に占める自らの地位を高めたが、もともとは素朴な任侠の徒の結社にすぎなかった。武術はこうした任侠系の秘密結社にとって欠かすことのできない看板であり、自衛手段であった。彼らは時機と指導者によっては、革命的な政治結社となって多数の民衆を動員したが、場合によっては民衆の生活を脅かす単なる暴力集団に終わった。しかし、いずれの場合も対外的には、反清復明的なスローガンや創立説話を説くことが多かった。にもかかわらず、清初から天地会が結成された乾隆年間まで、当時の結社で福建少林寺伝説を語るものはなかった。

天地会の福建少林寺伝説が文献として現れるようになったのは、一八六六年刊オランダ人シュレーヘルの『天地会』以降である（注：前掲佐々木『清末の秘密結社』）。歴史的にはごく新しい。これ以前の文書として嘉慶十六年（一八一一）、官憲が捕獲した広西東蘭州天地会会員姚大羔所蔵の『会簿』がのちに出現しており、ここにも少林寺焼き討ち事件が説話として登場している。ただし、この文書が伝える天地会創始伝説は、少林寺の所在地を甘粛省としている。したがって、天地会の福建少林寺伝説は嘉慶年間（一七九六〜一八二〇）の後期、もしくは道光年間（一八二一〜一八五〇）に入ってから成立したものと推定できる。

一方、『万年青』がいつごろ成立したか不明ではあるが、同書はおそらく天地会系の福建少林寺伝説よりあとに出現した。唐豪『少林拳術秘訣考証』によれば、『万年青』刊本は光緒十九年（一八九三）版までは確実にさかのぼることができる。もしこれが初版であれば、福建少林寺伝説の生成を次のようにまとめることができよう。

まず、十九世紀初期、清朝支配が崩壊を示しはじめた道光年間ごろ、南派拳術の実技の伝統と、少林派武術伝説が政治的緊張のなかで次第に融合、天地会系秘密結社に反清復明説話として新たに福建少林寺伝説が誕生した。それは天地会の少林寺伝説は、当初は焼き討ち事件を端緒とする少林武僧の反抗運動を物語の骨子としていた。それは素朴なレジスタンスであり、一種の仇討ち物語にすぎなかった。しかし、天地会系秘密結社が単なる武侠結社から政治結社へと成長するにつれて、創立説話もまた明末から清代中期にかけて実際に発生した反政府活動の断片を吸収しつつ反清復明運動の物語にふさわしい体裁を整えていった。この天地会伝説の影響を受けて、光緒年間、武侠小説『万年青』が成立した。大衆小説に取り上げられることによって、福建少林寺をめぐる拳豪物語は一挙に普及した。そして『万年青』の普及とともに、それまでは個人的な実技として各地に散在した南派拳術諸派が、清末の光緒年間後期以降、自己の属する流派の創始伝説として、次第に福建少林寺伝説を受け入れるようになったのである。

もっとも、「南派少林拳」という呼称を清末の人々が直ちに用いていたわけではなかった。彼らは通例、単に「少林拳」とよび、「南派」を冠することはなかった。なぜなら福建少林寺伝説を取り入れた人々は、福建少林寺派こそ嵩山少林寺の正伝であるとの言外の前提があったからである。彼らにとって少林拳とは、常に「正統少林拳」であって、「南派」（あるいは逆に「嵩山」）という限られた地域に拘泥すべきものではなかった。

たとえば、清の最晩期に著された劉鶚《りゅうがく》『老残遊記』はその第七回の文中で、「嵩山少林寺の拳法はすでに廃れた。四川峨嵋山の太祖拳こそ達摩伝来の真実の少林拳である」と述べている。はたしてこれがどれほど事実にもとづいた記述か不明であるが、南派少林拳的な発想の一例ではある。

つまるところ「南派少林拳」という呼称そのものは、二十世紀に入って現代人が便宜的に用いだした分類法である。清代南方各地に出現した少林拳は、彼らの立場からいえば、すべて「正統少林拳」であった。こうした流派の多くが嵩山少林寺の武名を慕ったことはいうまでもない。彼らの多くは、嵩山少林寺を中国武術の象徴もしくは源流として仰ぎ、少林派を名乗ることによって自らを中国武術の本流に位置づけた。そして、中国武術の伝統を受け継ぎ「われこそ正統たらん」との気概のもとに、各自が自己の拳法観にしたがって技術の錬磨に励み、それぞれ特色のある各種の流儀を形成していったのである。

第二節　琉球への拳法伝来——日本空手道の源流

近代琉球拳法の系譜

清朝治下の南派拳術は琉球に波及して「唐手」（「手」は拳法の意）となり、さらに大正末期（一九二〇年代）から昭和初期（一九三〇年代）にかけて、琉球人拳法家によって日本本土にもたらされ、現代空手道が成立した。第二次大戦後、日本の空手は国際的に普及した。スポーツとしてはまだ柔道のような統一的試合方法を確立していない未完成の競技であるが、警察・軍隊などにおける実戦的な徒手格闘術として、あるいは日本的な武士道精神を学ぶ修行法としては、ほぼ世界の主要国に根付いている。この日本空手道が清朝期の南派拳術を主要な源流としているということは、口碑にもとづく近年の研究によってしだいに明らかにされつつあるが、具体的な伝来系譜に関する検証はいまなお「作業中」の段階であるといってよい。もし、琉球を経由して伝来した日本空手道の源流が清朝期の武術であることが体系的に立証できるならば、それは清朝武術史を彩る重要な一ページとなる。そこで本節でもこうした検証作業の一環として、中国拳法が琉球拳法を経て日本空手道として成立した過程を具体的に検討してみたい。

琉球拳法はおおむね福建系である。近代琉球拳法は大別して「那覇手」と「首里手」の二系統に分類される（このほか泊地方の手を「泊手」として三系統に分類することもある）。那覇は諸外国と通交する国際港であり、首里は王城の所在地であった。

那覇手の実技は、明治時代の東恩納寛量（一八五三～一九一五）から宮城長順（一八八八～一九五三）に伝わり、昭和初期に剛柔流空手道として成立した。剛柔流が日本空手道としては最初の流派名となった。

東恩納寛量は青年期の十数年間、福建省で拳法を学んだ。渡航と帰国の年月は定かではない。一応の目安として、渡航時二十歳で十五年後に帰国したと単純仮定すれば、一八七三年（明治六・同治十二）～一八八八年（明治二十一・光緒十四）ころとなろう。東恩納が福建において具体的にはどのような拳種を体得したか必ずしも明らかではないが、南派少林拳に属することはまちがいない。宮城の後継者の一人で東恩納にも直接師事したことのある比嘉世幸師範（一八九八～一九六六）は生前、「宮城が剛柔流を名乗ったのは特別に一派を立てようとする野心からではなく、空手の本質を一言で説明するために『剛柔の道』という意味でいったのであり、本来われわれの流儀は『少林拳』というべきである」と語っていた（注：一九六〇年七月、筆者は早稲田大学空手部沖縄遠征隊の一員として各流と交歓し、糸満の比嘉道場で世幸師範から直接、剛柔流の解説を受けた）。

昭和初期、東京・大阪など日本本土で空手が急速に普及すると、伝統的な柔・剣道などの各流諸派とともに空手家も各種武術大会や団体組織などに徒手武術の一派として参加するようになり、自己の系譜を明らかにするため流派を名乗る必要が生じてきた。宮城が流派を名乗ったのもこうした門人たちの要請による。特定の人名や地名に偏らず「剛柔」という簡潔でしかも深遠な拳法の要訣をそのまま流派名としたところに、宮城の識見を感じさせる。

首里手は明治時代の武人として名高い糸州安恒（一八三一～一九一五）から屋部憲通（一八六六～一九三七）花城長茂（一八六九～一九四五）喜屋武朝徳（一八七〇～一九四五）知花朝信（一八八五～一九六九）城間真繁（一八九〇～一九五四）らに伝わった。

糸州門下の教育家船越義珍（一八六八～一九五七）は、一九二二年（大正十一）五月、沖縄県学務課のすすめにより文部省主催第一回運動展覧会に出場して琉球拳法を紹介した。これが日本本土における空手普及の第一歩となった。船越は嘉納治五郎の激励を得て、長期滞在を決意し、慶応大学・東京大学・一橋大学・拓殖大学・早稲田大学等関東諸大学に空手を広め、一九三〇年代（昭和五～十四）、松濤館流を確立した。教育家の船越と若い行動的な知識人である大学生との結びつきが、独特の架式と集団訓練体系を発達させ、それまでの拳法とは一線を画す日本空手道確立の一大要因となったのである。船越の友人摩文仁賢和（一八八九～一九五二）も一九二九年（昭和四）ごろ本土に渡り、大阪を拠点に糸州安恒と東恩納寛量の型を総合して糸東流を開いた。

船越義珍と同じころ東京・大阪で活動した特異な琉球拳法家として本部朝基（一八七一～一九四四）をあげることができる。（注：以上、生没年は説により若干の異同がある。ここでは主として長嶺将真『史実と伝統を守る　沖縄の空手道』新人物往来社一九七五、宮城篤正『空手の歴史』ひるぎ社一九八七等参照）。

本部朝基は教育的観点に立つ船越とは対照的に、専ら「実戦」を重んじた。自著『沖縄拳法・唐手術（組手編）』（注：唐手術普及会一九二六）は琉球拳法の実戦的用法を説いたテキストであり、日本空手史上最初の組手専門書である。本部が演じる組手の解説写真は、すべて接近戦用の拳法である。本部が那覇手と同様短打系の拳法を得意としていたということは、本部が学んだ首里手系・泊手系も、基本的には那覇手と同様、短打を基調とする中国南派拳術に源流を求めることができるということを示唆している。本部はこのほかにもナイファンチ（初段）の套路原形をとどめる一連の演武写真を遺している（注：小西康裕『図解　空手入門』掲載　川津書店一九五三）。組手写真とあいまって近代琉球拳法の技術と演武法をしのぶことができる貴重な資料である。

このほか上地流は、上地完文（一八七七～一九四八）が福建滞在十三年のすえに、沖縄にもちかえった福建拳術の直系であり、近代南派少林拳の風格と技術をよく伝えている。技術的には剛柔流に共通するところが多く、那覇手系として分類できる（注：高宮城繁主編『精説沖縄空手道――その歴史と技法』上地流空手道協会一九七七参照）。

また、現在、沖縄で盛んな小林流（知花朝信）、松林流（長嶺将真一九〇七〜一九九七）は、いずれも首里手系の伝統を受け継ぐ流派である。現在の沖縄にはこのほか少林流・少林寺流など「少林」を流派名に掲げた組織も存在するが、これらは嵩山少林寺を拳法空手の精神的総本山とみなし、それぞれの立場で原点復帰を主張して成立した新興流派であり、技術的には近代首里手系に属する。剛柔流・上地流・小林流・松林流が、現代沖縄空手の四大流派である。

日本本土で開花した松濤館流・糸東流は、その一部が柔術系統に吸収されて、ここから新たに和道流（大塚博紀一八九二〜一九八二）・神道自然流（小西康祐一八九三〜一九八三）などが成立した。宮城長順は沖縄を拠点としていたが、一九二九年（昭和四）ころ短期間ながら関西大学・京都大学・立命館大学などで教授し、これを機縁に剛柔流が関西地方から広まった。このほか一九三〇年（昭和五）に沖縄から遠山寛賢（一八八八〜一九六六）が上京して、独自に修道館空手を興した。ここからも現在までにかなりの会派が派生している。以上のうち、日本本土では松濤館流・和道流・糸東流・剛柔流を四大流派としてあげることができる。

那覇手、首里手とも当初から総合流派的な傾向をもっていた。もともと琉球拳法にはごく近年まで門派的な意識は少なく、優れた技術や型を求めて複数の人物について学ぶことを当然とする傾向があった。

那覇手の三戦《サンチン》は鶴拳系に共通する鍛錬型であり、また前節ですでに指摘したように剛柔流転掌も鶴拳系の影響によって成立した短橋狭馬の鍛錬型であることはほぼまちがいないが、ただし那覇手にも腰を落としてゆっくりと体を練る鍛錬動作があり、この点では洪拳の長橋大馬型に共通する。したがって那覇手の源流を福建に存在する単一の特定門派に求めることは困難であろう。

清代後期、福建で成立した総合型の流派として五祖拳が有名である。五祖拳は、蔡玉鳴（一八四九〜一九〇二）が白鶴拳を主体に達尊拳・太祖拳・羅漢拳・猴拳など五流派を総合した拳法とされている。五祖拳は別名五祖鶴陽拳ともいい、やはり三戦を基本とし、「拳を学ぶは三戦より起こり、三戦学びて死に到るべし」の訣語を

琉球拳法を日本本土に伝えた人々
左上：船越義珍（松濤館流）
右上：摩文仁賢和（糸東流）
左下：宮城長順（剛柔流）

大切にしている（注：周志強・周明淵『南少林五祖拳』福建人民出版社一九八六）。はじめに三戦で基本を練り、ついで各種の型を練る。この点では那覇手と練習体系が共通している。しかし、那覇手に五祖拳の影響がつよかったとするならば、開祖の名はもとより五祖拳特有の伝承がもっと残っているべきであるが、そのような形跡はない。

首里手は清代中期以降、中国人によって琉球にもたらされた各流の型を集成したものである。首里手には「ナイファンチ」（松濤館流では「鉄騎」と改名）のように那覇手に共通する典型的な短橋狭馬の鍛錬型があり、また蹴り技を多用する長橋大馬型の「クーシャンクー」（＝「公相君」松濤館流では「観空」と改名）がある。首里手のもう一つの代表型「パッサイ」（松濤館流では「抜塞」と改名）は、ナイファンチ、クーシャンクーと技法・身法の異なる手技中心の鍛錬型である。これら三種の型が本来、同一の門派であった可能性はほとんどない（注：筆者が一九七二年、台湾台中市の近郊で土地の拳法家と交歓稽古をしたとき、少林派を名乗る近在の老人が駆けつけて得意の型を表演した。それは筆者の演じた松濤館流抜塞の型と技法・風格とも共通するところが多かった。私が型の来歴を問うと、老人は「太祖」と答えた。このときだけの経験で抜塞が太祖拳系であると早急に結論づけるわけにはいかないが、福建太祖拳系の拳種が鶴拳系と同様に琉球に伝来したとしても、それは少しも不自然なことではない。鶴拳が伝来したのであれば、鶴拳同様に清代中期に福建で盛んであったと思われる太祖拳が琉球に入った可能性は十分にある）。

中国拳法を母胎とする琉球拳法に、どのような套路が伝来していたかについては、本部朝基『沖縄拳法・唐手術（組手編）』に、次のような解説がある。

唐手はその種類多く、中には忘れられたのもあれば、又現在行はれないのもあって、その発達も実に複雑である。世の変遷と共に唐手にもよく流行せる手と流行しない手が出来ると云ふ風で、その時代により或は場所によって、その用ひられし手が自ら異なれるものである。

先づ古来より琉球に行はれたのは、サンチン、五十四歩、セーサン、セーユンチン、一百零八、ナイハンチ（三段）、パッサイ（大）（小）、チントー、チンテー、ワンシュー、ローハイ及び公相君で、尤も広く一般に知られたものはナイハンチ、パッサイ、公相君の三種である。

而も琉球の拳法、唐手は古来支那から伝来せる事は既に述べた通りであるが、サンチン、五十四歩、セーサン、セーユンチン、一百零八は支那でよく用ひられ、現在なほ存在せるも、ナイハンチ、パッサイ、チントー、チンテー、ワンシュー、ローハイ及び公相君は今日では本尊の支那では見る事さへ出来ず、只沖縄に於てのみ用ひられてゐるのである。

尚ほ廃藩前迄はワンシュー、ローハイの二種は泊に於てのみ行はれ、首里、那覇ではこれを稽古する人さえなかったが、廃藩後漸く首里、那覇でもよくこれを教へることとなり、平安の如きは近代の武人糸州氏がその子弟の教材に資せんため創案せられたものである。

船越義珍『空手道教範』（注：一九三五　日本空手道松濤会復刻一九八五）によれば、糸州安恒らのさらに一世代前の人々が師事した中国人は「冊封使について渡来した彼の地の武官」の「アソン」「イワー」「ワイシンザン」らであった。また「福州安南から漂着した」中国人に師事した者もいた。同書には断片的ながらも、これら中国人に師事した琉球人の名が列記されている。

アソンに師事した者……崎山・具志・友寄等
イワーに師事した者……首里の松村、久米の前里・湖城等
ワイシンザンに師事した者……右衛門殿の島袋、九年母屋の比嘉・瀬名波・具志・長浜・新垣・東恩納・桑

江等
福州安南から漂着した中国人に師事した者……泊の城間・金城・松茂良・親泊・山田・中里・渡口

この系譜に続いて船越は、「豊見城親方は崎山の教を承けた大家であり、安里は松村の流れを汲んだ名人であり、糸州は城間の後を継いだ達人であった。そして安里・糸州の両先生は著者が多年薫陶を受けた恩師である」と語っている。以上のうち、首里の松村（武長・宗昆などと号した。一八〇九～一八九六？）は琉球王朝に仕えた最後の武人としてとりわけ著名である。また、泊の松茂良興作（一八二九～一八九八）は本部朝基が学んだ師の一人であり、この系統を首里手とは別に泊手ともよぶ。

本部、船越らの上掲引用文によって、近代琉球拳法の系譜はおおよそ明らかであろう。

冊封使節団と拳法伝来

中国武官が随行した冊封使《さくほうし》とは、朝貢国としての琉球における王位継承を中国が公式に認証するため派遣した外交使節である。中国は琉球の新王に「爾を封して琉球国中山王と為す」という公文書をもたらし、一方琉球は形式上臣下の礼を取ることによって進貢貿易の利権を獲得したのである。冊封使の渡来ごとに国家的な祝典行事がおこなわれ、琉球芸能の発達をうながす一因となった。冊封使節団の規模はおおむね二、三百人で、滞在期間も半年以上に及んだので、この間にもたらされた新たな文化・技術も少なくなかったであろう。端的にいえば拳法もその一つであったということになる。

琉球では一四〇四年（永楽二年冊封使時中）を初めとして、一八六六年まで明・清両時代にわたり約四百六十年間に合計二十二回の冊封がおこなわれた。（注：真境名安興『沖縄一千年史』一九二三　琉球新報社一九七四第五版。那覇市役所一九七七『那覇市史』資料編第一巻所収解説、島尻勝太郎「冊封使録について」等参照。ただし両書とも一三七二年明国から最初に琉球国の招諭に訪れた使者楊載を冊封使渡来年表の最初に列記している。これを冊封使並みに扱うと中国外交使節団の琉球渡来は約五百年間に二十三回となる。）

そして十九世紀中葉に琉球を訪れた冊封使は、次の二回であった。

一八三八年（道光十八年）
正使林鴻年、副使高人鑑（この年の冊封を戊《いぬ》の御冠船《ごかんせん》という。五月〜十月滞在）。

一八六六年（同治五年）
正使趙新、副使于光甲（寅《とら》の御冠船という。六月〜翌一月滞在。この二年後、日本は明治維新革命により西洋的な近代国家をめざしたため、琉球は清国と断交し、名実ともに日本の一部となった。したがってこのときが最後の冊封となった）。

結論的にいえば、琉球拳法を経由して、松濤館流など日本空手道の直接的母胎となった中国拳法の型は、この二回の冊封使の随行武官たちから伝えられたものが多かったにちがいない。

もちろんこの以前にも、公的、私的な交流を通じて中国武術が伝来した可能性は大いにある。冊封使の来訪ごとに随行武官と琉球人の交流が生じ、また冊封以外にも琉球からたびたび大型の貿易使節団が福建経由で中国を訪問している。琉球使節団の正使は北京を訪れたが、従者の多くは福建「琉球館」（一四三九年設置）に長期滞在して正使の帰りを待った。また、通訳など少数の現地要員が琉球館に常住していた。伊波普猷「古琉球の武備を考察して『からて』の発達に及ぶ」（注：一九三二年、船越義珍の還暦を記念して執筆した小論文。『伊波普猷全集』第五巻所収）は、琉球館と拳法伝来の関係について、次のように述べている。

琉球が初めて支那に通じたのは明の洪武の初年だから、其頃輸入したと考へれば考へられないこともないが、身に寸鉄を帯びなくなった琉球人わけても明末進貢の序でに二年間も福建の柔遠駅（琉球館）に滞在して貿易に従事した連中が、護身術として学んで帰ったと見るのが穏当であろう。私の祖父もかうして福建に渡って、之を学んだ人だが、それは護身術に過ぎないといって、その話はおくびにも出さなかったとのことである。故老の話によると、支那では武官にその達人が少く、達人はむしろ商人に多いとのことだが、なるほどこれは常住武器を佩びてゐる人には、さほど必要がなく、身に寸鉄を帯びない商人には欠く可からざるものであろう。

一八六七年（同治六）三月、最後となった冊封の祝典行事が首里崎山の御茶屋御殿で挙行された。このとき久米村代表が学芸・芸能の各種演目とともに、次のような武術を上覧に供したことが記録に残っている。

藤牌	真栄里築親雲上
鉄尺並棒	真栄里築親雲上、新垣通事
十三歩	新垣通事
棒並唐手	真栄田築親雲上、新垣通事親雲上
ちしやうきん	新垣通事親雲上
藤牌並棒	富村築親雲上、新垣通事親雲上
鉄尺	真栄田築親雲上
交手	真栄田築親雲上、新垣通事親雲上
車棒	池宮城秀才

壱百〇八歩　　富村築親雲上

（注：島袋全発遺稿刊行会編『島袋全発著作集』所引　おきなわ社一九五六）

演目には、まず武器法として藤牌・棒・鉄尺があった。鉄尺は沖縄で釵《さい》とよぶ。天地会に先駆けて実在した福建の秘密結社に「鉄尺会」がある。この結社では全員が鉄尺を所持していたという。

次に拳法の型として新垣通事が「十三歩」「ちしやうきん」を演じ、最後に富村築親雲上が「壱百〇八歩」を演じている。「十三歩」は現在、空手各流に残る「セーサン」の型であろう。「ちしやうきん」は剛柔流に現存する「シッソーチン」の型と関係があろうか（剛柔流以外にも「ソーチン」の型がある）。「ちしやうきん」の原義は不明だが、「きん」はおそらく「拳」である。「壱百〇八歩」は現在の「スーパーリンペー」であろう。もし「十三歩」「ちしやうきん」「壱百〇八歩」がそれぞれ剛柔流に現存する「セーサン」「シッソーチン」「スーパーリンペー」に対応するという仮説が正しければ、東恩納寛量の中国渡航以前に、すでにこれらの型が琉球に伝来していたということになる。つまり剛柔流の型のなかでは、これら三種が古流に属し、三戦・サイファー・セーエンチンなどが東恩納時代の型で、転掌・撃砕などが宮城時代の最も新しい型ということになろう。ちなみに長嶺将真氏の研究によれば東恩納寛量は中国渡航以前、「久米村の〈猫新垣〉マヤーアラカチこと新垣世璋（一八四〇〜一九二〇）に学んだ」（注：『沖縄大百科事典』〈東恩納寛量〉沖縄タイムス社一九八三）という。この新垣が一八六七年冊封祝典行事で表演した新垣であったとすると、当時二十六歳であり、年齢的にも矛盾しない。

武器・型のほか「交手」が表演されたことも注目に値する。「交手」とは組手のことで、実際に相手と組んで拳法の技を使うことである。交手を演じた一人は新垣である。新垣が型の単独演武だけではなく、交手も見せることができたということは、かなり実際的な訓練を積んでいたということであろう。

久米村は中国移民の居住地で、代々、琉球王朝の文官・通訳に任ずる者がいた。文化的には進んでいたが、首里・那覇・泊ほど武術は盛んではなかった。このときも首里・泊などでいちはやく武術上覧を請願していたので、久米村でも急きょ、プログラムに武術演目を加えたのである。おそらく新垣通事らは福建琉球館滞在の経験があり、その間に個人的に拳法を学んだのではあるまいか。このころはすでに琉球主要地に拳法が普及していた。当時はすでに琉球で拳法が社会的に認知されていたおかげで、新たに冊封使の随行武官から学ぶ者も多く出たのであろうが、いったいこのように拳法が琉球で公然たる存在になったのはいつごろからであろうか。

口碑によれば、約二百五十年前（一七五〇年ころということになる）、首里赤田の佐久川某は中国で拳法を修めて帰り、「唐手佐久川」の名を一世にうたわれたという。一説によれば、この佐久川某とは、「首里の渡唐役人・佐久川寛賀（一七三三〜一八一五）」であった（注：池田奉秀『空手道集義』第一巻、日本空手道常心門出版局一九七五。土谷秀男「日本史の中の空手道」〈福昌堂『月刊空手道』一九九〇・五号所載〉等参照）。

また、土佐藩戸部良凞『大島筆記』には、中国拳法の琉球伝来を物語る次のような記述がある。

一、先年組合術（原注：良凞謂、『武備志』載する所の拳法ときこゆ）の上手とて、本唐より公相君（原注：こうしゃんきん。是は称美の号なる由なり）弟子を数々つれ渡れり。其わざ左右の手の内、何分一つは乳の方を押え、片手にてわざをし、扨《さて》足をよくきかする術也。甚《はなはだ》瘦《ほそ》く弱々としたる人でありしが、大力の者無理に取付《とりつき》た（る）を、其儘《そのまま》倒したる事など有《あり》しなり。

（注：宮本常一・原口虎雄・比嘉春潮共編『日本庶民生活史料集成』第一巻　三一書房一九六八）

『大島筆記』は一七六二年、那覇発薩摩行き琉球船が土佐大島浦に漂着した際、琉球事情について尋問した結果を筆録したものである。この記録から見ると、公相君と尊称された中国人は手技、足技をともに使い、自分より体格の優れた大力の者を容易に倒した。現在も日本空手道の諸流派に伝来する「クーシャンクー」は、この公相君の型であるとされている。もしこれが事実とすれば、十八世紀中葉、乾隆中期の中国拳法の套路（型）が、琉球人・日本人の体を通じて現代まで受け継がれてきたことになる。

すでに述べたようにクーシャンクーは、蹴り技を多用する。この点では「扨《さて》足をよくきかする術也」という『大島筆記』の記述と合致する。一般の南派拳術とはまったく風格を異にし、宙に飛び上がって蹴る二起脚、身を翻して地に伏せる体勢などもあり、多彩な変化に富んだ長橋大馬型の拳法である。型の技術的特徴などからあえて結論を下すならば、クーシャンクーは北派系特に河北・山東系の拳法であった可能性がつよい。

『大島筆記』は公相君が冊封使節団の一員だったとは明記していないが、この時代に単なる武術普及のみを目的として中国武術家が琉球に渡来したとは考えにくい。やはり公相君も冊封使に随行して渡来した武人の一人であったと想定するほうが自然である。「公相君」は、そのままでは中国歴代の官職名に見られない。これまで『大島筆記』の注記にしたがい、「公相君」の三文字とも「美称」として扱われてきた。つまり公相君は、高位の人物ではあるが姓名不詳とされてきた。あえて字義的に解釈すれば、「公相君」とは「公（＝王）の相（＝大臣）となるほどの君（＝高官）」である。しかし、「公相君」を単純に「公という姓の高位の人物」と解することも可能である。「公」は一般に公西・公羊・公孫など複姓で知られるが、「公」一字の姓も古今に実例があり、また「相君」は中国演劇の登場人物などを通じて琉球では民衆間に浸透していた尊称であった。

ちなみに『中国人名大辞典』（商務印書館一九二一上海書店一九八〇復刻）に載せている公姓の人物は六例で、そのうち五例が明代に属し、いずれも山東省蒙陰の出身である（第二章で紹介した「少林観僧比試歌」の作者公鼐はその一人である）。公相君が蹴りを多用していたこと、歴史上の公姓人物に山東出身者が多いことから考えても、やはり公相君は山東系の武人であったと類推することが可能であろう。

冊封使節には、常に守備および千総らに率いられた兵士多数が護送兵団として随行していた。公相君という尊称でよばれ、かつ「弟子を数々つれ渡れり」と記されているところから見て、この人物が一般兵士よりかなり身分の高い武官であり、千総もしくはそれに次ぐくらいの指揮官であったと想像される（千総職は身を挺して前線に立つ者が多く、実技に優れていた）。

琉球船の土佐大島浦漂着は一七六二年である。『大島筆記』では、公相君の渡来を「先年」と記している。もし、これを一七六二年に最も近い冊封使節の渡来時とするならば、それは一七五六年（乾隆二一）のことであった。大島浦漂着のわずか六年前である。この年七月、正使全魁、副使周煌ら冊封使節団一行が琉球を訪問し、翌一七五七年（乾隆二十二）一月に帰国している。滞在日数二二九日で、一七一九年海宝・徐葆光らの二五二日につぐ長期滞在であった（注：前掲『那覇市史』）。ちなみに「唐手佐久川」とよばれた首里の渡唐役人・佐久川寛賀の生没年（一七三三〜一八一五）が正しいものとすれば、公相君渡来の一七五六年、佐久川は二十三歳の青年だったはずである。そして、このころ佐久川がすでに「渡唐役人」であったとするならば、職務上、公私にわたって公相君らと接触する機会が多かったであろう。佐久川が公相君の演じた中国武術に感銘を受け、これが刺激となって中国渡航時に拳・棍を学び、琉球に持ち帰ったということも十分に考えられる。

『大島筆記』のなかで、琉球人が公相君の拳法演武を特異な挿話として語っているということは、それ以前にはほとんど中国拳法が伝来していなかったということを間接的に表している。中国による琉球冊封は、明初以来の長い伝統をもっており、個人的に拳法を修得した琉球人の存在を否定することもできないが、清代中期以前に史実として指摘しうるものはない。また、琉球の民間に伝わる空手説話の類も、みな清代中期以降のものである。

もちろん琉球にも王朝としての軍事力があり、相撲のほか治安取り締まりのための徒手武術もあったようであるが、それらはいずれも日本的な武術であった。たとえば『大島筆記』は、公相君渡来を記した箇条の次に、

一、相撲、日本の通（り）にあるなり。

と記している。また、これより前の箇条にも、

一、弓矢は薩摩の通りなり。本唐のは四尺計のそり深なる弓なり……。

一、刀・脇指・鎗等皆日本の通（り）の由、されども常は帯せぬ也。上官人の行列は式ある事也。劒の調えも別にある事なる由也。

などの記述がある。琉球は日本、中国の中間にあって中国的な文化・風習も数多く取り入れ、特に火薬技術の導入は日本本土よりかなり早かったが、基本的な武備に関しては日本式だったのである。琉球王朝最後の武人で首里手の先人として仰がれる松村宗昆は、薩摩独特の刀術「示現流」の使い手としても知られていた。明治期以前、琉球王朝に仕えた武人たちは、日本本土の武士と同じく日本式の弓馬刀槍術を武術の基本としていたのである。

一方、公相君渡来以前、中国拳法が琉球に存在したことを示すものは、現在までのところ見あたらない。したがって、文献的に推測するかぎりでは、中国拳法の琉球伝来は、やはり公相君が渡来したと思われる乾隆二十一年（一七五六）とするのが、いまのところ最も適切であろう。

公相君が渡来したあと約一世紀にわたって、中国武術はさまざまな経路で琉球に伝わり、明治時代以降になって福建直系の拳法が那覇港を中心に根付き、やがて那覇手とよばれるようになった。これにともない、それまで主として首里（王城）に近い人々によって伝えられてきた拳法が、首里手とよばれるようになったのである。

近代首里手の大家糸州安恒は、学校体育としての空手の意義を強調した一九〇八年（明治四十一）記のいわゆる『唐手十訓』（あるいは『糸州十訓』）冒頭に、琉球拳法の流派を論じて、「唐手は宗教から生まれたものでは

なく、むかし中国から昭林流、昭霊流という二派が伝来したものであり、それぞれ長所があるのでそのまま保存して潤色を加えてはならない」と記している（注：原文は仲宗根源和編『空手道大観』一九三八　沖縄・緑林堂書店復刻一九九一掲載）。糸州は琉球拳法に大別して二系統が生じた現実を認識しながらも、那覇手、首里手というような新たな流派の対決を避けるために、あえて古流の門派名として口碑に伝わる「昭林」「昭霊」の名をあげたものと思われる（ただし「昭林」「昭霊」は、ともに「少林」の訛伝である）。

「唐手」から「空手」へ——琉球拳法の日本武術化

一八七九年（明治十二）、廃藩置県によって琉球は日本国沖縄県となった。一八九八年（明治三十一）来、沖縄県で本格的に施行された徴兵検査などを通じて空手訓練者の体格がひときわ優れていることを知った沖縄県当局は、まもなく学校体育として空手を取り入れた。空手が学校体育の一環として普及しはじめた初期の状況について、宮城長順は次のように述べている。

……漸くにして明治中葉の頃より斯道人家の蹶起と時代に適応する指導方針に依り従来の秘密主義は廃滅して公開主義に徹するや俄に社会の認むる所となり、始めて斯道発展の曙光を見るに至れり。爾来、日進月歩の文化に伴ひ、唐手も亦体育価値、並に修養的価値の確認を得て学校の科目の中に採用せしめらるるに及び、始めて完全に社会的評価をかち得たり。左に之を列挙す。

明治三十四年四月、首里尋常小学校に体操科の一部として唐手を課す。是を以て団体的指導の嚆矢となす。明治三十八年四月、沖縄県立第一中学校並に那覇市立商業学校及び沖縄県師範学校に唐手部設置。これと相前後して県立農林学校、県立工業学校、県立水産学校等も亦設置さる……（注：宮城長順『琉球拳法唐手道沿革概要』。同文は一般に『唐手概説』として知られる。ここでは一九七六年刊立命館大学空手部四十周年記念誌『一撃』採録資料による。同誌編者によれば「本文は宮城先生が昭和十一年一月二十八日、大阪市堺筋の明治商店（現在の明治製菓）講堂で精糖業界の人たちを対象に唐手道について講演、演武されたとき、その機関誌『糖華』に寄稿されたもの」である。同文は宮城長順の空手観をうかがいうる文献としては唯一のもの）。

糸州は古流を簡略化して新たに体育用の型を創編した。これが首里手系統の現今諸流派がひとしく基本訓練型としている「平安」の型である。平安の型は、名称、技法体系とも日本人武術家による最初の記念すべき空手練武型であった。ただし、糸州門下生の一部によると、平安の型も「チャンナン」という中国拳法の型を原形としているという（注：「チャンナン」の原義は不明。人名・地名のいずれかとすれば、地名の可能性がつよい。「江南《チャンナン》」もしくは福州「安南」から漂着した中国人に関係があろうか。既引のように船越義珍によれば糸州は「城間の後を継いだ達人であった」が、城間は福州「安南」から漂着した中国人に師事したことがある）。

平安は初段～五段の五種の型から成り立っている。「段」とは、この場合一段目、二段目という套路の順序を示すことばで、中国拳法の一路、二路などに相当する。「チャンナン」とはこのうちの平安初段（松濤館流では船越義珍が順序を入れ換えたので「平安二段」）であろう。

平安初段は、二段以降の四種の型とは、明らかに技法と風格が異なっている。とりわけ初動の構えと手技、また復路に現れる連環動作で身をひねるようにして下段を防ぎつつ逆半身から放つ蹴り技などは、どちらかといえば中国的発想であり、かつ武術性を意識した古流系統の発想でもある。一方、平安二段以降の型は、パッサイ・クーシャンクーなどの古流の型から抜粋簡略化した動作から成り立ち、古流の武術性をあえて捨象し、からだを大きく展開する鍛錬性に重点をおいている。学校体育としては鍛錬性に重点をおき、武術的な訓練は成人後に実施すればよいという考えを糸州はもっていたのである。前掲糸州の『唐手十訓』第十条も「空手を体育の土台として小学校時代から鍛えれば、やがて熟練後には一人よく十人に勝つ者が輩出しよう」と結んでいる。

さらに船越義珍は平安初段の難易度が高いので、これを二段と入れ換えたのである。また、船越の門下生らによって、一九二九年（昭和四）から一九三五年（昭和十）にかけて、剣道・柔術などの直接的影響のもとに技法・理念とも著しい日本化が進んだ。名称が唐手から「空手」に改められたのもこの時期である。

組織的な団体として公的に唐手を「空手」に改称したのは、慶応大学が最初である。『慶応義塾体育会空手部五十年史』（一九七四）によると、慶応義塾唐手研究会は「昭和四年（一九二九）四月十五日、慶応義塾空手研究会と改称。此日を期して従来の唐手術を空手道として発足することを宣言」している。

「空手」という表記そのものは、明治三十八年（一九〇五）八月記、花城長茂による自筆抄本『空手組手』が最初のようである。この場合「空手」を「からて」と読んだか「くうしゅ」と読んだかは定かではない。

花城は屋部憲通・城間真繁とともに糸州の門下生として、沖縄における体育空手の普及に尽力した。時期的にみて『空手組手』も学校体育における格技訓練用として構想された可能性がある。この年は沖縄県立第一中学校、沖縄県師範学校などに唐手部が設立されたときである。またこの年五月、日本海海戦で東郷平八郎の率いる日本海軍がロシアのバルチック艦隊を全滅させ、日本全国に尚武の気風がみなぎった。花城はこうした風潮のなかで格闘武術の新たな訓練体系を練ったのであろう。琉球拳法には棒術など武器術も多かったので、特に「徒手空拳の相対練習法」であることを強調して『空手組手』と題したものと思われる（注：花城のこの部分の墨跡は『空手道大観』のほか長嶺『史実と伝統を守る　沖縄の空手道』にも掲載されている。また花城の実技は『空手道大観』掲載「慈恩の型」の演武写真及び図解によってうかがうことができる）。

「唐手」は琉球時代「とうで」と読まれた。本土伝播後に「からて」と読まれるようになった。慶応大学等によって公式化された「空手」は、この「からて」の音を保存しつつ「空」字に哲学的理念を与えることによって、単なる闘争術から伝統的な武士道精神を受け継ぐ修行法として日本武道史に確固たる地位を占めようとしたので

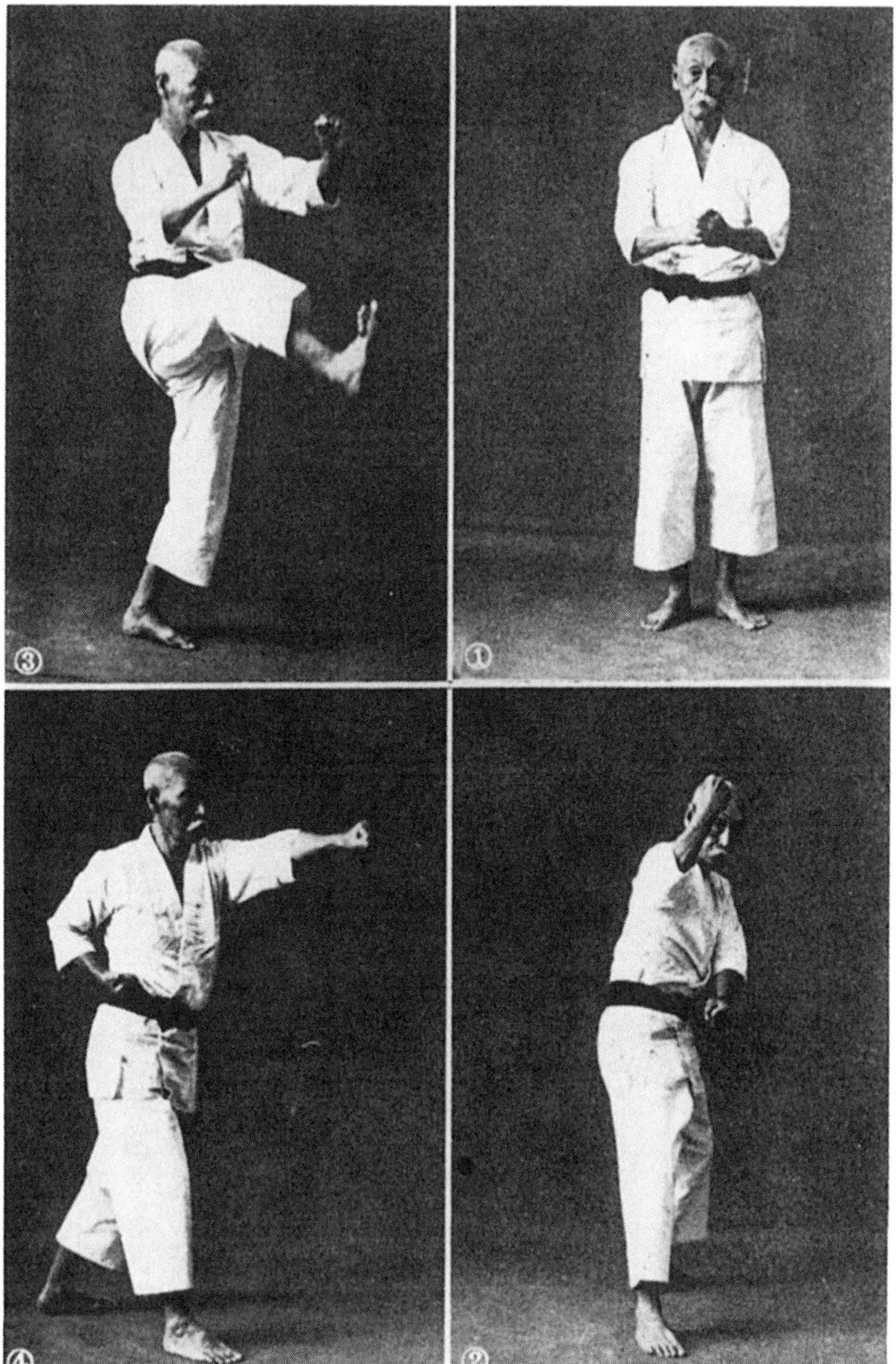

花城長茂「慈恩の型」（『空手道大観』緑林堂書店）

ある。

「空」字の意義について、船越義珍は『空手道教範』のなかで次のように説く。

空手は徒手空拳以て身を護り敵を防ぐの術である。空手の「空」字は一に之に拠る。「空手」を学ぶ者は明鏡の物を映すが如く、空谷の声を伝ふるが如く、我意・邪念を去り、中心空虚にして只管《ひたすら》受くる所を窮めなければならぬ。空手の「空」の字は一に之に拠る。空手を学ぶ者は常に内に謙譲の心を養ひ、外に温和の態度を忘れてはならぬ。而も一旦義を見て立てば千万人を敵とするも恐れぬ勇気がなければならぬ。かの猗々《いい》たる緑竹の如く中は空しくして外は直く、そして節がありたい。空手の「空」字は亦一に之に拠る。

宇宙の色相は観じ来れば一切空に帰する。而して空は即ちこれ一切の色相に外ならぬ。柔・剣・槍・杖、武術の種類は数多あるが、詮じ来れば悉く其の揆を一にする。即ち空手は一切武術の根本である。色即是空空即是色、空手の「空」字は亦一に之に拠る。

こうして柔道と同じように、古流を脱して近代的な日本徒手武術「空手」が一九三〇年代前半に成立したのであった。この一九三〇年代は、日本をめぐる国際関係が緊張し、日本国内には軍国主義が横溢していた。武的側面を重視するこの軍国主義の上昇期に、中国拳法を母とし、柔・剣道など日本武術の伝統を父として新たに誕生した徒手武術が日本空手道であった。中国でも一九三〇年代は、そのわずか二十年前の辛亥革命期とは比較にならないほど軍事制度・技術が進歩し、武術もまた「国術」と名称を改めて一種の黄金期を迎えていた時代である。

琉球拳法を積極的に吸収しようとした日本本土の柔術出身者は、単独演武を主とするそれまでの伝統に手を加えて、新たな相対訓練法を編みだした。行動的な知識人である大学生たちもまた、自主的に理念を追求し伝統的な琉球拳法の枠組みを打破する新たな実験を重ねた。沖縄の武術家たちは本土のこうした革新的な風潮に反発し、古流の伝統を守るべく独自の道を歩んだ。この沖縄と本土の技術的、精神的対立は、現在もまだ完全には止揚されていない。しかし、空手が琉球拳法さらには中国拳法から離れて、どんなに外形的な変化をとげようとも、クーシャンクーやチャンナンという古流の中国拳法が空手の型の中にいまも生命を保っているという事実は、日本空手道が中国拳法と同根の大樹に開花した不可分の存在であることを象徴しているのである。

第三節　義和拳の反逆

義和団の武術

十九世期末、清朝は滅亡寸前の身を西洋列強の思うがままに蚕食されていた。進出国にはイギリス・ロシア・ドイツ・フランス・アメリカ・イタリア等欧米列強、それに新たに日本が加わっていた。日本は明治維新以来急速に対外進出をくわだて、一八九五年日清戦争の勝利によって台湾を植民地として獲得し、いまや中国の広大な領土をめぐって西洋諸国と肩を並べようとしていた。

アヘン戦争以来、中国は戦争に敗れるたびに、戦場における人的、物的損害はもとより、領土を割譲し、巨額の賠償金に苦しみ、国力を疲弊させてきた。日清戦争によって、それまでは東洋の小国とあなどっていた日本に完敗したことは、清朝だけではなく中国人全体の誇りと自信を大きく傷つけた。こうした時代的背景をもとに中国には二つの潮流がまきおこった。一つは南方における革命運動の激化であり、もう一つは義和団運動すなわち北方における巨大な排外運動の潮流であった。

通説によれば、義和団はもと義和拳と称する白蓮教系の秘密結社であったという。ただし、これは清朝側官憲の報告にもとづく見解であり、研究者によっては、義和拳は秘密結社ではなく、また白蓮教とも無関係であったとする。たとえばG・N・スタイガーは、「義和拳とは（西太后の上諭によって各地に結成された）一種の民団、つまり義勇兵による（合法的）民軍である」（注：藤岡喜久男訳『義和団』一九二七　桃源社一九六七）とし、近年の研究書、戴玄之『義和団研究』（注：台北・文海出版社一九六三）もまた、要約次の二つの理由により義和団は白蓮教とは無関係の公開団体であったとする。

一、嘉慶年間に義和拳あるいは義和門教などが存在したが、義和団運動の義和拳とは名称が一致するだけで組織としてはまったく無関係である。

二、義和団事件当時の記録によると、義和団は多数の白蓮教徒を惨殺している。義和団にとって白蓮教はキリスト教と同じ邪宗の徒であった。また、白蓮教の信仰対象は弥勒仏《みろくぶつ》であるが、義和団にはこの弥勒信仰がなかった。

同書はこのように、義和拳が組織系統、信仰内容とも秘密結社白蓮教とは無関係であったと結論づけている。義和拳が義和団と改称したのは、確かに清朝公認の団練としてであったろう。団練は土匪や反乱軍から郷土を守るために発達した民間の合法的な武装力であり、本質的に秘密結社とは対立する関係にある。しかしながら、義和団運動は一九〇〇年（光緒二十六）、突如として発生したものではなく、発端はその数年以前にさかのぼる。運動の当初、義和拳は秘密結社的な性格をもち、また運動の過程では各地の秘密結社が合流した。キリスト教勢力の一部が西洋諸国の軍事力を背景に、伝統的な中国人の風俗習慣を無視し、あるいは教会建設用地を不法に占拠するなど強引な布教を始めると、山東の一角に発生した義和拳はキリスト教に反対する住民運動の先頭に立ち、宣教師・教民（＝中国人キリスト教徒）殺害、教会焼き討ちなどの事件を引き起こした。

清朝は治安取り締まり上、義和拳を弾圧したが、その一方では諸外国の中国進出を牽制する拝外主義運動として義和拳を利用した。義和拳が義和団を名乗るようになったということは、こうした清朝内部における守旧派の外交姿勢に呼応して、自らを団練すなわち「郷土防衛軍」として公然化させたということである。義和拳という秘密結社的存在から義和団という公然とした存在となり、その運動は一挙に加速化されて山東から直隷（河北）ほか中国北方各地に波及し、ついには北京に進出して一九〇〇年六月、清朝と諸外国との戦争状態にまで発展したのである。

義和団運動は結局、発生期と終末期（＝最盛期）とではまったく性格を異にしたのであり、一九〇〇年における義和団最盛期の存在形態をもって、義和拳の性格を一律に規定するのは困難であろう。義和団運動については、清末の民族主義運動あるいは国際問題として、大局的観点からは多岐にわたる研究が展開されてきたが、肝心の義和拳という武術そのものについては、ほとんど研究されていない。そこで本節では、拳法を公然と掲げて中国に押し寄せる近代化の潮流に反抗し、文字どおり十九世紀の最後を飾ったこの特異な運動に対し、武術史的観点から若干のアプローチを試みたい。

中国武術は辛亥革命をきっかけに著しい近代化をとげるが、義和団運動当時に流行した武術には時代に逆行して迷信と呪術にまみれたものが少なくなかった。

一九〇〇年六月〜八月、清朝による宣戦布告から八カ国連合軍北京占領までの二カ月間北京公使館区域に籠城し、日本人義勇兵として義和団・清軍と戦った服部宇之吉は、帰国後直ちに『北京籠城日記』を著した。服部宇之吉は事変当時「東京帝国大学文科大学助教授」であり、中国研究のため派遣された文部省留学生として北京に滞在中であった。したがって、服部の『北京籠城日記』はなまなましい体験談を語るだけではなく、研究者として義和団事変の推移を客観的に追っており参考に値する。同書はまた、義和団の武術についても触れている。服部によれば義和団には大要、次のような義和拳創始に関する伝説があった。

其《その》言に曰く、初祖憂世先師《ゆうせいせんし》深く西教の国家に害あるを憂へ、其撲滅の法を思ふて措かず。微《ひそか》に江右の張真人に詣《はか》り助力を乞ひしに、真人謝して応ぜず。猶《なお》固く乞ふて止まざりしかば、真人告ぐるに某洞の地仙に詣るべきを以てす。師即ち往て地仙を見て其志を訴へたり。地仙、其国に尽す志の深きに感じ、且《かつ》其志の切なるを憫《あわれ》み、弟子十人をして之を助けしむることとし、且授くるに金丹の秘法と拳法とを以てせり。此《この》金丹は之《これ》を服すれば、水に入りて溺れず火に入りて焼けず、刀槍も傷くること能はず。此拳法は、能く之に熟するときは、身に寸鉄を帯びずして唯《ただ》手を揮ひ指を動かせば、堅《かたき》を破り人を仆《たお》すを得べしといふ。師、二法を受けて郷里に帰り、漸く同志を糾合して此《ここ》に義和団なるものを成せりと。

（注：振りがな句読点は引用者。佐原篤介等編『拳事雑記』一九〇一〈中国新史学研究会『義和団』所収〉に由来記原文がある）

義和拳の開祖を「憂世先師」（世を憂える先師）と名づけたところに、この拳法の素朴な政治主義を認めることができる。ただし、キリスト教とともに急速に中国に進出した西洋の先進的な事物に対抗するあまり、義和団はあえて極端な復古主義に陥り、拳法訓練にも呪術的な儀式を用いた。

義和拳を練るには、まず教師が地上に一圏を描く。志願者はその中に入り、礼を三回繰り返す。礼が終わると直立したまま目を閉じる。その耳に教師が呪文を聞かせる。呪文の一例をあげれば次のようなものという。

「請々志心、帰命礼奉、請龍王三太子、馬朝師、馬継朝師、天光老師、地光老師、日光老師、月光老師、長棍老師、短棍老師、要請（原注：請ずる神仙には孫悟空、猪八戒等もあり随意に其名を呼ぶ。固より一定のもの無し）見鎗弄鎗、見刀弄刀、聴我条令、即便施行」

（注：前掲『北京籠城日記』佐原篤介等編『拳事雑記』）

要するに、まず「請い願いまするに」と言って、各種の道教的な神仙の名をながながと唱え、催眠術と同じく被術者の精神を統一させ、最後に「鎗を見れば鎗を弄び、刀を見れば刀を弄ぶ。いかなる命令にも従い、即座に実行せよ」と締めくくって、志願者の潜在意識下に義和団に対する忠誠心と敢闘の精神をたたき込むのである。

耳もとでしばらく呪文を唱えていると、ある者は突然身をひるがえして地上に倒れ、またある者は倒れない。倒れない者は教えるに値しないとされる。あるいは志願者を直立させ、教師がその手で彼の両眼から前額のあたりを摩する法もある。このときも手に応じて地上に倒れる者と倒れない者が出る。倒れない者はやはりしりぞけられる。こうして教えを受けるに値すると選定された者だけが拳法の修練を開始することになる。

義和団員は、一種の催眠術によって神仙がわが身に乗り移ったものと信じ、訓練をするにしたがって気力ますます盛んとなり、ときにはほとんど身外の事物を忘れ、数時間ものあいだ興奮状態を持続させることができたという。

服部宇之吉は、清軍と戦闘状態に入るまえ、身近に数度義和団員と遭遇した。一度は狩野直喜（漢学者。当時文部省留学生）、古城貞吉（東京日々新聞社特派員）ら友人と瑠璃廠の書店を訪れた帰路、前門外の飯荘で食事をしていたときである。他に客はいなかった。故意か偶然か二人の偉丈夫が店内に入ってきた。二人はしばらく服部たちを見ながら食事をしていたが、やがて服部らのテーブルに近づいてきた。一言あいさつののち、より体格の優れた方が左手で右袖をまきあげ、太くたくましい右腕をふりかざして言った。

「此の拳は能く堅を破り強きを挫く。天下何物も怖るべき無し。此の卓、此の碗の如きは之を破ること易易たるのみ」と。数回、拳を揮ひ勢を示して乃ち去れり。

（注：服部宇之吉「北京籠城回顧録」〈『北京籠城日記』一九二六年版〉所収）

また某日、服部は内城城壁の上を散歩していた。城壁は本来、立入禁止なので外国人にはかえって安全な散策の場所となっていた。ふと垜《あづち》のかげから人声が聞こえた。近づいてみると、

七、八人相集まり懸け声を為しつつ拳を揮ひ居れり。蓋《けだ》し義和拳を習ひ居れるなり。予の姿を見るや忽ち拳を収めて跪居し、談笑の風を装へり。予も亦知らざる風を為して過ぎ去りぬ。此れより後、予復た敢て城に上らざりき。（注：同前）

当時服部は東四牌楼北六条胡同の公使館付き陸軍武官官舎に居住していた。服部の部屋は表門の左側で道路に面し、通行人の声も聞こえた。

一夜、歌ひて屋外を過ぐる者有り。詞は今記憶せざるも意味は「洋人討つべし。何を用ゐて之を討つべきか。義和拳法の神に通ずるあり」といふに在り。公然、之を歌ひて公館の前を過ぐ、大胆と謂ふべし。此くの如くして危険日に迫るとは感じながら、猶ほ政府が官兵をして公使館を囲ましむるに至るべしとまでは思ひ設けざりしなり。（注：同前）

服部宇之吉の見聞は、義和団が一九〇〇年、北京で一挙に勢力を得てからである。山東で義和拳が初めて具体的な姿を現し、社会的な注目を集めたのはこれより二年前、一八九八年のことであった。義和団は各地で自主的に結成された団体であり、統一的な指揮部をもっていたわけではない。したがって、義和団の武術もまた単一の系統に属するものではなく、各地によってその形態はさまざまであった。だが、山東で発生した当初の義和拳は、どのような人々によって創始され、武術としてどのような性格をもっていたのであろうか。つまり本来の義和拳

とはいったい、いかなる武術だったのか。

山東義和拳の武術

山東大学歴史系中国近代史教研室は、一九六〇年から一九六六年まで三次にわたって、義和団運動が活発であった山東省各地および河北・江蘇・安徽の一部で広範な聞き取り調査をおこなった。対象者のほとんどが七十歳以上で、なかには九十歳代もいれば、また百四歳の者もいた。最初の大規模な調査がおこなわれた一九六〇年は、ちょうど義和団事変から六十年後であり、八十歳の者は当時すでに二十歳に達していた。したがって調査対象者のほとんどが義和団を直接見聞した者である。

調査の結果は一九六〇年『山東義和団運動調査報告』として発表され、さらに関連文献と校合した精細な研究結果が一九八〇年『山東義和団調査資料選編』（斉魯書社）として公刊された。序文によれば最終的な編集執筆に参加したのは、路遥（編集責任者）・傅友休・孔令仁・陳月清・李徳征・商鳴臣・楊桂蘭ら七人の研究者であった。同書は採集した口碑を多数、ほぼ原形のまま載せており義和団に関する貴重な証言集となっている。ここに羅列された証言から武術関係を拾っていくと、おおむね次のような義和団武術生成の始源的な構図が浮かび上がってくる。

まず、山東義和団の母胎となった結社には、大別して二系統あった。一つは新興の大刀会系であり、もう一つは紅拳・梅花拳など在来の武術結社である。

大刀会は光緒年間中期、曹県焼餅劉荘の大地主劉士丹が組織し、匪賊から郷村を守る農村自衛団体として各地に波及した結社である。劉士丹の少年時代、焼餅劉荘に河北から一人の青年が流れこみ、作男として住みついた。姓を趙といい、もと白蓮教徒であったという。この間の事情を端的に語る次のような証言がある。

「劉士丹の金鐘罩《きんしょうとう》は、姓を趙という者から学んだ。趙は河北河間府の人である。白蓮教の起義が失敗したあと、趙は白蓮池から逃げだし、曹県焼餅劉荘で常雇いの作男となった。趙はそのころ十何歳だった。劉士丹は同治初年生まれで、十三、四のとき趙について排磚《はいせん》、刀・槍などの武術を学んだ。劉が金鐘罩を学んだあと、趙は河北河間府に帰った。光緒年間、曹・単一帯に土匪がわき起こったので、劉はついに大刀会を立て徒弟に伝授したのである。そのころ劉はすでに三十余歳になっていた。劉が大刀会で公開伝授するようになってから、趙は一度河北から見に来たが、ほどなくまた帰っていった」

単県万楼集、万光煒、七十九歳、政協委員、一九六〇年三月

趙が劉士丹に伝えた「金鐘罩」とは、「（身を）金鐘で包む」つまり金剛のように身を鍛えるの意で、鉄布衫《てっぷさん》と同じような一種の剛健術であった。大刀会は、紅槍とともに大刀を主要な武器としていた。そこで土地の人々は彼らを大刀会とよんだのである。本来は金鐘罩が彼らの武術（鍛錬術）の名称であると同時に、またその組織（いわば「金鐘罩会」）を意味した。拳法にはあまり重点を置かなかったようである。焼香・叩頭《こうとう》などの儀式を重んじ、呪文を唱えたり、護身の符を飲み込んだり、十分に宗教結社的な色彩を帯びた武術団体である。訓練も排磚、排刀などをおこなった。つまり煉瓦や刀でからだを打って鍛える（「排打功」）という特殊な訓練をおこない、これに習熟すれば「刀槍も身に入らない」と信じていた。

排打功は現在でもおこなう門派がある。方法はさまざまであるが、一例をあげるならば、はじめは厚さ一寸長さ七、八寸の磚《れんが》を用いる。手で両端を握り、身体の四肢・胸腋・腹・頭頂部を排撃する。力を等しく、はじめは軽く、次第に重く打つ。磚も次第に厚い物に変えていく。練功の秘訣は「声、気、勁」にあるとする。磚が身体に接したとき、全神経を受撃した個所に集中し、同時に大声で数字を唱える。声をあげることによって気を貫き、勁を発する。そして「声到れば気到り、勁も到る」というように三者を平行させるのであるという。（注：『簡明

武術辞典』〈排打功〉黒竜江人民出版社一九八六）

大刀会は近隣の農村各地に広がり、山東義和団の主要な潮流となった。創始者の劉士丹自身は、曹州知府毓賢《いくけん》の命令によって官憲側に誘殺された。毓賢はのちに山東巡撫となって活躍した清朝側の有能な政治家である。曹州知府時代自ら占い師に扮装して劉荘にもぐりこみ大刀会の実態を調査したことがあり、劉士丹の影響力を恐れていた。しかし、一九〇〇年事変当時は連合軍側に義和団運動の保護奨励者として知られ、事変後新彊に追放され蘭州で処刑された。

義和団の代表的組織として著名な「神拳」も大刀会の系列である。神拳からは、のちに女性だけで構成された特異な組織「紅灯照」が派生している。神拳は光緒二十一年（一八九五）ころから東昌府茌平県《じんぺいけん》、済南府長清県などを中心に存在していた。神拳も当初は「保衛身家」すなわち群盗などから身を守り自衛を目的とする大刀会の一系列にすぎなかったようであるが、光緒二十四年（一八九八）黄河大洪水のあと、社会不安を背景に近隣各地に普及した。特に茌平県では県令豫咸が神拳主催の反キリスト教大集会を視察し、彼らの活動を暗黙里に激励して以来、一挙に茌平県内には四、五百の拳場が生まれたという。

大刀会と並んで山東義和団の有力母胎となったもう一つの系統とは、紅拳・梅花拳など在来の武術結社である（ここでも、金鐘罩の場合と同じく、紅拳・梅花拳などは拳法を中心とする武術の名称であり、同時にその門派を表す組織の名称でもある。習慣として紅拳会・梅花拳会などとはいわない。これは義和拳についても同様である）。義和拳が活動した土地には、もともと紅拳（大紅拳・小紅拳）・梅花拳のほか、猴拳・陰陽拳・昆陽拳・青令拳・顔合拳・王虎策陽拳など各種の武術が普及していた。こうした在来型の諸流派のなかで最も勢力の強い門派が紅拳・梅花拳だったということである。彼らは大刀会とちがって、宗教色もなければ、また社会的な活動も志向していなかった。したがって、彼らの組織は個人的錬武を目的とし、ゆるやかな私的人脈によって構成される一般的な武術門派であって、秘密結社的な存在ではなかった。彼らは、集団としての反社会的活動には、基本的にはむしろ反対する立場をとっていた。

しかし、光緒年間後期、彼らのなかにも反キリスト教を旗印に起義のため立ち上がろうとする者が現れた。梅花拳の趙三多《ちょうさんた》、紅拳の閻書勤《えんしょきん》らがその代表的人物である。

趙三多は河北省威県における梅花拳の指導者であった。威県一帯は義和拳闘争の勃発地として有名な山東省冠県一帯と境界が交錯していた。このあたりは官憲の支配が貫徹しにくく、それだけ反乱の発生しやすい土地であった。梅花拳は明末清初のころからこの直隷・山東の交界一帯に普及していた拳法である。趙三多が決起しようとしたとき、同門派には起義によって罪が梅花拳一般に及ぶのを恐れる者がいた。そこで趙三多は自己の組織を「義和拳」と改称したのである。「義和」（本来は「羲和」＝日月を司る羲氏と和氏。転じて日月そのものを意味する）は、古代から存在した歴史の古いことばであり、嘉慶年間白蓮教徒の乱当時にも出現した呼称であるが、義和団事変当時の名称は、おそらく直接的にはこの趙三多の唱えた義和拳に由来する。義和団運動が発展するなかで各地の起義組織が大刀会系列を含めて一律に義和拳、ないしは義和団とよばれるようになったが、最も狭義の意味における義和拳とは、この趙三多の梅花拳を指すべきであろう。

光緒二十四年（一八九八）五月十二日山東巡撫張汝梅摺《しょう》（＝機密上奏文）に、

……直隷・山東交界の各州県は、人民多く拳勇（＝拳法）を習い、郷団を創立し、名づけて義和と曰う。継いで梅花拳と改称す。近年復た義和の名目を沿用す。

（注：『義和団档案資料』中華書局一九五九）

とあることはよく知られているが、『山東義和団調査資料選編』には次のような当事者の証言が採録されている。

「趙三多は梅花拳に長じていた。彼は大門（引用注：梅花拳は「大門」と「二門」に分かれていた）で、弟子が多かった。当時、威県の民は尚武の気風が盛んで、沙柳塞《さりゆうさい》以西、以南の各村落ではみな梅花拳の拳場を設けて、拳師を招いていた。各所の拳師が趙に言った。

『あなたが梅花拳の名義でことを起こすと、将来黒白がはっきりせず、われわれも一蓮托生で滅亡する恐れがある。だからわれわれは反対だ』

張は彼らに言った。

『そういうことなら梅花拳の名義は使うまい。義和拳と改名しよう。当然きみたちとも関係はないということだ』

……

趙三多が組織した義和拳は梅花拳からきている。したがって画符、念呪や焼香、神がかりなどは、いっさいなかった。彼は迷信家ではなかったが、しかし迷信に反対はしなかった。義和拳が起つと民衆は次つぎに参加した。大刀会、紅灯照、緑灯照、その他雑門もみなついてきた。そこで内情に詳しくない人は、大刀会のことを義和拳と称したり、義和拳がまた大刀会ともよばれるようになったのである」

河北南宮沙柳塞、郭棟臣、八十歳、一九六〇年

この証言者の郭棟臣は、趙三多の文書担当として義和団に参加した人物である（注：『山東義和団調査資料選編』編者によると、同氏はのちに晋冀魯豫参議会参議、河北省政協委員、河北省文史館館員などを務めた。同書巻末には郭棟臣編「義和団之縁起」が付録として収められている）。

郭証言が語るように、趙三多のもとには大小さまざまな反乱組織が集まった。紅拳の起義者閻書勤もその一人であった。閻書勤は大刀術を得意とし、「大刀閻書勤」とあだ名されたという。また、反清復明を掲げる朱九斌、

劉化龍なども加わった。趙三多はさらに静海・青県・東光一帯の秘密組織「鉄布衫」とも連携した。

上掲の山東巡撫張汝梅摺には、また次のような記述もある。

惟《ただ》、直隷・山東交界の区、拳民は年一年と多し。往往にして商賈墟市《しょうこきょし》（＝街頭市場）の場に趁《じょう》じて、期を約して聚会《しゅうかい》し、拳勇（＝拳法）を比較す。名づけて「亮拳《りょうけん》」という。

「亮」には「(腕前を) みせびらかす」の意がある。したがって「亮拳」はいわば公開演武会ということができよう。拳法を中心とする武術の演武会は農閑期には中国各地でおこなわれた。義和拳はこれを一種の政治的デモンストレーションに利用したのである。光緒二十二年（一八九六）二月、官憲側がキリスト教会側の圧力に屈して百人の清軍を梨園屯に派遣し義和拳頭目を逮捕しようとしたとき、趙三多は亮拳を開催してこれに対抗した。このとき亮拳には周囲二十里から三千人が参加し、三日間にわたって演武大会が繰り広げられた。百名の清軍はなすところなく引き上げたという。

義和拳発生の直接的な起因は、キリスト教会建設に反対する住民運動を支援するためであった。官憲側は硬軟両用の戦術をとり、あるときは住民間に入って調停工作に努力し、またあるときは不穏団体として義和拳を取り締まった。当初は義和拳の指揮者を暗殺するなど強硬な手段をとり、各地でしばしば軍事的に衝突した。しかし中央で守旧派が勢力を得ると、地方官憲も義和団を西洋列強に対抗する拝外主義の民間団体として利用した。義和団もこれに応えて、「滅満興漢」あるいは「反清復明」などの旗印を降ろして、「扶清滅洋」などの愛国的スローガンを掲げたのである。

しかし、義和団運動は一九〇〇年六月二十一日、清朝の宣戦布告により諸外国との戦争状態にまで発展し、同年八月十四日、八カ国連合軍の北京進駐によって清朝側の敗北に終わった。それは同時に義和団の全面的な敗北を意味した。清朝は一転して義和団を弾圧した。きのうまでは「拳民」として保護された存在が、たちまち「拳匪」として討伐の対象となったのである。

趙三多は義和団事変のあと、しばらく姿を隠していたが、光緒二十八年（一九〇二）八月、「掃清滅洋」を掲げた景廷賓の起義に参加して捕らえられ、獄中で死んだ。趙三多の首は威県西関にさらされた。趙一門は協力して首級を奪回し、のちに遺体とともに故郷の沙柳塞に葬った。

なお、紅拳の閻書勤は、これより先、光緒二十六年（一九〇〇）六月、梨園屯の戦いで清軍に敗れ、処刑された。このころ清軍はすでに近代的な火器を装備していたが、義和拳が用いた武器は大刀と紅槍にすぎなかった。閻書勤らの激烈な戦闘は、のちに戯曲『鞭花記』となって直隷・山東の境界村落で上演されたという。

当時南方では、すでに秘密結社洪門が孫文らの指導により近代的な革命団体として成長しつつあった。義和団運動は広く北方に波及したが、これら南方の革命的な秘密結社の共感を得ることはできなかった。孫文ら革命派は決して義和団の動向に無関心だったわけではない。それどころかこれを革命の好機として、義和団運動の政治的展開を注意深く見守っていた。そして義和団事変のわずか十年後、ついに近代国家をめざす辛亥革命を成功させ、中国を古代世界の桎梏《しっこく》から解き放ったのである。

第四節　「国術」へ――辛亥革命と近代武術の普及発展

「中華新武術」の誕生

辛亥革命《しんがいかくめい》は中国近代化への道を切り開いた。武術もまた「国術」として振興し、一九二〇年から三〇年代、「黄金期」ともいうべき近代武術の隆盛期を迎えた。この二十世紀における武術の近代化は、辛亥革命後に初めて着手されたのではなく、それ以前約半世紀にわたる中国近代化への努力のうえに成し遂げられた。

清末、軍事面を中心とする近代化に最も積極的に取り組んだのは、曽国藩《そうこくはん》・李鴻章《りこうしょう》・左《さ》宗棠《そうとう》・張之洞《ちょうしどう》ら、ほかならぬ清朝内部の開明的な政治家たちであった。彼らの近代化路線は「洋務運動」とよばれた。清朝末期、軍事近代化によって勢力を得た集団が、中華民国成立後、各地に割拠した軍閥の源流となった。辛亥革命の成果を簒奪した反動的政治家として指弾される袁世凱も、もとはこの洋務派の一端に連なり、新式陸軍の編成と訓練に尽力した軍人政治家であった。近代的な軍事力を持っていたからこそ、袁世凱は義和団を弾圧し、辛亥革命にも孫文らの革命派をしのぐ実力者として生き残り、ついには孫文を排斥して自ら中華民国大総統に就任することができたのである。

太平天国の乱が勃発した一八五〇年当時、すでに「八旗」「緑営」など清朝正規軍の戦闘力は著しく低下していた。正規軍の戦闘技術は弓馬刀槍という伝統的な武術と旧式な火器銃砲であった。武器の後進性に加えて長年にわたる志気の低下、訓練の形骸化も正規軍の弱体化をまねいた要因であろう。

曽国藩・李鴻章らは、正規軍よりもむしろ民間から新たに郷兵を募って強力な軍隊をつくりあげ、太平天国軍あるいはこれに呼応して起こった反乱諸軍を撃破した。曽国藩の湘軍《しょうぐん》、李鴻章の淮軍《わいぐん》は特に著名である。清初、郷兵は必要に応じて徴募し、また解散するという臨時的な戦力にすぎなかった。清末になって清軍の戦闘力が低下するにつれて、これら郷兵が反乱鎮圧に活躍し、ついに曽国藩・李鴻章らによって正規軍化し、この過程で洋式小銃による射撃術・銃剣術などが採用され、軍隊の戦闘技術に抜本的な改革がおこなわれたのである。

清朝は一八六二年（同治一）、上海・寧波で欧米人を招き、曽国藩・李鴻章・左宗棠らに武員数十人を選抜させ、「外国兵法を習わしめた」（『清史稿』）。天津では「洋槍隊」すなわち近代的な銃砲隊が組織された。このころ傭兵米人ウォードは中国人に軍事訓練をほどこし、太平天国と戦う「常勝軍」を組織して注目を浴びた。ウォード戦死後は、英人ゴードンが常勝軍を指揮し、「外国兵法」の有効性を誇示した。

一八七二年、アメリカの先進技術を学ぶため中国最初の留学生三十人が上海を出発した。一八七六年には、李鴻章淮軍の中下級軍人七人がドイツ陸軍に三年間派遣され、帰国後ドイツ歩兵術をもたらした。また、一八七七年には海軍建設のため三十人が英・仏に派遣されている。

曽国藩によって開かれた洋務運動は、李鴻章・左宗棠・張之洞らに受け継がれた。彼らは青少年を欧米に留学させ、あるいは欧米から軍人・技術者を招いて近代的な技術を導入し、製鉄・造船・紡織・運輸・通信など軍需産業をおこした。また彼らの建議により、軍人養成機関として各地に武備学堂が創設された。一八八〇年代初期から九〇年代中期までに、北洋水師学堂・天津武備学堂・広東陸師学堂・広東水師学堂・南洋水師学堂・湖北武備学堂・南京陸軍学堂などが相次いで設置されている。武備学堂では、ドイツ式、日本式体操が兵式体操として採用された。武備学堂における西洋式の軍事教練と体育課程の導入は、政府主導による中国体育近代化のルートとなった。

中国体育近代化にはもう一つ民間側ルートがあった。民間側ルートはさらにまったく性格の異なる二つの系統に分かれる。一つはキリスト教青年会など欧米人の指導による西洋スポーツの導入と普及活動であり、もう一つは清朝打倒をめざす革命人士による体育学校の経営と体育指導者の育成活動であった。光復会会員徐錫麟・陶成章らによって一九〇五年（光緒三十一）、浙江紹興に創設された大通学堂は、その象徴的存在といえるだろう。著名な女性革命家秋瑾《しゅうきん》は、一九〇七年（光緒三十三）この大通学堂を主持し、同時に大通体育会を組織していた。

秋瑾ら革命的な体育指導者たちの多くは日本留学出身である。彼らは東京の「大森体育会」あるいは嘉納治五郎が開設した留学予備学校宏文学院などで西洋式体操・競技、さらには近代化された日本武術柔道などを学んだ。大通学堂をはじめ革命派による体育学校の経営は、合法を装う革命運動として弾圧され短期間に終わったが、その影響は広く革命勢力に浸透した。

一九〇四年（光緒三十）、梁啓超が著した『中国之武士道』も伝統武術の近代的復活をめざす者には、またとない思想的激励となったことであろう。梁啓超は一八九八年、変法運動に失敗して日本に亡命した。この翌年の一八九九年、日本の知識人新渡戸稲造が英文で『武士道』を著し、国際的な反響をよんでいる。梁啓超はこれに刺激されて『中国之武士道』を執筆した可能性がつよい。梁啓超は同書によって、孔子以来の中国伝統の尚武精神を再興せよと同胞に呼びかけた。

中国武術の近代化は、こうした官民二系統の影響下に進められていくことになる。政府側ルートに沿って登場した近代武術が陸軍教官馬良の提唱した「中華新武術」であり、そして民間側ルートで発展した近代的武術組織の典型が陳公哲らの「精武体育会」であった。

『清史』兵志が「陸軍の新制は甲午戦（日清戦争）後に始まる」と明記しているように、一八九四〜九五年日清戦争に敗れたあと、西洋式による近代的な軍事教練はいっそう普及した。袁世凱は清朝の命を受けて、天津で新式陸軍を編成、訓練し、「新建陸軍」と称した。また、張之洞はドイツ人に訓練させた「江南自強軍」を編成した。

このころ弓馬刀槍という旧来の軍隊武術はすでに清軍内部で実質的に淘汰されていたが、清朝が「弓、刀、石、馬・歩射、兵事に与ることなし、これを廃す」と公に武科挙を廃止したのは一九〇一年、義和団事変に敗れて「新政」をよぎなく宣言してからのことであった。開明派は早くから弓射、舞刀、石挙げなどという古風な武科挙の試験科目を改め、近代的な射撃術に変えるべきであるという上奏をしていたが、伝統に固執する清朝は全面的な改革に踏みきることができなかった。義和団運動の対処に見られるように、清朝内部は開明派と守旧派に分裂しており、当時の最高権力者西太后は、絶えず伝統と革新のはざまを揺れ動いていたのである。

軍事教練の西洋化と武科挙の公的な廃止によって、二千年来続いた軍隊内における伝統武術もいったんは崩壊した。また、民間武術も義和拳の敗北とともに滅亡したかに見えた。だが、義和拳とともに消滅した武術とは、義和団最盛時にはびこった大道芸的な、あるいは呪術的な武術がほとんどであり、中国全土で見るならば伝統武術は依然として健在であった。太極拳・八卦掌・形意拳などは、この清末の動乱期に流行し、辛亥革命後に柔派拳法いわゆる内家拳として合流した門派である。

軍隊内における伝統武術の近代的な再編もまた、義和団事変が起きた一九〇〇年末、山西陸軍学堂に教習として赴任した馬良（一八七五〜？　字、子貞。河北省清苑県の人。北洋武備学堂出身）の手によって実践に移されていた。馬良は伝統武術のうち、弓・馬等を除き、まず格闘武術訓練として有効な「率角《しゅっかく》」「拳脚」を選び、のちに「棍術」「剣術」を加え、武術訓練教程「四科」として再編した。山西時代は率角・拳脚の二科のみで、「馬氏体操」などとよんでいたが、辛亥革命の一九一一年山東に転任し、これ以後棍術・剣術を加えて四科とし、初めて「中華新武術」と名づけた（注：『中華新武術・棍術科』〈発起総説〉商務印書館一九三三〈初刊一九一九〉）。

中華新武術四科のうち「率角」は、現在では「摔角」「摔跤《しゅっこう》」などと書く。投げ技を主体とする格闘術であり、日本の相撲よりは柔道にちかい。馬良の字解によれば「率」は「任意（自由に）」、「角」は「競勝（競技する）」

を表す（注：馬良『中華新武術・率角科上編』一九一六年序刊　台北・華聯出版社復刻一九七一）。つまり自由に組んで投げ合い、勝敗を争う格闘技の意である。清朝は摔角を重んじ、侍衛府に相撲営（のちに善撲営）を設け、ことあるごとに競技あるいは表演をおこなってきたが、清末動乱期には衰退の危機に瀕していた。馬良によって、この古代最も早期に誕生し、盛衰を重ねながらも連綿と受け継がれてきた徒手格闘術が、再び近代的な装いのもとに復活したのである。

馬良が編成した中華新武術の特徴は、まず第一に技術・訓練とも簡明で合理的なことである。たとえば技術体系では、門派にとらわれない観点から、棍術では十八技、拳脚では二十四技を基本技法とし、単独動作の反復練習から次第に連環動作の練習に入る。そして、どの格技も必ず相手と組んで相対練習をおこなう訓練体系を備えていた。

第二の特徴は、団体訓練を前提とし、かつ訓練上の安全性を重視していたということである。「気をつけ」「休め」など各種の姿勢と号令を定め、集団で同じ動作を効率よく練習できるようにした。また、易から難へとカリキュラム上に配慮を加え、特に相対練習の多い摔角では、受け身・試合方法などを定めて、訓練上の負傷を少なくするよう努力した。馬良が自ら記すところによれば、負傷率は当初の三四％から十年でほとんど〇％に近づいた。

過去十五年来、この科目（率角）で発生した負傷者の割合は、百人中、十年前三十四人、五年前十二人であり、最近一、二年は教育経験により逐次修正を加え、まったく負傷の弊害をなくし、百人中ほとんど一人もいない。ときに負傷したりするのは、みな順序にしたがって動作しないために危険が生じたのである。

（注：前掲馬良『中華新武術・率角科上編』）

伝統的な蒙古相撲（「WUSHU」）

近年発展しつつある現代中国式の摔跤競技
（人民網「古老国粋煥発青春　中国式摔跤迎来発展春来」等）

洋式教練の長所を生かして再編した馬良の中華新武術は、軍隊武術にとどまらず学校体育としても優れた内容をもっていた。総じていえば、中華新武術は中国伝統武術を初めて近代的にシステム化することに成功したのである。

中華新武術は馬良の転任と、馬良が各地に派遣した教師たちの活躍によって北京・保定・済南・南京等各地の軍隊、学校さらには民間の体育組織に広まった。馬良は一九一四年、陸軍第四十七旅旅長兼済南衛戍司令として山東済南に赴任した。この済南時代、軍警・教育界の体育専門家が多数、中華新武術を参観に訪れ、馬良に武術教員の派遣を要請している。そのなかには近代太極拳の普及に貢献した北京体育研究社（一九一二年創立）の許禹生も含まれていた。許禹生は一九一六年、学校体育の一科目として中華新武術が採用可能か否かを考察するため、政府教育部の命によって高等師範学校体操教員孔廉白らとともに参観したのであった。帰京後、許禹生は北京体育研究社の教授科目として中華新武術を取り入れた。

一九一八年十月、全国中学校校長会議は、中華新武術を中学校の正式体操として採用することを決議した。文学者魯迅は、『新青年』誌上で軍閥政権下の教育界に国粋主義的な武術教育が浸透していくことに危惧の念を表明した。しかし、翌一九一九年秋には、上海で開催された第四次全国教育聯合会において山東代表が、専門学校を含む全国高等以上学校の正式体操の一種目として中華新武術を採用するよう提案し、会議はこれを採択している（注：何啓君・胡暁風主編『中国近代体育史』北京体育学院出版社一九八九）。

一九一八年五月、著名な日本人禅僧（天竜寺管長顧問）関精拙は、少林寺参詣の帰途、泰山に登るべく山東省に入り、途中済南で馬良邸を訪問した。このとき馬良は一行をもてなすため伝統武術の表演をおこなった。関精拙は帰国後著した旅行記『達磨の足跡』（注：二松堂書店一九一九）に、そのときの模様を記している。禅僧特有の洒脱な紀行文ではあるが、当時の馬良邸の雰囲気をしめす貴重な見聞録ともいえるので、ここに引用しておきたい。

今日は一行と共に、支那の武技十八般を見るべく、山東鎮軍陸軍中将馬良氏の邸を訪ふた。将軍は回々教の信者で、またすこぶる親日派の人副官某は東京士官学校卒業、うまい日本語で通訳する。

将軍は副官を通じて武道の沿革を説明する。支那固有の武技は遠く淵源を黄帝に発し、唐朝以来は僧門の独技となり、小林寺剣法（＝少林寺拳法）なる発明ができ、洗練され、円熟され、各派の流派が生じた。将軍はその各種各派の長処を集めて、また一派を発明したと云ふのである。また一方、在来の形を泯滅《びんめつ》せざる事を計り、天下武技に長ぜる者のために老を招きわかきに伝へ、大いに励む。毎日、済南人家の子弟をその庭園に引きて教へる。

棒術・柔術（＝拳法）・くさり鎌・両刀・青竜刀・鎗三種、種々の試合が皆真剣を用ひて、危険極まるものじや。見る者をして寒毛卓竪《かんもうたくじゅ》せしめる。

真剣とから手の闘ひ、あるいは双剣を揮ひながら地上に転々し、たちまち起き、たちまち倒れ、騎兵の馬足をきりはらうなどの技をやる。猿柔道（＝猿拳）、猿剣術、虎柔道（＝虎拳）、蛇剣術それぞれ妙技がある。柔道（＝摔跤？）も我が国のものと全く比較にならぬ。大地の上にウンと投げ倒し、引き倒し、鎗で横股をプスーなど、皆覚えず声を上げ、手に冷汗を握る。コンナおそろしい試合を見たことは無い。

最後に笑はせたのは力試しの一段じや。黒レンガを十枚ばかり頭上にのせ、鉄槌で頭上をガンとやる。かわらはみじんになる、顔は真っ白になる、本人は平気で笑ふ。つぎに背の上に重さ八十斤の扁平な割石をのせ、同じく鉄槌で打つ。石は五六片に砕けた。石割台の人間は平気でいる。煉瓦で横つらをはり倒す。かわらは砕けて本人は笑ふ。今度は一人あおぶせして、手に百四十斤の石を差し上げ、足に百斤の石を持ち、その上にまた一人、足と手に持つ石を台にしてあおぶせする。同じく八十斤と百斤の石を手と足にのせる。なおその上で五人の男が剣と槍で試合の形を見せてしまいであつた。

イヤマー、実に驚いた。百斤の石を双手で差し上げる男は幾人もあるもの。

これによって馬良が中華新武術の普及とともに、土俗的ともいえる伝統的な各種武術の保護育成にも力を入れていたことをうかがうことができる。もともと馬良は中華新武術の体系化のかたわら、伝統武術特有の技を別個に集大成し、それを中華新武術の応用編とする構想をもっていたのである。

『達磨の足跡』は当時の少林寺武術についても触れている。中華新武術が伝統武術の革新をめざしたこの時代に、少林寺にはたしてどのような武術が存在したのか。これも中華新武術成立当時の時代背景を知るのに無益ではない。

『達磨の足跡』は当時の少林寺について、「住職は洞山良价禅師三十五世にあたり、また『掌教』を名乗る少林寺武術の師範として、寺内に在住する老若約六〇名の僧侶に武術を教えているそうだ」と記している。宗教人として関精拙は、本来神聖な禅宗道場であるべき寺内に、殺伐とした武術演武の壁画を掲げ、老若の僧侶がすべて「剣客（＝拳客）」であることに驚き「いつのまにこんな魔窟になったか」と嘆いている。

この時代の「掌教を名乗る住職」とは、近代少林寺の武僧として名高い恒林である。関精拙が少林寺を訪問したとき「徳華」「素会」という二人の僧侶が接待したが、この前年すなわち一九一七年十月、やはり日本の禅僧として著名な釈宗演が少林寺を訪問したときは、恒林が歓待し、自ら弟子たちとともに武術を表演して一行をもてなしている。だが、釈宗演もまた、寺僧の拳法演武に驚嘆した。

（十月二十四日）午後、寺衆の拳法を演ずるを観る。抑も少林は、吾が祖の根本霊場たり。而して寺衆座禅せず、読書せず、只拳法の小技を習し、稼穡《かしょく》是れ事とす、驚慨すべきなり。

（注：釈宗演全集第九巻『支那巡錫記』平凡社一九二九）

ふたりの禅僧は少林寺の特殊な武歴を知らなかった。少林寺は十九世紀まで一般の日本人にとっては、武術にまったく関係のない宗教寺院であり、「ダルマが開基した禅宗の聖地」として信仰の対象となっていた。日本人のあいだに『易筋経』や「少林寺拳法」が知られるようになったのは、二十世紀に入ってからのことである。江戸時代、武士階級の一部は中国書籍を通じて少林寺武僧の故事を知っていたであろうが、それでも彼らにとって少林寺はやはり仏教聖地であり、武僧については歴史上のごく一時的な例外的存在として理解していたはずである。

恒林（一八六五～一九二三）は、伊川宋塞の人である。俗姓宋、恒林は法名で、雲松と号した。十歳で少林寺に出家し、一九一二年登封県僧会司僧会に任命された。毎回の説法は聴く者を嘆服せしめたという。武術に優れ独特の拳風をもっていたが、単なる武僧ではなかったのである。民国初期の動乱に際して少林保衛団団総となり、以後民団を率いて土匪を撃滅、武僧として名を著した。一九二〇年秋、飢饉のなかで土匪集団が周辺各地に蜂起したときは、大小数十戦を戦い、かつて一度も敗れたことはなかった。

土匪との戦闘を通じて、少林寺は多数の武器を捕獲し、寺内に所蔵した。このためかえって軍閥に利用され、戦闘のなかで少林寺炎上という自らの破滅をまねくことになったと、唐豪は指摘している（『少林拳術秘訣考証』）。

一九二三年、恒林は積年の過労で死んだ。遺言によって、その弟子妙興（一八七六？～一九二七）があとを継いだ。妙興は八歳で少林寺に出家し、恒林に師事した。武術では傑出した人物で『少林宗派淵源世系図解』『少林拳解』『少林棍解』『達摩五拳経』『禅杖図解』『少林戒約釈義』『増補拳械箴言』等を著したが、原稿は寺内で所蔵するうち、戦乱のなかで失われ、ついに公刊されなかった。

『国術名人録』の著者として名高い軍人武術家金恩忠が一九二三～二四年ころ、少林寺を訪れ妙興と交流し、このとき妙興に編集出版を委託されたという抄本をもとに『少林七十二芸練法』を著している。金恩忠が同書出版に際して記した「妙興大師伝記」によれば、金恩忠は妙興から『先天羅漢拳』『白猿剣法』『七十二芸』『性功秘訣』等の抄本を託されたという。また妙興は、次のような自筆の拳訣を遺している。

頭如波浪　手似流星　頭は波浪に似て、手は流星に似たり
身如楊柳　脚似酔漢　身は楊柳の如く、脚は酔漢に似たり
出於心霊　発於性能　心霊（精神）より出でて、性能（技法）によりて発す
似剛非剛　似実而虚　剛に似て剛に非ず、実に似て而して虚たり
久練自化　熟極自神　久練して自ずから化し、熟極まりて自ずから神たり

（注：『少林寺資料集』巻頭掲載）

妙興の率いる少林民団は、一九二二年に勃発した奉直戦争のあおりを受けて、一九二三年軍閥呉佩孚系の軍隊指揮下に編入された。妙興は一九二七年、盧燿堂旅団の「第一団団長」として鄭州、舞陽を転戦し、任応岐軍と交戦中に戦死した。遺体は少林寺に運ばれ、師父恒林の傍らに葬られた。

少林寺はこの翌年、一九二八年三月十五日〜十六日、少林寺を司令部とした建国軍と国民党北伐軍との戦闘中に建造物の大部分を焼失した。この年は六月、北伐軍の北京入城によって、蔣介石が中国統一を果たし、また首都南京に国立の中央国術館が誕生したときである。

荒廃した少林寺の復旧に尽力したのは恒林晩年の弟子、貞緒（一八九三〜一九五五）であった。貞緒は一九〇三年、鞏県龍興寺に出家し、一九二〇年少林寺に入った。大小洪拳・通臂拳・六和拳・炮拳・春秋刀・竜泉剣・鏟鈎・双拐・叉捶等に通じ、特に「鉄身靠」を得意とした。「靠」とは靠撃、すなわち肩や腰をぶつけて敵を攻撃する体当たりの術である。貞緒の編著に『打擂秘訣』『点穴旨要』のほか『臀部制人法』があるというが、こ

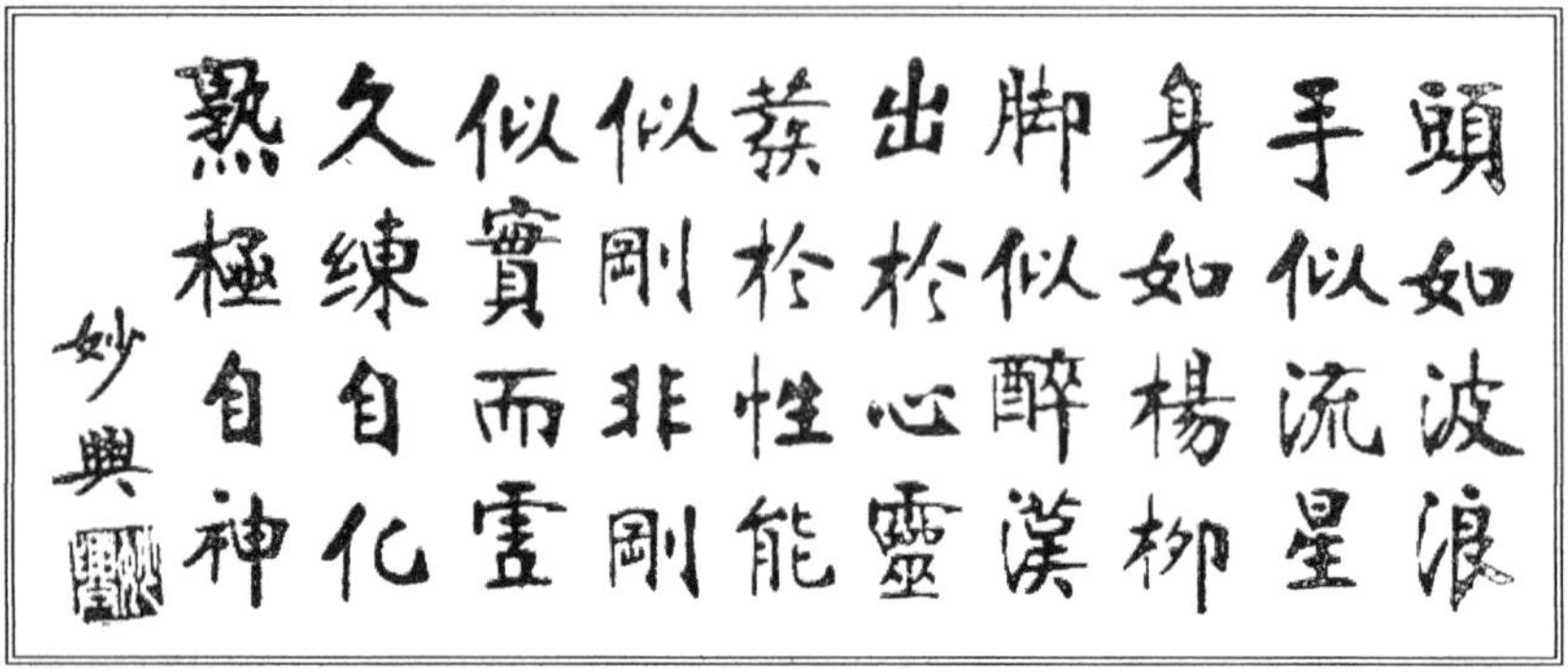
頭如波浪
手似流星
身如楊柳
脚似醉漢
出扵心靈
發扵性能
似剛非剛
似實而虛
久練自化
熟極自神
妙興

妙興大師遺墨

跋陀《バッダ》開剏《かいそう》　天中《てんちゅう》福地《ふくち》
嵩山《すうざん》禅林《ぜんりん》　祖源《そげん》諦本《ていほん》

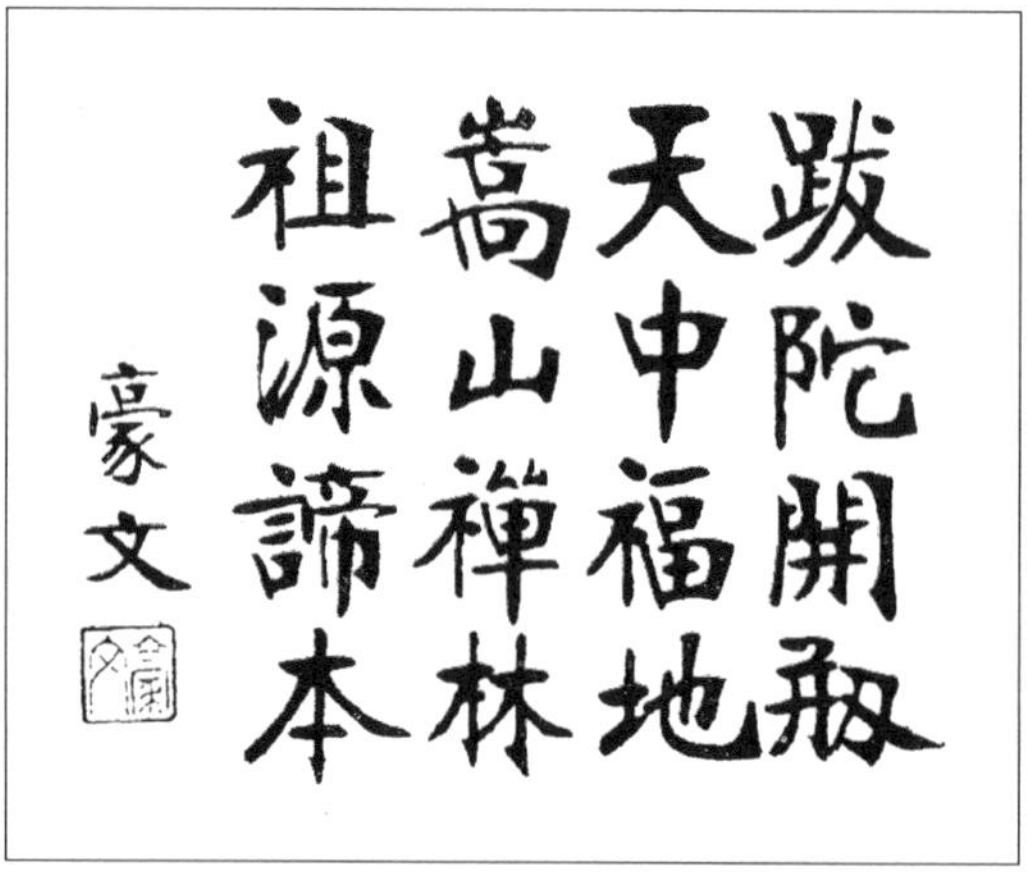
跋陀開剏
天中福地
嵩山禪林
祖源諦本
豪文

跋陀（バッダ）が開創した
天中第一の福地（修業地）
嵩山の禅林で
元祖の根本義を諦めよ（意訳）

（呉心編『少林軟硬功精粋－絶技七十二芸』1990）

れは題名からみて貞緒が得意としたという靠撃の解説書であろう。

一九四二年、貞緒は素典・徳禅・永貴らと少林寺立初級中学を創設し、理事長となった。一九四四年、少林寺中学の教員に任じていた地下工作者が「少林抗日政府」を組織したとき、貞緒はこの抗日秘密組織を支援し、素祥ら門人の武僧数人をゲリラ部隊に送っている（彼らはその後、人民解放軍に参加した）。貞緒は一九五五年、少林寺で亡くなった。現代少林寺の第三十世首座僧素喜は、この貞緒の門人で、素祥の師弟（おとうと弟子）にあたる。（注：恒林・妙興・貞緒の武術と伝記については、下記資料参照。登封県志弁公室編『新編少林寺志』〈中国旅游出版社一九八八〉徳虔『少林武僧志』〈北京体育学院出版社一九八八〉無谷・劉志学『少林寺資料集』〈書目文献出版社一九八二〉無谷・姚遠『少林寺資料集続編』〈書目文献出版社一九八四〉唐豪『神州武芸』上冊〈吉林文史出版社一九八六〉）

恒林・妙興・貞緒らは、近代中国が統一に向けて覇を争い、内乱に明け暮れた軍閥抗争期に少林寺武僧として最後の光芒を放った人々である。しかし、少林寺が本来の宗教活動を離れたことは、それだけ少林寺の没落を早めることになった。この点では、一介の軍事学校教官から山東済南鎮守使・陸軍混成第四十七旅旅長へと昇進しつつ武術・体育界に重きをなし、中華新武術を隆盛に導いた馬良と対照的な運命をたどった。

少林寺の恒林が世を去った一九二三年、馬良ら武術革新派の提唱によって、上海・北京・天津・山東・江蘇各地の武術組織十六団体、参加選手四百人による「中華全国武術運動大会」が上海で開催された。この大会は雨天延期などに災いされて、ほとんど観客を動員することができなかったが、従来自己の会派に閉じこもりがちであった各種武術団体を一堂に集めて交流した実績は、高く評価すべきであろう。武術界の国家的な大同団結をめざして南京に中央国術館が設立されたのは、この五年後一九二八年のことである。中華全国武術運動大会は、武術界統合への先駆的な試みであった。

馬良が山西陸軍学堂教習に任じた一九〇〇年から、一九二八年南京中央国術館が成立するまでの約三十年間、中華新武術は武術近代化を促進する一つのモデルを提供し、その成果は武術・体育界に広く影響を及ぼしたのである。

精武体育会の創立と発展

馬良の中華新武術とならんで、辛亥革命期に誕生した精武体育会は、民間組織として独自の運動を展開し、武術・体育界のなかで一大潮流を形成した。中華新武術は、いわば軍閥勢力の盛衰と運命をともにしたが、精武体育会は辛亥革命期から現代まで、中国近代の政治的動乱をくぐりぬけ、いまもなお活動を継続し創立以来の伝統を保持している。辛亥革命期に発足した武術・体育組織のなかで今日まで存続しているのは、精武体育会がほとんど唯一の存在である。

この精武体育会の組織的生命力は、まず第一に創始者陳公哲らが同会をあくまでも体育組織として育成し、政治的中立を守ったことによる。第二には活動内容と形態が時代の流れに合致した近代的なものであったこと、つまり活動内容自体に生命力があったということである。そして第三に、愛国的武術家として死後に伝説的名声を獲得した霍元甲《かくげんこう》（一八六七?〜一九〇九）の遺影を精武体育会の象徴として掲げていたことも、武術・体育界を越えて広く社会的な共感をよび、官憲側が単純には抹殺できない存在となっていたということである。

通俗的には霍元甲が精武体育会の創立者と誤解されているが、厳密にいえば霍元甲師弟の生計を維持するために短期間存在した精武体操学校と、霍元甲の死後いったん精武体操学校を解散したうえで設立された精武体育会は、本来別個の組織である。霍元甲の死後に創立された精武体育会にとって、霍元甲は象徴的存在にすぎなかったのであり、実際に精武体育会に発展をもたらしたのは、創立者である上海の青年グループによる柔軟な組織戦術と、彼らの呼びかけに応じて協力を惜しまなかった伝統武術家および各地の有力人士たちであった。つまり、実際の精武体育会は組織的な協力によって発展したのであり、ある特定個人の運営・指導によって発展したので

精武体育会外観（1916年）

精武体育会練武場

霍元甲

精武体育会卒業生（香港『技撃』誌）

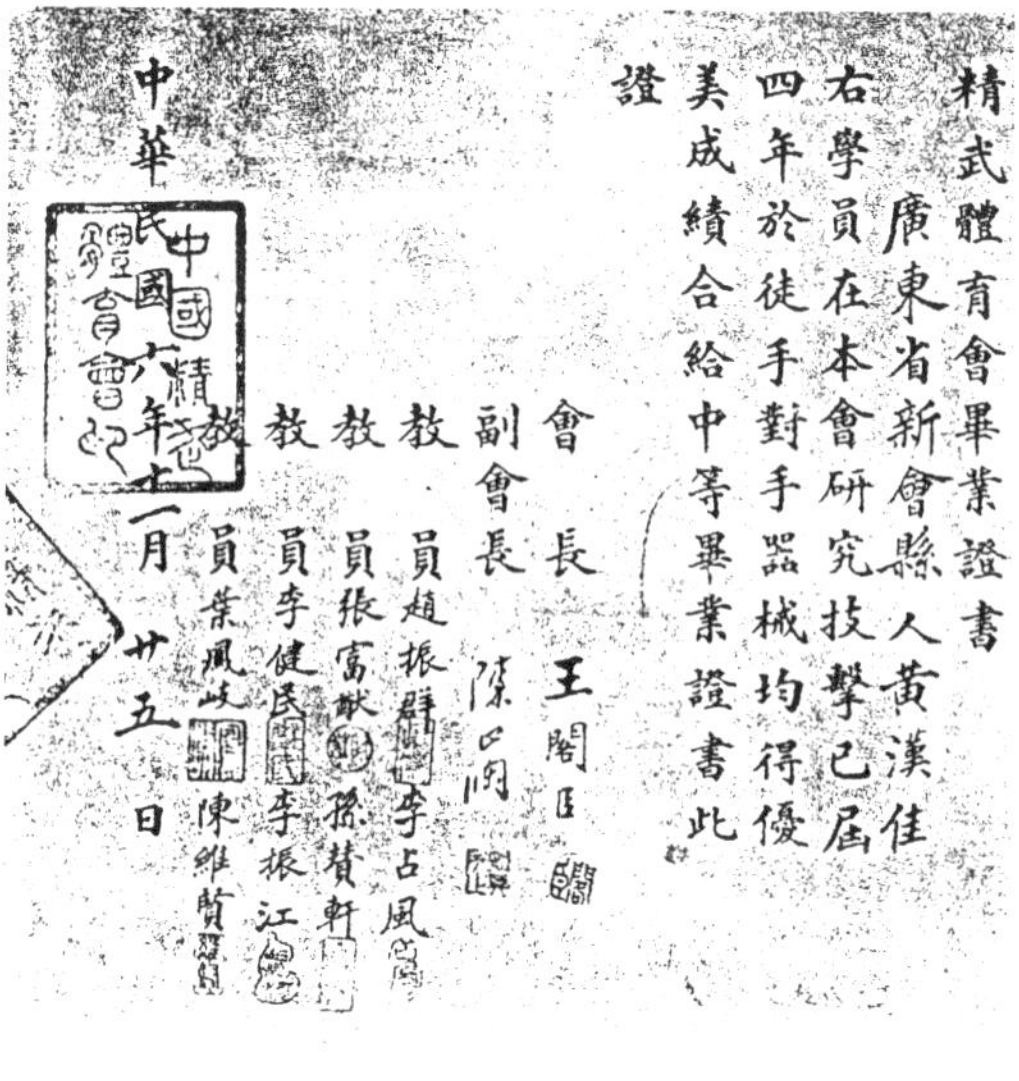
精武體育會畢業證書
廣東省新會縣人黃漢佳
右學員在本會研究技擊已屆
四年於徒手對手器械均得優
美成績合給中等畢業證書此
證
會長　王闓臣
副會長　陳公哲
教員　趙振群　李占風
教員　張富猷　孫贊軒
教員　李健民　李振江
教員　葉鳳岐　陳維賢
中華民國六年十一月廿五日
中國精武體育會印

精武体育会卒業証書

はなかった。創立者グループの中心人物で最大の出資者であった陳公哲（一八九一～一九六一）が自著『精武会五十年・武術発展史』（注：香港「中央精武」刊）でいみじくも語っているように、「もし霍氏について触れなければその功を犯す恐れがあり、もしすべてを霍氏のこととすれば、これも事実を記すことにはならない」のである。

そこで、精武体育会の歴史をたどるにあたり、まず精武体育会と霍元甲の結びつきについて確認したあと、精武体育会で実際に教授された武術体系を検討し、さらに同会の組織的発展を見ることにしよう。

霍元甲は天津静海県の人である。父霍恩第は保鏢（輸送護衛業）を営んだ著名な武術家であった。元甲の生年には二説あり、一八六七年とも一八五七年ともいう。元甲は幼年時、虚弱で父恩第にそれほど将来を期待されていなかったが、秘かに努力を重ねて家伝の武術「迷踪芸」を身につけた。迷踪芸はのちに「秘宗拳」とも書かれるようになった。もともとは清朝後期の武術家孫通が滄県一帯に広めた総合武術である。孫通は晩年、天津でも迷踪芸を教授した。おそらく霍氏の父祖はこの時代に、孫通から直接学んだのであろう。

青年時、元甲は天津に出て運送業、薬業に従事した。胆力を生かして住民や小業者にたかるやくざを排除したりしたが、自らは税金が支払えず官憲に身柄を拘束されたこともあった。剛直ながらも経済的には恵まれない一介の武術家にすぎなかったといえよう。

天津は一九〇〇年、義和団事変の際、北京とともに騒乱に陥った代表的な都市である。元甲が武名を揚げたのは、この義和団事変のときであった。蕭汝霖「大力士霍元甲伝」（注：『青年雑誌』一九一五・五号）によると、霍元甲はあるとき義侠心を発揮して義和団に追われるキリスト教信者の一団をかくまった。土地の義和団頭目韓某は、霍元甲に一書を届け、翌日までに教徒を引き渡すよう迫った。元甲は教徒を集めて言った。

「難に臨んで恐るるは勇なきなり、危にあって人を棄つるは不義なり、という。みなさんが私に身をまかせた以上、私もみなさんのために命をかけよう。明日、私は一人で出かける。もし幸いにして無事に帰ればこれはみなさんの福となろう。もし不幸にして帰らなければ、ともに地下で再会するのみ」

教徒はみな泣いた。翌日、元甲は身を清め、服装を整え、一刀を携えて義和団の本拠に赴いた。韓某は徒党を従え、天幕の中で椅子に座り両手に拳銃を持っていた。元甲は近づくなり、刀をふるって韓某の腕を切り落とした。そして衆に向かって大声を発すると、たちまち徒党は浮き足立ち、何らなすところがなかった。当時、天津の新聞がこの事件を取り上げ、「元甲、疑うらくはこれ剣仙か」と書きたてたので、元甲の名は広く知れわたり、遠方の豪侠の士が元甲を慕って集まるようになった。

陳公哲『精武会五十年・武術発展史』によれば、霍元甲が門人の劉振声をともなって上海に出たのは一九〇九年三月である。この年、上海のアポロシアターで「西洋大力士・奥皮音」（原名不詳。以下、便宜的に「オウビーン」とする）が幕間に力芸を披露し、いつでも中国人の挑戦を受けようと公言した。これを新聞で見た陳其美・農竹・陳鉄生・陳公哲という青年グループが発起人となり、霍元甲を上海に招聘したのである。

元甲は上海に出て六カ月で死去した。死後、多彩に脚色された霍元甲伝説は、ほとんどこの半年間の上海時代に題材を取ったものである。伝説の核となったのは西洋大力士オウビーン、中国武術家の東海趙某および海門張、そして日本柔道家との他流試合などである。霍元甲が日本柔道家と試合してまもなく死去したことから、試合に敗れた日本人が毒殺したとする伝説が生じた。これは霍元甲の死後数年経ってから流布しはじめ、武侠小説・映画を通じて一般社会に浸透した。真実はどうであったのか。この間の事情については、やはり当事者の一人陳公哲の回想録『精武会五十年・武術発展史』が最も脚色の少ない実録と思われるので、以下、他流試合から霍元甲の最後、そして精武体育会の創立にいたるまで、同書に依拠して経過を追ってみよう。

陳公哲はオウビーン対霍元甲の試合方法について興行者側と折衝した。当初、先方は蹴り技を禁手とし、グローブを着けて上半身だけを攻撃するボクシング方式を提案したが、結局は摔角方式で地に投げられた方を敗者とすることで合意した。また、静安寺路の張園に擂台《らいだい》（試合用の舞台）を設け、公開試合とすることにした。

しかし、当日（六月中旬某日）、約束した午後四時、ついにオウビーンは姿を見せなかった。秘かに上海を逃れていたのである。やむをえず発起人は観衆に呼びかけ、「互いに傷つけず、地に倒れた者を負けとする」原則のもとに、自由な挑戦を受けることにした。このとき最初に挑戦したのが東海の趙某であった。

霍元甲はまず劉振声に手合わせをさせた。劉振声はもともと鏢局出身の武術家で実戦的な体験が豊富であった。劉振声は数回、技を掛け合っただけで簡単に東海趙を投げ倒した。ついで海門の張と名乗る武術家が登場した。構えと動きから見ると、海門張は浙江外家派に属する拳術家のようであった。

再び劉振声が相手になった。ふたりは互いに隙を見せず、触れたかと思えば離れ、そのまま十五分が経過した。そこでいったん試合を中止して、翌日勝負を改めることになった。

人力車で宿舎に帰った霍元甲と劉振声は、海門張の動きを振り返り、翌日の作戦を練った。陳公哲はかたわらでふたりの武術談義に耳を傾けた。陳公哲にとって、それは初めて、表面的な演武からはうかがうことのできない伝統武術の魅力に触れたときであった。

翌日、試合再開の四時、観衆は約千人集まっていた。海門張は擂台に立つと、「今日は霍元甲と立ち合いたい」と希望した。霍元甲はこれを受けて立った。

ふたりは間合いをとって、しばらく台上をめぐり歩いた。海門張は隙を見て右拳で撃ち込んだ。元甲は右手でその腕をとらえ、左足を張の右足後ろに進めるとともに、左手で腰を抱え、かるがると張を投げ倒した。張がひきさがったあと、しばらく待ったが再び挑戦に立つ者はいなかった。

西洋大力士オウビーンと勝負する機会は逸したが、この張園における公開試合によって、上海でも霍元甲の武名が広く知られることになったのである。

当時、上海蓬路一帯は日本人が多く、三元里には「日人の技撃館」つまり柔道場があった。この柔道場の人々がある日、霍元甲と劉振声を招待した。お茶を飲み、日中武術の比較論などをたたかわしたあと、実際に技を見せてほしいということになった。しかし、これも陳公哲は「互いに傷つけないことを原則にした」と記しているので、友好的な腕試しにすぎなかった。

ここでも霍元甲は最初に劉振声を立ち合わせた。日本人は「まず相手を押し、相手がこれに抵抗して押し返したとき、その勢いを利用して足を相手の腹にかけ、自ら身を後方に倒してほうり投げようとした」。つまり柔道の捨て身技の一種「巴投げ」をかけようとしたわけである。しかし、劉振声は後ろに押されても動かず、前に引かれたときは腰を落として両足で踏みこらえたので、日本人は巴投げをかけることができなかった。

次に教師と見られる日本人と霍元甲が組んだ。ふたりは互いに手を取り合い、摔角の体勢となった。「日本人は右足を元甲の右足後ろにかけ、上半身で後方に押し、元甲を仰向けに倒そうとした」。つまり柔道の「大外刈り」であろう。このとき、日本人が体重をかけるよりも一瞬速く、霍元甲は相手を逆にはね飛ばした。日本人はベランダまで投げ出され、右腕を折った。「はからずも傷害を生じ、愉快な結末とはならなかった」と陳公哲は、この結末を惜しんでいる。

このあと、霍元甲をとりまく発起人たちは、霍師弟が経済的に自立できるようにと、改めて出資を募り、庭付きの一軒家「黄家宅」を借用して武術学校をつくった。これが精武体育会の前身「精武体操学校」である。陳公哲は創立日時を明記していないが、張園の公開試合が六月中旬であるから、開設ははやくとも七月初旬と考えてよいであろう。教師として劉振声のほかに、もう一人霍元甲の門人趙漢傑が招聘された。陳公哲は劉振声から節拳の型、趙漢傑から双刀術を学んだという。しかし、学校とは名づけても、規則も時間表もなく、またほどなく霍元甲が死去したため、「精武体操学校」はほとんど学生が集まらず実績をのこすことはできなかった。

陳公哲によれば、霍元甲はもともと「喀血病」を患っていた。少年時の気功訓練が度を過ぎて、ついに肺部を痛めて喀血し、以来顔色が土家色に青ざめていたため「黄面虎」とあだ名されたほどである。陳公哲は霍元甲に「かつて気功の道を尋ねたが、学ぶべからずと諭された」という。「気力を増すため故意に吸気を止めておくような剛的な気功は、新鮮な酸素の循環をさまたげ、人体生理上に悪影響を及ぼす」と陳公哲は記している。

黄家宅に移ってまもなく病状が悪化した霍元甲は、新閘路の中国紅十字会医院に入院し、二週間後に死去した。「享年五十三歳」であった（注：蕭汝霖『大力士霍元甲伝』は享年四十三歳とする）。

元甲は上海に出て以来、茶館兼旅社「竹深居」に寄宿していた。このときも持病の発作はときどき起きていた。あるとき仁丹売りの日本人に、仁丹は肺病に効くからとすすめられて服用したことがあるが、「病状はかえって悪化した」と陳公哲は記す。日本人が試合に敗れた遺恨で霍元甲を毒殺したとする伝説は、この挿話と柔道家との交流を結びつけて脚色したものであろう　霍元甲の死後、陳公哲はほとんど有名無実に陥っていた精武体操学校を閉鎖した。そして、友人姚蟾伯《ようせんはく》・盧煒昌《ろいしょう》らと協力して、翌一九一〇年（宣統二）三月三日、まったく構想を新たにした武術組織「精武体育会」を創立した。

以上が陳公哲『精武会五十年・武術発展史』の語る霍元甲の最後と精武体育会の発端である。

厳密にいえば、精武体育会は精武体操学校の単なる改名ではなく、両者は別個の組織であった。しかし、陳公哲らは常に霍元甲の遺影をかかげ、その尚武精神を会員に説いた。ここから自然に霍元甲が精武体育会の「開山祖師」すなわち創始者と目されるようになったのである。

武術組織に体育会と名づけたのは、「体育」という新しい用語によって、旧来の伝統的な武術結社とは異なることを鮮明にし、同時に清末の動乱期のなかで政治的な中立を守るためであった。一九一〇年といえば、義和団事変からわずか十年後である。伝統武術をそのまま表面に出せば、義和団の呪術的イメージを連想させた。武術は旧時代の文化を象徴する存在となっていた。また、あえて武術で結社をつくれば、そこには何らかの政治的意図が含まれているものと官憲側に解釈されがちであった。

一方、「体育」は日本人が明治維新後、西洋文化を受け入れるにあたって造語した新時代のことばであり、社会的に強国強民へと欲求が高まっていた中国に新しい文化、思想として受け入れられつつあった。この時代の中国にとって「体育」は、単なる用語上の問題ではなく、近代文化を象徴する一つの潮流となっていたのである。陳公哲らが「武術を運用し以て国民体育と為す」ことを旗印に「精武体育会」と名づけたのは、まさにこうした近代的な潮流のなかにおいてであった。

創立時、陳公哲はまだ二十一歳であった。盧煒昌二十九歳、姚蟾伯は二十歳にすぎなかった。いずれも上海の富裕な実業家の子息であった。国際都市上海で近代化の波に洗われた青年たちのエネルギーと柔軟な発想が、これまでの武術組織にはかつて見られなかった若々しい生命力を精武体育会にもたらしたのである。

精武体育会の旗には智育・徳育・体育を象徴する三つの星が描かれている。精武体育会は智・徳・体のいずれにも偏らず、総合的に発達した人間形成をめざした。これも康有為、梁啓超ら清末の先覚的な知識人たちが唱えた新しい思想であった。

精武体育会はのちに、サッカー・バスケットボール・卓球・ボクシングなど各種近代スポーツも取り入れ、文字どおり民間の総合的な体育組織として機能した。武術訓練は組織活動の中心であったが、一流一派にとらわれず、南北各派の武術家を教師として招いた。初期の武術教師として、「黄河流域派」の趙連和・張富猷・霍元卿（霍元甲の弟）、「長江流域派」の陳維賢・孫贊軒らがいる。このうち趙連和は、のちに総教練となり精武会武術の基本套路を確立した。功力拳・節拳など敏捷な型を得意とした。これに対し張富猷は体格も大きく、勇壮な大戦拳を得意とし、陳維賢は身法の特殊な酔拳を教えた。また、霍元卿によって霍家の迷踪芸が伝えられた。

なお、ここにいう黄河流域派とはいわゆる北派であり、長江流域派とは揚子江流域の南派を意味する。一九二〇年代、精武会運動の南方波及とともに、広東を中心とする南派は「珠江流域派」とよばれた。南・北といえば、とかく対立的な比較に陥りやすいが、三大河分類法であれば、ただ単に地理的に区分けした客観的な分類法となり、流派を対立的に論じる傾向は少なくなる。精武体育会が三大河分類法を提唱したのは、この理由によるだろう。

精武体育会の武術体系は初級・中級・高級に分かれる。初級の拳械套路十種は入会者が必ず学ばなければならない必修科目であり、中級以降になって初めて伝統的門派あるいはその土地特有の武術型などを学ぶことができた。

基本拳械套路とは、具体的には次の十種である。

一、潭腿十二路　拳脚の基本十二種を反復して練る単練用の型
二、功力拳　手技と体の動きを練る比較的簡単な型
三、大戦拳　持久力を練るに適した勇壮な型。手技中心
四、節拳　「捷拳」とも書く。足技とスピードを練る敏捷な型
五、群羊棍　棍術の型
六、八卦刀　刀術の型
七、五虎槍　槍術の型
八、接潭腿　潭腿対練。潭腿を二人で練る基本対練の型
九、套拳　二人で組んでおこなう対打の型
十、単刀進槍　刀対槍による武器の対練型

これらを最初の潭腿十二路から順序にしたがって学ぶと、拳・脚・武器そして実際の応用法など、バランスのとれた技法体系を身につけることができる。このような必修型のうえに伝統型を置き、両者を並存させることによって、各地に成立した精武体育会に統一性と多様性を同時にもたらしたのである。

この方式によって、伝統的な門派出身の武術家が自己の技法体系を損なうことなく精武体育会の教師となることができ、同会には著名な武術家が参加するようになった。たとえば羅漢拳の孫玉峰、螳螂拳の羅光玉、鷹爪拳の陳子正、太極拳の呉鑑泉などは、いずれも精武体育会で活躍した伝統武術家たちであった。精武体育会の南方発展とともに、彼らの北派拳法が広州精武体育会などを通じて広東・香港さらには東南アジアへと普及していったのである。広州精武体育会出身の著名な武術教育家で、近年まで香港大学武術教師をつとめた邵漢生（一九〇〇〜一九九四）は、精武体育会の統一的なシステムについて、次のように述べている。

当時（一九二〇〜三〇年代）全国各省の精武会は、南洋各地の精武会にいたるまで、みな同一の制服であった。一つずつのボタンではなく、つながった紐ボタンを使用したが、これにも意味があった。つまり精武会の武術は門派に分かれず、各門派が連合していること、すなわち万派も一源に帰ることを表す。もう一つの理由は、普通のボタンは練習時、手で打たれた場合、そこだけ身体が圧迫され血脈を傷つけるからである。左襟には星型の記章をつける。ただし、最初に精武会に入会したときはまだこの記章はない。星は会員の武術修得段階を示しているのである。満二年で十套の基本武功を会得し、初級試験に合格すると初めて襟に一つ黄色い星をつける。

ついで、さらに（二年間）十套の武功を学ぶ。この十套は必ずしも指定されているわけではない。各省の武術が異なるからである。中級試験に合格すると、襟にはもう一つ藍色の星が加わる。

第五年から第六年まで、さらに十套の武功を学び、高級試験に合格すればもう一つ紅色の星を加えること

孫玉峰（羅漢拳）

総教練の趙連和

羅光玉（螳螂拳）

陳子正（鷹爪拳）

精武体育会で活躍した伝統武術家たち

ができる。三つ星を持つ会員は、すでに三十套の武功を身につけていることになる。それから指導者としての訓練を受け、教練となるのである。

（注：特摩「老精武談精武会」〈香港・『新晩報週刊』一九七八・四・二八〉）

精武体育会は、創立当初から近代的な広報活動を重視していた。専務秘書陳鉄生は文才を生かして基本套路の教材・記録書を作成刊行し、また陳公哲・程子培は記録写真を撮り映画を製作した。

一九一八年、馬良の中華新武術が全国の学校体育に採用されつつあったとき、文学者魯迅は『新青年』第五巻第五号随感録で、「かつて満清の王侯大臣が唱えた拳法（＝義和拳）を、いまは中華民国の教育家が『新武術』だの『中国式体操』などと改称して青年たちに練習させている」と批判した。

これに対し、陳鉄生は『新青年』第六巻第二号通信欄に「拳術と拳匪」と題する一文を寄せ、「義和団は鬼道主義、技撃家は人道主義である。魯迅はこの二つを混同し、本来の拳術を誤解している」と反論した。

このころ精武体育会は各地に支部を設け、最初の隆盛期を迎えつつあった。精武体育会は武術の近代化と学校体育への普及には、中華新武術派以上の熱意をもっていた。したがって、魯迅の新武術批判は、精武体育会にとっても看過できない問題であると陳鉄生はとらえたのであろう。あるいは魯迅が『新武術』とともに批判の対象とした『中国式体操』とは、まさに精武会武術を意味したかもしれない。

魯迅は陳鉄生の反論に対し、「個人として拳術を修練するのならばいざ知らず、教育家が流行に乗って拳術を鼓吹し、それが一種の社会現象になっていること、そして依然として彼らの多くに義和拳と共通する『鬼道』精神が見られ、それが危険な予兆を告げているのである」と再反論を加えた。はからずも『新青年』誌上に展開された魯迅と陳鉄生の拳法論争は、当時の中国武術の矛盾点を露出させる結果となった。

魯迅の指摘するように、軍閥勢力下の武術界には「鬼道」精神が色濃く残存し、武術の普及とともに新たな装いをもって教育界に浸透する危険性があったことは事実である。しかし、陳鉄生は本来、魯迅と同じ進歩主義の立場から中国武術の近代化を推進しようとしたのであった。ただ、魯迅と異なる点は、陳鉄生も中華新武術派と同じように武術を集団的に普及させ、それを「社会現象」にまで高めようと志向していたことである。

一九二〇年、精武体育会が創立十周年を迎えたとき、孫文は同会の活動をたたえ、「尚武精神」の四文字を贈った。この孫文の激励もまた、精武体育会の名を高めるのに寄与したにちがいない。陳公哲は上海生まれだが、原籍は広東香山県（「中山県」）で孫文と同郷である。陳公哲自身は政治活動には参加しなかったものの、はやくから実業家の父陳升堂を通じて、孫文とは面識をもっていたのである。

近代的な組織活動と広報活動によって、精武体育会の運動は主として中国南方の各地に波及した。一九一一年から一九二八年にかけて、上海市内三カ所のほか、紹興・漢口・広州・汕頭・仏山・香港及び四川の順慶・培陵等に分会が成立した。これら各地の精武会組織は、土地の有志の支援を得て、それぞれ独自に会館を建設するなど、経済的にはほぼ自立した存在であった。これがかえって各地の人材を生かし、自主的な運動を可能にした。

また、華僑の要請により、陳公哲らは積極的に東南アジア各地で表演会、講習会を開催した。これがきっかけで東南アジアの華僑社会に精武体育会の武術が広まった。マレーシアとシンガポールでは、現在も精武体育会の活動が自主的に継続されている。東南アジア普及にあたっては、上海精武体育会出身の李佩弦（一八九二〜一九八五）らが活躍した。李佩弦は上海精武体育会で六年課程を修了したあと、広東に派遣されて仏山・広州などにおける精武会運動の普及活動に尽力し、現代中国でも南方武術界の重鎮として活躍している。

霍元甲の次男霍東閣も東南アジア普及に尽力した一人である。霍東閣は、元甲の死後、叔父とともに上海に出て、祖父恩第直伝の迷踪芸を上海精武会に伝えたが、一九一八年広州精武会の要請で南下し、ついで一九二三年（一九二七年説もある）甥の霍寿嵩をともなってインドネシアに渡り、短時日の間に数多くの分会を組織した。霍東閣は第二次大戦中、抗日運動に参加したかどで日本軍憲兵に逮捕されるなど辛酸をなめ、一九五六年現地で死去した（注：聞文「霍元甲故郷行」〈『中華武術』一九八四・三期〉等参照。霍東閣・寿嵩の子孫はインドネシアに現存するが、武術活動はおこなっていない。また、同記事によると、霍元甲一族直系の子孫は元甲の出身地天津西郊区傅村郷小南河村に現存する。元甲の妻王氏は二男三女を育て一九六〇年、九十一歳で死去したという。）

一九三二年、上海精武体育会は日本軍による上海攻略の際、戦火によって破壊され、映画フィルムなどの貴重な資料が焼失した。また、一九三七年、日本が本格的に中国を侵略し、日中全面戦争となったとき、日本軍は再び上海を制圧し、精武体育会を占拠した。そして体育館を武徳会柔道場とし、精武会事務棟を在郷軍人会とした（注：小秀「精武体育会」〈『新体育』一九五七・一〇期〉）。霍元甲の日本人による暗殺説は虚構の伝説であったが、こうした侵略の事実を背景にいっそう広まったのである。いわば霍元甲暗殺説は、言論の自由が抑圧されていた日本軍支配下において、日本人に対して敵愾心《てきがいしん》をあおる間接的な抗日キャンペーンともなったのである。

霍元甲暗殺説の流布には、平江・不肖生による武侠小説『近代侠義英雄伝』の影響がつよい。同作品は霍元甲ら近代に活躍した著名武術家の実録的長編小説であり、結末は日本人による霍元甲暗殺で終わっている。不肖生は日本留学出身で『留東外史』など一連の「留学小説」によって著名となった。一九二二年、武侠小説『江湖奇侠伝』を著し、これは映画「火焼紅蓮寺」となって爆発的な人気をよんだ。『近代侠義英雄伝』はこの直後に執筆が開始された。不肖生は単なる流行作家ではなく、民国初年以来、本名向愷然でも活躍した武術活動家であった。武術論として『拳術講義』（一九一二）、「太極推手的研究」「向愷然先生練太極拳之経験」（呉志青『太極正宗』所収）などがある。かつて出身地の湖南省政府主席何鍵に請われて長沙におもむき、国術訓練所に入り、また同地で民衆国術倶楽部などを組織し、武術振興に尽力した。新中国成立後はひたすら仏教に沈潜し、一九五七年十二月、六十七歳で没した（注：葉洪生「平江不肖生小伝及分巻説明」、向為霖「我的父親平江不肖生」参照。ともに一九八四年台北・聯経出版事業公司刊〈近代武侠小説名著体系〉『近代侠義英雄伝』第一冊所収）。

日本空手道剛柔流開祖宮城長順は一九三六年、上海精武会を訪れ、総教練趙連和と交流している。個人的な中国武術研究旅行ではあったが、日本空手道が国粋化の一途をたどっていたこの時代に、中国武術の原点を離れまいとした宮城長順が精武体育会を訪問した意義は決して小さくない。いまとなっては両国緊張の間隙をぬっておこなわれた貴重な友好交流であった。ちなみにこのとき宮城長順と趙連和たちが寄せ書きした記念の色紙には「深願以拳術謀中日親善」（深く願う拳術を以て中日親善を謀らんことを）とある（注：色紙は沖縄の故・安仁屋正昌氏〈一九八五年没。八九歳〉宅に現存。安仁屋氏は当時上海で茶行安仁屋洋行を経営、同郷のよしみで宮城の武術交流に協力した。小山正辰「我が宮城長順・上海行」〈福昌堂月刊『空手道』一九八一・三号〉参照）。

日本の敗戦によって精武体育会は、占拠されていた二つの建物を回収した。そして一九五一年、人民政府の資金的援助（旧幣一億元）を得て、大々的修理をほどこし、武術・摔跤・ボクシング・卓球など各種スポーツを含む民間組織として再発足したのである。

中央国術館の成立

一九二六年七月、広東に拠した国民革命軍総司令蔣介石は、北方の軍閥勢力を討伐すべく大規模な軍事行動を開始した。軍事力によって一挙に全国を統一しようとしたこの北伐作戦は二年後の一九二八年六月、国民革命軍の北京入城をもって完了した。こうした中国統一の気運のなかで、国民政府（蔣介石）の首都南京において国立の武術統一機構「中央国術館」が創設された。

中央国術館の実質的な創立者は、もと馮玉祥国民軍の将軍張之江《ちょうしこう》（一八八二〜一九六九）である。張之江は馮玉祥の右腕として国民軍を率い、第一線で戦っていたが、一九二七年馮玉祥の命により国民軍全権代表駐南京主席連絡官として南京に赴任し、国民政府委員の一人となった。

かねて武術振興に関心のつよかった張之江は、まず李景林・鈕永建《じゅうえいけん》らと共同で「武術研究所」を創立し、これ

中央国術館　館長　張之江（1882－1969）（李元智『梅華刀図説』）

1928年　中央国術館第一回全国武術大会（「国術国考」）開幕記念写真（『中国武術百科全書』）

近代中国統一の気運のなかで全中国に尚武の気風がみなぎる1920年代、もと馮玉祥軍の将軍張之江によって当時の首都南京に創設された中国国術館は、中国武術の近代化と普及に決定的な役割を果たした。

中央国術館組織系統（初期）

理事長：馮玉祥
館　長：張之江
副館長：李景林　鈕永建　張樹声　王子平　張驤伍
先後担任教務処長：馬良　劉崇清　朱国福　呉峻山　呉翼翬
　　　　　副処長：郭錫山　楊松山
先後担任編審処長：唐豪　姜容樵
　　　　　副処長：黄柏年
　　　　　編審員：金一明
　　　　総務処長：李滋茂　竺永華　陳家珍　龐玉森
　　　　訓育主任：張瑞堂
　　　　学生隊長：朱国禄　孫玉銘　康紹遠　李錫恩
　　　　　副隊長：朱国禎　張英振　楊法武　劉鴻慶
幼年班班長：馬振武　何福生
少林門長：王子平
科　　長：馬英図　馬祐甫
武当門長：高振東
科　　長：劉印虎
専家教授：朱国福　孫禄堂　楊澄甫　王子平　龔潤田　閻乃康　陳子栄　呉図南
　　　　　呉峻山　孫玉昆　馬英図　王子章　郭錫三　呉翼翬　馬祐甫　華鳳亭
　　　　　郭長生　馬慶雲　李雨山　孫玉銘　楊法武　張本源　李元智　徐宝林
顧問：張洪之　斉友良
参事会参事：李宗黄　陳泮嶺　佟忠義　翁国勛　龐玉森　李麗久　郝銘

この組織・人名リストは龐玉森責任編集『中央国術館史』（黄山書社出版刊行1996）による。同書はまた、中央国術館の「発起人」と「創始人」について次のように大書している。

中央国術館発起人

李烈鈞　戴傳賢　蔡元培　于右任　鈕永建　何応欽　張之江

中央国術館創始人

張之江　李景林　王子平　龐玉森　高振東　馬英図　劉印虎

を母体に蔡元培・孔祥熙・何応欽・于右任・李烈鈞ら政財界の有力人士二十六人を発起人として「国術研究館」設立準備をすすめた。中央国術館は一九二八年、この国術研究館を改称して発足させたものである。館長に張之江、副館長には武当剣で名高い李景林将軍（一八八五〜一九三一）が就任した。はじめ市内のキリスト協会に間借りしたが、まもなく南京西華門頭条巷に独立した建物を建設した。

当時、精武体育会の陳公哲も南京政府に国立の精武体育会建設をはたらきかけていた。政府は張之江の国術研究館を認可したが、張之江は精武体育会に敬意をはらい、陳公哲・陳鉄生・姚蟾伯の三人を国術研究館参事として遇した。陳公哲ら精武体育会側は引き続き民間組織に徹せざるを得なかったが、中央国術館の発足にあたっては、名称その他運動形態等について意見を述べた。中央国術館成立大会では賛助演武をおこなっている。張之江も陳公哲との協議から得るところは少なくなかったはずである。もともと国術の名称は、精武体育会が提唱したものであり、同会は「国術科学化、伝習百万人」を主要な標語として掲げていた。

「国術」とはいうまでもなく「中国武術」の略称である。「国」の一字には、辛亥革命以来の強烈な中国近代のナショナリズムが込められている。したがって、「国術」に含まれた武術のイメージとは、単なる伝統的な武術ではなく、あくまでも近代国家にふさわしい革新的な武術でなければならなかった。この考えは中央国術館の創立によって確固とした武術思想となった。国術は、伝統武術にまつわりつく神秘観と「花法」などの形式主義を排除し、科学的かつ実用的な武術をめざした。平時においては個人の合理的な健身法として国民体育の向上に寄与し、戦時においては護身・格闘の武術として確実に役立ちうるものでなければならなかった。すなわち、国家的な観点から武術を近代的に再編しようとしたものが国術であったということができよう。こうした新しい武術観は、中央国術館成立大会宣言（注：呉文忠『中国近百年体育史』所載　台湾商務印書館一九六七）によく示されている。

中央国術館成立大会宣言は、まず「個人であろうと団体あるいは国家であろうと、自衛の能力をもって初めて生存することができる」という孫文のことばを引き、生存のためには自衛を求めよ、自衛のためには国術を求めよと説いた。そして国術は最も普及の簡単なスポーツであるとともに、国を救う有効な手段にもなると強調し、「強国にはまず強種（＝種族強化）、強種には必ず強身でなければならない」と繰り返し説いている。つまり国力の強化には、まず民族を強化しなければならない。そのためには一人ひとりの国民が剛健でなければならないと主張し、そのための最適の手段として武術を位置づけたのである。

このように国力強化の源泉として武術をとらえ、その近代的、科学的再編をはかろうとしたのが辛亥革命後の武術界における主要な潮流であった。前項までに述べた中華新武術、精武体育会はその典型であったが、これら以外にもこの時期の武術観を示す例にはこと欠かない。

たとえば、郭粹亜『石頭拳術秘訣』（一九一六？）は「拳術の効用」と題する小節で武術の国家的意義を説き、スエーデン体操家の言を引き、「『完全なる体育とは教育的、武力的、医術的、審美的のいずれも包含し、そのうち一つが欠けても体育の宗旨に反する』という。しかしてわが国の拳術は実にこの四美を具備している」と述べている。

また、陸師凱・陸師通共著『拳術学教範』（一九一七）は、軍隊警察あるいは学校用のテキストとして編纂されたものであるが、緒論に「拳術と個人の関係」「拳術と国家の関係」「拳術の世界における価値」等の小節を設け、古代スパルタ、当代日本の例を引きつつ、国民の尚武精神がいかに国家の存続と興隆に必要であるかを説き、中国拳術の近代化は西洋剣術・日本柔術などに勝る優れた武術として世界に寄与しうると主張している。

ちなみに毛沢東が『新青年』（第三巻第二号）誌上に『体育之研究』を発表したのもこのころである。毛沢東もまた単なる一般的な体育論を展開したのではなかった。「国力は恭弱、武風は振るわず、民族の体質、日を趨《お》うて軽細たり。これ、はなはだ憂うべき現象なり」という序文書き出しで明らかなとおり、毛沢東はあくまでも民族の興隆、強国の建設をめざして、その最も基礎的な問題として体育論を展開したのであった。同論文のなかで毛沢東は、拳法体操ともいうべき自編の剛健術を紹介している（本章第五節参照）。

柔的な技法を尊び、個人の養命を重視する太極拳でさえも、「救国」の道としての太極拳錬磨を説くようになった。楊澄甫『太極拳体用全書』自序によれば、少年時代、一人を相手とする武術よりも万人を敵とする兵法を学びたいと考え、太極拳の練習をやめようとしたとき、祖父楊露禅に「今の君子は国の弊が貧にあるとだけ考え、弱にあることを知らない。実に弱こそ貧の源である。したがって国を強くするには、民を強くしなければならない。愚公山を移すの寓話のごとく、たとえ迂遠に見えても一人を壮健にすることがやがて国家を富強にする。太極拳の意義もそこにある」と諭されたという。楊露禅が実際にこのような教訓を与えたかどうかはやや疑問であり、これはおそらく開祖に託して楊澄甫（および実際の編者であり、楊澄甫の高弟である陳微明）らが自分たちの拳法観を語ったものと思われる。しかし、清末民初の革命期には、太極拳の世界にもこのような一人の壮健と国家の富強を結びつけて語る武術観が浸透していたという事実が、ここでは重要である。

辛亥革命前後から民国初期にかけて、こうしたいわば国家主義的な武術観のもとに、中華新武術、精武体育会以外にも各地にさまざまな武術組織が誕生した。

一九一一年、天津で組織された中華武士会は、河北同盟会の提唱で生まれた愛国的な武術結社で、李存義（一八四七〜一九二一）と馬鳳図（一八八八〜一九七三）が総教習に任じた。李存義は清末形意拳の大家で刀術も巧みであった。一九〇〇年、天津で義和団に加わり、「単刀李」として勇名を馳せた。その門下からは数多くの著名武術家を輩出している。馬鳳図は武術の名門地河北滄県の出身で、同地伝来の劈挂掌・八極拳を得意とし、のちに翻子拳を併せて通備門を大成した。一九二〇年、弟の馬英図（一八九八〜一九五六）とともに馮玉祥軍に加わり、実戦武術を指導した。また、軍中で張之江と知り合い、南京中央国術館の設立時には馬英図が少林派武術教師として参加し、近代武術の確立と普及に寄与した。

中華武士会は、「武林同道の団結によって、中華武術を提唱、民族精神を奮い起こし、日本武士道をしのぐこ

馬鳳図（1888－1973）
（馬明達「紀念回族名中医馬鳳図先生
西北民族学院学報 1997）

李存義（1847－1921）
（閻伯群・李洪鍾校注『李存義武学輯注』
北京科学技術出版社 2017）

辛亥革命期、先駆的な民族主義武術団体「中華武士会」に指導者として参画した李存義と馬鳳図。李存義は万通鏢局を率いて勇名を馳せ、生涯を形意門の強豪として貫いた。その教伝は最近になって『李存義武学輯注』として公刊されている。馬鳳図は早くから北派の総合門派「通備武芸」を大成し、新中国後も生き延び、晩年は名医として慕われた。その子息、穎達・賢達・令達・明達はいずれも父の教伝を受け継ぎ「馬氏四傑」として知られる。

とを宗旨とした」。この中華武士会の名称と宗旨には、梁啓超『中国之武士道』の影響が濃厚である。清末に著された同書は、保守派と革命派とを問わず武術を志向する者にはよく読まれたことであろう。そして、その影響は民国初期以来流行した国家主義的武術観の底流となったはずである。

一九一二年、太極拳研究家許禹生（一八七九～一九四五）らの主導による北京体育研究社が発足した。一九一三年、湖南では国技学会が生まれている。

一九一九年、呉志青（一八八七～一九四九）が上海で中華武術会を組織した。呉志青は近代的な体育を学んだ武術教育家で一九二三年には中華体育師範学校を創設し、校長となった。中央国術館が発足すると、理事として参加し、また中央国術館編審処長となった。著書に、『中国新体操』『太極正宗』『教門弾腿図説』『査拳図説』『連歩拳図説』『七星剣図説』『六路短拳図説』などがある。

一九二〇年代は、陳微明の致柔拳社（一九二六）、葉大密の武当太極拳社（一九二六）、武匯川の匯川太極拳社（一九二七）など太極拳の武術結社が相次いで出現した。

河南省では陳泮嶺《ちんはんれい》（一八九一～一九六七）が一九二六年、河南全省武術会を組織した。陳泮嶺は、北京大学で土木技術を学び、卒業後は黄河治水と技術者教育に尽くしたが、業務のかたわら武術の近代化と普及に努力し、中央国術館の重慶時代、副館長を務めた。自らは形意拳と太極拳を得意とした。太極拳の源流である陳氏太極拳の発掘、流派を統合した新たな太極拳の創編など、太極拳の研究と普及には重要な貢献をした人物である。

また、この一九二〇年代、姜容樵《きょうようしょう》（一八九一～一九七四）が上海で尚武進徳会を創立している。姜容樵は呉志青と同様、文武に優れた武術研究家で、実技としては主に形意拳・八卦掌を伝え、また『写真形意母拳』『形意雑式捶・八式拳合編』『写真秘宗拳』などの研究書のほか、実録小説『武俠奇人伝』などを著した。

南京中央国術館は、国家的な武術統一機関として、このような辛亥革命後にわきあがった武術界の近代的な潮流を一つにまとめあげようとしたのであった。当初の構想は、南京に創設された中央国術館を国立の中心機関とし、この下に各省・市・県国術館、さらに区・村・里国術社を組織することとした（注：中央国術館の組織大綱と行政系統については、呉図南『国術概論』商務印書館一九三九に詳しい）。

実際にどのていど末端まで国術館もしくは国術社が組織できたか不明であるが、省市レベルでは各地既存の有力な武術組織が国術館として改組し、傘下に結集している。たとえば、上海滬北国術研究総社は、中央国術館の要請を受けて上海市国術館と改名した。少林拳・太極拳ゆかりの地河南省では、前述の陳泮嶺が一九二六年河南全省武術会を組織していたが、一九三一年河南省国術館として再発足し、新安・鄭県・西華などに分会を設けた。張之江に協力して中央国術館副館長となった李景林将軍は、一九三〇年山東省国術館館長となった。

不完全な統計ながら、一九三三年末までに二十四の省市で国術館が成立し、県レベルでは三百カ所に国術館が誕生した（注：国家体委・中国体育史学会『中国近代体育史』北京体育学院一九八九）。

既存組織の改組と新設とを問わず、各地の国術館には当時著名な武術家が館長、教師などにおさまっている。中央国術館の成立と各地国術館の組織化によって、中国武術界は、ときに門派間の争いをはらみつつも、着実に人的な大同結集をうながしていったのである。

中央国術館は発足当初、少林門（初代門長：王子平）、武当門（初代門長：高振東）の二門を設けた。王子平（一八八一～一九七三）は、この時代からごく近年まで活躍した近・現代中国武術界を代表する人物である。河北滄県の回族で査拳・捧跤を得意とした。中華人民共和国成立後、中華全国体育総会委員、中国武術協会副主席等を歴任した。高振東（一八七九～一九六〇）は、馬玉堂に形意拳を学び、一九〇〇年義和団に身を投じたが、事変後東北に去り、一九二六年上海で武術教師となっていた。

中央国術館少林門では、査拳・弾腿・八極拳・劈掛拳等、武当門では太極拳・八卦掌等を教授した。ただし、二門制は発足まもなく廃止され、かわって教務処・編審処・総務処の三処制となり、初代教務処長には中華新武術の提唱者馬良が就任している。実際の教授年月は不明だが、中央国術館が前後して招聘した著名武術家とその教授種目に関して、次の記述が参考となる。

招聘した当代の武術名家として、王子平が少林拳械を教え、李景林のちに高振東が武当拳械を教えたほか、さらに孫禄堂（原注：江蘇省国術館副館長）が形意拳を教授し、また楊澄甫が楊氏太極拳、龔潤田が呉氏太極拳、陳子栄が陳氏太極拳、呉俊山と孫玉昆が八卦門の拳械と擒拿、馬英図が披掛掌・八極拳および技撃、華鳳亭が摔跤と長拳、馬慶雲が摔跤、李玉山が燕青拳・太極鞭、孫玉銘が棍術、張本源が査拳、閻乃康が刺槍、王子章が劈剣、李元智と徐宝林が猴拳、酔拳を教授した。このほか顧問張洪之（原注：清代翰林）が『易経』を、斉友良が軍事戦略戦術を講義した。後期教員には張長信と韓化臣がいる。

（注：張潤蘇「張之江与中央国術館」〈『中華武術』一九八八・一〇・一一期〉）

中央国術館は一九二八年十月一日〜七日、南京公共体育場で「第一次国術国考」として大規模な全国武術試合大会を開催した（注：『中国近代体育史』）。「国術国考」とは、「国術の国家考試」すなわち武術の国家試験の意で、実際に打ち合う試合形式によって、門派にとらわれない実力勝負をおこない、真に優秀な武術家を選抜、表彰しようとする画期的な試みであった。

試合参加者は約四百人。大会審判長は孫禄堂と馬良であった。試合はまず予選として刀・槍・剣・棍・拳術の表演をおこない、これに合格した者が本試合に参加できるものとした。本試合は徒手・短兵・長兵・摔跤の四種目である。このうち武器の試合は、簡単な防具を着用、また摔跤は安全な競技規定が整っていたはずであるが、問題は徒手競技であった。

徒手競技は、防具なしで実際に打ち合う拳法の散打方式で試合をおこなった。体重無差別で抽選によるトーナメント方式である。眼・喉・下腹部への加撃のみを反則とし、反則三回で失格となる（重大な反則は一回で失格

王子平（1881－1973）
晩年になっても重武器「月《げつ》牙《が》鏟《さん》」を軽々と扱う

王子平は武術の名門地、河北滄州の出身。俊敏華麗な査拳を得意とする一方、摔跤・各種武器術まで修練し、「神力千斤王」とよばれた。技量、人格ともに優れ、中央国術館が創設されたときは初代少林門長として招聘されている。また、中国医術にも造詣が深く古今の療法を研究して独自の正骨治療法「王氏傷科」にまとめ、上海中医学院傷科教研室副主任なども務めた。武術の後継者でもある息女王菊蓉も新中国を代表する武術家となり、訪日を重ね、日本人でその薫陶を受けた者は少なくない。

（写真は武術・治療家Helen Wuのウェブサイトより。Wu女史は中国名　呉小蓉。呉誠徳（王氏高弟）・王菊蓉夫妻の娘すなわち王子平の孫にあたる。カナダ在住）

とする）。その他の部位へは、自己の手・肘・脚・膝を用いて自由に攻撃してよい。

このような実戦的競技方式は、一回限りの個人的な勝負ならばいざ知らず、集団の競技大会で実行しうる方法ではなかったであろう。このときの散打試合については、負傷者が続出し、競技として問題があったことを指摘する資料が多い。しかしながら、このように無謀ともいえる原初的な格闘方式で全国大会を開催したということは、いかに当時の中国に尚武の気風が盛んであったかを示している。とかく花法を好み伝統主義に支配されがちな中国武術界で実力本位の実戦的勝負を公的に競ったという事実は、やはり高く評価しなければならない。

翌一九二九年十月十六日～二十八日、浙江省杭州において、同じく実撃方式による大規模な試合大会が開かれた。この大会は浙江省国術館が主催し、浙江省政府主席張静江によって「浙江国術游芸大会」と命名された。中央国術館館長張之江を名誉会長に、李景林を審判委員長に迎え、孫禄堂・褚民誼《ちょみんぎ》が副委員長となった。また、審判員として、各派の名家二十六人が名を連ねている（注：残生「旧中国第一次全国武術擂台賽」〈『体育史料』第八集〉人民体育出版社一九八二）。その一人、張占魁《ちょうせんかい》（字：兆東一八五九～一九四〇）は、清末民初に最も著名であった武術大家の一人である。

張占魁は形意拳の大家劉奇蘭に学んだあと、清末の特異な武術家董海川《とうかいせん》（一七九六～一八八〇）に八卦掌を学んだ。形意拳と八卦掌は、近代以降並習する習慣が生まれたが、本来この二門は性格のまったく異なる拳法である。形意拳は拳・掌による攻撃を主要技とし、かつ直進直打を得意とする。練習も一直線上を往復して、ひたすら五種の基本技を繰り返す。これに対し、八卦掌は円線上をめぐって転身しつつ、各種の身法とともに多彩な掌技を練ることを特色とする。従来ならば、おそらくは対立したであろうこの二つの拳法を並習する傾向が生まれたのは、主として張占魁の影響によるであろう。張占魁のもとには多種多彩な人物が集まった。それだけ武術界に影響力を発揮したのである。

この大会の審判副委員長となった孫禄堂（一八六一～一九三二）は、形意拳・八卦掌のほかに太極拳を加え、

八卦・形意門の名家　張占魁（1865－1938）（姜容樵『形意雑式捶・八式拳合刊』等原載）

張占魁は清朝末期から20世紀半ばまで天津武術界の中心人物として活躍、その門下から数多くの多彩な人材を世に送り、近・現代の中国武術界に大きな影響を与えた。著名な高弟として、姜容樵・韓慕侠・魏美如・趙道新などがいる。姜容樵は中央国術館で編審処長として活躍し、韓慕侠は周恩来が若き日、武術を学ぶため師事した人物として有名である。また、張占魁一門の主要技法は台湾在住の柔派拳法大家・王樹金（天津出身）並びにその後継一門の尽力によって早くから日本にも伝来している。

孫禄堂（1860－1933）

孫剣雲（1914－2003）

近年、山西形意拳・車派一門によって公開された車毅斎・郭雲深両巨頭の交流記念写真
中央椅子席左が車毅斎、右が郭雲深。前面左、槍を構える人物は若き日の孫禄堂であるという（孫派第二代・孫剣雲師談）。清朝末期の武術風俗を伝える貴重な一葉でもある。

孫派独特の架式を生みだした武術家として知られる。形意拳・八卦掌・太極拳を柔派拳法いわゆる「内家拳」もしくは「武当門」の三大門派とする分類法は、孫禄堂らによってこの時代に定着した新しい拳法観であった。こうした各流の特色を生かしつつ拳法を総合的に発展させようとした人物たちが、武術競技化を企図して結集したところに、前年の南京における第一次国考、そしてこの一九二九年杭州における武術大会の意義が存在する。

杭州大会は十一日間にわたって挙行され、前四日間は表演大会であった。そのあと七日間が散打試合で、合い間には各種の演武がおこなわれた。散打試合には百余人が登録、表演には百九十二人の申し込みがあった。

表演大会では主催者側の役員と参加選手ら少林・形意・八卦・太極など各流三十門派以上が徒手・武器など五百種目を演じた。李景林夫婦が武当対剣を演じて大会に花を添え、孫禄堂が形意拳・八卦掌の老練した型を見せた。また、劉百川による単刀と九節鞭、楊澄甫による楊氏祖伝の太極拳などが表演された。

散打試合は、この大会のため特別に設置された擂台（試合用舞台）の上で実施された。舞台の上に直径十メートルの円を描き、試合場とした。競技方式、反則規定などは南京大会とほぼ同様である。ただし、試合実施の過程で二、三度ルールが変更された。まず、第一点は引き分けが多すぎたので、双方互角で勝敗がつかない場合は、ともに失格とし、引き分けをなくした。このあと互いに手加減をしない試合となり、顔面の負傷が続出した。そこで、連続的な顔面攻撃を禁じる補充規定をつくった。このため第三日からは下段攻撃もふえて技巧性が増したという。

散打試合参加者百余人のうち優秀選手三十人が選ばれ、さらにそのうち下記十人が最優秀選手として表彰され、それぞれ賞金五千元（一位）～二百元（十位）を獲得した。

第一位王子慶　第二位朱国禄　第三位章殿卿　第四位曹宴海　第五位胡風山　第六位馬承智　第七位韓慶堂
第八位宛長勝　第九位祝正森　第十位張孝才

（注：前掲「旧中国第一次全国武術擂台賽」による。優勝者王子慶の経歴は不詳だが、李景林将軍のボディガードだったという）

習雲泰『中国武術史』は、翌一九三〇年上海で開催された同様試合大会と合わせ、次のように評価している。

この二回の試合を通じて、一つの問題が解決された。それは武術の神秘化に対し一定の打撃を与えたということである。鉄沙掌、鉄布衫、銅頭、鉄襠、門外不出の剣仙、名家聖手、試合専門家などといったところで、たいしたことはない。いい成績をあげるにはやはり実践しなければならないのである。

翌年の上海大会には二百余人が参加、二日間の表演大会のあと、試合が三日間挙行された。

一九三三年十月二十日～三十日、中央国術館主催による第二回国術考試として、第一回を上回る大規模な全国武術試合大会が南京公共体育場で開催された。全国主要省市と中央国術館等二十単位四百二十九人（女子九人）が参加した。種目は、男女散打・男女短兵・摔跤・搏撃（＝ボクシング）であった。

選手は種目別体重別に五組に分かれ、一種目勝利数六回の者を甲等、五回を乙等、四回を丙等とした。ただし、ボクシングは、重量級の人数が少なかったので、勝利数二回で甲等、一回で乙等とし、その他クラスは勝利数四回で甲等、三回で乙等、二回で丙等とした。各等級とも、一～六人選出した。

ボクシング軽量級では、若い学生李錫恩が果敢に戦い、有名選手を退けて優勝した。李錫恩は、のちに復旦大学体育教研室副教授、国家級審判となる。

散打試合は、「勝負はつけても負傷はさせず」を目標に、ルールを大幅に変更し、防具を着用した。そして攻撃用拳脚の先端が軽く相手に触れただけでも得点となるようにした。しかし、この結果、選手は互いに近づかず、離れたところで飛び跳ねているだけのかっこうとなり、新聞に「国術試合場は闘鶏場となった」と書かれたという。

この第二次国考の直前、同じ南京で開催された「全国運動大会」に武術も初めて競技種目として参加し、散打では体重別・防具付きで試合をおこなった。野球（審判）用の胴防具、サッカー用の腿防具を転用し、顔面・股間部への加撃を反則とした。時間無制限制で相手を倒せば勝ちとした。しかし、「試合結果は摔跤にあらざる摔跤となり、一回の試合に一時間かかることもあり、当時の新聞に『国術試合場は闘牛場となった』と評された」という（注：習雲泰『中国武術史』）。

表演競技でも採点基準が明確ではなく、判定上しばしば問題があったようである。また、門派間の対立も依然として存在しており、ときに勝敗をめぐって試合場の内外で深刻な騒動がもちあがることもあった。この傾向は特に地方の国術考試で激しかった。国術考試は南京における国考のほか、省・市・県レベルでもおこなうものとされていた。一九三二年、湖南省で実施された省考の際、柳森厳と顧汝章が対立し、両派の争いは柳森厳に対する狙撃事件にまで発展し、このため柳森厳はついに決勝戦に出場することができなかった（注：『中国近代体育史』）。

一九二〇年代から三〇年代にかけて、武術は近代化・統合化の道を急速に歩んだが、その一方で門派・会派の対立が存在していたことも事実である。中央国術館が当初の少林門・武当門という二門制を廃止したのも、両派に争いが生じたためである。しかし、大局的に見れば、こうした門派間の対立は、武術近代化への過程で生じた局部的な側面にすぎなかったというべきであろう。

中央国術館が中心となって展開したこの時期の武術試合は、たとえ判定に問題があり、社会的に闘鶏や闘牛と等しく酷評されても、武術界にとっては貴重な実験過程であったと評価しなければならない。あえて冒険的な実験を重ねることができたのは、それだけ当時の中国武術界に新しいものに挑戦しようとする活力があった証拠である。

このころ日本では、琉球を経由して本土に伝播した「唐手」が柔道・剣道の影響下に「日本空手道」として確立しつつあった。しかし、当時の空手は型の反復修練を主体とし、ようやく約束組手のような相対練習が開発されつつあった段階で、柔道・剣道のような安全な防具とルールによる競技方式を確立していなかった。東京大学・三木二三郎、関西大学・沢山勝ら大学生の一部には防具を開発して空手・拳法の実戦的な試合化を研究する者もいたが、空手界一般からはむしろ「伝統的な技術を乱す実験」として歓迎されなかった。

東京大学の防具研究は一時的な実験に終わったが、関西大学の沢山勝（のち宗海）は、独自に防具試合を追求した。柔道出身の沢山は、空手だけではなく相撲・柔術を取り入れた総合的な日本式格闘競技法として、防具付き試合の体系化をすすめ、ついに空手界から離れて「日本拳法」を創立した。この系統は森良之祐が一九五三年以来関東諸大学に広め、現在は自衛隊の軍隊用徒手格闘術の中心ともなっている。（注：日本拳法については沢山宗海『日本拳法』毎日新聞社一九六四、森良之祐『拳法教程』原書房一九七三・『日本拳法入門』東京書店一九九一等参照）

第二次大戦後、空手は国際的に普及し、国内外において大小さまざまな規模の試合が活発におこなわれているが、依然として普遍的な競技方法は確立していない。現在の空手競技は、防具着用の有無、加撃方法のちがい（実際に打突する実撃主義か、実際には打突せずに目標寸前で攻撃の手足を止める形式主義か等）によって、まったく異なる各種の試合方法を生んでいる。

このように現在でもまだ国際的に空手・拳法の競技方式が確立していないということは、いいかえれば拳脚の打突を主体とする徒手格闘技は、その競技化がいかに困難であるかということを示している。このことから考えても、一九三〇年代中国でおこなわれた各種の武術試合は、国際的にも先駆的な、そして果敢な実験であった。

上記国術考試としての武術試合のほか、中央国術館関係の主要な活動実績として、専門学校設立による武術指導者の養成、出版・武術研究などの理論活動、そして第十一回ベルリンオリンピックなどにおける海外活動などをあげることができる。

張之江は一九三三年、国術体育専科学校を創設した。この専門学校の創設によって張之江は、中国の伝統武術と近代的な西洋体育を融合して新しい武術体育の教育体系とその指導者を生み出そうとした。これもまた、張之江のもう一つの果敢な実験であった。張之江は一九三〇年、極東アジア選手権競技大会が東京で開催されたとき、日本各地を参観し、講道館柔道やあるいは正規学校における武術教育に大きな刺激を受け、中国武術近代化とその国民体育としての普及にいっそうの熱意を燃やしていたのである。

この国術体育専科学校は、一九三六年「中央」を「国立」に改め、国立国術体育専科学校となった。さらに一九四一年、「師範」の二文字を加え国立国術体育師範学校と改名して、指導者養成機関としての性格を鮮明にし、数多くの優れた武術教育家を育成した。十余年間の活動期間中、卒業生は十期以上、約六百人を社会に送り出した。

中央国術館出身の武術家として近・現代に活躍した人々は数多い。そのなかには何福生・張文広などいまなお中国武術界で指導者として活動している人々もいれば、李元智・韓慶堂・常東昇・傅淑雲など国民党とともに台湾に移り、そのため早くから日本・アメリカなどに名を知られ国際的に影響を与えた人々もいる。

一九三六年八月、ベルリンで第十一回オリンピックが開催されたとき、中国は体育代表団に付随して武術表演隊を派遣した。選抜、訓練とも中央国術館が中心となった。表演選手は、張文広・温敬銘・鄭懐賢・金石生・翟漣源（女）・傅淑雲（女）・張爾鼎・寇運興・劉玉華（女）らであった。ベルリン各地における表演活動は、中国が欧米でおこなった最初の公的な武術表演であり、デモンストレーションとはいえ中国武術が初めて世界の体育界に登場した記念すべき国際活動となった。表演はアンコールをよぶほどの好評で、一般種目の成績が低調だっただけに、中国の国威発揚に役立った（注：『体育史料』第二集〈中国とオリンピック特集号〉人民体育出版社一九八〇に張文広・温敬銘・劉玉華ら武術代表選手の回想録が掲載されている）。

一九三七年以降、日中戦争激化のため、中央国術館と国術体育専科学校は南京を離れ、長沙・桂林・昆明など各地を転々とし、一九四〇年重慶に移った。苦しい戦時下に政府の経済的支援もなくなり、教職員・学生は自活の道を求めて去っていき、中央国術館はしだいに有名無実の存在となった。日本降伏後、張之江は南京にもどったが、旧国術館・学校跡は廃虚となっていた。一九四六年、張之江は天津に適当な校舎を求め国術体育専科学校を移したが、もはや中央国術館を再建することはできなかった。

しかし、一九四九年北京に共産党政権が樹立されてからも、張之江は武術近代化の先駆者として遇され、全国政治協商委員となった。そして一九五六年、政治協商会議に出席して、武術近代化とその普及活動に関する持論を展開し、かつての中央国術館にかわる新たな武術研究機構「たとえば中国武術研究院あるいは中国武術研究館を設立すべきである」と提唱した。また、同年秋、国家体育委員会が北京で最初の全国的な武術大会を開催したとき、張之江は総審判長として招聘されている。

一方、天津に移転した国術体育専科学校は、中華人民共和国成立後、河北師範学院体育学部と天津体育学院に吸収された。一九八八年九月、天津体育学院で「国立体専・中央国術館校友総会」設立大会が開催されたとき、天津体育学院院長陳家琦教授は、「中央国術館と国立体専はもはや探しあてることができないという人がいます。わたしはいう、そんなことはないと。われわれ天津体育学院がすなわちみなさんの母校なのです」と挨拶、全国各地から集まった約百人の校友から喝采を浴びた（注：『中華武術』一九八八・一一）。また、この国立体専・中央国術館校友総会では、張之江と国術体育専科学校の精神を継承するため、天津体育学院内に国立体専記念碑を建立し、同時に海内外の校友から基金を募って、「之江武術館」を設立することが決定されたという。

唐豪・徐震の論戦と武術史学の成立

中央国術館は中国武術近代化の一環として理論活動を重視した。一九三三年、学術的な研究を促進するため、中央国術体育研究会が組織され、一九三四年二月には全国国術統一委員会が成立するとともに、『中央国術旬刊』『国術季刊』『国術月刊』『国術特刊』などが創刊された。こうした定期刊行物による一般的な理論活動も重要であったが、一九二九年十二月編審処長に就任した唐豪の実証的な武術史研究『少林武当攷』は、今日まで影響を及ぼす画期的な業績となった。

顧留馨による唐豪小伝ともいうべき回想録「憶唐豪」（注：『中華武術』一九八二・一）によれば、唐豪（一八九七〜一九五九）は江蘇省呉県の人である。少年時から上海で苦学しつつ、劉震南に師事して六合拳を学んだ。劉震南は、形意拳の名家李存義のあとを継いで南洋公学（のち「交通大学」）の武術教師となり、かたわら自己の教場として中華国技伝習所を設けていた。ここで武術を修行した唐豪は、一九二七年日本に留学し、政治法律を学んだが、日本における武術の隆盛ぶりに刺激を受け、帰国後改めて中国武術の研究に着手したのである。

唐豪は編審処長に就任してまもなく一九三〇年、『少林武当攷』をまとめ中央国術館から刊行した。当時、少林派と武当派には、少なからぬ紛争が生じていた。中央国術館が発足時に設けた少林門・武当門の二門制を廃止したのも、二門の葛藤が門長王子平・高振東の個人的争いにまで発展したからである。唐豪の『少林武当攷』は、古今の文献・武術書を渉猟して、両派の盲目的な新・旧伝説を実証的に打破したのであった。同書序文に、唐豪は次のように記している。

著者がこの小冊子を書いた動機は、一方では「少林・武当」なるものの内容を一般の人に理解してもらうためであるが、一方ではいわゆる「少林・武当」派の職業的武術家たちが、互いに水火をまじえ、互いに妬み合い、十余年来紛争を繰り返しているのをこの目にしてきたからである。この小冊子を読んだならば、あるいは天地もいくらか広く見え、みな国術の科学的建設というこの大道のために結集し、二度と枯れ井戸の中で天の小なることを騒ぐ必要はなくなるであろう。

張之江はこの『少林武当攷』に寄せた序文で、唐豪は「武当・少林の歴史を弁証法を用いて整理し、かつその背景について独特の目で観察し、その伝説に対しては古今の例証によって分析した。これは国術界における空前の壮挙であるばかりでなく、現代学術界にとっても偉大な貢献とみなすべきである」とたたえている。『少林武当攷』は清末民初の動乱期に根強く生き延びてきた少林派、武当派の開祖伝説を爆破する火薬材となった。少林、武当の両派とも、組織拡大のため古い伝説のうえにさらに新たな伝説を積み上げる者がいた。当代武術家のさまざまな野心と迷信あるいは虚栄心とが、旧来の伝説をうわまわる新しい神話を生み出していったのである。その目的はただ一つ、自己の門派をできるだけ権威づけることにあった。

『少林武当攷』は武術界に潜むこのような迷妄を粉々に打ち砕いた。同書上編「少林攷」は嵩山少林寺の起源と歴史を明らかにしつつ、達磨に仮託した少林拳創始説の誤りを指摘し、偽書『易筋経』の実態を暴露した。また、下編「武当攷」においては、武当山の道人張三丰を開祖とする内家拳伝説を分析し、張三丰と拳法は無関係であったこと、実在した内家拳は太極拳とはまったく性質の異なる拳法であったことなどを指摘し、当時流行しつつあった太極拳張三丰開祖説の虚構性をきびしく論難した。

しかし、この著述の発表によって、唐豪は旧来の神話伝説を守ろうとする一部の武術家から生命の危険に及ぶ脅迫にさらされた。顧留馨「憶唐豪」によると、唐豪の友人で武術でも抜きんでた実力をもつ王子平（少林拳）、朱国福（形意拳）らの仲介によって、かろうじて身の安全を確保することができたという。学術上の研究でさえも、俗説を否定し新説を樹立するためには、生命の危険を覚悟しなければならなかったのである。一九二〇～三〇年代は、近代武術の黄金期ではあったが、一方では頑迷な守旧派がはびこり、彼らによって伝説と迷信に彩られた古めかしい門派意識が存続し、武術界に絶えざる混迷をもたらしたというのも、この時期における否定することのできない一面の事実ではあった。

唐豪は『少林武当攷』発表後まもなく、上海にもどり弁護士となった。左派系の弁護士として反政府活動、抗日運動をおこなったが、その一方で武術史に関する著述を発表した。代表作の一つ『少林拳術秘訣考証』は、官憲に追われて地下に潜行した一時期を利用して執筆した論文である。

前掲、顧留馨「憶唐豪」によれば、一九三〇～四〇年に発表した唐豪の代表的な著述は下記のとおりである。

一九三〇年　『太極拳与内家拳』『少林武当攷』
一九三五年　『内家拳』
一九三六年　『王五公太極連環刀法』『王宗岳陰符槍譜』『中国古逸剣法』『戚継光拳経』
一九三七年　『行健斎随筆』
一九四〇年　『清代射芸叢書』『中国民族体育図籍考』『中国体育図籍考』『中国武術図籍考補編』『少林拳術秘訣考証』

唐豪は中華人民共和国成立後、国家体育委員会に配属され、中国武術史・体育史の研究を指導し、一九五九年一月二十日に死去した。

唐豪とともに、この時代、武術考証に貢献した重要人物として徐震（字：哲東一八九八～一九六七）の存在を忘れてはならない。徐震は一九二八年三月、張之江がまさに中央国術館を設立しようとしていたとき、張之江に対して、武術資料蒐集の方法、武術辞典の編纂、図解による古代武器の考証等、武術の学術的研究に関する重要な提案をおこなっている。そしてこの年六月、徐震は無錫の国学院において総合的な武術論を講義した。講義録

自序

武術的原始，用近代治歷史學的方法來探求，斷然不能單單依靠

著者小影攝於東京

着以符號記載的文獻來窮其源竟其委的。退一步講，卽以用符號記載的古文獻作爲考證的根據；那麼，中國的武術，遠在殷代以前，已可窺見其發達的狀況。現在一班職業武士，囂然短長於少林武當之間，未免所見者太小了！

少林武當攷　自序

一

中国武術史学の原点、唐豪『少林武當攷』序文
写真は日本留学時代、東京にて。

は『国技論略』としてまとめられた。自序は民国十七年（一九二八）六月記であるが、顧樹森が寄せた序文は民国十八年（一九二九）五月記である。講義の翌年に出版されたのであろう。唐豪『少林武当攷』の執筆、刊行はさらにこの一年後、一九三〇年のことであった。

徐震は『国技論略』で、いくつかの拳法俗説を論破し、その理論的根拠を明示している。たとえば、程宗猷『少林棍法闡宗』の記述にもとづいて、明代少林寺の武術は棍法が主であり、拳法は明代万暦以降になって少林寺で盛んになった新しい種目であったことなどを指摘している。また、徐震は同書において『易筋経』が偽書であることを強調した。これらは「達磨が少林拳を創始した」とか、「あらゆる拳法の源流は少林寺にあり」とする俗説を打ち破る重要な指摘であった。

唐豪もまた『少林武当攷』のなかで、『易筋経』の偽書であることを論じ、明代少林寺の武術については程宗猷『少林棍法闡宗』から徐震が論拠とした同一個所を引用して、同一の主張を展開している。徐震『国技論略』は唐豪『少林武当攷』ほどの衝撃的な反響はよばなかったが、唐豪が中央国術館の編審処で参照した可能性はある。徐震は中央国術館における武術の学術的な研究を奨励する立場をとっていたので、自著はおそらく編審処に寄贈したと思われるからである。いずれにしろ『国技論略』がたとえ地味な存在であったとしても、学術的には唐豪『少林武当攷』に先行する貴重な論考であった。

唐豪は少林派・武当派の史実を求めて、嵩山・武当山を実地調査したが、さらに一九三一年、太極拳の源流地河南省温県陳家溝を訪れ、『陳氏家譜』を入手し、これにもとづいて陳氏九世陳王廷を太極拳の創始者とする新説を打ち出した。徐震はこれに対し、一九三六年『太極拳考信録』を著して、陳家溝の拳法は本来「太極拳」とはよばれていなかったことを明らかにし、陳王廷開祖説に疑問を提起した。

唐豪と徐震は、尊我斎主人『少林拳術秘訣』をめぐっても論戦を展開している。

『少林拳術秘訣』は少林寺武術を中興させた人物として覚遠上人・白玉峰・一貫禅師など架空の人物を登場させ、

少林武術史を混乱させる新たな伝説を生んだが、その一方、実際の技法に関してはおおむね実用を重視し、清末南派少林拳の風俗・術技に関する貴重な資料となっている。また、同書は日本武士の重んじた禅的な死生観を説き、本来日本武術の用語である「柔術」を拳法の同義語として多用している。

唐豪は同書を分析することによって、著者尊我斎主人とは清末の革命志士であり、理論的には日本武術の影響を濃厚に受けているので、同書の成立は中国の革命志士が多く日本に結集し、かつ日本で武士道書が盛んに刊行された光緒二十七年（一九〇一）以降であろうと主張した。唐豪によれば『少林拳術秘訣』は、単なる武術書ではなく、革命扇動を目的とする著作でもあった。この観点に立てば、尊我斎主人という特異な筆名にも「自我」すなわち「中華」を重んじるという強烈な国粋主義が含まれていることに気づかされるのである。

一方、徐震は唐豪と一致する見解を示しつつも、同書は一人の手になったのではなく、南方の秘密結社紅幇《ホンパン》系のいわば集団編集による伝書に民国の現代人が手を加えたもので、技術的には南北両派に言及しているが、実際には湖南系の技法が中心であると論じている。

徐震は江蘇省武進県の人である。光華大学、南京中央大学（一九二八年）、国学専修館、武漢大学（一九三九年）などで国学教授を歴任した。武術では、はじめ馬錦標に少林拳を習い、のち楊派太極拳を学び、さらに郝月如に師事して郝派（＝武派）太極拳を研究した。著書として、『国技論略』『太極拳考信録』のほか『太極拳譜理董・弁偽合編』『太極拳発微』等がある。

太極拳あるいは少林拳をめぐる唐豪・徐震の考証作業とその論戦によって、中国武術史研究の端緒が切り開かれ、一九三〇年代の中国武術界は学術的にも画期的な成果をあげたのである。いまも中国武術の史的研究には、この近代中国武術の黄金期に展開されたふたりの著述と論戦から学びうるものが少なくない。

第五節　現代中国における「武術運動」

共産党政権と武術政策

一九四九年十月一日、中国共産党は北京で中華人民共和国の成立を宣言した。共産党は結成以来、一貫して体育活動を重視してきた。政権奪取以前の革命と内戦の動乱期にも、共産党は「解放区」でしばしば体育大会を開催している。武術もまた、民族的な伝統体育として尊重された。もちろん武術にまつわりつく封建的な風習、非科学的な伝説・練習法などは明確に否定され、「文化大革命」期には個人中心の教伝方式が封建的な徒弟制度あるいは資本主義的な個人商法とみなされて批判を浴びたこともあった。しかしながら、建国をさかのぼる中国共産党の結党以来今日まで、体育としての武術活動そのものが否定されたことはほとんどなかった。

毛沢東（一八九三〜一九七六）の『体育之研究』（一九一七）についてはすでに前節で触れたが、毛沢東はただ単に体育を奨励したのではなく、あくまでも民族興隆、強国建設の最も基礎的な問題として体育論を展開したのであった。『体育之研究』において注目すべきことは二つある。一つは、この論文において、のちに毛沢東思想の根幹となった彼の実践的な行動哲学「主観能動性」（＝自覚的積極性）がすでに現れていることである。もう一つは、同論文第八節に自己の考案した徒手体操「六段運動」を紹介しているが、その簡潔な内容は、はからずも一種の拳法体操となっており、数千年の歴史をもつ民族武術としての拳法がそこに脈打っているということである。

毛沢東は文中において、東西の著名な体育家の一人として嘉納治五郎の名をあげ、日本柔道に関しては「日本にはすなわち武士道がある。近年、わが国の術技が流れて柔術として成立したが、その剛直なること目をみはらせるものがある」と述べているが、東西文明諸国の体育とともに、「私は自国の各種の運動法を研究し、その長ずるところを集めて一種の体操を自らつくってみた。手部・足部・軀幹部・頭部の各部、それに打撃運動と調和運動の六部二十七種から成るので『六段運動』と名づける」と記し、順次その方法を示している。

敵を打倒する術を修得するための体操ではないが、明らかに武術的な動作があちこちに見られる。手部運動においては、拳打・肘打ちあるいは指先で「前方を刺す」などの技撃的動作があり、足部運動では足を挙げる動作とは別に、はっきりと蹴りの動作を取り入れ、「手は拳を握り、左右に垂らす。片足で支え、片足で前方を蹴る。左右交互に三回」と明記している。

第五段〈打撃運動〉も拳法鍛錬法「排打功」と共通する剛的な鍛錬法である。「打撃運動とは、拳を以て身体各所を撃つ。血液を奔流せしめ、筋肉を強固にするのがこの運動の主眼である」と注記している。手でほとんど全身各部位を打ち、最後の第六段で「調和運動」として、跳躍十余回、深呼吸三回をおこなって終了する。

毛沢東は「それ体育の主旨は武勇なり」といい、運動の三訣として「一に恒（続けること）、二に全力傾注、三に『蛮拙であれ』」と説く。剛的な外功鍛錬を重んじる毛沢東の「六段運動」とは、武術的に見れば少林派系統の拳法体操として位置づけることができる。毛沢東はおそらく柔派拳法も見聞していたであろう。しかし、毛沢東は動的な鍛錬の方が実効があると考えた。毛沢東は水に入れば「水浴」、日にあたれば「日浴」、風にあたれば「風浴」であると、たとえ天候が悪くとも野外を駆けまわるなどの激しい運動を好み、これを総称して「抵抗衛生」とよんでいた。彼は「その精神を文明に、その身体を野蛮に」という当時のことばを愛好した。そして静座法については、それも一つの道であるかもしれないが、自分はまだその効果を知らない、「私の見るところ、天地のあいだには、ただ動あるのみだ」と断言している。

共産党領袖のなかで伝統武術を直接学んだ人物として、周恩来（一八九六～一九七六）・許世友（一九〇六～一九八五）などが著名である。周恩来は青年時代の一時期、天津の韓慕侠に師事した。韓慕侠は近代武術界の巨頭張占魁の高弟で形意拳、八卦掌などを得意とした。

もと国防部副部長許世友は、少年時代、嵩山少林寺に入山し、寺内で労働しながら少林寺武術を学んだ。八歳で入山し、八年間学んだという。時代的には一九一四～二二年ころ、ちょうど近代少林寺武僧として著名な恒林和尚が活躍していた時期にあたる。成人後、共産党の武装勢力に参加、革命と内戦時代の戦場を駆けめぐり、軍人として頭角を現した。新中国成立後も、ごく近年まで中国人民解放軍の将軍として軍・政界の一角に拠して、現代中国の政治に相当の影響力を発揮した。晩年まで、折に触れて解放軍の兵士に武術を指導し、あるいは自ら少林寺武術の一端を表演した模様などが、しばしばニュースとして報道されている。許世友将軍はいわば現代の少林武僧として最高位をきわめた人物といえる。近・現代少林寺の武術史にとっても欠かすことのできない生きた証人であった。

一九四九年、共産党は新中国の成立を宣言すると、直ちに体育組織を改組し、新たな体育政策をうちだした。まず、中華全国体育協進会を改組し、中華全国体育総会として再発足させた。そして、新たな体育路線として「新民主主義的国民体育」を提唱した。

「新民主主義的国民体育」とは「全面的な共産主義社会実現の準備段階として新民主主義的中国を建設するために、人民の健康を増進させ、国防・生産・労働に役立つ大衆的な体育を展開するということ」である。馮文彬「新民主主義的国民体育……中華全国体育総会準備大会における報告」（一九四九・一〇・二六）は、新民主主義的体育の方針として、「それは、体育は民族的、科学的、大衆的であらねばならないということである」と要約したうえで、次のように述べている。

少林武僧出身の人民解放軍将軍・許世友（『中華武術』1983年1月号）

……新民主主義的体育は民族的である。『それは帝国主義の圧迫に反対し、中華民族の尊厳と独立を主張するものである』中国の体育には民族的特性がなければならない。ただし各国の進歩的な体育スポーツと結びつかなければならず、とりわけソ連が体育方面で成功した経験を学ばなければならない。中国の体育を世界体育運動の一部分としなければならない。

同報告は、武術振興についても、多様なスポーツ運動の一環として科学的に実施しなければならないとして、次のように提唱している。

体育運動を普及発展させるためには、第一に各種各様の形式で体育運動を展開すべきであり、陸上競技・球技類を引き続き発展させるだけではなく、国術・打拳・劈刀・刺槍・騎馬・舞踏なども必ず提唱し、発揚しなければならない。古く不適当なものについては、改造を経て、批判選択を加え、科学的におこない、人身の健康及び生産と国防に有益でなければならない。年齢・性別・職業に基づき体育活動の内容を規定し、児童少年については過度に激しい運動をおこなわず、身体の発育と健康を害さないようにしなければならない。

中華全国体育総会成立後、一九五〇年、政府主導による武術工作会議が開かれ、新中国における新たな武術活動が開始された。以後、武術はソ連型の科学的な体育観のもとに「国術」から「武術運動」へと転換していった。この場合の「運動」とは、端的に「スポーツ」（競技や娯楽としての運動）を意味する。

「国術」時代、武術は清朝時代にくらべれば、はるかに近代体育への道を踏み出していたが、それでもまだ戦場における殺傷技術としての武術的要素を濃厚ににじませていた。いわば武術は体育運動であると同時に、なお軍事技術の末端に連なる存在であったということである。中央国術館主催の徒手搏撃の試合化がスポーツ競技として不十分に終わったのも、安全なルールによって拳法が非武術化の道をたどることに対して武術界の多くがこだわりをもっていたことも大きな原因であった。新中国成立後、「国術」が「武術運動」へと転換したことは、武術が軍事技術の末端から切り離され、明確に現代スポーツ競技としての道を歩み始めたということである。

武術運動が現代スポーツ競技として成立することによって、長い歴史をもつ中国武術に、初めて「古流武術（伝統武術）」と「現代武術（スポーツ武術）」の間に一線が引かれることになった。それまで中国武術は絶えず新しい技術や練習法を生み出しつつも、伝統武術に合体し、あるいは吸収され、現代武術としての明確な一分野を形成するにはいたらなかったのである。馬良の中華新武術や精武体育会あるいは中央国術館系体育学校などは、武術の近代化に先駆的な役割を果したが、総体的に見れば人脈・活動の分野などに新旧の一線が引かれることはなく、まして内戦と革命の時代的環境は、たえず武術にその原初的な使命を担うよう求め続けたのであった。

武術の競技化は、しかしながら新中国の成立によって一挙に成し遂げられたわけではなかった。一九四九年から一九五六年ころまでは、いわば現代武術運動の試行期であった。この間、一九五二年十一月、中央人民政府に「スポーツ省」に相当する国家体育運動委員会（主任：賀龍）が設立された。以後、台湾省を除く全国県以上の政府機構に体育委員会が相次いで設立された。国家体育運動委員会は、全国的な体育事業を指導監督する体育関係では最高の政府機関であり、国家体育鍛錬標準の推進、全国的競技の計画・実施、競技規則の制定、全国的記録の批准などに責任をもつ。

この一九五二年には、新中国最初の体育学院として上海に華東体育学院（一九五六年、上海体育学院と改称）が設立された。翌一九五三年には、北京に中央体育学院（一九五六年、北京体育学院と改称）が設立された。このあと全国主要地に体育学院が新設され、こうした体育教師養成を主目的とする体育専門校および師範大学体育学部の多くが武術運動の教育・訓練課程を設置し、かつての中央国術館組織にかわる公的な武術選手・教練の育成機関となった。

一九五三年十一月八日〜十二日、「全国民族形式体育表演・競技大会」が天津で開催された。この大会で実施された武術表演競技が、新中国成立後、全国規模で開催された第一回の武術競技大会となった。大会には全国六大行政区・鉄路系統の選手百五十四人が参加、三百三十二種の型が表演された。拳術だけでも少林・武当・八卦・通臂・太極・螳螂拳等百三十九種があった。徐致一を審判長とし、蔡龍雲・王菊蓉・成伝鋭ら、のちに現代武術界の代表的な指導者となる若手選手ら十四人が表彰された。

表彰された優秀選手のうち、たとえば蔡龍雲・王菊蓉等は、親子二代にわたる武術世家である。彼らは旧中国から新中国へ移行する過渡期武術の象徴的存在である。王菊蓉は王子平の娘であり、少女時代から父親の武術教育を受け、一九四八年第七回（旧）全国運動会では武術表演競技女子の部で優勝している。蔡龍雲も四歳から父蔡桂勤（山東出身、華拳門）の門下に列し、少年時代二度にわたって外国人ボクシング選手と公開試合をおこない、上海では早くから著名な存在となっていた。

近代中国武術界には外国人と戦った体験談が数多くあるが、そのほとんどが腕試し的な勝負であり、試合としての実体はあいまいである。しかし、蔡龍雲の対ボクシング戦はルールが明確で、蔡龍雲が相手選手をノックアウトした瞬間の報道写真も現存している。中国武術にとっては、新中国に移行する過渡期における上海での貴重な競技体験でもあるので、ここに試合の概要を回顧しておこう（注：福昌堂『武術』一九八五・七号、『中華武術』一九八五・四期等参照）。

最初の試合は一九四三年十二月十三日、上海回力球場でおこなわれた。外国人チームの申し込みを受けて、蔡桂勤と王子平が自己の門下から中国人選手八人を選抜した。蔡龍雲はこの時まだ十四歳であったが中国側の最年少選手として出場し、ロシア人選手マスロフと対戦した。

ルールは双方協議の結果、主要な攻撃部位を上半身とし、ここに突きでも蹴りでも的確に入れば一点、ダウン

「神拳大龍」とよばれた蔡龍雲。上：1946年9月2日、アメリカ人ボクサーをノックアウトで降す。下：華拳を演じる蔡龍雲。(『武術』1985年7月号)

したら三点、十秒以内に立ち上がらなければ試合終了とした。下半身は足払いのように下からすくい蹴る技は認めるが、踹脚《たんきゃく》や斧刃脚《ふじんきゃく》のように上から踏み込むような蹴り技は不可とした。一ラウンド二分、休憩一分の三ラウンド制。蔡龍雲は、上段蹴り、連続攻撃からの肘打ち、上段を牽制しての中段打ちなどで、わずか五分間に十三回のダウンを奪い、第三ラウンド半ばでマスロフをノックアウトした。このときの対抗試合は、中国チームが五勝二敗一引き分けという大勝利に終わった。ノックアウト勝ちしたのは蔡龍雲だけで、他は判定勝ちである。翌日の新聞は中国チームの勝利をたたえ、蔡龍雲を「神拳大龍」とよんだ。

三年後、一九四六年九月二日、「蹴りを使わず手技だけならボクシングに勝てまい」というマスロフの挑発を受けて、蔡龍雲は二度目の公開試合をおこなった。相手はアメリカ人ボクサー「黒獅子」ルサールで、当時上海のヘビー級チャンピオンであったという。一ラウンド三分の五回戦とし、手にグローブを着け足にシューズを履き、リング上で試合した。蔡龍雲は手技だけで接近して戦い、第四ラウンド、中段打ちでルサールをノックアウトした。

新中国成立の一九四九年は、ちょうど二十世紀中葉にあたる。辛亥革命期から新中国まで二十世紀前半に活躍した武術家を近・現代武術の第一世代とするならば、新旧時代の過渡期に第一世代の直接的薫陶を受けて成長し、一九五六年ころまでの現代武術運動試行期に新たに武術専門家として台頭してきた青年層を第二世代とよぶことができる。そして、新中国で誕生し、少年期から現代武術運動のなかで育成された現在の教練・選手たちを第三世代とすることができる。

第二世代の特徴は、実戦武術とスポーツ武術をともに理解することのできる過渡期世代であり、父祖伝来の伝統武術を基礎として現代的な武術運動を推進したということである。彼らの存在によって、中国武術の伝統は途切れることなく旧時代から新時代へと受け継がれたのである。

スポーツ競技としての武術運動

一九五六年、国家体育運動委員会は武術運動を競技スポーツの正式種目として公認した。この段階で武術は建国以来の試行期を脱し、スポーツ武術として確立したということができる。以後、武術競技規則と技術標準などが制定され、表演競技を主とする武術競技が全国規模で展開されていくことになる。これより三年前、一九五三年、中央国術館時代には重要な武術種目であった摔跤が国家体育運動競技種目として公認されている。かつては武術の中心種目であった馬術・弓術などが、それぞれスポーツ競技として分離し、いままた摔跤が独立種目となることによって、スポーツ武術の範疇《はんちゅう》もおのずから定まった。一九五〇年代後半に確立した現代スポーツ武術の内容（＝競技種目）は、次のように分類することができる。

一、拳術

拳術では長拳・南拳・太極拳が主要種目である。長拳は旧時代には定義が一定せず、手を長く使う拳法、あるいは型の長い拳法等の意味に使用されたが、現代武術でいう長拳とは、査拳・華拳など身体を伸びやかに開展する北派長拳系の型を意味する。南拳はいうまでもなく南派拳術の統一呼称である。スポーツ武術は敏捷華麗で難度の高い連続的動作を重んじるので、短打の実用手法を主とする南派拳術は、表演競技上、不利な立場におかれている。

二、器械

「器械」とは武器類のことである。軍事用語としての「武器」を避け「器械」で統一したところにスポーツ競技としての武術運動の観点がよく現れている。器械には短器械・長器械・双器械・軟器械の四種がある。短器械とは刀・剣・匕首など片手で操作する短い武器類、長器械とは槍・棍および大刀・撲刀等長柄の刀類である。双器械とは、双刀・双剣・双鈎・双戟などの両手持ち武器類であり、また軟器械とは、九節鞭・梢子棍・三節棍・双鞭・流星錘・縄鏢《じょうひょう》など、ひも・鎖などで結んだ屈折自在な武器類である。

三、対練

二人もしくは三人でおこなう組演武の型である。徒手対練・器械対練・徒手器械対練の三種がある。徒手対練には、突き・蹴り・打ちなど拳術で戦う対打拳、あるいは関節技を相互に連続的に掛け合う対擒拿などがある。器械対練とは互いに武器で戦う型であり、刀対刀、槍対槍など同種の武器で戦う対劈刀・対刺剣・対扎槍・対打棍などがあり、異種武器の組み合わせによる単刀進槍・双刀進槍・朴刀進槍・三節棍進槍などがある。また、徒手器械対練とは、空拳で各種武器に対する擬闘型であり、武器の種類に応じて空手奪槍・空手奪匕首・空手破双槍・空手奪刀などとよばれる。

四、集体項目

六人以上のグループで各種基本動作・拳術あるいは武器の型を演じる競技種目である。集体基本功・集体太極拳・集体刀・集体九節鞭などがある。音楽伴奏を用いたり、各種隊形に展開しつつ武術の技を表演し、単独演武では不可能な集団演武の美と力を競う。

五、対抗性競技

一～四の表演型競技に対して、ボクシングや日本剣道あるいは柔道競技のように、一定のルールのもとに互いに自由に技を駆使して戦う格闘競技を対抗性競技という。突き・蹴りあるいは瞬間的な投げを組み合わせた拳術試合を散手という（一般には「散打」ともいう）。

拳術の対抗性種目には、もう一つ太極推手がある。手を触れ合わせ、できるだけ力に頼らず相手を崩すことを競う競技である。練習法としては普及しているが、競技化はまだ実験段階といえる。

対抗性競技は、武術運動の試行期（実質的には一九五二、三年ころ）には実施されていたが、試合中の事故発生などにより、スポーツ競技としては危険性が高く不適切とみなされたため、一九八〇年代まで約三十年間、中絶した。したがって、一九五三年の全国大会以後、武術の組織的活動は盛んになったが、スポーツ界における公的な武術運動は、表演競技を中心として発達した。

一九五六年、毛沢東は「百花斉放、百家争鳴」を呼びかけ、共産党以外の民主諸党派との長期共存・相互監督を提唱した。元南京中央国術館館長張之江はこの年開かれた中国人民政治協商会議第二回全国委員会第二次全体会議の席上、新たな武術運動の振興策について提言した（注：人民日報一九五六・二・七）。政府側では、劉少奇が国家体育委員会責任者との対話で、「武術・気功など伝統的な体育種目の研究と改革をつよめなければならない。その科学的価値を再確認し、各種の方法で教授普及させよう」と発言している。こうした開放的な空気のなかで、種目別スポーツ組織としての中国武術協会（初代主任：李夢華）が発足し、既述したように武術運動が公認スポーツ競技の一種目として確立したのである。

一九五六年十一月一〜七日、「全国十二単位武術表演大会」（北京）が開催された。実際に参加した単位は、北京・天津・上海・遼寧・山東・四川・河北・湖北・陝西・湖南・浙江の十一省・市チーム、選手九十二人である。「評選種目」と「表演種目」に分け、試行的な点数制を採用し、男女混合で実施した。審判長にあたる「評判委員会」主任は張之江である。遼寧の女子選手李文貞が各八・七〇、八・六八点を獲得し二種目に優勝した。中華全国体育総会刊の英文パンフ「WUSHU（武術運動）」（一九五七）に、この十二単位表演大会の模様が紹介されている。

この年、国家体委運動司編『簡化太極拳』が刊行された。楊家太極拳の簡略普及型テキストである。新中国は伝統的な保健体育として太極拳の見直しと普及を奨励した。簡化太極拳は従来の動作数約八十八式から主要動作を取り出し、新たな套路に編成したもので、二十四式から成り立つ。表演時間は八分程度。八分という時間の選択には、職場の休憩時間にも練習できるようにとの配慮があったという。政府は体育運動を労働と国防に役立てるよう指導してきたが、簡化太極拳はこの政策に沿って、伝統武術を保健体操として社会主義生産に結び付けようとした一つの典型といえるだろう。

1956年全国武術大会

各地の選手が合同で簡化太極拳を演武。（上下とも英文誌「WUSHU」）

一九五七年六月十六～二十一日、北京で前年に続く全国規模の武術大会として「全国武術評奨観摩大会」が開催された。参加地域・選手数は一挙に倍増し、二十七省・市・自治区、選手百八十三人が参加した。審判長は徐致一。男女混合で競い、李文貞（遼寧）が再び優勝した。二位胡月祥（上海、男子）、三位劉幼貞（遼寧、女子）。

翌一九五八年九月七日～十六日、北京で「全国武術運動会」が開催された。二十八省市自治区、選手二百五十八人が参加、合計八百二十種が表演され、百三十二人が表彰された（一等賞三十人、二等賞四十二人、三等賞六十人）。競技は、張文広が審判長となり、男女混合で実施、一位蔡鴻祥（上海）、二位成伝鋭（北京）、三位邵善康（上海）であった。

こうした試行的な競技大会を積み重ねつつ、一九五八年から一九六〇年にかけて、現代武術運動の競技方式が確立した。新たに武術運動用の規定套路が制定され、表演競技では規定套路と自選套路が用いられるようになった。これは体操競技の規定型と自由型に相当する。規定套路は拳・剣・刀・槍・棍それぞれ制定され、難易度によって甲・乙・丙の三組に分かれる。丙組は少年用、乙組は一般用の套路であり、甲組が最も難度が高く、運動量が大きい。また、男女の性別を考慮し、女子用の型には男子用と部分的に異なるところを設けた。体育学院など高等教育機関の武術学部・学科における実技教育課程では、甲組規定套路（甲組男子長拳・甲組女子長拳・甲組剣術・甲組刀術・甲組棍術）が中心となった。

試みに、国家体育運動委員会運動司が当時作成した「長拳規定套路内容分析表」を見ると、甲組男子長拳は動作数六十五である。一動作は一技法に等しい。一技法は、予備姿勢（構え等）から動作完了（技法の発揮）まで、おおむね二、三挙動必要とするので、甲組長拳の動作数が六十五ということは、実際には百三十以上の身体挙動を必要とする。このような長い套路を最初から最後まで、気を統一し技を連環させ、呼吸の乱れが表面に現れないようにするには、かなり高度の熟練と呼吸力を必要とする。規定套路はスポーツ武術の型に徹しているが、動作の熟練度と呼吸力は実戦武術が最も必要としている要素でもある。この意味で、スポーツ武術だからといって、武術本来のもつ実戦性から切り離されているわけではない。いいかえれば、武術は常に本源的な技撃性を内包し、同時に体育的、芸術的価値を有する多面的な存在であったが、現代武術運動はそのスポーツ面を主体として発達させたものである。

かつて動作の名称は、口調のよい詩文的表現を用いたり、直接動作に関係のない事物にたとえて表現することが多かった。それは伝統武術の文学的側面として評価すべき面も決して少なくないが、動作と直接関係しない名称では体育活動上、不適切な面が多い。現代武術運動では、拳脚の部位名称、突き蹴りの動作名称を統一し、套路を構成する技法もすべて具体的な動作名で表現する。たとえば「前躍仆腿摟手弓歩衝拳」は、一歩跳躍前進して（前躍《ぜんやく》）、前足を伸ばした低い姿勢で下段を払い（仆腿摟手《ぼくたいろうしゅ》）、前足に重心を移しつつ直突きする（弓歩衝拳《きゅうほしょうけん》）動作であることが一目瞭然である。こうした改革も、門派を打破し、伝統武術を現代化するうえで大きな力を発揮した。

規定套路とともに武術運動では自選套路が重視される。自選套路とは、規定套路およびその他伝統的套路を参考に自ら型を創編することである。伝統武術の世界では、門派の套路をみだりに改変したり、自主的に創出することは許されなかった。いわば套路は「開祖」のみに許された特権であった。自選套路の重視は、このような封建的な風習をくつがえした。自選套路といっても、編成には一定の原則が要求される。たとえば長拳では、次のような基本技を含まなくてはならない。

拳技五種（そのうち、衝拳〈＝直突き〉は、少なくとも五回）
掌技五種
肘技二種（うち一種は攻撃的肘技であること）
足技四種（伸屈《しんくつ》・直擺《ちょくはい》・掃転《そうてん》・撃響《げききょう》。そのうち伸屈性腿法〈＝直蹴り〉は少なくとも二種三回）

成伝鋭の演じる現代長拳の二起脚（英文誌「WUSHU」）

このほか、助走して跳躍する動作は二回までとする等の規定がある。これらの規定は、套路表演が武術としての基本原則を外れないように規制するためであり、選手の自由な創造性を妨げるほどのものではない。

近年、自選套路に対する批判が少なくない。それは自主性が行き過ぎると競技選手の表演型があまりにも多種多彩となり、その結果公平な採点が難しくなるからである。特に国際競技の場合は、同じ套路で優劣を計る方がよいとする意見がつよくなった。後述するように一九九〇年アジア競技大会（北京）に向けて競技用の規定型が制定されたのは、こうした要求に応えるためであった。しかし、自選套路には選手の創造性をはぐくむという大きな長所がある。自選套路の導入によって現代武術運動が全人教育としての価値を高めたことも忘れてはならないであろう。

規定套路と自選套路の組み合わせによって、武術表演はスポーツ競技として確立し、一九五九年九月二十二〜二十六日に開催された新中国第一回全国運動会〈武術競技〉から一九六五年第二回全国運動会〈武術表演競技〉まで、武術運動は順調に発展した。一九六五年全国運動会における武術競技では、牛懐禄・陳道雲・徐其成ら優秀選手が、難度が高く套路編成の優れた表演を展開し、武術専門家の賞賛を浴びた。

一九六五年はスポーツ界全体が新中国最初の高揚期に達したときである。この一年で中国選手六十六人が四十一の世界記録を打破、卓球では第二十八回世界卓球選手権で五種目優勝という世界記録を樹立している。しかし、こうした武術を含むスポーツ界の高揚期も、この年十一月、姚文元による『海瑞罷官』批判論文（上海文匯報掲載）に端を発した「文化大革命」によって、突如として大きな沈滞期に陥るのである。

文化大革命と武術運動

「文化大革命」は、当初、毛沢東が自ら発動した一種の整風運動であった。しかし、無数の青年を「紅衛兵」と

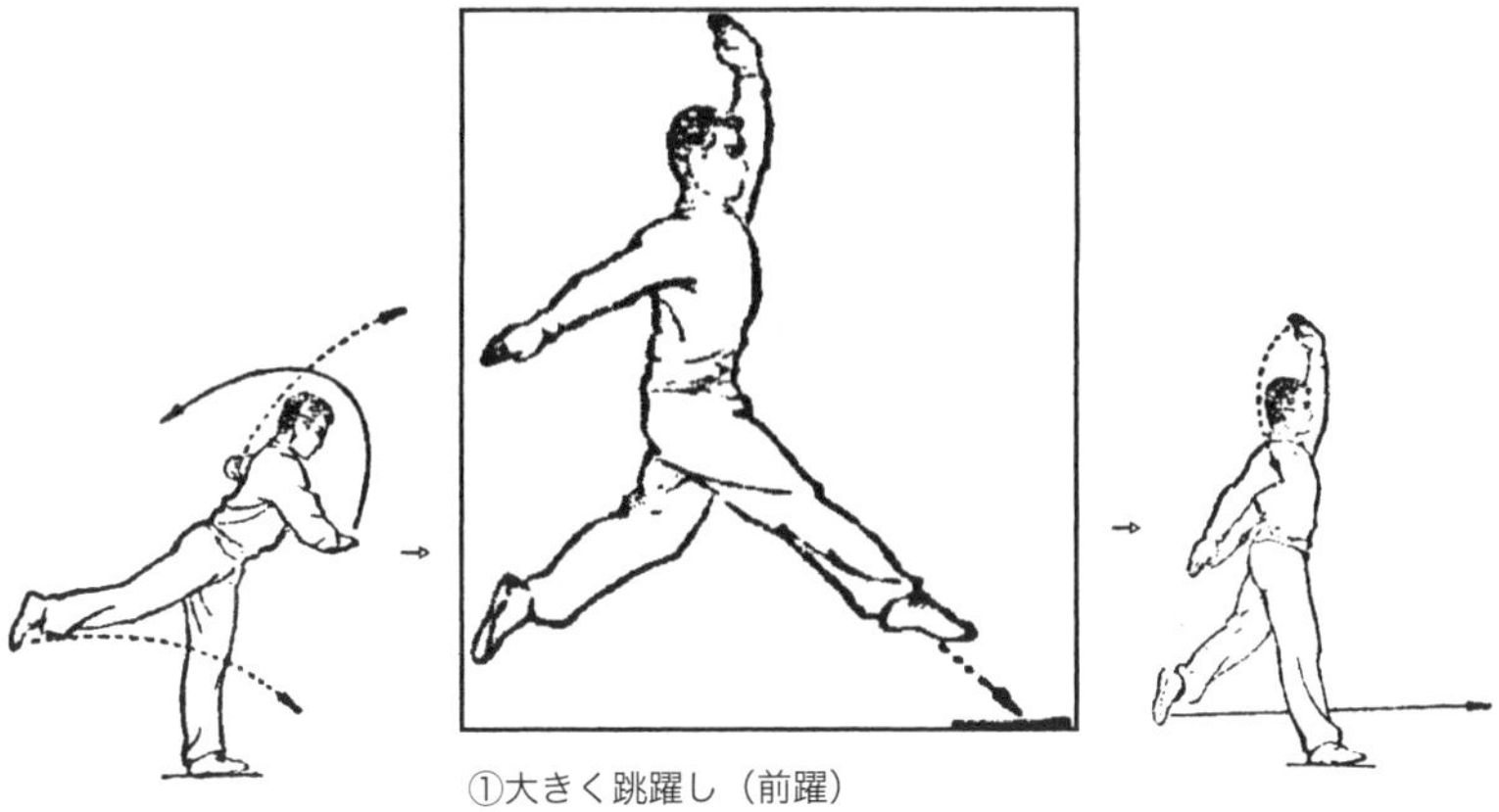

①大きく跳躍し（前躍）

②一挙に身を沈めて下段に払い（仆腿摟手）

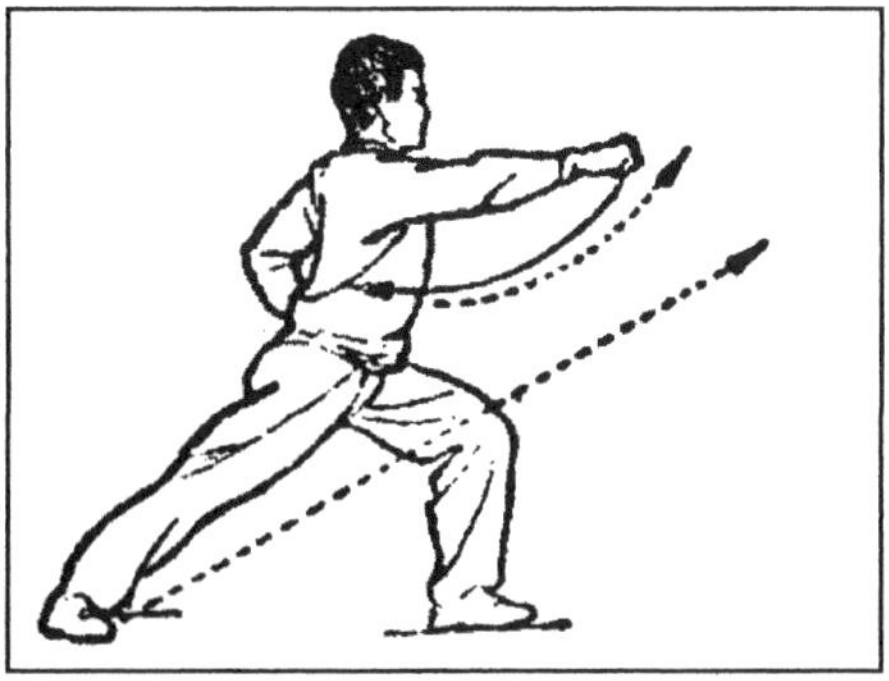

③すばやく突く（弓歩衝拳）

身体を伸びやかに開展する長拳動作（『甲組男子長拳図解』）

して動員し、党外から共産党の既成権威を否定したことは、激烈な政治闘争と社会的混乱を引き起こす結果となった。文化大革命は一般に一九六六年に始まり、一九七六年十月七日の「北京政変」（注：毛沢東死去の直後、江青・張春橋・王洪文・姚文元ら当時の政権担当者が「四人組」として逮捕された事件。以後、文化大革命によって生じた混乱の責任は、すべて「四人組」に帰せられた）で収束されたとする。この間約十年が文化大革命によって生じた混乱期もしくは沈滞期とされるが、最も激しい混乱期は一九六六年から六九年までの三年間であった。

一九七〇年十月、中国はカナダと国交を樹立、以後各国と交流関係を改善、一九七一年には、日本で開催された第三十一回卓球世界選手権で、中国チームが米国チームを北京に招待、中・米二十年来の交流が始まった。これは、体育が外交の先進的役割を果したものとして高く評価された。これ以後、再び体育活動が活発化した。

武術界には、文化大革命でどのような闘争、混乱が生じたか。まだ客観的な整理がおこなえるほどの材料は出ていない。一般的に指摘しうることとして、とりあえず次の三項をあげることができるだろう。

一、体育学院等、体育組織における造反運動と武闘

武術運動はスポーツ競技の公認種目であり、体育関係の政府機関・教育機関における政治闘争は、そのまま武術運動の指導者間に大きな混乱をもたらしたであろうことは想像に難くない。

中央人民政府運動委員会主任（＝スポーツ大臣に相当）として体育スポーツ界で最高の地位にあった軍人政治家賀龍（一八九六～一九六九）は、最も激しい批判の対象となり、一九六九年失意のうちに死んだ（一九七四年、中共中央によって名誉回復）。賀龍は抗日戦争時代から八路軍の中で体育振興に努力し、自ら「戦闘藍球隊」を組織、延安における試合に参加し、朱徳総司令から「球場健児、沙場（＝戦場）勇士」とたたえられた。一九五二年体育運動委員会主任に任命されて以来、新中国の体育発展に力を尽くした。いわば中国社会主義体育運動史の一大先覚者であった。こうした人物までが文革のなかでは「怨みを呑んで」死ぬ羽目に陥ったのである。

公的な体育組織のなかで責任者あるいは教職の地位にあった武術指導者は、一時的にしろほとんどすべてが造反派の批判にさらされたであろう。一部の体育学院では、学生同士が武器を持って戦った。

二、民間武術家の追放

文化大革命では旧時代の思想・文化が近代化を阻む封建時代の残滓《ざんし》として徹底的に批判された。伝統を誇り、封建時代同様の師弟関係で成り立つ民間武術家は、批判の矢面に立ちやすい存在であった。また、公的な体育組織を離れて、私人として拳法教授を職業とすることは「資本主義の道を歩む」反動派と目された。

たとえば陳発科（一九五七年北京で死去）の子陳照奎《ちんしょうけい》（一九二八～一九八一）は、陳家太極拳の後継者として、一九六一年以降、上海・南京でしばしば太極拳を教授したが、一九六六年八月上海体育宮の造反派のため追われるように上海を去り、以後文革中は精神的、物質的に不遇の生活を送った。十年後、一九七六年冬、「四人組」が打倒された後で上海に呼ばれた陳照奎は、まだ五十歳に達していなかったが、頭髪はすでに白く、昔日の若々しい面影を失い、駅頭に出迎えた門人たちを驚かせた（注：万文徳「陳照奎老師小伝」〈陳照奎講授・馬虹整理『陳氏太極拳体用全書』河北教育出版社一九八九所収〉）。

一方、陳家溝では、陳照丕（績甫一八九三～一九七三）が一九五八年成立の太極拳業余体育学校校長として、陳家太極拳を教授していたが、文革中は「夜聚明散」すなわちかつての秘密結社同様の「夜集い、明け方に散る（不穏分子）」として弾劾を受け、井戸に投身自殺を図り重傷を負ったことがあるという（注：武述文「陳溝的盛典……陳家溝武術館落成巡礼」〈『中華武術』一九八五・七期〉）。

陳照丕は、陳発科・陳子明と並んで近代陳家太極拳の普及に功績のあった重要人物である。一九二七年北京に出て以来、南京・西安・洛陽・開封で業余に拳法を教授した。人民中国成立後、黄河水利委員会に勤務、一九五七年陳家溝に帰った（一九七九年以降、伝統武術復活の波に乗って陳家溝で活躍を始めた王西安・陳小旺・陳正雷・朱天才らは、陳照丕の帰郷後に師事した新世代の武術家である）。

三、武術遺産、研究資料の破壊と消失

清末、北京で名声を誇った董海川は、死後、門人たちによって墓碑が建立された。裏面に一門の氏名を多数彫り込んだ、近代武術史では資料価値も高い著名な石碑である。はじめ一八八三年に墓碑が建立されたあと、一九〇四年、一九三〇年にも記念碑が建てられ、合計四基となった。武術門派開祖の記念碑としては最大規模である。文革中、この石碑が封建時代の残滓として破壊され、地中に埋められた。八卦掌立論の基礎となった「八卦」が、迷信もしくは異端邪説として批判の対象になったのである。（石碑は文革後、一九八〇年になって、張文広北京体育学院教授をはじめ研究者・八卦掌関係者および北京武術界有志の手によって発掘された。また、北京体育学院の武術史研究家康戈武が東直門外旧墓地で所在を確認した董海川の遺骸も発掘された。一九八一年、墓棺・石碑はともに北京万安公墓に改葬再建され、同年十一月二十九日、約三百人が参加して「八卦掌創始人董海川墓碑落成典礼」式が挙行された。中国国内はもとより日本・東南アジアの有志も再建資金を拠出した。『武林』一九八二・四期参照）。

一九五九年に死去した武術史研究家唐豪の遺稿は整理のため一部が成都体育学院に委託されたが、文革中に行方不明となり、今日まで発見されていない。唐豪の古い友人であり、研究の同志であった顧留馨は唐豪追憶の一文「憶唐豪」を著した際、文末でこのことに触れ、「惜しいかな！　惜しいかな！」と結んでいる。

このほか呉図南がかつて太極拳の動作と人体骨格の動きを関連づけて研究するために撮影した古いレントゲン写真数百枚が紛失したという。原稿、研究ノートの類で関係機関から持ち出されたまま消失した例は、かなりの数にのぼるようである。

一九七一年、卓球チームの外交的活躍以後、国務院の指導下に体育関係者が職場に復帰し、体育紙誌の復刊、体育学院学生募集の再開など、体育事業が再び軌道に乗りはじめた。体育学院を主要な拠点とする武術運動も、この年から正常化したとみなすことができる。

一九七二年十一月一日〜十五日、済南で全国武術表演大会が開催された。二十三省市自治区および北京体育学院チーム等選手三百二十六人が参加、新中国成立以来最大規模の武術大会となった。馬賢達を「総評議長」とし、規定長拳一位牛懐禄（山東）、自選長拳一位王金宝（江蘇）などの選手が活躍した。全国大会の開催は中国各地の武術活動が正常化したことを表している。公的な武術大会が盛んになれば、それだけ民間における各種の武術活動も活発化するからである。

この一九七二年は田中角栄首相が訪中し、日中両国が国交を回復した年であり、以後、太極拳をはじめとする友好交流のルートが開かれた。

一九七四年六月、日本太極拳協会（会長：古井喜実）から派遣された太極拳第一次学習代表団が訪中した。九月には中国少年武術代表団が初めて日本を訪問、各地で一カ月間約四〇回の公演をおこなった。少年のみの武術表演であったが、新中国が日本で初めて現代武術運動の成果を問うた意義深い公演であった。

この三年後、一九七七年九〜十月、青・壮年を中心とする本格的な中国武術代表団が訪日した。これは中華全国体育総会と日本中国文化交流協会の協議にもとづき、日中国交正常化五周年記念事業の一環として実施された。九月十四日北九州を皮切りに、十月九日東京公演まで、日本各地で武術表演を中心に交流活動を展開した。これ以後、日中両国における武術交流が活発になり、日本の比較的小さな学習グループが中国から教練を招聘したり、あるいは日本から中国各地に個人的な研究旅行に赴く等、私的な交流も可能になったのである。

文化大革命後の新たな展開

上述のように文化大革命期にも当初の数年を除いては、武術活動が復活していたが、一九七六年の政治的激変（周恩来・毛沢東の死去と「四人組」の逮捕等）のあと、中国は近代的な開放路線のもとで、社会全般にわたる一大改革に乗り出した。

武術運動も建国以来の転換期を迎え、若干の試行錯誤と調整を経ながら、一九九〇年には中国が初めて主催したアジア競技大会で、「武術」を公式競技種目として加えることに成功した。一九七六～九〇年の文革後十五年間は、一言で総括するならば、武術がアジア競技大会参加をめざして年ごとに上昇過程をたどった飛躍的な発展期である。

一九七八年十二月十六日、中国・米国は両国正常化に関する共同声明を発表した。この直後、中国共産党は第十一期中央委第三回総会を開催、二十二日「三中全会コミュニケ」を採択した。コミュニケは「四人組」批判の完了を告げ、文化大革命の成果を否定し、全党の活動の重点を社会主義近代化建設に向ける「鄧小平路線」を決定した。これ以後、国家体育運動委員会は相次いで武術運動に関する重要政策を打ち出し、一九八六年三月には武術運動の行政と実務を担う最高の国家機関として中国武術研究院を設立した。

中国武術研究院は、正式には「中華人民共和国体育運動委員会武術研究院」（政府司局級機構）と称し、国内的にはしばしば「国家体委武術研究院」ともいう。かつての中央国術館に替わる国家の最高武術機関として、中国武術研究院は、武術の歴史・理論・実技を研究、指導し、その世界的普及をめざしている。中華全国体育総会に所属する種目別スポーツ大衆組織としての中国武術協会とともに、武術界の諸問題に対処し行事を共同運営すること、直属の訓練所で人材を育成し、あるいは武術博物館を設立運営すること等を基本的な任務として発足した。初代院長は武術協会主席徐才が兼任し、副院長に上海体育学院副教授蔡龍雲が就任した。また、呉彬・夏伯華などの著名な教練が幹部として名を連ねている。中国武術研究院の発足によって、武術政策は、より確固とした路線を歩み、国内外における積極的な推進活動をおこない、アジア競技大会に向けての飛躍的な発展を可能にしたのである。

文革後十五年間の武術運動は、それ以前の活動内容と比較するならば、次の四つを顕著な特徴としてあげることができよう。それは、一・散手の競技化、二・伝統武術の発掘保存化、三・理論研究の多様化、四・中国武術の国際化、などである。

一、散手の競技化

「散手」とは、二人で自由に打ち合う搏撃試合を意味する。一般的には「散打」という。競技種目名としては、「武術散手」が採用された。

一九七八年十月十五～二十九日、湖南湘潭市で実施された全国武術競技大会の期間中、学術討論会が開かれ、このときすでに、花法を多分に含んだ套路表演中心の競技方式を改革し、技撃性（＝実戦性）を重視せよとの提案が出されている。散手競技や西洋式搏撃競技としてのボクシングが一九五〇年代に禁じられて以来、スポーツ武術界で技撃性を論じることは、復古主義として批判されがちであった。新中国成立以来、武術運動は体育性・芸術性に主力を注いできた。その結果、武術のスポーツ競技化に成功し、武術の現代化を実現した反面、いわば技撃性は武術運動の「禁区」となっていた。固い石を割ったり、鉄の棒をねじ曲げるなどの硬気功もまた、禁止同然となっていた。開放路線のもとで、最初にこうした禁区が打ち破られたのである。

散手競技はあくまでも安全性を確保のうえ、競技として合理的な規則を開発し、将来的には民族的特色を有しつつ国際競技として普及しうるよう、まず試験単位によって慎重に実験試合を積み重ねることにした。国家体委は、試験単位として浙江省体工隊・北京体院・武漢体院の三カ所を指定した。負傷が多発し、事故が生じた国術館時代以来の体験に鑑み、「研究は積極的に、展開は慎重に」を標語とし、試験チームによる内部研究から、試験単位同士の実験試合を経て、しだいに一般的試行へと段階的に普及させることにしたのである。

一九七九年、浙江・武漢・北京の試験チームは、それぞれ散手の内部実験を開始した。彼らは翌年五月までの一年間、数回にわたって武術の表演会・競技大会等に出場してデモンストレーションをおこない、各地の教練・選手から改善の意見を求めた。

一九八一年五月、全国武術観摩交流大会（遼寧瀋陽市）で、北京・武漢体院が第一回の公開実験試合をおこなった。両チーム四人が出場、トーナメント制で試合、最終二人を表彰した。八メートル四方の絨毯《じゅうたん》の上で防具を着け、毎ラウンド二分、休憩一分の三ラウンド制で戦った。このときの試合は負傷も少なく、蹴り技が決まるなど技撃らしい試合ができるようになったという専門家の評価がある一方、まだ観客からは「見慣れない」「中国的ではない」など否定的な感想も多かったようである。

一九八二年一月十三日～二十四日、北京工人体育場で全国武術散手競技規則研究会が開かれた。北京・北京体院・武漢体院・河北・山東・広東の六単位から各教練一人、選手二人、これに国家体委武術処の責任者など十八人が参加した。会議では散手競技規則の原案を定めるにあたり、まず次のような基本方針が示された。

一、武術散手をスポーツ競技として発展させるため、安全性に立脚した規則であること。
二、中国武術各流派の異なる攻撃法をできるだけ考慮すること。
三、規則は簡明で実行しやすく、判定に便利なものであること。
四、新中国における民族武術にふさわしく、旧時代の擂台式や国外の各種搏撃試合と異なるものであること。

公式名称が「武術散手」に統一されたのも、このときである。試合は一試合三回戦（一回二分、休憩一分）とし、原則として次のような体重別九階級制とする。

①次最軽量級（四八キロ以下）　②最軽量級（四八～五二キロ）　③次軽量級（五二～五六キロ）
④軽量級（五六～六〇キロ）　⑤次中量級（六〇～六五キロ）　⑥中量級（六五～七〇キロ）
⑦次重量級（七〇～七五キロ）　⑧重量級（七五～八一キロ）　⑨最重量級（八一キロ以上）

試合場は絨毯あるいはマットの上に直径九メートルの円形コートを設定する。防具様式は、頭部（＝顔面）にボクシングのヘッドギアを着用し、手にもグローブを着けるなど香港式に近い。

攻撃技は拳法・掌法・腿法を認め、さらに海外類似格闘競技と比較して中国的特色を発揮できるよう、摔法（投げ技）を加えた。擒拿（関節技等）あるいは頭・肘・膝による攻撃は、暫時不許可とする。また、後頭部・頸部・喉・股間・膝を攻撃してはならない。上段の顔面、中段の軀幹部、下段の大腿部が主たる攻撃個所となる。

得点は、通常の攻撃技による的中を一点、突きと蹴りが同時あるいは連続的に決まったときは二点、投げ技が決まって自分が立っていたときは二点、自分も倒れたときは一点とする等である（ただし、投げ技は二秒以内の瞬間的な投げでなければならない）。また、連続攻撃は三回までで、それ以上は乱打あるいは危険行為とみなされる（注：趙秋栄「全国武術散手競賽規則研究会追記」〈『武林』一九八二・五期〉、夏柏華「一九八二年散手競賽規則（初稿）簡介」〈『武林』一九八二・九期〉等参照）。

こうして最初の武術散手競技規則が策定され、以後の出発点となった。競技規則は総じて安全性と、判定の合理性を追求したものとなっている。同年十一月、約十チームが参加して、試行的な第一次全国散打・推手表演競技が開かれた。同大会の散手競技では、頭部防具の着用（顔面攻撃可）、無着用（顔面攻撃不可）の二種類を実験的におこなった。しかし、実際の試合状況は、やみくもに打ち合うだけで経験不足が目立った。

翌一九八三年五月、江西南昌市で開催された全国武術観摩交流大会の期間中、招待試合として「第二次全国散手・太極推手表演賽」が実施された。この大会では初めて武術散手にふさわしい試合が見られた。全国十単位から選手四十六人が参加。前年同様、頭部防具の有無によって二組に編成し、体重別七階級トーナメント制で実施。頭部無防具試合では浙江チームが四階級制覇、また頭部防具着用試合では、山西チームが抜群の実力を見せ、選手全員が優勝し、五階級を制覇するというかくかくたる戦果をあげた。

山西チームの選手は、体格・技術ともに優れ、手技は初動の動きが鋭く、技にスピードがあり、命中率が高かった。足技は速度・距離・角度がいずれも的確で、また投げ技を巧みに用いた。拳・足・投げを交互に使用、連続的に攻撃し、リズム感のある戦術を駆使したのである。

続く一九八四年五月、山東濰坊市で開催された「全国武術対抗項目表演賽」は、太極推手と武術散手合わせて十七チーム、選手百二十二人が参加した本格的な全国大会となった。散手競技は、十三単位、選手七十人が参加、体重別七階級に分かれ、頭部防具を着用して実施された。

競技内容は、武術散手が試行段階を経て実践段階に移行したことを示す水準の高い試合が多く見られた。散手試合数累計は八十三戦。七階級優勝者の氏名は、于川（山東）・李冰（山東）・劉徳（広東）・李明晏（遼寧）・馬傑（武漢体院）・汪波（山西）・王亜（山東）である。

選手の攻撃技を分析すると、「拳技有効率四五％（攻撃総数五四五九技中、二四六七技的中）、足技有効率六四％（一二三六技中、八〇一技的中）、投げ技有効率二一％（三三六技中、六九技的中）」であり、武術散手はこの大会で「ボクシング・空手・タイ式と異なる中国的特色をもった格闘競技として新しい風貌を見せはじめた」（注：張山・張徳広「談散手推手的発展」〈『中華武術』一九八四・五期〉）。

各地のチームにもそれぞれ技術的特徴が生まれていた。山東チームは身長が高く攻守ともに有利で、手技は拳撃、足技は足底の直蹴り、あるいは横蹴りを使用、総体的に偏りのない技術を駆使して活躍した。山西チームは拳技と投げを得意とする。左右の拳打で攻撃し、防御上、各種の投げ技を用いて成功した。遼寧チームも技にスピードがあり、動きに変化があった。ただし、攻撃力としてはいま一歩というところである。浙江チームは、体力を用いて左右の鈎突きを多用し、抱え投げを併用する。力で積極的に攻める攻撃型の典型である。広東チームは、反射神経とスピード、技の連続性に優れ、拳脚の組み合わせがよい。ただし、まだ投げに不慣れである（注：広東省武術隊・劉徳「わが国散手運動の発展について語る」〈『武林』一九八五・一二期〉等）。

1991年　散打競技第一回世界選手権（『中国武術百科全書』）

国際武術連盟（IWUF）広報2017

瞬間的な投げ技を含む中国独特の実撃競技「武術散手」（散打）は、1980年代の試行期を経て国内はもとより国際的にも着実に普及発展しつつある。

このの ち広東チームは投げ技を訓練、攻撃戦術を多様化させ、上位入賞が可能となった。一九八六年の全国大会では選手六人中、三人が準決勝、決勝進出を果たし、「前衛体協と広東両チームの基礎に改善を加えれば、武術散手の将来は明るい」（中国武術研究院訓練研究室副主任呉彬）と評価された。これまで套路表演競技ではとかく不利な立場にあった短打系あるいは南派系選手も、武術散手では自己の技撃性を生かして活躍できるようになった。套路表演と武術散手では選手層がまったく異なる。散手競技の普及によって、現代武術は一層多彩な人材を抱えることになったのである。

一九八四年以来、本格的な全国大会が毎年実施され、水準も着実に向上していった。一九八九年十月二十〜二十七日の八日間にわたって、江西省宜春市で開催された「全国武術散打擂台賽」はこれまでになく盛大な大会となった。二十六チーム、百二十六人が参加、体重別九階級で戦い、累計試合数は二百六十八戦に及んだ。

呉彬高級教練の指導下に、今大会でも使用技法に関する統計分析がおこなわれた。延べ五百三十六人の用いた技法数一万六〇五二技のうち、足技七二六六技（四五・三%）、手技六四四一技（四〇・一%）、投げ技二三四五技（一四・六%）であった。足技のうち、九八%が前あるいは側方への基本的な蹴りわざで、のこり二%が飛び蹴り等特殊な蹴りである。手技では、直突きとまわし打ちが九五%、のこり五%が転身裏拳打ちなど特殊な変化技である。投げ技では、相手の手技をかわして組み付き、あるいは蹴り足を取って投げる等の抱え投げが九〇%を占めた（注：袁鎮瀾「宜春擂台大賽観感」〈『武林』一九九一・一期〉）。

足技と手技のバランスがとれ、投げ技の導入によってかなり変化に富んだ試合展開となったことが、こうした統計分析からもうかがうことができる。なお、負傷は十三件で、うち一件は肘関節脱臼であったが、他は鼻血等軽度の負傷にとどまった。

審判員の一人として参加した周耀傑は、この大会を高く評価し、「この大会が円満に終了したことは、中国の散打がすでに試験段階を勝利のうちに通過し、中国独自の特色を備えた正式な競技種目となり、中国武壇が套路と散打の両輪駆動によって構成されるという優れた局面を生み出したことを象徴する」と感想を記している（注：周耀傑「新的歴程、継往開来……一九八九年宜春全国武術散打擂台賽追記」〈『武林』一九九〇・四期〉）。

体重別九階級の優勝者は、司炳友（前衛）・鄧家堅（広東）・馮偉斌（広東）・馮南（河南）・揚建芳（成都体院）・賈偉濤（武漢体院）・喬立夫（武漢体院）・韓志成（前衛）・趙負国（前衛）であった。

十年前、体育学院など試験単位によって実験が開始されたときから比較すれば、確かに武術散手は技術的にはるかに進歩し、技撃性のつよいスポーツ競技として成立するまでになった。一九九〇年には国家体委によって『武術散手運動員技術等級標準』が頒布され、公式競技の成績に応じて武英・一級武士・二級武士・三級武士の称号が授与されることになった（武術等級制は一九八五年、表演競技部門で最初に施行された。後述）。

しかしながら、総体的に見るならば、安全性、防具問題、競技規則、選手訓練など、まだまだ武術散手には改善すべき諸問題が山積しており、いまなお「研究は積極的に、展開は慎重に」という出発点を離れるべきではないだろう。まして海外には、すでに西洋式、アジア式各種各様の格闘競技が普及している。中国国内では国際試合も実施されるようになってきたが、武術散手が安全で合理的な競技として確立し、さらに中国的特徴をもったスポーツ格闘技として国際的進出を果たすためには、なお相当の時日を必要とするだろう。

散手とともに競技化が推進されてきた太極推手は、見方によっては散手以上の困難に直面している。推手は離れた距離から打突をするわけではなく、最初から接触した状態で、隙をうかがって一瞬で相手を崩すことを主体とする勝負法である。競技上の危険性はないが、拳法の主技である突き・蹴りを用いず、摔跤のように明確な投げ技を用いることもない。それだけに競技としては中途半端で、かえって成立しにくいのである。

推手の競技化は、すでに文革以前、一九六〇年代上海で盛んに実験されていた。上海体育宮は一九六三〜六四年、しばしば陳・楊・武・呉派の流派別推手講習表演会を開く一方、体重別で推手競技会を開催している。したがって推手競技化は、文革後に初めて着手されたものではなく、かなりの実験段階を経ていたが、実際には一九八〇年代に入っても満足すべき成果をあげているとは言いがたい。本来、太極拳の推手は剛的な力を柔的にいなすところに特色がある。剛的な存在を前提とする柔力の発揮が推手の本領である。すなわち、剛あっての柔、陽あっての陰である。しかし、推手の競技化は、いわば柔対柔、陰対陰を競わせようとするものである。ここに推手競技化の根本的問題が存在する。推手は太極拳の練習法・訓練法としては、興趣に満ちた優れた方法であるが、競技として確立するためには、おそらく武術散手以上の研究と実験が必要であろう。

しかしながら、散手・推手など対抗性競技の導入によって、現代スポーツ武術が内容を豊富にし、よりいっそう多彩な活動を可能にしたことは、文革以後の大きな成果の一つとして評価することができる。

二、伝統武術の発掘保存化

国家体委は文革後、表演競技の改革、散手武術等対抗性種目の導入、武術運動の国際的進出など新たな問題に着手する一方、これまで新中国では顧みられることの少なかった伝統武術の発掘と保存化に力を注いだ。

一九五六年に成立した中国武術協会は、武術遺産の発掘継承を任務の一つとしていたが、実際には武術の現代的な競技化に力を注ぎ、伝統武術を取り入れるときも常に「批判的継承」をおこない、伝統武術を本来の姿で保存するという考えは少なかった。スポーツ競技としての現代武術運動のなかで表演される伝統拳術とは、おおむね長拳的基礎訓練を経て、長拳的風格をもって演じられる型となっている。極論すれば、現代武術運動では、すべての拳種が長拳系に吸収されているのである。南派系拳術はもとより、形意拳・八卦掌など北方系のやや特異な拳法も、その例外ではない。

しかし、文革後の政治的な開放路線下に着手された武術遺産の発掘保存は、まず民間に伝わる伝統武術の原形を貴重な文化遺産として記録保存し、ついで伝承系統など関連事項を研究整理することに努めた。また、従来の全国武術競技大会とは別に、伝統武術の全国交流大会を毎年開催することにした。

伝統武術の第一回全国大会は、一九七九年五月十日〜十六日、広西南寧市で「全国伝統武術観摩交流大会」と

して開催された。「観摩《かんま》」とは「互いに観て技を摩《みが》（磨）く」で、相互研究を意味する。この大会には、全国二十九省・市・自治区および香港・マカオ武術代表団合計三十一単位が参加、これに武術散手を実験表演するため北京体院・武漢体院・浙江省体委チーム等が特別招待で加わった。

南寧大会では、参加選手約三百人が伝統拳術・特殊武器・硬気功（石割り等）など累計五百十種を表演し、一等賞五十人、二等賞七十人、三等賞九十四人が表彰された（注：南寧大会のもようは中国伝統武術を紹介する記録フィルムとして同年、日本でもテレビ放映された）。

大会には六十歳以上の男女拳師が多数加わり、青年層に劣らない活力のある演武を披露した。最年長は、黒竜江代表劉志清（九十四歳）である。大刀を片手で振り回し、悠々と竜行刀の型を演じた。劉志清は義和団童子軍の生き残りであり、またかつて馮玉祥軍に参加し、大刀隊長を勤めたことがあるという。劉志清のほか、最高齢者には徐静波（八十五歳、広西壮族自治区代表）・王少周（八十四歳、広西代表）・袁敬泉（八十一歳、北京代表）・邵漢生（七十九歳、香港代表）等がいる。伝統武術大会では、こうした高齢者が活躍し、観客もその演武を見て楽しむことができる。この点は、現代武術運動の競技会と異なる伝統武術大会ならではの大きな特色であろう。

この大会では各地代表によって特殊な硬気功が紹介された。特に広東の朱標、北京の侯樹英が注目を浴びた。朱標は掌や指で自然石を斬るように叩き割り、また侯樹英もかなり大きな石盤を掌撃、さらには頭突きで打ち割った。

香港・マカオ代表が国内チームと同等に参加したのも注目された。香港・マカオ代表が全国的な武術大会に参加するのは一九五七年以来のことであろう。香港からは団長邵漢生（注：香港大学武術教師・もと広州精武会教練。原籍、広東南海県。はじめ馮栄標に洪家拳を学び、のち孔昌に師事し蔡李仏家拳を学ぶ。精武体育会が一九一九年、広州に広東分会を設けたとき、孔昌とともに入会、南派少林拳を教授しつつ、孫玉峰に北派羅漢門を学んだ。一九六四年「漢生康楽研究院」創立、南北両派の武術を教授。門人国籍は中・米・日・豪など十二カ国に及ぶ）をはじめ、李汛萍・劉錦東・林熹・鄭榮・趙威・劉偉業・林廣茂・張萬鴻が参加した。邵漢生自ら伝統的な猛虎下山拳を演じ、また若手の趙威が虎鶴双形拳を勇壮に演じて賞賛を浴びた。マカオからは梁中天・李文欽・文重光・潘樹森・林昌・劉洪・李毅成・譚耀川・李建国らが参加した。李毅成の九歩推、潘樹森の大聖連環拳、李建国の詠春拳木人椿法《もくじんとうほう》などマカオ武術の健在ぶりを示した。

南寧の第一回全国大会は、武術文化遺産の発掘と保存継承を推進する意義ある大会となった。これ以後、伝統武術の全国大会が、開催場所を変えて毎年実施されている。同一人物の連続出場数に回数制限（二回まで）を設け、できるだけ多数の人物に各地代表として出場の機会を与えるなど、運営方法にも配慮が加えられている。

全国大会に照準を合わせて、中国各地で大小規模のさまざまな伝統武術表演会が開催されるようになった。南寧大会に先駆けて、広東では一九七八年、広州市で「南拳観摩表演賽」が開かれている。洪拳・李家拳・蔡家拳・仏家拳・蔡李仏家拳・合拳・孔門拳・白眉拳・撩拳・衛青拳・竜形拳など十七流派二百二十人が参加、拳術百九十四套・武器二十五套が表演され、南派武術の大会としては史上最大規模となった。このとき表演された武術のなかには、長期にわたって中国国内では民間に埋没していたものが少なくない。

広州では一九七九年七月、香港武術観摩団（団長：李汛萍、副団長：龍啓明・王棟材、顧問：邵漢生・厳泉・夏国璋）を迎えて、広東・香港武術交流大会が開かれた。広州体育館で三十五度という酷熱のなかを観衆六千人が集まり、一般スポーツ以上の関心をよんだ。広東と香港は、武術的にはほぼ同一系統で、人脈上では密接な関係を有する会派もあるが、新中国成立以来、公式には断絶した関係にあった。したがって、このときの大会は新中国成立以来、初めて挙行された広東・香港武術交流大会となった。これも文革後、開放路線に転じた初期の成果に数えることができよう（注：このときの団長李汛萍〈一九一三〜二〇〇〇〉は、香港を代表する武術家の一人で国画家としても著名。広東省東莞出身。十四歳で孫玉峰に師事、北羅漢門を学び、のち傅振嵩・黄嘯侠など名師について各種武術を学んだ。一九四七年、香港で公民健身会を創立し、武術・体育を指導、卓球選手容国団などを育成した。一九七五年香港武術健身協会誕生の際、王棟材・姚光らとともに発起人となった）。

一九八三年からは特に三年計画で武術遺産発掘整理工作が開始された。工作の重点は「三献運動」におかれた。「三献運動」とは、「（国家に）拳譜資料を献じ、兵器実物を献じ、功法・技芸を献じよう」という意味である。実物献出を奨励するため、国家体委は「雄獅賞」一、二、三等を設けた。

一九八六年三月、国家体委は過去三年来の発掘整理工作を総括して、北京で全国武術遺産発掘整理総括表彰会をおこない、あわせて故宮博物館で全国武術遺産発掘整理成果展覧会を催した。

この三献運動でこれまで各地に埋もれていた武術文献が多数発掘された。天津石立峻が献出した手抄本は、清末形意拳に関する文献である。また、遼寧林道生は珍蔵していた通臂拳名家修剣痴の『通臂拳秘訣』『通臂刀秘訣』など手稿本九部を献出した。このほか福建呂炳海の白鶴拳に関する秘蔵資料、北京呉淑琴の『六合槍』等、資料価値の高い文献合計約四百八十本、古兵器約四百件、武術関連物件約三十件が献納された。

武術表演の全国大会と同じように、発掘整理工作も地方単位の審査、展覧会を経てきた。特に一九八五年六月北京における第二回全国武術発掘整理工作会議のあと、国家体委が各省に発した「武術『三献』実物について審査をすすめ、報告の準備をととのえよ」という通知に応えて、同年中、地方単位で盛んに審査・表彰会が開かれ、その成果が各地で展示されている。

たとえば、河南省は十二月二十四日～二十七日、鄭州で発掘整理工作の総括報告会を開催した。一九八三年以来、河南省では全省六百九十二人の老拳師について調査した結果、拳種（＝門派）百六十一、套路一千二百四十八を確認した。そのなかには地方色豊かな萇家拳・心意拳・空夢拳・梅花拳などの拳種がある。これらのうち四百十一人、七百四十六套路の型をビデオ映像として記録した。放映時間三十時間分である。拳譜などの文献資料は百五十四部を収集、このうち古本もしくは新中国成立前のものが七十六部である。発掘の成果は『河南省武術拳械録』十二集、約六十万字にまとめられた。

山東省では、全省の老拳師一千十六人について調査、七十四派一千二百四十三套路を確認、百五十七部の文献資料を収集している。四百套路をビデオ映像に収め、拳種六十六の拳械録約六十万字をまとめた。実地調査の過程で、査拳に三系統あることなどが明らかにされる等、大きな研究成果があった。

これまでほとんど本格的調査がおこなわれたことのない福建省でも発掘工作の担当者たちは四万キロを走破、老拳師七百三十人を訪問、五祖拳・永春白鶴拳・福州鶴拳・地術犬法・太祖拳など二十九の拳械録をまとめている。

ややさかのぼって、一九八四年六月には、全国少数民族武術発掘整理成果会議が開かれている。このとき発掘整理の「先進的個人」として表彰された湖南苗族の引退教師石仕貞は、四年来、苗族の武術発掘整理に専心し、三千華里を歩き、拳師六十人を訪問、拳術百八十套路・武器八十套路・苗拳拳譜百三十三条および苗語解釈の拳譜四十八条を収集したという。

故宮の全国武術発掘展覧会場に示された総括統計によれば、三年来の発掘整理工作に従事した人員数は全国で七千八百四十一人であり、彼らが調査訪問した拳師は一万四千八百八十一人、開催した座談会は四千八百五回にのぼる。その結果として、ビデオによる武術映像記録三百九十四・五時間、収集整理資料一千四十一・四万字、拳械録として記録した原稿六百五十一・四万字、編述著書六百八十五冊という膨大な成果を上げたのである（注：武術遺産の発掘整理については主として『中華武術』一九八五・八期、同一九八六・五期、『武林』一九八六・一期等参照）。

全国的な発掘整理工作を通じて、伝統武術を貴重な文化遺産として認識し、学術的に取り組む研究体制が中国各地に整っていったことは、文革期の損失を補ってあまりある大きな収穫であった。

伝統武術の発掘保存工作と平行して、伝統各派の組織別普及研究活動も活発化した。文革中、弾圧を受けた陳家溝には一九八五年四月、陳家溝武術館が落成している。用地面積、九一五平方メートル、資金十六万元が投下された。落成式とともに河南省陳式太極拳協会成立大会が開かれ、陳小旺が主席に就任した。また、少林寺では一九八三年一月二十四日「中国嵩山少林武術総会」が成立。一九八八年九月には「中国最大の現代的な総合武術訓練センター」をめざして、国家旅游局・河南省人民政府共同投資による「中国嵩山少林寺武術館」が完成している。

上海では精武体育会が復活、これまでになく大規模な活動を再開した。文革中は単なる「精武体育館」として表面的な団体活動を控えていたが、一九八二年八月に七十三周年記念伝統項目表演大会を開催、一九八四年には十一月十二日から一週間にわたって創立七十五周年記念活動を展開した。霍元甲の故郷天津市西郊区から嫡孫霍文亭を含む代表団を招き、国内各地の精武会代表および香港・シンガポール精武会が慶祝活動に参加した。活動最終日の十八日、黄埔体育館で参加者三千人の交歓表演会を開催した。

五年後の一九八九年、精武体育会は創立八十周年記念式典を挙行、翌一九九〇年九月には八十周年活動の一環として精武体育会国際招待武術試合を開催した。国内からは上海・天津・余姚・仏山・広州・東台の各地代表、国外からはシンガポール・マレーシア・日本のアジア勢のほか、英・米・加の欧米勢、さらにはソビエト格闘技協会十一人がソ連代表として参加した。あわせて霍元甲の故郷天津市西郊区小南河では、中国武術協会主席徐才臨席のもとに霍元甲逝世八十周年記念式典が挙行された。霍元甲の墓陵も修復され、霍元甲記念館が建設されていた。いずれも日本代表として碇谷昌幹・伊藤聰ら精武体育会活動を日本国内で開始した有志たちが参加している（注：伊藤聰「精武体育会の現在」〈福昌堂『武術』一九九〇冬号〉、同「精武精神上海に燃ゆ」〈同『武術』一九九〇秋号〉）。

このほか各派の自主的な組織活動として、八卦掌研究会（北京）、形意拳研究会（山西）、開門八極拳研究会（滄州）、少林五祖拳研究会（泉州）、武式太極拳研究会（上海）などが相次いで各地に成立した。武当山の所在地均県では武当拳法研究会が誕生している。これらがすべて「研究会」として組織されたところに、伝統武術の修練を旧時代的な復古主義や分派活動に陥らせず、体育的、学術的活動を通じて、その成果を広く現代社会に還元すべきであるという新しい思想が現れている。

三、理論研究の多様化

文革後の開放路線下で武術に関する理論的研究および著述出版活動が盛んになった。

著述に関しては、文革前も良質の武術書が出版されていた。ただし、おおむね現代武術運動のテキストが中心であった。これに比較して文革後は、各拳種の教本はもとより、武術辞典・武術史研究書をはじめ、民国初期に出版された武術の復刻版、明代古典の校訂本、さらには武術関連の資料集・逸話集・小説類など多様な出版物が刊行されている。拳種別の教本については枚挙にいとまがないので、以下には実例としてごく一部を列挙してみる。

李天驥・李徳印『形意拳』（人民体育出版社一九八一）
顧留馨『太極拳術』（上海教育出版社一九八二）
蔡龍雲『少林寺拳棒闡宗』（浙江科学技術出版社一九八三）
劉景山『戳脚』（張俊波・劉振民整理　河北人民出版社一九八三）
胡金煥・孫崇雄・阮宝翔『福建少林拳』（福建人民出版社一九八三）
蔣浩泉『八極拳』（安徽教育出版社一九八四）
李子鳴『董海川八卦掌』（臧学範整理　吉林科学技術出版社一九八五）
張文広『中国査拳』（山東教育出版社一九八五）
陶子鴻『心意六合拳』（張克強整理　寧夏人民出版社一九八五）
陳国慶『鷹爪翻子拳』（張星一整理　河北人民出版社一九八五）

鄧錦濤・鄧鎮江『俠拳』（趙秋栄執筆　広東人民出版社一九八五）
周志強・周明淵『南少林五祖拳』（福建人民出版社一九八六）
鄭剣鋒『通背拳術』（徐匡共編　遼寧科学技術出版社一九八六）

民間の伝統武術家を含め、著名な武術指導者は、おおむね自己の武術教本を公刊しており、主要門派の基本テキストは南北両派にまたがって、八〇年代にほとんど出そろったといえるだろう。

古典研究では、蘭州大学副教授馬明達による『紀効新書』校訂本（人民体育出版社一九八八）の刊行が意義深い。第三章で述べたように、『紀効新書』は明代以降、中国武術に大きな影響を与えた兵書であり、明代主要武術の実技を解説した武術書でもある。にもかかわらず、『紀効新書』は早くから一部が欠損したまま普及した。残欠部分は『武備志』など他資料によって補うことが不可能ではないが、これまで『紀効新書』として総合的に校訂したものは存在しなかった。馬明達の校訂によって、戚継光『紀効新書』は明代以降初めて、その全貌を復活したのである（注：馬氏には、ほかに「試論中国武術史上のいくつかの問題」「手搏初探」等武術起源に関する優れた論考があり、松田隆智・野上小達『開門八極拳』〈福昌堂一九八六〉に邦訳数編が収録されている）。

孫国中による『少林正宗拳経』（原本『拳経拳法備要二巻』　北京師範大学出版社一九八八）、『増訂手臂録』（同前出版社一九八九）も清代武術文献の復元作業として貴重である。

中国武術史の通史に関しては、これまでまとまった著書がなかった。この意味で、成都体育学院副教授習雲泰が著した『中国武術史』（注：人民体育出版社一九八五）は、初めての通史として画期的な意義がある。同書は第一部「時代別武術史」において、原始時代から現代にいたる中国武術の生成発展を時代別に通観し、第二部「各拳種と武器術発展史」では流派別、武器別に概観している。

中央国術館時代以来の課題であった武術辞典も一九八六年以降、相次いで発刊された。まず一九八六年、ほとんど時期を同じくして、呂光明編著『武術小辞典』（湖北教育出版社、字数十九万五千）、楊武・魯生・暁剣・李茂編著『簡明武術辞典』（黒竜江人民出版社、字数二十八万）が出版された。ついで一九八七年、蔡龍雲を編集顧問とし、方金輝・王培錕・孫崇雄・李道節・陳道雲・胡金煥の共同編著による『中華武術辞典』（安徽人民出版社、字数三十五万）が刊行された。これら各地で発刊された中辞典は、文革後の一般的な武術教本と同じように、編者の個性を打ちだし、それぞれ編集上の特徴を有している。

一九九〇年九月、本格的な大辞典として『中国武術大辞典』（人民体育出版社、字数百六十万）が発刊された。編集長馬賢達、副編集長馬明達・習雲泰・康戈武、編集委員柯昌旭・張選恵・白鴻順のほか、各地で武術発掘整理工作に関わった多数の研究者が共同執筆している。

歴史・宗教・文学などと異なり、武術は政治あるいは庶民生活に密着しているわりには文献資料が少ない。そのかわり八〇年代に各地で展開された武術遺産の発掘整理工作が、そのまま辞典編纂のための資料収集作業として生きたであろう。

武術発掘整理工作は若手研究者の現場教育ともなったが、一九八四年国務院が上海体育学院に武術修士号の学位授与権を認めたことも、武術研究者の育成と「武術学」の地位向上をはかる措置として注目される。

一九八五年七月十五～二十三日、最初の武術修士号学位論文口頭試問会が上海体育学院で実施された。このときの試験には北京・上海・武漢・成都・ハルビン等体育学院および甘粛体育科学研究所・貴州師範大学等に所属する各地の武術研究者が参加した。彼らが提出した論文の主題によって、八〇年代の中国における若手専門家の研究傾向を知ることができる。

林伯原「明代武術発展状況の初探」
康戈武「八卦掌源流の研究」

郝心蓮「形意拳源流の初探」
楊宝生「紅拳探討」
張選恵「武術套路の形成と発展」
高雪峰「競技用長拳套路における速度持続力の研究」
温　力「長拳運動におけるエネルギー代謝の特徴およびその訓練」
高文山「武術が青少年の心血管系統に与えるいくつかの影響」
郭志禹「武術中の〈動迅静定〉と弓歩衝拳の研究」
陳　崢「散手技法体系の初歩的探討」
馮勝剛「武術訓練中の運動損傷に現れるある種の法則性の研究」

（注：『中華武術』一九八五・九期）

歴史的探求から現代武術運動の分析にいたるまで、論文主題は広範囲にまたがっている。ここでも多様性を許容する開放路線の影響をうかがうことができる。特に武術・拳種の歴史的研究については、文献の自由な解読と関係土地への実地調査が不可欠である。この面では文革中はもとより、文革前の安定期でも相当の制約があった。

上掲のうち、明代武術を総合的に分析した林伯原の研究は、今後の中国武術史研究に寄与するところが大きいであろう（注：人民体育出版社一九八七編刊『中華武術論叢』第一集に「談中国武術在明代的発展変化」として収録。同書には現代武術を分析した温力、馮勝剛両氏の論文も掲載されている）。なぜなら近代武術の多くは明代に源流を発し、明代武術はまた、古代武術を受け継いでいるからである。つまり明代武術は近代と古代を結ぶ結節点となっており、明代武術を理解することができれば、それだけ中国武術の全体像に迫ることができるのである。

さらに、上掲のうち、康戈武の八卦掌源流に関する探求は、国外研究者のあいだにも大きな反響をよんだ（注：北京市武術協会八卦掌研究会『八卦掌研究会会刊』創刊号一九八四所収）。康戈武は、まず従来の諸説を文献と実地調査によって比較検討し、八卦掌がどのように誕生し、発展したかを跡づけた。

八卦掌は清末、董海川が創始したとする通説に対し、任致誠が一九三七年ころ八卦掌に先行するものとして「陰陽八盤掌」を公表して以来、これを八卦掌の源流とする説が流行した。康戈武は董海川以前に八卦掌は存在せず、陰陽八盤掌も実際には八卦掌の一支流にすぎないということを、文献と人脈をたどることによって具体的に論証した。また、康戈武は実地調査の過程で、温州山中の道観に「転天尊」とよばれる特殊な修行法があることを発見した。これは、八卦掌と同じように円線上をめぐって心身を練る竜門派道士の修行法である。康戈武は両者を分析、その共通性を指摘し「ただ両者のちがいは武術性の有無だけである」と述べている。

八卦掌一門には、「董海川は諸国を遍歴し、江南山中で遭遇した道士によって開眼した」とする説話がある。この伝承と、康戈武が浙江温州の山中で発見した道士の練法「転天尊」が直接関係するか否かは、簡単に結論づけるわけにはいかないが、董海川が自己の学んだ伝統的な、それだけに一般的な拳術に道教系の特殊な練法を結びつけた可能性は大いにある。義和拳に象徴されるように、董海川が北京で活躍した清末は、西欧文化の進出によって逆に「太極」「八卦」など道教系哲理が国粋思想としてもてはやされたときでもあった。少なくとも「転天尊」の発現によって、董海川と道士との結びつきを単なる開祖伝説を飾る虚構の説話として否定することはできなくなったといえるだろう。

康戈武の研究によって八卦掌の源流がこれまでになく具体的に明らかにされた。康戈武は論文執筆にあたり、清朝旧文献六百五十件、史書・武術書等関連文献二百三十種を調査、また二十四省市四百十三人の民間武術家にアンケート調査をおこない、さらに実地調査のため九省市十六市県にまたがり二百五十六人を訪問、二百七十四部の文字資料を入手したという。

形意拳の歴史を研究した郝心蓮も関係土地十一省市二十県を歩き、百五十人を訪問、文字資料十万字余、図片三百余幅を入手した。このように広範囲な土地を実地調査し、しかも対象者から積極的な反応と協力を得て多大の成果を獲得するということは、一九八〇年代になって初めて可能になったことである。

これら専門家以外にも在野の研究家が各地を自由に探訪して大きな研究成果をあげている。たとえば形意拳源流に関する研究では、黄新銘が独自の自主的な研究結果を発表した。同氏は民間の武術史研究家として、少林寺・洛陽をはじめ形意拳あるいはその親縁関係にあると見られる心意拳などの故地約一万キロを走破、こうした実地調査にもとづき新たな形意拳術史を提起した（注：「李洛能生平考」〈『武林』一九八九・一二期〉等。福昌堂『武術』一九九〇秋号に論文邦訳が特集されている）。

黄新銘の研究によれば、明末清初の槍術の達人姫際可が、槍術の理を拳術に応用して心意拳を創出し、のちに李洛能が「心意」を「形意」に変えて一派を開いたという。洛陽には古伝の型を伝える心意六合拳が現存し、少林寺に伝来する武術の一つ「心意把」は、さらに心意拳の源流に近いと、黄新銘は説く。これまでの通説では「形意、または心意とも書く」と同列に論じられていたが、黄氏説にしたがえば両者は同系別種の拳術であり、形意拳は心意拳を源流とする、その一支流に位置づけられる。

このような拳術の歴史的研究は、各流派に広がっている。上記の八卦掌・形意拳は、実例としてその一部をあげたにすぎない。文献解読と実地調査が比較的自由となることによって、各地の研究者による近年の中国武術に関する学術的研究は、かつて唐豪・徐震らが切り開いた道を受け継ぎ、さらに発展させつつあるということができる。

一九八六年三月、中国における武術研究の中心として中国武術研究院が創設されて以降、個人的研究を集積し、一堂に会しておこなう研究発表会、討論会なども活発になった。

同年五月十七日、北京大学武術協会は、大学生による武術シンポジュームを開催している。六大学から三十五編の論文が提出され、会議では「武術と人体医学」「太極拳推手の物理学的分析」「中国武術の哲学的内容」等九編が発表された。

同年十二月十六日〜二十日には、成都で全国太極拳研究討論会が開かれた。表演競技会としてではなく、理論的な研究討論を目的として全国規模の太極拳大会が開催されたのは、これが初めてである。この大会は『武林』編集部と成都飛機公司（注：従業員二万人の大型中央企業。太極拳を奨励し、企業内に太極拳・気功練習者五千人をかかえる。一九八七年四川省武術先進団体に選ばれた）の共催によるが、このようなジャーナリズムと企業提携による民間の学術会議としても最初の試みであった。

大会には顧留馨・傅鐘文・陳立清・蔡龍雲・尚済・習雲泰・劉積順・陳小旺など各流の著名な専門家、研究家約六十五人が参加した。研究発表として「武式太極拳の身法要領」（劉積順　上海武式太極拳研究会）、「科学原理を応用して陳式太極拳の柔軟性と技撃性を分析する」（陳立清　西安萃華武術館）など陳・楊・武派などの指導的人物が、各派の特徴を論じたほか、哲学・心理学・生物学・医学等の観点から太極拳を科学的に分析した下記のような研究が発表された。

「太極拳・道教と水——太極拳哲理探索」（曽慶宗　成都体院）
「太極拳の心理軌跡」（王資鑫　揚州市武術協会）
「力学・生物学の角度から太極拳技撃の科学性を看る」（尚済　西安公路学院）
「太極拳の人体機能と素質に対する影響について」（陳湘陵　武漢市太極拳協会）
「楊式太極拳と薬物併用による肝炎治病一三七例」（張昌律・趙鋳　同済大学）
「太極拳鍛錬が老年男性の内分泌機能に与える影響」（許勝文・王文健　上海医科大学）
「心電遥測観察による簡化太極拳運動量変化の初歩的報告」（頼山文　中山医学院）

（注：『武林』編集部『太極拳研討会論文集』）

この研究討論大会では、各派の特徴および太極拳に関する科学的分析に焦点をあて、太極拳の歴史あるいは源流問題等は討論テーマから除外された。これは、翌年の全国規模による総合的な武術研究討論会に向けて、太極拳専門家・研究者の大同団結を促進するためであった。

翌一九八七年六月二十三日〜二十七日、北京で全国武術学術研究討論会が開催された。中国武術研究院・中国武術協会・人民体育出版社・『中華武術』雑誌編集部の共催による。二十七省市区から論文三百七十二編が寄せられた。入選四十六編のなかから「太極拳運動を世界に向かって推しだす戦略の探求」（曽乃梁　福建武術隊）、「散打における歩法速度と拳法速度関係の研究」（李興東　成都体院）、「宋代武術の発展変化試論」（林伯原）等十一編が優秀論文として表彰された（注：『中華武術』一九八七・九期以降に順次掲載された）。会議で取り上げられたテーマは、武術発展戦略・歴史理論・科学的分析・哲学問題など多岐にわたった。

この研究討論大会のもう一つの重要な意義は、会議の期間中六月二十五日、中国武術学会（「中国体育科学学会武術学会」）が成立したことである。徐才を初代主任委員とし、その他副主任・委員約百十人が選出された。中国武術学会の主たる任務は、民間の研究活動家を含む武術研究者を結集し、研究交流活動を通じて武術に関する学術的研究の水準を向上させるとともに、その成果を社会的に広めることである。

今後、中国武術学会は、武術運動の実技面を担当する競技団体としての中国武術協会とともに、中国武術研究院を支える学術機構として中国武術発展に重要な役割を果たすことになるだろう。いわば中国武術協会が中国武術を支える「武」的支柱とすれば、中国武術学会はその「文」的支柱である。

中国武術学会の組織化はまた、武術の世界進出をめざす中国にとって、遠大な国際スポーツ武術戦略を構成する重要な一環でもあった。中国武術の国家的指導者たちは、中国武術が民族的な特徴を保持しつつもスポーツ・

健康法など身体文化としての普遍性をもって国際社会に受容され、普及していくためには、武術に科学的な裏付けをおこなうことが必要不可欠であると確信したのである。

四、中国武術の国際化

文革以前、武術の国際交流活動は、それほど活発ではなかった。しかし、いずれも中国の外交戦略の一環としておこなわれただけに、数少ないその一つひとつが重要な対外友好活動として国家的な使命を帯びていた。

一九六〇年六月二十二〜七月四日、中国武術代表団二十二人はチェコスロバキア第二回全国運動会「友誼晩会」で表演した。これがおそらく新中国最初の海外武術活動である。この年十二月、王子平ら中国武術隊は、周恩来を団長とする友好代表団に加わり、翌一九六一年一月中旬までビルマ各地で表演活動をおこなった。

日中関係では一九五九年、国会議員古井喜実が日本貿易代表団の一員として訪中した際、特に希望して周恩来の紹介により初めて李天驥に会い、太極拳を学んだ。以後、古井は簡化太極拳の日本導入と普及に尽力した。また、九州の空手家保勇（全日本少林寺流空手道連盟創立者）は一九六五年中国を訪問、王子平・張文広らと交歓、各地で日本空手道を紹介した。ともに、対外交流の少なかった一九五〇〜六〇年代における日中武術友好活動として特筆すべきである。

一九七一年、中国のいわゆる「ピンポン外交」以後、西側諸国との対外交流が活発になった。これをきっかけに、文革で停止していた体育活動も再開された。

この年、北京武術隊の前身、北京什海刹業余体校武術班が発足している。一九七四年北京武術隊として結成後、同チームは呉彬（男子隊主教練）・李俊峰（女子隊主教練）の指導下に、全国武術表演大会で男女団体総合種目の十年連続優勝を成し遂げた。一九七〇〜八〇年代にスポーツ武術界で活躍した李連傑・李志州・王建軍・郝致華・戈春艶・李霞らは、みな創立時の什海刹業余体校武術班に八〜十三歳で参加した少年選手たちであった。一九七四年、彼らを含む全国の優秀な少年選手で構成された中国武術代表団が日本・米国を訪問、これが以後の武術国際活動の先駆けとなったのである。

一九七六年五月十三日〜六月二十八日、中国武術代表団はフィリピン・ビルマで公演した。

現代武術運動の精華を初めて国際的に紹介したこれらの一九七〇年代中期における海外活動は、江青・張春橋・王洪文・姚文元ら文革推進派の政権時代に展開された。彼らが一九七六年十月七日、突如「四人組」として逮捕され、政権の座から引きずりおろされたあと、新たな開放路線のもとで体育・武術界は組織を再編成、体育事業の全般的な発展政策を取りはじめた。

一九七九年十一月、中国オリンピック委員会は国際オリンピック委員会（ＩＯＣ）の合法的な地位を回復した（中国は一九五八年以来、台湾問題をめぐってＩＯＣと絶縁状態にあった）。それから一九八一年の二年半に一千五百万人が国家体育鍛錬標準を達成し、二十五の世界記録を打破し、二十二の世界選手権を獲得、また三カ国以上参加の国際競技で六百以上の金メダルを獲得した。中国卓球チームは第三十六回世界選手権で全七種目の優勝をとげ、世界卓球史上の新記録を打ち立てた。一九八一年十一月第三回女子バレーワールドカップで、中国は七戦七勝して優勝した。

こうしたスポーツ界の隆盛を背景に、国家体委は一九八二年十二月二〜十一日、大規模な全国武術工作会議を開催した。チベット・台湾を除く全国二十八省市自治区代表三百六十七人が参加、以後の武術発展の総路線が打ち出された。中国武術の「積極的かつ着実な」国際的進出も提起された。ちなみにこの会議には中央国術館出身十二人が参加しており、そのうち楊松山・張文広・温敬銘・蔣浩泉・何福生らが一九三六年第十一回オリンピック（ベルリン）に参加している。

国家体委は翌一九八三年の全国体工会議でも再度、「武術は国内で広範に展開するとともに、着実に世界に推し広げなければならない」と指摘した。これ以後、教練や武術代表団の国外における教授、表演活動あるいは外国友好団体の受け入れ、教練・審判の国際的な訓練講習会などが活発になったのである。

武術の国際競技はすでに一九八二年九月二十六～二十八日、江蘇省体育服務公司主催による中国武術国際友好表演競技会が南京五台山体育館で開かれている。国際的な武術表演競技としては最初の試みであった。中国江蘇省・全米中国武術協会・カナダ武術協会・香港武術健身協会等の選手四十一人が拳術・器械・対練の三分野で競い、江蘇省十五人、香港九人、アメリカ七人、カナダ一人が表彰された。

一九八四年四月二十二～二十五日、武漢国際太極拳（剣）招待競技会が開催された。太極拳だけの単種目による国際競技としては最初のものである。国内外の太極拳代表団十八、選手約百人が参加。日本からも四十三人が参加、十三人が金賞を獲得した。日本代表チームの一つ日中太極拳交流協会は選手九人が参加、金賞五、銀賞三、銅賞一を獲得し、外国チーム中抜群の成績をあげて注目された。特に遠藤靖彦（陳家太極拳）は外国選手では最高の八・六六点を獲得、最優秀に輝いた。

この大会では、呉図南・陳小旺・楊振鐸・呉英華・姚継祖・孫剣雲・顧留馨・李天驥・沙国政・傅鐘文・馬岳梁・郝家俊ら各派の著名人物十二人が、表演競技と並行して講演指導と表演をおこなった。

同年、日本でも現代中国武術運動の規定に準じた全国競技大会を開催しようとする動きが現れた。自主的に実行委員に任じた各地同好団体の指導者たちが協力し、大阪で六月二十三～二十四日、「第一回全日本太極拳中国武術表演大会」として実現した（主催団体：日中友好協会全国本部）。大会には二十六団体四百八人が参加した。中国から張山中国武術協会副秘書長の率いる中国武術代表団十三人を招請し、大会審判を委嘱した。

この大会は、日本にとっては、各会派から参加した実行委員・選手たちの経験交流、協力促進の場となり、中国にとっては現代スポーツ武術を国際競技化する重要なテストケースとなった。

この大会で活躍した実行委員・選手が、その後も日本における現代中国武術運動の中心となっている。この時点から日本における中国武術界も伝統派と現代派に二大別できるようになったといえるだろう。日本における中国武術の伝統派とは、おおむね空手を中心とする日本武術の出身者であり、特定の中国伝統流派を武術的に研究した者が多い。彼らの大部分は、中国が開放政策に踏み切る以前から、主として台湾在住の伝統武術家に直接、間接に師事し、研究を続けてきた人々である。これに対し、現代中国の武術運動と密接に結びついた新しい人脈が生まれたのである。

全国大会の成功は、以後の日本における現代中国武術運動の発展をうながした。それは同時に中国が国際活動を推進するうえでも有利な条件を形成したのである。

一九八五年八月二十二〜二十六日、中国は西安で第一回国際武術招待競技会を開催した。英・米等欧米諸国、日本・タイ・シンガポール等アジア諸国、あるいは香港・マカオ等世界各地から十四カ国・地域の選手八十九人が参加、拳術・短器械・長器械の三分類九種目で競技した。

この競技期間中、中国武術競技の国際組織結成に向けて、オブザーバーとして参加したベルギー・イタリア・ポーランドを含む十七カ国で三回にわたる国際会議を開いた結果、八月二十六日西安交通大学で国際武術連盟準備委員会が成立した（注：「連盟」は中国語では「聯合」。本書では日本側表記に従う）。中国・イギリス・イタリア・日本・シンガポール五カ国代表が準備委員となり、中国代表徐才が準備委員会主席、趙双進が秘書長に就任した。

一九八六年四月上旬、中国はアジア諸国の代表的な武術組織に、中国武術をアジア競技大会の正式種目とするよう呼びかけた。また、中国オリンピック委員会の魏紀中秘書長は八月四日、東京でおこなわれた日本体育協会・日本オリンピック委員会代表との会談で、中国武術を次期アジア大会（一九九〇年北京）の正式競技に加えたいとの希望を表明、日本における競技組織の創設など日本側の協力を要請した。

アジア大会で武術を正式競技種目として実施するためには、開催二年前すなわち一九八八年までにアジアオリンピック委員会の承認を得なければならない。承認の要件は、アジアで少なくとも六つ以上の会員国で武術活動があり、四カ国以上の代表団体から成るアジア連盟が存在し、その競技大会が実施されていることである。中国は一九八七年までにこの目標を達成し、「武術（WUSHU）」が柔道・空手と同じように、原語のまま競技種目名として採用されるよう全力を傾注することになったのである。

一九八六年十一月二～四日、中国武術協会は国際武術連盟準備委員会の委託を受けて、天津で第二回国際武術招待競技を開催した。二十六カ国・地域の選手百四十五人が競技と表演に参加した。大会に先立って、国際武術連盟準備委員会は十月三十～三十一日、第二次会議を開き、連盟の正式発足に向けて必要な今後の方針を定めた。これによれば、八七年に国際審判講習会、八八年に国際競技大会を実施するとともに連盟を正式に成立させることになる。この目標のため会議は、公式競技種目について意見を交換し、競技用套路の規格化のため中国武術協会に教材製作を委託することに決定、また国際武術連盟規約草案を通過させた。今会議で米国が新たに準備委員に加わった。

大会期間中も国際武連準備委員会をはじめ、各国代表による国際会議が頻繁に開かれ、十一月三日、アジア武術連盟準備委員会が成立した。構成メンバーは中国・日本・香港・マカオ・シンガポール・フィリピン・タイ・ネパール等八カ国・地域代表である。

アジア武術連盟準備委員会は、主席国に中国（主席徐才）、副主席国に日本・香港を選出した。また、一九八七年に日本で第一回アジア武術選手権大会を開催することに決定した。日本で開催すれば、中国と国交のないマレーシア・インドネシア等も参加でき、国際スポーツとして実績を重ね、アジア競技大会で武術を正式種目化とする国際戦略上きわめて有利である。したがって中国は、日本（もしくは香港）を開催地とするアジア選手権大会の実現をつよく希望したのである（注：ベースボール・マガジン社『中国武術』一九八七・一号）。

アジア武連準備委と同時にラテンアメリカ諸国懇談会も開かれ、この年十一月にはアルゼンチンでブラジル・チリ・ボリビア・ウルグアイ・アルゼンチン等九カ国による南米武術功夫連盟が発足した。

欧州では一九八五年十一月、イギリス・フランス・スペイン・イタリア・オランダ・スウェーデン・ベルギー・ノルウェー等八カ国が欧州武術連盟を結成し、一九八六年六月ベルギーで第一回欧州選手権大会を開いている。

米国ではすでに一九七八年、中国系アメリカ人を中心に全米中国武術協会が成立している。発足時、会員数はボストン・シアトル・サンフランシスコ等計四百人であったが、一九八二年には全米二十七都市五十支部、会員数四千人に達した（注："CHINA SPORTS" NOV.1982)。

天津国際会議に参加した日本代表は帰国後十二月十三日、日本武術太極拳連盟準備委員会臨時総会を開き、日本連盟準備委の委員長に清水正夫（日中友好協会全国本部)、事務局長に村岡久平（東京太極拳協会）を選出した。翌一九八七年四月二十六日、加盟六十団体代表が東京で結成大会を開き、正式に日本武術太極拳連盟として成立した（一九八八年十二月には社団法人として認可された)。

一九八七年九月二十五日、横浜国際会議場でアジア武術連盟成立大会が開かれた。中国・日本・香港・マカオ・シンガポール・タイ・フィリピン・ネパール・マレーシア・スリランカ・インドネシア等十一カ国・地域の武術組織代表が参加した。会長に徐才、副会長に村岡久平（日本)・霍震寰（香港)、事務局長に趙双進（中国)、委員としてリー・クアンツァイが選出された。大会はアジア武術連盟憲章および「武術を第十一回アジア競技大会の実施競技種目とするための特別決議」を採択した。

翌日から二日間、横浜文化体育館でアジア武術連盟主催による第一回アジア武術選手権大会が実施された。競技は拳術・短器械・長器械の三部門でおこなわれた。拳術は太極拳・長拳・南拳から一種目、短器械は剣術・刀術のどちらか一種目、また長器械は棍術・槍術のどちらか一種目をそれぞれ選択し、以上七種目の種目別競技ならびに個人総合得点を男女別に競う。

競技では中国・香港・日本の選手が上位を占めた。男子は趙長軍（中国）が長拳・刀術・棍術の三種目に優勝し、個人総合で一位となった。女子は張玉萍がやはり長拳・刀術・棍術の三種目で優勝、個人総合でも一位となった。

種目別で中国選手が一位を逃したのは、男・女南拳と女子太極拳だけである。男子南拳は杜兆津（香港）、女子南拳はタン・アイラン（シンガポール）、そして女子太極拳では森田久子（日本）が優勝した。

アジア武術連盟成立大会および選手権競技には、アジアオリンピック委員会から松平康隆委員がオブザーバーとして出席、競技を参観した。

アジア選手権に先立つ八月六日、中国国家体育委員会は「武術工作強化に関する決定」をおこなっている。国内的には武術を広く深く根付かせる諸工作を呼びかけるとともに、第八項で「武術の対外的な推進工作を強化すること」として、「国際武術連盟の成立を積極的に促し、武術を一九九〇年アジア競技大会の正式種目となるよう全力をあげる必要がある」と明記し、また武術協会の体制改革と強化を訴えた第十一項でも「武術を世界に普及させるためには現在の機構と指導体制はすでに不適応である。中国武術協会を充実させ、積極的効率的指導をおこなうこと」としている（注：『中華武術』一九八七・九期）。中国国外における公式競技大会としてアジア選手権大会が成功したことは、国家体委の「武術工作強化に関する決定」に沿う重要な実績となった。

一九八八年四月二十二日、アジアオリンピック理事会で「武術（WUSHU）」が北京アジア競技大会正式種目として承認された。このとき「武術（WUSHU）」はスポーツ競技の名称として国際的に公認されたといえよう（国際武術連盟準備委員会としては、一九八五年西安における結成会議で、競技名称を中国語のまま「武術（WUSHU）」とすることに意見が一致していた）。

同年秋、「一九八八国際武術節」と銘打って、杭州・深圳の二カ所で国際競技大会が開催された。杭州では十月十一日〜十四日、表演競技会として「第三回国際武術招待競技会」が実施され、十七日〜二十一日には深圳で国際散打競技会が開かれた。男子太極拳では日本代表木邨仁彦が優勝した。二つの競技会を国際的な中国武術フェスティバルとして開催することによって、海外の報道機関からも注目を浴びた。その結果、ニュース記事を通じて武術がアジア競技大会の公式種目として認定されたことを広く一般社会に知らせることに成功した。

アジア競技大会では、三種総合（長拳・短器械・長器械）・南拳・太極拳の三種目男女別で武術競技を実施することになった。競技条件を平等にするため、中国武術協会はアジア武術連盟の委託により、アジア大会に向けて新たに種目別の武術競技用套路を編成し、新套路普及のため国際的な訓練講習会を実施した（注：ベースボール・マガジン社から新套路テキストの日本語版『競技用規定太極拳』『競技用規定武術』が刊行された。前者には、楊・陳・孫・呉各派の競技用太極拳ならびに競技用総合太極拳、後者には競技用剣術・棍術・槍術・長拳・南拳・刀術の新套路が収録されている）。

表演競技には、選手の実力もさることながら、審判員の質の優劣が重要である。審判員は、スポーツ武術全般にかかわる指導者としても重責を担っている。中国武術協会はコーチ・審判員を国際的に育成するため、一九八六年以来、特別の訓練講習会を実施している。

国際的な武術講習会としては一九八二年、北京体育学院で開催された国際中国武術訓練班が最初であろうが、アジア競技大会を目標とする本格的なコーチ・審判育成の講習会としては一九八六年六月九日〜二十三日、済南で実施された国際武術教練員訓練講習会が最初である。

この講習会は国際武術連盟準備委員会の委託により中国武術協会が主催した。受講者は十六カ国・地域から三十九人が参加した。歴史・競技規則などの理論講習と太極拳（四八式）・南拳・長拳・刀・槍・棍・剣の八種目から三種目を選択する実技講習、それに済南で二十日から開催された一九八六年全国武術競技大会を観戦、採点を試みるなどの審判実習がおこなわれ、最後に終了試験が実施された。

一九八七年も全国武術競技大会（第六回全国運動会〈武術競技予選〉）の直前、五月二十四日〜六月三日、杭州で国際武術審判員訓練講習会が実施された。二十一カ国・地域代表約五十人が参加、集中講義を受けた。日本からは日本武術太極拳連盟が加盟主要会派の指導者十一人を派遣している。

上り浜誠一（神戸太極拳同好会）・安部　哲也（大分県太極拳協会）
石原　泰彦（東京太極拳協会）・及川　勲子（全日本太極拳協会）
尾崎　春子（無拳無意求太極会）・川崎　雅雄（大阪太極拳協会）
佐伯　宣明（太極拳研究会京都）・鈴木　康弘（横浜市太極拳協会）
常松　勝（日中武術交流協会）・西村　誠志（大阪太極拳協会）
楊　進（内家拳研究会）

（注：川崎雅雄レポート『武術』一九八七・九号）

九月横浜で開催するアジア選手権を控えた日本にとって、この集中訓練は最新の競技運営、審判技術を導入する重要な研修会となった。

中国武術協会は一九八九年六月五〜十二日、マカオで第二回国際武術教練員訓練講習会を実施、十三カ国・地域の受講者八十四人に対し、競技用新套路の集中訓練をおこなった。

一九八九年十二月十六〜十七日、香港で第二回アジア武術選手権大会が実施された。アジア十三カ国・地域およびオーストラリア代表等百四人が参加した。原文慶（中国）が男子総合、王萍（中国）が女子総合で優勝した。中国以外の選手では、森田久子（日本）が女子太極拳で優勝、梁日豪（香港）が男子南拳で優勝するなど活躍した。

アジア競技大会開催年の一九九〇年三月二十一〜三十日、中国武術協会はアジア武術連盟の委託により、アジア競技大会武術審判員訓練講習会を開いた。日本・シンガポール・韓国・フィリピン・インド・ネパール・香港・マカオ・中華台北が参加した。韓国と中華台北（台湾）の参加は特に注目に値する。中国との実質的な外交関係が急速に進展しつつあった韓国では、前年一月に中国武術協会が成立し、アジア競技大会に備えつつあった。また、台湾との武術交流も部分的に開始された。一九八九年五月、台湾省台南県国術会二十五人が広州で広東武術界と交流し、十月には厦門集美体育館で開催された福建体育学院主催〈石化杯〉海峡両岸武術招待競技会に台北国術総会代表団二十五人が参加している。この大会で福建省武術協会名誉主席万籟声と台北国術代表団副団長羅開明は、四十五年ぶりに再会した。

一九三五年、重慶中央訓練団で萬籟声は国術総教官、羅開明は体育教官を務めていた。このとき羅開明は万籟声から自然門・六合門武術を学んだ。ふたりは一九四〇年、福建省政府主席劉建旭の要請で、福建永安体育師範学校設立のため福建に移り、萬籟声が校長に就任し、羅開明は教務主任となった。一九四四年、羅開明は軍隊に入った。以後、ふたりは互いに消息が途切れていたのである。

なお、この大会には、台北・福建体院・福州・厦門・漳州・日本・シンガポールが参加し、台北代表団はこの機会を利用して福建体院で現代武術運動の訓練課程を見学、集体基本功・套路表演などを録画し、アジア競技大会参加の準備資料とした（注：洪正福・林蔭生「棠棣花開——海峡両岸骨肉情」〈『中華武術』一九九〇・三号〉）。

日中間の武術交流もアジア大会に向けていよいよ活発となり、大型化した。一九八八年四月二～三日、北京で第一回日中太極拳競技交流大会が開かれ、日本から二十六団体二百八十人が参加し、かつてない大規模な日中スポーツ交流となった。翌一九八九年三月十五～十九日には、上海で第二回交流大会が実施され、このときも日本から総勢二百五十人にのぼる多数の愛好者が参加した。大会後、アジア競技大会に向けて新たに作成された競技用太極拳套路の講習会がおこなわれた。

こうした実績を積み重ねたのち、一九九〇年九月二十九日～十月四日、第十一回アジア競技大会〈武術競技〉が北京・海淀体育館で開催された。国内競技向け選手とは別に、特別チームを編成して訓練を重ね、満を持していた中国武術チームは、全種目で金メダルを独占するという圧勝ぶりを示した。中国以外では香港・日本・中華台北・マカオなどが健闘した。

アジア競技大会の開会式では、日中両国の太極拳愛好者一千四百人による大規模な表演がおこなわれ、開幕を彩った。太極拳表演はアジア競技大会の北京開催と武術の正式種目としての初登場を祝うにふさわしい華やかなアトラクションであった。武術競技が終盤を迎えた十月三日には、世界三十一国家・地域の武術組織代表が北京に集い、ついに国際武術連盟が正式に成立した。

以上、文革後の発展を「散手の競技化」「伝統武術の発掘保存化」「理論研究の多様化」「中国武術の国際化」に分けて概観した。ここでは、文革前と比較して特に著しく異なる新たな発展分野を取り上げたのであり、国内表演競技の文革後の発展についてはふれなかった。しかしながら、表演競技が現代武術運動の中心であり、国内における表演武術の活発な展開があって、初めてその周辺領域として上述三分野の発展が可能となったことはいうまでもない。

表演武術は基本的には一九五〇～六〇年代における現代武術確立期の延長線上を発展しつつあるが、状況に応じて競技規則、開催方法などに改変が加えられている。また一九八五年一月には、「武術運動員技術等級試行標準」公布によって、武術に武英級・一級武士・二級武士・三級武士・武童級（十八歳以下）という五階級制が発足した。これは一般スポーツの運動健将・一級・二級・三級・少年級に相当する。具体的には次のような基準で認定される。

武英級　：全国武術競技大会で、規定六種目総合の上位十五人中、総合点五四に達した者。国家体委の審査批准による。

一級武士：全国武術競技大会で、規定六種目総合点五二・五に達した者。省・自治区・直轄市競技大会で、総合上位三人、総合点五二・五に達した者。省・自治区・国家体委直属体院、産業体育協会の審査批准による。

二級武士：省・自治区・直轄市競技大会、三種目総合上位十五人中、点数二五・五に達した者。省轄市・地区およびそれに相当する競技大会で、三種総合上位六人中、点数二五・五達した者。地区・省轄市・県級体委あるいはこれに相当する体育組織の審査批准による。

三級武士：県あるいは県相当の競技大会で、三種総合二四点に達した者。

武童級　：県あるいは県相当の競技大会で、二種総合一六点に達した者。県体委或いは委託条件の比較的よい基層体育組織が審査批准。

この等級制は、同年五月二十一〜三十日、寧夏銀川市で開催された全国武術競技大会から実施された。同大会は、総審判長：張文広、副総審判長：王新武・徐淑貞により、全国二十四省市自治区および四体院、合計二十八チーム三百六人が参加しておこなわれた。

この大会で、上位入賞者男女各十五人が、最初の武英級＝国家規定の最高級に達した。氏名、次のとおり。

男子：趙長軍・李志州・徐向東・原文慶・李殿方・馬威・羅競・盧金明・沈建軍・文喜太・馬忠軒・王建軍・任剛・鄧斌・張顕明

女子：張玉萍・戈春艶・李霞・向鳳琴・趙琴栄・王向紅・李宝玉・張宏梅・馮秋英・王愛珍・呂燕・李茜・回旭娜・楚鳳蓮・熊素琴

（注：『中華武術』一九八五・七期）

これ以後、武術等級制は選手の向上意欲を刺激し、競技武術の水準を高める新しい制度として普及しつつある。

一九八六年に始まった全国少年「武士杯」競技大会を含め、学校体育あるいは一般社会における武術運動が一九八〇年代後半、さまざまな形をとりながら全国的に発展した。こうした国内における武術運動の盛り上がりが、中国武術の国際的発展とあいまってアジア競技大会に結実したのである。

アジア競技大会の開催準備は、最終段階に入って必ずしも順調に進行したわけではなかった。それどころか、開催の直前まで、果たして成功裡に実施されるのかどうか、国際的に危惧の念が高まっていた。開催のわずか一年前、一九八九年六月四日、開放路線の行き詰まりのなかで、さらなる社会改革と民主化を要求して天安門広場に無期限に座り込んでいたデモ隊を、人民解放軍が戦車と銃火で鎮圧した。その結果、中国政府は国内的には民心を動揺させ、国際的には激しい非難を浴び、国家的な威信が国内外で著しく低下していた。

天安門前の学生らのストは五月十三日に始まった。このため、中ソ正常化会談で五月十六日、国賓として北京を訪れたゴルバチョフの歓迎典は急きょ天安門から空港に変更して実施せざるを得なかった。五月二十日、中国政府は北京に戒厳令を布いた。翌一九九〇年一月十一日戒厳令が解除されるまでの間、「六・四天安門事件」、総書記交替、鄧小平の党中央軍事委員会主席辞任、そして人民元の二〇％余切り下げなど、アジア競技大会を目前にひかえながら、中国国内は文革後最大の激変に見舞われたのである。

また、開催年の一九九〇年八月二日、突如イラクがクウェートに侵攻、全土を軍事的に制圧し、クウェートを自国領土の一部として宣言した。アジア競技大会加盟国は、この暴挙に抗議してイラク選手団の大会参加を拒否した。アジア競技大会には内外の不穏な空気が反映し、開催を危ぶむ声が国際的に生じていたのである。

こうした内外の不利な情勢をはねのけ、中国は国家の威信をかけてアジア競技大会の開催に全力を傾注した。開幕後、中国チームはアジア競技大会史上空前の好成績をあげ、国民の志気を高めた。大会の成功によって、中国の国際的威信もかなり回復することができた。中国体育界にとっては、体育・スポーツによって国家の対外活動に寄与する新たな貢献となった。一九七〇年代中期から武術国際化を推進し、八〇年代中期からは武術をアジア競技大会の正式種目とすべく全力を傾けてきた中国武術界にとっては、十数年来の努力が一挙にむくわれる大きな成果であった。それは同時に、オリンピックの中国開催と、武術競技のオリンピック公式種目化をめざして新たな第一歩を踏み出す記念すべき大会となったのである。

第11回アジア競技大会〈武術〉競技成績表

項目	順位	氏名	所属	得点			
				長拳	短器	長器	合計
男子三種総合	1	原　文慶	中国	9.88	9.81	9.83	29.52
	2	劉　振嶺	中国	9.80	9.81	9.80	29.41
	3	奚　財林	香港	9.46	9.46	9.48	28.40
	4	広田一成	日本	9.43	9.48	9.46	28.37
	5	林　学	日本	9.36	9.36	9.31	28.03
	6	二宮秀夫	日本	9.38	9.36	9.26	28.00
女子三種総合	1	王　萍	中国	9.85	9.78	9.86	29.49
	2	彭　英	中国	9.76	9.78	9.80	29.34
	3	呉　小清	香港	9.43	9.38	9.46	28.27
	4	李　暉	香港	9.31	9.25	9.33	27.89
	5	前東篤子	日本	9.18	9.36	9.31	27.85
	6	柯　端芳	中華台北	9.20	9.25	9.38	27.83
男子太極拳	1	陳　思坦	中国	9.75			
	2	王　増祥	中国	9.73			
	3	荒井伸次	日本	9.68			
	4	増田　勝	日本	9.55			
	5	詹　明樹	中華台北	9.46			
	6	潘　維炎	シンガポール	9.41			
女子太極拳	1	蘇　自芳	中国	9.85			
	2	高　佳敏	中国	9.78			
	3	黄　諦納	中華台北	9.60			
	4	森田久子	日本	9.56			
	5	増田尚子	日本	9.53			
	6	藍　孝勤	中華台北	9.50			
男子南拳	1	何　強	中国	9.80			
	2	梁　日豪	香港	9.65			
	3	黄　東陽	マカオ	9.58			
	4	黄　少雄	中国	9.51			
	5	盧　建樺	中華台北	9.25			
	6	盧　国明	マカオ	9.18			
	6	李　俊輝	中華台北	9.18			
女子南拳	1	陳　莉紅	中国	9.80			
	2	梁　艶華	中国	9.56			
	3	勝部典子	日本	9.35			
	4	欧　暁玲	中華台北	9.31			
	5	卓　玉雀	中華台北	9.21			
	6	朴　正淑	韓国	9.05			

中国武術史簡略年表

〈　〉＝世界・日本

先史時代	
前五〇万年	北京原人（石器・木棒等を武器とし狩猟・戦闘を行う）
前一〇万年	旧石器時代中期（刃部に二次的加工）
前三万年	〈世界〉欧州で弓矢と投げ槍発明
前一万年	周口店・山頂洞人（氷河時代終わる）
前八〇〇〇年	〈世界〉北イラクに初期農耕文化現れ、次第に伝播
前六〇〇〇	磁山・裴李崗文化（河南省北部）。早期新石器文化
前五〇〇〇	戦闘に弓矢（骨鏃）・骨製匕首・石斧が用いられた
前四〇〇〇	仰韶文化。穀物栽培と家畜飼育による定住生活
	磨製石器、骨角器による精巧なやじり、釣り針等使用
前三四〇〇	青蓮崗文化（江蘇省）。精巧な石製包丁・鋤・匕首等
前三一〇〇	〈世界〉青銅器時代始まる
	〈世界〉エジプト第一王朝始まる
前二五〇〇	〈世界〉メソポタミヤのウルで戦車軍団出現（二人乗り四輪駆動）
	〈世界〉インダス文明起こる。メソポタミヤと交渉盛ん
前二三〇〇	竜山文化（山東省）。屈家嶺文化（河南省）

時代	年代	事項
		石斧・石のみ・石刀等利用。貝殻製刀・鎌もあった
		〈世界〉エジプト墓室壁画（サッカラ）にボクシング試合像
	前二一〇〇	この頃、夏王朝建設？
	前二〇〇〇	〈世界〉中央アジアに馬と軽車両が移入された
		〈世界〉欧州・アジアに大規模な民族移動発生
	前二〇五〇	この頃、商侯相土、初めて戦車軍団をつくる？
		〈世界〉エジプト墓室壁画（ベニ・ハッサン）にレスリング競技像
	前一九〇〇	偃師二里頭文化（河南省）。青銅器を鋳造、工具や武器をつくる
殷・周	前一六〇〇	この頃、殷商王朝成立
	前一三〇〇	殷代後期。優れた青銅器文明を背景に、戦車を中心とする組織的戦闘術が発達（遠距離に弓矢、接近戦で戈を用い、護身器として小刀を利用した）
	前一一八〇	〈世界〉トロイ戦争終わる
	前一〇五〇	牧野の会戦（大規模な戦車戦）で殷滅び、周王朝起こる
	前七七六	〈世界〉第一回古代オリンピック競技会。ボクシング・レスリング等盛ん。パンクラチオンは前六四八年登場
春秋戦国時代	前七七〇	西周滅び、春秋戦国時代始まる。
		弓射・剣術及び徒手格闘術が発達、武人が諸国で活躍した
	前五九七	楚王「戈を止むるを武となす」と武の七徳を説く＝「武」字の道徳的解釈の初め
	前五一二	この頃、孫武、呉国で活躍＝孫子兵法の確立
	前四七九	孔子没（前五五二？〜）
	前四七三	越王勾践、陳音の弩射術・越女の剣術を導入、軍事力を強化し、呉王夫差を破る
	前四〇九	秦で佩剣の制始まる

	前三四一		孫臏、馬陵の戦いで万弩を発し龐涓を破る＝弩射術の普及
	前三二六		〈世界〉アレキサンダー大王、北インド征服
	前三〇七		趙の武霊王、匈奴の騎馬戦術を導入＝中国騎馬軍団の初め
	前二八九		荘子没
	前二二七		壮士荊軻、秦王暗殺に失敗（荊軻匕首に対し、秦王長剣で闘う）
秦・漢	前二二一		秦・始皇帝天下を統一し、三十六郡を置く
	前二〇九		秦の二世、「角抵・俳優の観」を楽しむ
	前一二九	元光　六	漢、匈奴に敗北。以後、漢は馬術・騎射術を強化＝馬上格闘用の戟術が発達。対騎馬用に強力な蹶張弩開発
	前一一九	元狩　四	漢、匈奴に勝利。この頃、車戦廃れる
	前一〇八	元封　三	武帝、大規模な角抵の戯を開く＝漢代、角抵盛ん。朝鮮半島を経て日本に伝播
	前一〇一	太初　四	漢の遠征軍、大宛の名馬「汗血馬」をもたらす
	前五一	甘露　三	この頃から佩刀が一般化＝剣から刀への移行期
	前二三	陽朔　二	〈日本〉垂仁天皇七年、野見宿禰、当麻蹴速と角力＝日本徒手格闘術の起源（垂仁天皇在位については三、四世紀説あり）
	前二	元寿　一	この頃、中国に仏教伝わる
	七	居摂　二	『漢書』兵書に「剣道三八篇・手搏六篇・蹴鞠二五篇」記載
	一二五	延光　四	順帝（在位一二五〜一四四）の頃、張陵、五斗米道を創始（道教起源）
	一七〇	建寧　三	この頃、近衛軍の勇士王越、剣術で著名
	一八四	中平　一	黄巾の乱おこる
	二〇八	建安一三	後漢末の医術家華佗（?〜二〇八）、剛健術「五禽戯」創編
	二二〇	延康　一	後漢滅び、魏興る。三国時代始まる
	三一六	建興　四	西晋滅ぶ。五胡十六国時代始まる（四三九年北魏に統一される）

三国・晋・南北朝

三一七	建武　一	葛洪『抱朴子』成る
三二三	太寧　一	武将陳安「七尺の大刀、丈八の蛇矛」で戦う =馬上格闘用の長柄の武器が、戟から大刀、長槍へ移行
四一三	義熙　九	仏駄跋陀羅、この頃盧山において『達摩多羅禅経』を訳す
四一五	一一	この頃、嵩山の道士寇謙之、活躍
四四三	元嘉二〇	求那跋陀羅『楞伽経』を訳す
四九六	太和二〇	北魏の孝文帝、インド禅僧跋陀大師のために少林寺を創建
五〇四	天監　三	梁の武帝、道教を捨て、仏教に帰依
五一九	一八	慧皎『高僧伝』を著す

隋・唐

五八九	開皇　九	隋、中国を統一
六一七	大業一三	群賊の攻撃に会い、少林寺焼失
六一八	武徳　一	李淵（高祖）、唐を興す
六二一	四	王世充の乱 少林寺の武僧軍団、王世充の甥仁則を捕らえ唐朝に帰順=少林武僧の起源
六四九	貞観二三	唐朝の功臣李靖没（五七一〜）。のち達磨『易筋経』編者に仮託される
六五八	顕慶　三	馬上矟術の名人尉遅敬徳没
六六三	竜朔　三	〈日本〉白村江の戦い（日本水軍、唐水軍に大敗）
七〇二	長安　二	武挙制度確立。騎馬・射術・力芸を試し、勇士を抜擢
七一三	開元　一	慧能（六三七〜）没=中国禅宗、事実上の開祖
七二八	一六	「嵩岳少林寺碑」立石。少林武歴と曇宗（武術初祖）ら十三立功僧の名を刻す この頃、武将哥舒翰、馬上槍術で名を馳せる
七三四	開元二二	〈日本〉吉備真備帰国。兵書『孫子』をもたらし実戦でも活躍
七五五	天宝一四	安禄山の乱

	八七五	乾符	二	黄巣の乱始まる
五代・宋	九〇七	開平	一	唐滅び、後梁興る
	九二三	竜徳	三	後梁の武将王彦章（「王鉄槍」）、騎馬槍術で著名
	九六〇	建隆	一	趙匡胤（太祖）、宋朝創建＝自ら武術・蹴球を得意とし、武術を奨励した
	九七〇	開宝	三	兵部令史馮継昇、「火箭法」献上（火薬兵器の初め？）
	一〇〇〇	咸平	三	神衛水軍隊長康福、「火箭・火毬・火蒺藜」等、火薬兵器献上
	一〇〇四	景徳	一	道原『景徳伝燈録』を著す（少林寺達磨伝説成立？）
	一〇四四	慶歴	四	曽公亮『武経総要』編纂
	一〇八〇	元豊	三	北宋、武学の基本教典として『武経七書』を定める
	一一〇〇	元符	三	徽宗即位。道教に傾倒 登封令楼异、少林寺修復
	一一二二	宣和	四	太師魯国公蔡京の書、少林寺「面壁之塔」刻石 蔡京の弟、蔡卞、少林寺「達磨面壁之庵」刻石 また、この頃、少林寺「初祖庵」建立＝達磨伝説の少林寺定着
	一二二七	宝慶	三	〈日本〉道元（～一二五三）帰朝、曹洞宗を伝える
	一二三一	紹定	四	蒙古の太宗オゴタイ・ハン、高麗出兵 「李鉄槍」李全、揚州で敗死。その妻楊氏「二十年李花槍、天下無敵手」を誇る
	一二三二		五	金軍、「火槍」（非金属有筒式、火焔放出）を用いて蒙古軍撃退
	一二四五	淳祐	五	曹洞宗禅師福裕、嵩山少林寺に住し、仏教を再興、少林寺中興開山の祖となる ＝以後、少林寺は曹洞宗を本旨とする
	一二五九	開慶	一	宋、寿春府で「突火槍」（竹製有筒、火薬弾発射）を造る
元	一二六〇	中統	一	蒙古、フビライ（世祖）即位
	一二七一	至元	八	蒙古、国号を元と改める
	一二七四		一一	元・高麗軍、日本侵攻、博多湾で大敗。元軍、戦闘中に爆裂弾「鉄砲」使用

時代	西暦	年号	事項
	一二八一	一八	元軍、再び日本侵攻、博多湾で全滅
	一二九〇	二七	この頃、元軍、銅火銃開発＝小銃の祖形
	一三二七	泰定　四	日本僧邵元、中国に渡る。のち少林寺に入り、首座となる＝日本人最初の少林僧（滞在二一年。一三四七年帰国）
	一三五二	至正一二	〈高麗〉この頃から倭寇の侵略激化
	一三五三	一三	張士誠の乱、興る＝元末の群雄抗争時代に入る
	一三五八	一八	この頃から中国大陸に倭寇出現
	一三六〇	二〇	〈高麗〉李成桂（後の朝鮮太祖）倭寇を智興山に撃破
明	一三六八	洪武　一	朱元璋、明朝創建
	一三六九	二	朱元璋、倭寇鎮圧を日本・懐良親王に要求
	一三七二	五	明、琉球に楊載を遣わす＝琉球冊封使の起源
	一三九二	二五	日本　僧徳始、少林寺のために「淳拙禅師道行碑」を書く
	一四〇三	永楽　一	成祖永楽帝、胡濙に武当山道人張三丰の探索を命じる（約二〇年間）
	一四〇五	三	鄭和、初めて南海遠征（〜一四三〇）
	一四一九	一七	総兵官劉江、遼東防海堝で倭寇撃滅
	一四八八	弘治　一	〈日本〉香取新当流開祖飯篠長威斎没（一三八七？〜） 〈日本〉この頃、愛洲移香斎、影流を開く
	一四九二	五	〈世界〉コロンブス、北アメリカ発見
	一五一七	正徳一二	ポルトガル人、広東に入港、通商を求める
	一五一九	一四	〈世界〉マゼラン、世界周航に出発（〜一五二二）
	一五二一	一六	この頃、少林寺の武僧三奇和尚、南北に遠征、明代少林武僧の先駆となる
	一五二三	嘉靖　二	日本の通商使節団、寧波で騒乱＝明、海禁策を取る
	一五二九	八	明軍、仏郎機（ヨーロッパ式火砲）導入
	一五四〇	一九	海寇王直、葉宗満等と広東に行き、大船を造り、密貿易を行う

一五四二	二一	タタール、山西侵略。殺戮二〇万
一五四三	二二	王直の海寇船、日本種子島に漂着。同乗ポルトガル人によって鉄砲伝来 ＝王直の日本初来。九州豪族と結びつく
一五四七	二六	倭寇、浙東寧波、台州等を侵す ＝この頃から日・中海寇の連合による侵略・反乱活動激化
一五四八	二七	都指揮盧鏜、海寇李光頭・許棟を掃滅 戦闘中、日本式火縄銃捕獲、明軍に導入＝中国鳥銃の起源
一五五〇	二九	タタール、明に侵入、北京に迫る
一五五三	三二	王直、蕭顕ら海寇、倭寇を率いて沿海侵犯。兪大猷・湯克寛・任環・盧鏜ら明軍武将、勇戦して海寇を撃退 月空ら山東「少林僧」、明軍に加わり、倭寇と激闘（のち全滅） 嵩山少林寺の武僧周竺方、僧兵五〇名を率いて師尚詔反乱軍を征討
一五五八	三七	〈日本〉「永禄年中、唐人紀州に来たり拳法を伝授す」（会津藩伝承）
一五五九	三八	戚継光、新軍編成、台州で海寇撃滅。以後、「戚家軍」活躍 兪大猷、北方前線に移る
一五六〇	三九	戚継光『紀効新書』成る＝明代軍隊武術の確立
一五六一	四〇	明軍、浙東で海寇軍団と大激戦。「戚家軍」九戦九勝 戚継光、陣中で『影流目録』入手。のち明軍に日本刀法導入 兪大猷、南方復帰。途中、少林寺小山和尚と交流。少林僧二名を選び棍法伝授
一五六三	四二	戚継光・譚綸・兪大猷ら明軍、平海衛で海寇軍団を撃滅 タタール、再び京畿に迫る 〈日本〉上泉信綱、上洛、「新影流」を広める 〈日本〉この頃、影流二代目愛洲小七郎、関東に入る

一五六七	隆慶　一	タタール、大同を攻める
一五六八	二	戚継光、北辺の守備を命じられ、神器営副将となる
一五七一	五	戚継光『練兵実紀』成る
一五八二	万暦一〇	〈日本〉織田信長没（「本能寺の変」）
一五八八	一六	戚継光没（一五二八〜）
一五九八	二六	趙士禎『神器譜』成る＝中国式小銃開発
一六〇〇	二八	〈日本〉関ヶ原の戦い。徳川家康の覇権確立 〈日本〉柳生一族台頭（「新陰流」確立）
一六一五	四三	〈日本〉元和一　大坂夏の陣（豊臣氏滅ぶ） 〈日本〉元和年間、柔ら（柔術）成立
一六一六	四四	程宗猷『少林棍法闡宗』成る（少林武僧出身。のち日本刀術書『単刀法選』、楊家鎗『長鎗法選』、弩弓術『蹶張心法』等を著す）
一六一九	四七	〈日本〉陳元贇（三三）、日本初来（一説に一六二一年）
一六二一	天啓　一	茅元儀『武備志』成る
一六二五	五	少林寺に河南巡撫程紹『少林観武』碑建立 〈日本〉四月　陳元贇、江戸の国昌寺に入る。同寺滞在中、日本人柔術家に明国武術を語る
一六三五	崇禎　八	少林寺の武僧（武術教師）二名、陝県知州史記言と共に回教徒反乱軍と戦い戦死
一六四一	一四	郷兵守備陳王廷（陳氏太極拳の遠祖？）、温城直撃の土寇撃滅
清		
一六四五	順治　二	この頃、李際遇、嵩山で反乱。少林寺を襲撃（北京で刑死）
一六五〇	七	この頃、姫際可、槍法から心意拳（形意拳）を編み出す
一六六九	康熙　八	清朝、摔跤訓練機関「善撲営」設立 内家拳の名人王征南没（一六一七〜）。黄宗義「王征南墓誌銘」、武当山の道人張三丰を開

		祖とする内家拳の系譜を記す＝内家拳伝説広まる
一六七〇	九	〈日本〉関口柔心没
一六七一	一〇	〈日本〉陳元贇、名古屋自宅にて没
一六七六	一五	黄百家、王征南伝授の『内家拳法』『征南射法』を著す
一六七八	一七	呉殳、槍刀理論書『手臂録』を著す
一六八五	二四	アルバジンで清、ロシアと衝突。福建の藤牌兵活躍
一七〇四	四三	康熙帝御書『少林寺』、少林寺天王殿に掲げられる（のち山門に移す）
一七一四	五三	〈日本〉日夏繁高『本朝武芸小伝』成稿（一七一六刊）
一七二七	雍正　五	〈日本〉もと清朝武官陳采若・沈大成、秘かに日本長崎に来航、四年間武術教伝
一七二九	雍正　七	張雲如を師とする甘鳳池らの反清復明活動露見。逮捕百数十人。張・甘ら処刑
一七三五	一三	『寧波府志』成る（内家拳の達人〈張松渓伝〉あり）
一七四八	乾隆一三	『少林寺志』成る
一七五〇	一五	高宗（乾隆帝）少林寺に宿し、詩四首詠む この頃、呉敬梓『儒林外史』（『易筋経』の引用あり）
一七五三	一八	ポルトガル、マカオの割譲を要求
一七五六	二一	福建邵武県、鉄尺会事件 〈日本〉琉球に中国武官「公相君」渡来、拳法紹介。琉球の渡唐役人佐久川寛賀、この頃中国で拳・棒を学ぶ（帰国後「唐手佐久川」とうたわれる）
一七八四	四九	曹煥斗『拳経拳法備要二巻』成る
一七八六	五一	台湾・林爽文（天地会）の乱
一七九五	六〇	王宗岳、槍術の極意書『陰符鎗譜』を著す＝『太極拳経』の原典？
一七九六	嘉慶　一	白蓮教の反乱おこる（一八〇一平定）

			アヘン禁令
一八〇九		一四	この頃、楊露禅、河南温県陳家溝に行く（のち太極拳開祖）
一八二八	道光	八	満族高官麟慶、少林寺訪問、寺僧の拳法を見る（少林寺壁画となる）
一八三四		一四	楊露禅、永年県に帰郷、武術家として自立
一八三六		一六	陳享（広東）、南派少林総合拳法「蔡李仏派」開創
一八四〇		二〇	アヘン戦争おこる。林則徐免職
一八四二		二二	イギリス軍南京に迫り、南京条約・香港割譲
一八四六		二六	宋邁倫（三皇砲捶拳）、北京で神器営教官となる。のち「会友鏢局」を開く
一八五〇		三〇	太平天国の乱（洪秀全）起こる。南派少林蔡李仏派一門、積極的に参加
一八五二	咸豊	二	太平天国軍、湖南を攻める。南王馮雲山（南派少林拳蔡李仏派）戦死
			曽国藩、太平天国軍鎮圧のため湖南で民兵召募（「湘勇」）
			武禹襄、王宗岳訣文発見（のち『太極拳経』として広まる）
一八五三		三	太平天国軍、南京攻略、首都「天京」に改める
			陳家溝の拳師陳仲甡、一族を率いて太平天国北伐軍と激闘
			楊露禅の師、陳長興没（一七七一〜）
一八六一		一一	曽国藩、安慶占領。咸豊帝死す。太平軍杭州を攻める
			曽国藩、安慶軍械所を設立＝洋務運動（清朝開明派による中国近代化）始まる
一八六二	同治	一	アメリカのウォード、常勝軍を組織。李鴻章淮軍を組織
			清軍の上海・寧波等海口官兵、欧州人の訓練を受ける
一八六四		三	洪秀全病死。清軍、南京占領。捻匪・回匪おこる
一八六六		五	シュレーヘル『天地会』刊（「福建少林寺」伝説記載）
一八六七		六	李亦畬、武禹襄伝授の王宗岳訣文などをまとめる
一八六八		七	張総愚死す、西捻全滅 〈日本〉明治維新

一八七二	一一	楊露禅没（一七九九〜）
一八七三	一二	〈日本〉この頃、東恩納寛量、中国渡航。のち琉球に南派少林拳をもたらす（日本空手道剛柔流の母体）
一八七五	光緒　一	この頃、恒林、少林寺に出家（のち武僧として軍団指揮） 蔡李仏派開祖陳享没
一八七六	二	キリスト教青年会、中国渡来。布教とともに民間体育活動の育成と普及に寄与
一八七九	五	李鴻章、ドイツ陸軍に遊撃等七人を三年間派遣、ドイツ歩兵術導入
一八八〇	六	武禹襄没（太極拳理論家・武派太極拳開祖）
一八八一	七	李亦畬集成「拳法論」（李福蔭本）に「太極拳」呼称出現
一八八二	八	八卦掌創始者董海川没 〈日本〉嘉納治五郎、柔道創始
一八八五	一一	張之洞「海防各営操練章程」、軍事訓練近代化
一八九三	一九	この頃武侠小説『万年青』流行＝南派少林拳説話の普及
一八九四	二〇	日清戦争起こる。この年、孫文、興中会を組織（ハワイ）
一八九五	二一	日清講和条約批准書交換（下関条約締結）
一八九六	二二	清、日本に初めて留学生を送る 清軍、海陸各軍に新たな訓練実施。各省に武備学堂を設立。洋式（ドイツ式・日本式）訓練が普及。袁世凱、天津で新式陸軍を編成 山東梅花拳（のち「義和拳」）の頭目趙三多、梨園屯で示威的な「亮拳」（演武会）を開き、官軍と対決 〈日本〉上地完文、中国渡航、南派少林拳を学び、帰国（一九〇九）後上地流空手開祖となる
一八九八	二四	康有為、梁啓超が革新運動に失敗し、日本に亡命 上海、経正女学堂、女子教育に体育採用

一八九九	二五	河北・山東省境で義和拳による排外運動激化 山東で義和団蜂起（義和団運動始まる） 日本人武術家・中島圭祥（黄興の同志）、少林寺入山、『易筋経』を学ぶ？ 〈日本〉新渡戸稲造『武士道』（英文）刊
一九〇〇	二六	義和団事変（清朝・義和団、列強と交戦し、敗北） 孫文らの興中会、恵州で挙兵、失敗（恵州事件）
一九〇一	二七	清朝、武科旧制を廃する 清軍教官馬良、山西武備学堂で武術教習。中国武術近代化に努力 ＝軍隊における伝統武術の革新と再編（のち「中華新武術」として成立）
一九〇四	三〇	梁啓超『中国之武士道』刊
一九〇五	三一	科挙廃止 孫文ら東京で中国革命同盟会結成 光復会会員徐錫麟、陶成章ら浙江紹興に大通学堂創設
一九〇六	三二	清朝、中央官制改革。全国に三六師団の陸軍（新軍）設置
一九〇七	三三	女性革命家秋瑾、大通学堂を主持、同時に大通体育会を組織
一九〇八	三四	米国から体育専門家群来る。上海・北京・天津・長沙基督教青年会、学校で指導
一九〇九	宣統 一	上海に精武体操学校創立される（教師：霍元甲）
一九一〇	二	陳公哲ら上海青年有志、精武体操学校を精武体育会に改組 ＝民間組織による中国武術近代化の始まり 南京で「全国学校区分隊第一次体育同盟会」（＝「第一回全国運動会」）挙行
一九一一	三	一〇・一〇　武昌の新軍・同盟会蜂起し、辛亥革命始まる 中華武士会創立（天津）　李存義・馬鳳図、総教習として活躍 盧煒昌、南派少林拳『少林宗法』（『少林拳術秘訣』原典）発掘
一九一二	民国 一	中華民国成立

	中華民国	
一九一三	二	許禹生、北京に「体育研究社」組織 湖南省に国技学会創立
一九一四	三	馬良、済南衛成司令として山東に赴任。武術伝習所創立 ＝以後、山東・河北に馬良編「中華新武術」急速に普及 許世友、少林寺入山（のち人民解放軍に参加、中国国防部副部長となる）
一九一五	四	尊我斎主人『少林拳術秘訣』、朱鴻寿『拳芸学進階』刊
一九一六	五	馬良『中華新武術・摔角科』、『中華新武術・拳脚科』刊 陸師凱・陸師通共著『拳術学教範』刊
一九一七	六	北京に、武術教伝所設立。馬良、教師派遣 全国中学校校長会議、「中華新武術」を「正式体操」に列する（一〇月） 少林僧恒林、日本禅僧釈宗演を歓待し、少林武術披露 毛沢東『体育之研究』発表（『新青年』誌上）
一九一八	七	河北省　保定軍官学校、武術課程増設 北京体育研究社、「中華新武術」採用 霍東閣（霍元甲次男）、広州精武会に赴任（のちインドネシア移住）
一九一九	八	日本禅僧関精拙、山東馬良邸、嵩山少林寺訪問（馬良邸で伝統武術参観） 孫文、中華革命党を中国国民党に改組（一〇月） 済南、山東教育界により武術伝習所創立。馬良、教師派遣 呉志青、上海中華武術会を発起 魯迅『拳術と拳匪』発表、武術教育を批判
一九二〇	九	馬良『中華新武術・棍術科』、郭希汾編著『中国体育史』（商務印書館）刊 少林僧恒林、民団を率いて土匪と戦う
一九二一	一〇	中国共産党結成 許禹生『太極拳勢図解』刊

一九二二	一一	日本人仏教学者常盤大定、少林寺調査 不肖生（向愷然）『江湖奇侠伝』『近代侠義英雄伝』執筆開始 〈日本〉船越義珍、東京で琉球「唐手」紹介 ＝のち日本空手道として確立 〈日本〉植芝盛平、この頃合気武術（合気道）確立
一九二三	一二	馬良ら上海で初めて「中華全国武術運動大会」（四月） 少林武僧恒林死す。その弟子妙興、住持となり、武装軍団指揮 上海、振民編集社『国技大観』刊（『少林宗法』所収）
一九二四	一三	林世栄『嶺南拳術』（香港南武体育会）刊 孫禄堂『太極拳学』（太極拳・形意拳八卦掌を併せて「内家拳」確立） 中華全国体育協進会成立（八月） 王懐祺『十二路譚腿新教授法』（上海・中華書局）刊
一九二五	一四	孫文、北京で客死 この頃、王向斎、柔派拳法「意拳」創始 陳微明、致柔拳社創立（上海） 陳微明『太極拳術』（楊澄甫演武。「太極拳十訣」の原典）刊
一九二六	一五	蔣介石、国民革命軍総司令に就任、北伐開始 葉大密、武当太極拳社創立（上海） 陳泮嶺、河南全省武術会（のち「河南国術館」）創立 山東省黄県国術研究会創立（河北滄県李書文・烟台宮宝田等）
一九二七	一六	少林武僧妙興、戦死 近代摔跤の名人佟忠義、直隷陸軍幹部学校の武術摔角総教官となる 陳派太極拳陳照丕（績甫）、北京同仁堂の招請で上京 浙江省国術館成立（杭州）。武匯川、匯川太極拳社創立（上海）

一九二八	一七	徐致一『太極拳浅説』（上海精武体育会）刊 国民党北伐軍、少林寺を司令部とする建国軍樊鐘秀を攻撃、少林寺炎上（三月） 北伐軍、北京入城（六月） 張之江、南京に中央国術館創立＝以後、中国武術は「国術」として、近代化が促進され、各地に国術館が設立されるなど急速に普及発展した 中央国術館、第一次「国術国考」（一〇月）＝武術全国大会。以後、競技化盛ん 河北省国術館（天津）・天津市国術館・江西省国術館（南昌）・南昌市国術館・上海市国術館・青島国術館等成立 呉鑑泉、上海において、精武体育会及び国術館の教師となる 陳発科、北京上京（一〇月）陳氏拳法教授
一九二九	一八	杭州、上海で国術競技実施 安徽省国術館（安慶）・四川省国術館（成都）・綏遠省国術館・北平国術館成立 広東省主席の招請で万籟声・傅振嵩ら五人、広州に行く
一九三〇	一九	徐震『国技論略』、万籟声『武術匯宗』等刊 唐豪、少林寺実地調査、『少林武当攷』を著す 　＝少林・武当の伝説を打破、中国武術史学を確立 張之江、日本訪問、スポーツ・武術参観（帰国後『東遊感想録』を著す） 山東国術館成立（済南　館長李景林）
一九三一	二〇	「九・一八」（満州事変）おこる 中華ソビエト共和国臨時政府、瑞金に成立（一一月） 湖南国術訓練所（長沙）成立、のち湖南省国術館となる 呉図南『科学化的国術太極拳』、楊澄甫『太極拳使用法』、王新午『太極拳法闡宗』、佟忠義『中国摔角法』等刊
一九三二	二一	唐豪、一九三一年冬よりこの年一月にかけて、陳家溝で現地調査

		＝「陳氏家譜」に基づき「陳王廷太極拳開祖説」を主張 呉鑑泉、鑑泉太極拳社創立（上海） 楊澄甫、上海から広州に移る＝楊家太極拳、南方に普及 郝月如・少如父子、南京で武派太極拳教授（一九三六年上海へ） 陳子明『陳氏世伝太極拳術』刊 〈日本〉材木商増田亀三郎『菩提達磨嵩山史蹟大観』刊
一九三三	二二	中央国術館第二次国考（＝第二回全国武術大会） 国立国術体育専科学校創立 全国運動大会（南京）で武術競技 （散打〈防具付き〉・武器〈長兵器・短兵器〉・摔跤・套路表演競技等） 馬鳳図ら発起により甘粛省国術館成立（蘭州） 陳鑫『陳氏太極拳図説』刊（執筆開始一九〇八、完成一九一九） 金恩忠『国術名人録』刊
一九三四	二三	劈挂・八極門李書文没（高弟劉雲樵により第二次大戦後台湾・日本・米国に流伝）
一九三五	二四	広西省国術館成立（南寧） 陳振民・馬岳梁合編『呉鑑泉氏的太極拳』、陳子明編『陳氏世伝拳械彙編』等刊
一九三六	二五	中央国術館・中央国体専校合同遠征隊、東南アジア巡回表演 中国体育代表団、ベルリンの第一一回オリンピックに参加（八月） 武術代表隊、各地で表演＝中国武術が初めて近代国際スポーツ界に登場 呉図南『国術概論』刊 徐震『太極拳考信録』刊、唐豪「陳王廷太極拳開祖説」を批判 日本人空手家宮城長順、上海精武会訪問、総教練趙連和と交流
一九三七	二六	蘆溝橋事件、日中全面戦争始まる（七月） 第二次国共合作、抗日民族統一戦線の成立（九月）

		陝西省国術館（西安）・重慶市国術館等成立
		日本人武田熙、中国で『通背拳法』刊
		白羽、武侠小説『十二金銭鏢』執筆開始
一九三八	二七	日本軍徐州占領（五月）。毛沢東『持久戦論』発表
一九四一	三〇	唐豪、『少林拳術秘訣考証』を著す
一九四三	三二	上海で拳法対ボクシング試合（一二月）、蔡龍雲（一四歳）活躍。
		陳炎林『太極拳刀剣桿散手合編』（＝揚派総合テキスト）刊
一九四四	三三	傅鐘文、永年太極拳社創立（上海）
一九四五	三四	〈日本〉日本ポツダム宣言受諾、降伏。第二次大戦終結
一九四六	三五	国共内戦始まる（七月）
		上海で七国選手ボクシング試合。精武体育会・周士彬、ロシア選手を破り優勝
		上海で蔡龍雲（一八歳）、米国ボクシング選手と公開試合、ノックアウト勝ち
一九四七	三六	上海群英武術社成立（総教練馬金標）
一九四八	三七	上海で第七回全国運動会〈国術表演競技〉王菊蓉、国術競技女子の部優勝
中華人民共和国		
一九四九		一〇・一　中華人民共和国成立
		中華全国体育総会成立、「新民主主義的国民体育」をめざす
		一〇・二二〜二四　北京市人民体育大会
一九五〇		中華全国体育総会、武術工作座談会を開催
一九五二		一一・一五　中華人民共和国体育運動委員会成立（主任：賀竜）
		この年、上海に華東体育学院成立（一九五六上海体育学院と改名）＝新中国国最初の体育学院。以後北京・武漢等各地に設立
一九五三		一一・八〜一二　全国民族形式体育表演・競技大会（天津）＝新中国成立後、最初の全国的な武術表演競技
		首都武術研究社（北京）成立。社長陳発科、副社長胡耀真

一九五五	全国体育工作会議、伝統派の台頭を恐れ武術活動を引き締める
一九五六	二　張之江、政治協商会議で発言、新たな武術振興を説く 三・九　劉少奇、「武術・気功など伝統体育を科学的に研究し、広めよ」と指示 八・一　国家体委研究整理編印『簡化太極拳』刊＝現代太極拳の普及型確立 一一・一～七　「全国十二単位武術表演大会」（北京）李文貞（遼寧）優勝。評判委員会主任：張之江
一九五七	六・一六～二一　全国武術評奨観摩大会（北京） 蔡龍雲『一路華拳』（人民体育社）刊。この年、蔡龍雲、『新体育』五七・二期で「武術に対する私の見方」を発表、以後紙上で新しい武術観を探る議論活発
一九五八	九・七～一六　全国武術運動会（北京）評判長：張文広　二八地区代表。二五八人参加八二〇項目。男女混合。一位蔡鴻祥、二位成伝鋭、三位邵善康 中国武術協会成立（主席：李夢華）。以後主要省・市に相次いで武術協会が成立した 中国、台湾問題をめぐって国際オリンピック委員会脱退 〈日本〉柔派拳法の大家王樹金、台湾から初来（太極・形意拳日本普及の初め）
一九五九	三・二二～二七　全国青少年武術運動会（北京） 七　国家体委審定『武術競賽規則』（人民体育出版社）＝スポーツ武術の競技規定確立 九・二二～二六　中華人民共和国第一回全国運動会〈武術競技〉〈日本〉自民党代議士古井喜実、李天驥と交流（以後、簡化太極拳の日本普及に尽力）
一九六〇	六・二二～七・四　中国武術代表団、チェコスロバキアで表演＝新中国最初の海外武術活動 九・一八～二五　全国武術運動会（鄭州）武術競技用規定套路、実施

一九六一	一・六～一三　王子平ら武術代表団、ビルマで表演 一〇　体育学院武術テキスト、『武術』上中下成る
一九六二	陳照奎、この年から数年、上海体育宮、南京体委等で陳氏太極拳教授 ＝江南に現代陳氏の拳架普及 二　国家体委運動司編『太極拳運動』（人民体育出版社）
一九六三	一一　国家体委運動司編拳棍刀槍など甲組武術図解テキスト刊 ＝上級用制定型の完成 一〇・一五～一九　全国武術及び弓術競技（上海）
一九六四	一二・八　太極拳推手講介表演会（上海）。 この頃、上海で周元竜ら、各流太極拳研究会、推手競技化など活発に推進 一・一　上海市体育宮で「慶祝一九六四年元旦十八般兵器表演会」 三　唐豪・顧留馨『太極拳研究』（人民体育出版社）刊
一九六五	九・一二～一九　一九単位武術及び弓術選手権（済南） 〈日本〉柔道、五輪競技となる（東京オリンピック） 九・二〇　中華人民共和国第二回全国運動会〈武術表演競技〉（北京） この一年でスポーツ選手六六人が、四一世界記録打破。第二八回世界卓球選手権で中国五種目優勝（世界記録）＝中国体育史上空前の成果 この年、日本人空手家保勇、中国訪問。王子平・張文広らと交流
一九六六	「文化大革命」始まる＝以後数年、国内社会混乱
一九六九	〈日本〉日本太極拳協会（理事長古井喜実）成立
一九七一	四・一〇～一七　米卓球チーム、中国を訪問（四・一四周恩来会見） 「ピンポン外交」により中・米交流復活 ＝以後、国務院の指導下に、体育諸活動再開
一九七二	一一・一～一五　全国武術表演大会（済南）総評議長：馬賢達　一三地区三一六人参加

＝新中国成立以来、最大規模の武術大会

一九七三　〈韓国〉世界跆拳道連盟成立

一九七四　六　日本太極拳第一次訪中学習代表団（団長後藤隆之介、秘書長三浦英夫）
＝以後、武術学習団の訪中活発
九・一二～二〇　全国武術競技大会（西安）
九　中国少年武術代表団、初めて日本公演

一九七五　九・一三～二五　中華人民共和国第三回運動会〈武術競技〉（北京）
〈香港〉香港武術健身協会成立

一九七六　四・一五　国家体委（主任荘則棟）、首都体育館で体操・武術表演
五・一三～六・二八　中国武術代表団、フィリピン・ビルマ公演
八・二七～九・七　全国武術匯報表演大会（ハルビン）
一一・四　中国武術団、ハノイで表演

一九七七　八・八～一八　全国武術競技大会（内蒙古）
九～一〇　中国武術代表団（王亮団長以下三九人）、日本公演
一〇・一五～二九　全国武術競技大会（湖南湘潭市）

一九七八　一一　広東武術代表団、マカオ・フィリピン訪問
広州市で南派武術大会としては史上最大規模の「南拳観摩表演競技大会」開催、ハルビン市に武術協会が成立する等、南北各地に多彩な武術運動が活発化
〈米国〉中国武術協会誕生

一九七九　一　国家体委「武術遺産の発掘整理に関する通知」
三　浙江・武漢・北京の三体院、散打競技試行開始
五・一〇～一六　第一回全国伝統武術観摩交流大会（南寧）
七・四　広州で香港・広東武術交流大会
九・一七～二八　中華人民共和国第四回運動会〈武術競技〉（石家荘）

年	月・日	事項
一九八〇		男子個人全能優勝：李連傑　女子個人全能優勝：王冬蓮
	一一	中国、国際オリンピック委員会に再加盟
	一二・二七	「中国柔道協会」成立（中華全国体育総会傘下）
	五・二二〜二八	全国武術観摩交流大会（太原）
	七〜八	中国武術代表団（張文広団長以下三九人）、日本公演
	一〇・一二〜二〇	全国武術表演競技（昆明）
	一一・一六	第一回全国柔道選手権（秦皇島）
一九八一	三	中国武術・硬気功団英国訪問、四月フランスへ
	四	広東省武術観摩交流大会（花県）
	五・二二〜二七	全国武術観摩交流大会（瀋陽）
		北京・武漢体院、初めて散打競技の公開試合を行う
	七	武術雑誌『武林』（広東武協・広東科普分社）創刊
	七	山西省形意拳研究会成立
	八	登封県、少林武術体校創立
	一〇・一八〜二九	全国武術表演競技大会（福州）
	一一・二九	八卦掌開祖董海川墓碑落成式（北京万安公墓）
	一二	王子平生誕百周年記念大会（上海市武術協会）
		〈香港〉香港武術協会成立
一九八二	一・一三〜二四	全国散手競技規則研究会（北京工人体育場）
		「一九八二年散手競技規則（初稿）」完成
	五・二二〜二七	全国武術観摩交流大会（西安）
	七・一七〜二五	全国太極拳、推手名家表演会（上海）
	八・二五	『新体育』雑誌社主催〈首都武術界座談会〉
	九・二	全国少数民族伝統体育運動会〈武術表演〉（フホホト）

一九八三

九・二六〜二八　第一回中国武術国際友好表演競技大会（南京）
一〇・一八〜二六　全国武術表演競技大会（杭州）
一一　第一回武術対抗種目（散打・太極推手）表演競技大会一一『中華武術』誌（中国武術協会）創刊
一二・一　北京大学武術協会成立
一二・五　武当拳法研究会、武当山所在地の均県で成立
一二・二〜一一　全国武術工作会議、将来方針一〇項目策定
＝建国以来最大規模の武術会議。約三六〇人参加
この年、香港・中国合作映画「少林寺」封切り。武術ブーム化

一九八四

一・二四　中国嵩山少林武術総会成立（於少林寺）
四・一六　少林五祖拳研究会成立（泉州）
五・一　武式太極拳研究会成立（上海）
五・八〜一七　全国武術観摩交流大会（南昌）
期間中「第二次全国散手・太極推手表演賽」＝技法顕著に向上
六・五〜一五　全国武術表演競技大会（鄭州）
九・一七〜二五　中華人民共和国第五会運動会〈武術表演競技〉（上海）
北京体育学院を初め上海・武漢・成都体院に相次いで「武術系（学部）」が誕生
四・二一　全国武術精英大会（福州）
四・二二〜二五　武漢国際太極拳（剣）招待競技
五　全国武術対抗種目表演競技（山東濰坊市）
六　全国少数民族武術発掘整理成果会議
六・二六〜七・四　全国武術発掘整理成果報告会（承徳）
七・二五　初の全国体育学院武術招待競技（成都）
八・五〜一一　全国武術観摩交流大会（蘭州）

一〇・二七～一一・五　全国武術表演競技大会（武漢）
中国武術協会主催、武漢で最初の国際会議、一二国・地域参加＝国際的な組織樹立を目指す
一一・一二～一八　上海精武体育会成立七五周年記念活動（上海）
〈日本〉六・二三～二四　第一回全日本太極拳中国武術表演大会

一九八五

一　「武術運動員技術等級試行標準」＝武術に五階級制発足
四　陳家溝武術館落成、河南省陳式太極拳協会成立大会
四・二七　日本硬式空手道代表団（団長：江里口栄一）訪中
五・二一～三〇　全国武術競技大会（寧夏銀川）
七・一五～二三　最初の武術修士号学位論文口頭試問会（上海体育学院）
八・二二～二六　第一回国際武術招待競技会（西安）
国際武術連盟準備委員会成立
一〇・一七～二〇　全国武術観摩交流会（天津）
一二　習雲泰『中国武術史』（人民体育出版社）刊
〈日本〉二・一七　日本武道館創立二〇周年記念日中親善武道演武交流大会
〈欧州〉一一　イタリアで欧州武術連盟結成

一九八六

三～四　全国武術遺産発掘整理総括表彰会（北京）
全国武術遺産発掘整理成果展覧会（故宮）
＝文革以後、武術文化遺産発掘の成果
三・三一　中国武術研究院成立（院長：徐才）
四　中国、武術（ＷＵＳＨＵ）をアジア競技大会の正式種目とするようアジア諸国の代表的武術

組織に呼びかけ
五 国家体委、済南で初めて国際的な武術教練員訓練班実施
五・一七 北京大学武術協会、武術科学討論会開催
＝以後各地で武術シンポジューム盛ん
六・一三～六・二二 日本武道代表団（団長：松前重義）中国訪問
六・二〇～二七 全国武術競技大会（済南）
八・一五～一七 全国少年「武士杯」招待競技大会（長春）
九・一〇～一五 全国武術対抗競技種目表演大会（濰坊）
九・二二～二五 全国武術精英大会（南京）
一一・二～四 第二回国際武術招待競技（天津）
国際武連準備委第二回会議開催、国際武術連盟規定（草案）採択
アジア武術連盟準備委員会発足
一二・一六～二〇 全国太極拳シンポジューム（成都）
全国武術観摩交流大会、徐州市で開催。以後同大会は二年毎に実施とする
〈欧州〉六 第一回欧州武術錦選手権（七〇人参加）
〈南米〉一一 南米九カ国、南米武術功夫連合会結成
〈ソ連〉 中国武術研究センター成立

一九八七

五・二四～六・三 国際審判員訓練班実施（杭州）二一国 約五〇人参加
六・二三～二七 全国武術学術シンポジューム（北京）
中国武術学会成立
八・六 国家体委「武術工作強化に関する決定」
国家体委「武術管理体制に関する通知」に基づき武術協会・武術研究院等を統合
九・二五～二七 横浜でアジア武術連盟成立大会
第一回アジア武術選手権開催

一九八八
一〇・一〇〜一五　「永恒杯」全国武術散手招待競技（滄州）
一〇・二〇　西安で中国気功科学研究会〈功理功法委員会〉成立
〈ソ連〉三　全ソ武術学術討論会　四　「五星武術協会」
〈日本〉四　日本武術太極拳連盟発足
〈欧州〉六　第二回欧州武術選手権（バルセロナ）

一九八九
四・二〜三　北京で日中太極拳競技交流大会
九・二六　中国嵩山少林寺武術館、正式開館
一〇・一七〜二〇　深圳で国際武術散手招待競技、参加一四国
この年、ソ連代表、中国訪問、武術競技を研究
〈ソ連〉九・二三〜二五　全ソ第一回中国伝統武術競技

一九九〇
三・一五〜一九　上海で中日第二回太極拳交流大会
五　台湾省台南県国術会二五人、広州で武術交流
六・三〜七　全国武術選手権〈甲級〉団体競技（成都）
六・五〜一二　中国武協、マカオで第二回国際武術教練員訓練班
八・二九　上海精武体育会創立八〇周年記念式典
一〇・二一　福建体育学院主催「石化杯」海峡両岸武術観摩招待競技
一〇・二〇〜二七　全国武術散打競技（宜春）＝散打競技の確立
一一・一　広州精武体育会、海珠区少年宮に成立
「武術散手競技規則」頒布
〈韓国〉一　中国武術協会成立（会長：鄭永倍）
〈香港〉一二・一六〜一七　第二回アジア武術選手権
四・二一〜二七　全国武術散打招待競技（滄州）
五・一一〜一四　全国武術選手権〈乙級〉（蘭州）
六・一〜四　全国武術選手権〈甲級〉（鄭州）

	七・二〇〜二七　全国散打競技（淄博）
	八・一五〜二一　全国少年「武士杯」競技（西昌）
	九・八〜九　精武体育会国際招待武術試合（上海黄埔体育館）
	九・一四　霍元甲逝世八〇周年記念式典（天津）
	九・二九〜一〇・四　第一一回アジア競技大会〈武術競技〉（北京） ＝中国武術が初めて公式種目として採用された
	一〇・三　「国際武術連盟」成立（北京）＝中国武術競技の国際組織確立
	国家体委、「武術散手運動員技術等級標準」頒布
	中国武協『武術散手』出版
一九九一	国家体委、全国三五箇所の武術隆盛地を「武術之郷」として認定
	以後、三年ごとに評選実施
	二　国際散打選手権。六階級で中国優勝
	五・一七〜二一　全国散打訓練競技工作会議（焦作）
	八・一〜六　全国武術観摩交流大会（泰安）
	一〇・一二〜一六　第一回世界武術選手権（北京）。四〇国・地域、五〇〇名参加
一九九二	全国太極拳推手観摩交流研討会（第一回。済南）
	一〇・一二〜一五　『中華武術』誌創刊一〇周年祝賀「全国民間武術館・社招待競技会」 （第一回。二一団体参加）
一九九三	第七回全国運動会（国体）で武術競技実施
	全国太極拳推手観摩交流大会（第二回）
	全国太極拳・剣・推手競技（漳州）
	五・一四〜一七　第一回東アジア競技大会で正規種目として武術競技実施（上海） 日本・韓国・モンゴル・中国・中華台北・香港・マカオ六五名参加
	八・二五〜三〇　「武術之郷」武術競技会（河南省温県）。三四郷チーム、四三〇名参加

	優勝：温県（套路）、登封県（散打） 一〇・四〜八　全国武術観摩交流大会（南昌）。前例に比し規模縮小 一一・二一〜二七　第二回世界武術選手権（マレーシア）。五大州五三団体、六〇〇名参加。散打が正規種目となる
一九九四	国家体委「全民健身プロジェクト」「五輪栄光プロジェクト」提起 ＝オリンピック中国開催に向けて活動促進 五・三〇　国家体委武術協会を国家体委武術運動管理中心に改称
一九九五	五・一四〜一七　サマランチ会長らＩＯＣ代表団、中国側招請により訪中、協議 六・一六　国家体育委、「スポーツ産業発展要項」下達 七・六　国家体育委、「五輪栄光プロジェクト」下達 八・一七〜二二　第三回世界武術選手権（米国ボルチモア）五六国、八八六名参加。競技に先立ち国際武連代表大会 ＝中国オリンピック委員会の伍紹祖主席が国際武連会長に選出された。 一〇・一　スポーツ事業に関する基本法「中国体育法」施行 一二・二六　人民体育出版社、毛沢東『体育之研究』再刊 一二・一八〜二〇　国家体委武術研究院・中国武術協会が中華武林百傑・十大武術教授・十大武術名師・十大武術教練・十大武星を選出
一九九六	八・五　国家体委等「社会の気功管理強化に関する通知」公布 一〇・四〜六　国際武術連技術委員会（北京）、国際武術教材（套路・散打）並びに「国際武術競技規則」改定案等承認 一二・三〇〜翌一・三　第一回「全民健身気功養生交流大会」（石家荘） 〈韓国〉跆拳道、オリンピック正規種目となる
一九九七	七・一　「香港返還」（英国統治一五五年）↓香港特別行政区発足 一一・三〜八　第四回世界武術選手権（イタリア・ローマ）

	一二・三〇　「中国武術段位制」制定
一九九八	三　国家体委、「国家体育総局」と改称
一九九九	一〇・一二〜一四　一九九九年全国武術論文報告会（上海体育学院） 一一・三　世界武術選手権（第五回）、香港で開催 一二・二〇　「マカオ返還」（ポルトガル統治四五〇年）
二〇〇〇	一二・二八　「中国武術散打王争覇賽」テレビ等連携、大規模に開催
二〇〇一	三・二一〜二六　第一回世界太極拳健康大会（海南省三亜市） 七・一三　二〇〇八年五輪開催国が中国に決定（ＩＯＣ） ＝二〇国三〇〇〇人（日本代表団三六〇人）参加 ＝武術競技の正規種目化に向けて活動促進
二〇〇二	二　「国際武術連盟」、ＩＯＣの正式承認団体となる ＝中国武術競技が「武術（ＷＵＳＨＵ〈ウーシュウ〉）」として国際的に広く認知された 第一回散打世界選手権（上海）
二〇〇三	国際武術連盟、「反ドーピング条約」に署名
二〇〇四	一〇・一六〜一八　第一回世界伝統武術祭（鄭州）
二〇〇五	一〇・一一〜二三　第一〇回全国運動会（南京）……実質的に北京五輪のリハーサル 一一・一〇〜一一　第五回全国武術工作会議、中国武術協会代表大会（太原） 一一・二〇〜二二　第一回全国伝統武術祭（開遠）　香港を含む四〇団体、五〇〇人参加
二〇〇六	二　中国式摔跤パリ市長杯（フランス）の招待を受け中国代表団派遣以後、中国式摔跤の国際交流活発化 六・五〜　第一回世界青少年武術選手権（マレーシア） 八　中国式摔跤競技規則改訂委員会発足＝古典的摔跤の現代化を目指す（注：近年「摔跤」は西洋式レスリングの意。伝統摔跤は「中国式摔跤」）

二〇〇七		新たな競技規則による全国中国式摔跤青少年選手権 〈日本〉日本武術太極拳連盟創立二〇周年
二〇〇八		八・八～二四　第二七回夏季オリンピック、中国で開催。参加国・地域は史上最多、二〇四団体。武術は北京オリンピック組織委主催、国際武連主管「北京二〇〇八武術競技」として実施、最初の金メダルがジャック・ロゲIOC会長に授与された

年表作成にあたり本文記載引用文献のほか下記資料を参照した。

『中国の歴史』十巻（講談社、一九七五）　鎌田茂雄『中国仏教史』（岩波書店、一九七八）　伊達宗義『中国近・現代史略年表』（拓大、一九八九）　小林剛『讀史年表』（永野鹿鳴荘、一九七五）『日本史年表』（三省堂、一九六七）　柏楊『中国歴史年表』上下（星光出版社、一九七七）『中国歴史大事年表（古代）』（上海辞書出版社、一九八三）「中華人民共和国体育大事年表」（〈体育史料〉第八集）

父から子に、祖父から孫へ……。確実に受け継がれる中国武術の伝統。
王子平と双璧をなす摔跤、武術の達人佟忠義（1879－1963）。（「WUSHU」）

主要参考文献

＊印＝日本語文献

一、中国武術関係

〈武術史料〉

茅元儀『武備志』
戚継光『紀効新書』『練兵実紀』
唐順之『武編』
兪大猷『剣経』（兪大猷『正気堂集』所収）
鄭若曾『籌海図編』
程宗猷『少林棍法闡宗』
程宗猷『単刀法選』『長鎗法選』（『蹶張心法』所収）
趙士禎『神器譜』
黄宗義『王征南墓誌銘』（『南雷文定』所収）
黄百家『内家拳法』（『昭代叢書』別集所収）
曹煥斗『拳経拳法備要二巻』

〈古典訳注本〉

金谷治訳注『孫子』（岩波文庫一九六三）＊
竹内照夫訳『春秋左氏伝』（平凡社一九七二）＊
天野鎮雄訳注『孫子』（中公文庫一九七五）＊
銀雀山漢墓竹簡整理小組編・金谷治訳注『孫臏兵法』（東方書店一九七六）＊
本田二郎『周禮通釋』（汲古書院一九七九）＊
小竹武夫訳『漢書』（筑摩書房一九七九）＊
李呈芬原著・濱口富士雄訳注『射経』（明徳出版社一九七九）＊
邱少華・牛鴻恩『先秦諸子軍事論訳注』（軍事科学出版社一九八五）

〈徐震・唐豪武術史研究書〉

徐震『国技論略』（一九二八序刊）
唐豪『少林武當攷』（一九三〇　香港麒麟図書公司復刻一九六八）
唐豪『戚継光拳経的研究及其評価』（一九三五　香港拳術研究社復刻一九六三）
唐豪『王宗岳考』（一九三五　香港麒麟図書公司復刻一九六九）
唐豪『内家拳的研究』（一九三五　香港麒麟図書公司復刻一九六九）
徐震『太極拳考信録』（一九三七　真善美出版社復刻一九六五）
唐豪・顧留馨『太極拳研究』（人民体育出版社一九六四）
唐豪『神州武芸』上冊（吉林文史出版社一九八六）

〈武術史等資料・研究書〉

謝承仁・寧可『戚継光』（上海人民出版社一九五九）
陳公哲『精武会五十年・武術発展史』（香港「中央精武」刊）
周緯『中国兵器史稿』（三聯書店一九五七）
林巳奈夫『中国殷周時代の武器』（京都大学人文科学研究所

一九七二）＊
笠尾恭二『中国拳法伝』（二トリア書房一九七二）＊
教育部体育司『中国武術史料集刊』第一～三集（一九七四～七六）
松田隆智『図説中国武術史』（新人物往来社一九七六）＊
楊泓『中国古兵器論叢』増訂本（文物出版社一九八〇）
習雲太『中国武術史』（人民体育出版社一九八五）
人民体育出版社編刊『中華武術論叢』第一集（一九八七）
徐紀編著『中国武術論叢』（華聯出版社一九八七）

〈少林拳資料〉

尊我斎主人『少林拳術秘訣』（中華書局一九一五）
増田亀三郎・岡田栄太郎編『菩提達磨嵩山史蹟大観』（一九三二）＊
笠尾恭二『少林拳入門』（日東書院一九七九）＊
無谷・劉志学『少林寺資料集』（書目文献出版社一九八二）
趙宝俊『少林寺』（上海人民出版社一九八二）
無谷・姚遠『少林寺資料集続編』（書目文献出版社一九八四）

〈太極拳資料〉

陳鑫『陳氏太極拳図説』（一九三三　真善美出版社復刻一九六四）
李英昂『李氏精簡太極拳』（香港麒麟図書公司一九六七）
李英昂『太極十三槍譜注』（香港麒麟図書公司一九六一）
笠尾恭二『精説太極拳技法』（東京書店一九七三）＊
笠尾恭二『太極拳入門』（日東書院一九七七）＊
顧留馨『太極拳術』（上海教育出版社一九八二）
沈寿『太極拳法研究』（福建人民出版社一九八四）

〈論文〉

石璋如「小屯殷代的成套兵器」（『歴史語言研究所集刊』二二本　一九五〇）
石璋如「小屯C区的墓葬群」（『歴史語言研究所集刊』二三本下　一九五二）
吉田光邦「弓と弩」（『東洋史研究』一二巻三号　一九五三）＊
和田博徳「明代の鉄砲伝来とオスマン帝国」（『史学』三一巻　一九五八）＊
林巳奈夫「中国先秦時代の馬車」（『東方学報』二九号　一九五九）＊
趙任情「用階級観点考査太極拳的歴史」（『新体育』一九六五・五期）
魏国忠「黒竜江省阿城県半拉城子出土的銅火銃」（『文物』一九七三・一一期）
始皇陵秦俑坑考古発掘隊「簡報」（『文物』一九七五・一一、七八・五、七九・一二期）
彭邦炯「帯矛車軎与古代衝車」（『考古与文物』一九八四・一期）

二、日本武術関係

〈史料・研究書等〉

日夏繁高『本朝武芸小伝』（一七一六　国書刊行会『武術叢書』一九二五所収）＊
羽鳥耀清等編『武術流祖録』（一八四三　同右）＊
三木愛花『日本角力史』増補訂正版（萬歳館一九〇一）＊
下川潮『剣道の発達』（大日本武徳会一九二五　第一書房復

刻一九八四）＊
桜庭武『柔道史攷』（目黒書店一九三五）＊
丸山三造『大日本柔道史』（講道館一九三九）＊
横山健堂『日本相撲史』（冨山房一九四三）＊
横山健堂『日本武道史』（三省堂一九四四）＊
小松原濤『陳元贇の研究』（雄山閣一九六二）＊
佐藤堅司『孫子の思想史的研究』（風間書房一九六二）＊
有馬成甫『火砲の起源とその伝流』（吉川弘文館一九六二）＊
宮本武蔵原著・神子侃訳解『五輪書』（徳間書店一九六三）＊
今村嘉雄等編『日本武道全集』全七巻（人物往来社一九六六）＊
竹内流編纂委員会『日本柔術の源流・竹内流』（日貿出版社一九七九）＊
今村嘉雄等編『日本武道大系』全十巻（同朋舎出版一九八二）＊

〈論文〉

中山久四郎「近世支那の日本文化に及ぼしたる勢力影響」（『史学雑誌』二五・二一～二六・二号　一九一四）＊
林若樹「メンデス・ピントー」（『中央公論』一九二八・四）＊
青柳武明「日本剣法の古流陰流と愛洲移香」（雄山閣『歴史公論』一九三五・一〇）＊
笠尾恭二「日本空手道史」（『新空手道新聞』一九七二）＊

三、その他

〈体育史・宗教史等〉

孤峯智璨『禅宗史』（光融館一九一九　総持寺一九七四復刻）＊
F・メゾー『古代オリンピックの歴史』（大島謙吉訳　ベースボール・マガジン社一九六二）＊
今村嘉雄『体育史資料年表』（不昧堂書店一九六三）＊
東京教育大学体育学部体育史研究室『図説世界体育史』（新思潮社一九六四）＊
呉文忠『中国近百年体育史』（台湾商務印書館一九六七）
『中国の歴史』全十巻（講談社一九七五）＊
鎌田茂雄『中国仏教史』（岩波書店一九七八）＊
『体育史料』第二集（人民体育出版社一九八〇）
ニコラオス・ヤルウリス／オット・シミチェク監修『古代オリンピック――その競技と文化』（講談社一九八一）＊
大庭脩『江戸時代における中国文化受容の研究』（同朋舎出版一九八四）＊
ベラ・オリボバ『古代のスポーツとゲーム』（ベースボール・マガジン社一九八六）＊
中村元・三枝充悳『バウッダ』（小学館一九八七）＊
国家体委・中国体育史学会『中国近代体育史』（北京体育学院一九八九）

〈専門誌〉

『新武俠』（香港）『武壇』（台北）『武術健身』（北京）『武林』（広州）『中華武術』（北京）『武術』（東京）＊

〈辞典・年表〉

諸橋轍次『大漢和辞典』（大修館書店一九五五）＊

中村元監修『新・仏教辞典』（誠信書房一九六二）＊
綿谷雪・山田忠文『武芸流派大事典』（新人物往来社一九六九）＊
笹間良彦『図説日本武道辞典』（柏書房一九八二）＊
楊武等編『簡明武術辞典』（黒竜江人民出版社一九八六）
方金輝等編『中華武術辞典』（安徽人民出版社一九八七）
馬賢達等編『中国武術大辞典』（人民体育出版社一九九〇）
『日本史年表』（三省堂一九六七）＊
小林剛『讀史年表』（永野鹿鳴荘一九七五）＊
柏楊『中国歴史年表』上下（星光出版社一九七七）
沈起煒『中国歴史大事年表（古代）』（上海辞書出版社一九八三）
伊達宗義『中国近・現代史略年表』（拓殖大学海外事情研究所一九八九）＊
「中華人民共和国体育大事年表」（『体育史料』第八集）

索引

あ行

か行

さ行

た行

な行

は行

ま行

や行

ら行

わ行

著者略歴
笠尾恭二【かさお・きょうじ】（号：楊柳【ようりゅう】）
中国武術研究家。1939年東京生まれ。1961年早稲田大学卒。在学中、空手部に所属、松濤館流を学ぶ。卒業後、青少年に空手指導のかたわら中国武術を研究。初め楊名時・王樹金両師に師事して太極拳、形意拳等いわゆる「内家拳」（柔派拳法）の指導を受け、さらに香港で邵漢生師（元・広州精武体育会教練）及びその門下の林章松先生から精武体育会系の南・北少林拳を学んだ。

主著：
『写真でみる空手道入門』（新星出版社 1971）
『中国拳法伝』（ニトリア書房 1972）
『精説太極拳技法』（東京書店 1973）
『連続写真による空手道入門』（ナツメ社 1975）
『太極拳入門』（日東書院 1977）
『少林拳入門』（日東書院 1979）
『太極拳の楽しみ方』（土屋書店 1991）
『だれでもできる護身術入門』（大泉書店 1993）
『だれでもできる気功太極拳入門』（大泉書店 1994）
『中國武術史大觀』（福昌堂 1994）
『太極拳血戦譜』（福昌堂 1995）
『少林拳血闘録』（福昌堂 1996）
『きみはもう〈拳意述真〉を読んだか』（BABジャパン 1999）
小説『月下の拳』（筆名：三井悠　福昌堂 2000）
『太極拳に学ぶ身体操作の知恵』（筆名：笠尾楊柳　BABジャパン 2009）

共著：
『〈対談〉発勁の秘伝と極意』（共著者：平上信行　BABジャパン 1997）
『〈対談〉秘伝剣術極意刀術』（共著者：平上信行　BABジャパン 1999）

編訳：
尊我斎主人原著『少林拳術秘訣─いま甦る秘密結社の少林拳』（福昌堂 1999）
陳炎林原著『太極拳総合教程』（原題『太極拳刀剣桿散手合編』福昌堂 2002）

寄稿：
「日本空手道史概観」（稲門空手会 2009　https://www.waseda-karatebu.org/toumon/）
「暮らしに役立つ健康法」（日本武道館『月刊武道』1997-98　19回連載）

増訂《ぞうてい》　中国武術史大観《ちゅうごくぶじゅつしたいかん》

2019年8月26日初版第1刷印刷
2019年8月30日初版第1刷発行

著者　笠尾恭二

発行者　佐藤今朝夫
発行所　株式会社国書刊行会
〒174-0056　東京都板橋区志村1-13-15
TEL.03-5970-7421　FAX.03-5970-7427
http://www.kokusho.co.jp

装丁者　山田英春
印刷・製本所　中央精版印刷株式会社

ISBN 978-4-336-06282-6 C0022